中國文物研究所
新疆維吾爾自治區博物館
武漢大學歷史系
編

唐長孺 主編

吐魯番出土文書

〔叁〕

文物出版社

目　次

阿斯塔那一五〇號墓文書……二一

阿斯塔那一六號墓文書……三四

阿斯塔那二一〇號墓文書……三五

阿斯塔那五號墓文書

阿斯塔那二〇九號墓文書……三一七

阿斯塔那二二五號墓文書

阿斯塔那九三號墓文書……四二六

阿斯塔那一二五號墓文書……四三三

阿斯塔那六七號墓文書……四四〇

阿斯塔那二〇號墓文書……四七四

阿斯塔那三五號墓文書……四八四

阿斯塔那三六三號墓文書

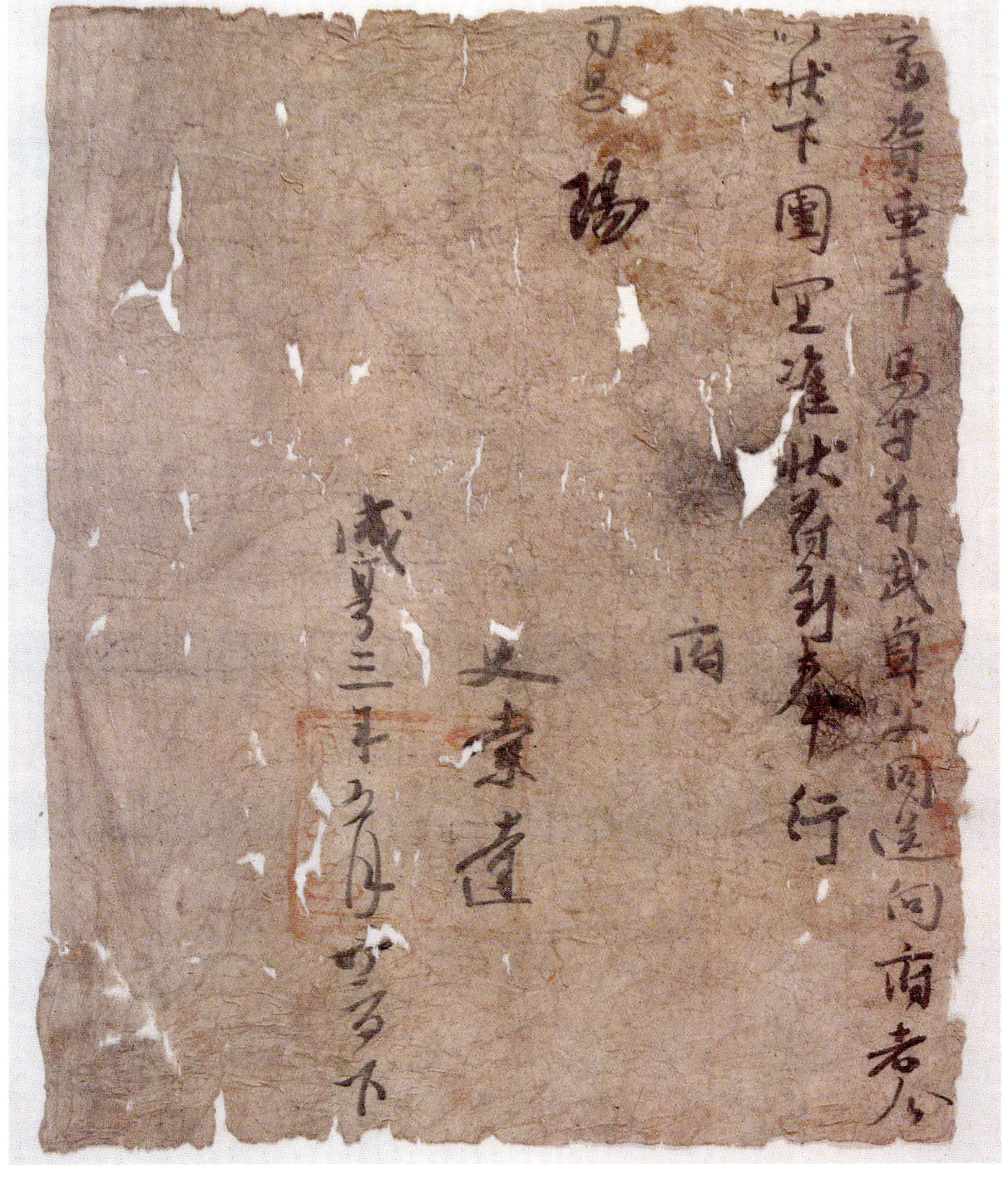

唐咸亨三年（公元六七二年）西州都督府下軍團符

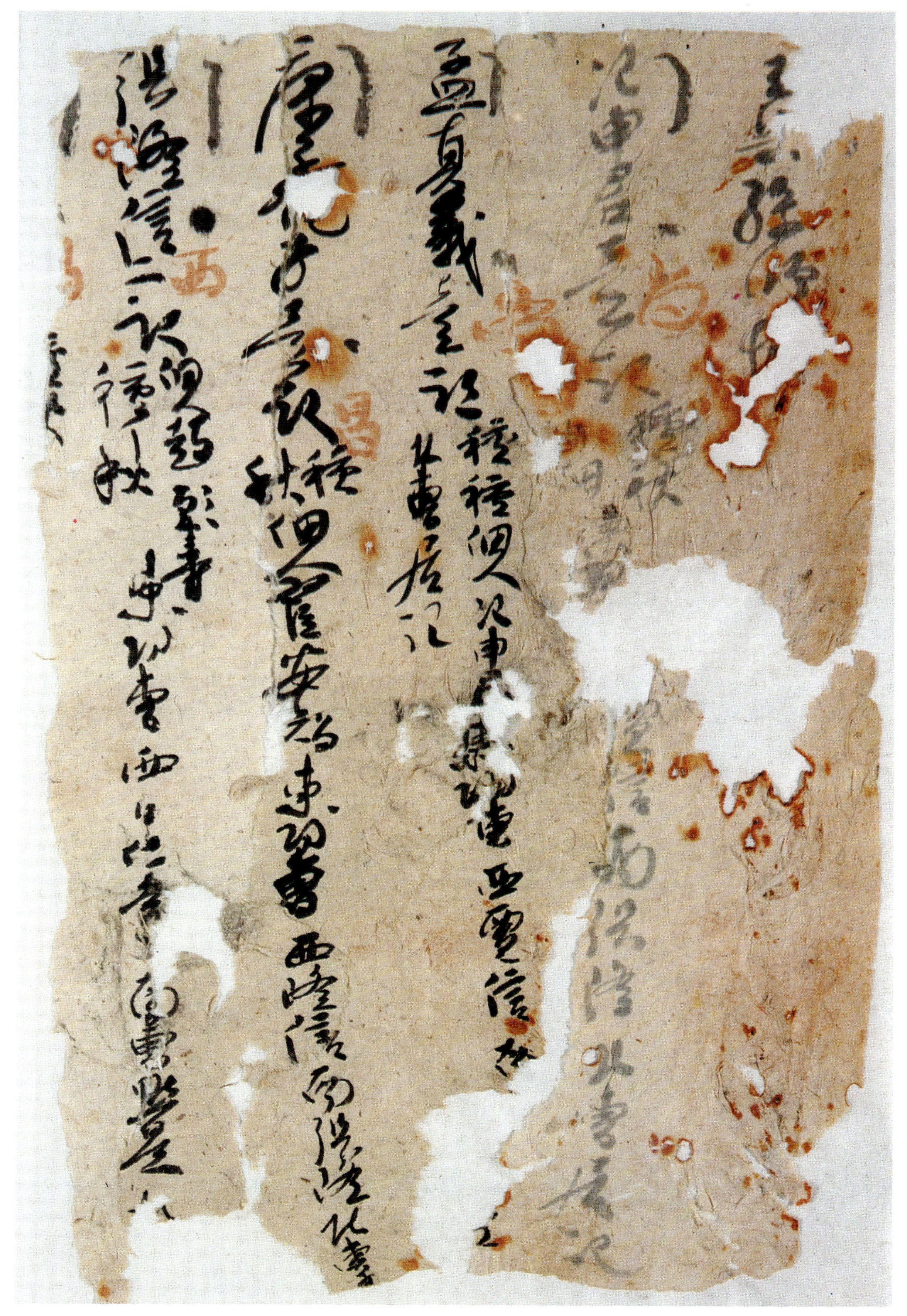

武周（？）西州高昌縣王渠某堰堰頭牒爲申報當堰見種秋畝數及田主佃人姓名事

阿斯塔那九一號墓文書

本墓係合葬墓，僅有一衣物疏，姓名年月並缺。男屍先葬，在其紙鞋上拆出一九至三四號文書，其有紀年者，起唐貞觀十七年（公元六四三年），止貞觀十九年（公元六四五年）。

一　唐缺名隨葬衣物疏　67TAM91:2

一　唐缺名隨葬衣物疏

1 脚米壹量　綾衫壹

2 褶衫壹具　朱衣同□壹

3 壹具　繡衫壹具

4 帳帶壹具　幷笴（鞘）八付

5 壹具　白練一千疋　被

6 一千文　銀錢二千

二　唐貞觀十七年(公元六四三年)何射門陀案卷爲來豐患病致死事　　67TAM91:27(a)

二　唐貞觀十七年（公元六四三年）何射門陀案卷爲來豐患病致死事

本件第二〇—二一行間背面騎縫押「贇」字。

1 何射門陀［　　　　］—　—　—
2 門陀辯：被問［　　　　］知妄先不与［　　］
3 親，若爲肯好［　　　　］仍顯是［　　］
4 □者。謹審，但門［　　　　］得粮然［　　］
5 □爲營飯食，恒尔看□□豐雖非的(嫡)親，見是寄［　　］
6 □□忽收取看養在此邊處，並不閑(嫻)官［　　］
7 □見師爲療，又更不陳文記，其人先患甚風，［　　］
8 □□是實不虛。如其不信，乞問同住人康［　　］
9 □□問，依實謹辯。
10 貞觀十七年［　　］

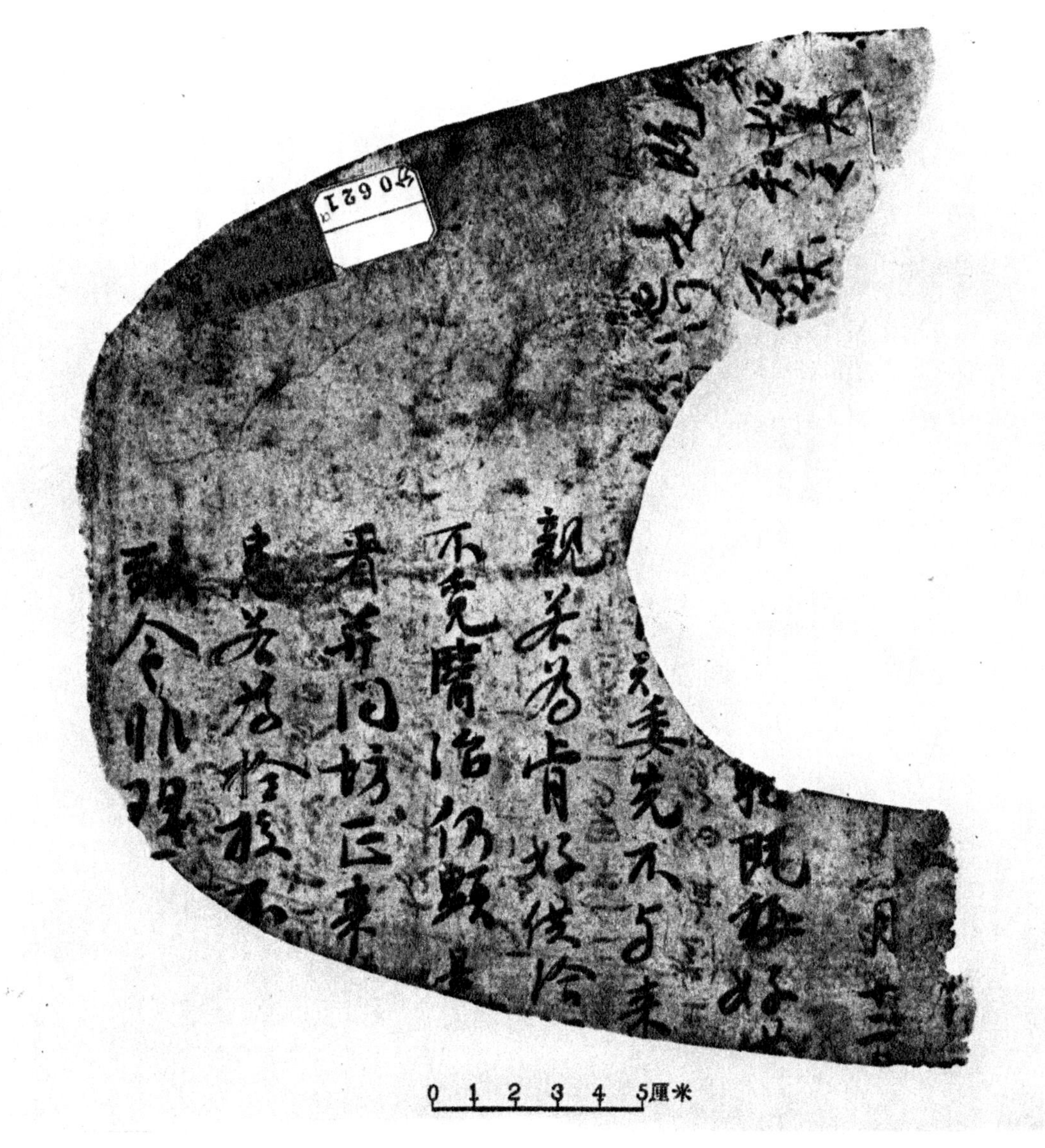

二　唐貞觀十七年(公元六四三年)何射門陀案卷爲來豐患病致死事　　67TAM91:28(a)

恩是伏 ［　　］八月十二[日]。

知知不 ［　　］射既稱好[供]［　　］

家陁是既既 故 門〔一〕 □□[知]委，先不与來［　　］

親，若為肯好供給［　　］

不覓醫治，仍顯是［　　］

看并問坊正，來[豐]［　　］

患，若為檢校不［　　］

致令非理［　　］

注釋

〔一〕第一一至一三行上部横寫字係習字，與本件無關。

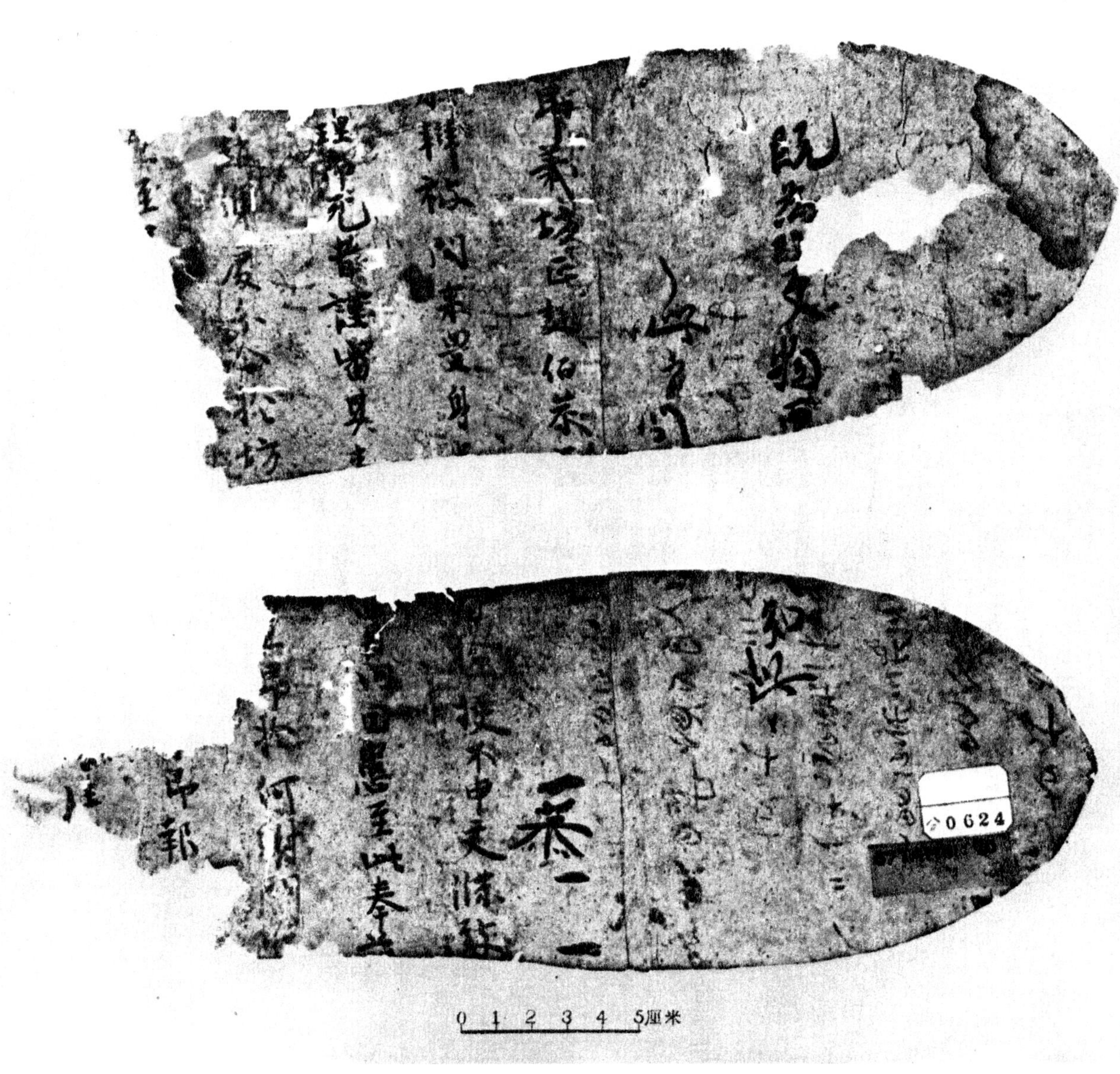

二　唐貞觀十七年(公元六四三年)何射門陀案卷爲來豐患病致死事　67TAM91:29(a), 30(a)

19 既為改更物[更]□如此

20 此宜問□

21 □節義坊正趙伯恭□十八 一 恭·一

22 □[恭]辯：被問來豐身[患]□為檢校不申文牒，致

23 □理而死者。謹審。其[來]□四月内，因患至此，奉

前

24 □趙儁處分。今於坊□[置]，即於何射門陀

25 □人至□即報。□

四　唐殘符　　67TAM91:20(a)

三　唐貞觀十九年(公元六四五年)安西都護府下軍府牒爲速報應請賜物見行兵姓名事　　67TAM91:19(a)

三　唐貞觀十九年（公元六四五年）安西都護府下軍府牒爲速報應請賜物見行兵姓名事

本件蓋有朱印三處，僅一處完整，印文爲「安西都護府之印」。

1　［加］減未知定數，去□

2　□審勘見行兵，應請賜物，□□

3　□具顯姓名申者，依檢至今□

4　□［宜］速上。故牒。

5　　貞觀十九年八月廿一□□

6　　　府

7　□［兵］曹參軍□

四　唐殘符

1　七月十七日　受符

2　　録事　行　檢

3　丞

五　唐史張柱殘文書　67TAM91:33(a)

六　唐申勘防人殘文書　67TAM91:32(a),31(a)

七　唐安西都護府下高昌縣殘文書　67TAM91:25(a),34/1(a)

五　唐史張柱殘文書

1 佐

2 史張柱

3 [　　]八月四[　　]

六　唐申勘防人殘文書

1 申勘當故防人吳來[　　]訖申上事

七　唐安西都護府下高昌縣殘文書

本件第二行有朱印殘迹二處，下印存「安西」二字。

1 [　　]都護府

2 [　　]高昌縣勘[　　]

3 [　　]諸縣[　　]

八　唐録事郭德殘文書　　67TAM91:24(a),26(a)

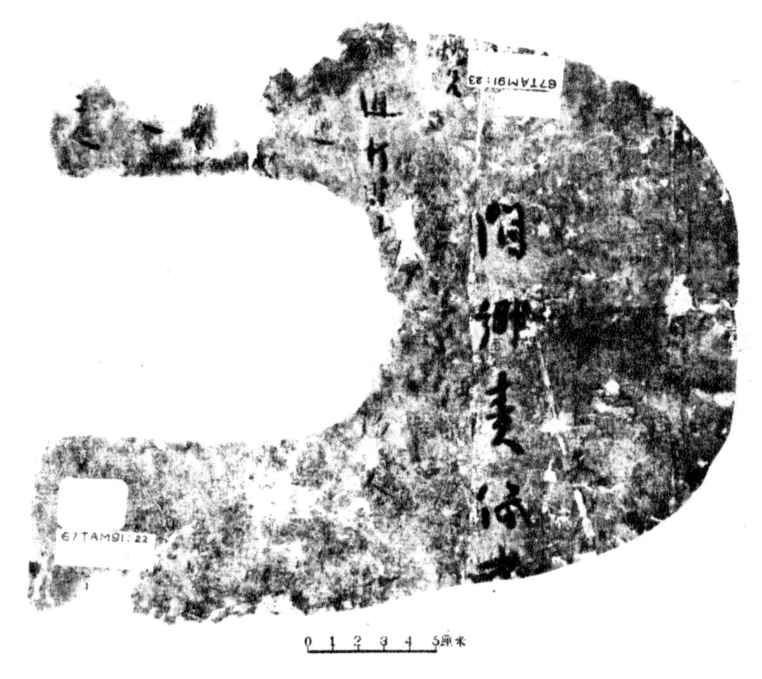

九　唐殘文書　　67TAM91:23(a),22(a)

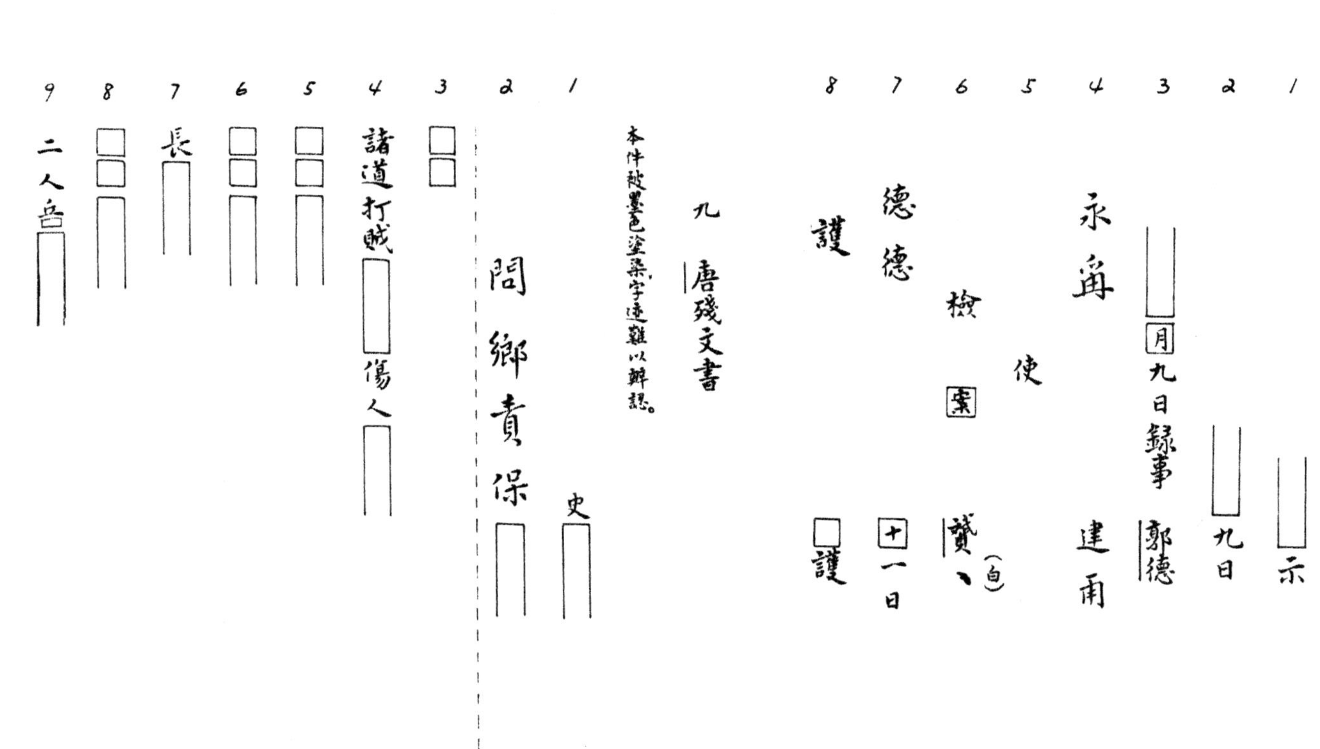

八　唐録事郭德殘文書

本件四行、八行及七行之「德德」等字係淡墨書寫之習字，與本件無關。

1 □示
2 □九日
3 □月九日録事郭德
4 永甬　建甬
5 使
6 檢　案　贊(白)、
7 德德　十一日
8 護　□護

九　唐殘文書

本件被墨色塗染，字迹難以辨認。

1 史□
2 問鄉責保□
3 □□
4 諸道打賊□傷人□
5 □□□
6 □□□
7 長□
8 □□□
9 二人各□

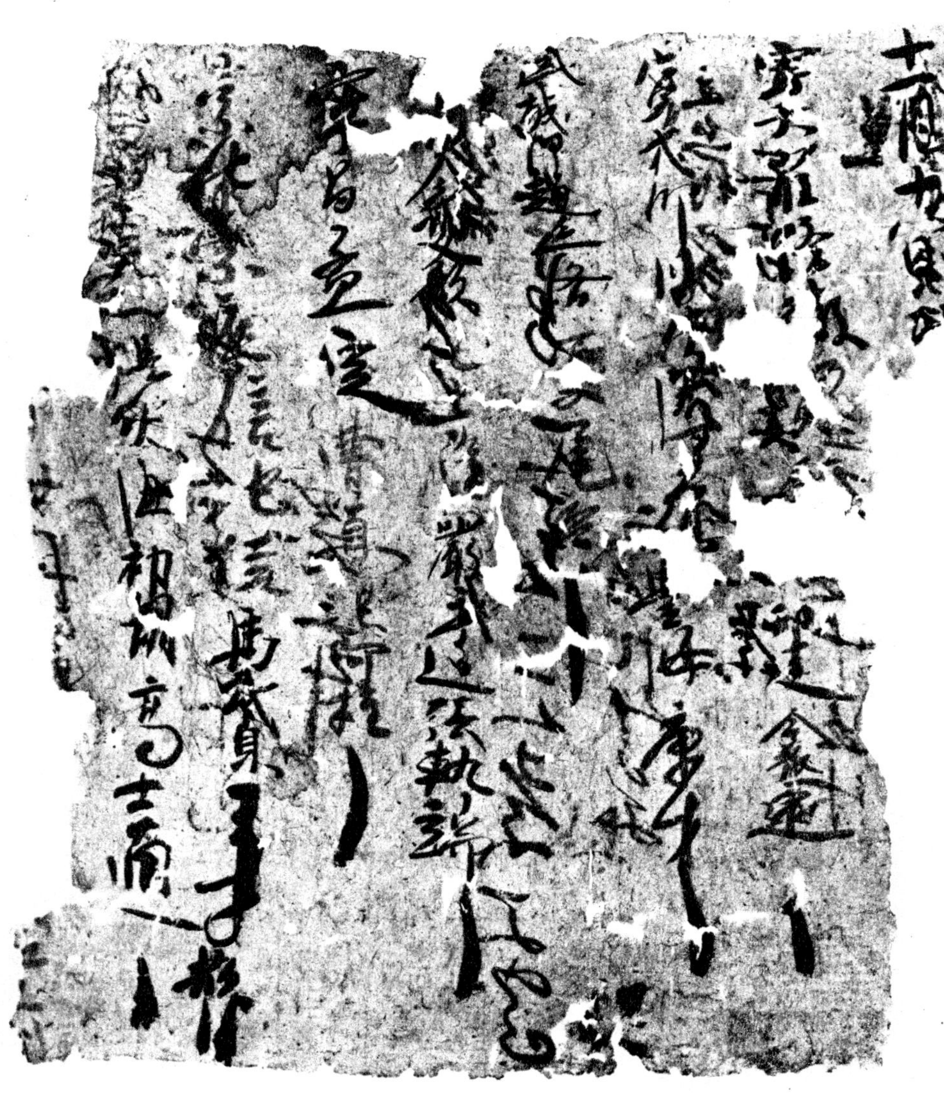

一〇　唐西州高昌縣寧大等鄉名籍　67TAM91:4(a)

一〇　唐西州高昌縣寧大等鄉名籍

本件紀年已殘，據同墓所出文書年代的上下限以及文籍中所列趙延洛見於阿斯塔那一五〇號墓所出《唐貞觀十九年里正趙延洛等牒》，夏尾信、王歡才見於阿斯塔那二〇號墓所出《唐顯慶四年白僧定典田貸麥契》，張軌端見於阿斯塔那三三七號墓所出《唐總章三年白懷洛舉銀錢契》，推知本件年代相當於太宗、高宗之世。又內列寧大等鄉也當屬高昌縣。

1　十一月十八日　□
2　寧大　翟隆藿　□□□　邢達　令狐建　丨
3　寧戎鄉　沙伏洛　康豐海　康才　丨
4　武城鄉　趙延洛　夏尾信　丨
5　□　令狐文歡　□□隆　嚴其延　張軌端　丨
6　寧昌　孟定　曹貞　氾阿柱　丨
7　崇化　索延信　氾信　馬武貞　王才歡　丨丨
8　安西鄉□□□　張伏海　祁胡　高士通　丨

一一　唐蘇海願等家口給糧三月帳

本件正面爲《唐貞觀十七年何射門陀案卷爲來豐患病致死事》。本件當記於上舉案卷後。下同。

1 右計［　　］[升]。

2 □[主]蘇海願家［　］

3 二人丁男，［　　］[妻]一日粟二升五合。

4 二人中小，一［　］一日粟一升。

5 右計當［　　］九斗。

6 □[主]衛歡峻家口六人，三石一斗。

7 一人丁男，一日粟三升三合三勺。　四人中小，一日

粟二升五合。〔一〕

8 一人小男，一日粟一升。

9 右計當三月粟九石三斗。

10 □□□[恩]奴家口五人，三石一斗。

11 [一]人丁男，一日粟三升三合三勺。　一人丁妻，一日

[粟]［　］

12 ［　　］[小]，一日粟一升五合。

注釋

〔一〕二升五合：「二」字疑爲「一」字之誤。

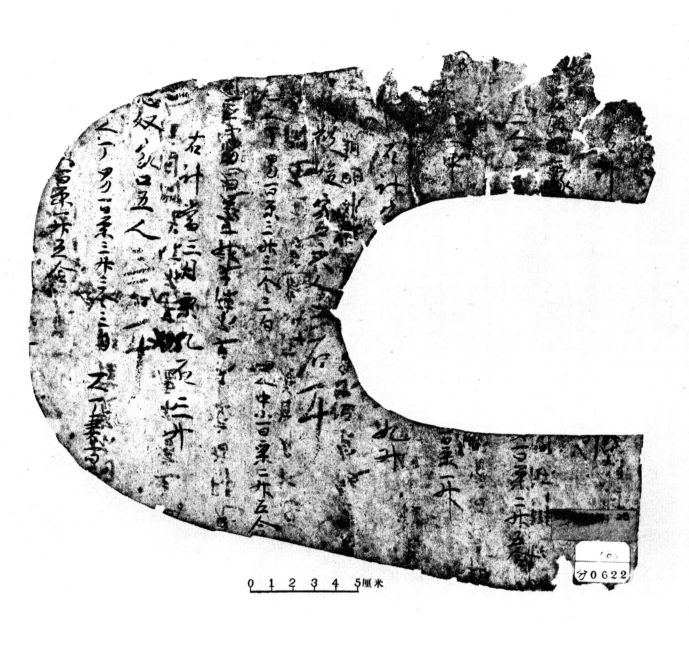

一一　唐蘇海願等家口給糧三月帳　　67TAM91:27(b)

13　□人丁□

14　五人中小□

15　右計□

16　戶主劉濟伯家口□

17　二人丁男[一]，一日粟三升三合三勺。　二人丁妻，一日

　　粟二升五合。

18　一人中小，一日粟一升五合。

19　右計當三月粟一十一石八斗五升。

20　□□馮阿懷家口四人，三石。

21　□人丁男，一日粟三升三合三勺。　二人丁妻妾[二]，一

　　日□

22　□粟一升五合。

注釋

[一] 丁：原文由「中」字改寫。

[二] 同上。

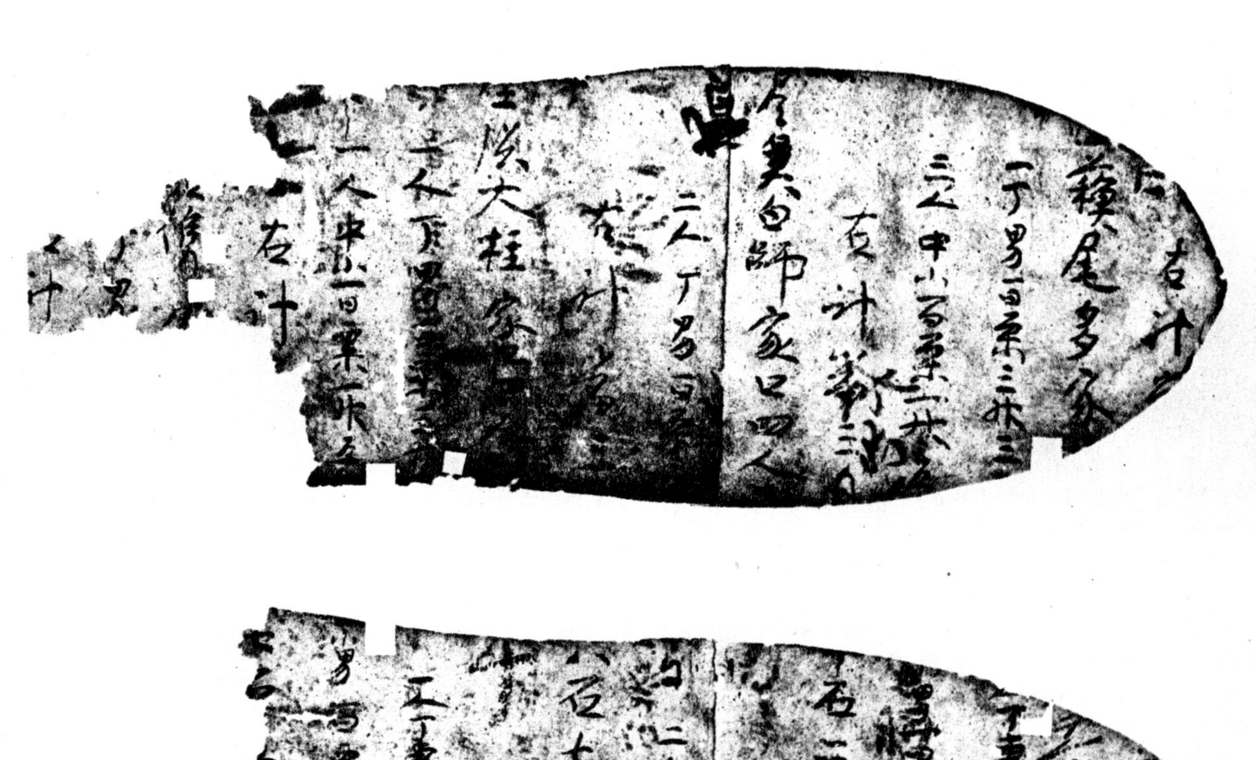

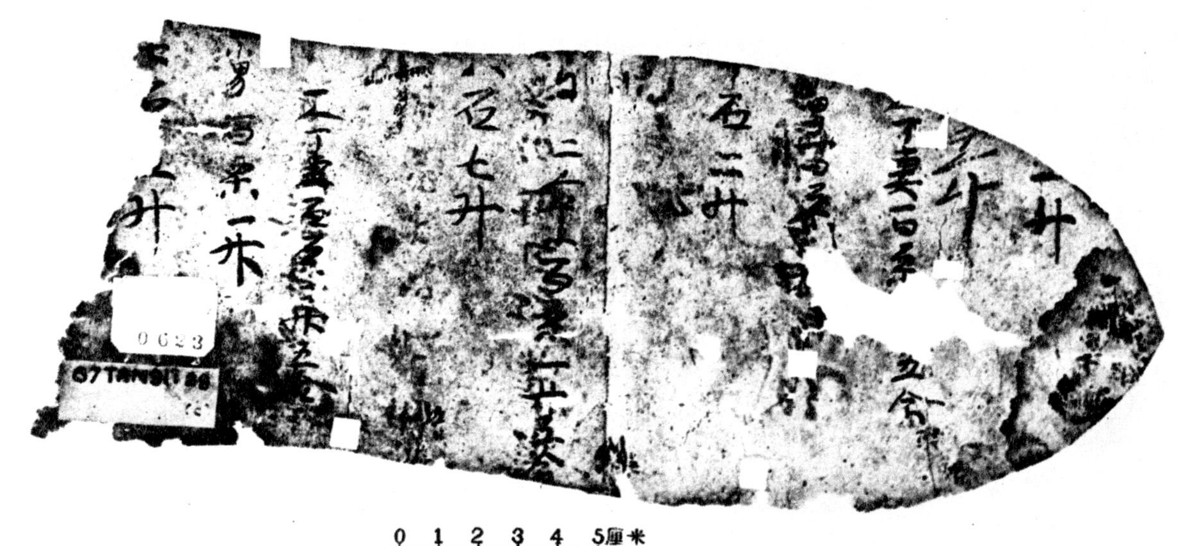

一一　唐蘇海願等家口給糧三月帳　67TAM91:30(b),29(b)

23　右計當［　　］一斗。
24　□主蘇尾多家口［　　］五斗。
25　一丁男，一日粟三升三合［　　］人丁妻，一日粟□
　　□五合。
26　三人中小，一日粟一升五［　　］小男，一日粟一升。
27　右計當三月□□□石二斗。
28　戶主魚白師家口四人

賛〔一〕

29　二人丁男，一日粟三升□□□匀。　二人中小，一日
　　粟一升五合。
30　右計當三月□八石七斗。
31　□主張大柱家口四人，［　　］斗。
32　一人丁男，一日粟三升□□□□　一人丁妻，一日
　　粟二升五合。
33　一人中小，一日粟一升五合。　□□小男，一日粟一
　　升。
34　右計［　　］七石五斗。
35　［　　］祖儁［　　］
36　□□丁男，［　　］
37　右計［　　］

注　釋

〔一〕騎縫「賛」字係另面文書押署，與本件無關。

一二　唐張赤頭等家口給糧三月帳　67TAM91:19(b)

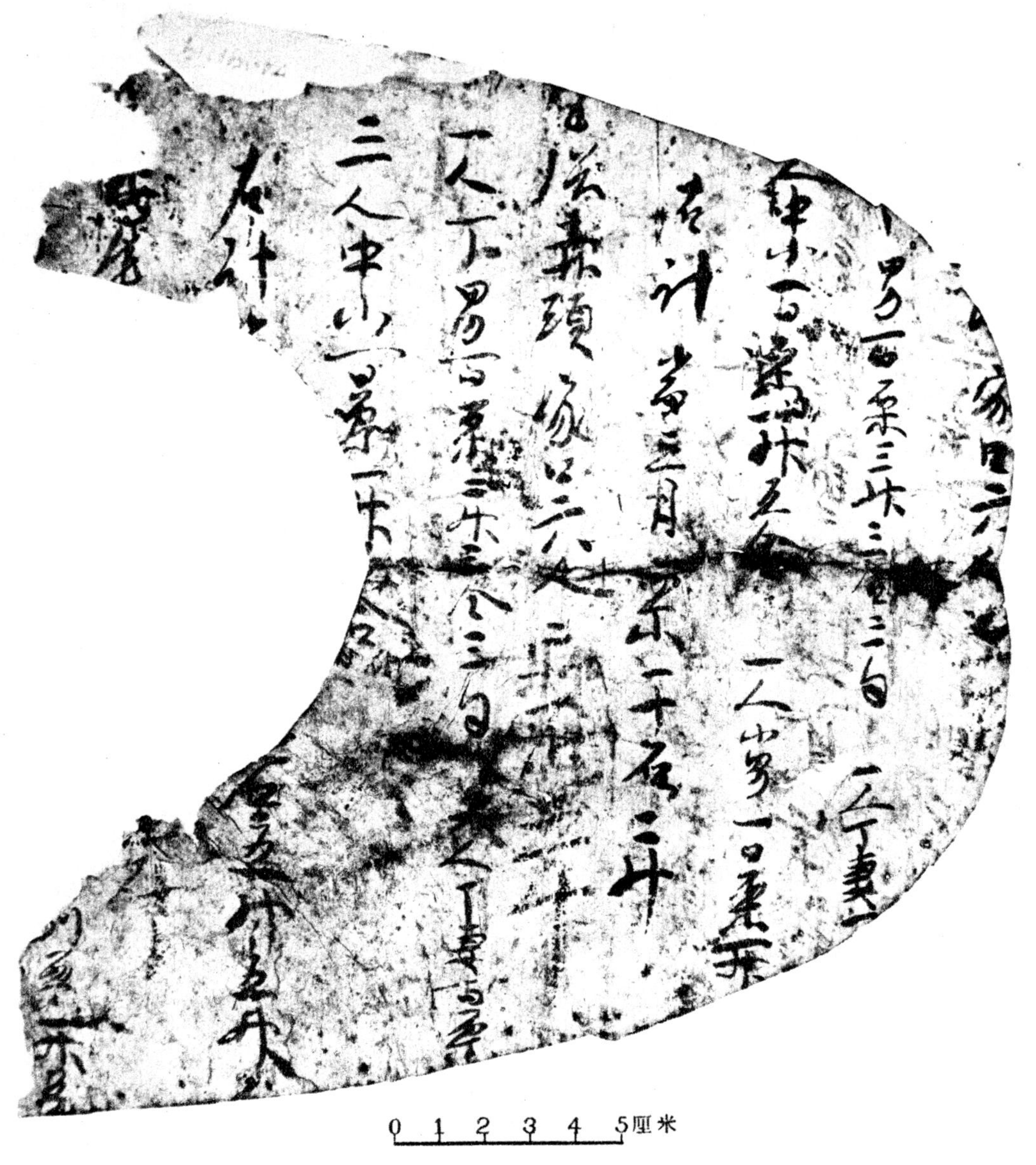

0 1 2 3 4 5厘米

一二　唐張赤頭等家口給糧三月帳

本件正面爲《唐貞觀十九年安西都護府下軍府牒爲速報應請賜物見行兵姓名事》，此件紀年當在其後。

1 □家口六人，三石□□。

2 □□丁男一日粟三升三合三勺。　一人丁妻，一□

3 □人中小，一日粟一升五合。　一人小男，一日粟一升。

4 右計當三月粟一十石二斗。

5 □主張赤頭家口六人，三石五斗。〔一〕

6 一人丁男，一日粟三升三合三勺。　二人丁妻与粟

7 三人中小，一日粟一升五合。

8 右計當□石五斗五升。

9 戶主安尾□斗。

10 □粟一升五合。

注　釋

〔一〕六人三石五斗：原文如此，此數有誤。下行丁妻二人日給粟數雖已損缺，但同類帳中丁妻一人日給二升五合，則二人當五升，三項合計一日當三石八斗五升，三月計當一十一石五斗五升，與以下八行之尾數（五斗五升）合。如按一月三石五斗計，則三月當一十石五斗，與八行之三月合計尾數不符。

一三　唐汜父師等家口給糧三月帳　67TAM91:20(b)

0 1 2 3 4 5厘米

一三　唐汜父師等家口給糧三月帳

1 ［　　］琮家口六人三石〔一〕

2 □□丁男，一日粟三升三合三勺。　一人丁妻，一［日］

［　　］

3 □人中小，一日粟一升五合。

4 　右計當三月粟〇（九）石三斗。

5 □［主］汜父師家口三人二石四斗〔二〕

6 二人丁男，一日粟三升三合三勺。　一人中小，一日

粟一［　　］

7 　右計當［　　］五升。

8 □□□□□［　　］

注　釋

〔一〕六人三石：「三石」二字係用「渴筆」補寫。據四行，三月粟合爲九石三斗，月當三石一斗，是此「三石」下脱「一斗」二字。又家口「六人」疑是「五人」之誤。本戶丁男及中小口數雖殘損，但據食粟量，設丁男一人並丁妻一人，一月已合一石七斗五升，比以上核實之當戶一月食粟三石一斗，僅差一石三斗五升，止合中小三人一月給粟量。是本戶丁男丁妻各一人，中小三人，合五人。

〔二〕二石四斗：四字亦是「渴筆」補寫。據丁男二人，中小一人之一月給糧量，此「二石四斗」下尚應加「五升」二字，但原件已辨認不出。

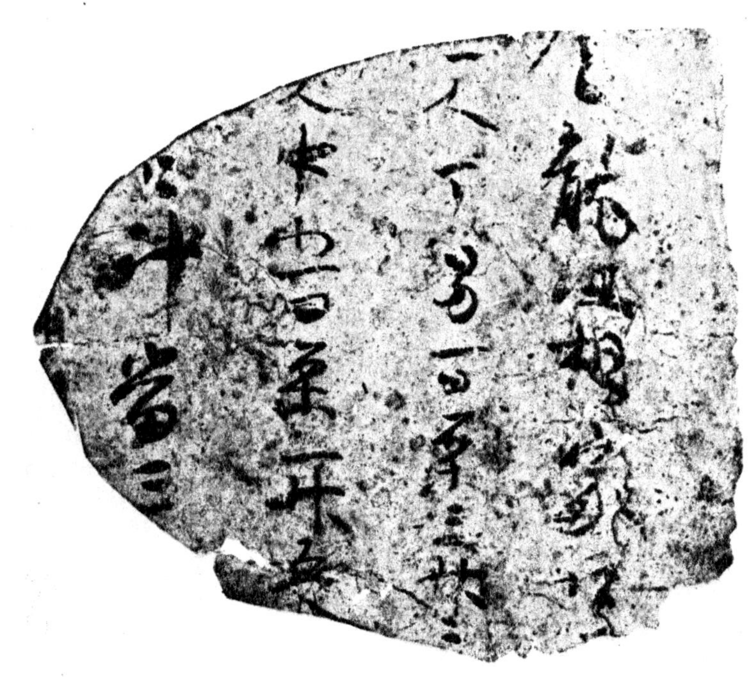

一四　唐龍海相等家口給糧三月帳　67TAM91:33(b)

一五　唐缺名家口給糧三月帳　67TAM91:31(b),32(b)

一四　唐龍海相等家口給糧三月帳

1 〔戶〕主龍海相家口[　　]

2 一人丁男，一日粟三升三[　　]

3 □人中小，一日粟一升五〔合〕。[　　]

4 〔右〕計當三[　　]

一五　唐缺名家口給糧三月帳

1 [　　]男日別〔給〕[　　]一人丁妻，別給□

2 二升五合。　三人[　　]給一升五合。

3 一人小男日別給□□□

4 右件人等計[　　]粟總當一十石二斗。

一六　唐昌海等家口給糧三月帳(二)
67TAM91:34/2

一六　唐昌海等家口給糧三月帳(一)　67TAM91:34/1(b),25(b)

一六　唐昌海等家口給糧三月帳

(一)

1 一人丁男，一日□妻，一日粟二升五□。
2 一人中男，一日□
3 右計□斗。
4 □昌海□

(二)

□五斗。
一人[丁]妻，一□[粟]二[升]□

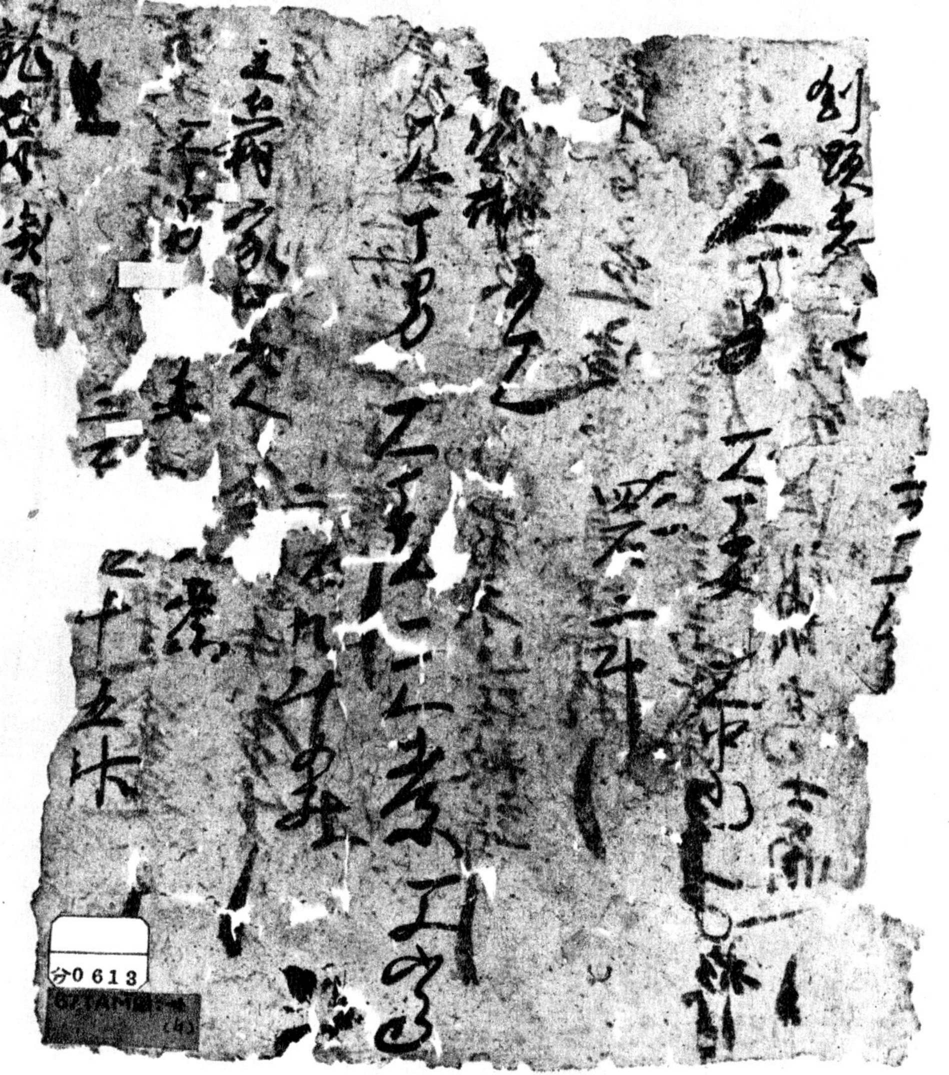

一七　唐劉顯志等家口給糧一月帳　67TAM91:4(b)

一七　唐劉顯志等家口給糧一月帳

本件每戶給糧總數據前件給糧三月數推算，應是給糧一月帳。下列三件同。又一〇行有墨筆勾劃。

1 □□□（斗）

2 劉顯志□人

3 二人丁男　一人丁妻　一人中小

4 三〔一〕四石二斗

5 鄭望藏五人

6 一人丁男　一人丁妻　二人老小　一人小男

7 二石九斗五升〔二〕

8 匡延相家口六人

9 一人丁男　□□丁妻　四人老小

10 ∟　三石五斗五升

11 龍思塠家口□□

注釋

〔一〕三：此「三」字墨色較重，是修正左旁正行中的「四」字。按以前各件給糧帳標準，二丁男一丁妻一中小一月計當三石二斗。

〔二〕五升：此二字墨色較重，且寫在「斗」字字尾上，當是後補。

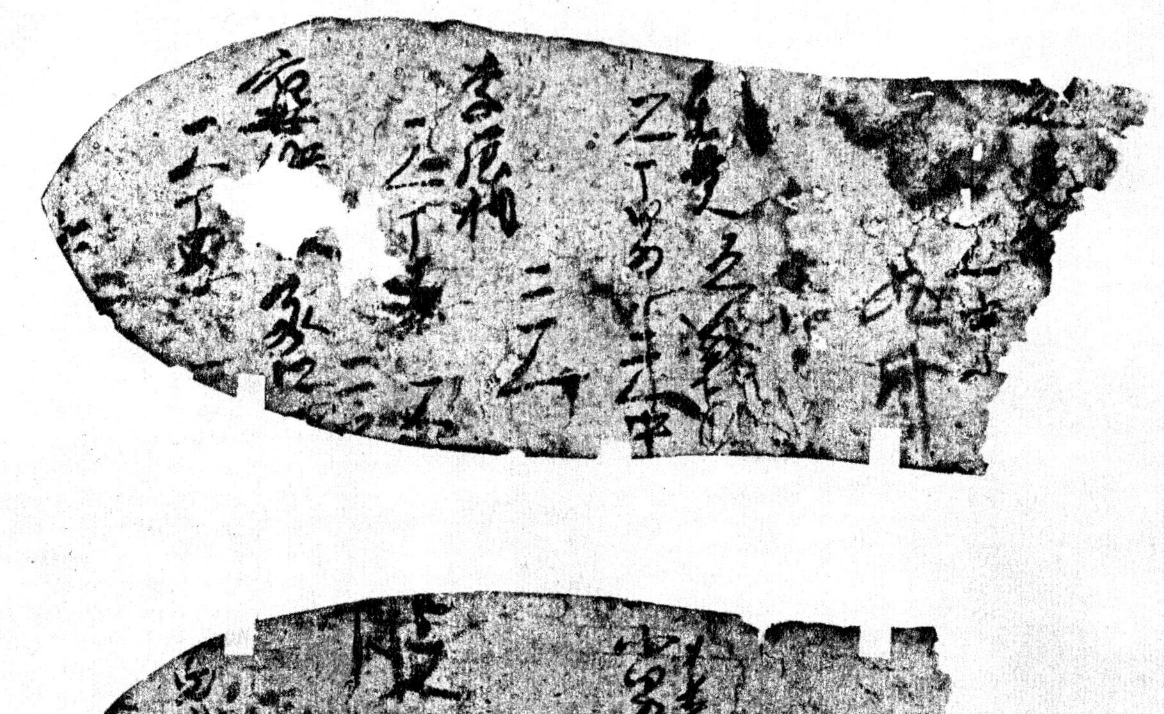

0 1 2 3 4 5厘米

一八　唐憙伯等家口給糧一月帳　　67TAM91:26(b),24(b)

一八　唐憙伯等家口給糧一月帳

本件諸家口月給糧合計數，均爲朱書。

1 □憙伯□□
2 　　二人中小
3 　九斗
4 王貫五人　[illegible]㈠
5 　一人丁男　二人中□　□人小男　[illegible]㈠
6 李辰相　　三人
7 　一人丁男　一人□　□一人中小
8 　　二石□斗
9 寗□□家口□□
10 　一人丁男　一□　□男
11 　　二□升
12 □　六□

注釋

〔一〕這兩處倒書乃以後戲書。

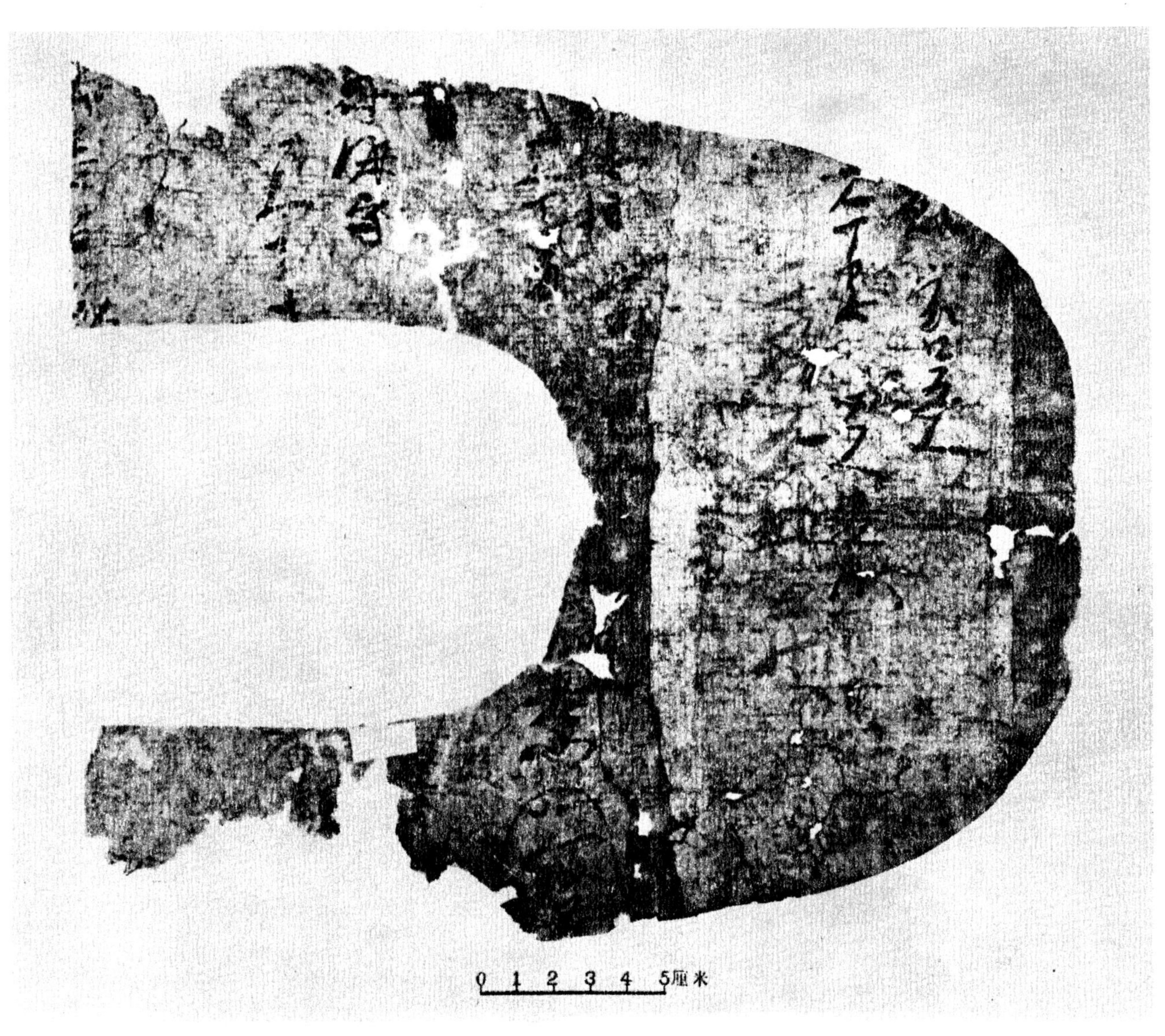

一九　唐德相等家口給糧一月帳　　67TAM91:23(b),22(b)

一九　唐德相等家口給糧一月帳

本件諸家口月給糧合計數均爲朱書，第六行有墨筆勾劃。

1 □石六斗五升

2 □□願家口五人

3 一人丁妻　四人老小

4 二石五斗五升

5 □德相家口七人

6 一人丁男　□□老小　一人小男

7 三石

8 符海守

9 一人丁妻

10 □壹伯家

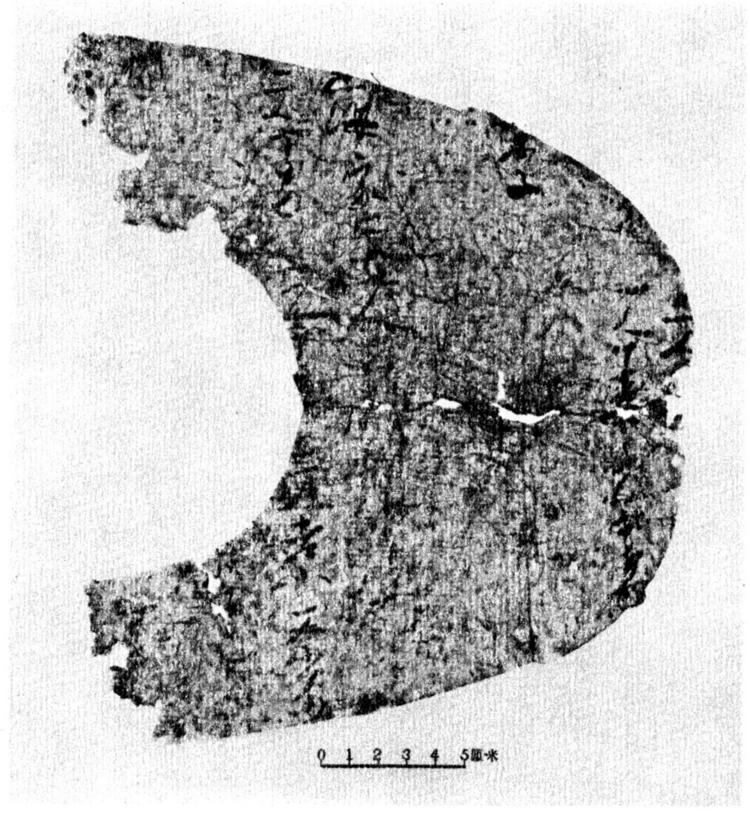

二〇　唐□海等家口給糧一月帳　67TAM91:21(b)

二一　唐殘名籍　67TAM91:21(a)

二〇　唐□海等家口給糧一月帳

本件諸家口月給糧合計數，均為朱書。

1 □五人
2 □男　一人丁妻　一人中男□
3 二石八斗
4 □子
5 □□海家口七人
6 二人丁男　二人丁妻　二人老小　一人小男
7 四石□

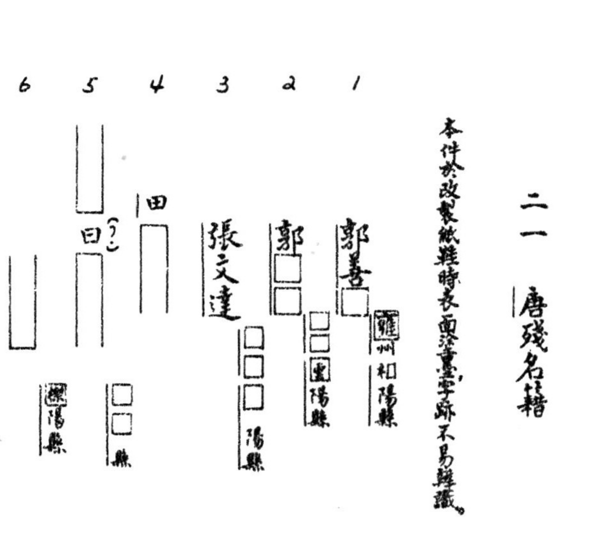

二一　唐殘名籍

本件於改製紙鞋時表面塗墨，字跡不易辨識。

1 郭善□　雍州和陽縣
2 郭□□　□□宜陽縣
3 張文達　□□□陽縣
4 田□
5 □曰（？）□　□□縣
6 □　濮陽縣

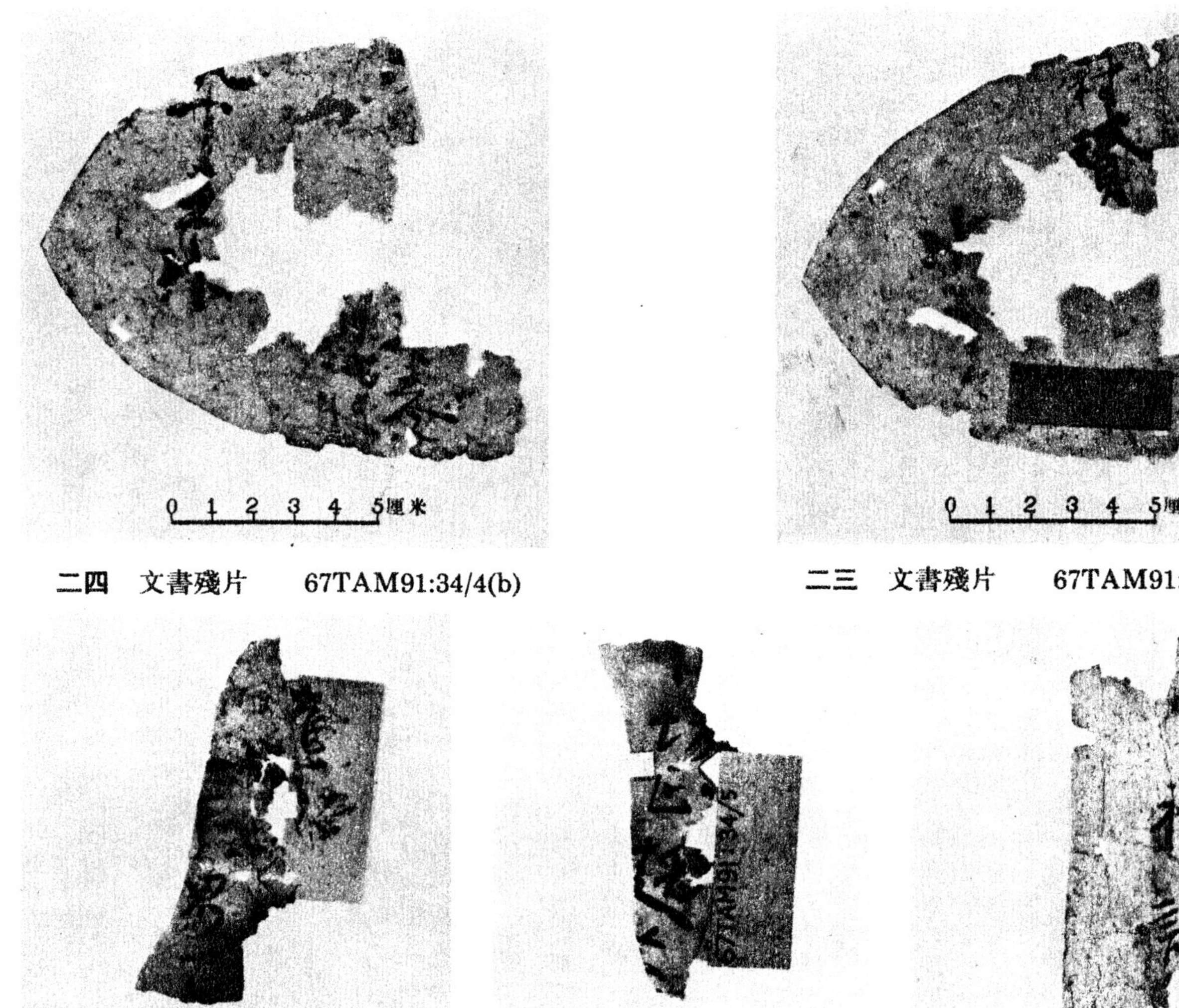

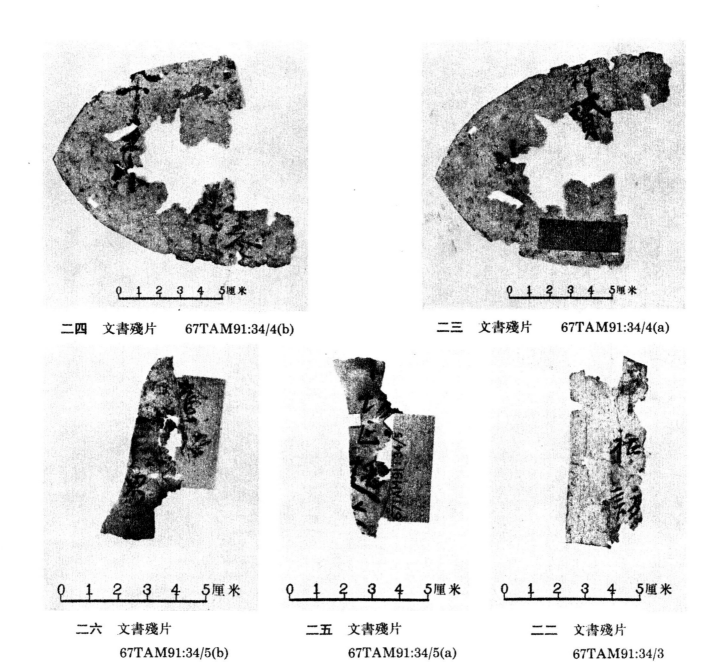

二四　文書殘片　67TAM91:34/4(b)

二三　文書殘片　67TAM91:34/4(a)

二六　文書殘片　67TAM91:34/5(b)

二五　文書殘片　67TAM91:34/5(a)

二二　文書殘片　67TAM91:34/3

阿斯塔那一五〇號墓文書

本墓僅一女屍，無墓誌及隨葬衣物疏。所出文書有紀年者，爲唐貞觀十九年（公元六四五年）。

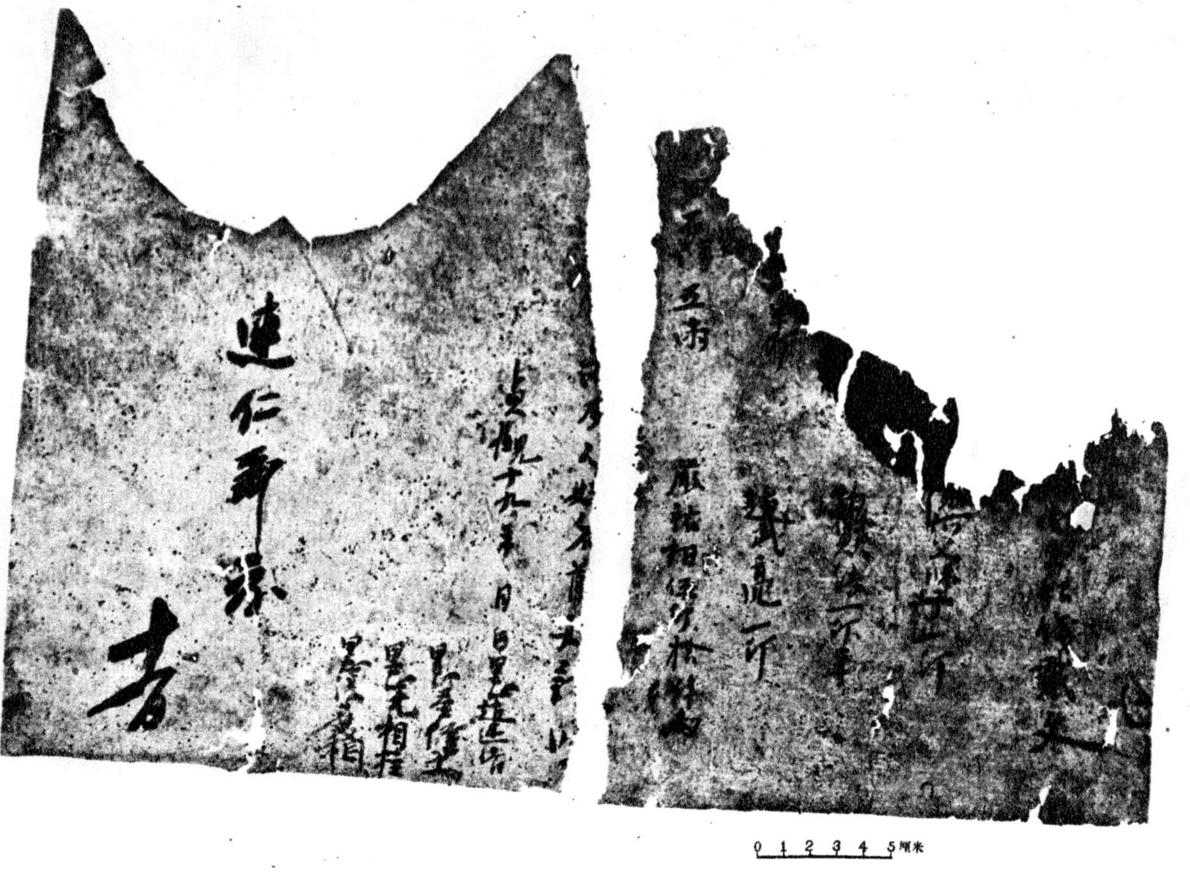

一　唐貞觀十九年(公元六四五年)里正趙延洛等牒　72TAM150:41(a)

一　唐貞觀十九年（公元六四五年）里正趙延洛等牒

本件騎縫背面有押字，不能辨認。

1 ［　　　］兩壹斤直銀錢貳文
2 ［　　　］陽阿父師子一斤
3 ［　　　］趙顒洛一斤半
4 ［　　　］半斤　趙武亮一斤
5 田石住五兩　嚴祐相伍斤拾肆兩
6 ［　　　］兩及人姓名前如[一]謹牒
7 貞觀十九年　月　日里正趙延洛
8 里正康隆士
9 里正左相柱
10 里正張慶相
11 連　仁剩示
12 十一日

注釋

〔一〕前如：原文如此。「如」字右上角當有「√」號，已缺。

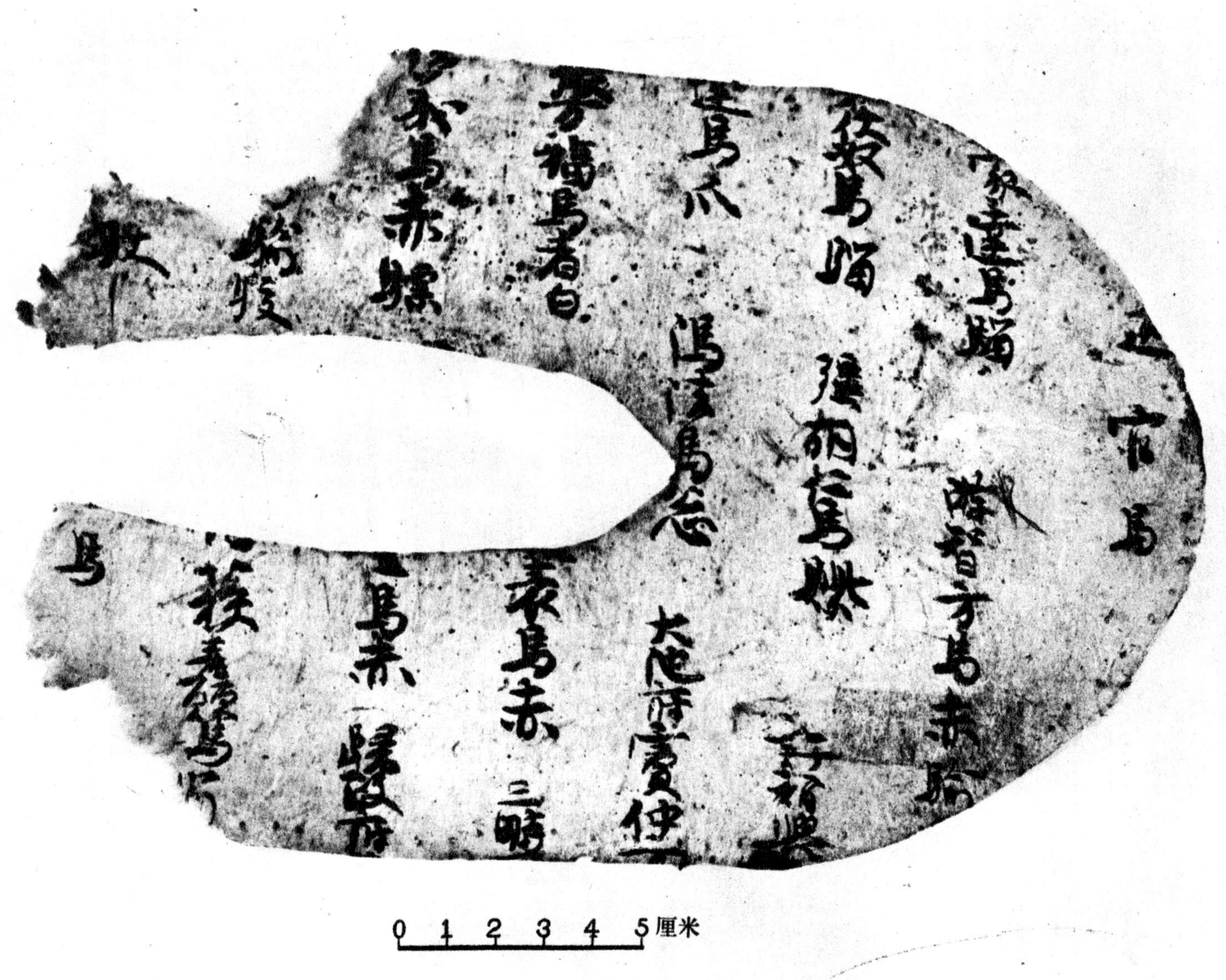

二　唐諸府衛士配官馬、馱殘文書一　　72TAM150:29

二　唐諸府衛士配官馬、馱殘文書一

1　□疋　官　馬
2　□蒙達馬騮　游智方馬赤騎　□
3　□[許]伏奴馬騮　彊胡仁馬騍　許智興·□
4　□達馬瓜　馮法馬忩　大池府賓仲[家]□
5　□[張]万福馬者（赭）白　□[文]表馬赤　三時□
6　□[法]義馬赤騍　□馬赤　歸政府□
7　□騎駮　□蘇善願馬[騮]
8　□馱　馬　□

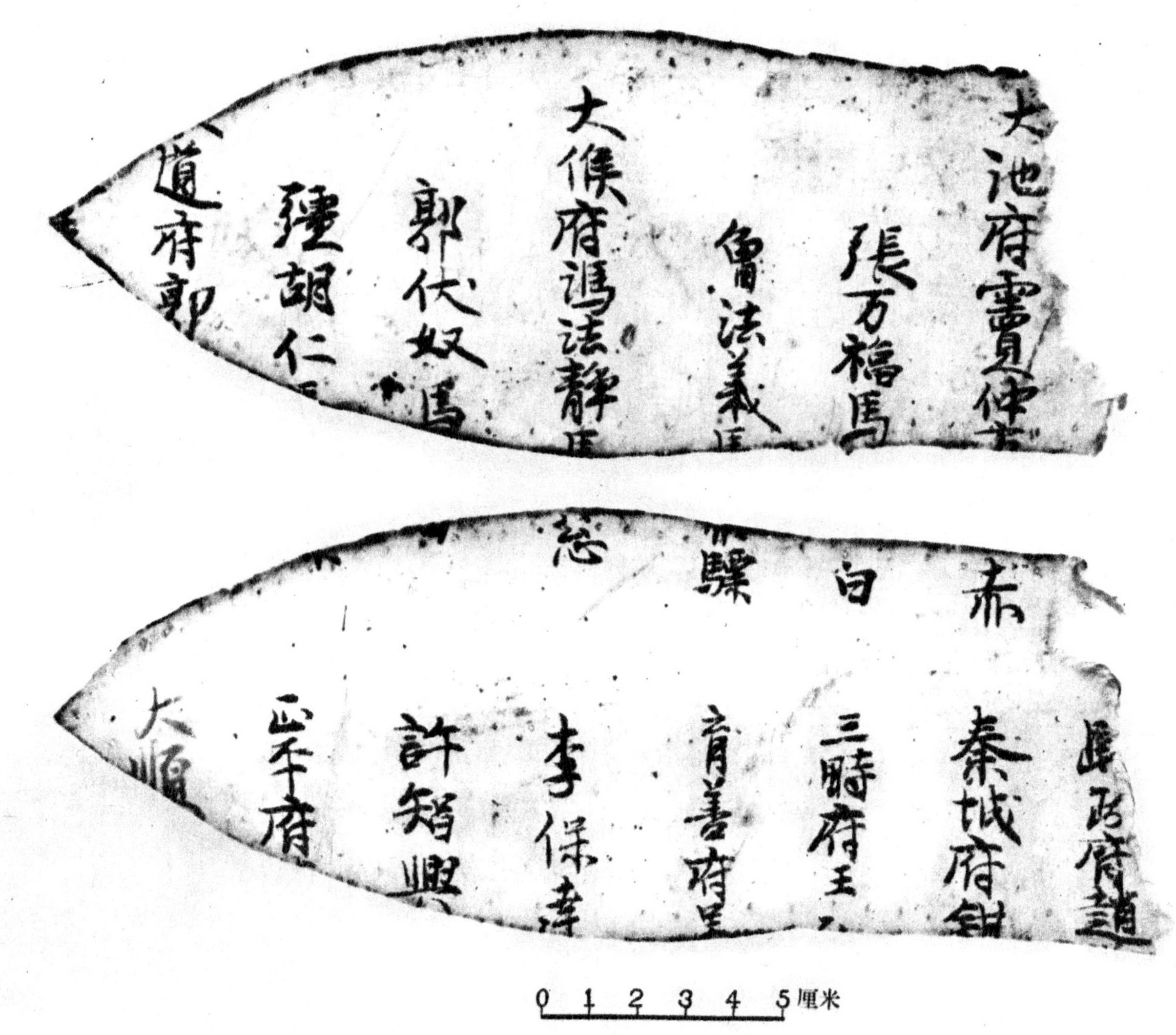

三　唐諸府衛士配官馬、馱殘文書二　　72TAM150:30,31

三　唐諸府衛士配官馬、馱殘文書二

1　[ ]　　　　歸政府趙[ ]

2　大池府竇(寶)仲方□赤　　　　秦城府鉗[ ]

3　張万福馬　白　　　　三時府王[ ]

4　魯法義馬赤驟　　　　育善府吴[ ]

5　大侯府馮法静馬忩　　　　李保達[ ]

6　郭伏奴馬□　　　　許智興[ ]

7　彊胡仁馬□□　　　　正平府[ ]

8　□道府郭[ ]　　　　大順[ ]

四　唐諸府衛士配官馬、馱殘文書三
72TAM150:32

五　唐羊珎等殘名籍　72TAM150:36

四　唐諸府衛士配官馬、馱殘文書三

1 ［　　］馬及十馱替
2 ［　　］攜蒙達馬騮　　游智方馬赤騎
3 □□［府］吴弘軌馬騎　　□政府趙善行馬□
4 □□□賨仲方馬赤　　□城府鉗耳文［表］□□
5 ［　　］怱　　□保達馬［　　］
6 ［　　］　　□智［興］［　　］
7 ［　　］［馬］［赤］［驃］

五　唐羊珎等殘名籍

1 ［　　］德
2 ［　　］羊珎
3 ［　　］史文倫
4 ［　　］衛紹相
5 ［　　］汜紹憙

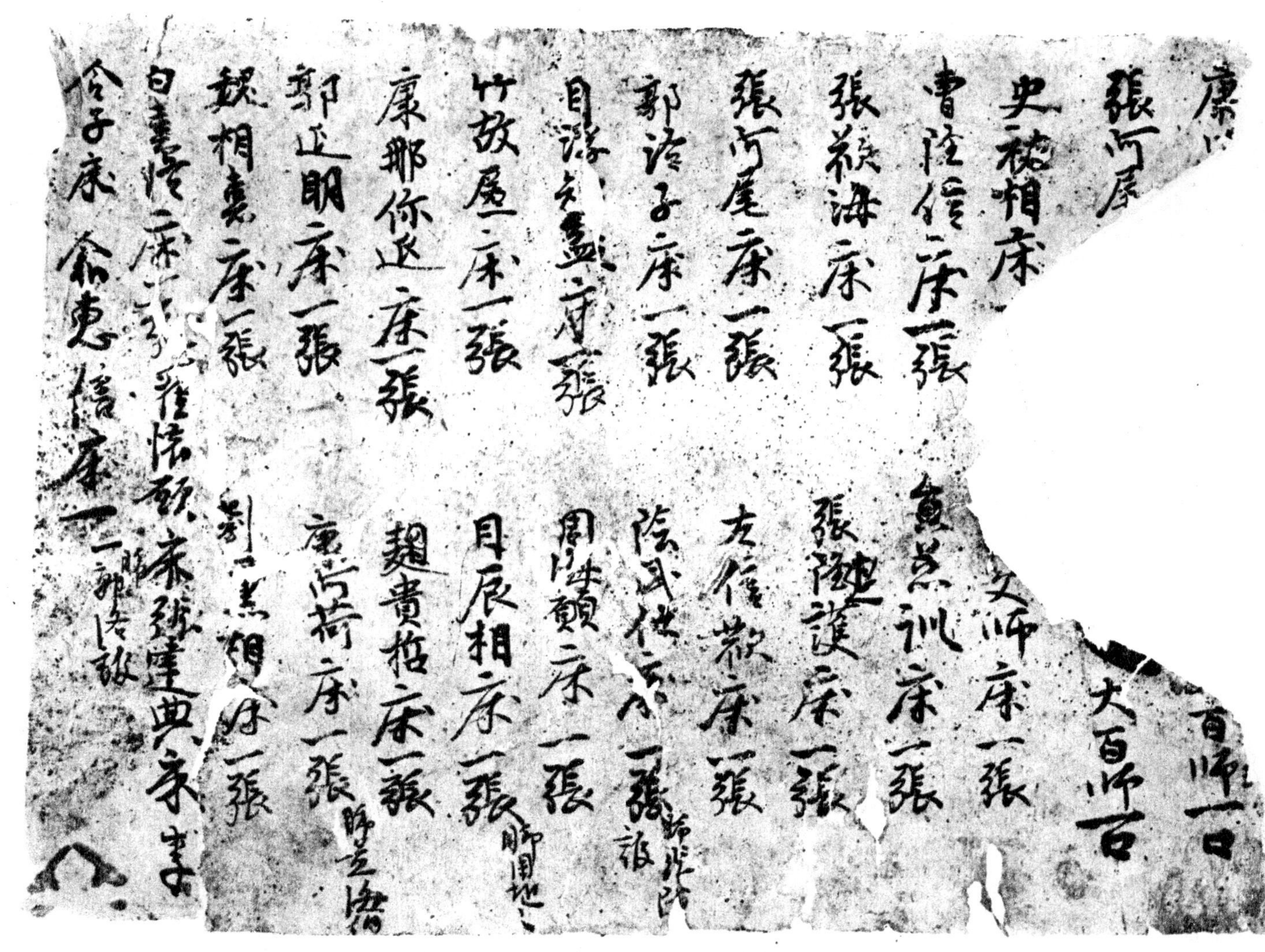

六　唐康某等雜器物帳　　72TAM150:40

六　唐康某等雜器物帳

本件及以下七件疑原屬一件，但前後關係無法確定，姑分別編排。

1 康□　　□[大]百師一口
2 張阿尾□　　□大百師一口
3 史祐相床[一]□　　□父師床一張
4 曹隆信床一張　　員忠訓床一張
5 張歡海床一張　　張隆[退]護床一張
6 張阿尾床一張　　左信歡床一張
7 郭洛子床一張　　陰武仕[床]一張　護　腳張隆
8 目浮[知]盆床一張　　周[海]願床一張
9 竹故匿床一張　　目辰相床一張　腳周[illegible]
10 康鄃你延床一張　　趙貴哲床一張
11 郭延明床一張　　[康]阿荷床一張　腳孟海伯
12 魏相惠床一張　　劉黑相床一張
13 白憙洛床一[張]　　翟懷願床張達典床李
14 合子床　　令狐惠信床一　一　腳郭洛護

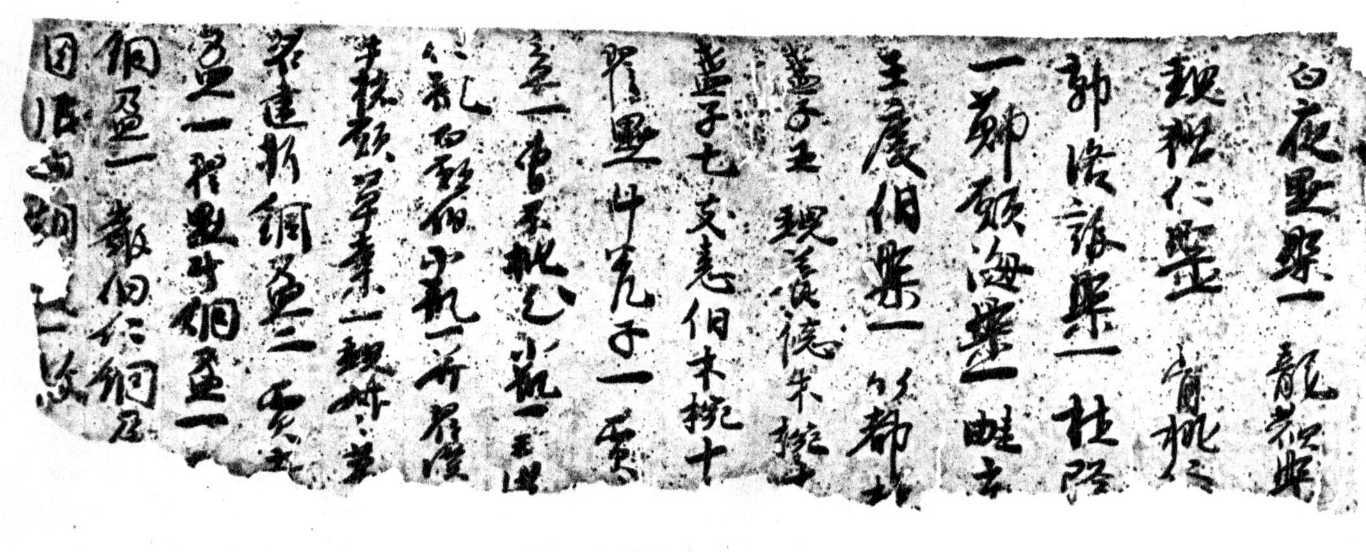

七　唐白夜默等雜器物帳　72TAM150:42

七　唐白夜默等雜器物帳

1 白夜默槃一　龍歡槃［　　］
2 魏貓仁槃一　骨桃仁［　　］
3 郭洛護槃一　杜隆［　　］
4 一鄭顏海槃一　畦玄□［槃一］　［趙］［醜］胡槃一
5 王慶伯槃一　竹都［柱］□□　杜海柱木椀四
6 盞子五　魏養德木椀十　嚴伯仁木椀十
7 盞子七　支憙伯木椀十□□八　郭養養瓮子一
8 翟默斗瓮子一　賈□□大盆一　王胡胡大
9 盆一　曹不之擬〔一〕小瓶一　王□□□瓶一　賈阿先瓶
一李居
10 仁瓶白顏伯小瓶一并翟漢□□索一　秋仁草索一
11 牛懷願草索一魏材材草□□　史尾尾銅盆二枚
12 翟建折銅盆二　賈［圭］□□盆一　竹忽澈銅
13 盆一翟默斗銅盆一［　　］銅盆一趙令峻
14 銅盆一嚴伯仁銅［盆］□　□利康鋺盞一枚
15 目張□胡［瓶］一枚

注釋

〔一〕曹不之擬：原作「曹不擬之」，「之」字右上有一點。按同墓《唐翟建折等雜器物帳》中有「曹不之擬」，其「之」字右上無點，則知本件「之」字右上一點係互乙符號，遂據改。

九　唐曹摩羅等雜器物帳　72TAM150:45

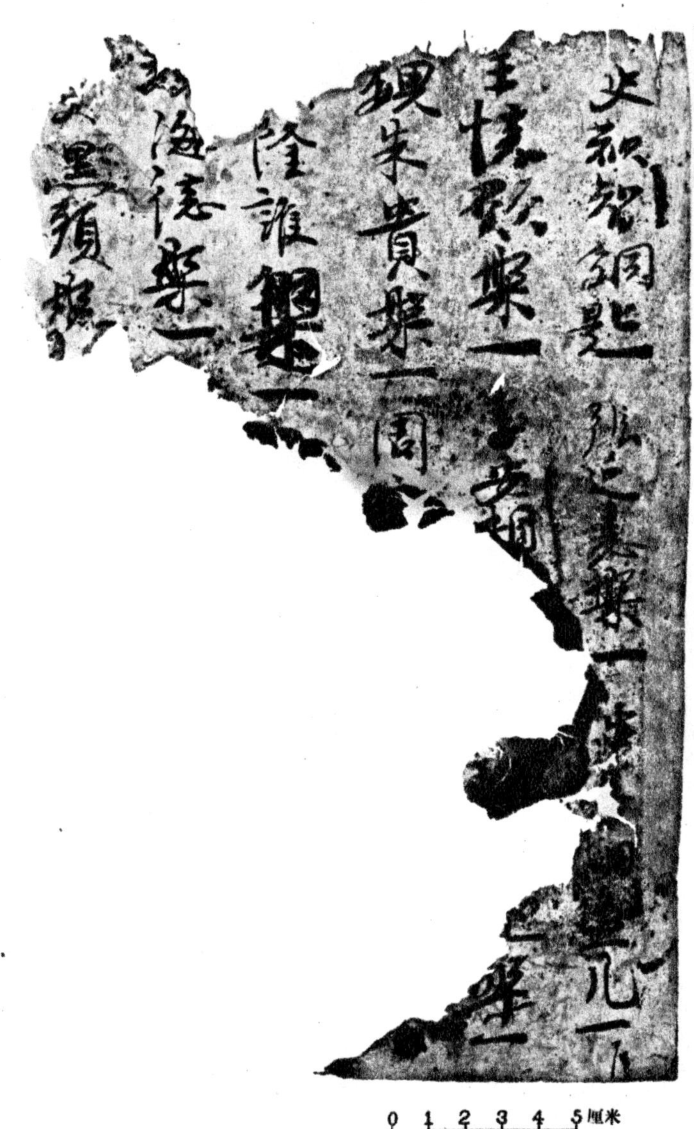

八　唐史歡智等雜器物帳　72TAM150:44

八　唐史歡智等雜器物帳

1　史歡智銅匙　張延憙榘一　串善相銅盃几一

2　王懷願榘一　李安相［　　］魏□□榘一

3　魏朱貴榘一　周［　　］

4　□隆護榘一［　　］

5　[魏]海德榘一［　　］

6　[史]黑頭[榘]［　　］

九　唐曹摩羅等雜器物帳

1　［　　］[銅][匙]［　　］

2　［　　］曹摩羅銅匙

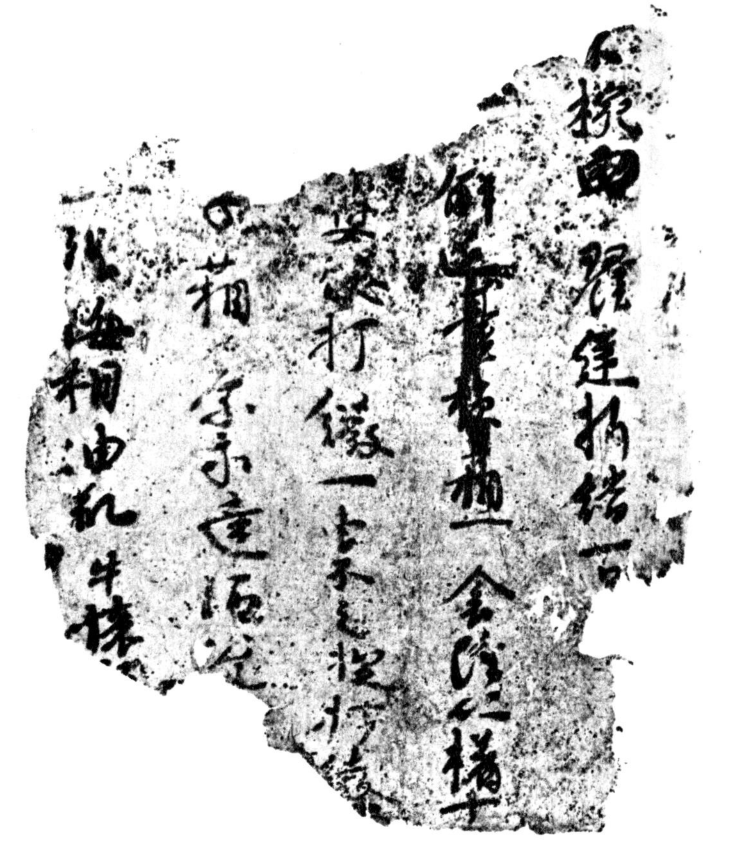

一〇　唐翟建折等雜器物帳　72TAM150:46

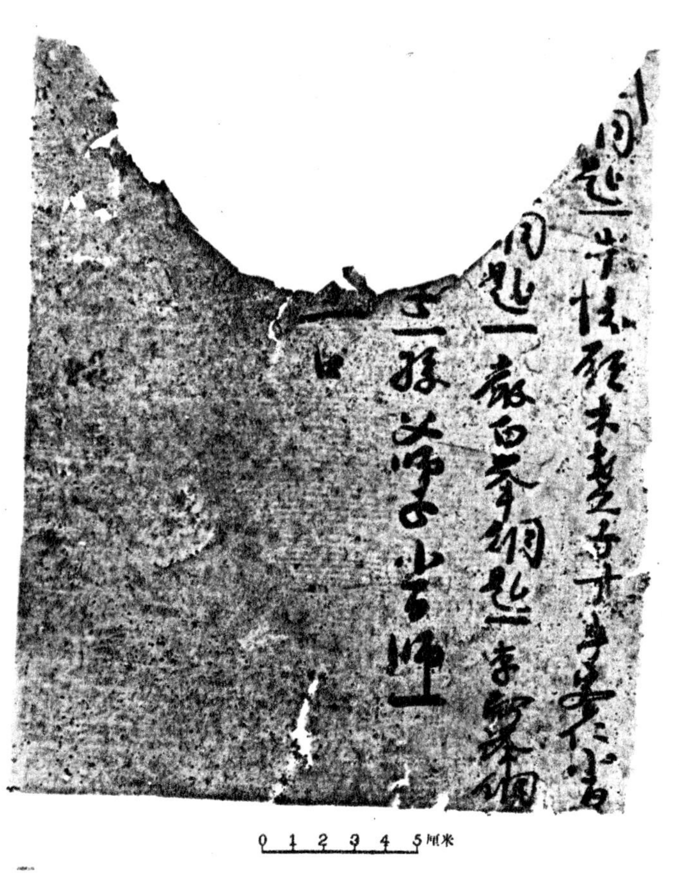

一一　唐牛懷願等雜器物帳　72TAM150:47

一〇　唐翟建折等雜器物帳

1　□木椀四　翟建折鐺一口
2　□解延(豐殖一)箱一　令狐隆仁楮十
3　□[康]婆德打鐵一　曹不之擬打鐵一
4　□[子]箱　索永達酒瓮(瓮)□
5　□[一]張海相油瓶牛懷[願]□

一一　唐牛懷願等雜器物帳

1　□銅匙一　牛懷願木蓋子十　牛客仁小百
2　□銅匙一嚴白舉銅匙一、李阿舉銅
3　□子一孫父師子小百師一
4　□一口

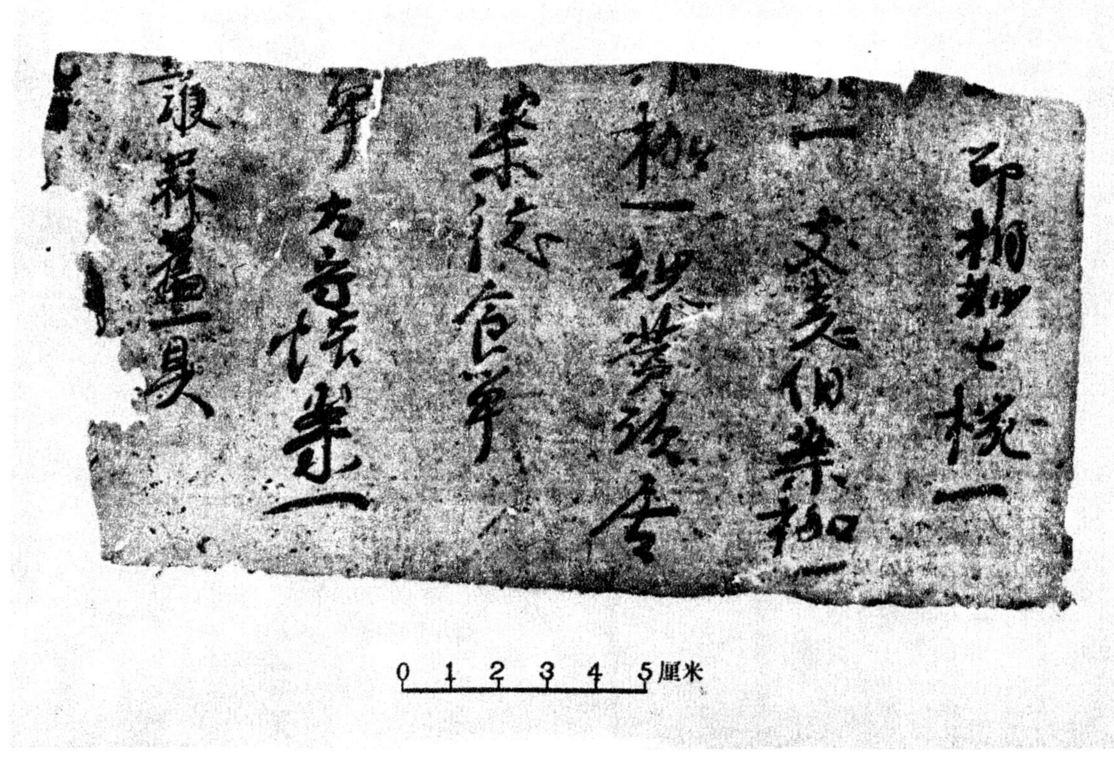

一二　唐邵相歡等雜器物帳　　72TAM150:48

一三　唐□尾々等雜器物帳　　72TAM150:49

一二　唐邵相歡等雜器物帳

1 □邵相歡七椀一
2 □[枷]一　文惠伯業枷一
3 □[業]枷一、魏黃頭居
4 □安德食單
5 □單　左（三）守懷業一
6 □護蒜蓋一具

一三　唐□尾々等雜器物帳

1 □尾々大鍬一　安秃子栗蓋一（三）　員申智[阿][巽]

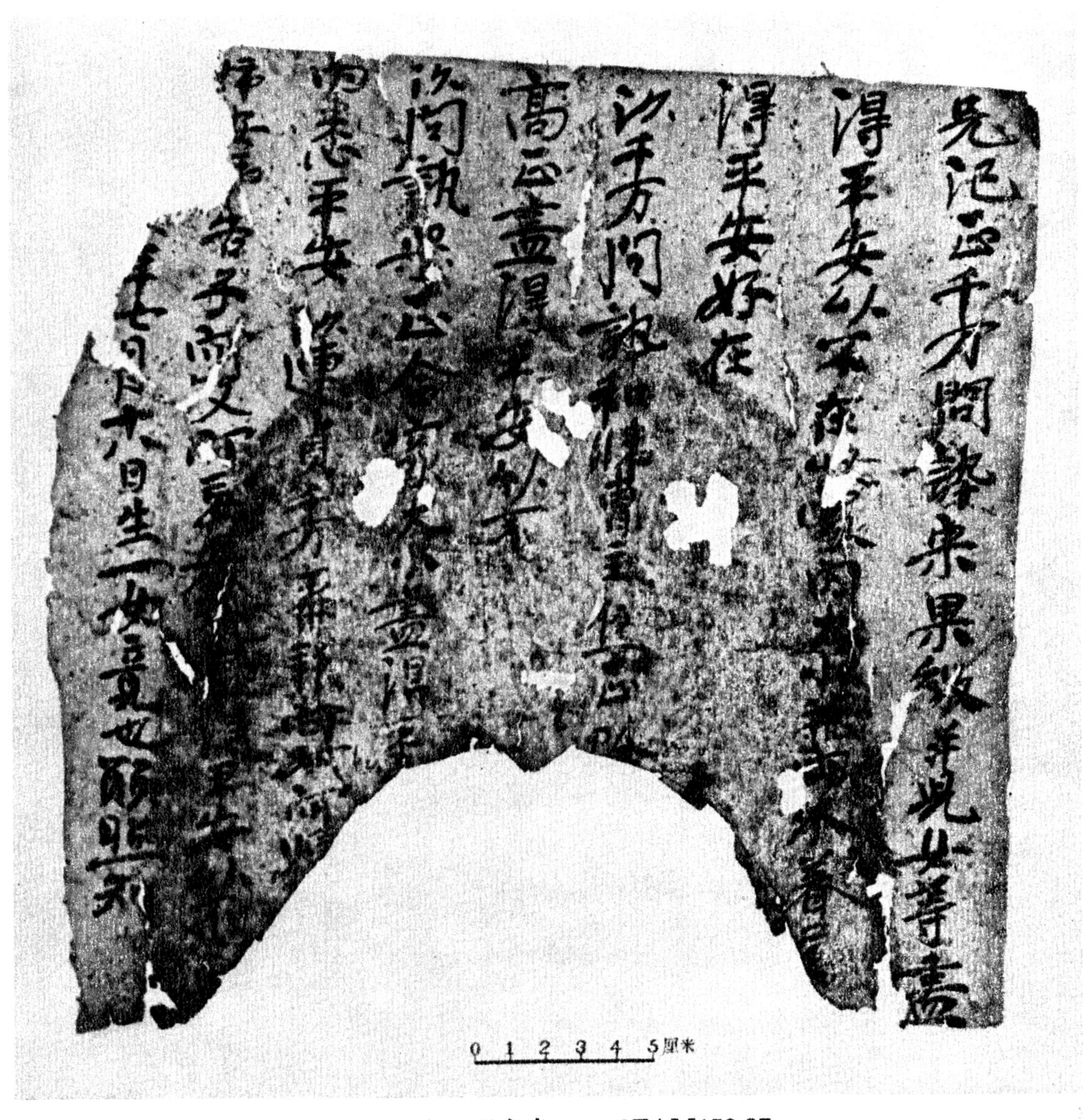

一四　唐汜正家書　　72TAM150:37

一四　唐汜正家書

1 兄汜正千万問訊宋果毅并兒女等盡
2 得平安以不；在此家内大小并内外眷屬
3 得平安好在。
4 次千万問訊和師、曹主、焦正[臣]□
5 高正盡得平安以不；
6 次問訊宋正合家大小盡得平[安]□
7 内悉平安。次連貞千万再拜阿叔、阿[嬸]□
8 姊安□告子阿父、阿妄居現極得平安以不；連
9 □年七月十八日生一女竟也，願照知。

一五　唐僧净眼家書　　72TAM150:39

一五　唐僧淨眼家書

違離積載，思莫□
秋氣漸寒，不審□
三寶恩，得依衆□
覲未期，唯增戀□
來，迄至今日不得□
論，今因諸法師還□
兩箇姉及惠成訊□
彪訊自餘姪兒及□
等至彼之日，宜於海□
白寺主、高寺主兄相伯師、寶[海]□
道法師、惠寂、智定等大者□
海伯、海究兄海祐、汜隆武□
知識，並悉忘去，為此書□嘖耳，去人忩(悤)ゝ，言不多
悉，唯知泣望，趣海住隨書□舅兄弟姉妹並通問訊。
已下空。
□年九月十一日僧淨眼書

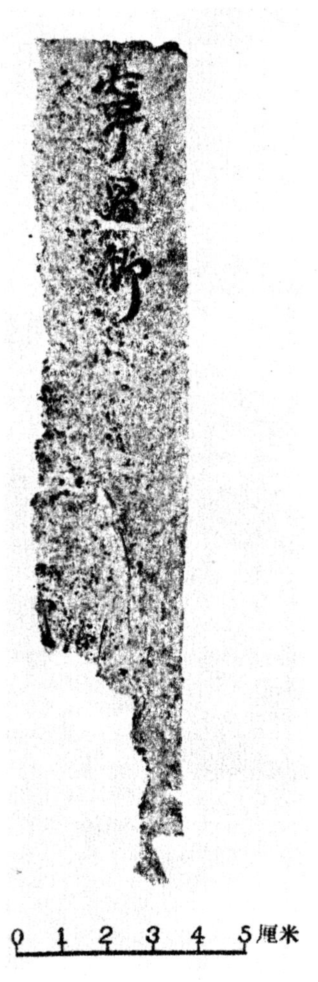

一七　文書殘片
72TAM150:43

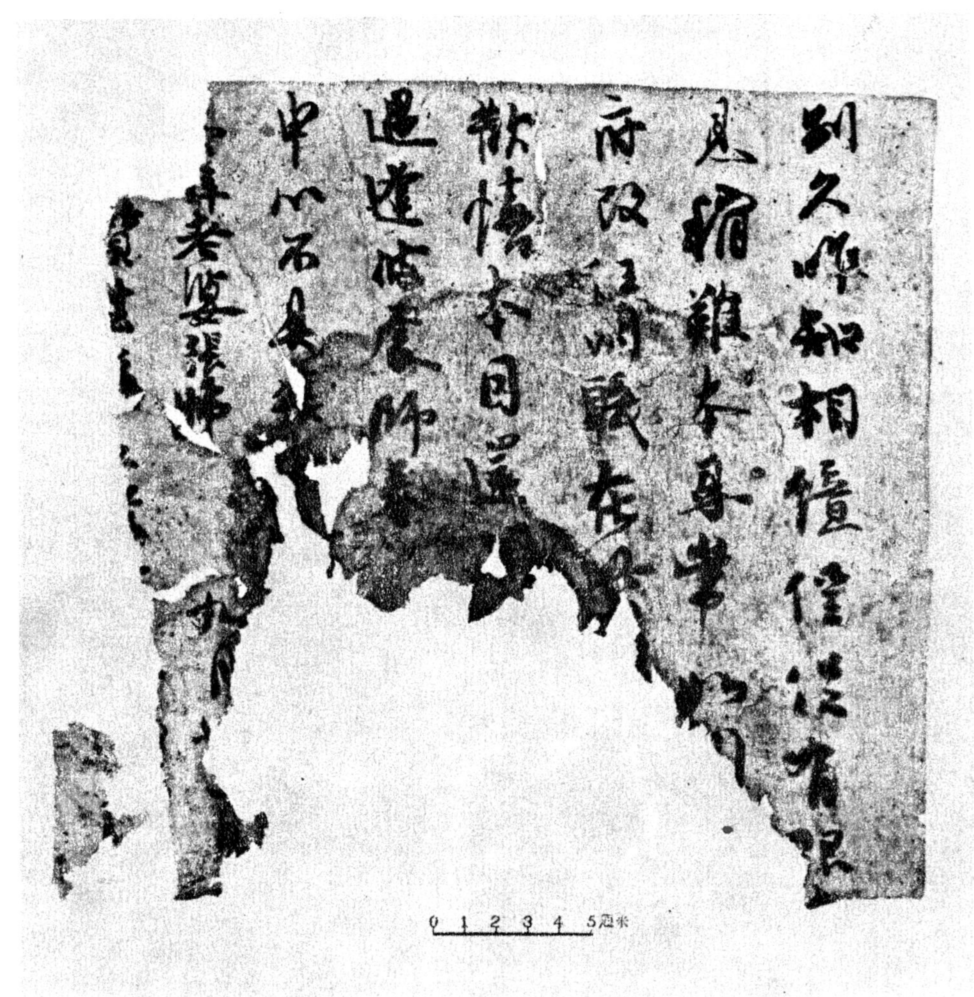

一六　唐某人九月廿一日書牘　　72TAM150:38

一六　唐某人九月廿一日書牘

1　别久，昨知相憶，傜役有限，□
2　見稍難。本尋常如□□□
3　府改任州職，在此［　　］
4　歡悵，本因還［閤］［　　］
5　遇逢彼處師奉［　　］
6　申心不具張［　　］
7　□拜老婆，張姉　　九月［廿］［一］日
8　［　　］［覓］［去］□□□□［　　］

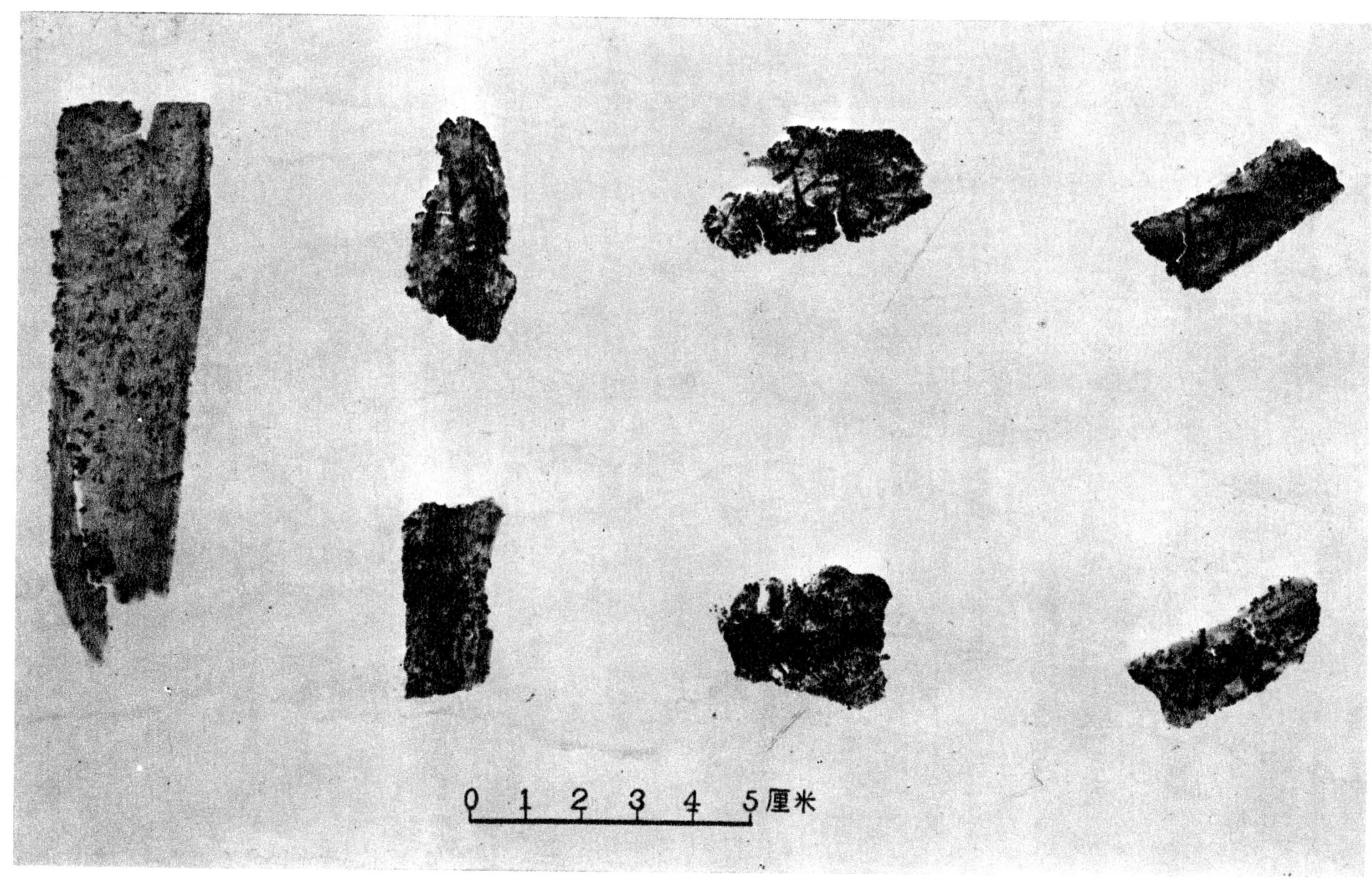

一八　文書殘片　　72TAM150:50/1～50/7

阿斯塔那一六號墓文書

本墓出有唐貞觀二十一年（公元六四七年）唐武悦墓表一方。所出文書僅一件，紀年已殘，其程式、筆意均屬唐代。

一　唐趙尾塠配役文書　64TAM16:20

一　唐趙尾塠配役文書

1 ［　　　］[点]户　（下殘）

2 ［　　　］趙尾塠[年][十]五　（下殘）

3 （上殘）右件人配[酒]［　　　］

4 （上殘）當仰應上［　　　］

阿斯塔那二一〇號墓文書

本墓係合葬墓，女屍在外。出衣物疏一件，無紀年。其餘文書有紀年者，最早爲唐貞觀二十三年（公元六四九年），最晚爲廣德元年（公元七六三年）。同墓出有上蓋「安西都護府之印」文書一件。史籍記載貞觀十四年於西州置「安西都護府」，則此墓當在唐初。同墓所出廣德文書，去貞觀甚遠，疑爲後世盜擾混入。

一　唐唐太夫人隨葬衣物疏　　73TAM210:136/1

一　唐唐太夫人隨葬衣物疏

1　朱衣同(龍)官(冠)一　□□一具　韓卅具　帶卅具

2　□游卅具　頭髮五十兩　釵梳卅具

3　大衫并早衫五十具並是綾羅　金鈚并銂刀子各五十具

4　指環耵〔一〕環各五十具

5　裙緋綾紫綾并錦卅量　緋綾褌卅具

6　披子卅枚并是綾　紫綾褶卅五領（十五大綾　十小綾）

7　袴卅量（十量大綿　十量大綾）　五明鮮鞋卅五量（十五具小　十具□）

8　并羅韓　鞋韈靴卌五量（廿五量錦縲　廿量平文）

9　靴鞠伍拾具並絲　黃金千斤　白銀千兩

10　小麥及大麦三万石　粟糜各二万　奴婢五十口

11　車牛五十乘　羊、馬、驢、牛、駝、騾等總

12　三百五十頭疋　悉是平生用具隨意

13　取用，不得迴面。付東海唐太夫人神領，付与

14　黃泉急急如律令！

注釋

〔一〕耵：疑爲「耳」之誤。

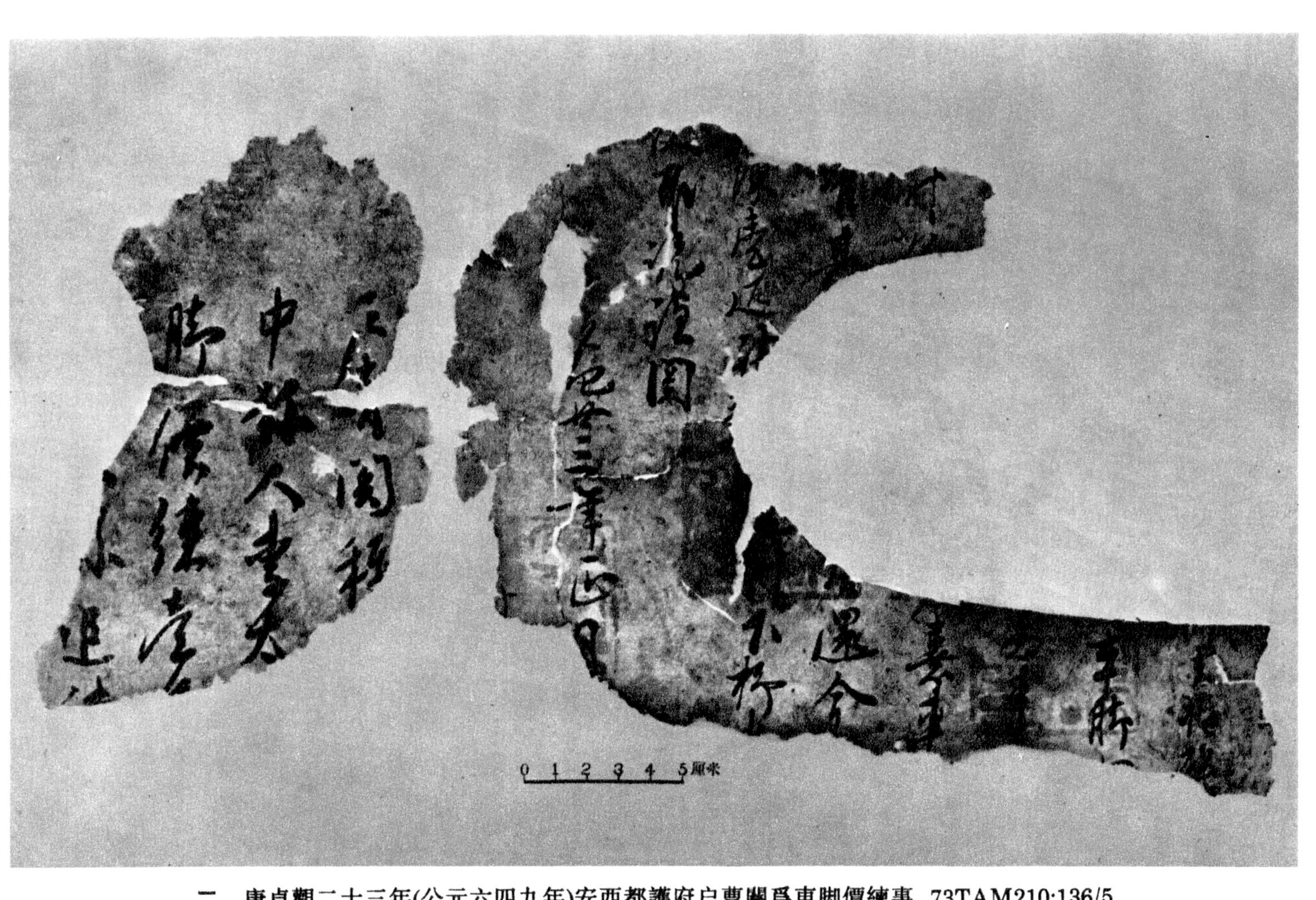

二　唐貞觀二十三年(公元六四九年)安西都護府户曹關爲車脚價練事　73TAM210:136/5

二　唐貞觀二十三年（公元六四九年）安西都護府戶曹關爲車脚價練事

本件殘存「安西都護府之印」三處。

1 [ ]主將[啓][ ]
2 [ ]車脚」[ ]
3 [ ]」惠車[ ]
4 □計[欠][ ][太]惠車[ ]
5 □准其[ ]還今[ ]
6 □練壹疋[肆]（？）[ ]判下柳[中][ ]
7 □取訖謹関。
8 貞[觀]廿三年正月[ ]
9 [ ]　[ ]
10 戶曹関[稲][ ]
11 中縣人曹太[ ]
12 脚價練壹[ ]
13 [ ]追[ ]

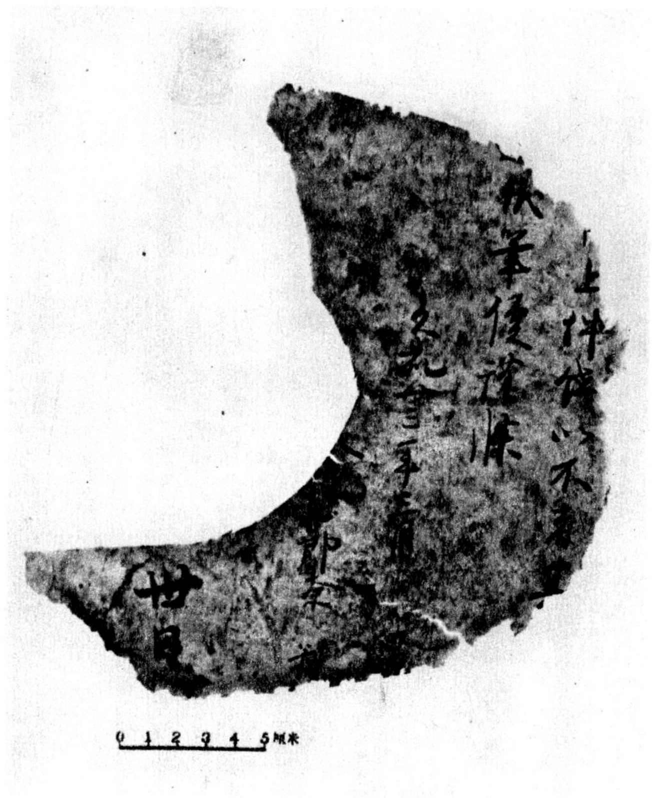

三　唐貞觀二十三年(公元六四九年)殘牒爲紙筆價錢事　73TAM210:136/9

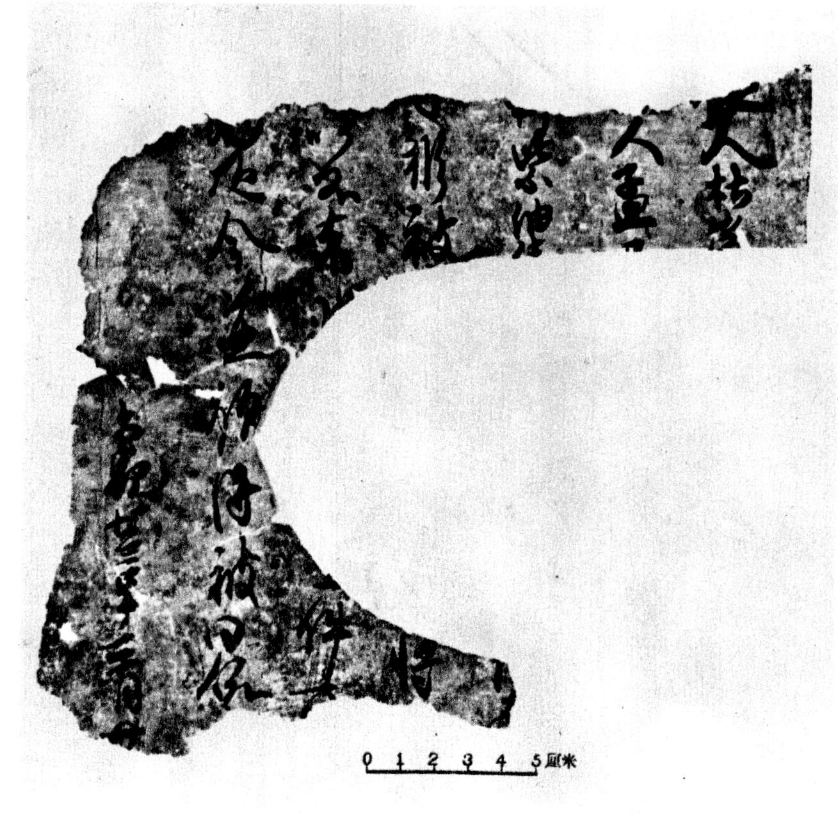

四　唐貞觀二十三年(公元六四九年)杜崇禮等辯辭爲綾價錢事　73TAM210:136/8

三　唐貞觀二十三年（公元六四九年）殘牒爲紙筆價錢事

1 ［　　］上件錢以〔一〕不者，其［　　］

2 ［　　］紙筆價。謹牒。

3 貞觀廿三年三月　　日白［　　］

4 ［　　］將仕郎秦　智

5 ［　　］

6 卅日

注釋

〔一〕此處原有朱筆批語，殘不可識。

四　唐貞觀二十三年（公元六四九年）杜崇禮等辯辭爲綾價錢事

本件人名殘缺處，如「崇」下缺一「禮」字。又五、六行之間夾行書寫爲朱筆批語，三、四行之間亦見有朱筆批語，殘缺不可識。

1 ［　　］人杜[崇]［　　］

2 ［　　］人孟［　　］

3 ［　　］紫紬[綾]［　　］

4 ［　　］辯被［　　］將［　　］

5 ［　　］以不者，［　　］件［　　］

□□領□疋同□

6 ［　　］[兩]疋今並領得。被問依［　　］

7 貞觀廿三年三月廿［　　］

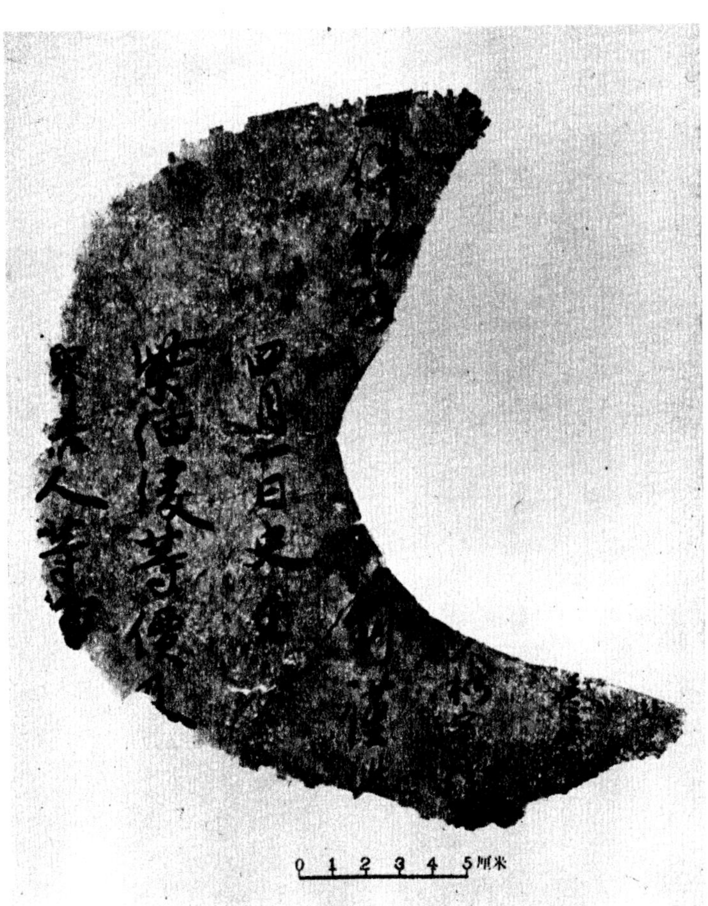

五　唐史王公□牒爲杜崇禮等綾價錢事
73TAM210:136/10－3

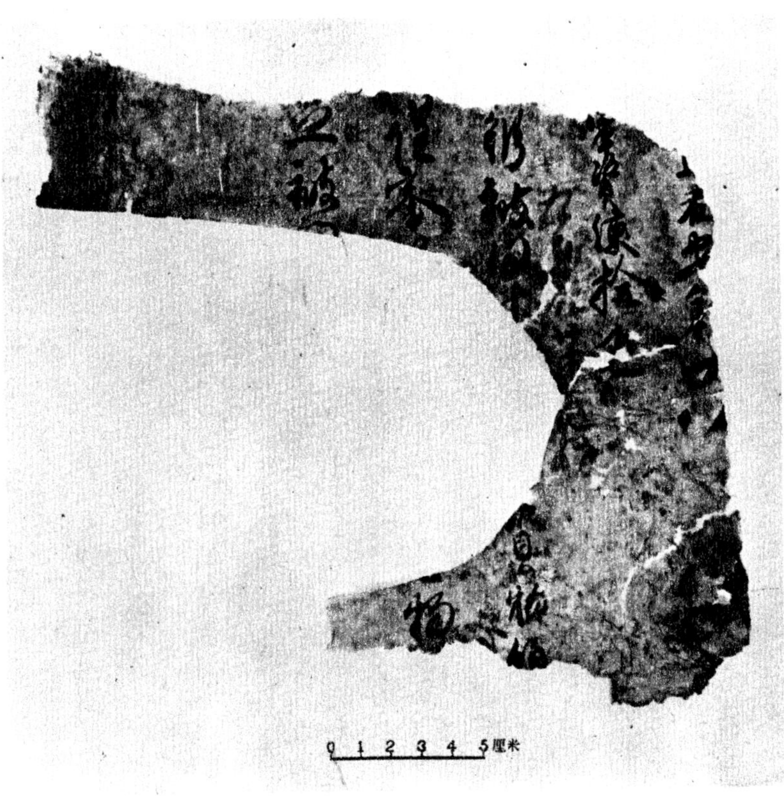

六　唐君安辯辭爲領軍資練事　73TAM210:136/10－1(a)

五　唐史王公□牒爲杜崇禮等綾價錢事

本件紀年已缺，内容與前件同，應亦在貞觀二十三年（公元六四九年），今列其後。

1 〔　　〕營[合]〔　　〕
2 〔　　〕叁文。
3 [高][昌]〔　　〕人杜崇禮[等]
4 上件物及〔　　〕到謹[牒]。
5 四月一日史王　公□
6 紫紬綾等價[叉]〔　　〕
7 譯語人等〔　　〕

六　唐君安辯辭爲領軍資練事

本件二、三行間有朱筆批語。又二行「拾」字右側有朱點一處。本件紀年殘缺，據行間朱筆批語與前《唐貞觀二十三年杜崇禮等辯辭》中批語字跡相同，本件年代應亦相當。

1 〔　　〕[君][安]年廿八　　一安〔　　〕
2 〔　　〕軍資練拾疋
　右勘領廿疋同付
3 〔　　〕辯被問[付]〔　　〕資物領〔　　〕
4 〔　　〕謹審〔　　〕物〔　　〕
5 〔　　〕□被[問]〔　　〕

七　唐西州高昌縣譯語人康某辯辭爲領軍資練事

73TAM210:136/10－2

七　唐西州高昌縣譯語人康某辯辭爲領軍資練事

本件内容爲軍資練事，與上件相同，又同墓所出《唐史王公□牒》亦有譯語人年代應亦相當。又二、三行間有朱筆批語，已殘。

1　[高]昌縣譯語人[康]

2　軍資練拾疋　領

3　辯被問付[上]

4　□但

八　唐顯慶三年(公元六五八年)具注曆　　73TAM210:137/1,137/3,137/2

八　唐顯慶三年（公元六五八年）具注曆

本件紀年已缺。知前為正月，並推知元日為甲申。又據行二〇「九月節」一句，知此段為殘九月曆，並推知一日為庚辰。一二至一九行雖殘，未知何月，亦可推知一日為辛巳。查《二十史朔閏表》，知唯高宗顯慶三年元日為甲申，九月一日為庚辰，其年七月一日為辛巳。因定本件紀年為唐顯慶三年。

1 ［　　］思天赤毋［　　］
2 ［　　］四月小［　　］
3 □[月]大　八月[小]　九月□　十月大　十一
月□［　　］
4 □[月]大
5 □□甲申水破　歲位、陽破陰衝。
6 □日乙酉水危　歲位、小歲、往後亡葬吉。
7 □日景戌土成　歲對小歲後。
8 四日丁亥土收　歲對小歲後、嫁娶、毋倉、移徙、修
宅吉。
9 五日戊子火開　歲對、毋倉、加冠、入學、起土、移徙、
修井竈、種蒔、療病[吉]
10 六日己丑火閉　歲對歸忌、血忌。
11 □□□□□□　三陰孤辰。
12 □□□□□□□　［　　］[歲]前九坎、療病、斬草
吉。
13 □□□□□□[滿]　歲後小歲前、毋倉。
14 □九日己亥木平　歲後、祭祀、納婦、加冠吉。
15 卄日庚子土定　歲後、加冠、拜官、移徙、坏土墻、

脩宮室、脩碓磑吉。

16 廿一日辛丑土執　　歲後、母倉、歸忌、起土吉。

17 廿二日壬寅金破　　歲後、療病、葬吉。

18 廿三日癸卯金危　　歲後、結婚、移徙、斬草吉。

19 廿四日甲辰火成下弦　　陰錯。

20 □□□□□□[九][月][節]　　[歲][對]天恩、[母][倉]、祭祀、拜官、結

婚、[嫁][娶]、入[學]、[修]□

21 四日癸未木收　　歲對天恩、納徵、嫁娶吉。

22 五日甲申水開　　歲對葬、解除。

23 六日乙酉水閉　　歲位小歲前、塞穴、解除、葬吉。

24 七日景戌土建　　歲位小歲前、

25 八日丁亥土除　　歲位小歲前、脩井、碓、磑、療病、

解除、掃舍吉。

26 九日戊子火滿上弦　　歲位歸忌。

27 十日己丑火平　　歲位。

28 十一日庚寅木定　　行□。

29 □二日□□□□　　□

九　唐廣德元年(公元七六三年)納稅錢及館賠叨大錢帳
73TAM210:136/17

一〇　唐安西都護府殘牒(一)
73TAM210:136/3－1(a)

九　唐廣德元年（公元七六三年）納稅錢及館賠叨大錢帳

本件一行記「貳年」，二行記某年「十二月廿三日」，四行記「廣德元年」。據兩《唐書·肅宗代宗本紀》，代宗於寶應元年三月即位，仍用寶應年號，次年七月改元廣德。如一行之「貳年」上缺「寶應」二字，二行「年」字上缺「廣德元」三字。

1　（前缺）［貳］年第一限稅錢
2　年十二月廿三日
3　館賠叨大錢
4　［廣］德元年

一〇　唐安西都護府殘牒

本件存殘印三方，辨認為「安西都護府之印」。

（一）

1　［闕］吏部
2　［闕］至准　勅此已［牒］伊
3　物牒至准　勅分付記
4　請受故牒。
5　年十二月廿〔一〕

注釋

〔一〕此處背部騎縫上押「眺」字。

一〇　唐安西都護府殘牒(二)　73TAM210:136/3－2

一〇　唐安西都護府殘牒(三)　73TAM210:136/3－3(a)

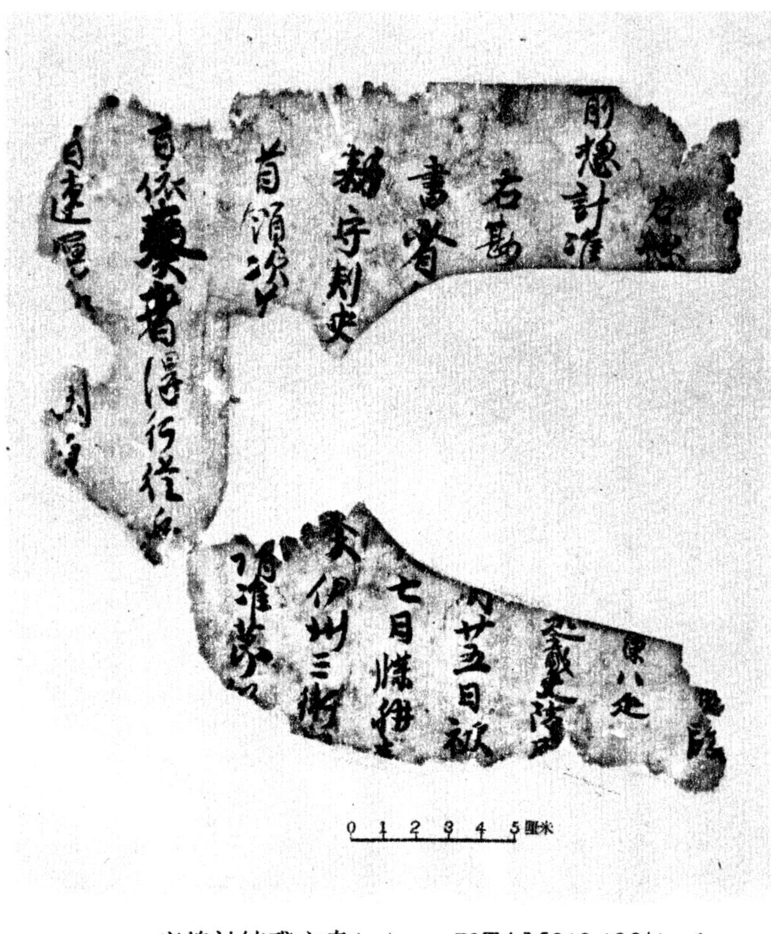

一一　唐總計練殘文書(一)　73TAM210:136/4－1

（二）

1 [　　　]參軍張[　　　]

2 [　　　]高昌縣丞[　　　]

（三）

1 [　　　]檢無稽失〔一〕

2 [　　　]勾訖

注釋

〔一〕此處背部左側殘存「唯」字。

一一　唐總計練殘文書

（一）

1 [　　　]貳段

2 右總[　　　]練八疋

3 前總計准[　　　]疋貳丈陸尺　〔下殘〕

4 右勘[　　　]月廿五日被

5 書省[　　　]七日牒稱奉

6 勑守刺史□□□奏伊州三衛[　　　]

7 首領次[　　　]請准節[　　　]

8 旨依奏者，得行從兵[　　　]

9 旨連寫如□關至[　　　]

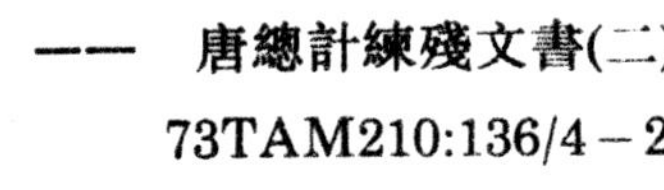

一一　唐總計練殘文書(二)
73TAM210:136/4－2

一一　唐總計練殘文書(三)
73TAM210:136/4－3

一二　唐安西都護府運糧殘文書　73TAM210:136/2－1,136/2－2

（二）

1 ［　］軋［　］
2 ［　］□領［　］

（三）

1 □□如前謹［　］
2 二月九日［　］
3 録申省
4 十四日白

一二　唐安西都護府運糧殘文書

本件蓋有「安西都護府之印」數方。

1 ［　］稱得家令寺［　］
2 ［　］往涼州以西諸州［　］
3 ［　］運粮致死者［　］
4 ［　］至件録［　］
5 ［　］倉曹被省［　］
6 ［　］成狀□奉［　］
7 ［　］所有［　］
8 ［　］勘當［　］

一三　唐典傅守珪殘牒　　73TAM210:136/15

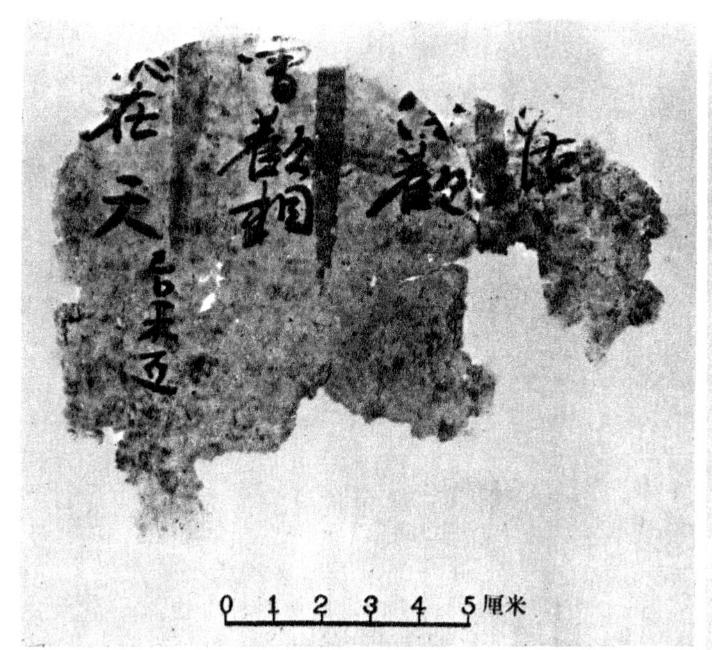

一四　唐西州都督府諸司廳、倉、庫等配役名籍(一)
73TAM210:136/12－1

一三　唐典傅守珪殘牒

本件背面塗黑，存一殘印，文不可識。

1 此已各[牒]□

2 [伏]聽處分者，謹録牒上，謹牒。

3 日典傅　守　珪　牒

4 上柱國楊處敏

一四　唐西州都督府諸司廳、倉、庫等配役名籍（一）

1 □□洛

2 □□歡

3 曹歡相

4 □在天　已上木匠

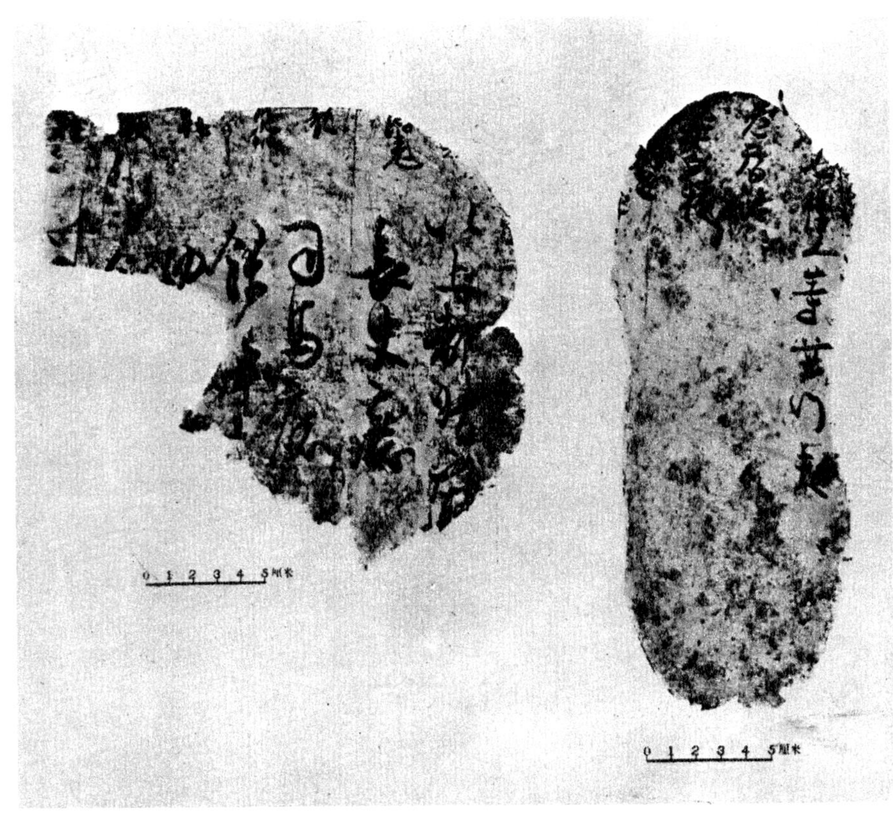

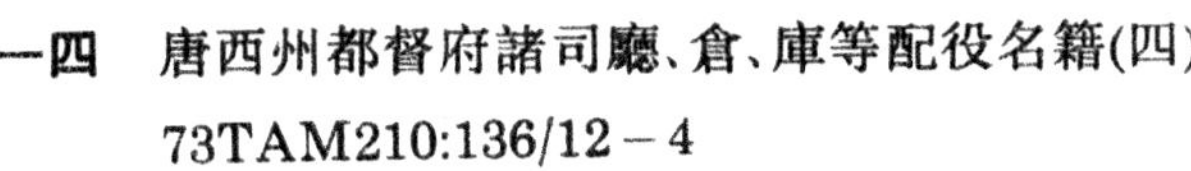
一四　唐西州都督府諸司廳、倉、庫等配役名籍(四)
73TAM210:136/12－4

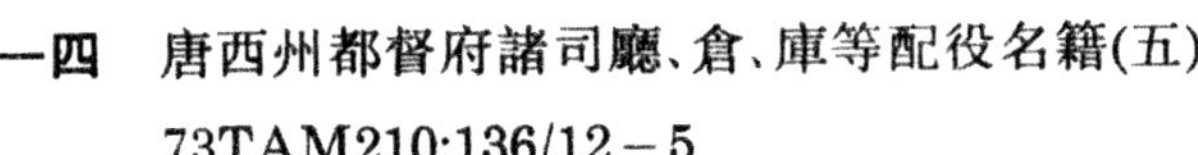
一四　唐西州都督府諸司廳、倉、庫等配役名籍(五)
73TAM210:136/12－5

一四　唐西州都督府諸司廳、倉、庫等配役名籍(三)　73TAM210:136/12－3

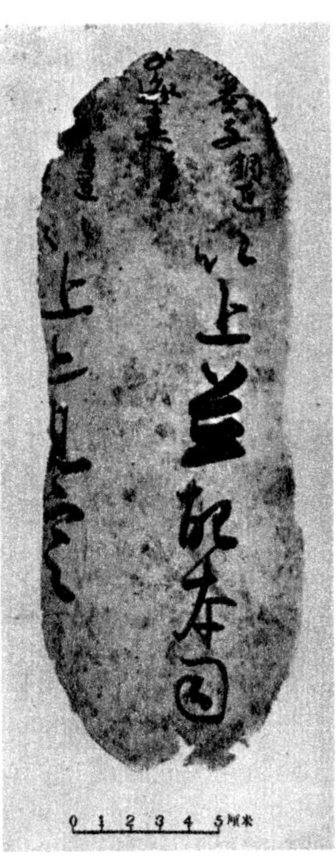

一四　唐西州都督府諸司廳、倉、庫等配役名籍(二)　73TAM210:136/12－2

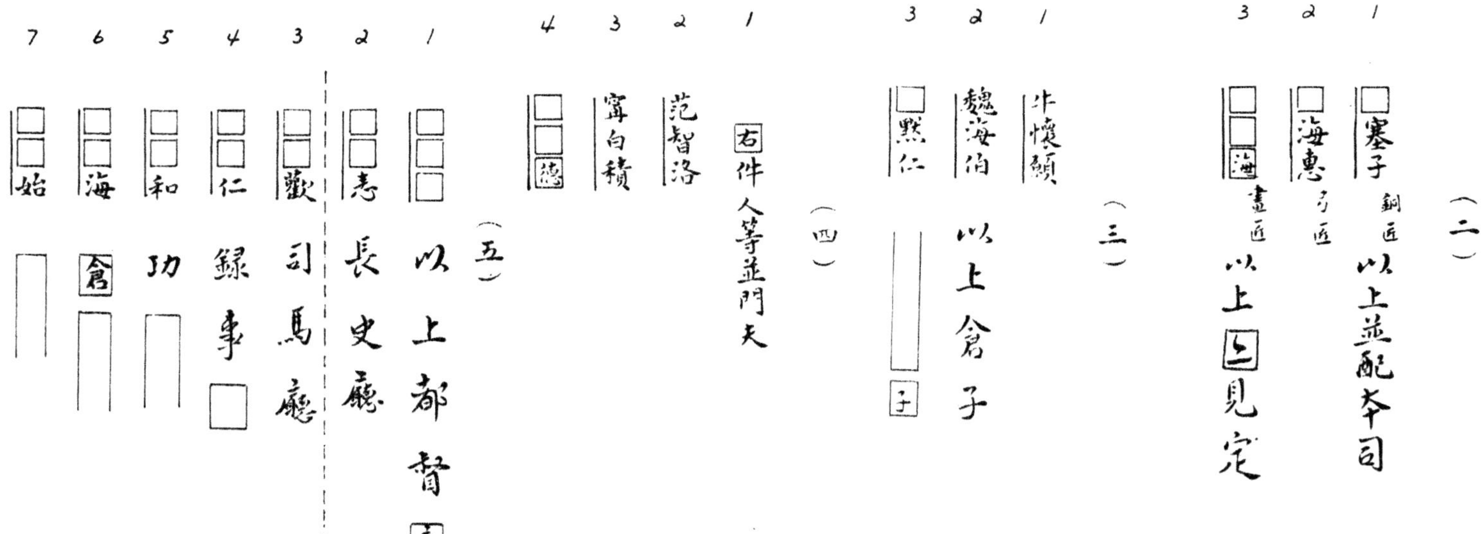

(二)

1 □塞子 銅匠 以上並配本司
2 □海惠 弓匠
3 □□海 畫匠 以上上見定

(三)

1 牛懷願
2 魏海伯 以上倉子
3 □默仁 □子

(四)

1 右件人等並門夫
2 范智洛
3 甯白積
4 □□廳

(五)

1 □□□ 以上都督廳
2 □□志 長史廳
3 □□歡 司馬廳
4 □□仁 錄事□
5 □□和 功□
6 □□海 倉□
7 □□始 □

一四　唐西州都督府諸司廳、倉、庫等配役名籍(八)
73TAM210:136/12－8

一四　唐西州都督府諸司廳、倉、庫等配役名籍(七)
73TAM210:136/12－7

一四　唐西州都督府諸司廳、倉、庫等配役名籍(六)
73TAM210:136/12－6

(八)

1 □官人共匠□

(七)

1 □上館

(六)

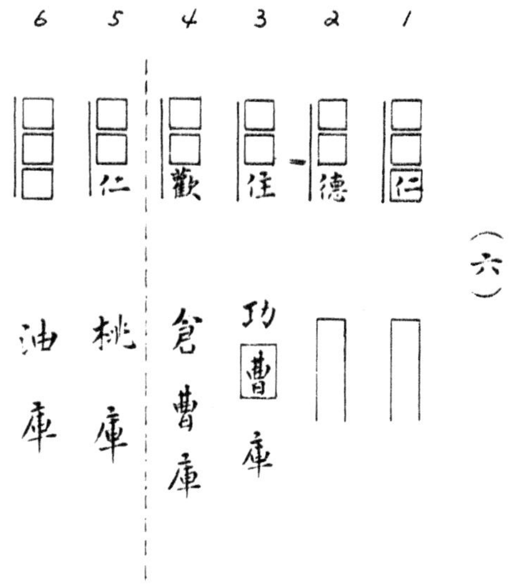

1 □□□仁□
2 □□德－□
3 □□住－功曹庫
4 □□歡　倉曹庫
5 □□仁　桃庫
6 □□□　油庫

一四　唐西州都督府諸司廳、倉、庫等配役名籍(九)
73TAM210:136/12－9

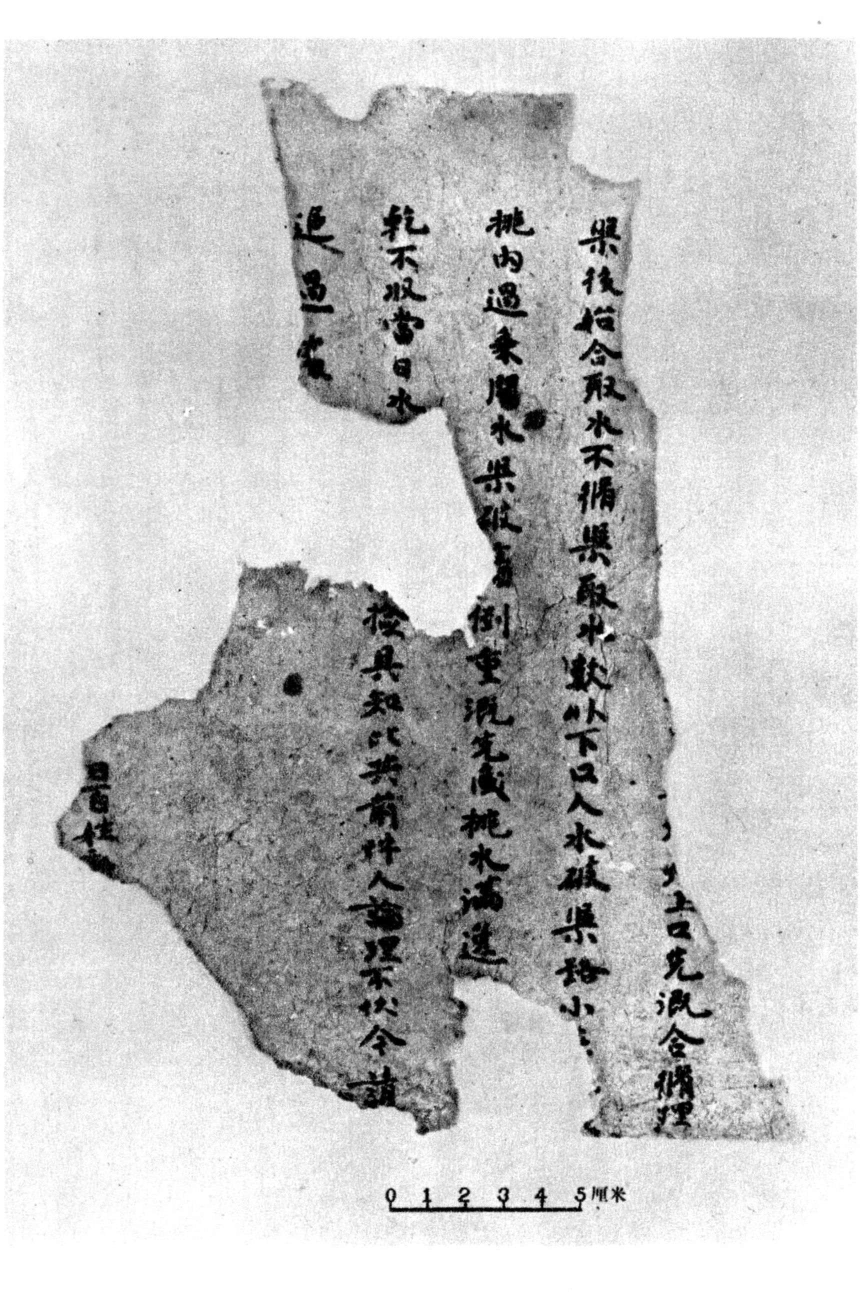

一五　唐勳官某訴辭爲水破渠路事　73TAM210:136/11

(九)

1 依注[餘][ ]
2 行望示[ ]

一五　唐勳官某訴辭爲水破渠路事

1 [ ]上口先溉，
合脩理
2 渠後，始合取水。不脩渠取水，數以下口人，水破渠路，小[ ]
3 [ ]桃(萄)內過，乘開(閑)水，渠破[墻](牆)倒，重溉先盛桃(萄)水滿逸[ ]
4 乾不收，當日水[ ]檢具知。比共前件人論理不伏，令
請
5 追過處[ ]
6 [ ]日百姓[勳][ ]

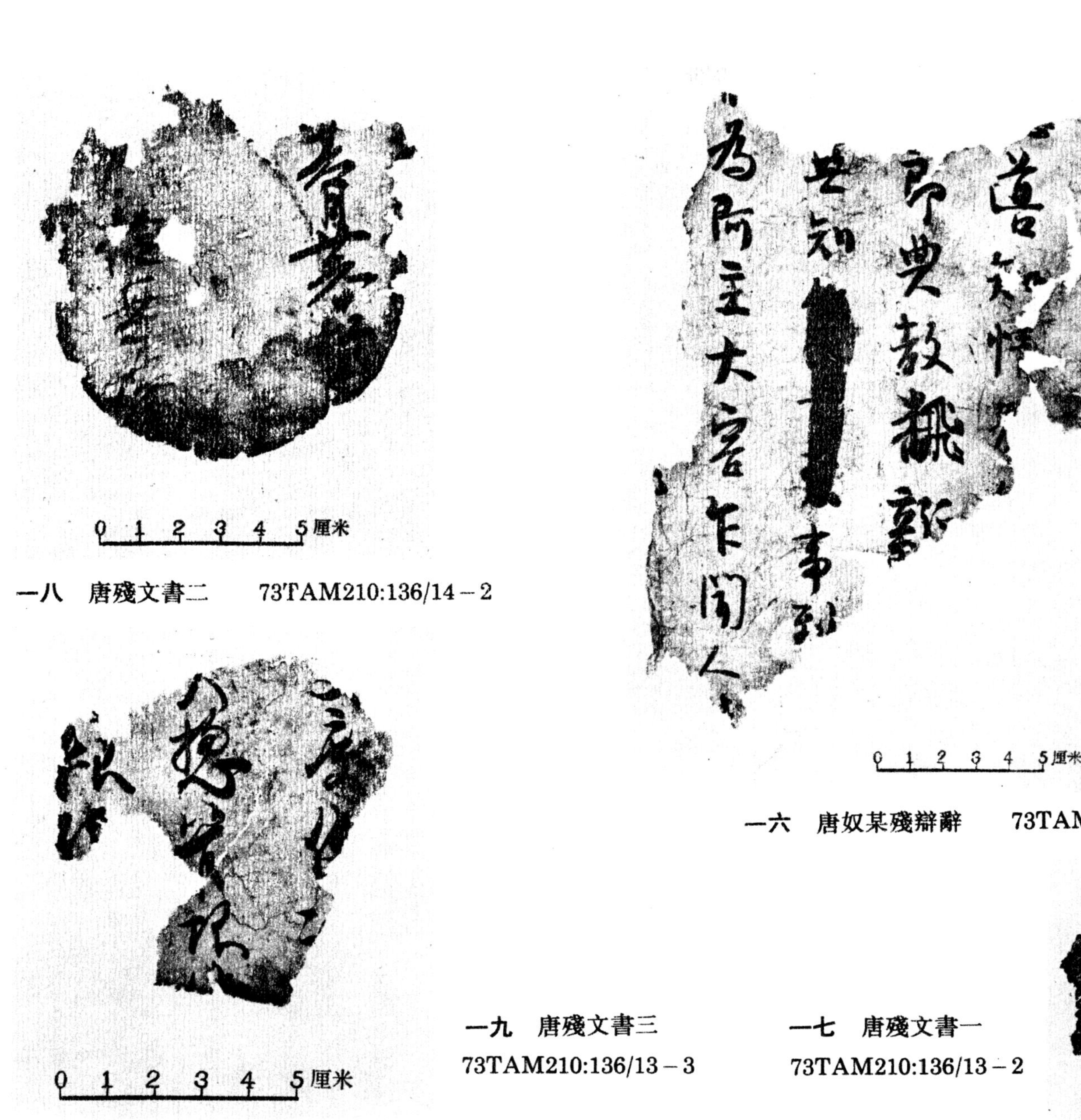

一八　唐殘文書二　73TAM210:136/14－2

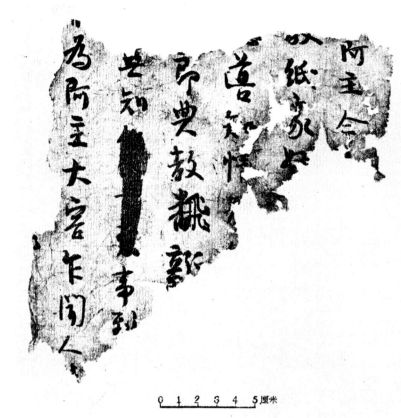

一六　唐奴某殘辯辭　73TAM210:136/16

一九　唐殘文書三　73TAM210:136/13－3

一七　唐殘文書一　73TAM210:136/13－2

一六　唐奴某殘辯辭

1 [　]阿主今[　]
2 [　]紙[家]奴[　]
3 [　]遵[知][情][　]
4 [　]郎典教翻[辯][　]
5 [　]無知[　]事到[　]
6 [　]為阿主大客，乍聞人[　]

一七　唐殘文書一

本件殘存僅半行，係朱筆。

1 [　]參軍文德

一八　唐殘文書二

本件殘存兩行，左行係朱筆。

1 [　]其月廿六日行[　]
2 [　]檢無[　][　]

一九　唐殘文書三

1 [　]度[使](總)[　]
2 [　][大]揔管𢬵[　]

二二　文書殘片
73TAM210:136/6－1

二一　文書殘片　73TAM210:136/3－3(b)

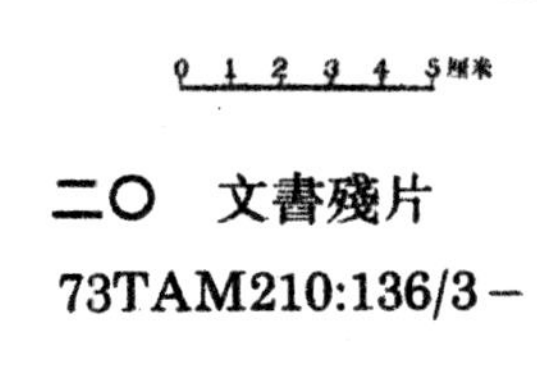

二〇　文書殘片
73TAM210:136/3－1(b)

二四　文書殘片
73TAM210:136/6－3

二五　文書殘片
73TAM210:136/7－1

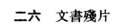

二七　文書殘片
73TAM210:136/7－3

二三　文書殘片
73TAM210:136/6－2

二八　文書殘片　73TAM210:136/7－4

二六　文書殘片　73TAM210:136/7－2

三一　文書殘片
73TAM210:136/7－7(a)

三〇　文書殘片
73TAM210:136/7－6

二九　文書殘片　73TAM210:136/7－5

三四　文書殘片
73TAM210:136/13－4

三三　文書殘片
73TAM210:136/13－1

三二　文書殘片
73TAM210:136/7－7(b)

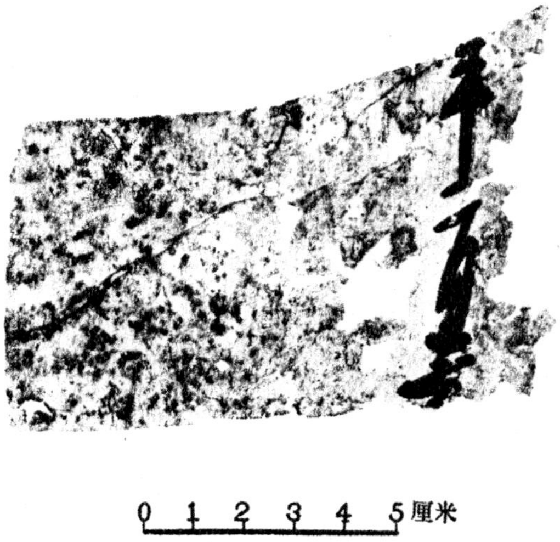

三七　文書殘片　73TAM210:136/12－10

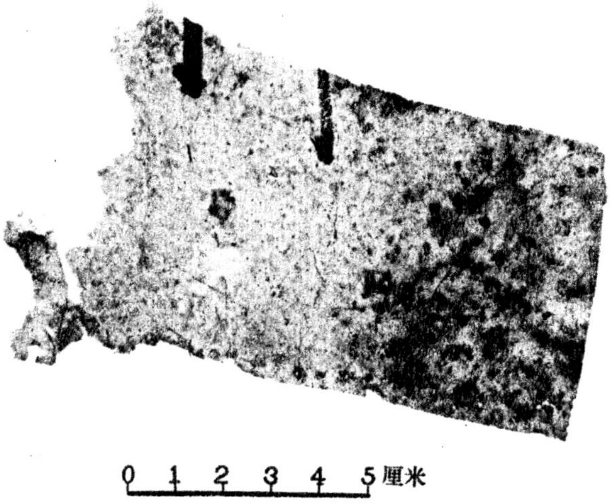

三六　文書殘片　73TAM210:136/13－6

三五　文書殘片
73TAM210:136/13－5

四〇　文書殘片
73TAM210:136/12－13

三九　文書殘片　73TAM210:136/12－12

三八　文書殘片
73TAM210:136/12－11

四三　文書殘片
73TAM210:136/14－1

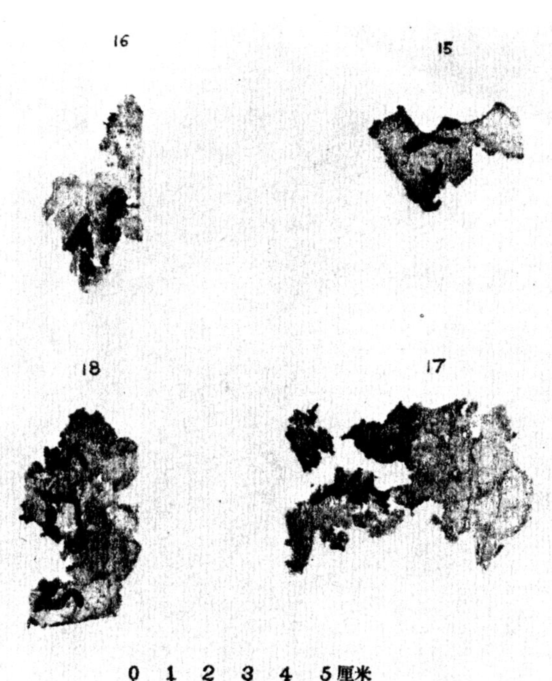
四二　文書殘片
73TAM210:136/12－15～136/12－18

四一　文書殘片
73TAM210:136/12－14

四七　文書殘片
73TAM210:136/14－6

四六　文書殘片
73TAM210:136/14－5

四五　文書殘片　73TAM210:136/14－4

四四　文書殘片
73TAM210:136/14－3

哈拉和卓三九號墓文書

本墓無墓誌及隨葬衣物疏。所出文書紀年亦缺，據内容，知年代在唐貞觀至永徽間。

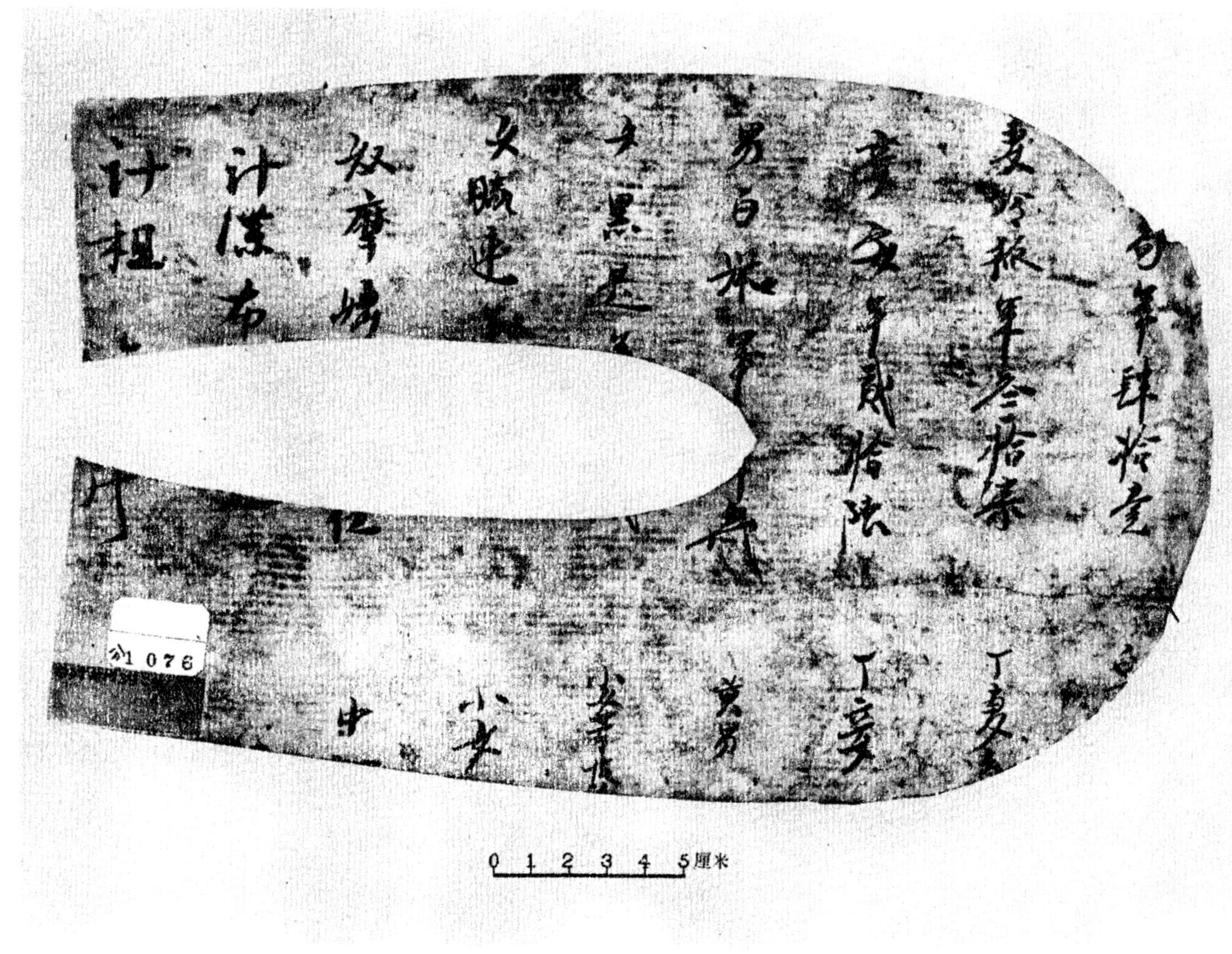

一　唐貞觀二十一年(公元六四七年)帳後□苟户籍　　69TKM39:9/4(a)

一　唐貞觀二十一年（公元六四七年）帳後□

苟户籍

本件紀年已缺。籍内稱「廿一年帳後」，「緤」不作「緤」，不避李世民諱，知本件之廿一年應系於貞觀。

1 □苟年肆拾壹　白〔丁〕
2 妻令狐年叁拾柒　丁妻去□
3 妾安年貳拾陸　丁妾
4 男白举年〔肆〕歲　黄男
5 女黑是年□〔歲〕　小女。廿一年帳〔後〕□
6 女勝連年□□　小女
7 奴摩𡸁□□伍　中□
8 計緤布□〔疋〕
9 計租〔六〕斗

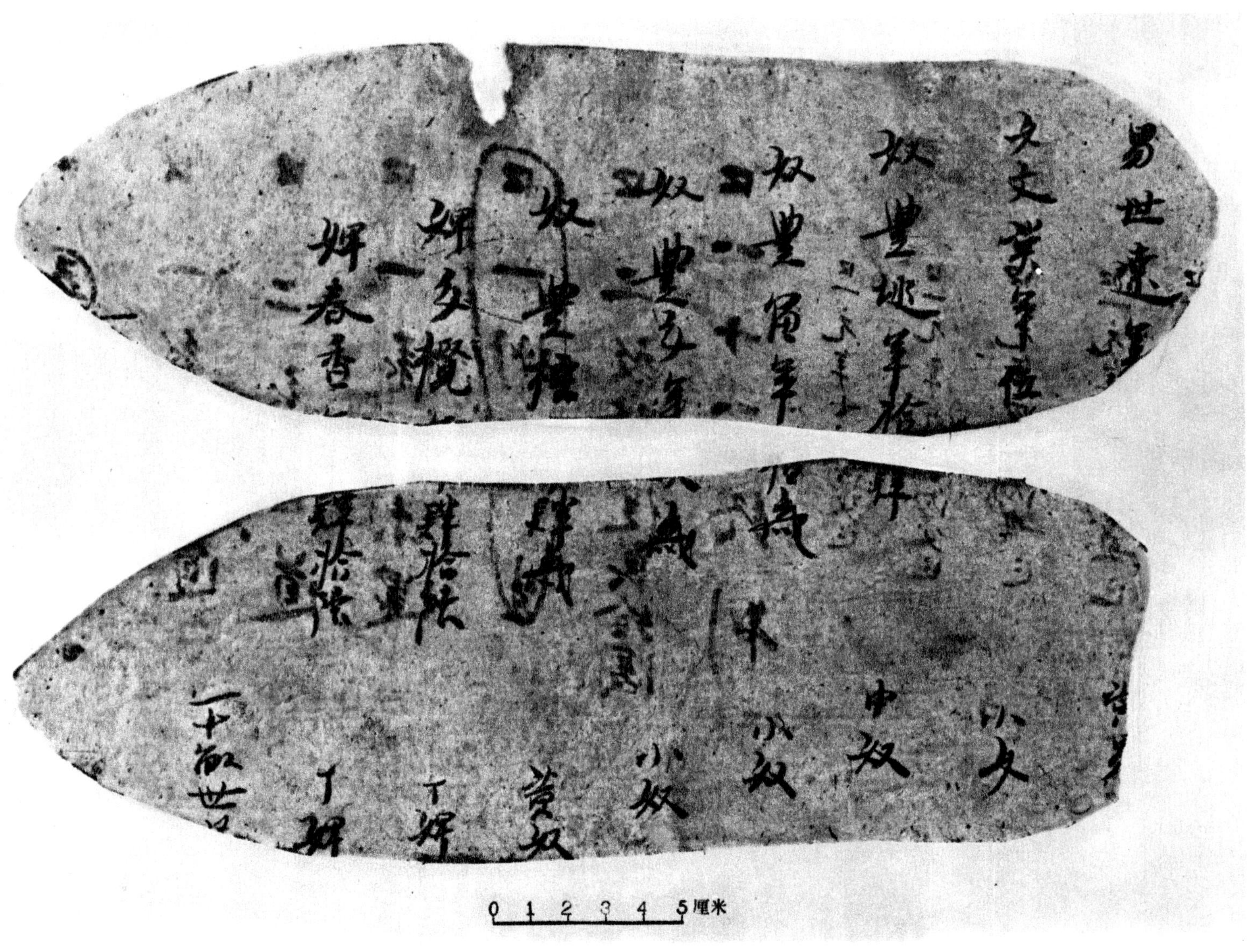

二　唐貞觀某年男世達戸籍　69TKM39:9/2(a),9/3(a)

二　唐貞觀某年男世達戸籍

本件男名「世達」，田稱「世業」，均不避李世民諱，應是貞觀年間籍。

1 男世達年□□　　黄男
2 女文英年伍□　　小女
3 奴豐趙年拾肆　　中奴
4 奴豐富年拾歲　　小奴
5 奴豐多年[玖]歲　　小奴
6 奴豐柱□肆歲　　黄奴
7 婢多攬[年]肆拾陸　　丁婢
8 婢春香□肆拾陸　　丁婢
9 　　　　　　　　一十畝世[業]

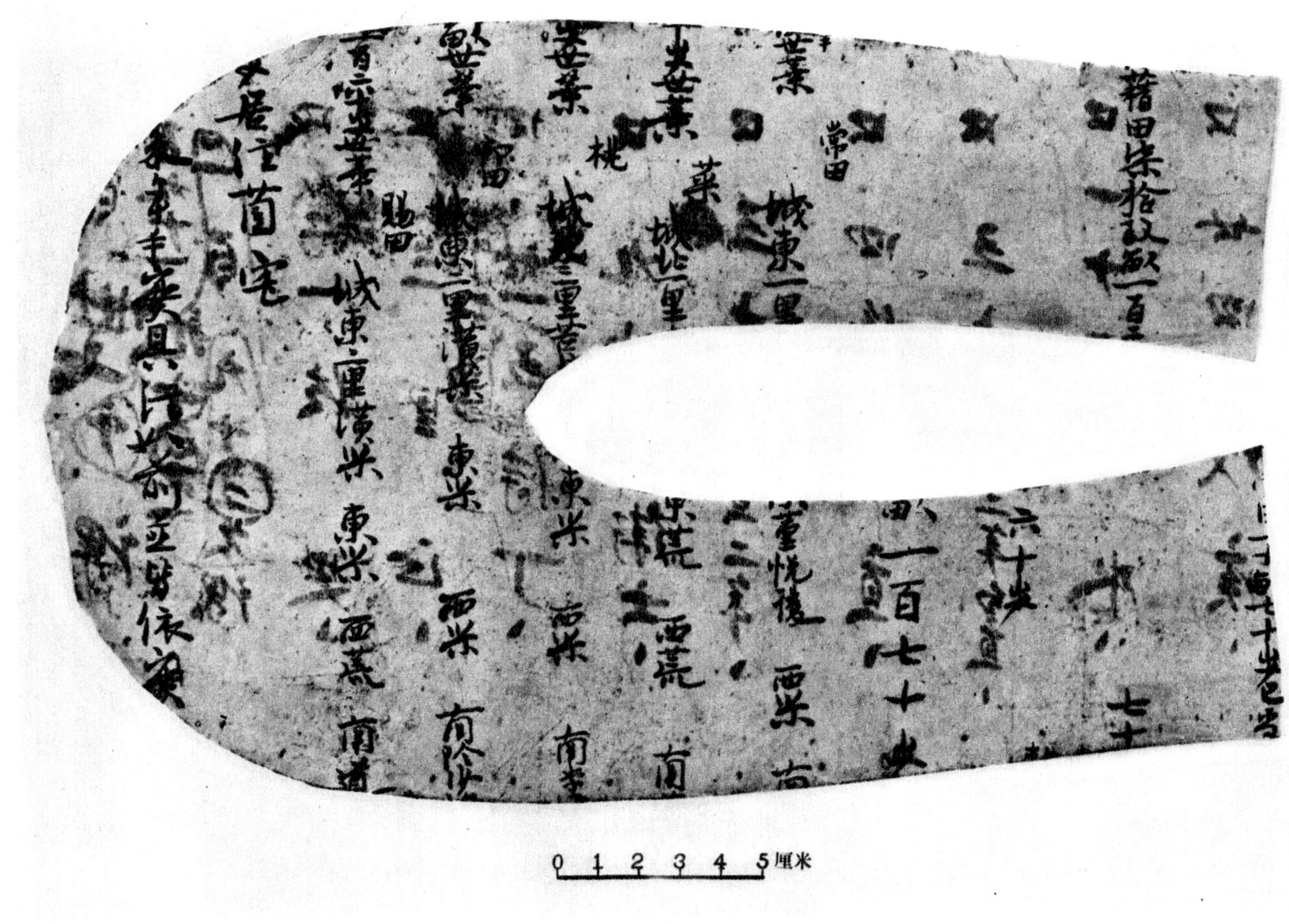

三　唐貞觀年間(公元六四〇～六四九年)西州高昌縣手實一　69TKM39:9/6(a)

三　唐貞觀年間（公元六四〇—六四九年）西州高昌縣手實一

本件文內稱「世業」，知亦在貞觀年間。

1 [　　]□十畝七十
步已受

2 [　　]籍田柒拾玖畝一百二□□七十
[　　]

3 [　　]六十步[　　]
[　　]

4 [　　]畝一百七十步
[　　]

5 [　　][里]世業常田　城東一里[　　]東董悅護　西
渠　南[　　]

6 [　　]十步世業菜　城北一里[　　]東荒　西荒
南[　　]

7 [　　]步世業桃　城北三里苦[　　]東渠　西渠（二）
南李[　　]

8 [　　]畝世業部田　城東二里滿渠　東渠　西渠
南陰沙□[　　]

9 [　　]一百六十步世業賜田　城東二里滿渠　東渠
西荒　南道[　　]

10 □步居住園宅

11 □來年手實具注如前，並皆依實，□

注釋

〔一〕城北三里：「北」字原寫作「東」，又改為北。

四 唐貞觀年間（公元六四〇—六四九年）西州高昌縣手實二

本件紀年殘存「貞」字，按文内稱「世業」，知屬貞觀年。

1 □已受

2 應受田陸拾壹畝　　七十步居

住□□

3 五□畝一百七十步未

受

4 □段三畝半卌步世業 常田 城東□□土門谷渠東李舉

西渠南□

5 □段九十步世業 菜 城東一里土□谷渠 東曹寺西

渠南渠□

6 □段六畝世業 部田 城北三里〔一〕瀆□ 東車林 西渠

南李舉□

7 □□七十步居住園宅

8 □□通當戶來年手實具注如前，並皆依實，□

9 □妄，依法受罪。謹牒。

貞□□□年　月　日戶

10 □

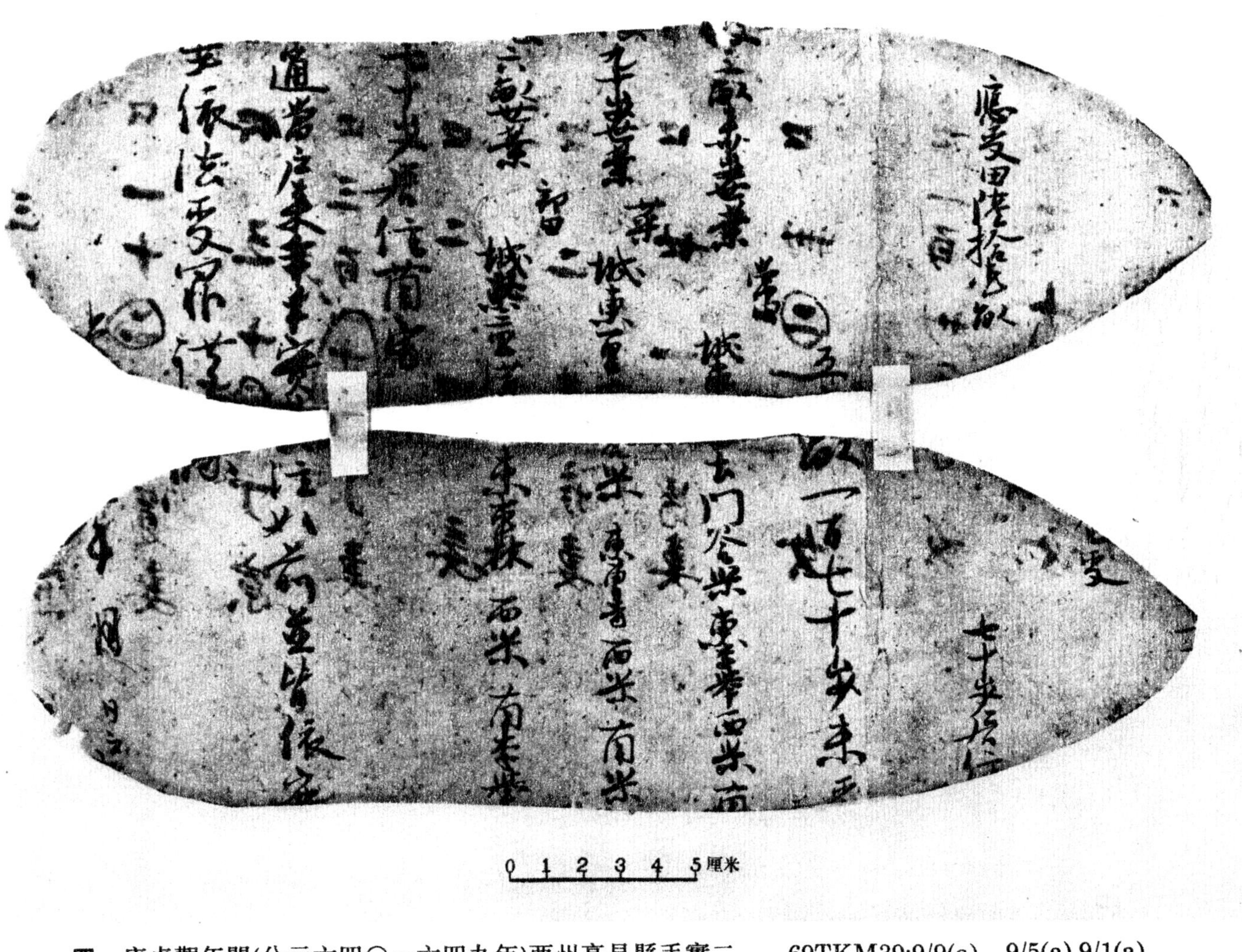

四 唐貞觀年間(公元六四〇～六四九年)西州高昌縣手實二　69TKM39:9/9(a), 9/5(a),9/1(a)

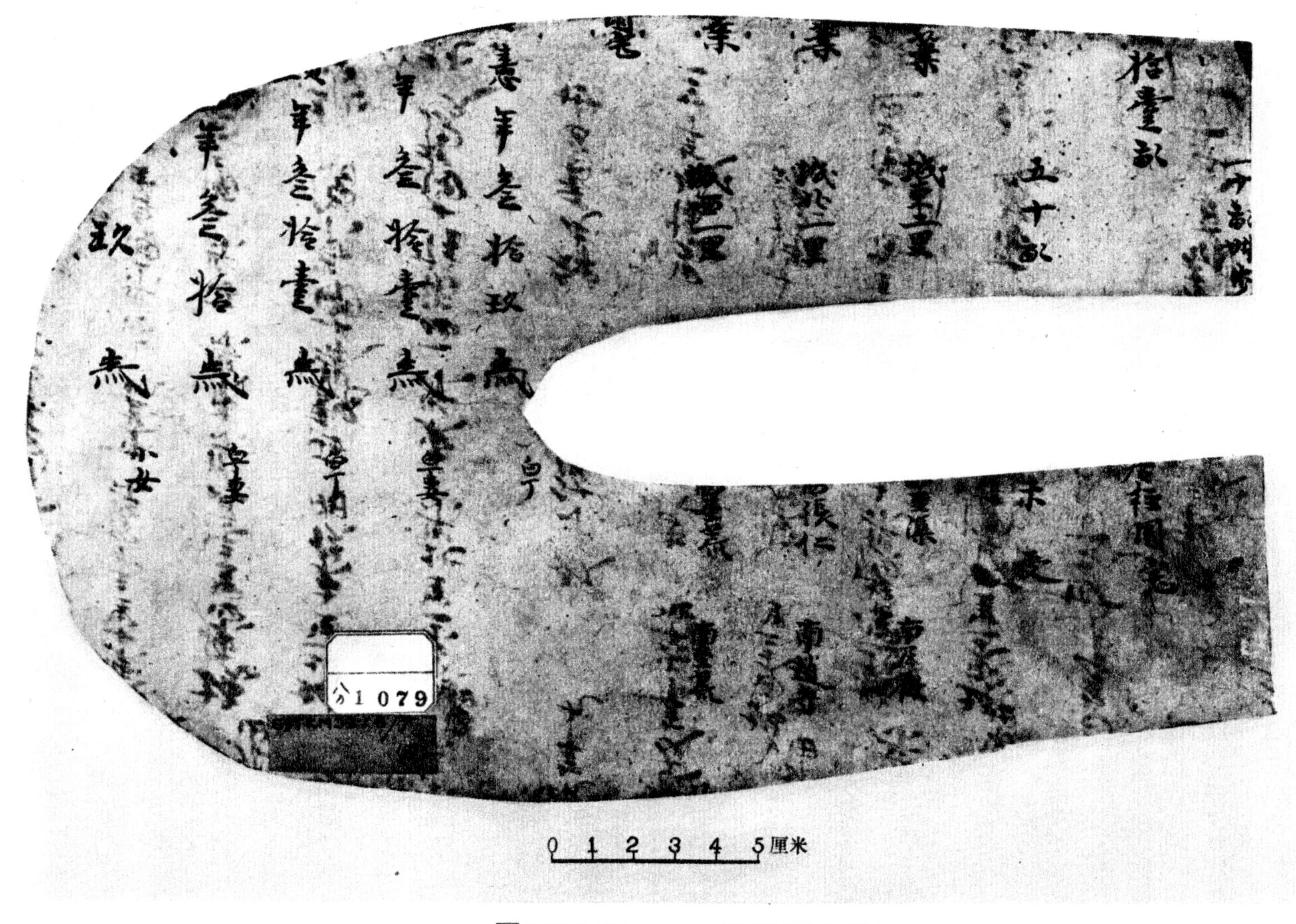

五　唐□憙等户籍(一)　69TKM39:9/7(b)

五　唐□憙等户籍

本墓同出有貞觀年間手實、户籍及永徽二年後户口帳，本件年代應亦相當，今列於貞觀後。

（一）

1 ……一十畝卌步 □ □
2 ……陸拾壹畝 …… 居住園宅（注）
3 五十畝 …… 未受
4 ……業 城東二里 …… 西至渠 南……
歡……
5 ……業 城北一里 …… 西張仁 南趙
守……
6 ……業 城西一里 …… 西至荒 南至
荒 北……
7 ……園宅
8 ……憙 年叁拾玖歲 白丁
9 ……年叁拾壹歲 白丁妻
10 ……年叁拾壹歲 白丁
11 ……年叁拾 歲 白丁妻
12 ……玖 歲 小女

0 1 2 3 4 5厘米

五　唐□憙等户籍(二)　69TKM39:9/8(b)

（二）

1 □　　七十步　居住□□

2 　　一頃一百七十步　未受

3 □東二里　東至渠　西至渠　南陰邏　北王

子□

4 □城東二里　東至渠　西至渠　南嚴海　北衛

□

5 □城西一里　東至渠　西至□　南孫員　北至

道

6 □城西一里　東米憙　西□□　南至道　北至

渠

7 □願年伍拾□

8 □年肆拾肆□

9 □鼻年拾肆□

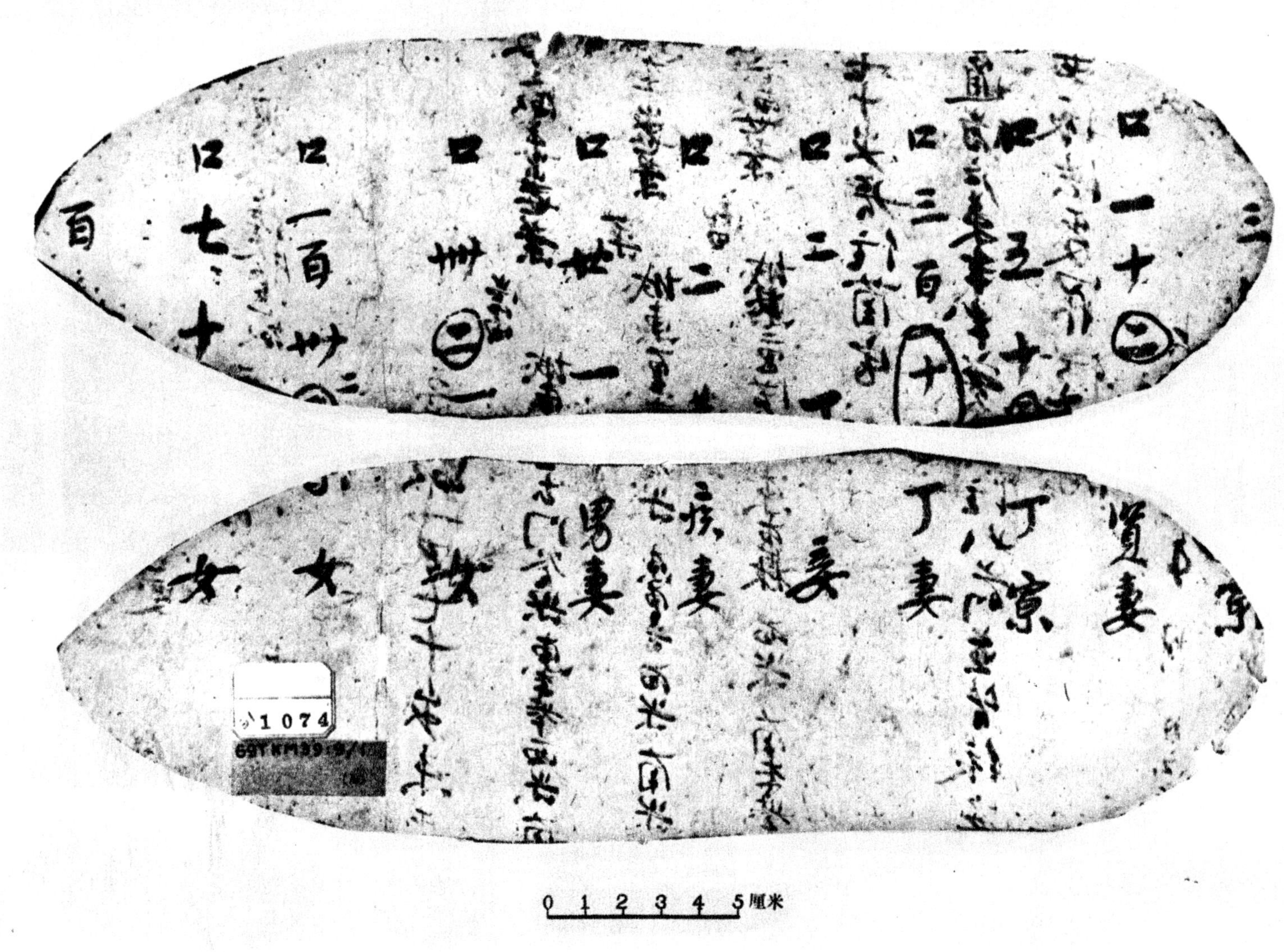

六　唐永徽二年(公元六五一年)後某鄉户口帳(草)(一)　　69TKM39:9/1(b),9/5(b),9/9(b)

六　唐永徽二年（公元六五一年）後某鄉户口帳（草）

本件紀年已缺。同墓出有貞觀某年手實。本件内有「元年」父母亡的統計，又稱「二年白直」或「直」下注「二年」，當指永徽元、二年，可以推斷本件達於永徽二或三年。

（一）

1　□三［　　　］寡
2　口一十㊁〔一〕□資妻
3　口五十〇一丁寡
4　口三百(一八十□)丁妻
5　口二丁妾
6　口二[篤]疾妻
7　口廿一□男妻
8　口卌㊂一□女
9　口一百卌〇二[小]女
10　口七十［　　］女
11　□百［　　　］

注釋

〔一〕第一段二、三、四、八、九行中的〇或()號是原有的。以下二、三段中有此類標誌者並同。

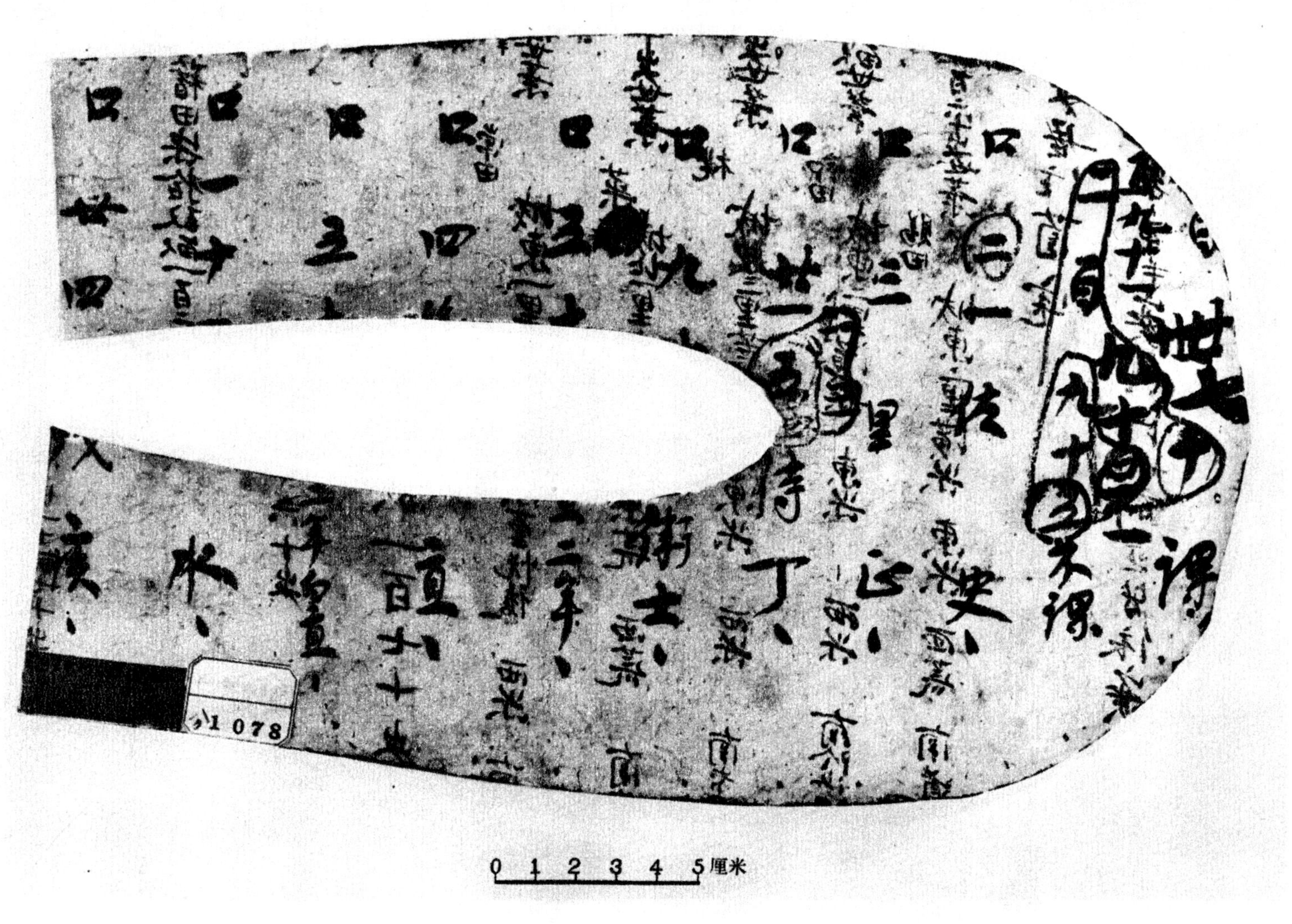

六　唐永徽二年(公元六五一年)後某鄉户口帳(草)(二)　　69TKM39:9/6(b)

〔二〕

□□［百］卌七（十）　課

□□百九十九十（三）
□□（二）百九十（五）〔一〕　不課

口㊁一佐史、

口　三里正、

口廿一（五）（三）（四）侍丁、〔三〕

口九［十］□衛士、

口五［十］□［直］二年、

口四□直、

口五［十］□二年白直、

口一十□　□水、

口廿四［殘］疾、

注　釋

〔一〕此處一再塗改，最後改正第一行應爲「□□百卌七」，第二行應爲「□□百九十一」。

〔二〕此處○號是原有的。

0 1 2 3 4 5 厘米

六　唐永徽二年(公元六五一年)後某鄉户口帳(草)(三)　　69TKM39:9/2(b),9/3(b)

（三）

口⑤ [ ]

口一弘(引)[中殘]道

口二弘[中殘]道

口一遠□未還

口一卅□生

口二放[賤]從良給復

口一十一終制

口一元年七□內父亡

口一元年九□內父亡

口一元年四□內母亡

口一元年□□內母亡

口一 [ ]

0 1 2 3 4 5厘米

七　唐某鄉户口帳　　69TKM39:9/4(b)

七　唐某鄉户口帳

本件係紙鞋面，經墨染，字跡均漫漶不清，不易辨識。可能與上件爲同一户口帳。

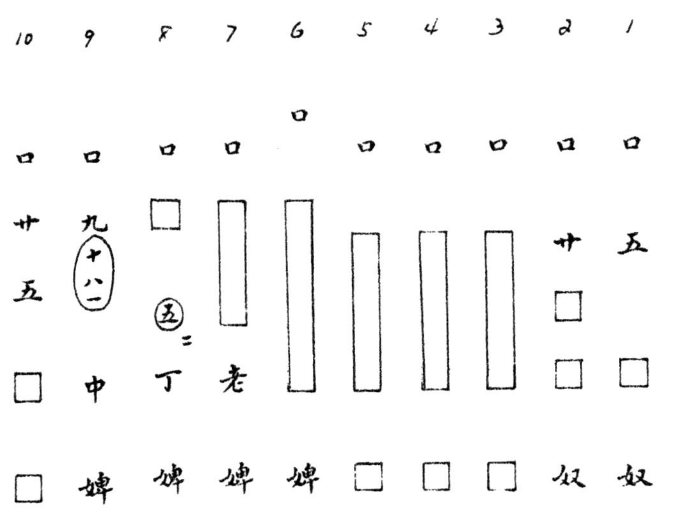

1 □五□奴
2 □廿□□奴
3 □[　　　]□
4 □[　　　]□
5 □[　　　]□
6 □[　　　　]婢
7 □[　　　]老婢
8 □□五丁婢
9 □九十八二中婢
10 □廿五□□

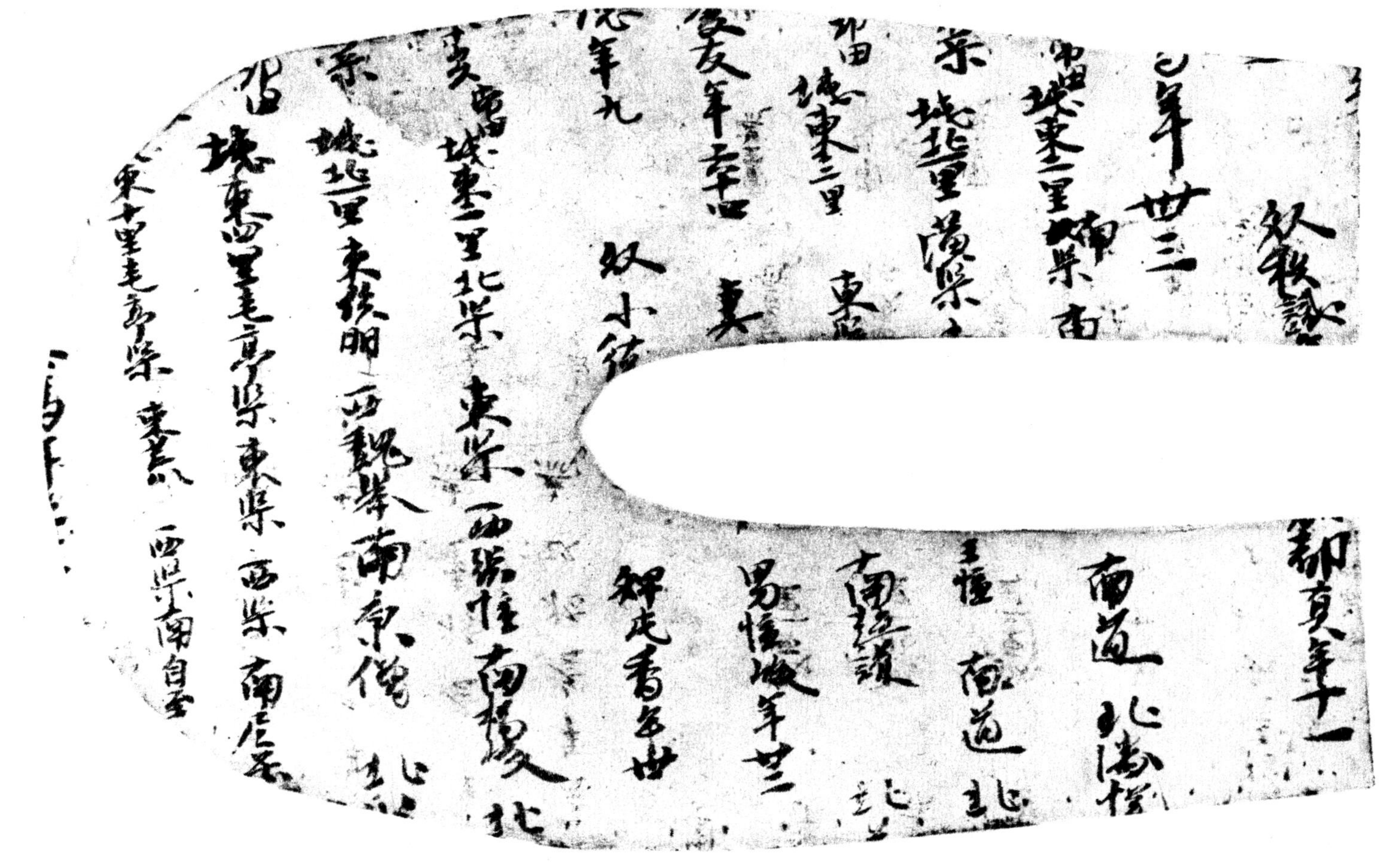

0 1 2 3 4 5 厘米

八　唐西州高昌縣□慶友等户家口田畝簿帳(一)　69TKM39:9/7(a)

八　唐西州高昌縣□[慶]友等户家口田畝簿帳

本件同墓所出有貞觀年間手實及永徽二年後户口帳。本件年代應亦相當。本件内容只記户内人口名年與田畝四至，不記應受、已受未受田數，户内人口空格連寫，名下不記丁、中、老、小、黄形式及内容均與户籍不同。

（一）

1 ［　］奴秋識[年]［　］都真年十一

2 ［　］年卅三

3 ［　］[常]田　城東二里南渠東［　］　南道　北潘悦

4 ［　］菜　城北一里滿渠[東]［　］　王幢　南道北

5 ［　］部田　城東三里　東[渠]［　］　南趙護　北［　］

6 ［　］[慶]友年六十四　妻［　］　男幢峻年廿二

7 ［　］[德]年九　奴小德[　][　]　婢戌香年卅

8 ［　］[八]十步　常田　城東二里北渠　東渠　西張幢　南楊峻　北［　］

9 ［　］菜　城北一里東侯明　西魏舉　南康僧　北

10 ［　］部田　城東四里屯亭渠　東渠　西渠　南尼［　］

11 ［　］[城]東十里屯亭渠　東荒　西渠南自至［　］

12 ［　］□[馬]年［　］

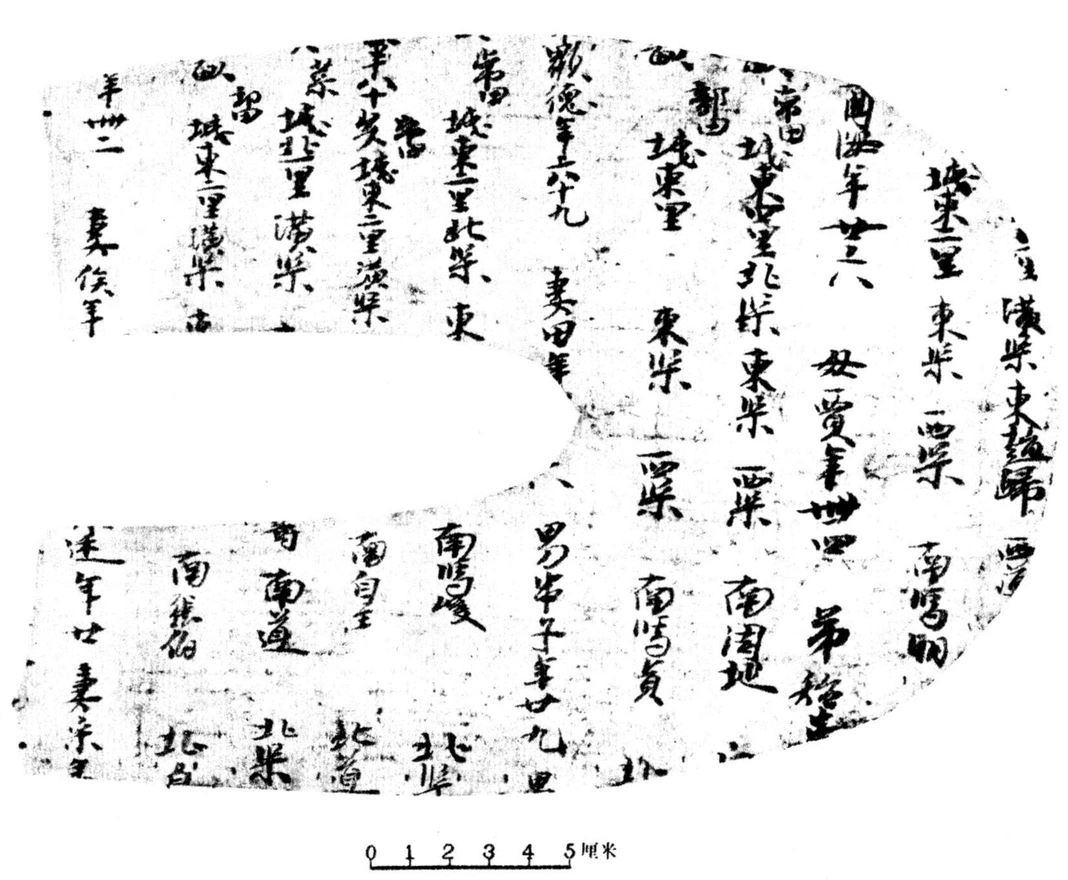

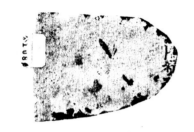

九　文書殘片
69TKM39:9/10

八　唐西州高昌縣□慶友等户家口田畝簿帳(二)　69TKM39:9/8(a)

（二）

1 [　　]里滿渠　東趙歸　西道　[　　]
2 [　　]城東二里　東渠　西渠　南馮明　[　　]
3 [　　]酉海年廿六　母賈年卌四　弟始[　][　　]
4 [　　][畝]常田城東四里北渠　東渠　西渠　南周塠
[　　]
5 [　　]畝部田城東里〔一〕　東渠　西渠　南馮貞　北[　　]
6 [　　]顯德年六十九　妻田年[　][　]六　男弔子年廿九
[男][　　]
7 [　　][畝]常田城東二里北渠　東[　　]南馮峻
北渠
8 [　　][畝]半八十步常田城東二里滿渠[　　]南自至
北道
9 [　　]菜城北一里滿渠　[東][　　]南道　北
渠
10 [　　]畝部田城東二里滿渠　[東][　　]南張
伯　北[自][　]
11 [　　]年卌二　妻侯年[　　][　　]迷(連)年廿
妻宋[年][　]

注　釋

〔一〕城東里：原文如此，「里」上漏寫數詞。

阿斯塔那三二七號墓文書

本墓出唐永徽六年（公元六五五年）衣物疏一件。又出「趙羊德」三字墓塼一方。

一　唐永徽六年(公元六五五年)趙羊德隨葬衣物疏　60TAM327:05/1

一　唐永徽六年（公元六五五年）趙羊德隨葬衣物疏

本件疏主名缺一字，據同墓所出「趙羊德」三字墓塼補「德」字。又永徽六年應爲乙卯，疏誤爲丁卯。

1 ［　　］［綾］袜
2 ［　　］吉一具㤟袜
3 ［　　］吉一具白練袜一具細疊
4 ［金］鉬長刀一具白䩞手巾一
5 ［　　］㾬十具馬一疋屘(鞍)安一具
6 ［　　］通一金錢二万文白練千
7 ［　　］五麦貝夫乡万〻九千
8 ［　　］平生所用之物，金(全)仏(從)延泉。
9 ［永］徽六年丁卯歲十二月十日，趙羊
10 ［　　］成年持仏五キ(戒)ム(專)修十善，宜向(事)行年，
11 ［　　］［　　］［長］故，時見李正谷谷不俙
12 ［　　］［得］安，即(急)〻如律令！

阿斯塔那四四號墓文書

本墓出有唐永徽六年（公元六五五年）宋懷憙墓誌。所出文書有紀年者，起唐貞觀十四年（公元六四〇年），止貞觀二十二年（公元六四八年）。

一　唐貞觀十四年(公元六四〇年)静福府領袋帳歷　66TAM44:11/8,11/13

一　唐貞觀十四年（公元六四〇年）静福府領袋帳歷

貞觀十四年九［　　］静福［　　］

袋肆拾［　　］

静福府［　　］

九月五日毛袋拾叁［　　］

付隨機前瓜州［　　］

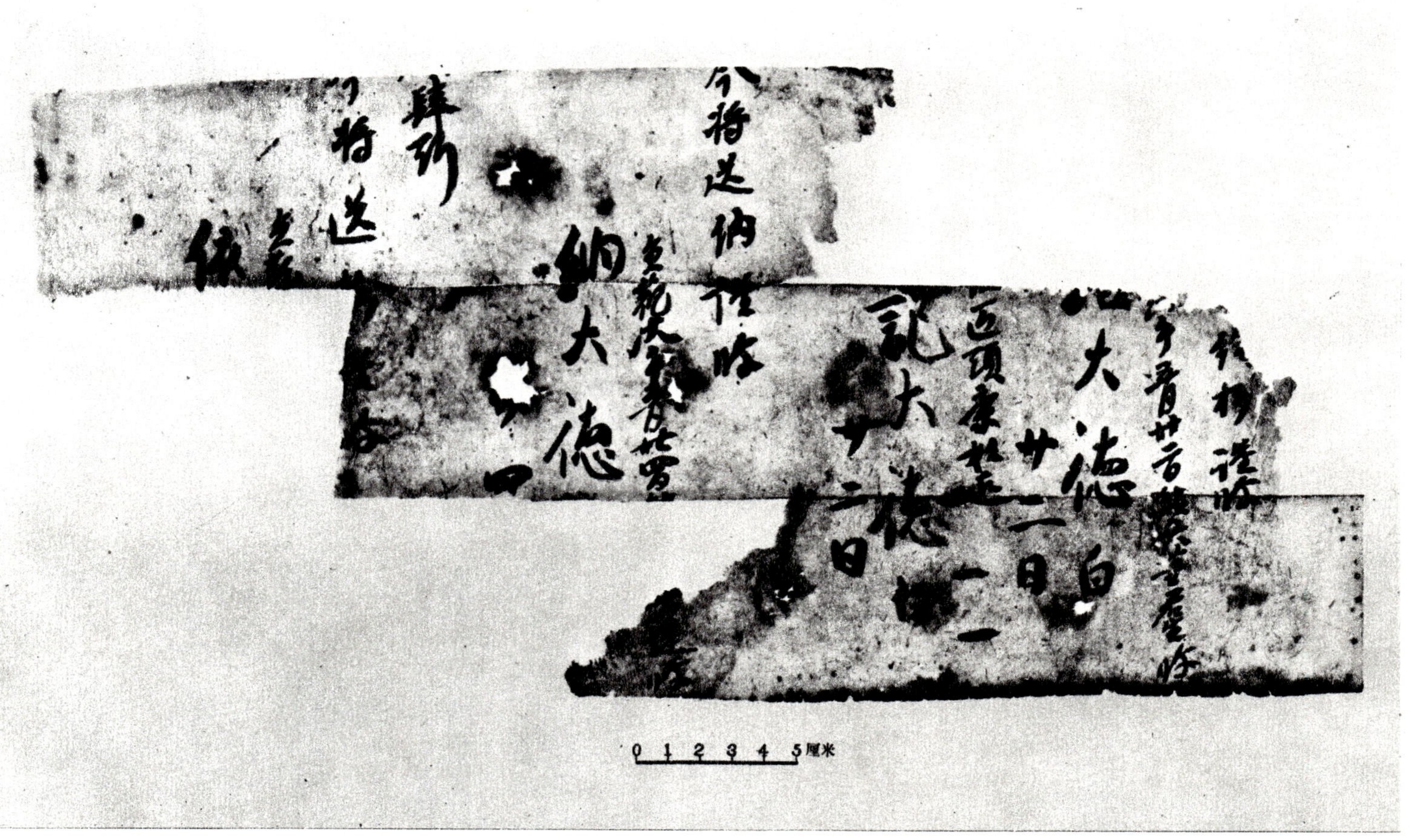

二　唐貞觀十八年(公元六四四年)鎮兵董君生等牒爲給抄及送納等事　　66TAM44:11/1

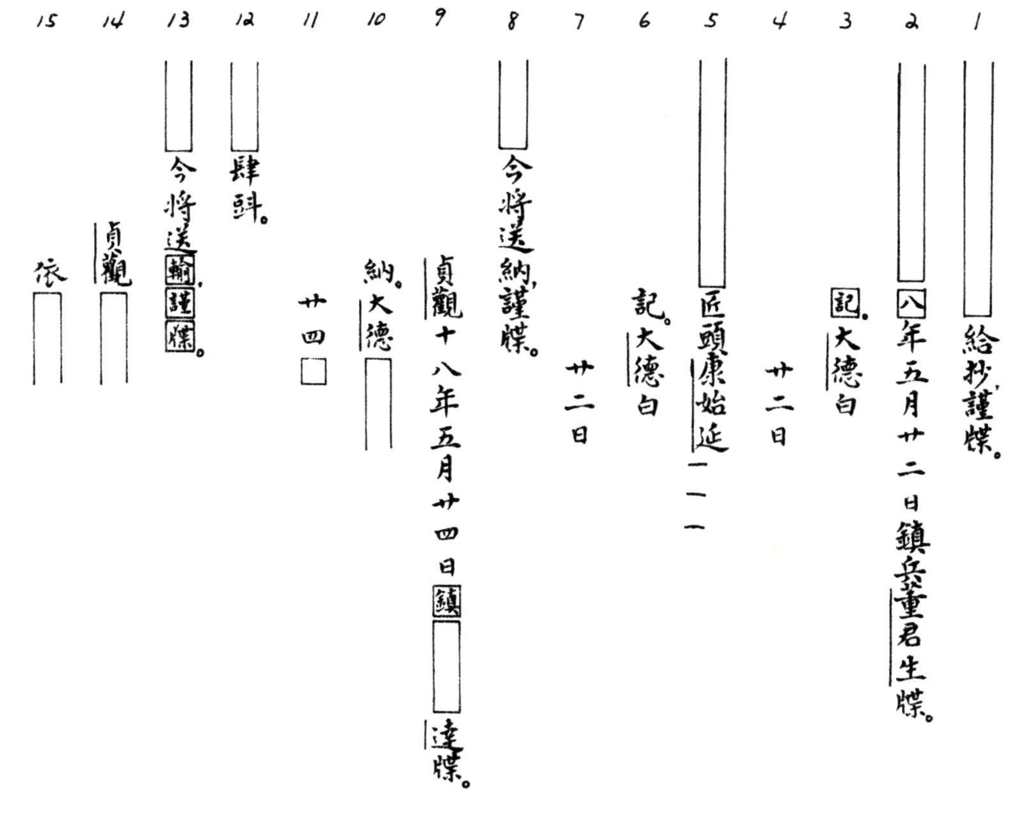

二　唐貞觀十八年（公元六四四年）鎮兵董君生等牒爲給抄及送納等事

1 □給抄，謹牒。

2 □八年五月廿二日鎮兵董君生牒。

3 記。大德白

4 廿二日

5 □匠頭康始延 一一

6 記。大德白

7 廿二日

8 □今將送納，謹牒。

9 貞觀十八年五月廿四日鎮□達牒。

10 納。大德□

11 廿四□

12 □肆㪷。

13 □今將送輸謹牒。

14 貞觀□

15 依□

三　唐貞觀十八年(公元六四四年)
匠康始延等請給物牒
66TAM44:11/10(a)

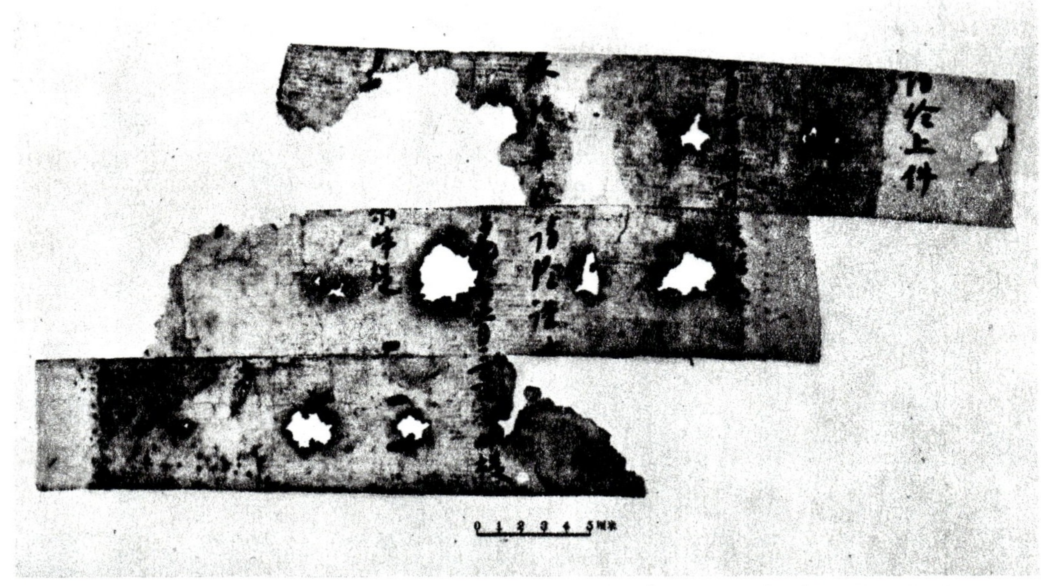

四　唐貞觀十九年(公元六四五年)牒爲鎮人馬匹事
66TAM44:11/5

三　唐貞觀十八年（公元六四四年）匠康始延等請給物牒

1 ［　］請給上件［　］
2 ［　］頁［　］
3 ［　］六月二日付匠康始延　一［　］
4 ［　］庚治韋皮，請給，謹牒。
5 貞觀十八年六月三日匠康畔提
6 ［　］月［　］康畔提　一一一

四　唐貞觀十九年（公元六四五年）牒爲鎮人馬匹事

1 ［　］疋赤父［　］
2 ［　］上件馬［　］
3 ［　］肅州鎮人陳文智［　］
4 ［　］實謹牒。
5 貞觀十九年　月［　］

五　唐貞觀二十二年(公元六四八年)西州高昌縣史□備牒爲隆達等遭喪以替人入學事　66TAM44:11/4

六　唐貞觀二十二年(公元六四八年)文書(草)爲耕田人左文通減麥事　66TAM44:11/2

五　唐貞觀二十二年(公元六四八年)西州高昌縣史□備牒爲隆達等遭喪以替人入學事

本件蓋有「高昌縣之印」四方。

1 [ ]闕　替人孟須[ ]：

2 [ ]　[ ]　[ ]　[ ]

3 [ ]通等牒，□件隆達等遭䘮(喪)訴解見

4 [ ]學者[ ]等問，並情願入學不虛，

5 [ ]收領，故牒。

6 貞觀廿二年六月廿三日史□備牒

7 尉衛　贇

六　唐貞觀二十二年(公元六四八年)文書(草)爲耕田人左文通減麥事

1 貞觀廿二年五月三日[ ]

2 人爲耕(耕)田人左文通[ ]

3 四畝上減麥叁[ ]

七　唐房長氾士隆申報人名牒

66TAM44:11/7

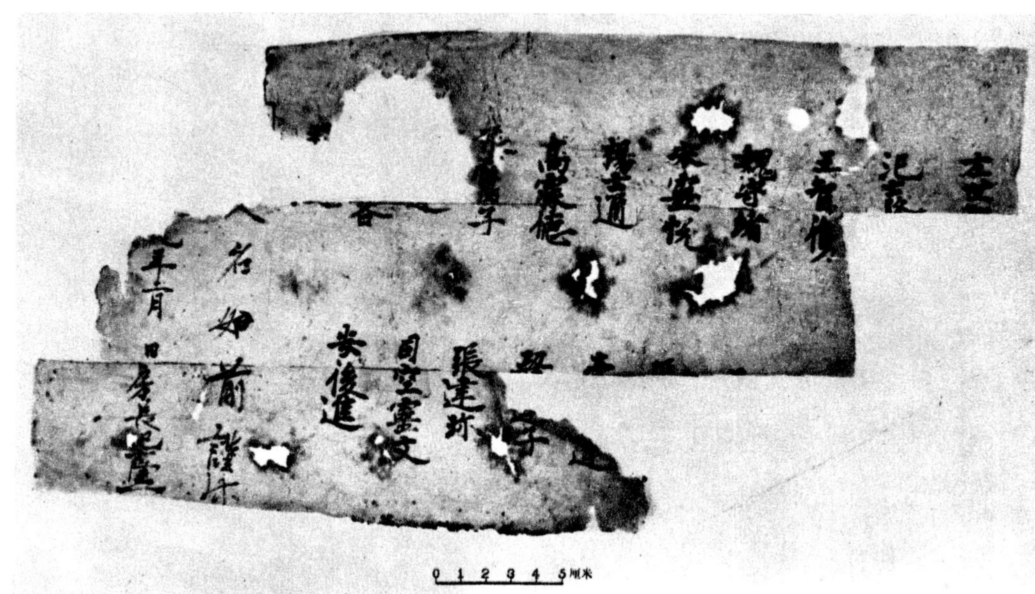

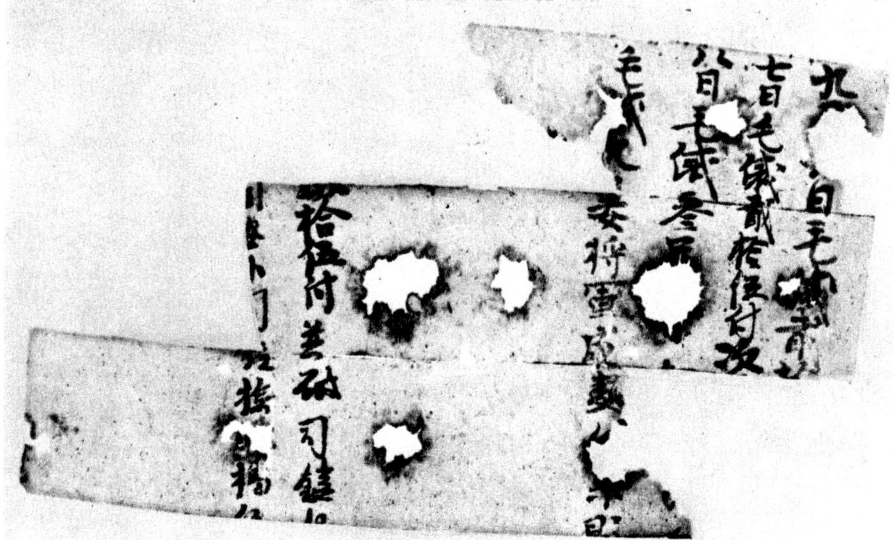

八　唐毛袋帳歷　　66TAM44:11/9

1 左世[超]
2 氾士[隆]
3 王智儁
4 魏守緒
5 宋靈悅　　[張]
6 楊士通　　[索]□[建]
7 高霖德　　[輩]□子
8 張鷹子　　張建珎
9 □　　司空靈文
10 □各　　安俊進
11 [望]
12 □人名如前，謹牒。
13 □九年〔一〕二月　日房長氾士隆□

注釋

〔一〕此「九年」疑是貞觀十九年（公元六四五年）。

八　唐毛袋帳歷

1 九[月][六]日毛袋貳[拾]□
2 七日毛袋貳拾伍付次□
3 八日毛袋叁口□
4 毛[袋]九[畢]將軍□麵□
5 □拾伍付並破。司鎧□
6 □[司][鎧]。旅帥楊□

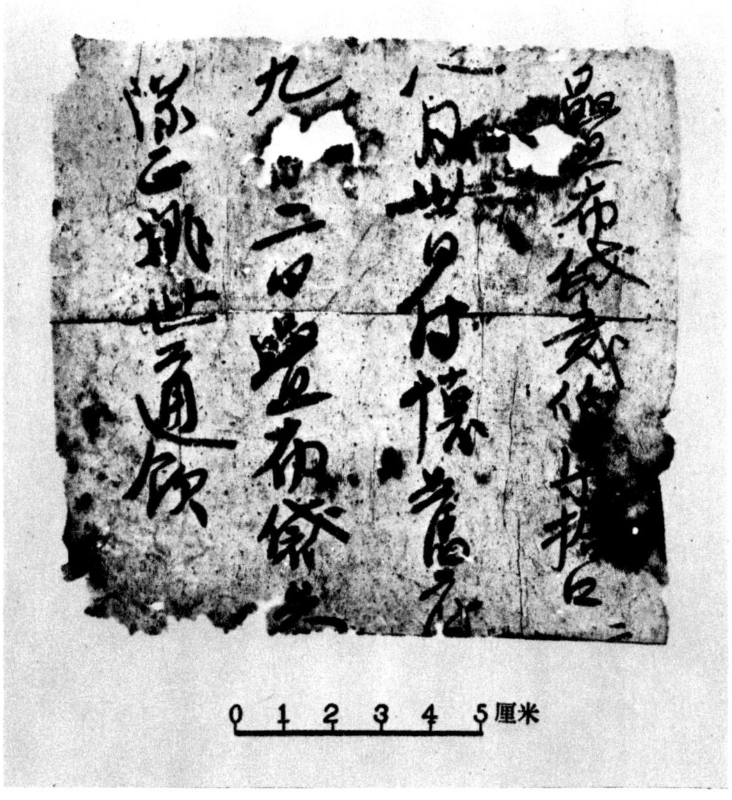

九　唐疊布袋帳歷　　66TAM44:11/6

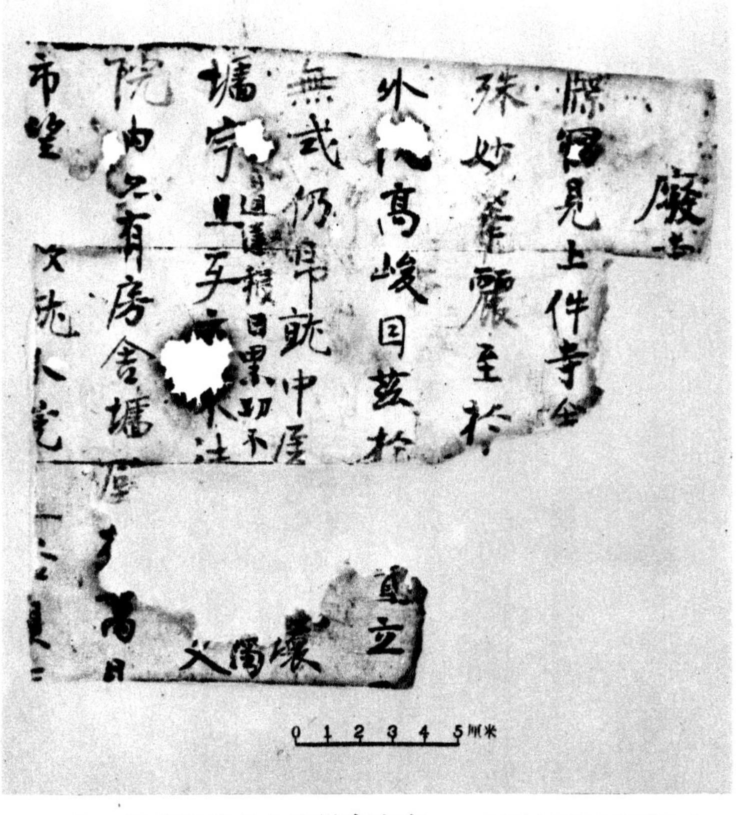

一〇　唐殘牒爲市木修繕廢寺事　　66TAM44:11/3(a)

九　唐疊布袋帳歷

1 疊布袋貳佰柒拾口，□
2 八月卅日，付懷舊府□
3 九[月]二日，疊布袋叁□
4 隊正姚世通領。

一〇　唐殘牒爲市木修繕廢寺事

1 廢寺□
2 牒，竊見上件寺[舍]□
3 殊妙華麗，至於□
4 外[院]高峻，因茲於□[置]立□
5 無式，仍即就中居□壞□
（道達積日累功不□濁□）
6 墻（牆）宇，旦至[市]木造□又□
7 院内亦有房舍，墻壁□高，旦□
8 市望□[就][外][院][一][舍]□

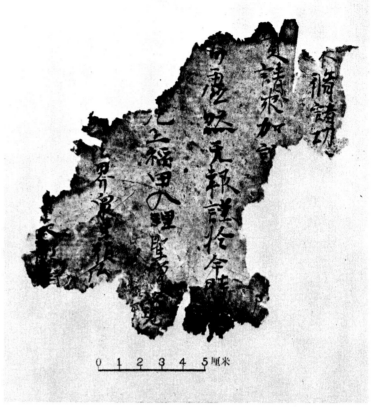

一一　唐殘發願文一　66TAM44:30/3

一二　唐殘發願文二　66TAM44:30/4

一一　唐殘發願文一

1 [　]脩諸功[　]
2 [　]實，請求加[　]
3 [　]可虛然无報，謹於今時[　]
4 [　][无]上福田，入理聖僧文現[　]
5 [　]爲法界衆生預仏[　]
6 [　](有)○(影)(衛)[　]

一二　唐殘發願文二

1 [　][寶]供奇花奇[果]□□□
2 [　]幡錦蓋曜日，騰馬空
3 [　]□先獻十方諸仏□□
4 [　]哀乞弘願使先亡[　]
5 [　]万福，自身康[　]

一三　唐寫《唯識論注》(？)殘卷一　66TAM44:30/7,30/9

一三　唐寫《唯識論注》（？）殘卷一

［　］惡(德)更生□

［　］无新无□解

［　］生即善无惡義

［　］解脱若

［　］報是无愛无

［　］聖人有報［　］

［　］報无[記]［　］

［　］[業]是无記若言六識

［　］[是]无記善以此識□□能

［　］[報]智報法住運相續□

［　］愓等部即應永不起

［　］[善]何故□得　答曰唯因是善漏与

［　］祐=[道]［　］

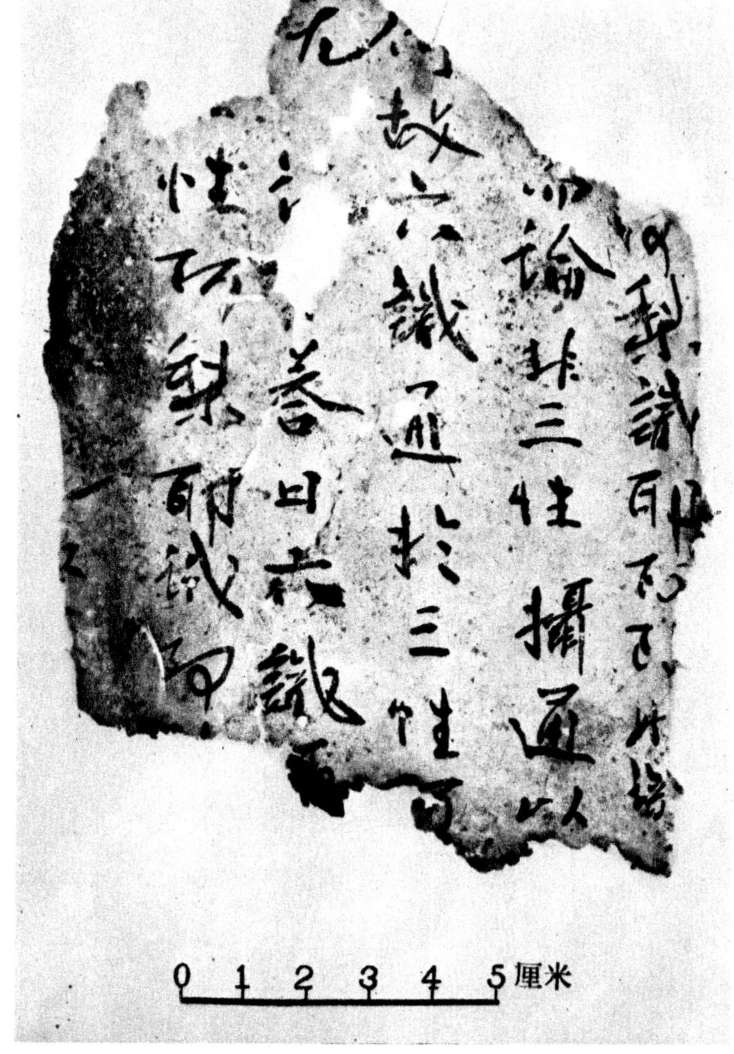

一四　唐寫《唯識論注》（？）殘卷二
66TAM44:30/1,30/10

一五　唐寫《法華經疏》（？）殘卷　　66TAM44:30/14

一四　唐寫《唯識論注》（？）殘卷二

1 ［　　］[阿]梨識耶[阿]卩□□［　　］
2 ［　　］而論非三性攝通以［　　］
3 ［　　］[阿]故六識通於三性[阿]［　　］
4 ［　　］[无]［　　］荅曰六識[取]［　　］
5 ［　　］性阿梨耶識阿［　　］

一五　唐寫《法華經疏》（？）殘卷

1 ［　　］實是法
2 ［　　］經　難云法華
3 ［　　］歸一以一［　　］
4 ［　　］通曰緣［　　］

一七　唐寫佛經疏釋殘卷二
66TAM44:30/2

一六　唐寫佛經疏釋殘卷一　　66TAM44:30/5

一六　唐寫佛經疏釋殘卷一

1 [ ]有无二(諦)[ ]
2 □[戒]諦　問曰此之二諦[ ]
3 [ ]諦因以无為時者□□□□
4 [ ]㝵六空（宍）名應責於[六]善[ ]
5 [ ]各名應解□[ ]
6 [ ][實]者為弟[一][ ]
7 [ ]故以[无][ ]
8 [ ]施言[ ]
9 [ ]觀[行][之][人][ ]

一七　唐寫佛經疏釋殘卷二

1 [ ][出]世唯漏无漏相違善性[ ]
2 [ ]无出世[无]漏相違不得相生[ ]
3 [ ]脩彼[ ][得]□无二用[ ]

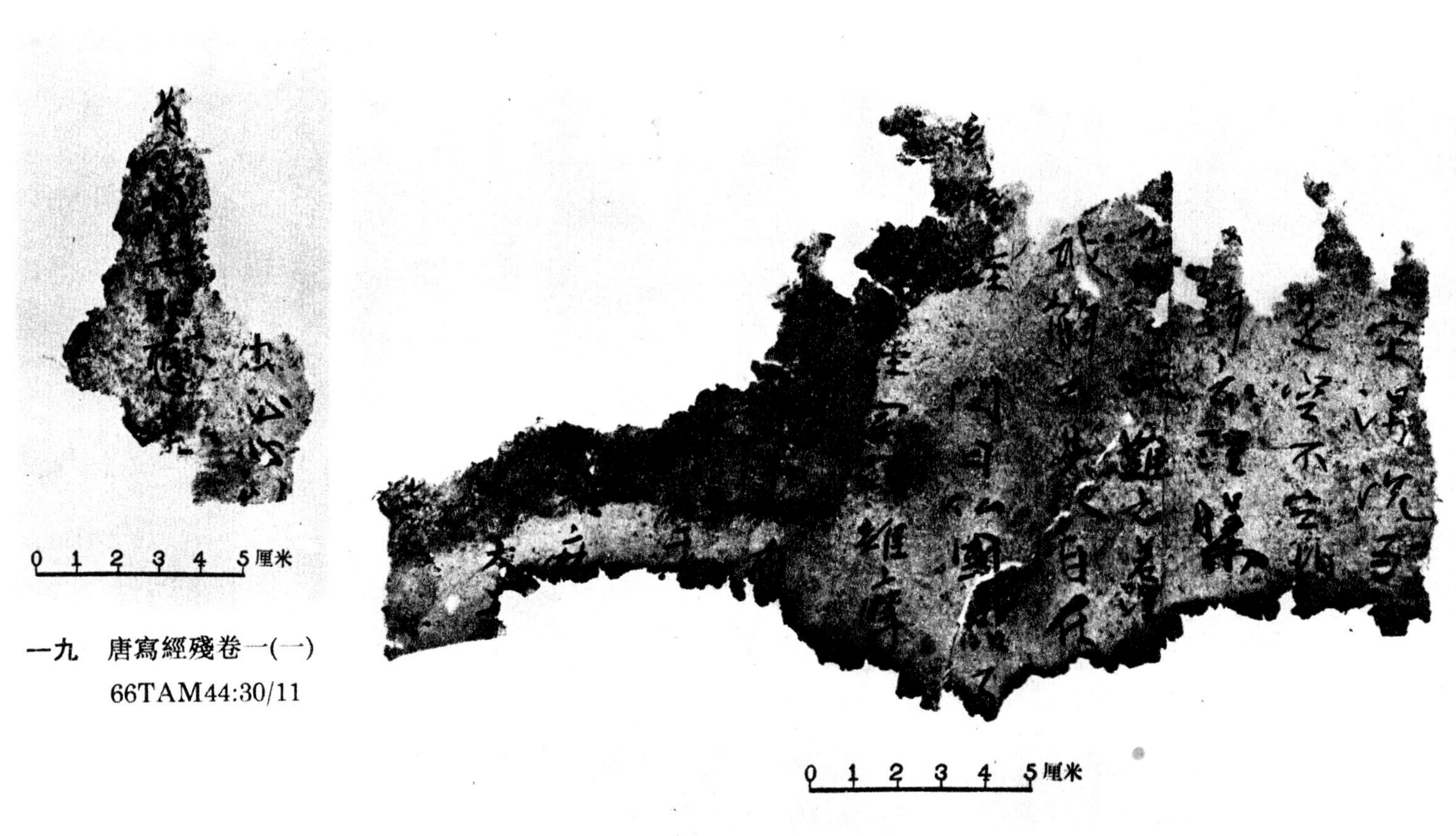

一九　唐寫經殘卷一(一)
66TAM44:30/11

一八　唐寫佛經疏釋殘卷三　66TAM44:30/6,30/8

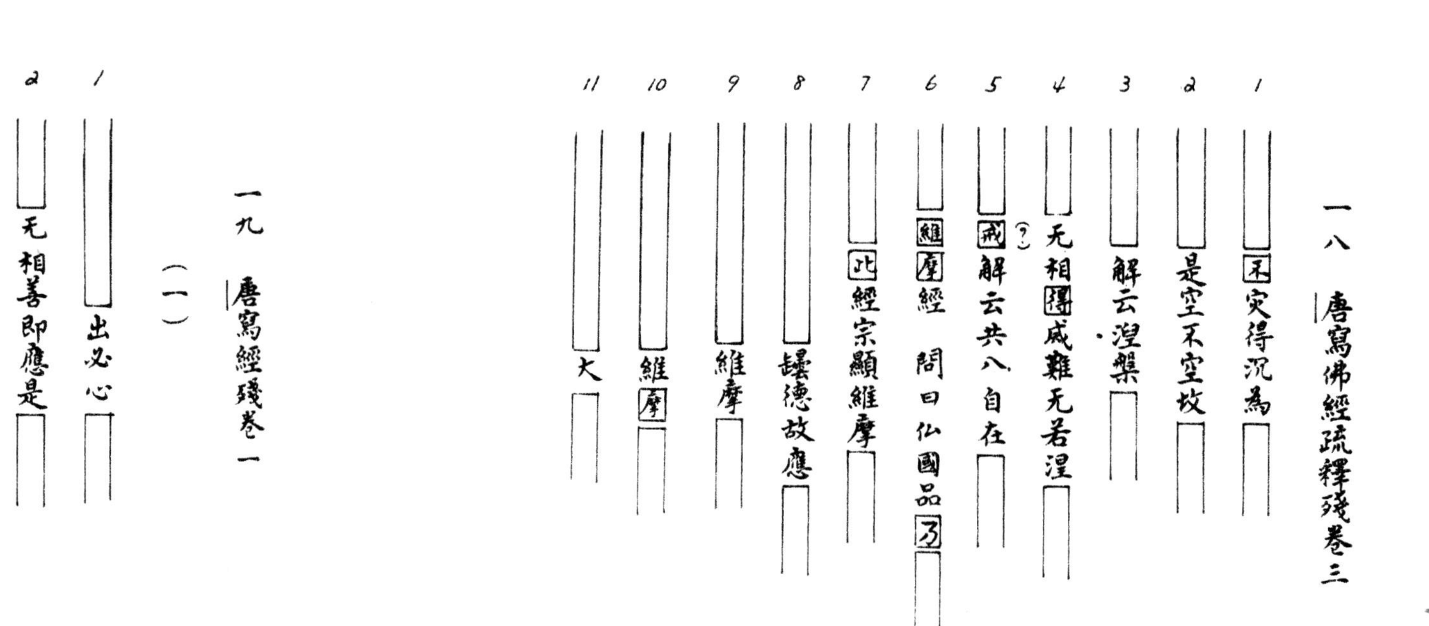

一八　唐寫佛經疏釋殘卷三

1 □[不]究得沉爲□
2 □是空不空故□
3 □解云涅槃□
4 □无相[得]咸難无若涅□
5 □[戒]解云共八自在□(?)
6 □[維][摩]經　問曰仏國品[乃]□
7 □[此]經宗顯維摩□
8 □攝德故應□
9 □維摩□
10 □維[摩]□
11 □大□

一九　唐寫經殘卷一

(一)

1 □出必心□
2 □无相善即應是□

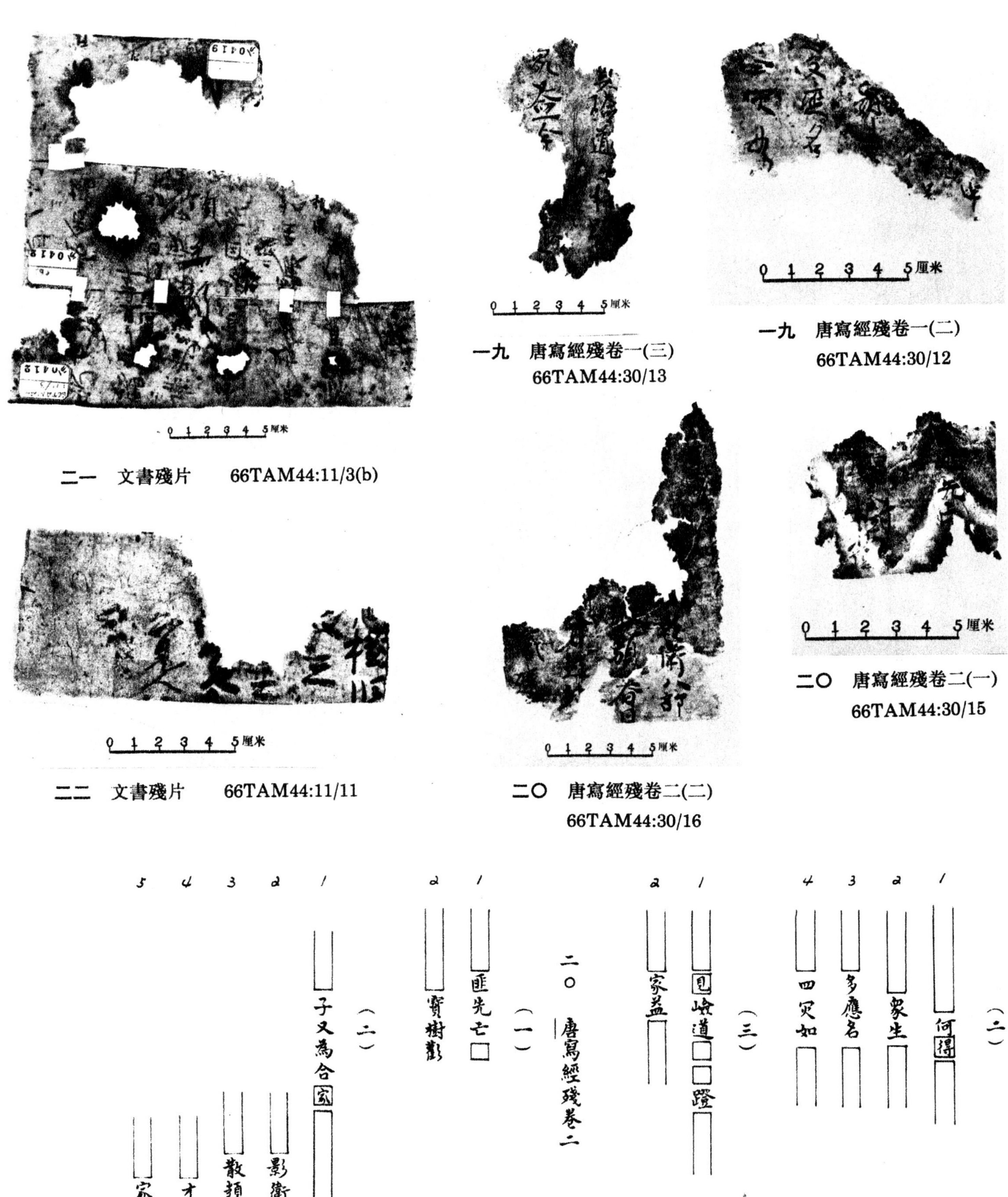

二一　文書殘片　66TAM44:11/3(b)

一九　唐寫經殘卷一(三)　66TAM44:30/13

一九　唐寫經殘卷一(二)　66TAM44:30/12

二〇　唐寫經殘卷二(一)　66TAM44:30/15

二二　文書殘片　66TAM44:11/11

二〇　唐寫經殘卷二(二)　66TAM44:30/16

（二）

1 □何[得]□

2 □象生□

3 □多應名□

4 □四㝡如□

（三）

1 □[日]嶮道□□蹬□

2 □家益□

二〇　唐寫經殘卷二

（一）

1 □匪先亡□

2 □寳樹影

（二）

1 □子又為合[家]□

2 □影衛八部

3 □散頭春日

4 □才超□

5 □家庭□

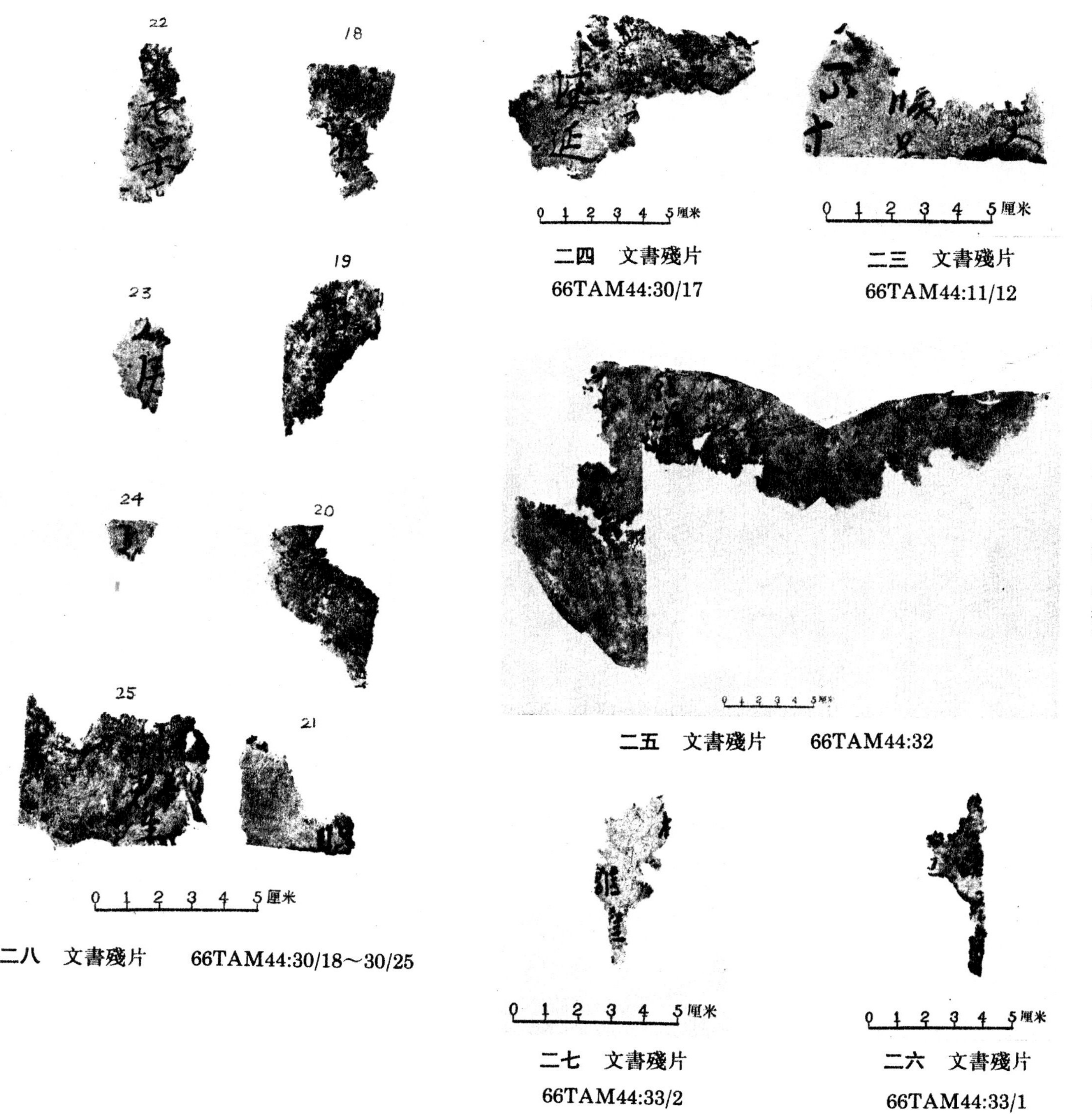

二四　文書殘片
66TAM44:30/17

二三　文書殘片
66TAM44:11/12

二五　文書殘片　　66TAM44:32

二八　文書殘片　　66TAM44:30/18～30/25

二七　文書殘片
66TAM44:33/2

二六　文書殘片
66TAM44:33/1

阿斯塔那七四號墓文書

本墓出有唐顯慶三年（公元六五八年）殘墓誌。所出文書均爲唐代，有紀年者僅一件，爲顯慶三年。

一　唐顯慶三年(公元六五八年)趙知德上車牛道價抄　67TAM74:1/3

二　唐某人於□□子邊夏田契　67TAM74:1/4,1/5

一　唐顯慶三年（公元六五八年）趙知德上車牛道價抄

1　趙知德上張甘塠伊州車牛道價銀錢叁□，

2　顯慶三年九月六日張甘塠領。川

二　唐某人於□□子邊夏田契

1　□□□月十□

2　□於同鄉人□□子邊夏□

3　□田貳畝六拾步，合□

4　□依高昌□斛(斛)㪷(斗)中□

5　□若祖殊(輸)佰役，壹仰田主□

6　□仁。兩主□可卷(券)契□

7　夏田人□

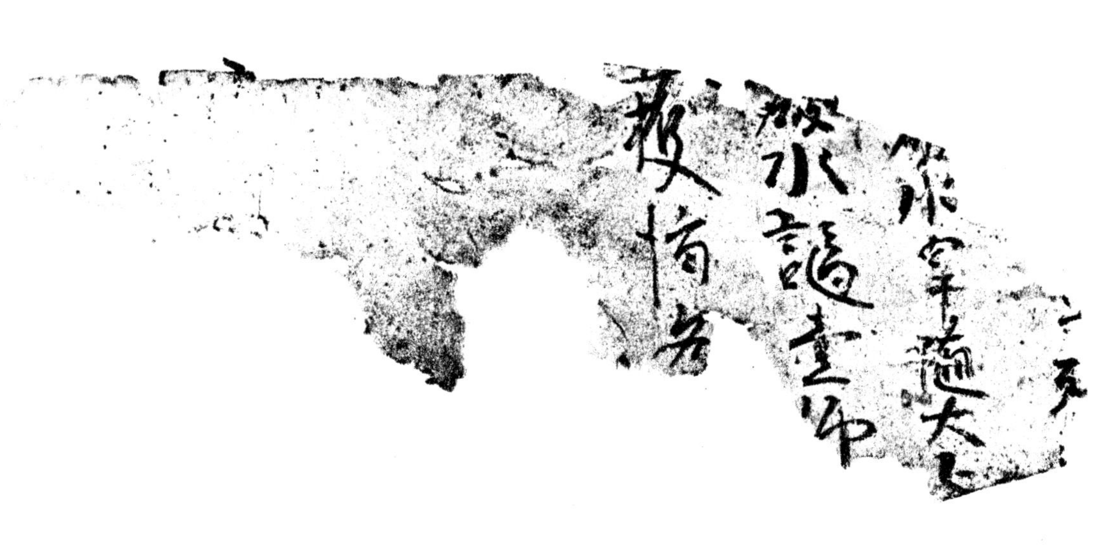

四　唐某人佃田殘契　67TAM74:1/9

三　唐某人於張悅仁等邊夏田殘契　67TAM74:1/2

三　唐某人於張悅仁等邊夏田殘契

1 □[於]同[鄉]張悅仁、[劉][海]□

2 □人邊夏左部々田人，□

四　唐某人佃田殘契

1 □[破]水旱隨大乜□

2 □破水隨壹[仰]□

3 □獲指[為]□。

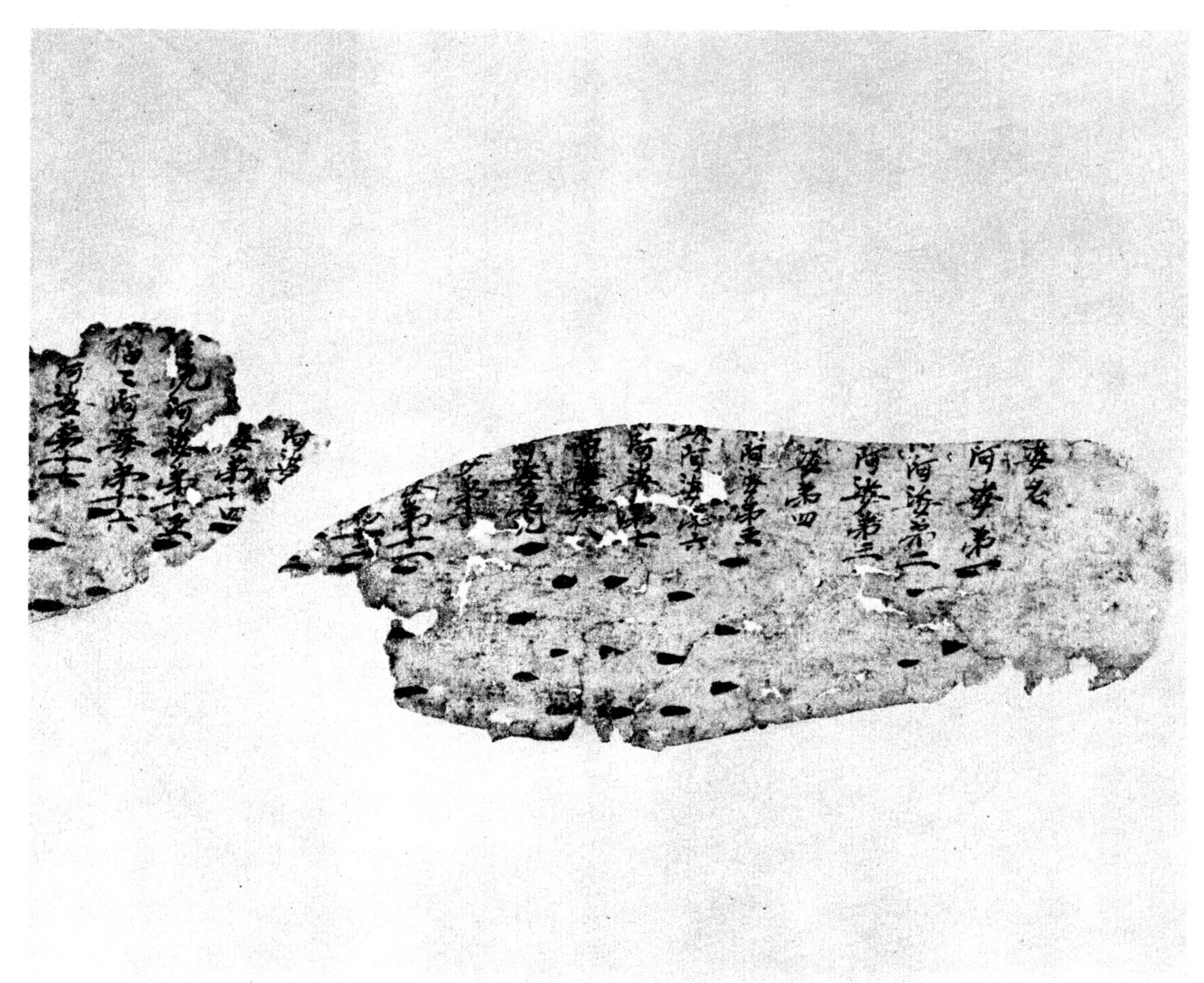

五　唐衆阿婆作齋名轉帖　67TAM74:1/7,1/8,1/10,1/11

五　唐衆阿婆作齋名轉帖

1　□婆名
2　□阿婆弟一　—　—　□
3　□阿婆弟二　—　—　□
4　□阿婆弟三
5　□婆弟四
6　□阿婆弟五　—　—　—
7　□阿婆弟六　—　—　—　—
8　□阿婆弟七　—　—　—
9　□阿婆弟八　—　—　—
10　□[阿]婆弟九　—　—　—　—
11　□[婆]弟十
12　□[婆]弟十一　—　—　—
13　□[弟]十二　—　□　□
14　□阿婆□[十][三]□　□　□
15　□[阿][婆]弟十四　—　□　□
16　□[住]兒阿婆弟十五　—　□　□
17　□猫〻阿婆弟十六　—　—　□
18　□阿婆弟十七　—　—　□

19 □漢得阿婆弟十八　　　□
20 □弥舉阿婆弟十九
21 □守懷阿婆弟廿
22 □□暉阿婆弟廿一
23 □□歡阿婆弟廿二
24 ▭阿婆弟廿三
25 □[曹]仁[阿][婆]弟廿四
26 □□□[阿]□[弟]廿五
27 □□舉阿[婆][弟]廿六
28 ▭月別齋日共衆人齋▭
29 合衆阿婆等至[五][月]内，各出大麥[貳]▭
30 [至]十月内，各与秋[貳][斛]▭
31 衆阿婆等中有身亡[者]▭
32 麥壹斛，出餅五个。[衆]人中卅(?)▭
33 在外衆人[食]□□衆人中有[人]▭
34 違教(?)者，別[銀]錢壹文入衆[人]▭

六 文書殘片 67TAM74:1/1

七 文書殘片 67TAM74:1/6

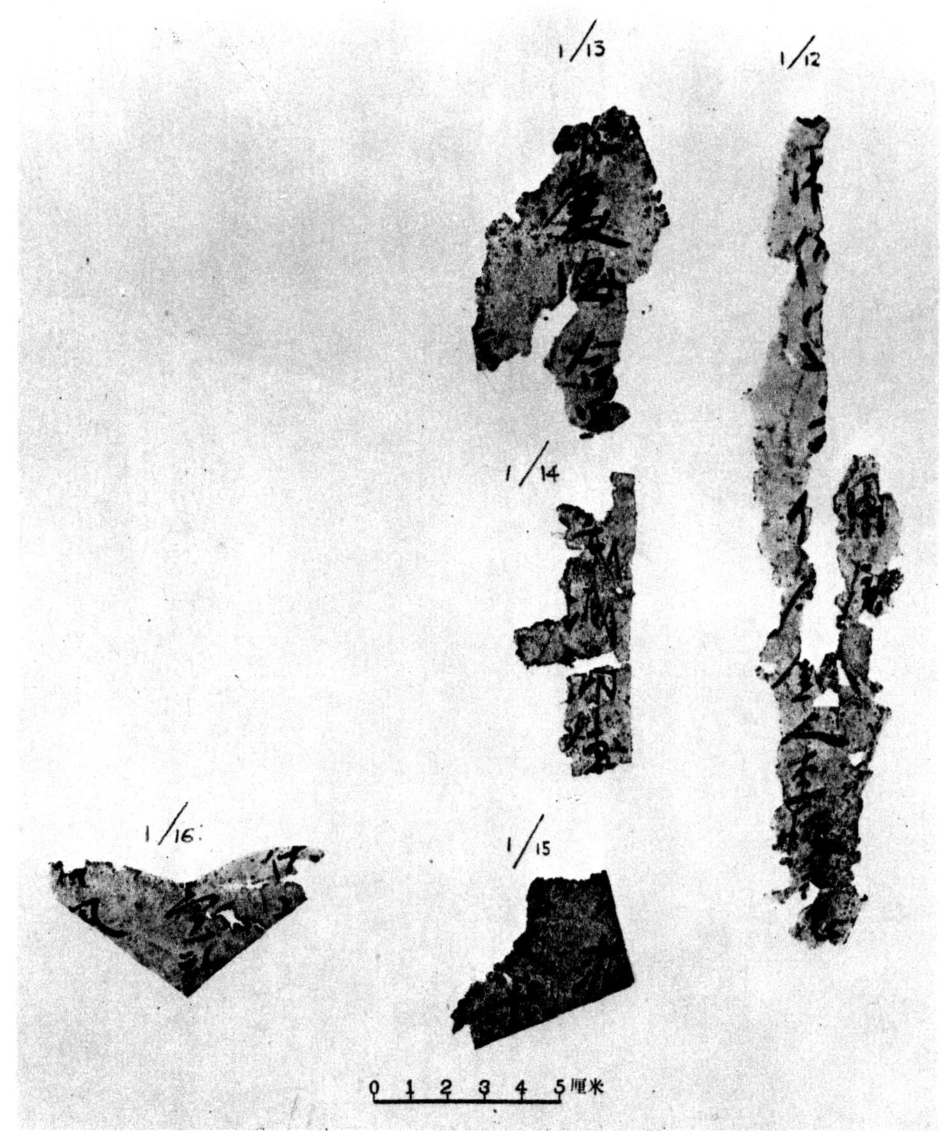

八 文書殘片 67TAM74:1/12～1/16

阿斯塔那一三七號墓文書

本墓無墓誌及隨葬衣物疏。所出文書有紀年者，起唐顯慶四年（公元六五九年），止顯慶五年（公元六六〇年）。

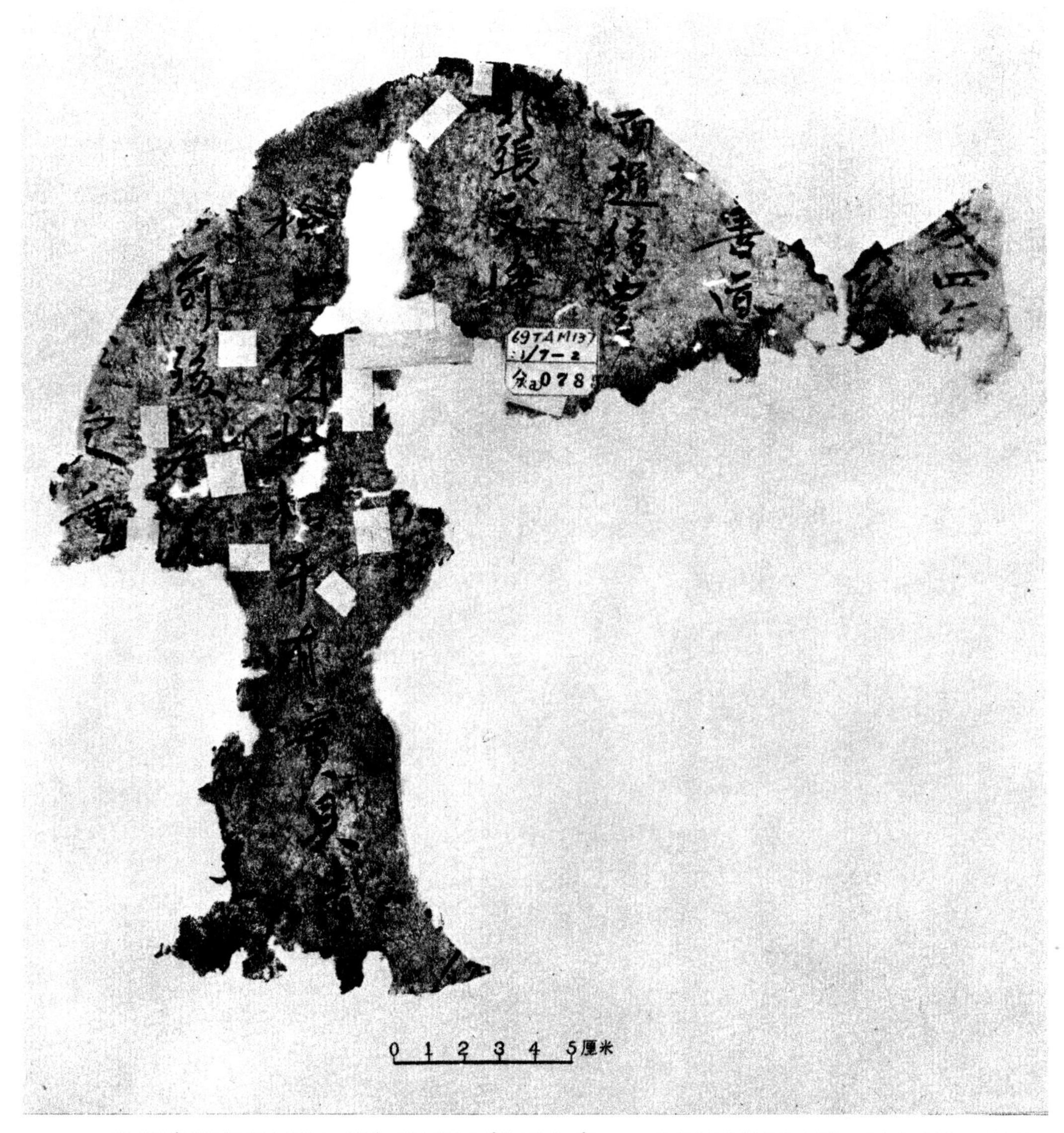

一　唐顯慶四年(公元六五九年)某人報拓文書　　69TAM137:1/7－1(a),1/7－2(a)

一　唐顯慶四年（公元六五九年）某人報拓文書

1 □慶四年［　　］
2 □□[渠]〔下殘〕
3 □□善道〔下殘〕
4 南趙緒豊〔下殘〕
5 北張文海〔下殘〕
6 ［　　］城［　　］[依]
7 撿上件人[報]柘（拓）平（筆）有實，具責［　　］
8 □前後若有［　　］
9 □□[受]重［　　］

三　唐酒人殘牒　　69TAM137:1/6－2

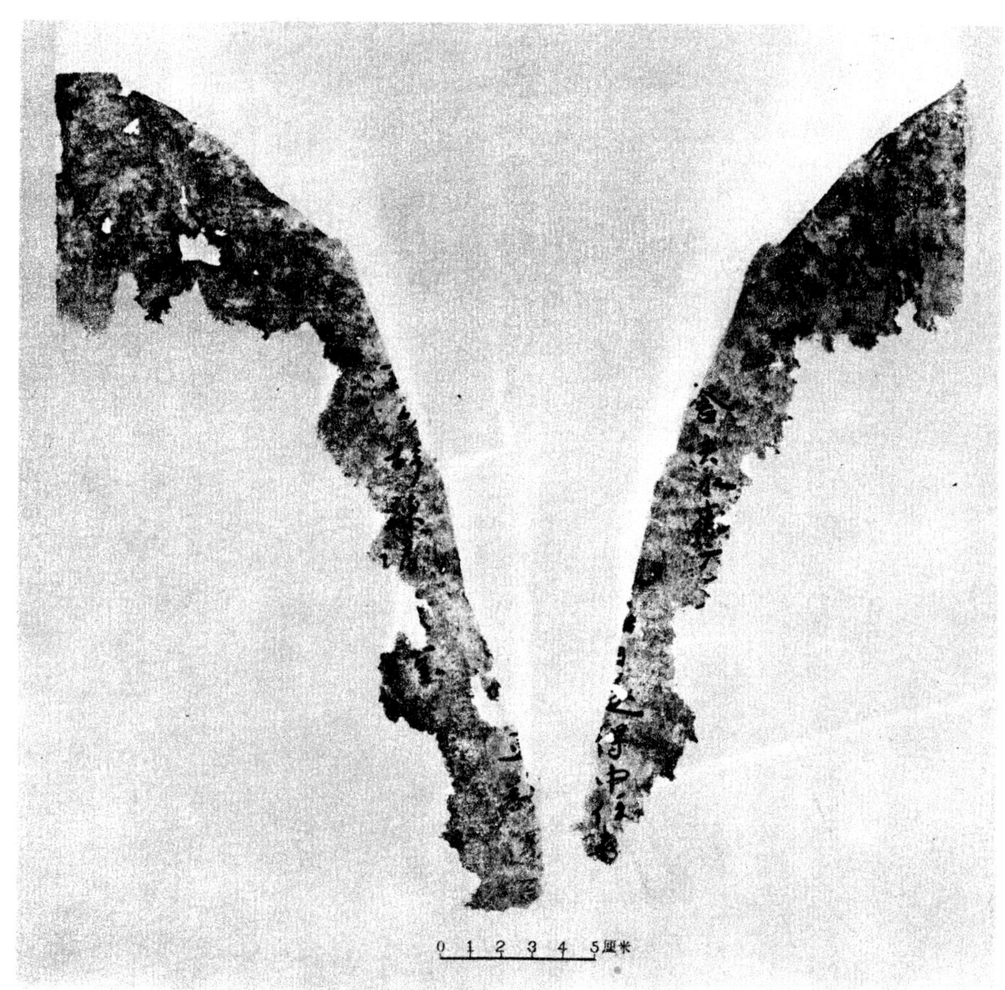

二　唐顯慶五年(公元六六〇年)殘辭　　69TAM137:1/6－1,1/7－3

二　唐顯慶五年（公元六六〇年）殘辭

1 □慶五年十月□
2 □武城ミ里□
3 □舍去永徽六年□
4 □遂得中住□
5 □欲還□
6 □謹以辭陳，請□謹□。

三　唐酒人殘牒

1 酒人□
2 牒件狀如前，□

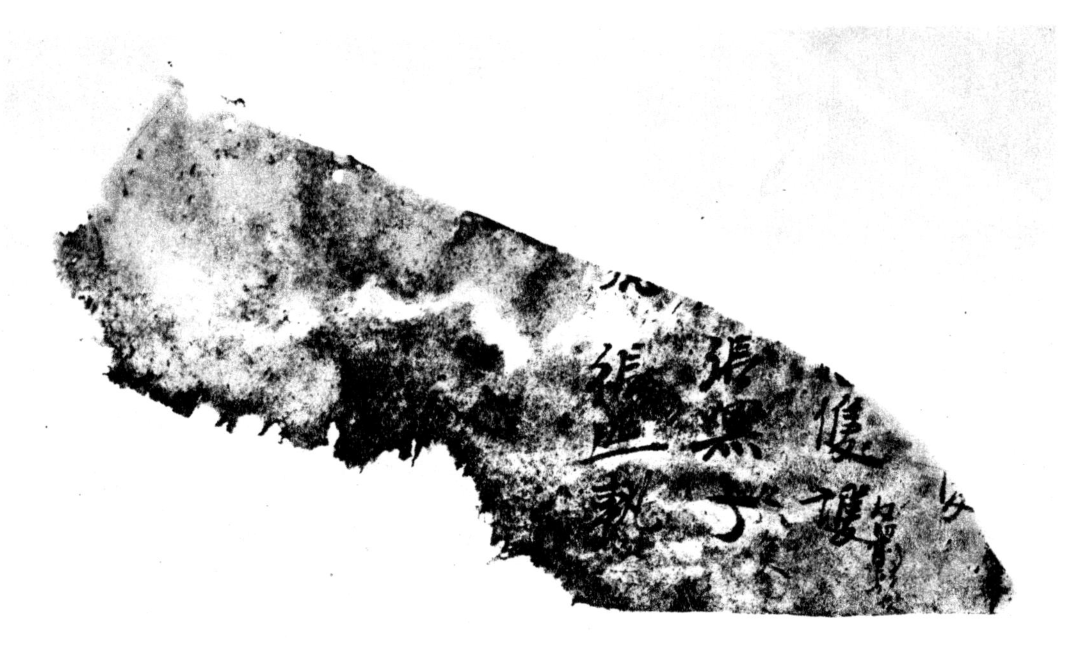

四 唐張嘿子等欠箭文書　　69TAM137:1/8

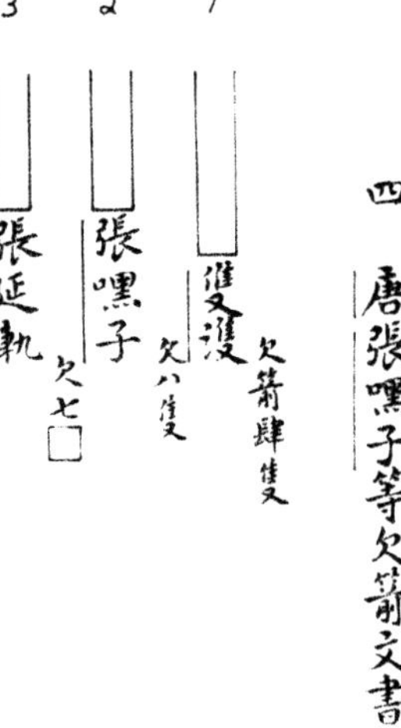

四　唐張嘿子等欠箭文書

1 □□□ 隻護　欠箭肆隻

2 □□□ 張嘿子　欠八隻

3 □□□ 張延軌　欠七□

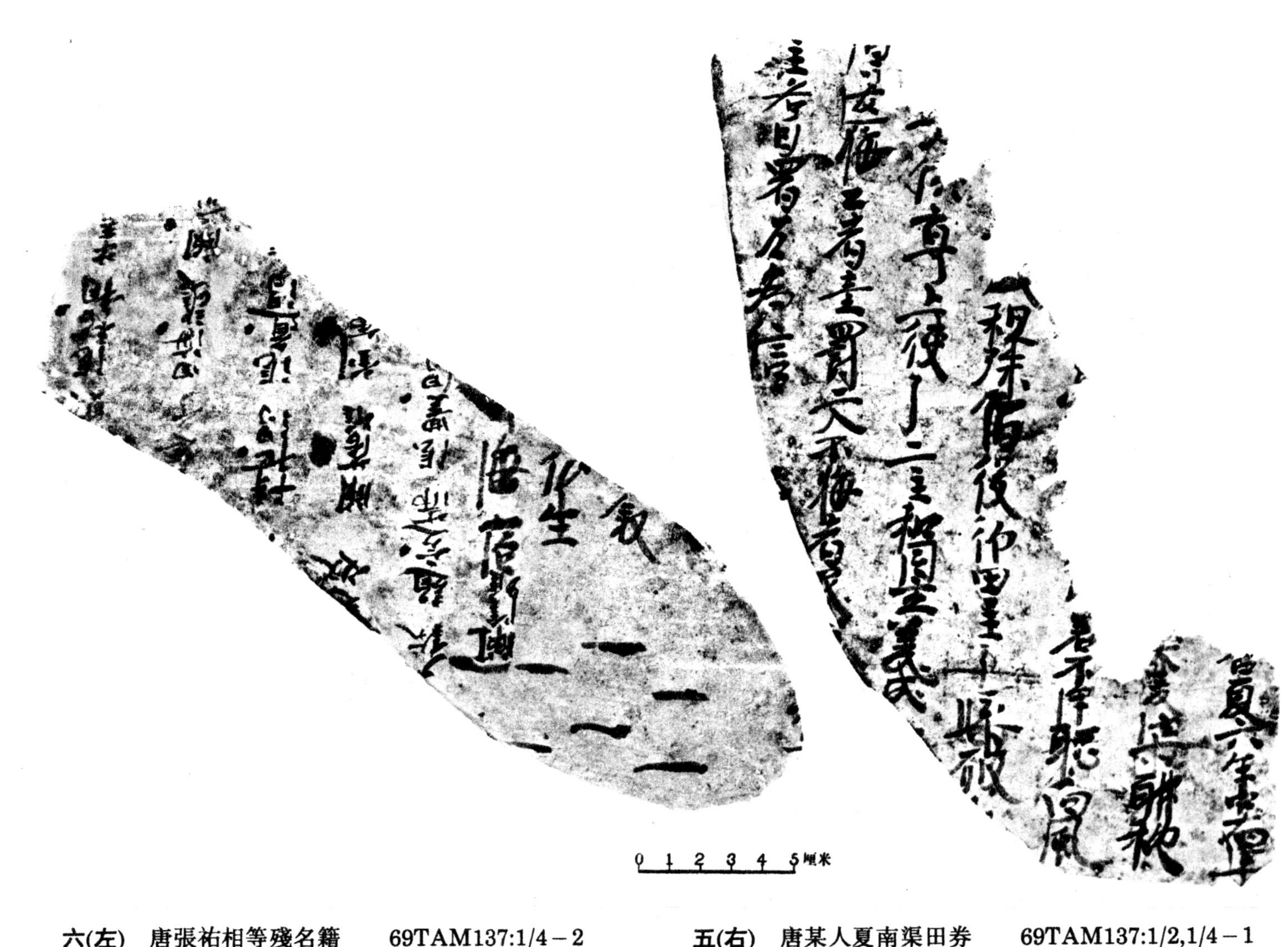

六(左)　唐張祐相等殘名籍　69TAM137:1/4－2　　　五(右)　唐某人夏南渠田券　69TAM137:1/2,1/4－1

五　唐某人夏南渠田券

本件紀年已缺。同墓所出紀年文書有顯慶四年，顯慶五年。本件契文内稱「夏六年中」田，雖不能確定所稱「六年」爲永徽六年或顯慶六年，但二者必居其一。

1 [　　　]夏六年中南渠

2 [　　　]大麥粢研(斛)秋

3 [　　　]若不凈，聽向風

4 [　　　]租殊(輸)佰役，仰田主了；渠破

5 [　　　]亭上使了。二主和同立券，成〔一〕[　　　]

6 得返悔，﹍者壹罰二入不悔者。民[　　　]

7 主，各自署名爲信。

8 [　　　]二一

9 □□叙　一一

10 □仏生　一一

11 □海落　一

注　釋

〔一〕二主和同立券：「券」旁有一粗黑點，疑是重文號。

六　唐張祐相等殘名籍

本件倒書於同號《唐某人夏南渠田券》之上。

1 [　　　]彭　張祐相　牛善[　　　]

2 [　　　]念子　田海護　闞示[　　　]

3 [　　　]孫柮得　張道得[　　　]

4 [　　　]奴　闞落堆　劉[　　　]

5 [　　　]鉢　趙定滿　張豊得[　　　]

6 [　　　]闞隆堆

七　唐張洛豐等納錢帳　　69TAM137:1/7－1(b),1/7－2(b)

七　唐張洛豐等納錢帳

1　□……海〻□
2　二文，……張洛豐
3　生一文……一丩（半），張弘
4　幢一文……文，暗延
5　趙歡亮二文半，張秕秃半文，張海□半文，張睦相一文，
6　□冨一文，趙□□一文，竹知奴一文，趙軍〻□□
7　……訁□，府問……

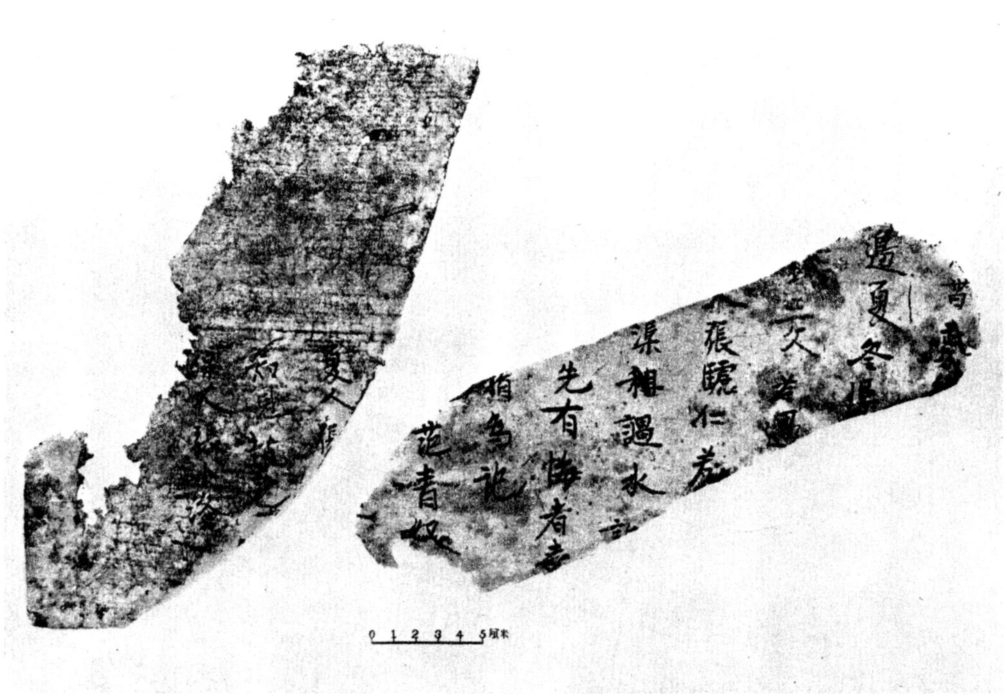

八　唐西州高昌縣張驢仁夏田契　69TAM137:1/1,1/3

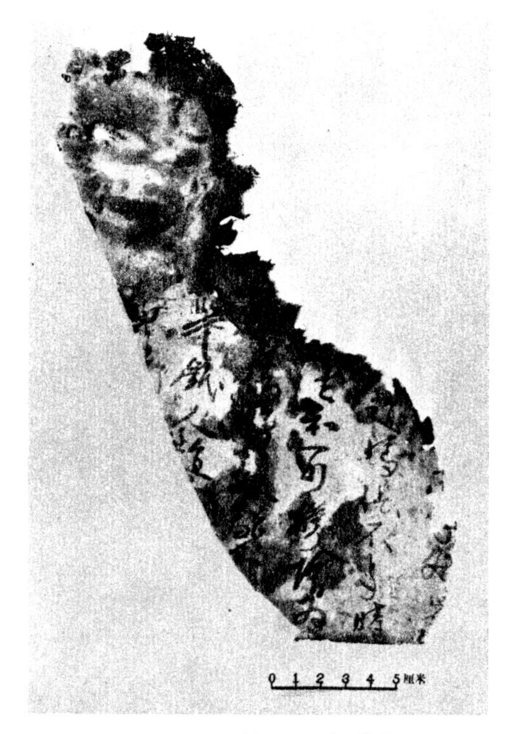

九　唐趙某等三人舉錢契
69TAM137:1/5

八　唐西州高昌縣張驢仁夏田契

1 ［ ］卌日，武城［鄉］［ ］
2 ［ ］邊夏冬渠［ ］
3 ［ ］錢三文。若過［ ］
4 ［ ］［入］張驢仁。若［ ］
5 ［ ］渠（租）謫水訁［ ］
6 ［ ］先有悔者，［壹］［ ］
7 ［ ］指為記。
8 ［ ］［ ］范青奴 一一一
9 夏人 張［ ］［ ］
10 知見 趙士元 一
11 保人 張小洛 一一一

九　唐趙某等三人舉錢契

1 ［ ］［ ］［ ］
2 ［ ］趙、馮、倀（張）不与時，
3 ［ ］四主和可獲，指為
4 ［ ］錢主張法刀奴駋仁
5 舉錢人趙［ ］
6 舉［ ］

阿斯塔那三一七號墓文書

本墓爲合葬墓，出有唐龍朔二年趙緒豐墓表。文書出自男屍紙鞋，均缺紀年，年代當不晚於龍朔二年（公元六六二年）。

一　唐張相□等佃田契　60TAM317:30/4,30/5

一　唐張相□等佃田契

洛二人□

日交相付□

佃，田，錢壹别□

仰田主了；渠破水□□，□佃田人了。兩和□

契，獲□□□。

田主張河洛

田主曹侯□

佃田人張相□

佃田人趙申居

知見人張海□

知見人張□□

知見人□

二　唐某人於大女張女足邊夏田契　60TAM317:30/1

三　唐某人買奴(?)契　60TAM317:30/7

二　唐某人扵大女張女足邊夏田契

1 （前缺）貳（中缺）畝，大女張女足
2 （前缺）貳畝（中缺）轉人名得總有
3 （前缺）夏價大麥貳研(斛)伍𣂷(斗)，其夏價

三　唐某人買奴(?)契

1 （前缺）[富]年十二（後缺）
2 （前缺）練即畢，人即付。（後缺）
3 （前缺）名者，仰本主自（後缺）
4 （前缺）指為信。

四　唐趙蔭子博牛契　60TAM317:30/6(a),30/10(a)

四　唐趙蔭子博牛契

本件另面中央有契合字的左半「元亡」。

[　　]衛士趙蔭[　]
[　　]壹頭牛捌歲，[　]用[　　]
[　　]後有人寒盜識[　　]
[　　]内不食水草，任還本[　　]
[　　]保集日，別立市勸(券)。兩和[　　]
[　　]兩本，各捉壹本。
博牛人趙蔭子一一
[　　]王胡子一一一
□□人氾玄亮一一一
[　　]張相信一
[　　]□□緒一一
[　　][人]趙慈㥁一
[　　]人同開城人趙[　　]

五　唐某人雇人送練契　　60TAM317:30/8

六　唐張某等雇趙申君送練契　　60TAM317:30/2,30/3

五　唐某人雇人送練契

1 送練壹道。其[　　]
2 錢伍文，到[迴][　　]
3 付与張迴君[　　]
4 道，餘更有謫[　　]

六　唐張某等雇趙申君送練契

1 [　　][鄉]人趙申君
2 [　　]度，一卯車上出
3 [　　]道輸納使了，
4 □送練。有逋留[官]□□趙自當，張等
5 □不知。兩和立[契]，[　　]

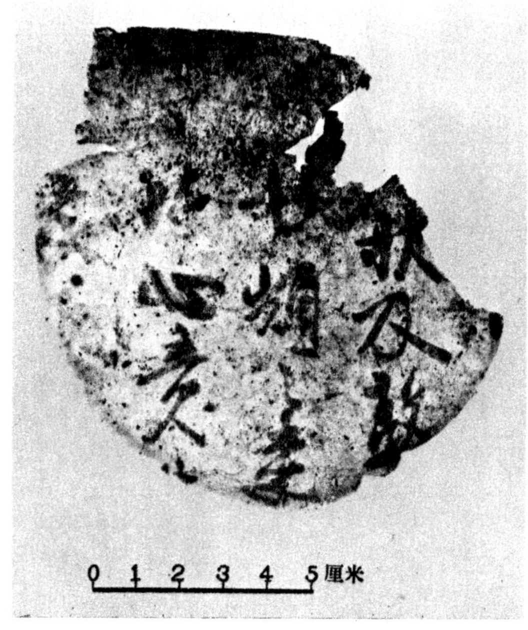
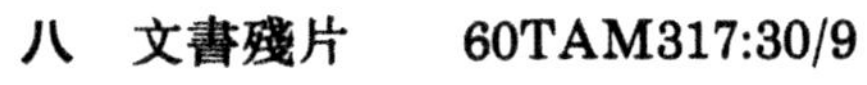

八　文書殘片　　60TAM317:30/9

七　文書殘片　　60TAM317:30/6(b),30/10(b)

阿斯塔那二〇八號墓文書

本墓出有唐永徽四年（公元六五三年）張元峻墓誌一方。在屍身紙鞋上拆出二三至三一號文書。

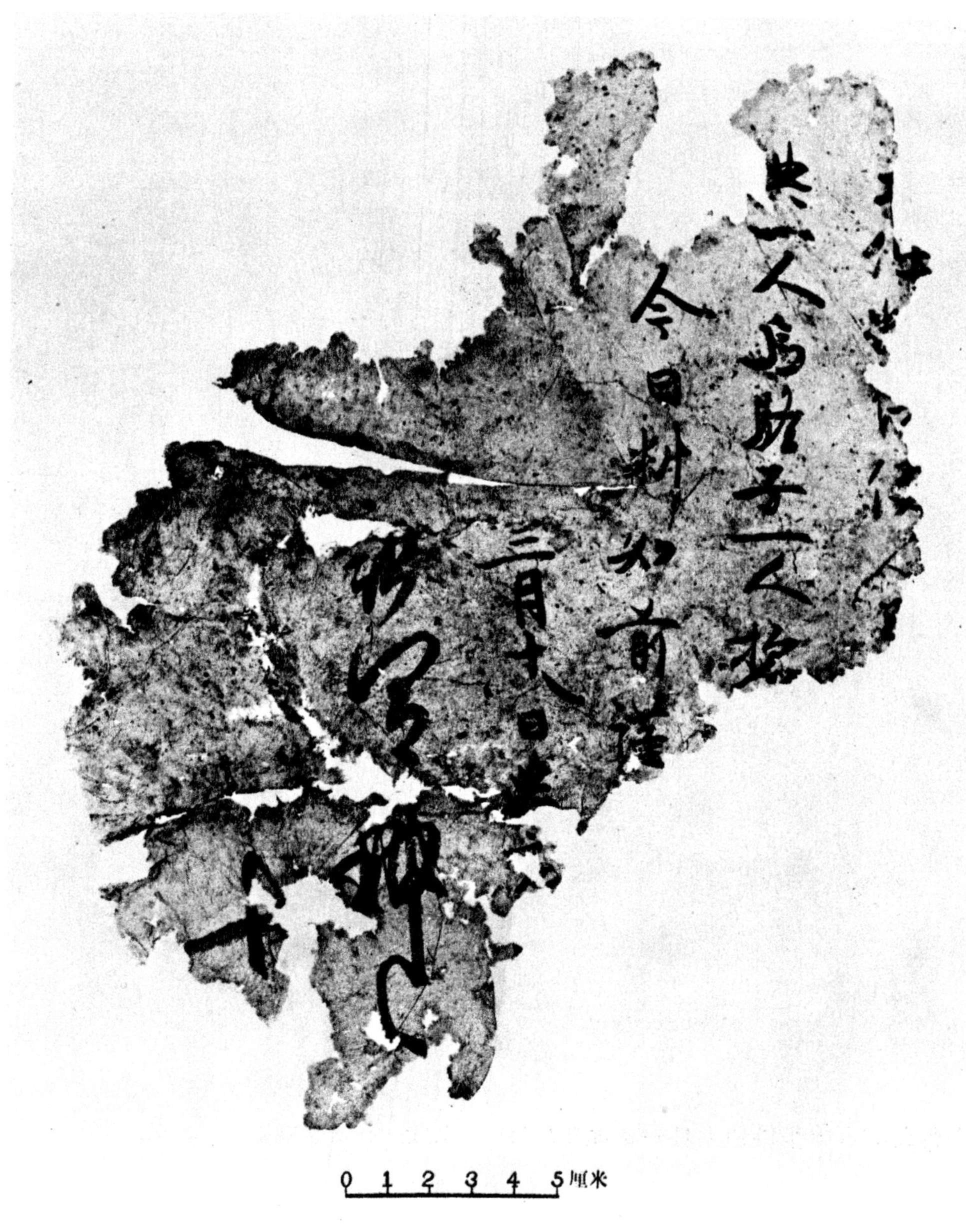

一　唐典高信貞申報供使人食料帳歷牒（一）　73TAM208:26,31/1

一　唐典高信貞申報供使人食料帳歷牒

本件紀年已缺，觀內容當是某館三月間供食帳歷，按日由典高信貞具牒申報，今存三月十八、三月廿日，又一段月日已缺，姑置於後。

（一）

1 右件料供使人□

2 典一人，爲駱子一人，摠

3 今日料如前謹□。

4 三月十八日典高□□□

5 訖寫翀

6 十□

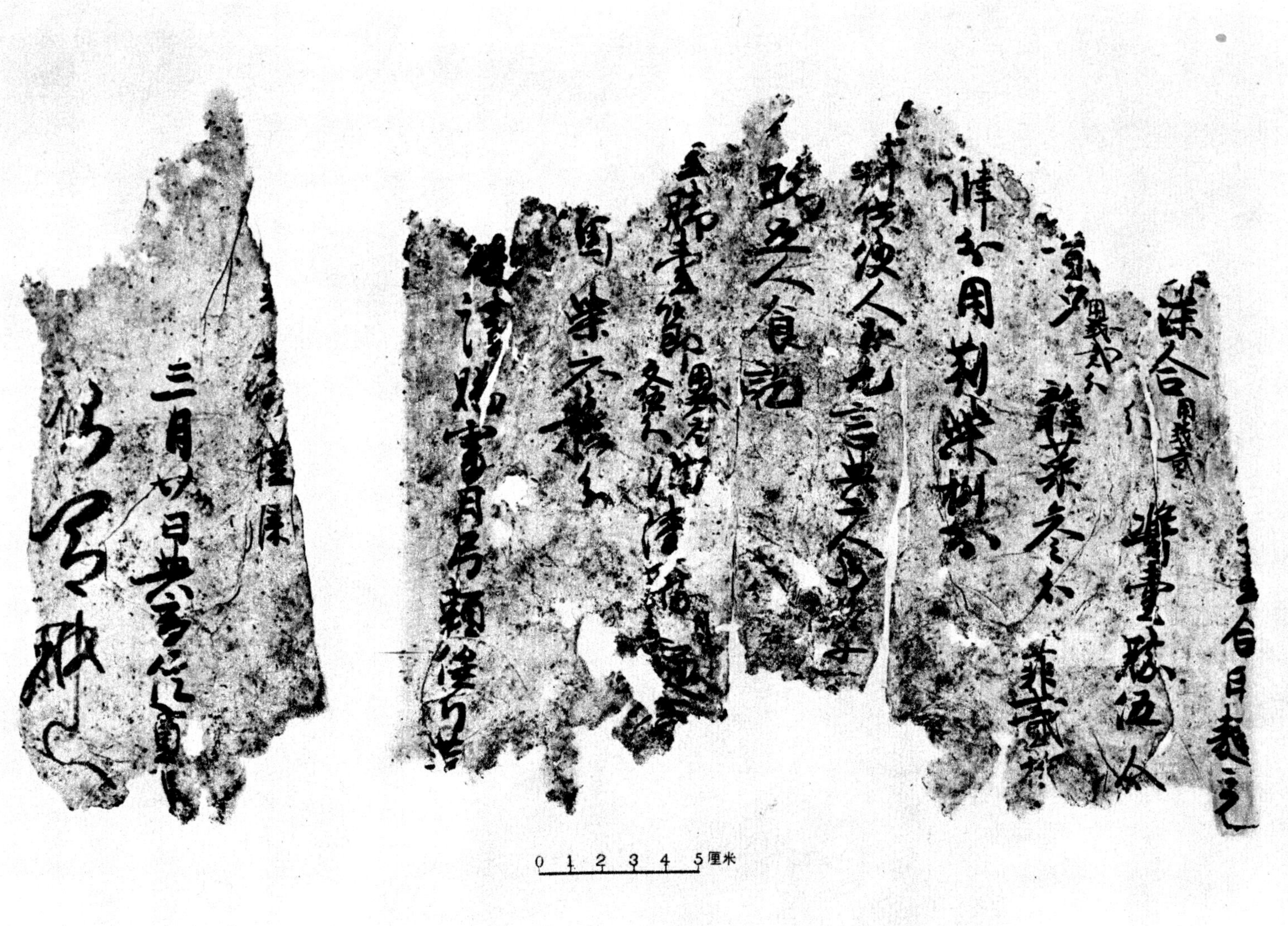

一　唐典高信貞申報供使人食料帳歷牒(二)　　73TAM208:23,27

（二）

1 ［　　］［壹］合，［用］麵六［　　］
2 ［　　］柒合，用錢貳分　醬壹勝伍合［　　］
3 ［　　］貳勺，用錢貳分　雜菜叁分　韮貳拾分［　　］
4 ［　　］肆分，用荊柴捌分。
5 ［　　］料供使人王九言典二人、烏駱子一［人］，［　　］
6 ［　　］惣五人食訖。
7 ［　　］［驢］脚壹節，用錢叁文伍分　酒陸勝，用錢［　　］麵［壹］［　　］
8 ［　　］［葦］柴叁拾分。
9 ［　　］請賜處月弓頼俟斤［等］［　　］
10 ［　　］［料］［如］［前］謹牒。
11 三月廿日典高信貞牒。
12 記咨郡

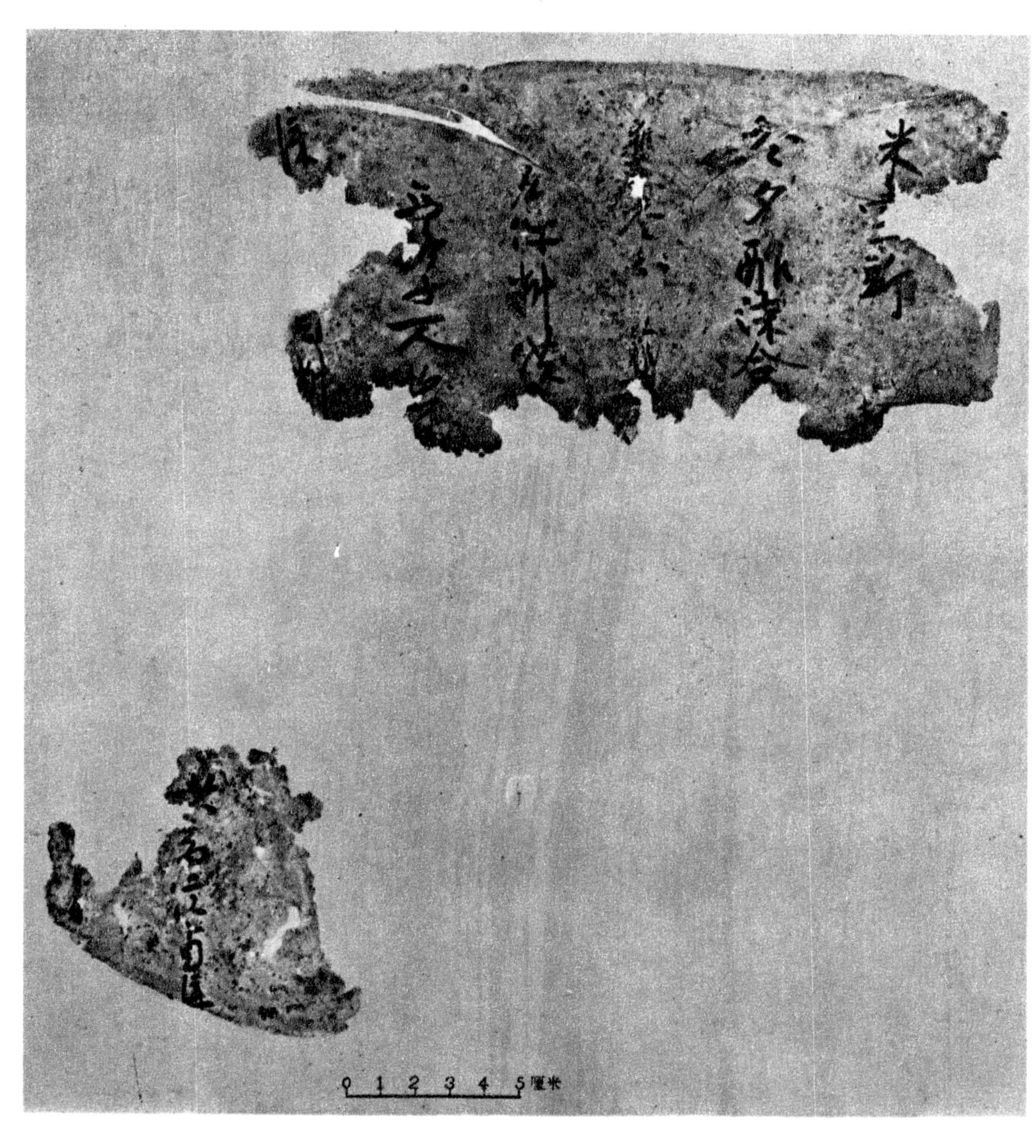

一　唐典高信貞申報供使人食料帳歷牒(三)　　73TAM208:25,29

（三）

1　米壹䢷　麵□

2　叁□酢菜合，用□

3　雜菜叁分　韮□

4　右件料供□

5　烏駱子一人惣伍□

6　牒□□□日料□

7　□日典高信貞牒

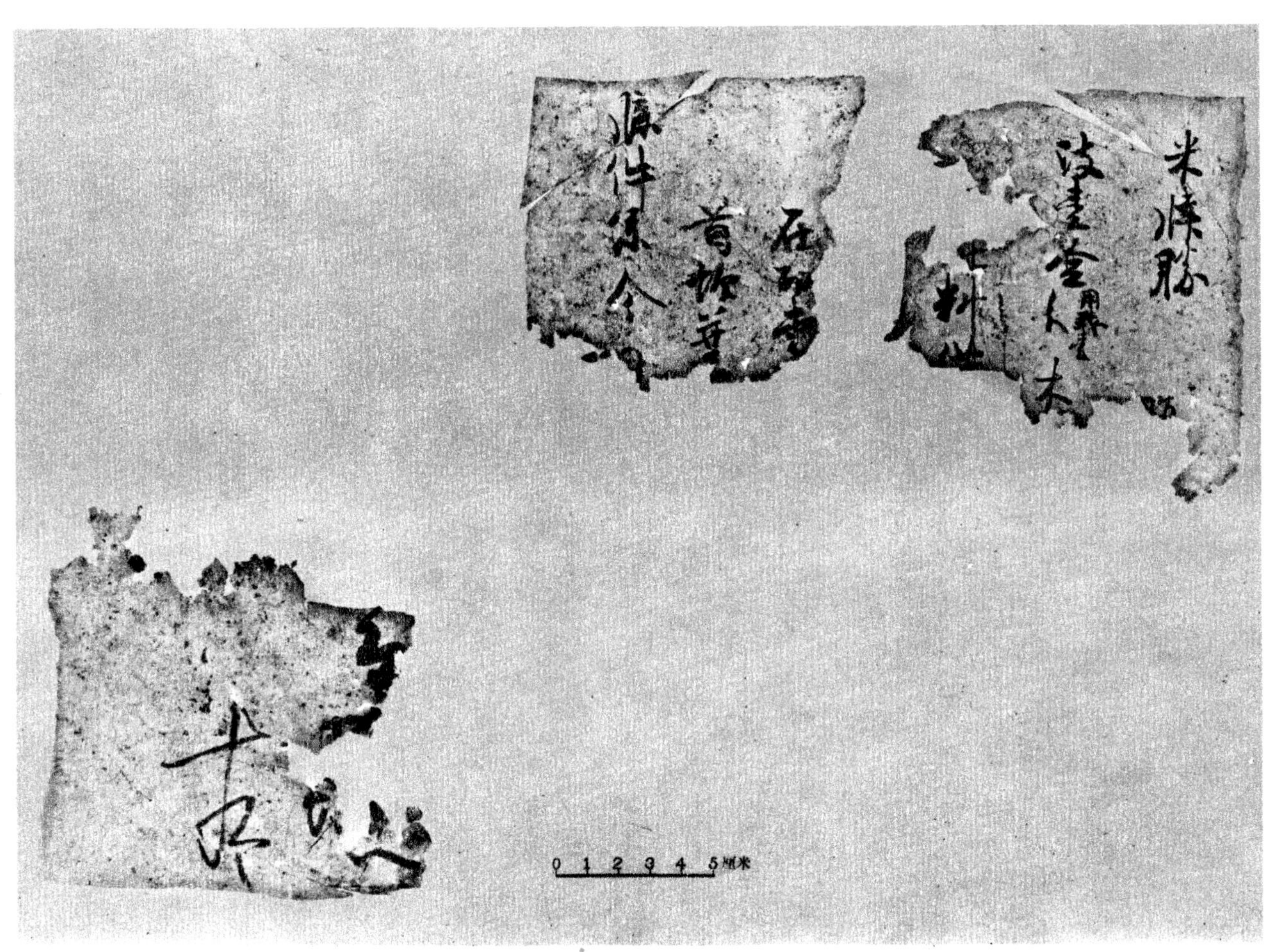

一　唐典高信貞申報供使人食料帳歷牒(四)　73TAM208:24,28,30

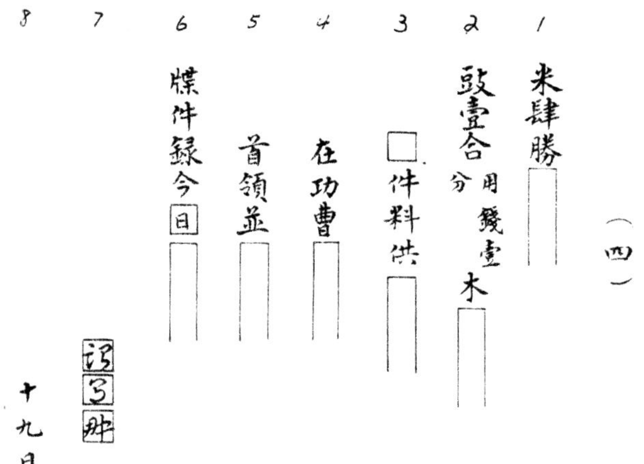

（四）

1 米肆勝□

2 致壹合分用錢壹木□

3 □件料供□

4 在功曹□

5 首領並□

6 牒件録今[日]□

7 [泃][写][卌]

8 十九日

二　唐人習字　　73TAM208:12

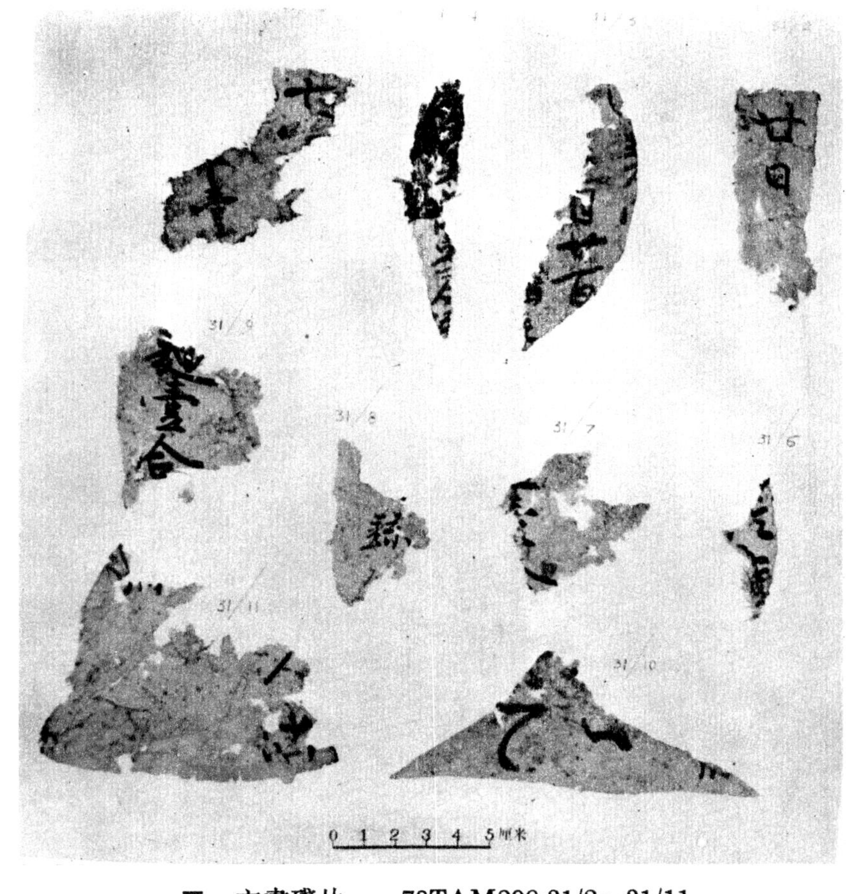

三　文書殘片　　73TAM208:31/2～31/11

二　唐人習字

1 ……勅寫急就章遂

2 不得與師書耳但衛不能拔賞隨

3 子者孔子曰者語

阿斯塔那三二五號墓文書

本墓係合葬墓，無隨葬衣物疏，僅有墓磚一方，上刻「趙衆」二字。所出文書有紀年者，最早爲唐顯慶四年（公元六五九年），最晚爲龍朔三年（公元六六三年）。

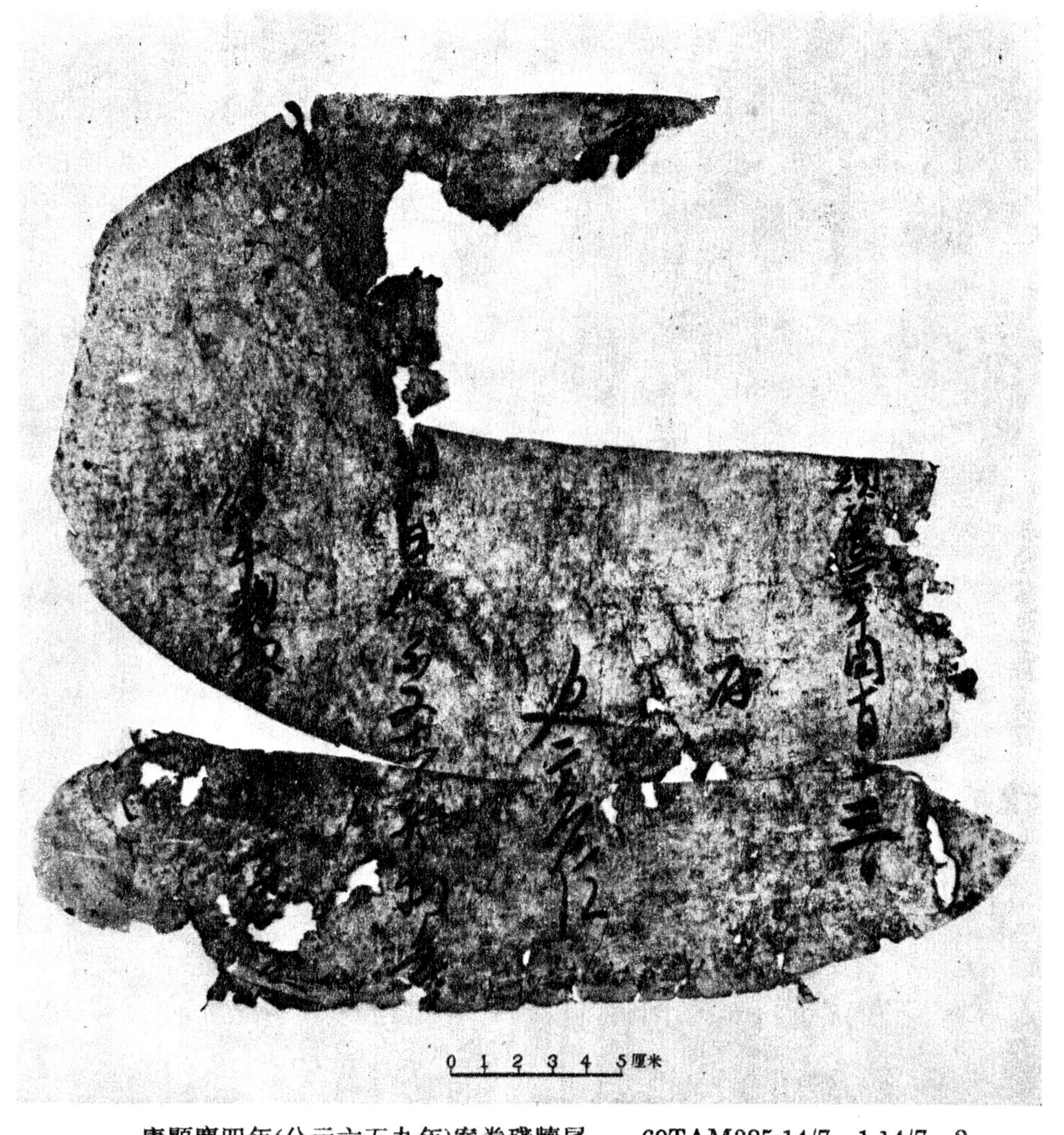

一　唐顯慶四年(公元六五九年)案卷殘牘尾　60TAM325:14/7－1,14/7－2

一　唐顯慶四年（公元六五九年）案卷殘牘尾

1 顯慶四年閏十月十三日
2 府
3 史玄信
4 閏十月九日受，十一日行判無稽
5 録事麴戉（武）□檢無稽失

二　唐龍朔三年(公元六六三年)西州高昌縣下武城鄉符爲上烽事　　60TAM325:14/5－1(a),14/5－2(a)

二　唐龍朔三年（公元六六三年）西州高昌縣下武城鄉符爲上烽事

本件蓋有「高昌縣之印」。並有朱書「錄□□相□□」一行，該行後二字壓書於「龍朔」二字上，今不可識。後二件皆有朱書「錄事」一行，內容與本件亦相同，疑原是高昌縣案卷，斷裂成三件。

1　□索胡款其　依番上烽
2　更無倒復者
3　武城鄉主者件狀如
4　右准式符
5　　　　　　　佐□□
6　□准
7　　　　　　史「　」
8　錄□□相龍朔三年三月一日

三　唐龍朔三年（公元六六三年）西州高昌縣下寧戎鄉符爲當鄉次男侯子隆充侍及上烽事

60TAM325:14/2－1(a),14/2－2(a)

0 1 2 3 4 5釐米

三　唐龍朔三年（公元六六三年）西州高昌縣下寧戎鄉符爲當鄉次男侯子隆充侍及上烽事

本件蓋有「高昌縣之印」三方。又末行「録事汾」一行，爲朱筆書寫。其下尚有三字殘不可識，壓書於「龍朔三」三字上。又一〇行爲後人戲書。

今見闕侍人某寧戎鄉侯子隆，身充次男，[　　　]
[　　　]望請充侍者。又聞懷相夲以得順
[　　　]今年新[　　　]
八十，自迴充侍父者。又得寧戎鄉里□□
定護款，其侯子隆見是中男，隨番上烽，[　　　]
[　　　]者。前侍已親侍父，後請宜[　　　]
□式。閔司兵任判者。今以狀下鄉，宜准狀，符
到奉行。准式[　　　]　史張□
付身　〔下殘〕
虔二壹[　　　]
尉　祖　誰　𢓊　史　史□
史汜感
録事汾（沙）龍朔三年三月二日下

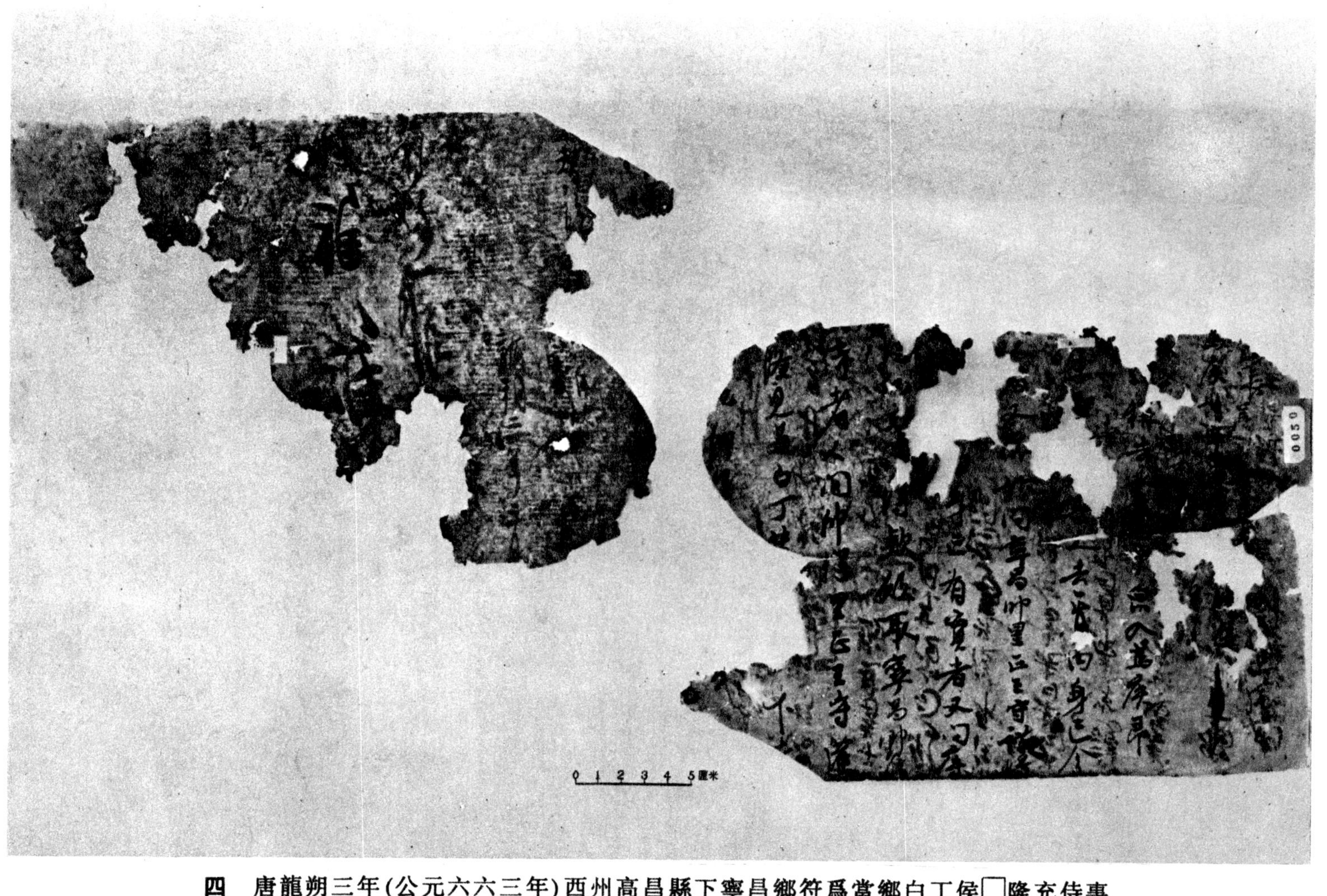

四　唐龍朔三年（公元六六三年）西州高昌縣下寧昌鄉符爲當鄉白丁侯□隆充侍事
60TAM325:14/3－1(a),14/3－2(a),14/6－1(a),14/6－2(a)

四　唐龍朔三年（公元六六三年）西州高昌縣下寧昌鄉符爲當鄉白丁侯□隆充侍事

本件蓋有「高昌縣之印」一方。又末尾有朱書「縣事汜相十四日」一行，「四日」二字墨書於「龍朔」二字上。又一行係後人戲書。

1 □□張　長善里正□　張芝
2 □萬㑇，請寧昌鄉白丁□□[隆]侍——（歸[本]里正□（貌））
3 □[辭]稱去永徽二年点入萬㑇。即
4 □李智□其人去正月內身亡，今
5 □人[者]又[依]狀問寧昌鄉里正王守護，得
6 □奴□身亡有實者。又問康
7 □[得]□充侍，得款顧取寧昌鄉侯
8 □侍者。又問鄉得里正王守護
9 □隆見是白丁□下[者]
10 □鄉□
11 □得□
12 □替訖□准狀□牒。
13 錄事汜相十「龍朔」三年三月「□」
14 □□□
15 尉　雅丨准□

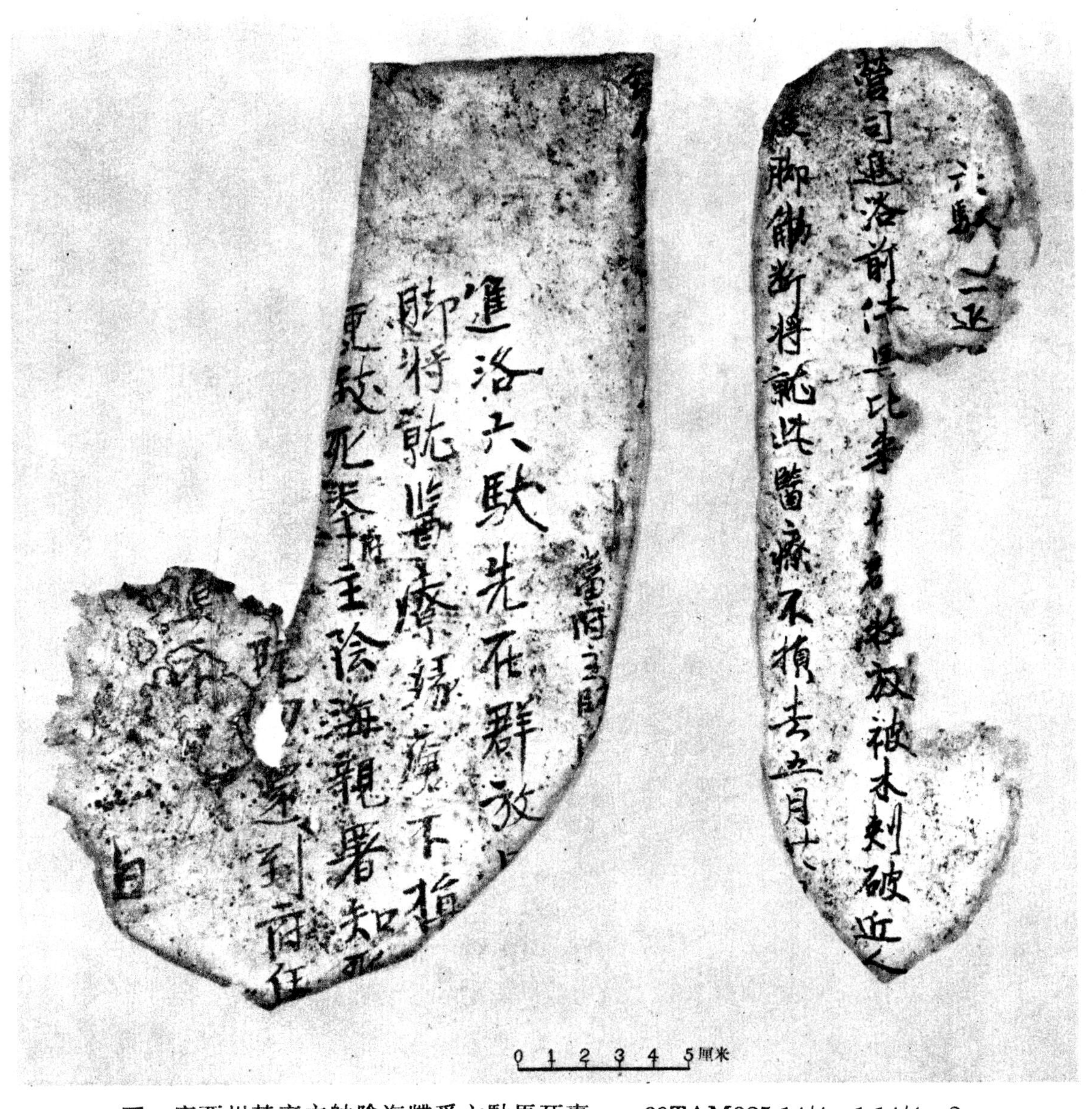

五　唐西州某府主帥陰海牒爲六馱馬死事　60TAM325:14/4－1,14/4－2

五　唐西州某府主帥陰海牒爲六馱馬死事

1 六馱馬一疋［　　］

2 營司進洛前件馬比來在群牧放，被木刺破，近人

3 □後脚筋斷，將就此醫療，不損，去五月廿八日□

4 致死訖。［　　］

5 　　當府主帥陰［　　］

6 進洛六馱先在群放［　　］

7 脚將就醫療，緣瘡不損，□

8 便致死。本府主陰海親署知死

9 ［　　］既迴還到府任

10 ［　　］領示

11 一日

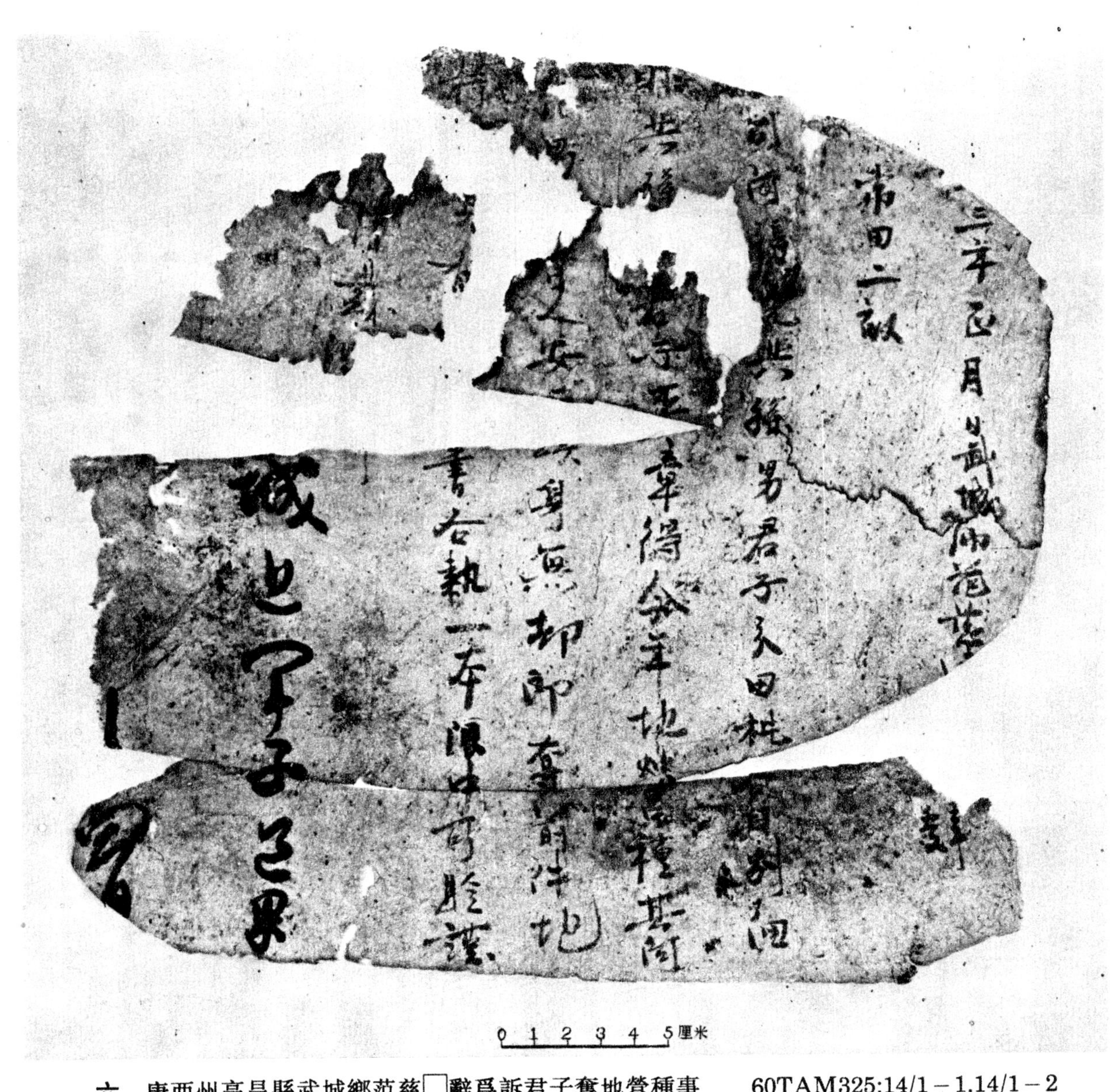

六　唐西州高昌縣武城鄉范慈□辭爲訴君子奪地營種事　　60TAM325:14/1－1,14/1－2

六　唐西州高昌縣武城鄉范慈□辭爲訴君子奪地營種事

□□三年正月　日武城鄉范慈□　　辭

常田二畝

[縣]司：阿張先共孫男君子分田桃，[各]自別佃。

[昨]共孫□君子[平]章，得今年地營種，其阿

[張]男□替人安□□身無，却即奪前件地，

[請]［　　］[見]有□□書，各執一本，限中可驗。謹

［　　］請裁。[謹]□。

□城追軍子[一]過果

［　　］四日

注釋

[一]軍子：與訴辭中之「君子」應爲一人，二者當有一誤。

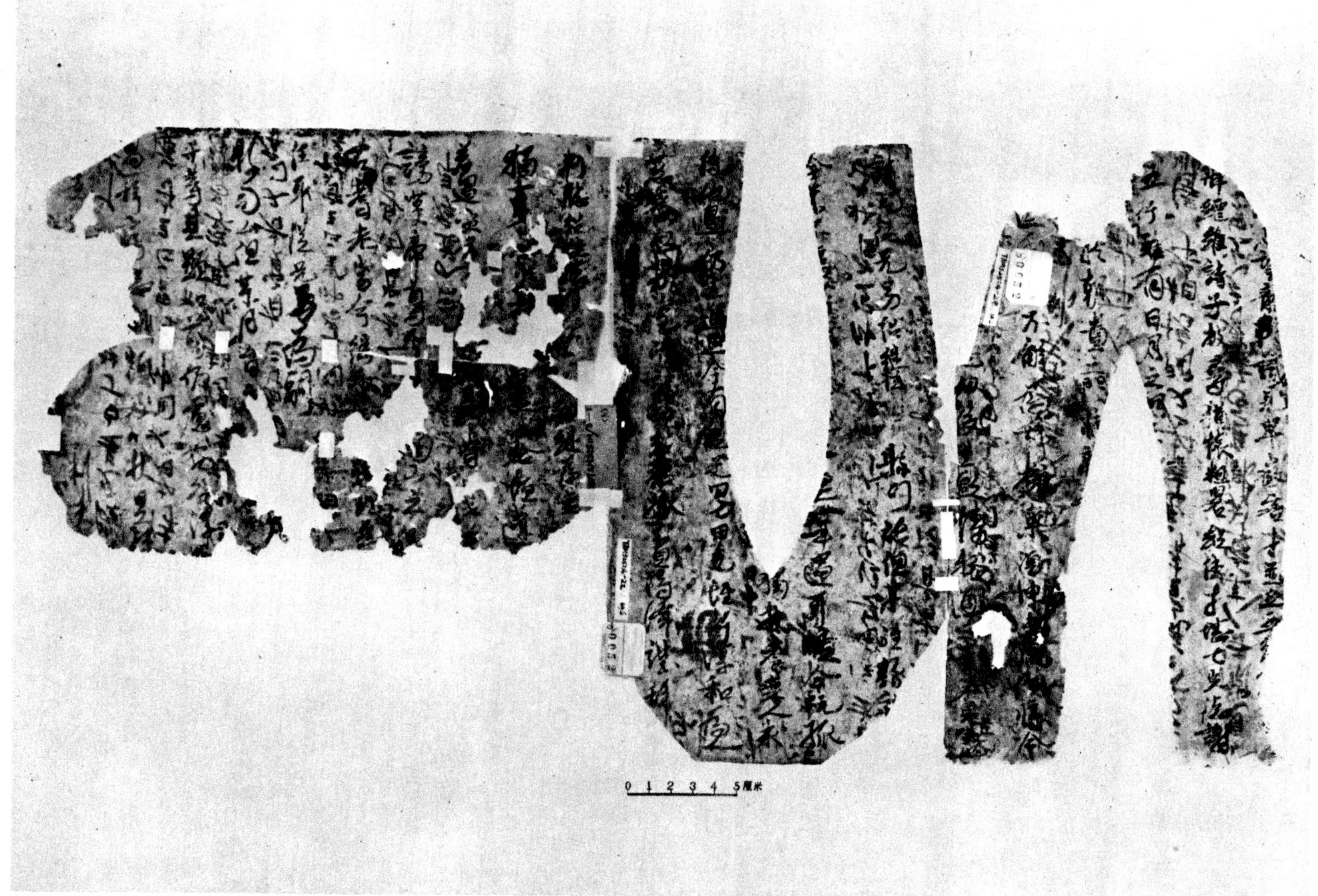

七　唐書牘判牒範本　　60TAM325:14/2－1(b),14/2－2(b),14/3－1(b),14/3－2(b)

七　唐書牘判牒範本

1 ［　　］[望][龍]○識見卑微，容才並之，五［　　］
2 [辨]（纏）緾維諸子披尋，猶懷粗畧。縱使才堪七步，德謝
3 五行，雖有日月之明，［　　］
4 ［　　］[於]朝貴之門[牒]□［　　］
5 ［　　］兩竟，不解為辞，攤氣須伸，未閑作牒。今
6 ［　　］以復生，願博物通人，幸不見唉（笑）也。
7 請乞從兄男紹維辞　　縣司：治但某維緣□□
8 今□[不]［　　］年過耳順，今既孤
9 ［　　］獨，扶養無人，求
10 侍他（邊）追，仍生進退。今有從兄男甲乙，性行淳和，為人
11 慈孝，以狀咨（諮）陳，請乞紹維，孤貧得濟，謹辞。
12 判聽紹維事　　其□紹維為無［　　］
13 獨一身□少[材]（？）［　　］内無供給，恒逢［　　］
14 若遇灾年（？）［　　］日即□［　　］
15 謗。漢帝尊[聖]，［　　］[關]山之日［　　］
16 右者老當今[繼]取□□□□無［　　］
17 任取從兄男為嗣［　　］
18 縣司：厶但某月厶日［　　］
19 子等具顯如前，仍慮在外得［　　］
20 [遇]辞窮［　　］類及以狀具陳［　　］
21 □走　　判為

阿斯塔那三二二號墓文書

本墓出唐龍朔三年（公元六六三年）趙海玖墓誌一方。所出文書無紀年。

一 唐西州交河縣殘籍帳 60TAM322:21(a)

一 唐西州交河縣殘籍帳 60TAM322:21(b)

一 唐西州交河縣殘籍帳

本件紀年殘缺，今據段畝數字係小寫，推斷作於開元以前。又本件蓋有「交河縣之印」，今殘存右側。另面有字一行：「此是趙家倉督文簿」。

1 一段一畝半 大水渠 城東一里 東渠 西渠 南竹尾 北荒

2 一段一畝 大水渠 城東一里 東丘海 西竹尾 南渠 北宫田

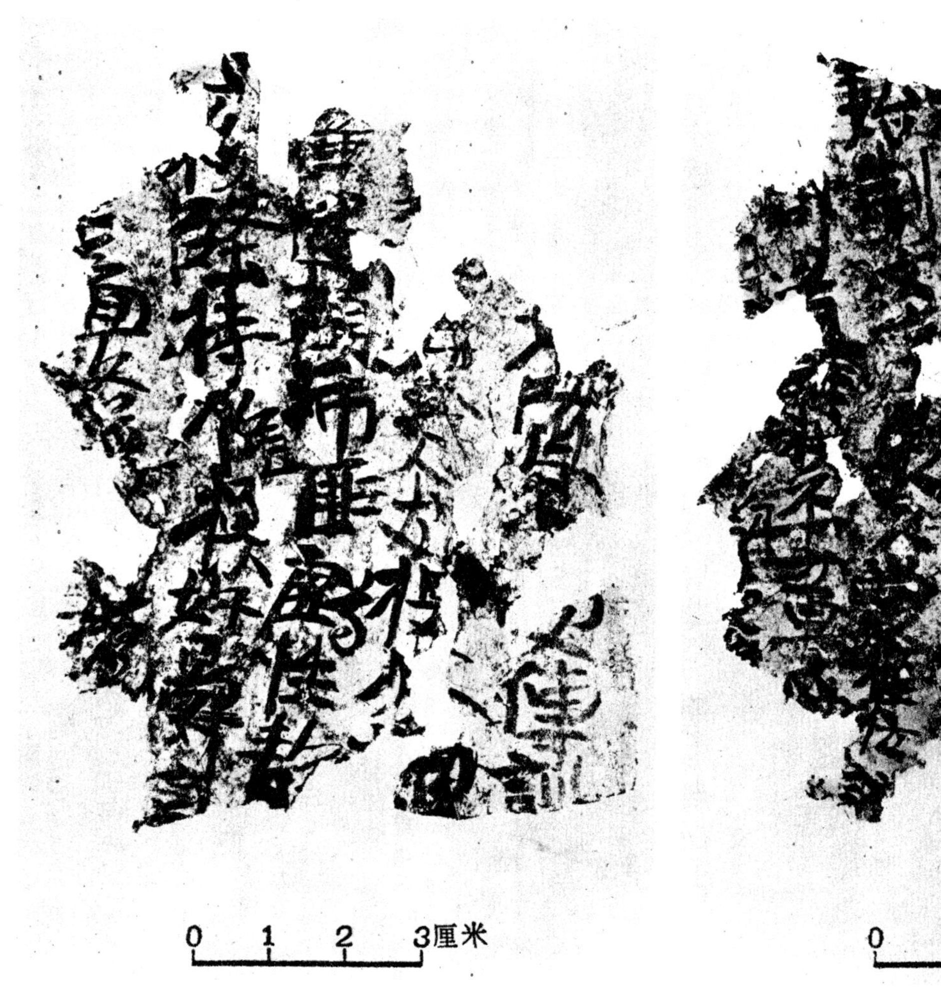

二　唐《千文字》習書

60TAM322:7/6－2(b),7/6－1(b)

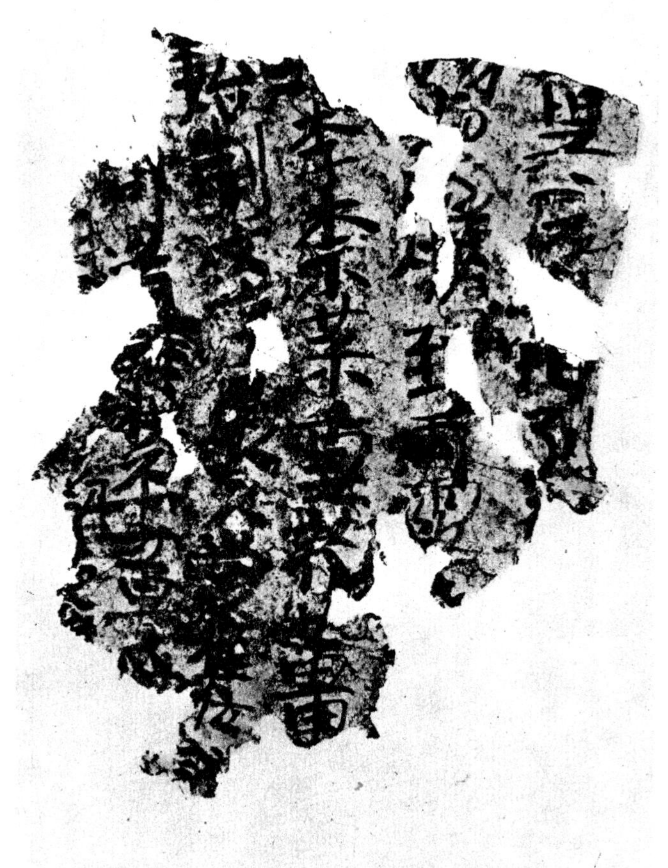

二　唐《千字文》習書

60TAM322:7/6－2(a),7/6－1(a)

二　唐《千字文》習書

1　□異辰[宿]列□

2　□陽□月□[致][雨][露]□吉□

3　□李柰菜重芥薑□

4　□始制文字乃服衣裳推位[讓]□

5　□問[道][垂][拱]平章[愛]□

6　□如□隨[外][受]傅[訓]□

7　□交友[投][分][切]□

8　□[義]廉退顛沛匪虧性[靜]□

9　□[移]堅持雅操好爵[自]□

10　□[面][洛][浮]□[據]□

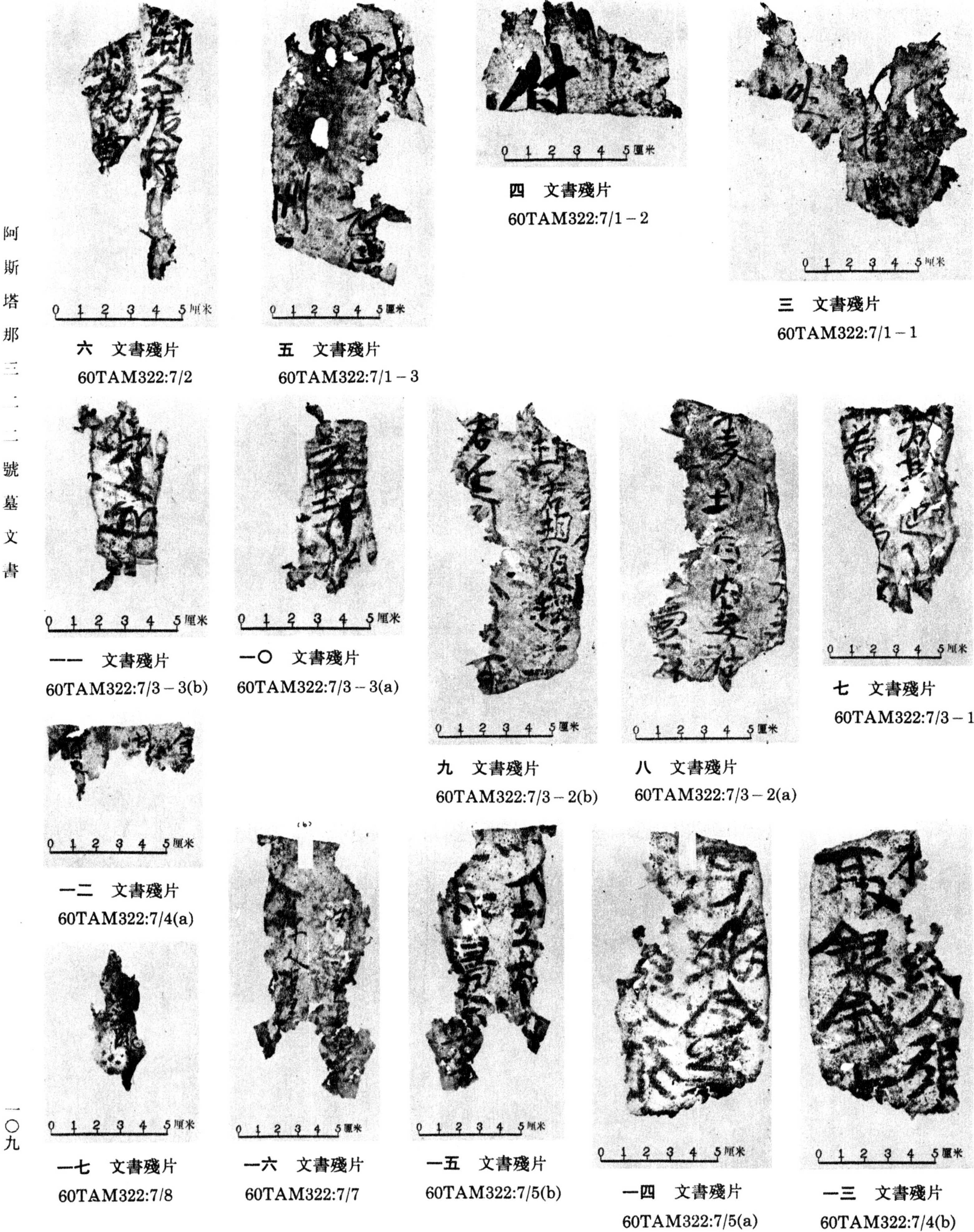

六　文書殘片
60TAM322:7/2

五　文書殘片
60TAM322:7/1－3

四　文書殘片
60TAM322:7/1－2

三　文書殘片
60TAM322:7/1－1

一一　文書殘片
60TAM322:7/3－3(b)

一〇　文書殘片
60TAM322:7/3－3(a)

九　文書殘片
60TAM322:7/3－2(b)

八　文書殘片
60TAM322:7/3－2(a)

七　文書殘片
60TAM322:7/3－1

一二　文書殘片
60TAM322:7/4(a)

一七　文書殘片
60TAM322:7/8

一六　文書殘片
60TAM322:7/7

一五　文書殘片
60TAM322:7/5(b)

一四　文書殘片
60TAM322:7/5(a)

一三　文書殘片
60TAM322:7/4(b)

阿斯塔那四二號墓文書

本墓係合葬墓，出唐永徽二年（公元六五一年）杜相墓誌一方；又缺名隨葬衣物疏一件，檢内容係男性。男屍（杜相）先葬，紙帽上拆出九〇至一〇一號文書，紙鞋上拆出一〇二至一一一號文書。又墓道中出龍朔三年（公元六六三年）殘書劄一件，據此，女屍當葬於是年或是年之後。女屍紙冠上拆出七四至八九號文書，紙鞋上拆出五四至七二號文書。又在一草俑上拆出七三號文書。

一　唐缺名隨葬衣物疏　65TAM42:40

一　唐缺名隨葬衣物疏

1 佛茀(弟)子ム，〔一〕脩十善，持佛五皆(戒)。金
2 錢一千文　銀錢一千文　白綾褶袴拾具
3 車牛奴婢拾具　白銀刀帶一具　胡
4 祿弓箭一具　駞馬驢羊鷄苟一千
5 頭　石灰三九(斛)　五穀具　琴(攀)天糸万〻九
6 千文。若欲覔海西辟(壁)，若欲求海東
7 頭。張堅故、李定杜
8 鷄鳴審(枕)一枚　玉團一䨇(雙)　脚靡一具

注　釋

〔一〕疑「脩」上脫一「專」字。

二　唐令狐鼠鼻等差科簿(？)(一)　　65TAM42:90(a),91(a)

二　唐令狐鼠鼻等差科簿（？）

本件紀年已缺。據（一）段一行稱「[十][八]年請送妹入京」，此十八年當屬貞觀。六行稱「二人崑丘道征給復」，考阿史那社尒爲崑丘道行軍大總管，與契苾何力爲崑丘道總管，征龜茲，事在貞觀二十一至二十二年（公元六四七至六四八年）。故本件年代當在貞觀二十一年至二十四年間。簿內列舉應役、免役丁中，似爲差科簿，但形式與敦煌所出天寶間差科簿不同。

（一）

1 [　　][十][八]年請送妹入京未[還]

2 [　　][日]廿六　父相懷年五十二白丁中下戶

3 [　　]見在應過

4 [　　]卌五人雜色

5 八　人　勳　官

6 二人崑丘道征給復

7 戶　武騎尉令狐鼠鼻廿七　兄智達年卌二外侍　下上

8 戶　武騎尉張智覺年廿八　兄智相年卌六白丁　下上

9 六　人　不　行

10 戶　入後　武騎尉石服乇年卌五　男賀婆年十九中男　下中

11 戶　雲騎尉魏隆護年廿八　第(弟)隆柱年廿四白丁　下上

12 雲騎尉田海進年卌 弟海德年卅四 前庭府衛士
中下戶
13 武騎[　　] 終制
14 五[　　]
15 王文才[　　] 年廿
一 白[　　]
16 史□□年廿九 第(弟)智匠年卅五 烽帥 下上戶
17 張桂海年廿九 單身 中下戶
18 張士行年廿七 單身 中中戶
19 張士亮年卅 父歡伯年七十一 下上□
20 七 人 里正
21 王善會年廿八 單身下上戶
22 氾文信年廿八 父紹憙年六十八老 下上戶
23 已 氾歡伯年卌九 死 單身 中中戶 訖

二　唐令狐鼠鼻等差科簿(?)(二)　65TAM42:95(a)

（二）

1 一人紇制[　　　]
2 張歡德年廿九　下上□
3 一人白直從孝使入京未□
4 □阿元年卅二　弟□□年廿　白丁　弟團[　　　]

二　唐令狐鼠鼻等差科簿(?)(三)
65TAM42:101/3(a)

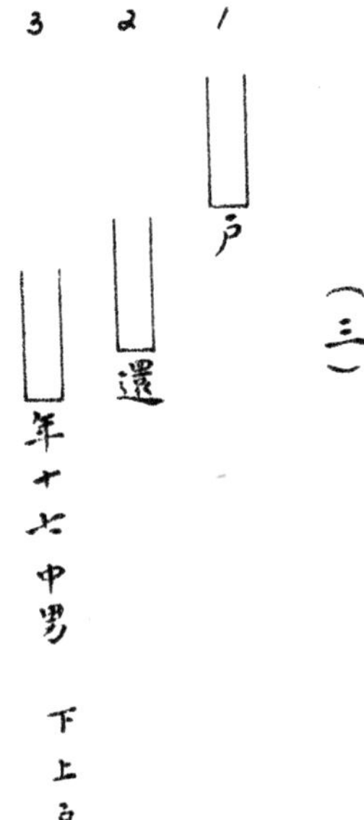

（三）

1 [　　]戶
2 [　　]還
3 [　　]年十七中男　下上戶

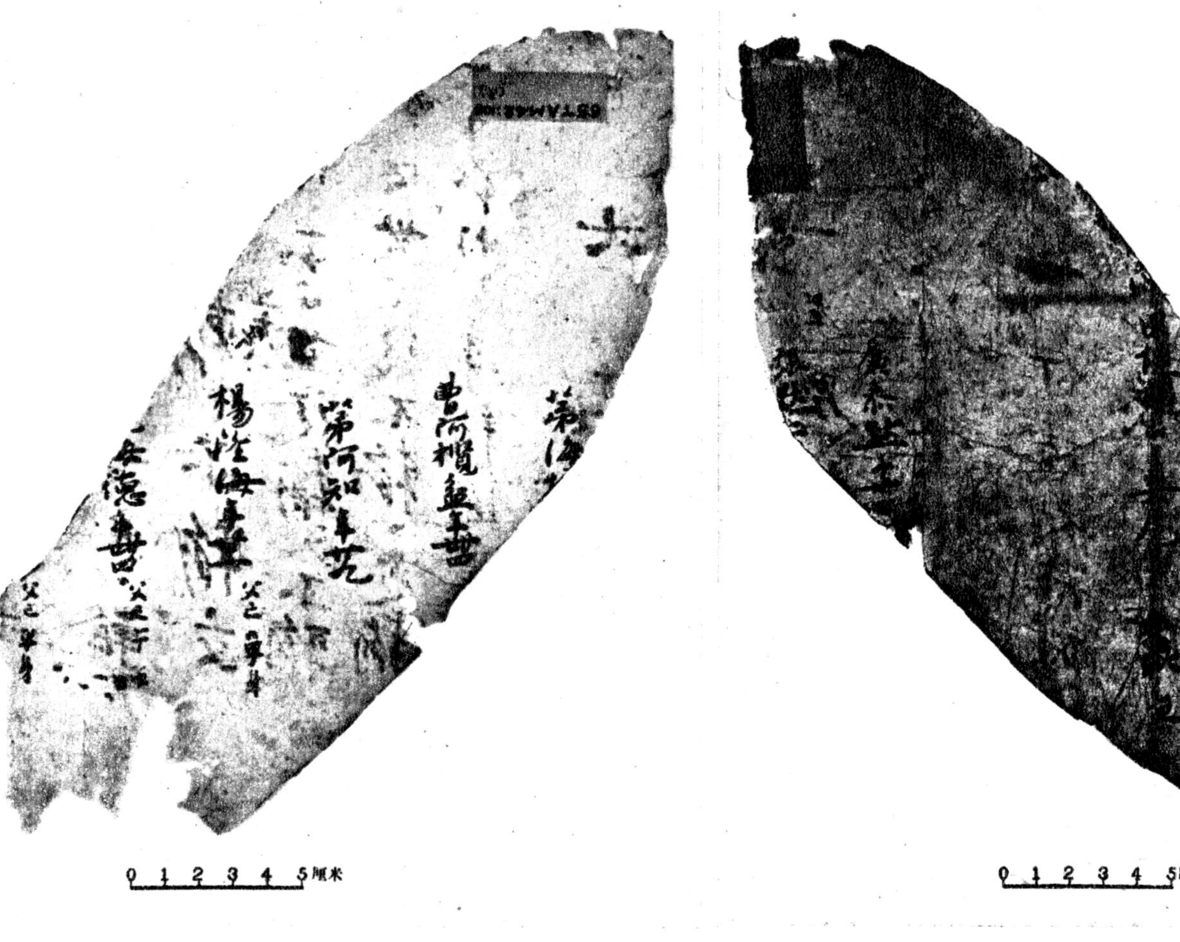

三　唐郭默子等差科簿（？）（一）　65TAM42:105(a)

三　唐郭默子等差科簿（？）（二）　65TAM42:106(a)

三　唐郭默子等差科簿（？）

本件背面爲《永徽元年後某鄉戶口帳（草）》，年代應早於永徽二年。簿籍形式先畫列諸人姓名，次列舉應役免役丁男，今擬爲差科簿。

（一）

1 ［　　］郭黙子　賀知古［　　］

2 ［　　］索相守　匡海德　張亮［子］［　　］

3 ［　　］田䞓䞓　姜尾多　安毗盆［嚴］［　　］

4 康泰黙年廿四卅［　　］

5 張黙［　　］

（二）

1 苐（弟）海［　　］

2 曹阿槐盆年卅四〔下殘〕

3 苐阿知年廿九

4 楊隆海年廿一　父亡單身

5 □［海］德年卅四　父亡一丁中

6 ［　　］　父亡單身

三　唐郭默子等差科簿(？)(四)
65TAM42:108(a)

三　唐郭默子等差科簿(？)(三)
65TAM42:107(a),109(a)

（三）

1 □□智年廿八　母亡　單身
2 曹守洛年廿一　母亡　單身
3 周海護年廿八　母亡一丁一老
4 ［　　　　］　母亡　單身

（四）

1 馮園富［　　］
2 第阿父師［　　］

三　唐郭默子等差科簿(？)(七)
65TAM42:111/2(a)

三　唐郭默子等差科簿(？)(五)　65TAM42:110(a)

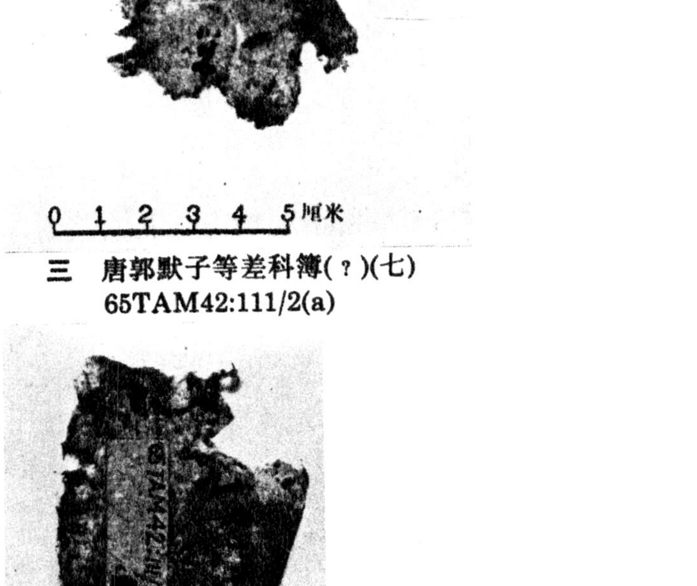

三　唐郭默子等差科簿(？)(八)
65TAM42:111/3(a)

三　唐郭默子等差科簿(？)(六)
65TAM42:111/1(a)

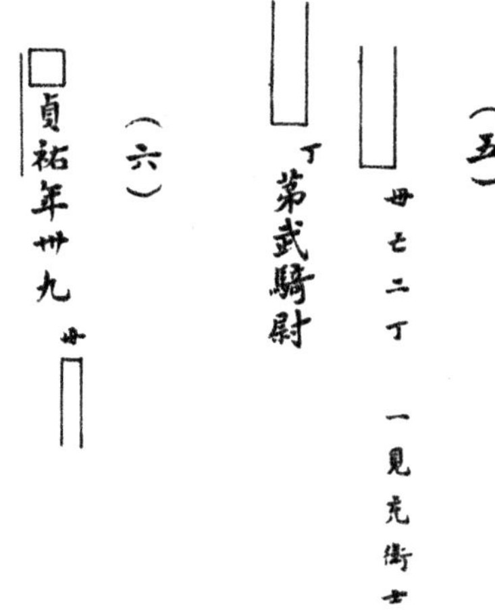

（五）

1 □　毋亡二丁　一見充衛士

2 □　丁第武騎尉

（六）

1 □貞祐年卌九　毋□

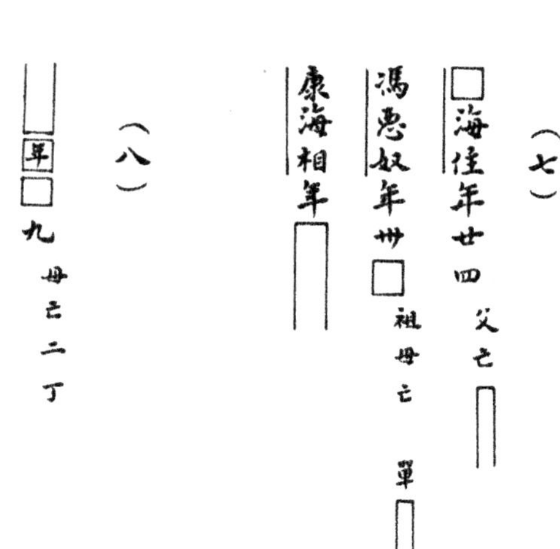

（七）

1 □海住年廿四　父亡□

2 馮悉奴年卌□　祖母亡　單□

3 康海相年□

（八）

1 □[單]□九　毋亡二丁

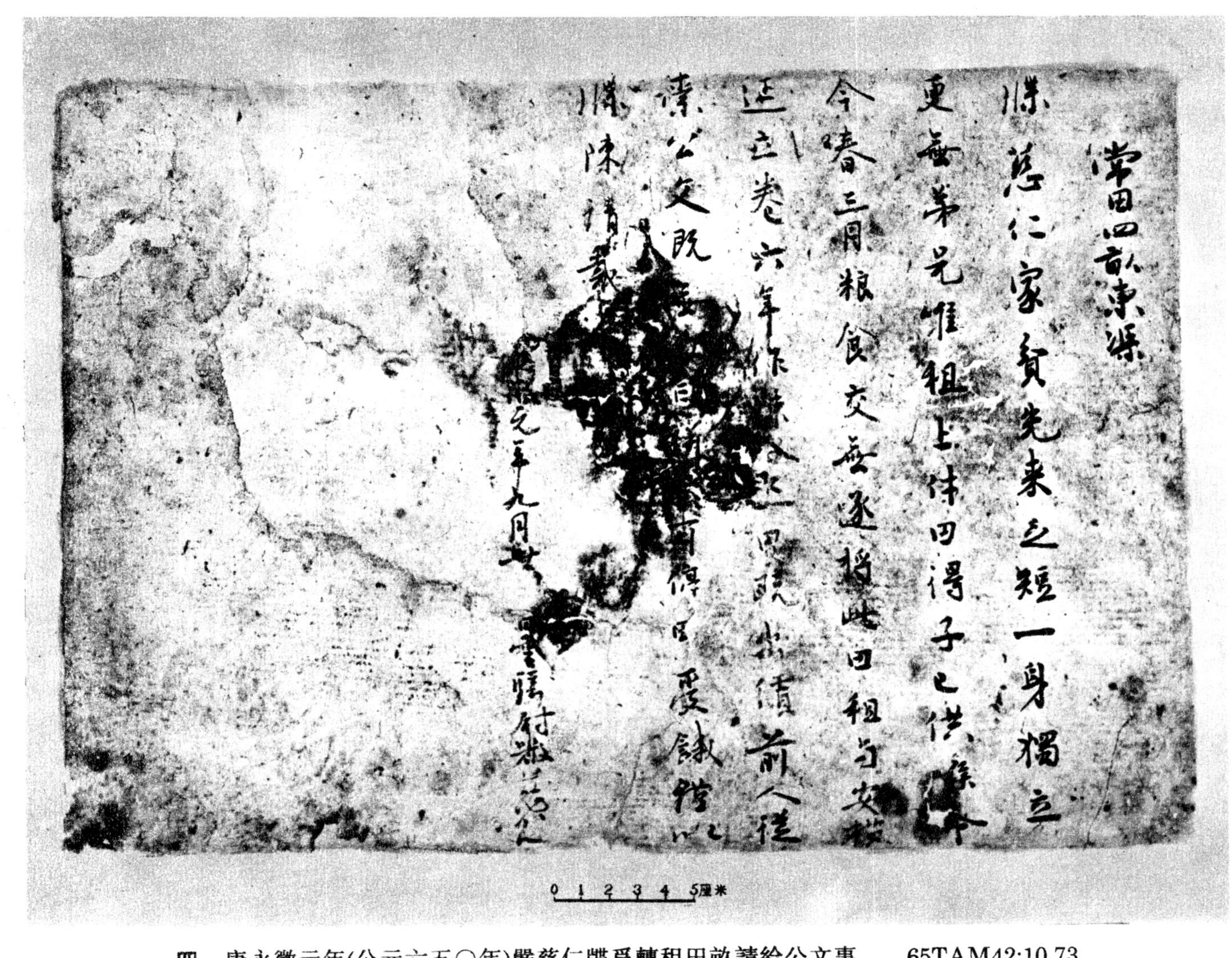

四　唐永徽元年(公元六五〇年)嚴慈仁牒爲轉租田畝請給公文事　65TAM42:10,73

四　唐永徽元年（公元六五〇年）嚴慈仁牒爲轉租田畝請給公文事

常田四畝　東渠
牒　慈仁家貧，先來乏短，一身獨立，
更無弟兄，唯租上件田得子已供喉命。
今春三月，粮食交無，逐(遂)將此田租与安横
延。立卷(券)六年，作練八疋。田既出賃，前人從
索公文，既無力自耕(耕)，不可停[田]受餓，謹以
牒陳，請裁。[謹]□
永徽元年九月廿　日雲騎尉嚴慈仁

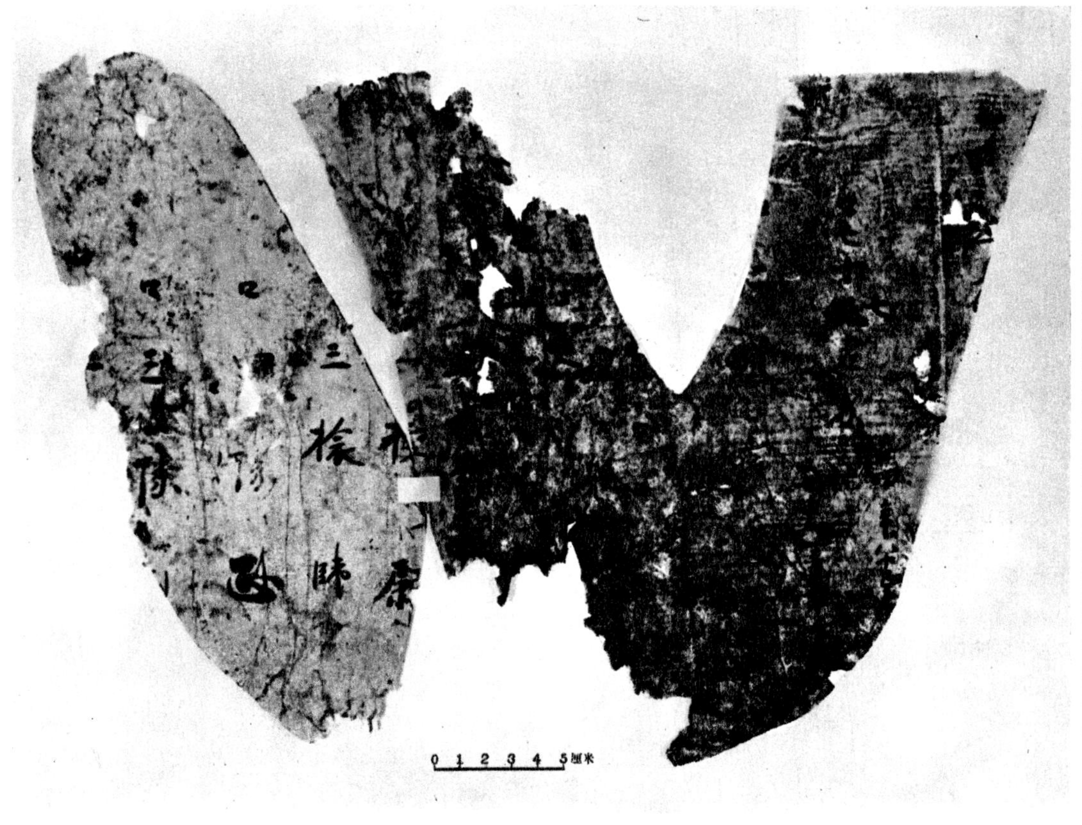

五　唐永徽元年(公元六五〇年)後某鄉户口帳(草)(二)
65TAM42:102(a),104(a)

五　唐永徽元年(公元六五〇年)後某鄉户口帳(草)(一)
65TAM42:94(b)

五　唐永徽元年（公元六五〇年）後某鄉户口帳（草）

本件紀年已殘，但據同墓所出文書年代的上下限，第七段第五行殘存「廿三年」，應是貞觀廿三年，該行當是計注幾口人於其年某月父或母死亡。上一行殘存「終制」，按終制期在父母死後三年內，因知本件必寫於永徽元年或二年。又第八段殘存一行「口五九年毋亡」，此元年當是永徽元年。由是推斷本件爲永徽元年後所寫。

（一）

1　□　口一百五，年十一已[上]
2　□一百六十五小男
3　□卅黃男

（二）

1　口[五]□
2　口七十七老男　口四，年八十已上。口七十三，年六十已上。
3　[口]二廢疾男
4　□男
5　[口]卅九職資
6　口二十二見□
7　口一十一前庭[二]□
8　口一校尉
9　□三旅帥
10　口四隊正
11　口三隊[副]

五　唐永徽元年(公元六五〇年)後某鄉户口帳(草)(四)　65TAM42:95(b)

五　唐永徽元年(公元六五〇年)後某鄉户口帳(草)(三)　65TAM42:111/5

12　口□

注釋

〔一〕「庭」下當殘損「府」字。本行「口一十一」指在前庭府現任職官數。其下四行分别列出校尉、旅帥、隊正、隊副口數，恰好一一人。本行是其下四行之總，按行文款式應高出下四行一格，但原件却没有高出，疑是疏誤。

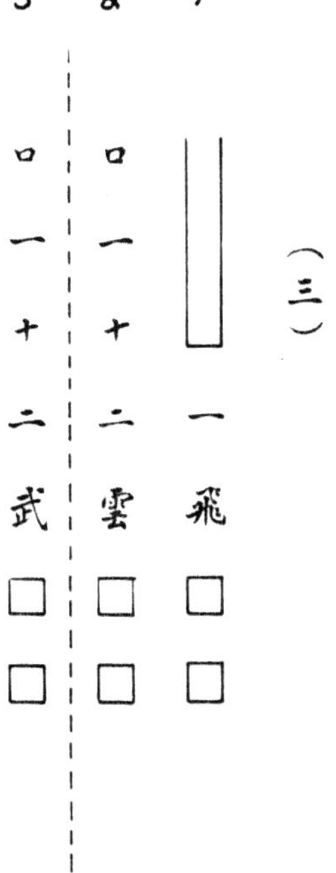

（三）

1　□一飛□□

2　口一十二雲□□

3　口一十二武□□

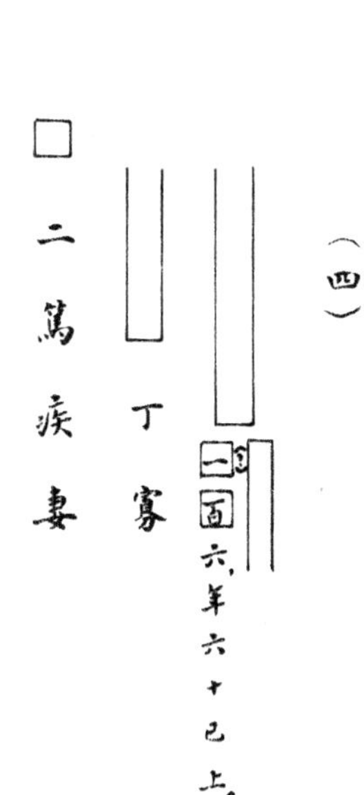

（四）

1　□[一]〔三〕[百]六，年六十已上。

2　□丁寡

3　□二篤疾妻

65TAM42:90(b),91(b)

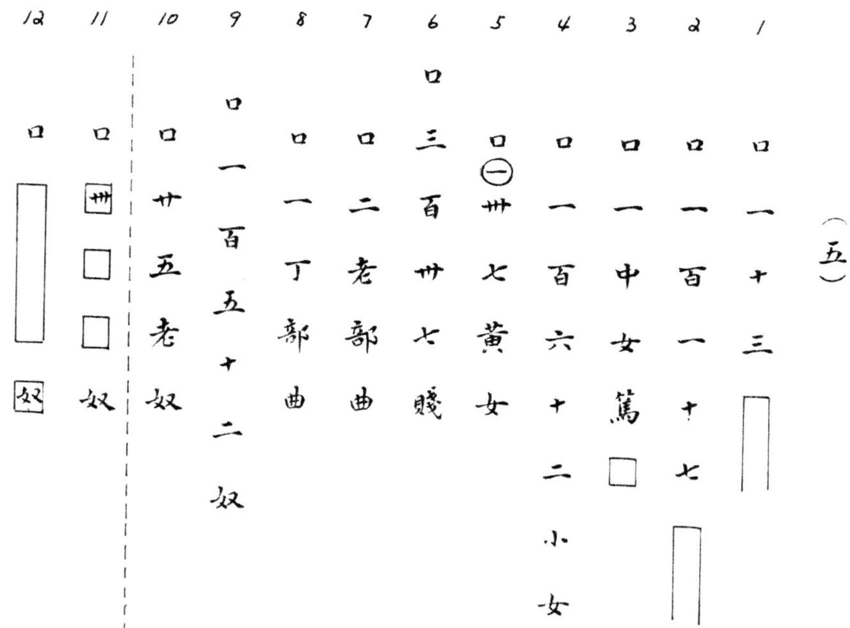

（五）

1 □一十三□

2 □一百一十七□

3 □一中女篤□

4 □一百六十二小女

5 □㊀卅七黃女

6 □三百卅七賤

7 □二老部曲

8 □一丁部曲

9 □一百五十二奴

10 □廿五老奴

11 □卌□□奴

12 □□奴

五　唐永徽元年(公元六五〇年)後某鄉户口帳(草)(五)

13 口□奴

14 口一百八十二婢

15 口一客女

16 口卌三老婢

17 口七十七丁婢

18 口卌中婢

19 口卅小婢

20 口一黃婢

21 口二百九十二□

22 口三縣佐

五　唐永徽元年(公元六五〇年)後某鄉户口帳(草)(八)
65TAM42:98

五　唐永徽元年(公元六五〇年)後某鄉户口帳(草)(七)
65TAM42:97(b),99(b),100(b)

五　唐永徽元年(公元六五〇年)後某鄉户口帳(草)(六)
65TAM42:93

（六）

1 □九里正
2 □一州倉督
3 □□州倉史

（七）

1 □二渠長
2 （前缺）烽帥
3 （前缺）道（後缺）
4 （前缺）終 制（後缺）
5 （前缺）卅三年（後缺）
6 □一卅三年

（八）

1 □五元年毋亡

五　唐永徽元年(公元六五〇年)後某鄉户口帳(草)(九)　　65TAM42:108(b)

五　唐永徽元年(公元六五〇年)後某鄉户口帳(草)(一〇)　　65TAM42:103(b)

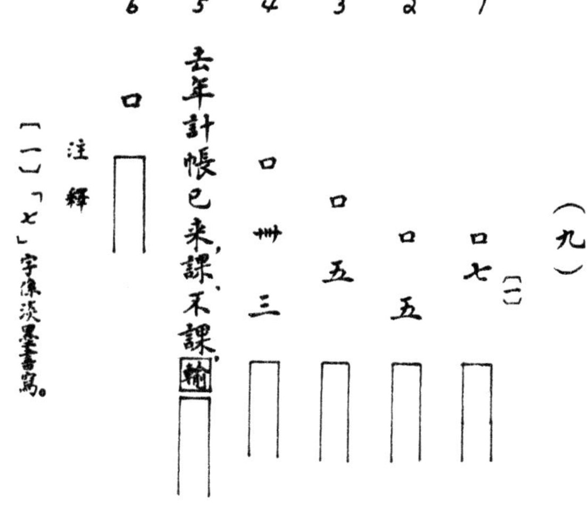

(九)

1 口七[一]□
2 口五□
3 口五□
4 口卅三□
5 去年計帳已来課、不課、[輸]□
6 口□

注釋

[一]「七」字係淡墨書寫。

(一〇)

1 口四衛士入[職]資
2 口一紇制入職資
3 □七十五見在
4 □十課
5 口四破除
6 □三白丁死
7 口一白丁逃走　准式除
8 口五入不課
9 口一[白][丁]□

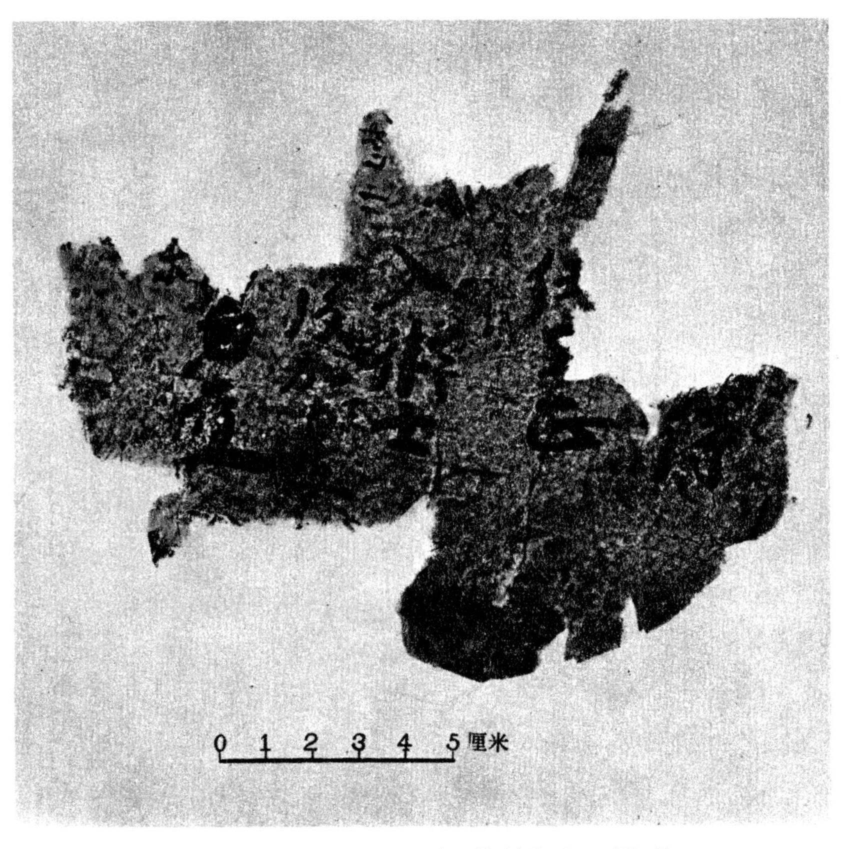

五　唐永徽元年(公元六五〇年)後某鄉户口帳(草)(一三)

五　唐永徽元年(公元六五〇年)後某鄉户口帳(草)(一一)
65TAM 42:111/3(b)

五　唐永徽元年(公元六五〇年)後某鄉户口帳(草)　(一二)
65TAM 42:107(b),109(b)

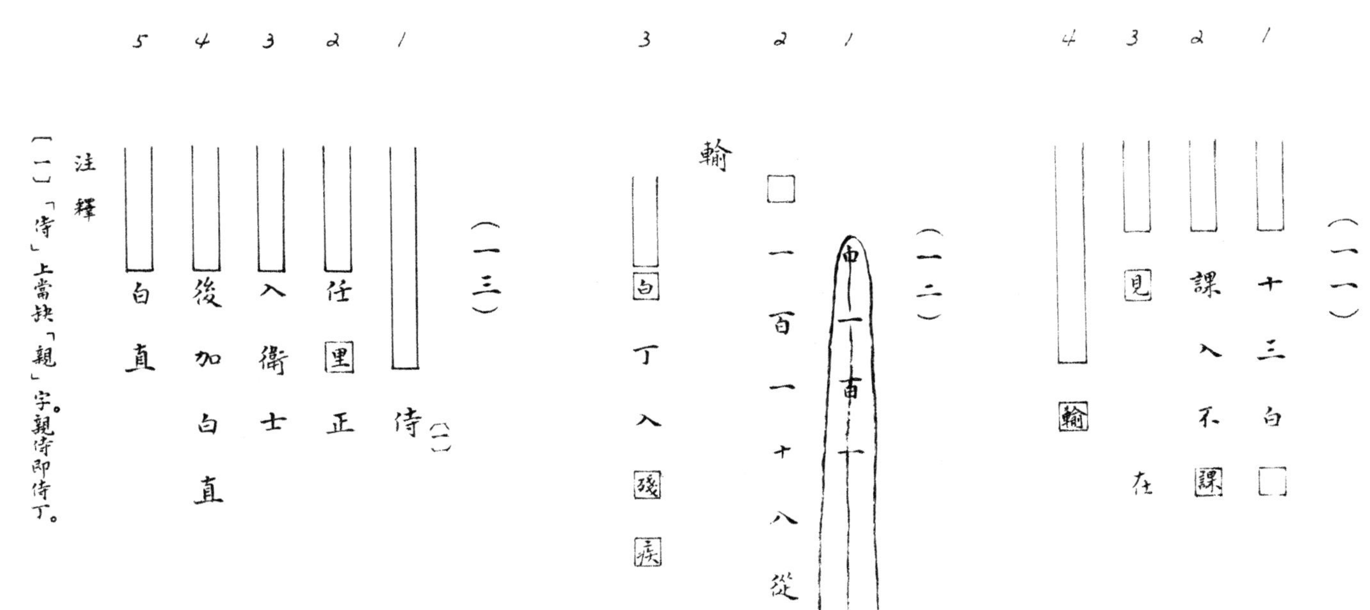

(一一)

1 ［　　］十三白□
2 ［　　］課入不課
3 ［　　］見　在
4 ［　　］輸

(一二)

1 中一百十［　　］□
2 □一百一十八從輸入不
3 輸
［　　］白丁入殘疾

(一三)

1 ［　　］侍〔一〕
2 ［　　］任里正
3 ［　　］入衛士
4 ［　　］後加白直
5 ［　　］白直

注釋

〔一〕「侍」上當缺「親」字。親侍即侍丁。

五　唐永徽元年(公元六五〇年)後某鄉户口帳(草)(一六)　65TAM42:101/3(b)

五　唐永徽元年(公元六五〇年)後某鄉户口帳(草)(一五)　65TAM42:105(b)

五　唐永徽元年(公元六五〇年)後某鄉户口帳(草)(一四)　65TAM42:106(b)

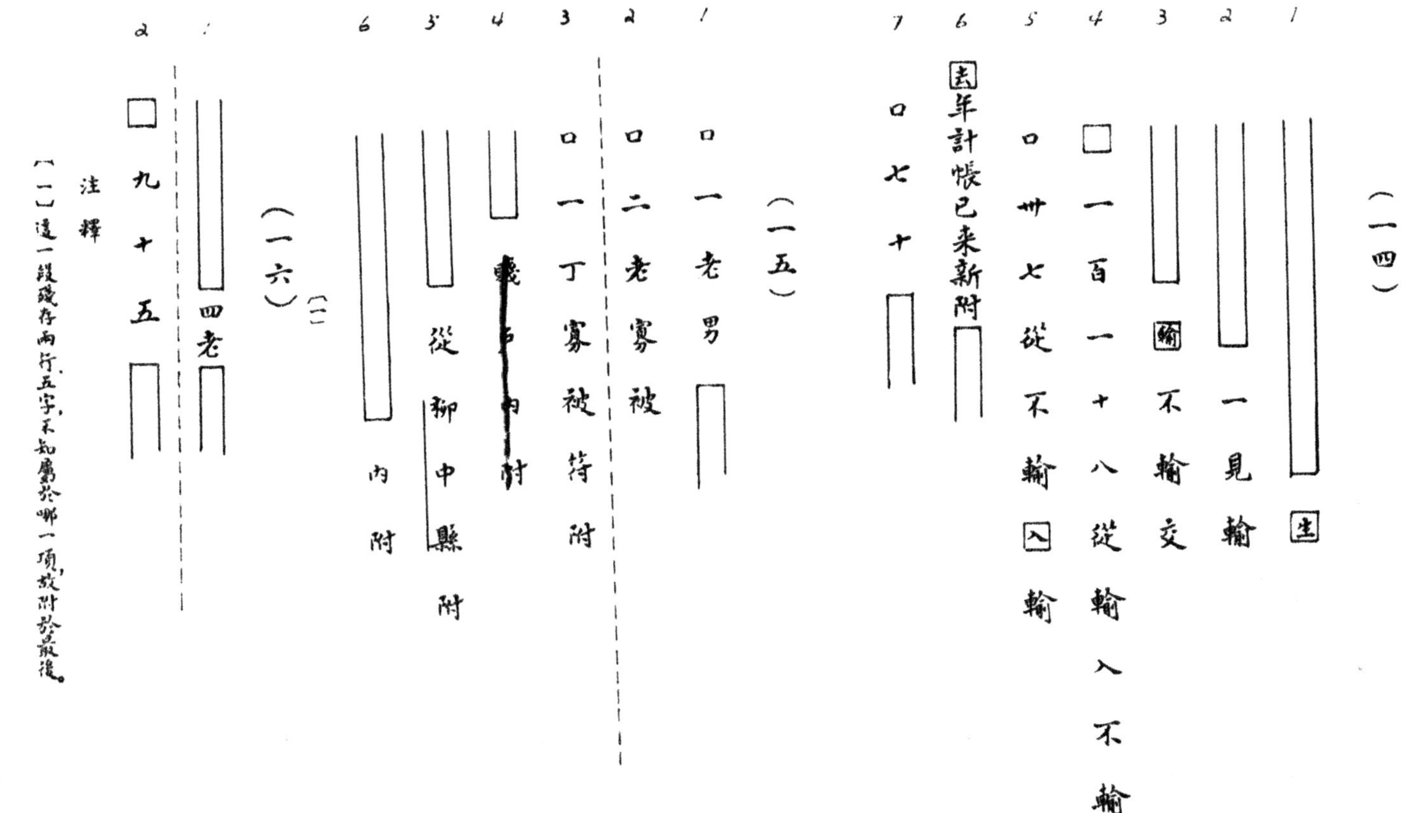

（一四）

[ ]生

[ ]一見輸

[ ]輸不輸交

□一百一十八從輸入不輸

口卅七從不輸入輸

去年計帳已来新附[ ]

口七十[ ]

（一五）

口一老男[ ]

口二老寡被

口一丁寡被符附

[ ]戲户內附

[ ]從[ ]柳中縣附

[ ]內附

（一六）[一]

[ ]四老[ ]

□九十五[ ]

注釋

[一]這一段殘存兩行五字，不知屬於哪一項，故附於最後。

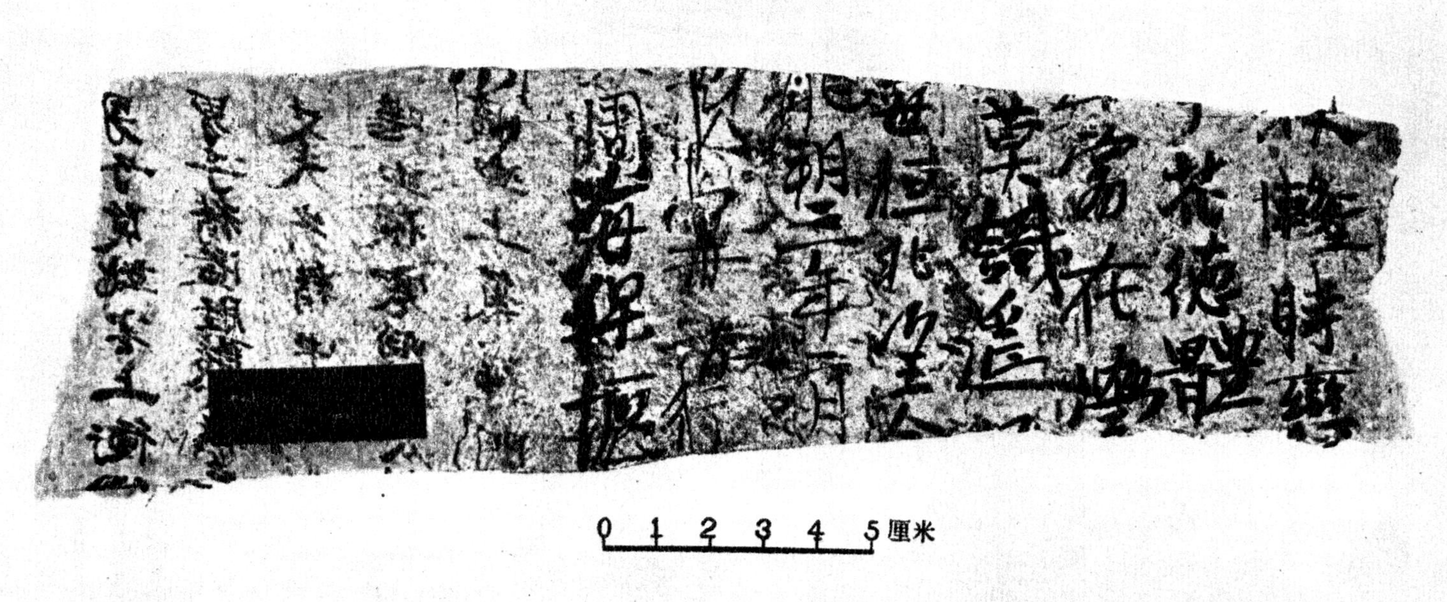

六　唐龍朔三年(公元六六三年)殘文書　65TAM42:48(b)

六　唐龍朔三年（公元六六三年）殘文書

本件字迹潦草，似書信殘稿。

1 [　]漸時戀[　]

2 [　]花德體[　]

3 [　]當在[學][　]

4 [　]莫識遙[　]

5 [　][每]恒北望，[今][　]

6 [　][龍]朔三年二月[　]

7 [　]寓道行[　]

8 [　]周海保墀[　]

9 [　][　]7

七　唐勘問計帳不實辯辭　　65TAM42:103(a)

七　唐勘問計帳不實辯辭

1 □[被]問既稱：此人計帳先[除]，□
2 □猶存見[在]，(仰)(更)(具)(答)(者)前□
3 □未歸王(虛)實，仰更具答者。
4 □[身]是高昌不閑憲法，
5 □日摩咄妻多然
6 □柱々，乃即依舊籍轉寫為
7 定實是錯悞，不解腳注摩咄[身][死]
8 錯為見在，今更子細勘當實□
9 隱沒，直是不閑[公][法]，[但][刃][者]□

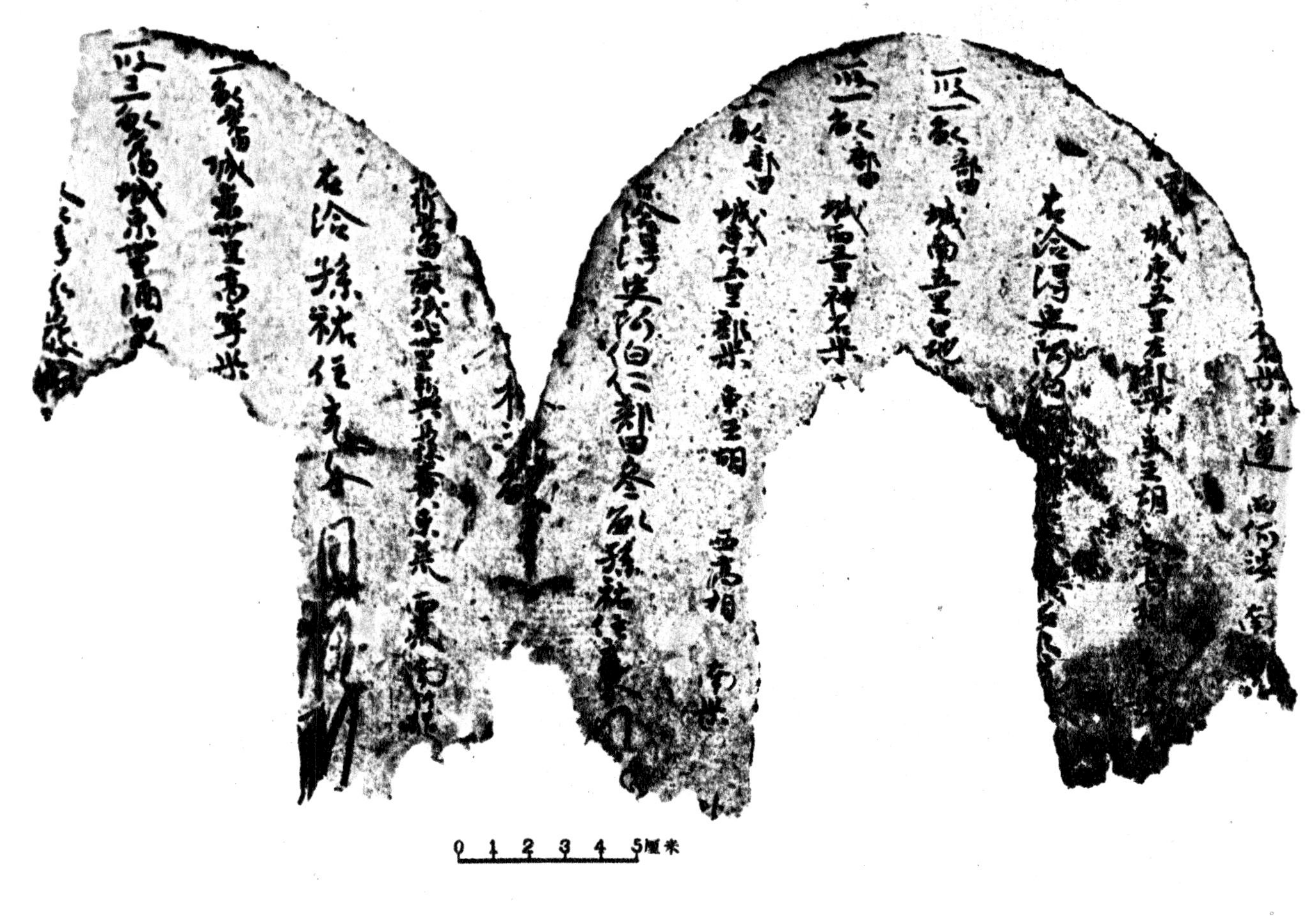

八　唐西州高昌縣授田簿(一)　65TAM42:54

八　唐西州高昌縣授田簿

本件所記城東酒泉、高寧、城北新興等地名，及城西胡麻井、神石、城南白地等渠名，皆屬高昌縣。故此件應是高昌縣授田簿。

(一)

1 [　　]神石渠　東道　西何婆
南史[　　]

2 □□□畝　部田　城東五里左部渠　東王胡　西高
相　南渠　北[　　]

3 右給得史阿伯仁部田六畝穆石〻充分　同
[　　]

4 一段一畝　部田　城南五里白地[　　]

5 一段一畝　部田　城西五里神石渠[　　]

6 □段一畝　部田　城東五里部渠〔二〕　東王胡　西高相
南渠　北[　　]

7 右給得史阿伯仁部田叁畝孫祐住充分
同[　　]

8 [　　]拾柒畝

9 [　　]準折常田二畝城北卌〔三〕里新興馬帳史黃(潢)
東荒　西荒　南竹　捉[　　]

10 右給孫祐住充分　同　秔〔四〕　[M]

11 □段一畝　常田　城東卌里高寧渠[　　]

12 一段三畝　常田　城東卌里酒泉[　　]

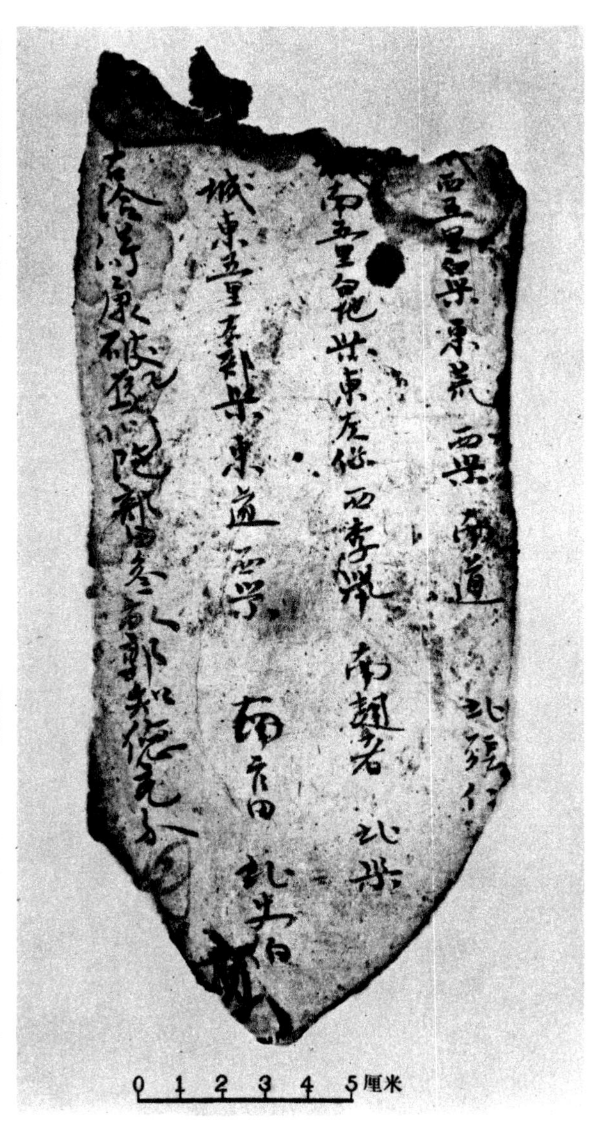

八　唐西州高昌縣授田簿(二)
65TAM42:63

八　唐西州高昌縣授田簿(三)
65TAM42:68

13 □給得康烏破門陀□□

注釋

〔一〕部渠：據本段第二行，「部」上脫一「左」字。

〔二〕「南竹娖」下早期照片有「北」字，今缺。

〔三〕本件凡「同」「亮」兩字，均為朱筆書寫。

（二）

1 □城西五里白渠　東荒　西渠
南道　北張仁

2 □城南五里白地渠　東左保　西
李鼠　南麹者　北渠

3 □畝　部田　城東五里左部渠　東道　西渠
南宮田　北史伯

4 右給得康烏破門陀部田叁畝郭知德
充分　同　亮

（三）

1 □部田　城南五里白地渠　東左保　西李鼠
南□

2 □部田　城東五里左部渠　東道　西渠　南
宮田□

3 □康烏破門陀部田二畝□

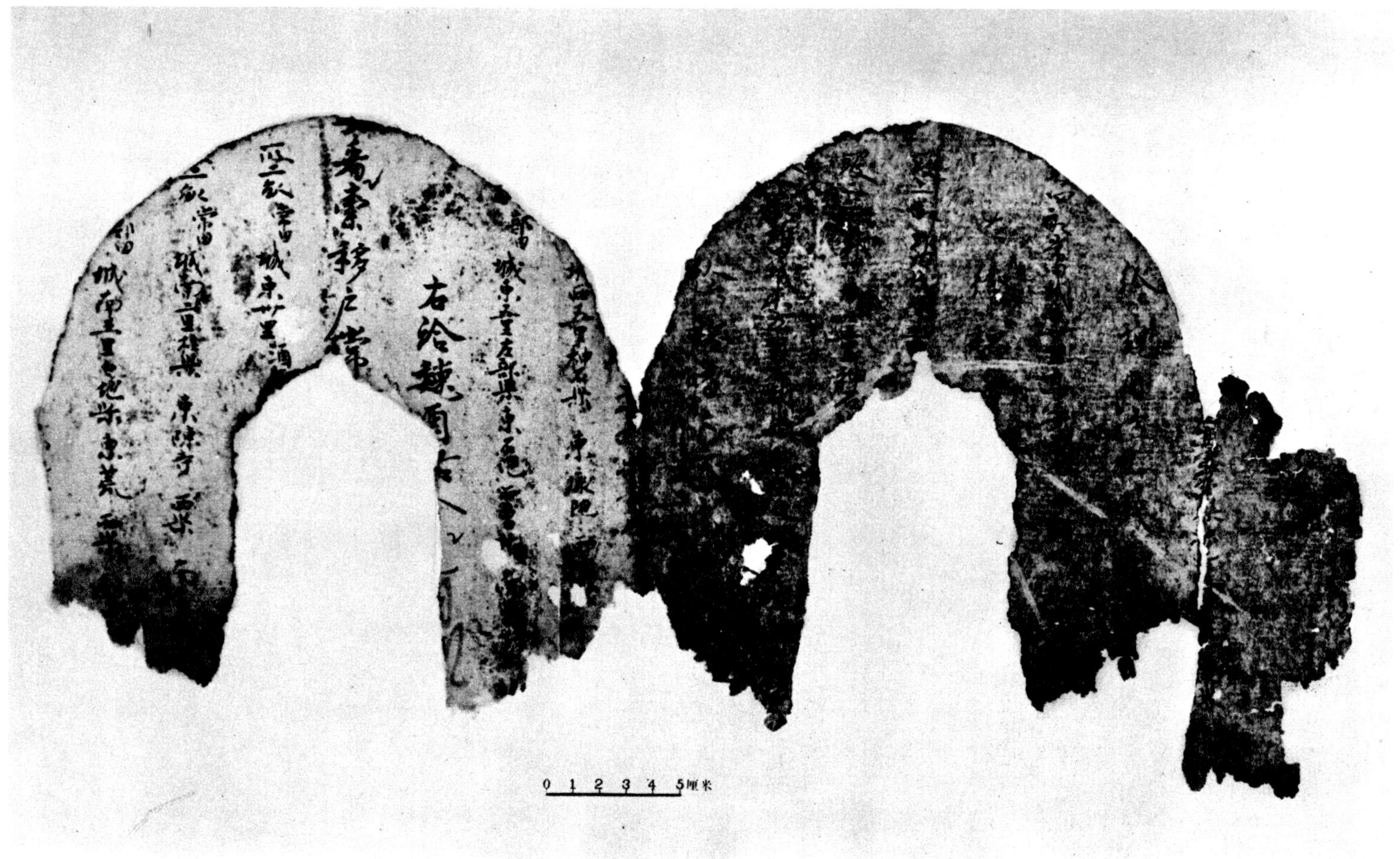

八　唐西州高昌縣授田簿(四)　　65TAM42:87,55

（四）

1 □□□酉洛充分

2 ［　　］五畝

3 ［　　］高寧宋(?)渠　東□舉　西渠

南渠　北荒

4 □給魏酉洛充分　同　祀［　　］

5 □[段]四畝 常田　城東卄里高寧宋渠　東趙伯　西

渠　南康［　　］

6 右給穆苟□□□［　　］

7 一段二畝 部田　城南五里［　　］

8 一段二畝 部田　城西五里神石[渠]［　　］

9 □[段]二畝 部田　城東五里左部渠　東石阤　西曹

祐　南勒曹(二)［　　］

10 □給穆苟〻充分　同　祀［　　］

11 ［　　］高渠　東渠　西曹[勒]

［　　］

12 ［　　］城西五里神石渠　東康阤　西曹

[祐]　南［　　］

13 ［　　］[畝] 部田　城東五里左部渠　東石阤　西曹

祐　南曹勒　北［　　］

14 右給魏酉[洛]□□　[同]　[祀]［　　］

15 □女索看移戶常［　　］

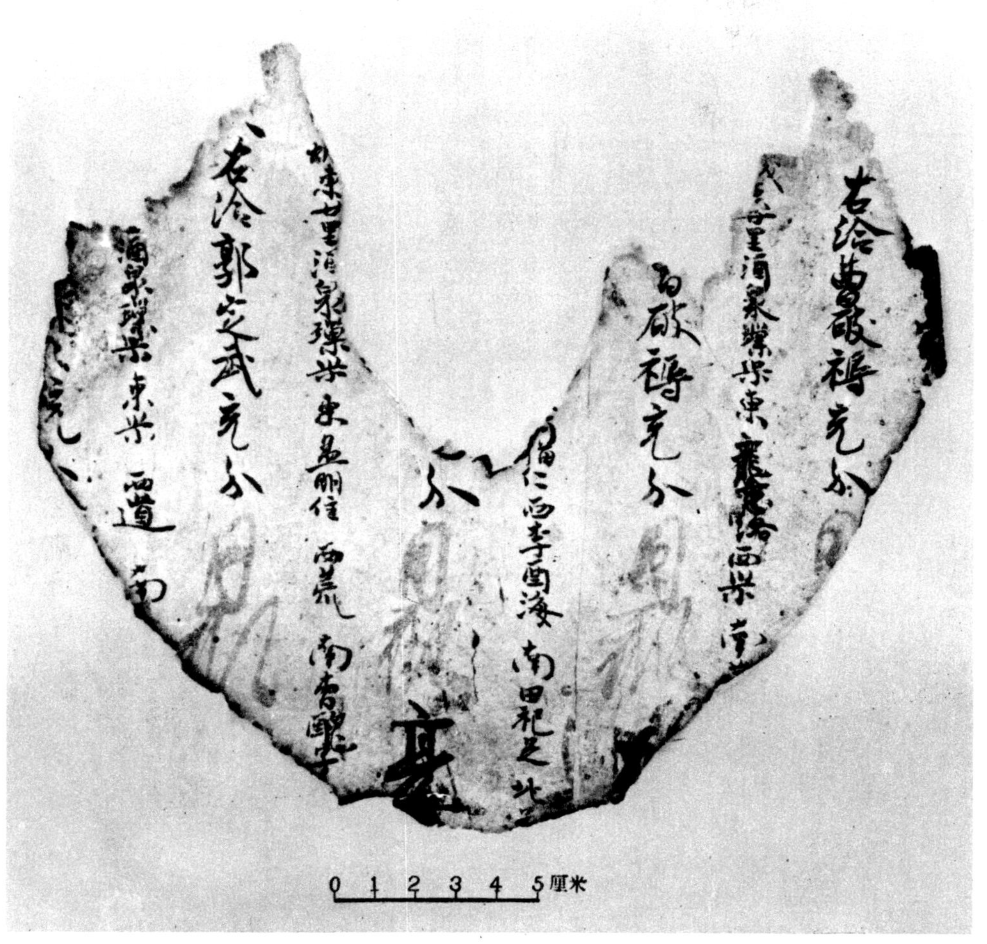

八　唐西州高昌縣授田簿(六)　　65TAM42:56

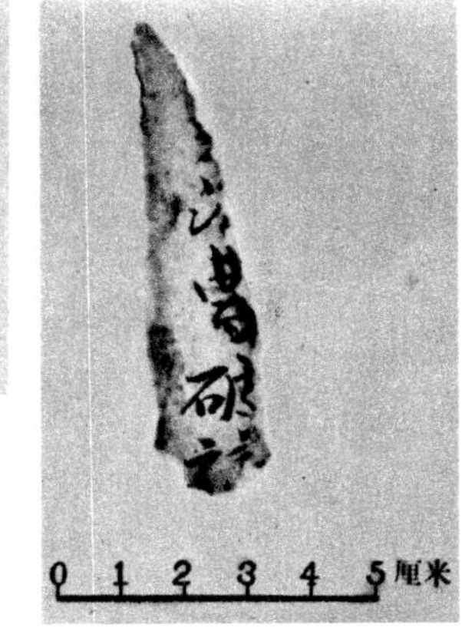

八　唐西州高昌縣授田簿(五)
65TAM42:71/2

16 一段二畝 常田　城東卌里酒泉［　　］東陳寺　西渠

17 □□二畝 常田　城南二里杜渠　東陳寺　西渠

南員海祐［　　］

18 □□□□部田　城南五里白地渠　東荒　西渠

南康［　　］

注　釋

〔一〕勒曹：據同段十三行，「勒曹」當是「曹勒」之誤。

（五）

1 □給曹破禘□□［　　］

（六）

1 右給曹破禘亮分　同［　　］

2 ［　　］城東廿里酒泉璅渠　東龍憙洛

西渠　南荒［　　］

3 □□曹破禘亮分　同　觀［　　］

4 ［　　］貓仁　西

李禹海　南田祀足　北道

5 ［　　］□分　同　觀　亮

6 ［　　］城東廿里酒泉璅渠　東孟明住

西荒　南曹醜子［　　］

7 右給郭定武亮分　同　觀［　　］

8 ［　　］酒泉璅渠　東渠　西道

南［　　］

9 ［　　］亮分［　　］

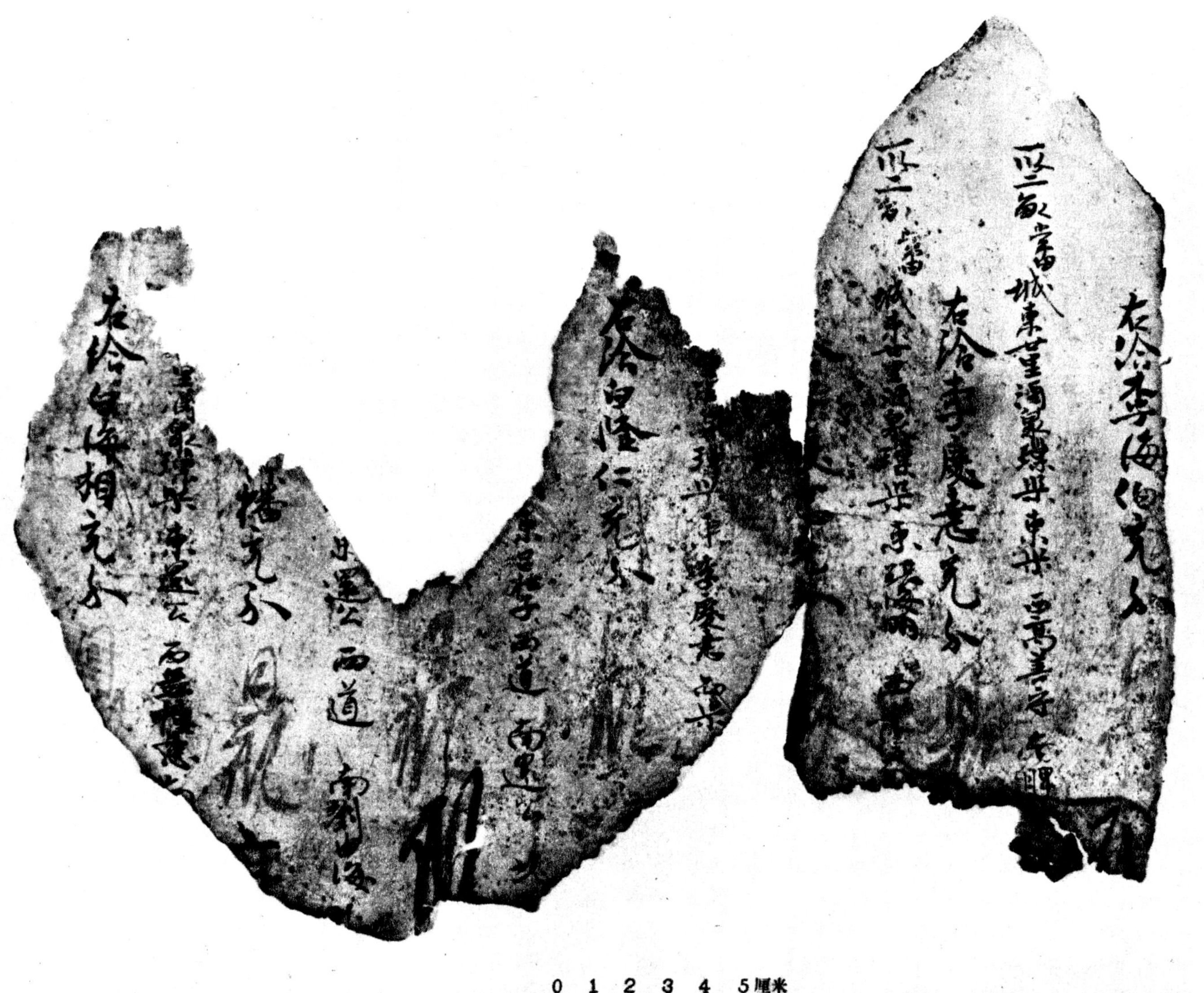

八　唐西州高昌縣授田簿(七)　　65TAM42:61,57

（七）

1　右給李海伯充分　同　觀　[同]

2　一段二畝常田　城東廿里酒泉璅渠　東渠　西高善守　南胛豊

3　右給李慶憙充分　同　觀

4　一段二畝常田　城東廿里酒泉璅渠　東張海明　西白隆仁　南

5　□[給][李]慶憙充分　同　觀

6　里[酒]泉璅渠　東李慶憙　西渠

7　右給白隆仁充分　同　觀

8　東呂柮子　西道　南還公　北[道]

9　同　觀　形

10　[東]還公　西道　南劉申海　北

11　播充分　同　觀　[亮]

12　里酒泉璅渠　東還公　西盃憧憙　[南]

13　右給白海相充分　同　[觀]

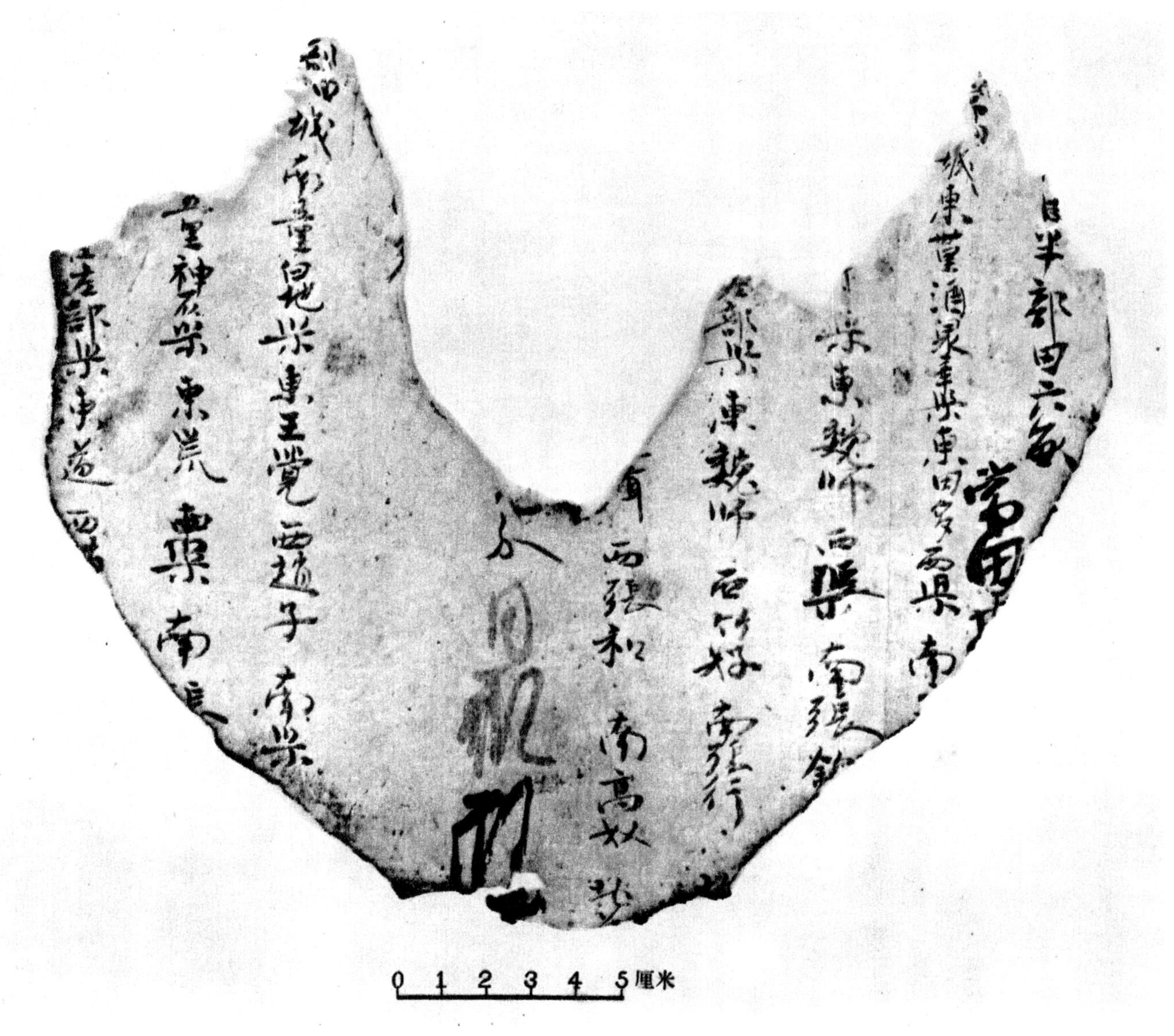

八　唐西州高昌縣授田簿(八)　　65TAM42:58

（八）

1 〔　〕半部田六畝　常田〔　〕

2 〔　〕常田　城東卅里酒泉辛渠　東田多　西〔　〕渠　南〔　〕

3 〔　〕渠　東魏師　西渠　南張欽〔　〕

4 〔　〕左部渠　東魏師　西竹好　南張行　北〔　〕

5 〔　〕西張和　南高奴　北道

6 〔　〕分　同　觀　觀

7 〔　〕

8 〔　〕部田　城南五里白地渠　東天覺　西趙子　南渠〔　〕

9 〔　〕五里神石渠　東荒　西渠　南張〔　〕

10 〔　〕左部渠　東道　西〔　〕

八　唐西州高昌縣授田簿（九）　65TAM42:59

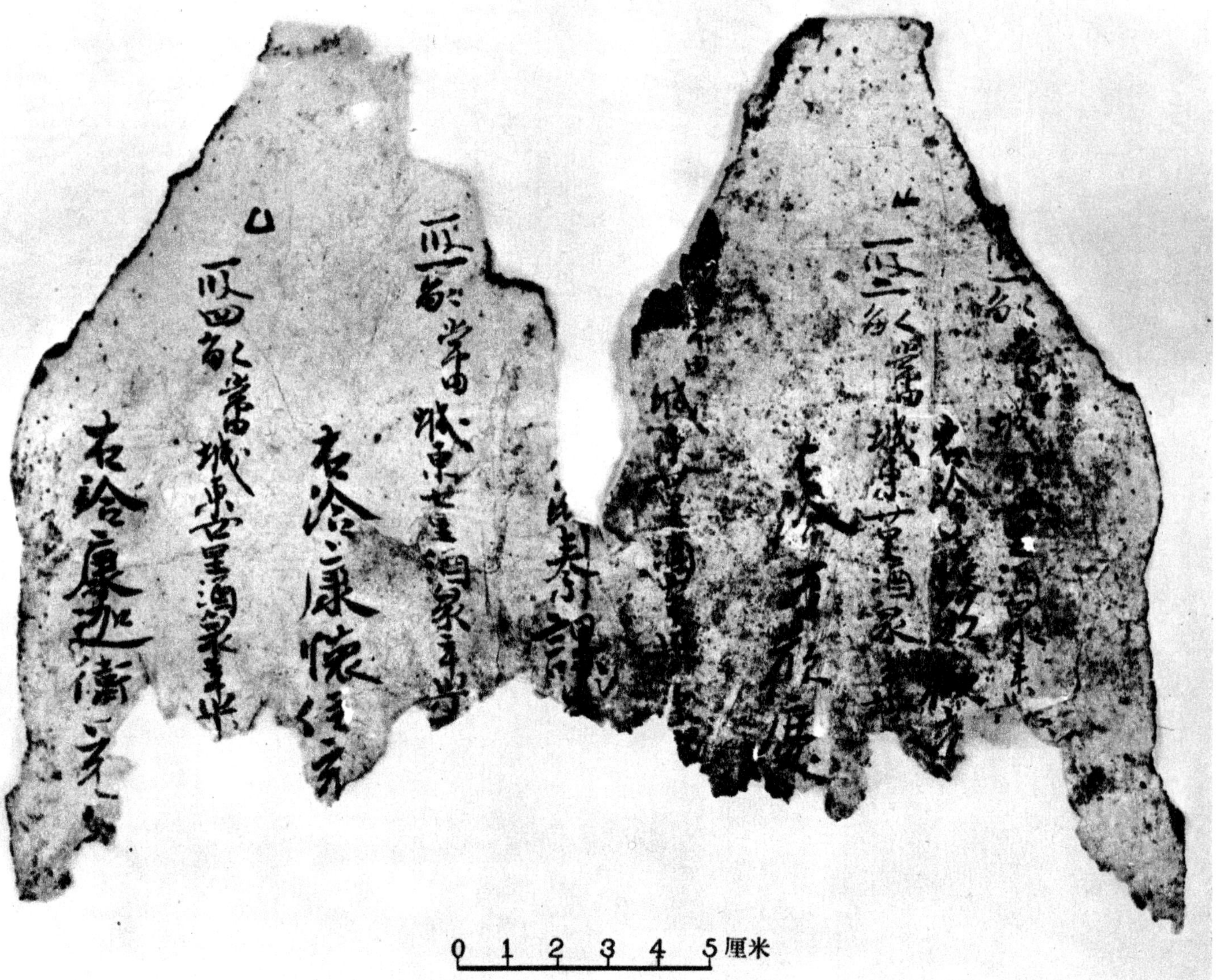

（九）

一段一畝常田　城東廿里酒泉辛[渠]　□

右給蘇頗歡充□　□

一段二畝常田　城東廿里酒泉辛渠　□

右給万歡慶□□　□

□常田　城東廿里酒辛渠〔一〕　東[翟]□

□[給]秦□課□□　□

一段一畝常田　城東廿里酒泉辛[渠]　□

右給康懷住充□　□

一段四畝常田　城東廿里酒泉辛渠　□

右給康迦衛充[分]　□

注釋

〔一〕「酒」下當脫一「泉」字。

八　唐西州高昌縣授田簿（一〇）　65TAM42:62,85

0 1 2 3 4 5厘米

（一〇）

1 井渠東渠　西劉師　南張

2 渠　東荒　西陰護　南魏輔

3 左部渠　東李政　西渠　南渠　北

4 右給畦寶住充分　同　記

5 左憙相移戶部田九畝

6 一段一畝部田　城西五里胡麻井渠　東張花　西左延海　南荒

7 部田　城西五里白渠　東渠　西令狐醜仁　南高

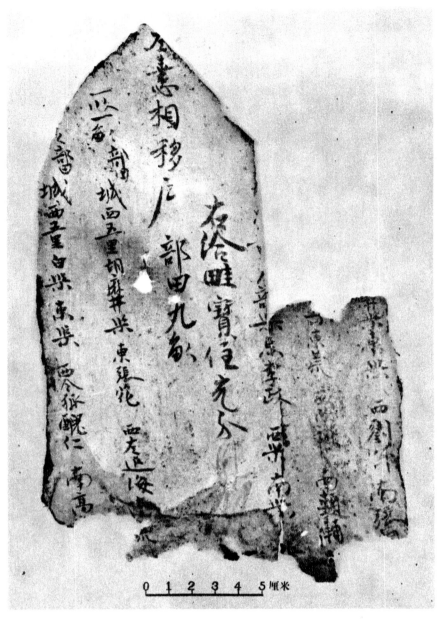

八　唐西州高昌縣授田簿（一一）　65TAM42:60(a)

（一一）

1 ［　　］[左]部渠　東張花　西［　］

［　］

2 □給員何漏充分　同　亂　［　］

3 ［　　］□田 [城]西五里胡麻井渠　東張花　西

左延海　南荒　［　］

4 ［　　］　西令狐醜

仁　南高規　北[渠]

5 ［　　］　西令

狐醜　南康隆　北[荒]

6 ［　］　三畝郭駋子充分　同　亂

［　］

7 ［　　］[胡]麻井渠　東張花　西

左延海　南荒　北[荒]

8 ［　　］白渠　東渠　西令狐醜

仁　南高[規]　［　］

9 ［　　］部田　城東五里左部渠　東張花　西令

[狐]［　］

10 ［　　］[左]憙相[部][田]［　］

八　唐西州高昌縣授田簿（一二）　65TAM42:64

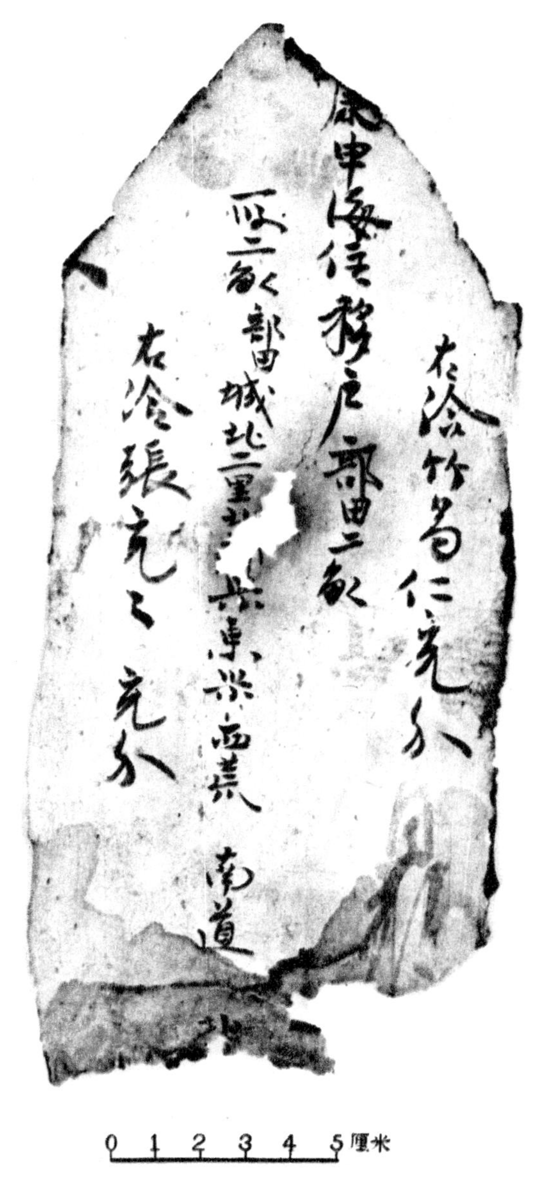

（一二）

1 右給竹苟仁充分　同砅

2 康申海住移戶部田二畝

3 一段二畝部田　城北二里北部渠　東渠　西荒
南道

4 右給張充〻充分

八　唐西州高昌縣授田簿（一三）　65TAM42:65

（一三）

1 一段二畝常田　城東廿里酒泉璅渠　東道　西李
菌相　南

2 右給宋赤頭充分　同砅

3 一段一畝常田　城東廿里酒泉璅渠　東宋赤頭
西辛歡相　南龍

4 右給李菌相充分　同䝉

八　唐西州高昌縣授田簿(一五)　65TAM42:67

八　唐西州高昌縣授田簿(一四)　65TAM42:66

（一四）

1 □□□□里神石渠　東王□□　西

張伯□

2 □畝　部田　城東五里部渠　東石毗　西□

3 右給翟薩知充分　同□

4 白滿闍移户常部田拾畝

5 一段二畝　常田　城東卅里高寧宋渠　東蘇□

6 □城□廿里酒泉□

（一五）

1 □城東廿里酒泉澇城部　東高□

2 一段二畝　部田　城東卅里高寧北部渠　東道□

3 右給蘇頗歡充□

4 一段六畝　部田　城東卅里酒泉澇城部　□

八　唐西州高昌縣授田簿(一六)　　65TAM42:69

八　唐西州高昌縣授田簿(一七)　　65TAM42:70,72

（一六）

1 [　　]城東卌里高(?)學水圳[　　]
2 一段一畝　部田　城東卌里高學北部渠　[東][　　]
3 一段一畝　部田　城南五里白地渠　東渠[　　]
4 一段一畝　部田　城西五里神石渠　[東][　　]
5 [　　][畝]　部田　城東五里左部渠　[東][　　]
6 [右][給][洱][渠][義][仁]充分[　　]

（一七）

1 [　　]□·田　[城]東五里左部渠　[東][道]　[西]渠
　[　　]
2 [　　]分同訖[　　]訖
3 [　　][西][翟]文達　南
　渠　北劉相[德]
4 [　　][常]田　城□□□□泉環渠　東翟默仁
　西渠　南道[　　]
5 [　　][城][西]五里沙堝渠　東趙紹　西曹
　[　　]

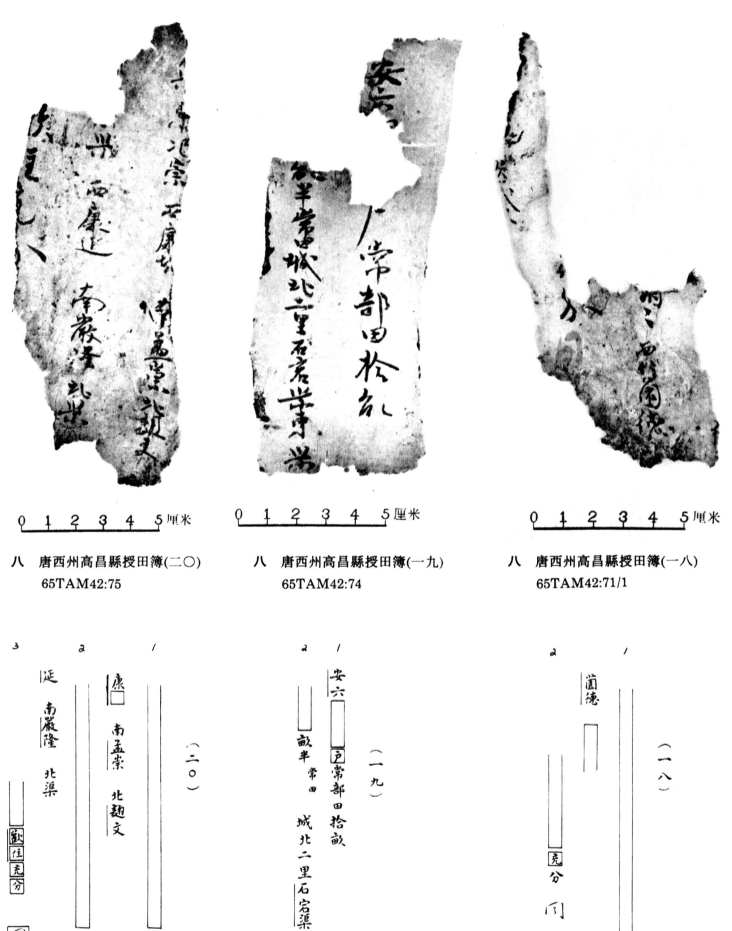

八　唐西州高昌縣授田簿(二〇)
65TAM42:75

八　唐西州高昌縣授田簿(一九)
65TAM42:74

八　唐西州高昌縣授田簿(一八)
65TAM42:71/1

（二〇）

1 □□□□□□□□□□□□□□□東氾崇　西
2 康□　南孟崇　北趙文 □□□□□□□□□□□□□□□□渠　西康
3 延　南嚴隆　北渠 □□□□□□勸住充分　同　亂□□□

（一九）

1 安六□□□□□□□户常部田拾畝
2 □□□□畝半常田　城北二里石宕渠　東渠□□□□

（一八）

1 □□□□□□□□□□□□□□□□□□□□明〻　西竹
2 薗德□□□□□□□□□□□□□□□□充分　同□□□□

八　唐西州高昌縣授田簿(二三)
65TAM42:78

八　唐西州高昌縣授田簿(二二)
65TAM42:77

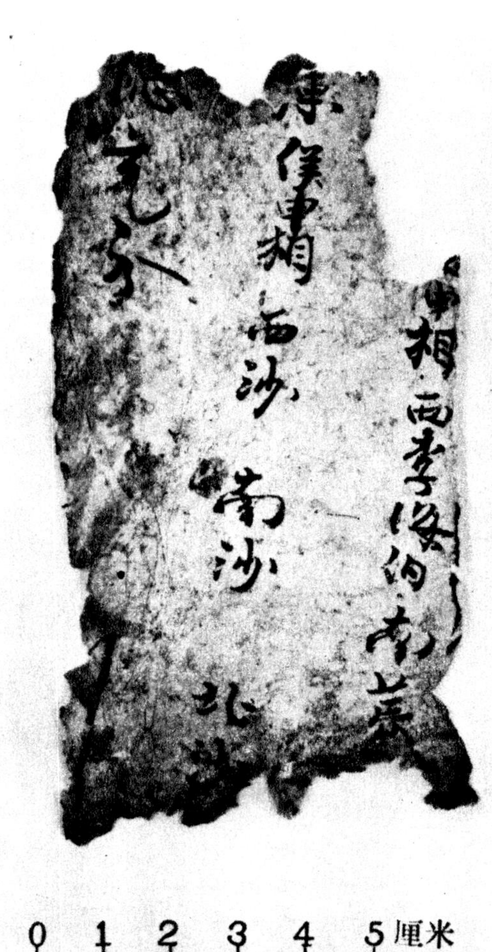

八　唐西州高昌縣授田簿(二一)
65TAM42:76

（二一）

1 □申相　西李海伯　南荒□
2 □東侯申相　西沙　南沙　北沙
3 □還充分　门　佃　□

（二二）

1 □城東卅里高寧渠　東道　西渠
2 □　□渠　南□

（二三）

1 □部田二畝
2 □部田　城西一里北部渠　東□

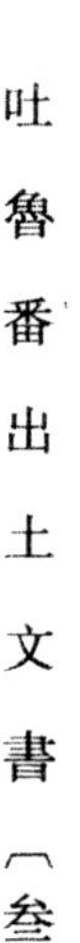

八　唐西州高昌縣授田簿(二四)
65TAM42:79(a),88(a)

八　唐西州高昌縣授田簿(二五)
65TAM42:80

八　唐西州高昌縣授田簿(二六)
65TAM42:81,82

（二四）

1 □田六畝白始〻充分 □

2 東何摩　西渠

南曹宣　北道〔一〕

注釋

〔一〕騎縫背面有「汎」押字。

（二五）

1 □東廿里酒泉璅渠　東曹莫盆　西

牛海

（二六）

1 二里孔進渠　東田海伯

2 城東廿里酒泉璅渠　東楊保救　西

竹

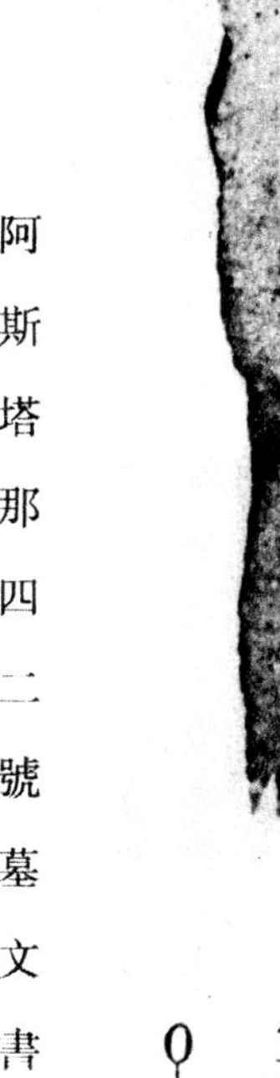

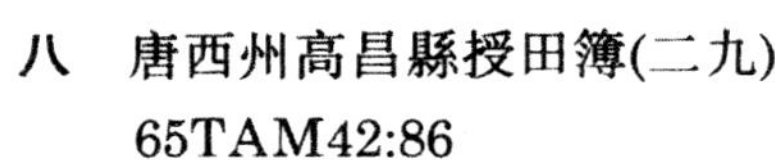

八　唐西州高昌縣授田簿(二九)
65TAM42:86

八　唐西州高昌縣授田簿(二八)
65TAM42:84

八　唐西州高昌縣授田簿(二七)
65TAM42:83

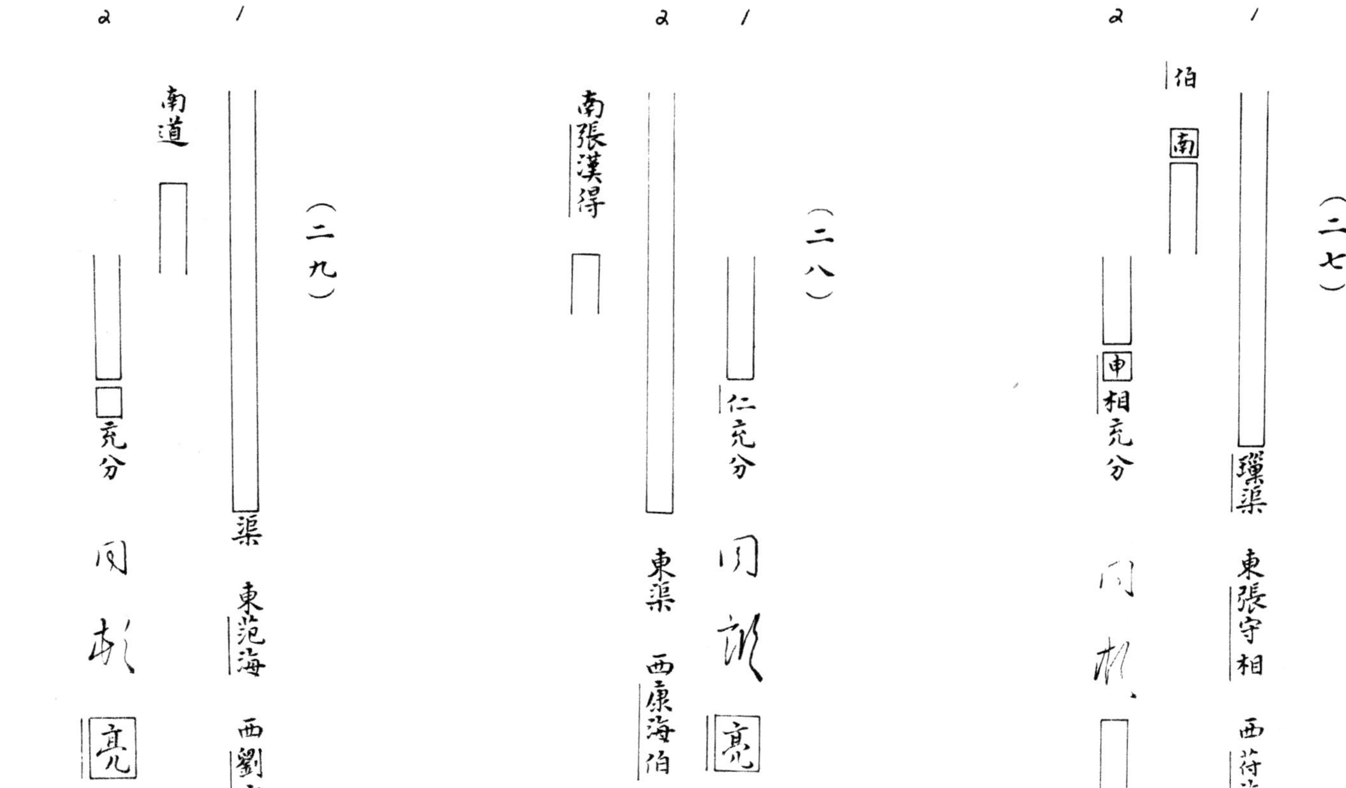

一〇　唐西州高昌縣順義鄉殘名籍
65TAM42:111/4(a)

九　唐西州高昌縣安西等鄉崔文顥等殘名籍(二)
65TAM42:101/2(a)

九　唐西州高昌縣安西等鄉崔文顥等殘名籍(一)
65TAM42:97(a),99(a),100(a)

九　唐西州高昌縣安西等鄉崔文顥等殘名籍

（一）

1 [ ]騎尉崔文顥年貳拾
陸 安西鄉
2 [ ]拾[ ]子年叁拾捌
3 [ ]尉[ ]朋脿年叁拾柒　　雲騎尉吳[ ][ ]叁拾叁
已上安西鄉
4 [ ]悪[ ]國城鄉

（二）

1 [ ]叁拾貳 順義鄉

一〇　唐西州高昌縣順義鄉殘名籍

1 順義鄉
2 白丁趙[ ]

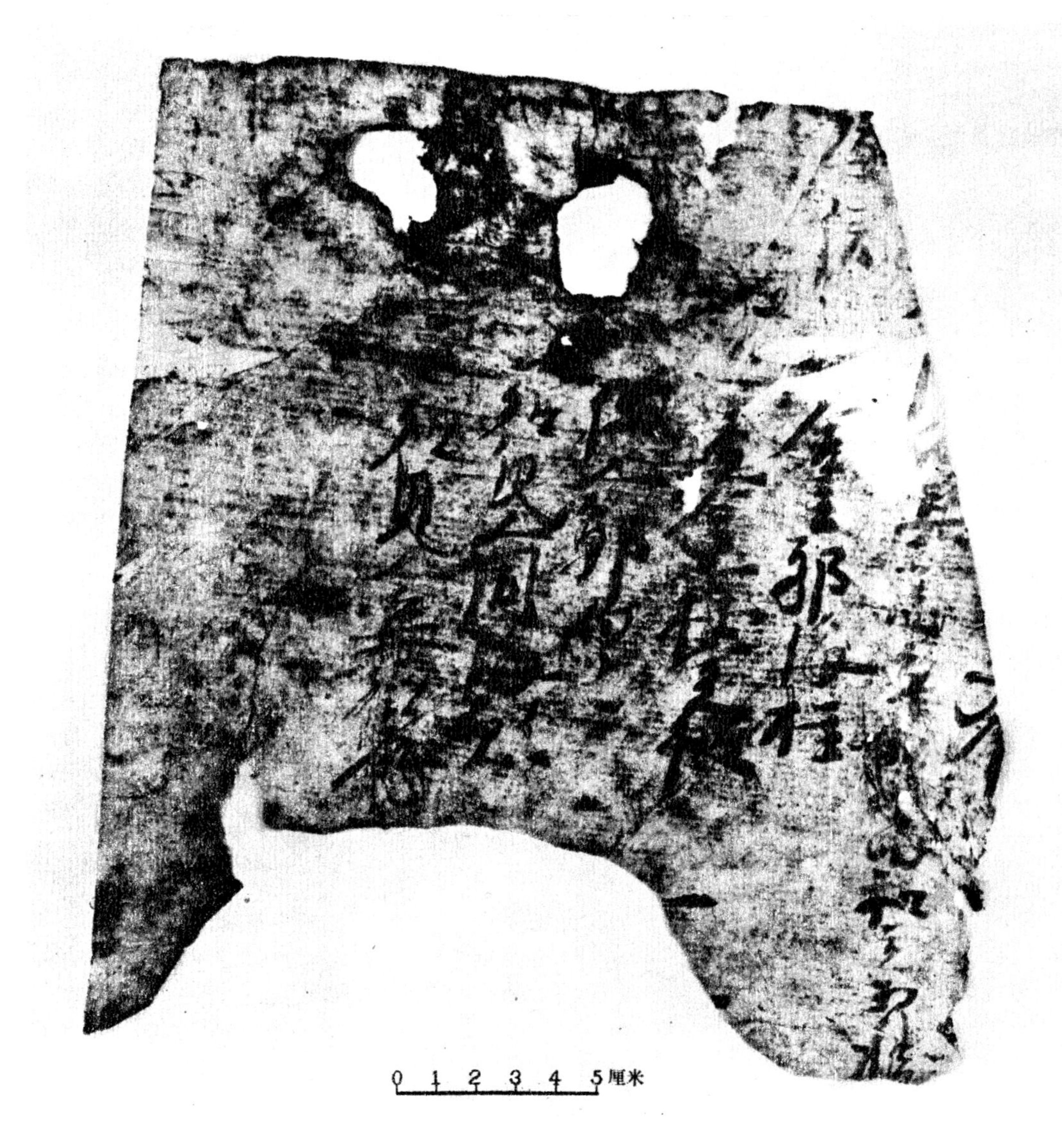

一一　唐杜定歡賃舍契　　65TAM42:92

一一　唐杜定歡賃舍契

1 [缺]具□□□兩和立契獲□

2 為信。　舍主郭海柱

3 賃舍人杜定歡　一一

4 保人郭白白　一

5 知見人周海願

6 知見人寗歡保

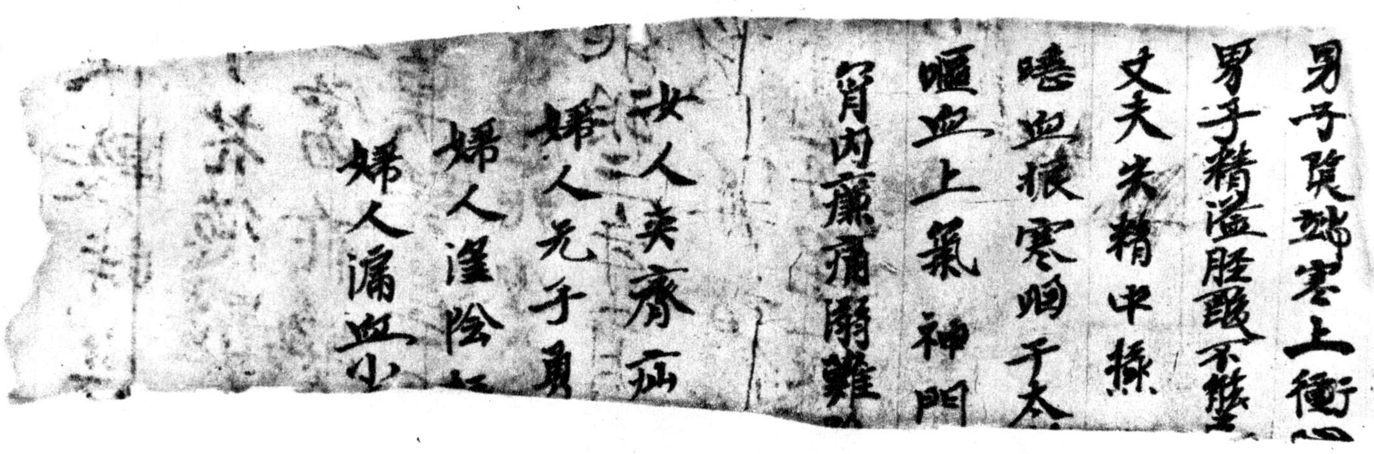

一二　古寫本鍼法殘片　　65TAM42:48(a)

一二　古寫本鍼法殘片

本件三行、五行文字見於古鍼灸著作《黄帝明堂經》，但其餘各行與同書文字並不完全相同，故暫定名爲《古寫本鍼法殘片》。

1 男子陰端寒上衝

2 男子精溢脛酸不能

3 丈夫失精中極

4 噫血振寒咽千太

5 嘔血上氣神門

6 胃(胸)內廉痛溺難

7 女人夹齊疝

8 婦人无子勇

9 婦人淫陰

10 婦人漏血小

一五　文書殘片　65TAM42:89/1～89/6

一四　文書殘片　65TAM42:79(b),88(b)

一三　文書殘片　65TAM42:60(b)

一六　文書殘片　65TAM42:94(a)

一九　文書殘片　65TAM42:101/4

一八　文書殘片　65TAM42:101/2(b)

一七　文書殘片　65TAM42:101/1

二〇　文書殘片　65TAM42:102(b),104(b)

二一　文書殘片　65TAM42:111/2(b)

阿斯塔那三三二號墓文書

本墓係合葬墓，無墓誌及隨葬衣物疏。所出文書有紀年者，最早爲唐龍朔元年（公元六六一年），最晚爲麟德二年（公元六六五年）。

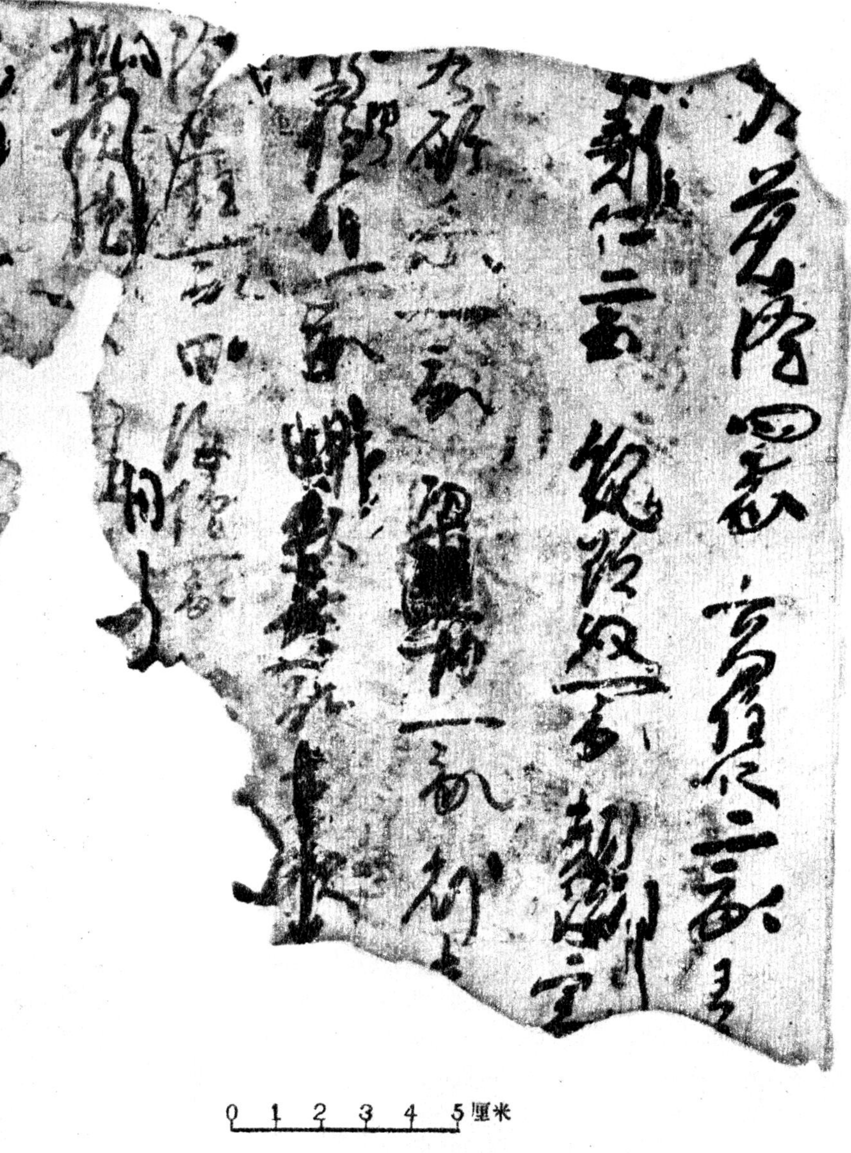

一　唐龍朔元年（公元六六一年）左慈隆等種床畝數帳　60TAM332:9/2(a)

0 1 2 3 4 5厘米

一　唐龍朔元年（公元六六一年）左慈隆等種床畝數帳

本件有朱筆點記多處，另有墨筆旁注「納了」二字多處。

1 [左]慈隆四畝　高住仁二畝　王□

2 □彭仁二畝　魏顯奴一畝　麴〔納了〕阿海二畝□

3 左顛糸一畝　梁〇相一畝　劉□

4 〔納了〕[馮]住相一畝　〇〇〇一畝　〇〇□

5 陰延伯一畝　田海憧一畝□

6 〔納了〕楊頂德□　〔納了〕

7 龍朔元年秋床（床）[五]□

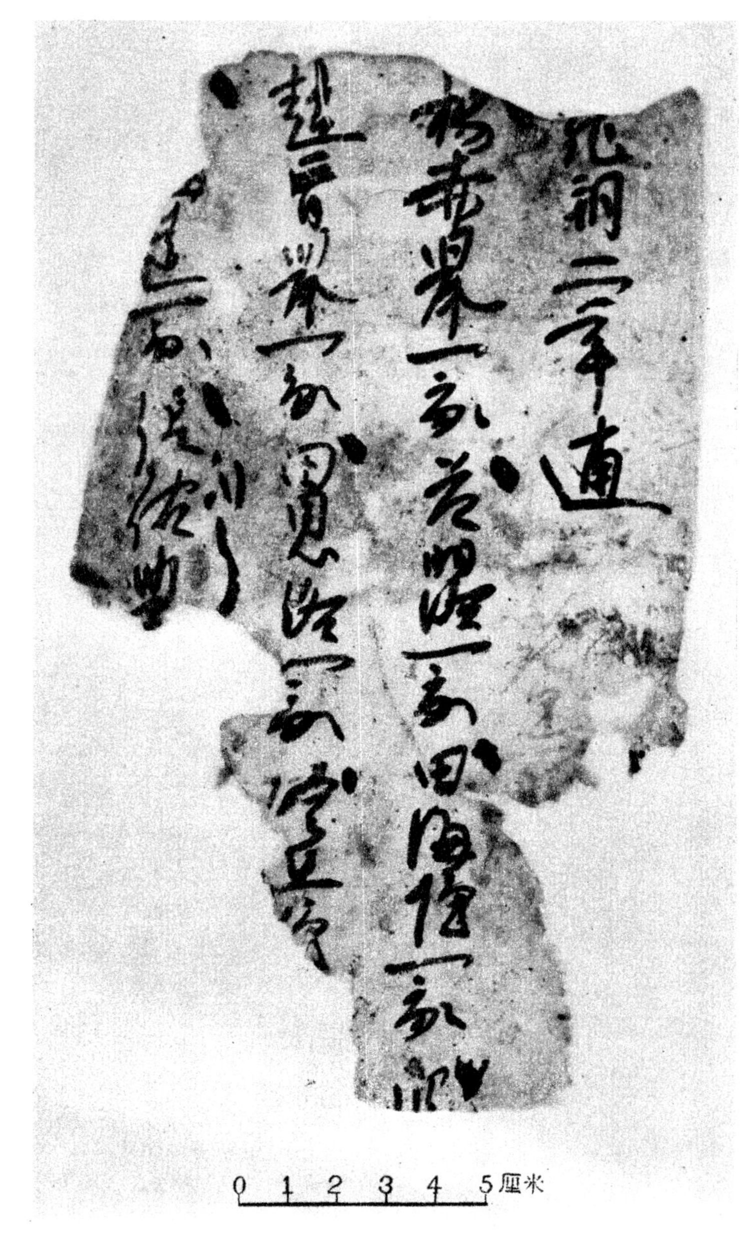

二　唐龍朔二年（公元六六二年）逋納名籍（一）　60TAM332:9/3－1

二　唐龍朔二年(公元六六二年)逋納名籍(二)
60TAM332:9/3－2

二　唐龍朔二年（公元六六二年）逋納名籍

本件有朱墨點記及旁注。

（一）

1 龍朔二年逋

2 楊〔一〕赤鼠一畝　范〔二〕明洛一畝〔三〕（旁注：范黑）　田海〔四〕幢一畝　□〔五〕

3 趙盲鼠一畝　田思〔六〕洛一畝　陰延〔七〕□

4 □□〔八〕達一畝　張佑□〔九〕（旁注：納了）□

注釋

〔一〕此處有朱筆點記二處，第一處朱點上，用墨筆點過。

〔二〕、〔四〕、〔六〕、〔七〕、〔八〕、此五處留有墨、朱點記各一處。

〔三〕此二字係朱筆書寫。

〔五〕此處人名已殘，唯剩一墨點記。

〔九〕此處有墨、朱筆點記各一處，其間墨筆書寫「納了」二字。

（二）

1 □趙占年〔一〕一畝□

2 □□〔二〕頤緣一畝□

3 □左相〔三〕（旁注：納了）住三畝半□

注釋

〔一〕此處有朱筆點記二處，第一處朱點上，用墨筆點過。

〔二〕此處人姓已殘，旁剩一朱點記。

〔三〕此處剩一朱點，其上有墨書「納了」二字。

三　唐麟德二年(公元六六五年)里正趙某殘牒　60TAM332:9/2(b)

四　唐殘手實　60TAM332:9/6

三　唐麟德二年（公元六六五年）里正趙某殘牒

本件字跡淩亂，疑是隨筆書寫。

1 縣司司前□

2 麟德二年□

3 □高昌

4 麟德　　里正趙白

5 麟德二年四月

四　唐殘手實

本件紀年已缺，同墓所出有唐龍朔元年（公元六六一年）、麟德二年（公元六六五年）等紀年文書。本件年代應亦相當。

1 □年歲具注如前，□

2 □依法受罪。謹□

五　唐趙申君等殘名籍　　60TAM332:6/2－1(b),6/2－2(b)

六　唐□□柱出佃田畝契　　60TAM332:9/4

五　唐趙申君等殘名籍

本件均係朱筆。

1 □[ ]

2 [ ][依][判]君

3 趙申君　　范寺主

4 趙及志[ ]趙方[ ]

六　唐□□柱出佃田畝契

本件紀年已缺。同墓出有唐龍朔二年（公元六六二年）、麟德二年（公元六六五年）文書，此件時間亦應相當。

1 [ ]柱邊夏樹石部田肆[畝]。[ ]

2 [ ]文小麥貳㪷（斛）伍斷（斗）。田不得[覓]（種）[ ]

3 [ ]渠破水讁，仰耕（耕）田[ ]

4 [ ]立契，[ ]

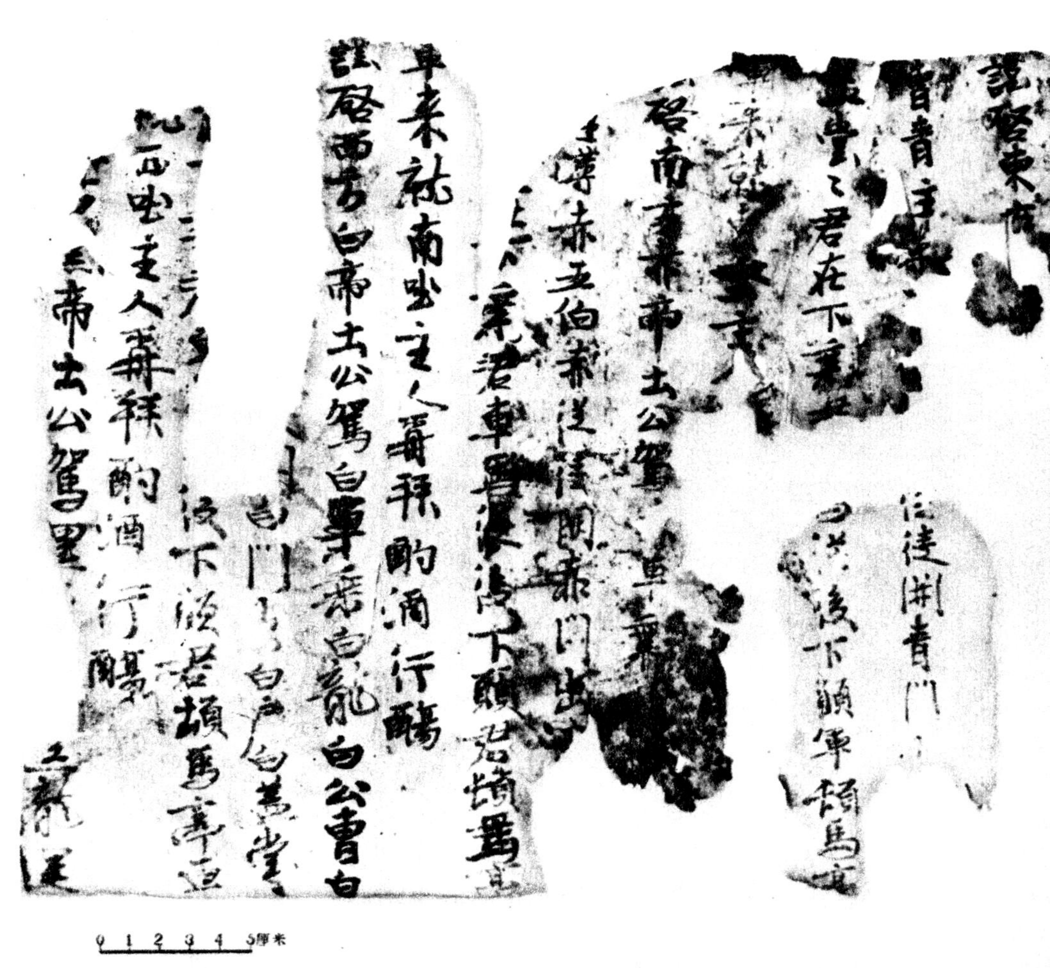

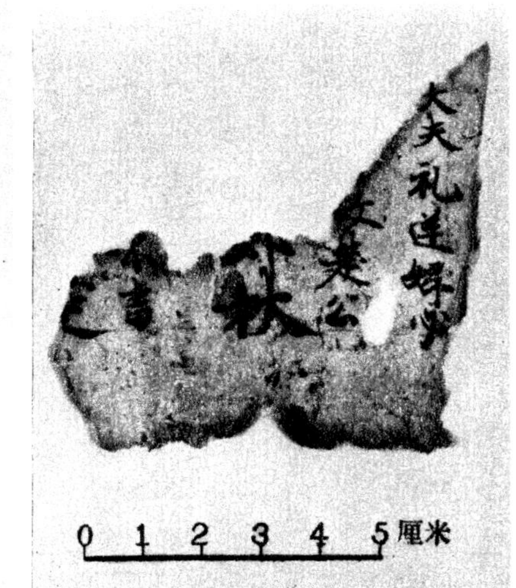

七　古籍殘片　　60TAM332:9/5

八　唐寫本《五土解》　　60TAM332:6/1－1(a),6/1－2(a),6/1－3(a)

八　唐寫本《五土解》

1 謹啓東[方]□[帝]［　　］
2 曺青主簿□[伍]□□從徒開青門出［　　］
3 蓋堂〻君在下乘[君]□[馬]從後下顧軍（君）頓馬[亭]（停）
4 車来就東坐主[人][再]［　　］
5 □啓南方赤帝土公駕[赤]車乘赤龍赤□□
6 □[主]簿赤五（伍）伯赤從徒開赤门出[赤]［　　］
7 □□[在][下]乘君車馬從後下頭君頓馬亭
8 車来就南坐主人再拜酌酒行觴
9 謹啓西方白帝土公駕白車乘白龍白公（功）曺白
10 ［　　］[開]白门[出]白户白蓋堂〻
11 ［　　］[車]□□後下顧君頓馬亭（停）車
12 □[就]西坐主人再拜酌酒行觴
13 □□□[方][黑]帝土公駕[黑]□□[黑]龍黑

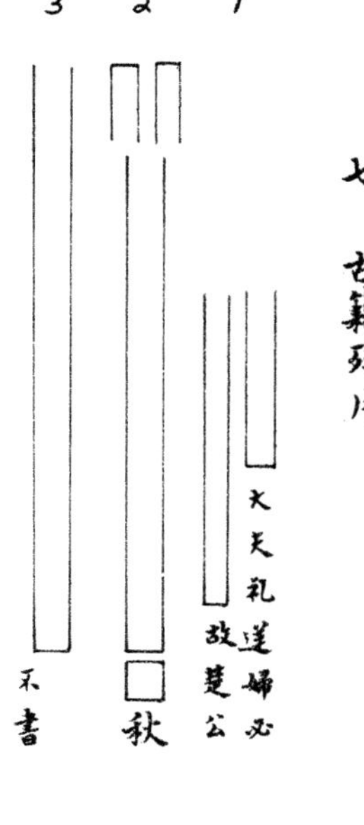

七　古籍殘片

1 ［　　］大夫礼送婦必
　［　　］故楚公
2 □□［　　］□秋
3 ［　　］不書

14 [　]黑户
15 [　][君]東□□□□願君頓
16 [　][觴]（黄）趕王王
17 [　][龍]皇公曹
18 [　]出皇户□
19 [　][從]後下願[君]
20 [　][酒]行觴
21 [　][東]（内）宍馬[脯]
22 [　][循]俱願神安
23 [　]食辞飽為處主
24 [　]行觴□[向]酒食願為某甲駈
25 [　]百病駈使消除日夜覺差身輕目明□
26 [　][主]人再拜[酌][酒][行]□

九　唐祭五方神文殘片一　60TAM332:9/1－1

0 1 2 3 4 5厘米

九　唐祭五方神文殘片一

［　　　　］[西]方白帝，白［　　　　］
[獸]白虎□神□[威]振怒，赤娥若鳥，玄蚤无所犯，此
[諸][神]死鬼怖。其某甲死鬼无繫屬處，故書名字，
□□方神，剋為禁攝，莫史(使)犯人，速攝囚。主人再拜酌酒
行[殤](觴)。敢告北方黑帝綿緤紀，恒山之神獸玄武，
□神玄冥，難惡處，飛驚千里增(層)冰固。
［　　　　］其某甲死鬼
［　　　　］[方]神速
［　　　　］[北]方神速
［　　　　］[莫]使犯人，生死路別，不得相親。
［　　　　］付北方神，速攝囚，主人再
［　　　　］

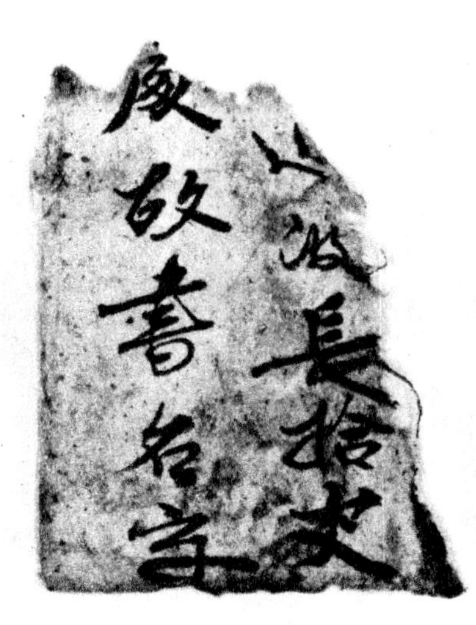

一〇　唐祭五方神文殘片二(二)
60TAM332:9/1－4

一〇　唐祭五方神文殘片二(一)
60TAM332:9/1－2,9/1－3

一一　唐祭神文殘片
60TAM332:6/2－3

一〇　唐祭五方神文殘片二

（一）

1 □禁攝,[莫]□人再拜酌酒行
2 □赤對□□其神呪(祝)駛(駃),
3 □犯此諸神[死]□

（二）

1 □[　]汲長拾
2 □[處]故書名字

一一　唐祭神文殘片

1 □良日□
2 □人向神[解]□
3 □再拜酌酒□

一二　唐祭土伯神文殘片　60TAM332:6/2－2(a),6/2－1(a)

一二　唐祭土伯神文殘片

1 □方土伯之神，其□　九□

2 □角偏不迭之下方神□

3 □旡繫屬處，故書名字□付囑□

4 □攝録，莫使犯人生死路別，□

5 □諳，今書名字付土伯神，往頓□

6 □良時好日，告誓諸神，呪（祝）□

7 □懇懃，自今已後不范人□

8 □入主人再拜，酌酒行觴。

9 □文一卷□

一三　唐犯土禁忌文　60TAM332:6/3

一四　唐犯諸鬼禁忌文（一）　60TAM332:6/4－1

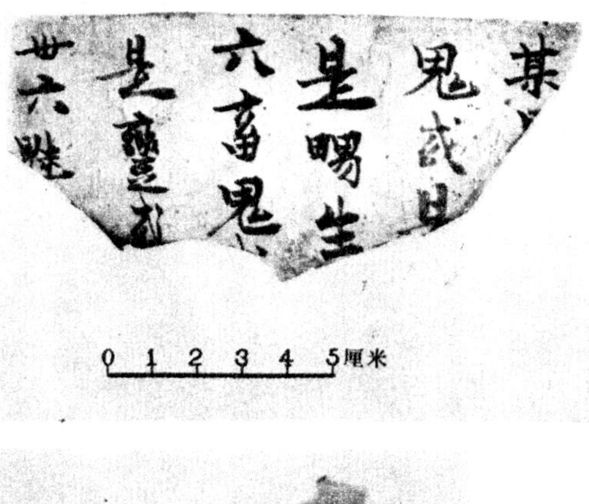

一四　唐犯諸鬼禁忌文（二）　60TAM332:6/4－2

一三　唐犯土禁忌文

1 行虎步，平復[汝][故][主][　　]
2 謹啓：某甲戒范(犯)太歲上土，[太]歲下土，戒范成攝
3 四鎮土，戒[范][祠]祀社稷土，戒[范]子丑寅卯土，
4 戒犯辰巳午未土，戒[犯][　　]
5 破塢土，戒犯園冢墓[土][戒][犯]，[　　]
6 范平高就下土，戒范干(乾)土隰(濕)土，諸土悉解。

一四　唐犯諸鬼禁忌文

（一）

1 某[　　]
2 鬼魊(或)[是][　　]
3 是⿰日男(甥)生[　　]
4 六畜鬼[　　]
5 是竈魊[　　]
6 卌六[魅][　　]

（二）

1 [　　]患，魊(或)犯非(飛)屍䲭(騰)行鬼，是魊[　　]
2 [　　]戠(夫)伯姝(叔)鬼，魊是兄弟婦[　　]
3 [　　]子姪[鬼]，[魊][　　]

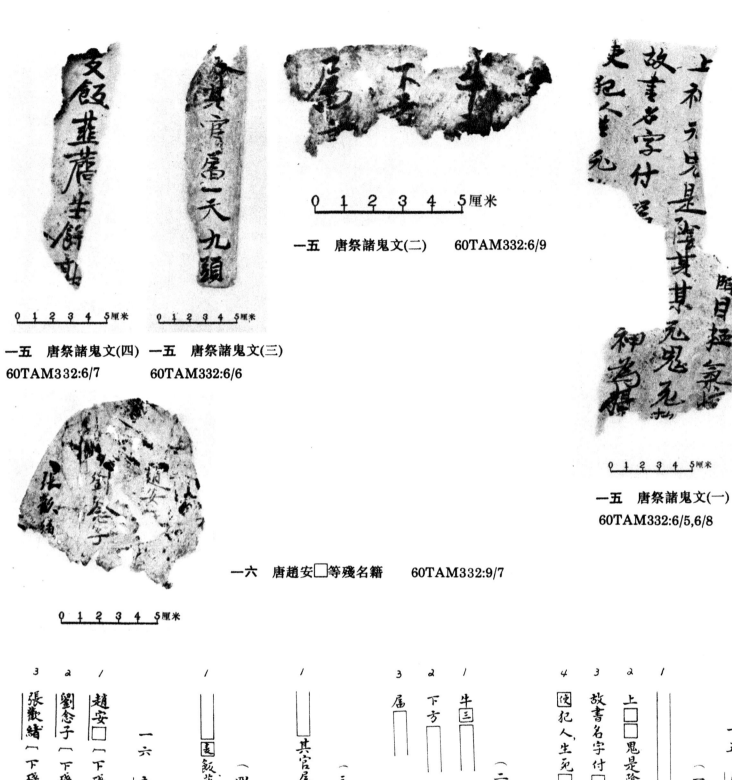

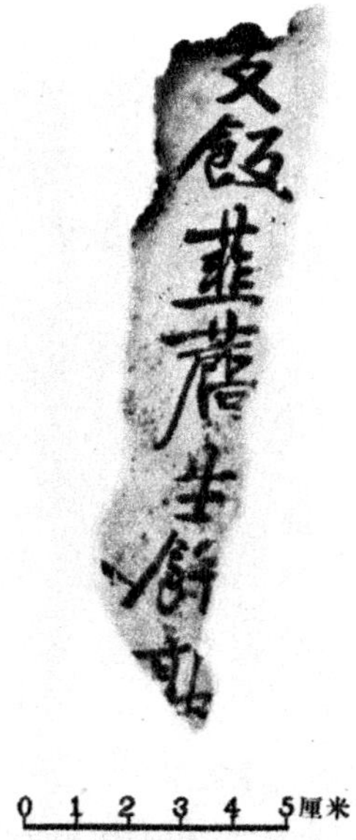

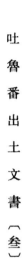

一五　唐祭諸鬼文(一)　60TAM332:6/5,6/8

一五　唐祭諸鬼文(二)　60TAM332:6/9

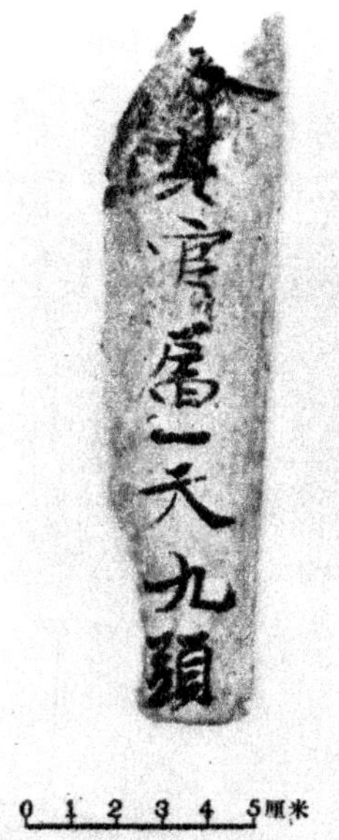

一五　唐祭諸鬼文(三)　60TAM332:6/6

一五　唐祭諸鬼文(四)　60TAM332:6/7

一六　唐趙安□等殘名籍　60TAM332:9/7

一五　唐祭諸鬼文

(一)

1 □(blank)□目猛氣□(blank)

2 上□□鬼是陰，其某死鬼死□(blank)

3 故書名字付□(blank)神為攝□(blank)

4 [使]犯人，生死□(blank)

(二)

1 牛[三]□(blank)

2 下方□(blank)

3 届□(blank)

(三)

1 □(blank)其宫届一天九頭

(四)

1 □(blank)[麦]飯、韮、蒜、生餅、[熟]□(blank)

一六　唐趙安□等殘名籍

1 趙安□〔下殘〕

2 劉念子〔下殘〕

3 張歡緒〔下殘〕

0 1 2 3 4 5 厘米

一八　文書殘片
60TAM332:9/3－3

一七　文書殘片　　60TAM332:6/1－1(b)～6/1－3(b)

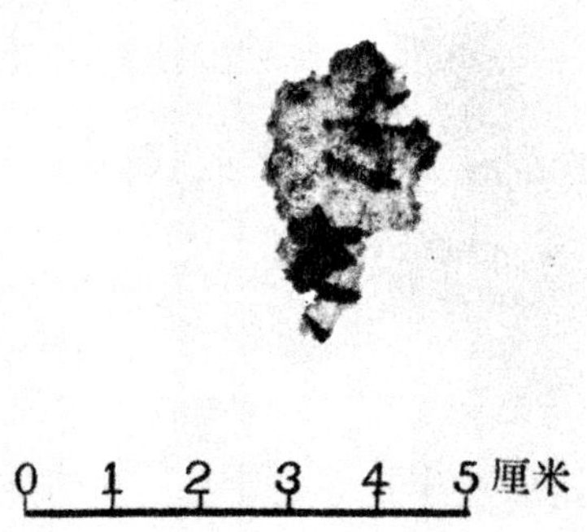

0 1 2 3 4 5 厘米

二二　文書殘片
60TAM332:9/11

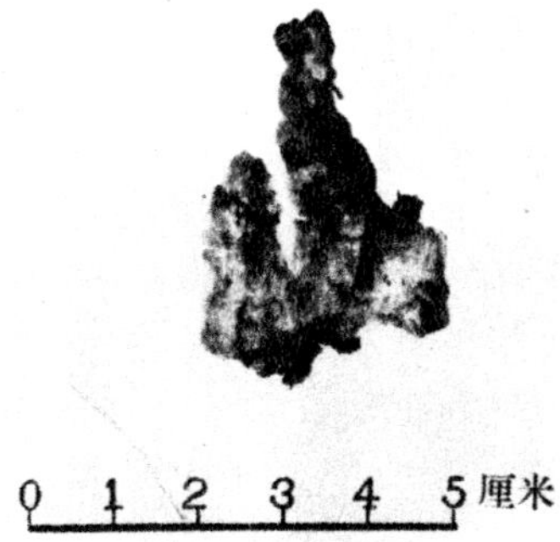

0 1 2 3 4 5 厘米

二一　文書殘片
60TAM332:9/10

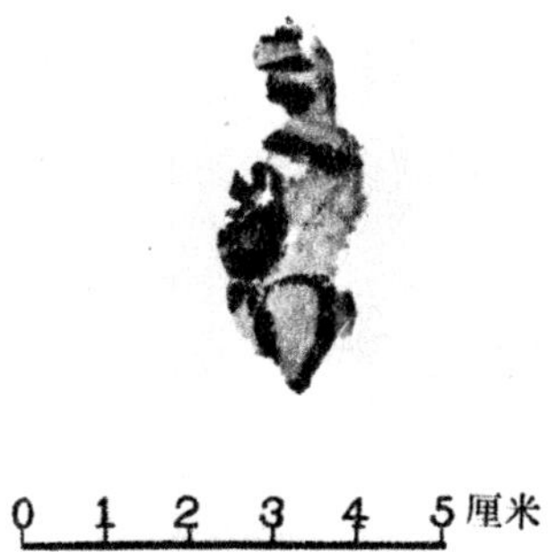

0 1 2 3 4 5 厘米

二〇　文書殘片
60TAM332:9/9

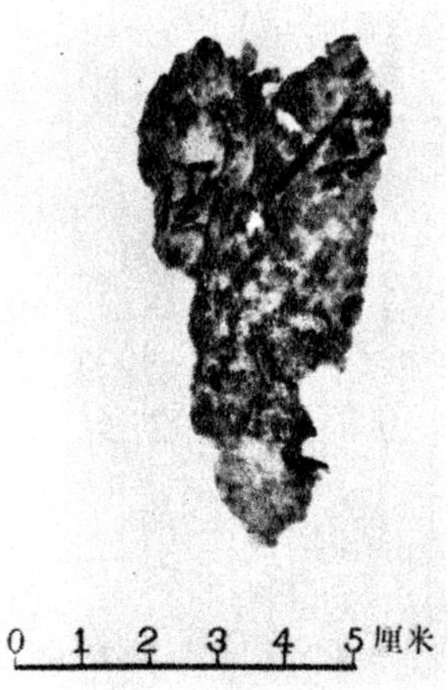

0 1 2 3 4 5 厘米

一九　文書殘片
60TAM332:9/8

阿斯塔那二一四號墓文書

本墓爲一男二女合葬墓，男屍在外，當係後葬。出唐麟德二年（公元六六五年）張君妻麴勝墓誌一方。

所出文書均無紀年。一四七至一六二號文書拆自紙鞋；一六六至一七〇號文書拆自女紙帽圈。

一　唐下交河縣符　73TAM214:168

一　唐下交河縣符

1 □蒲桃（葡）（萄）□

2 □牒三鄉□市□

3 □者，交河縣土□

4 □心可得縣即□

5 □□供送，宜更□

6 □准符到□

7 尉□

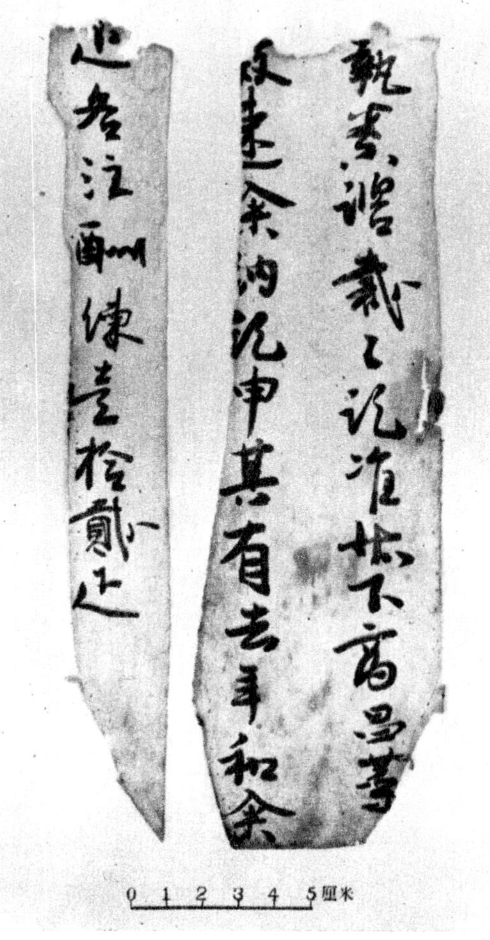

二　唐西州下高昌等縣牒爲和糴事　73TAM214:151,150

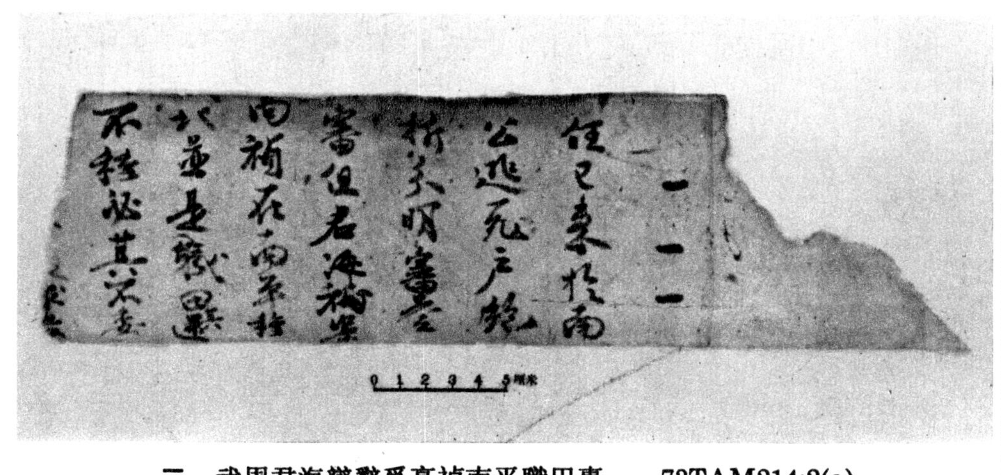

三　武周君海辯辭爲高禎南平職田事　73TAM214:2(a)

二　唐西州下高昌等縣牒爲和糴事

1 [　]執案諮裁，，訖。准狀下高昌等

2 [　][　][速]籴[納][訖]申，其有去年和籴

3 [　][疋]，各注酬練壹拾貳疋。

三　武周君海辯辭爲高禎南平職田事

本件背面騎縫處押「[illegible]」字。紀年殘缺。所述高禎在南平種職田事，又見於阿斯塔那二三〇號墓武周天授二年（公元六九一年）案卷。本件疑原出該墓，後混入本墓。其年代應與之相當。

1 [　]一一一

2 [　]任已来，於南

3 [　]公逃死戶絶。

4 [　]祈（析？），分明審答。

5 [　]審，但君海補渠

6 [　][高]禎在南平種

7 [　]北並是職田，其還

8 [　]不種必其不委。

9 [　][求][受]

四　唐軍府領物牒(一)
73TAM214:166

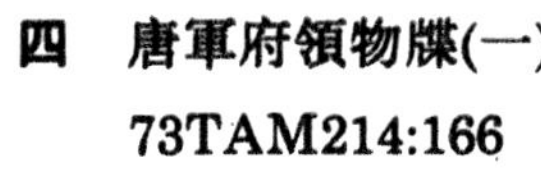

四　唐軍府領物牒(二)
73TAM214:167

四　唐軍府領物牒

（一）

1　［　］鑿［斧］［　］
2　［　］同付校尉［高］［　］
［　］
［　］
5　［　］［符］各給銅鍋壹口，韋［　］
6　［　］肆枚，長靿靴各［　］
7　［　］及氈百［　］
8　［　］傔人何知［　］
9　［　］九人長行［　］
10　［　］取［并］［　］

（二）

1　［　］此給付［　］
2　［　］給付［　］
3　［　］物等［　］
4　［　］領得有實，今以牒［　］

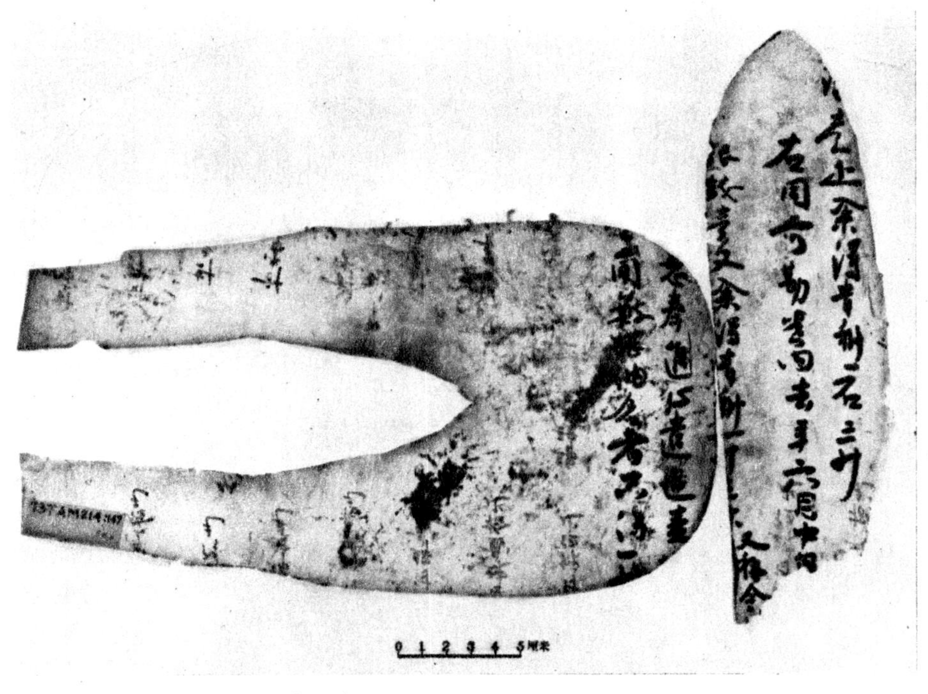

五　唐和糴青稞帳(二)　73TAM214:149(a),147(a)

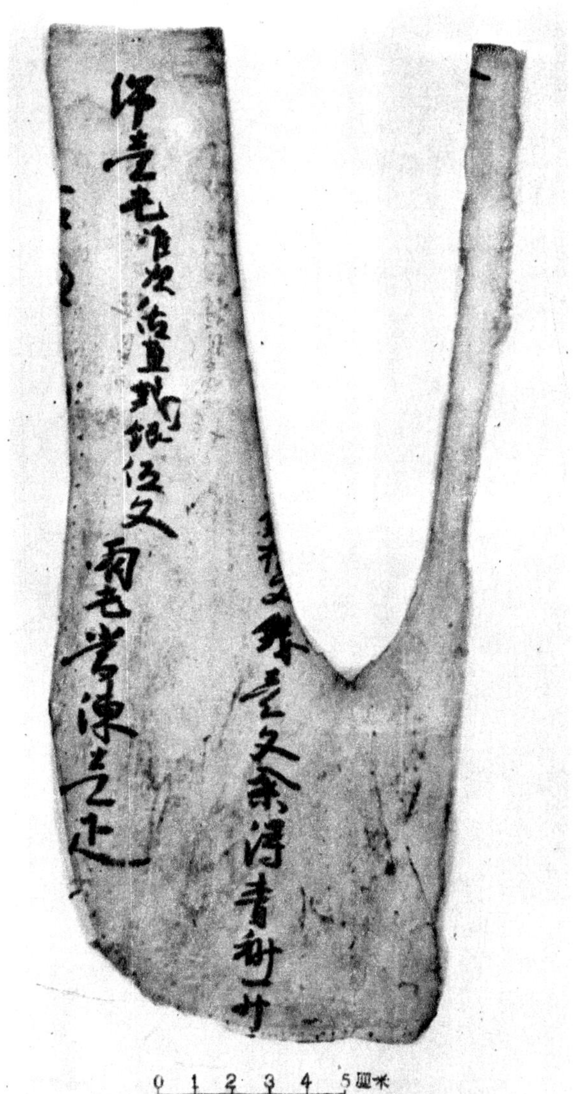

五　唐和糴青稞帳(一)　73TAM214:148(a)

五　唐和糴青稞帳

（一）

1 [　　]【拾】文，錢壹文，余(糴)得青科(稞)一斗。

2 綿壹屯 准次沽直銀錢伍文，兩屯當練壹疋。

（二）

1 [　　]【練】壹疋，余得青科一石三斗。

2 右同前勘案内，去年六月中旬[　　]

3 銀錢壹文，余得青科一斗三升，又稱今[　　]

4 [　　]急奉進止，遣追責[　　]

5 [　　]蕳簸堪納倉者，只得一[　　]

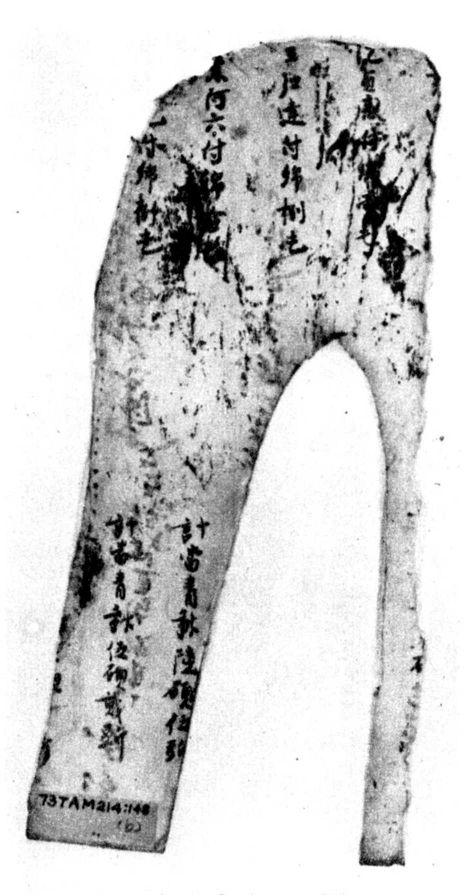

七　唐汜貞感等付綿、練當青稞帳(一)
73TAM214:148(b)

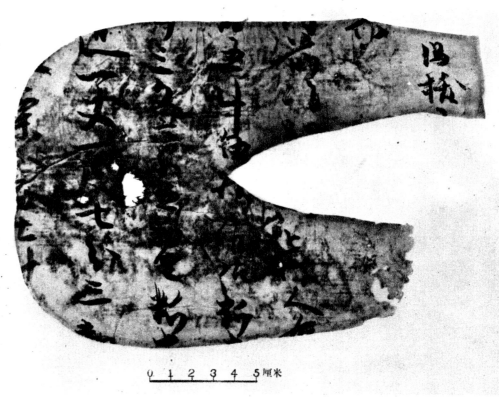

六　唐折估帳　　73TAM214:161

六　唐折估帳

1 □馮拔□
2 □
3 □前准別□□上件人□
4 □五斗(斗)伍升(升)准估斛(斛)□
5 □三文六分五釐，斛□
6 □[疋]一丈一尺七分三[釐]□
7 □[粟][八][石][七][斗]□

七　唐汜貞感等付綿、練當青稞帳

(一)

1 汜貞感付綿兩屯　□
2 王弘達付綿捌屯　□
3 索阿六付綿拾屯　計當青科(稞)陸碩、伍㪷
4 □付綿捌屯　計當青科伍碩貳㪷
5 □　□□□□□[碩]□[㪷]

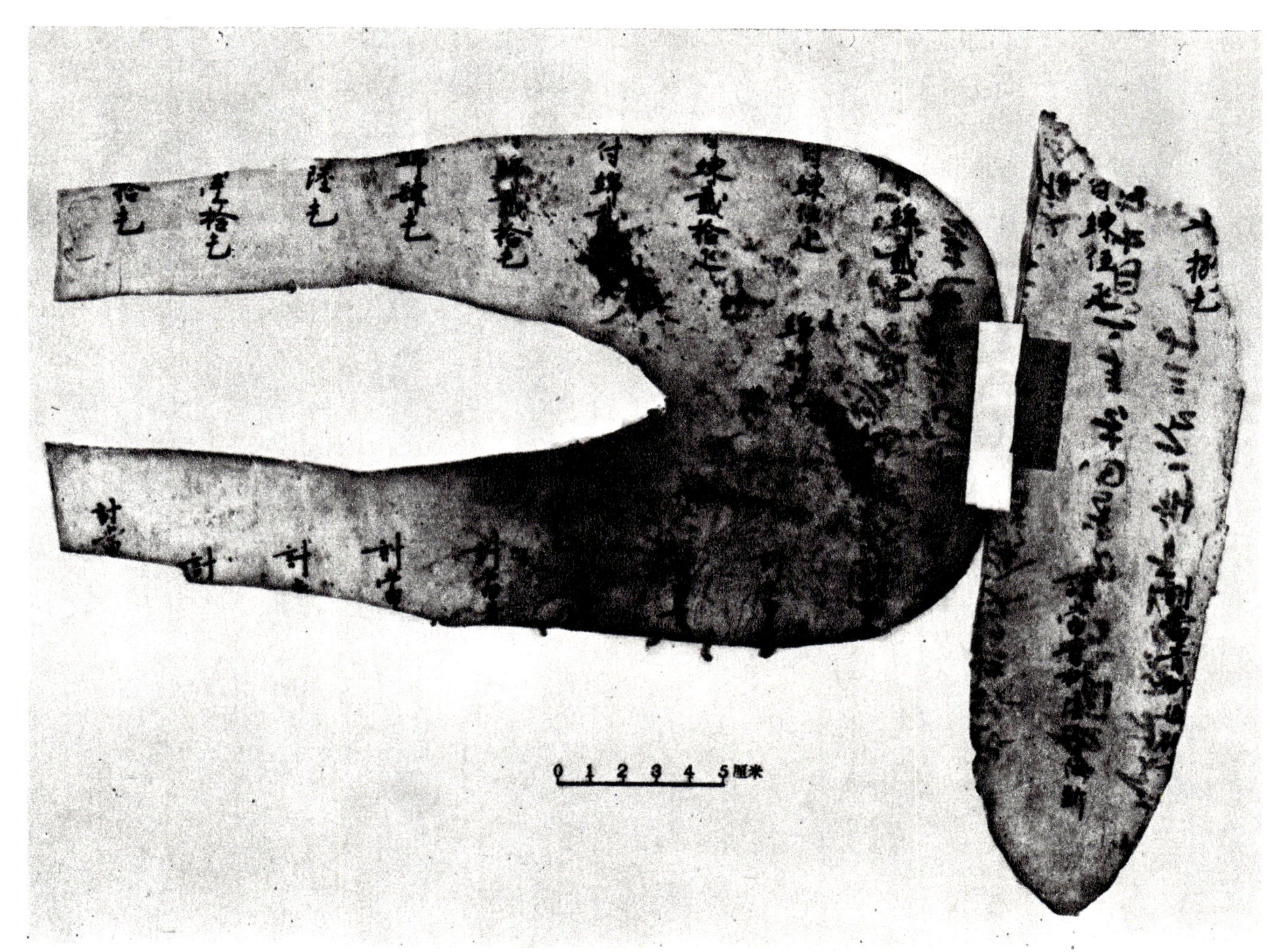

七　唐氾貞感等付綿、練當青稞帳(二)　73TAM214:149(b),147(b)

（二）

1　[ ]綿捌屯　計當青科伍碩貳[ ]
2　[ ]付練伍疋　計當青科陸碩伍㪷
3　[ ]疋　計當青科壹拾[ ]
4　[ ]付綿貳屯　計當青[ ]
5　[ ]付練五疋　綿肆屯　計當青[ ]
6　[ ]付練貳拾疋　計當青科[ ]
7　[ ]付綿貳拾屯　計當青[ ]
8　[ ]付綿貳拾屯　計當青[ ]
9　[ ]綿肆屯　計當[ ]
10　[ ]陸屯　計當[ ]
11　[ ]壹拾屯　計[ ]
12　[ ]拾屯　計當[ ]

八　唐帛練帳(二)　　73TAM214:162

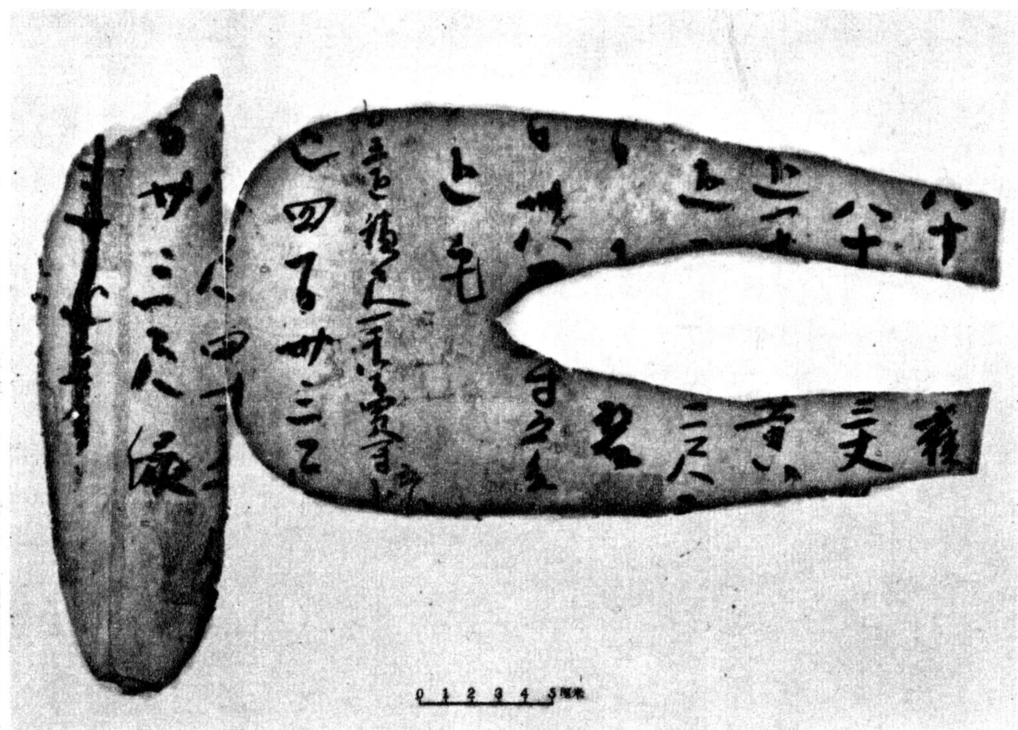

八　唐帛練帳(一)　　73TAM214:160,159,158

八　唐帛練帳

（一）

1 ［　　］八十□□蕉
2 ［　　］八十□□三丈［　　］
3 ［　　］疋一十□□黄
4 ［　　］疋一［　　］二尺二［　　］
5 ［　　］百□□　碧
6 ［　　］百卌八尺□寸五分［　　］
7 ［　　］疋　皂
8 ［　　］百三疋積尺一千八百貫一寸小五分［　　］
9 ［　　］疋四百卌三尺［　　］
10 ［　　］八尺四寸五分［　　］
11 ［　　］百廿三尺綠
12 ［　　］三疋三百

1 ［　　］二百八尺八寸碧
2 ［　　］五十尺八寸
3 ［　　］百卌四尺［　　］
4 ［　　］千五百五十五疋一尺皂
5 ［　　］疋　蕉［　　］

九　唐魏申相等納粟帳　73TAM214:156,157

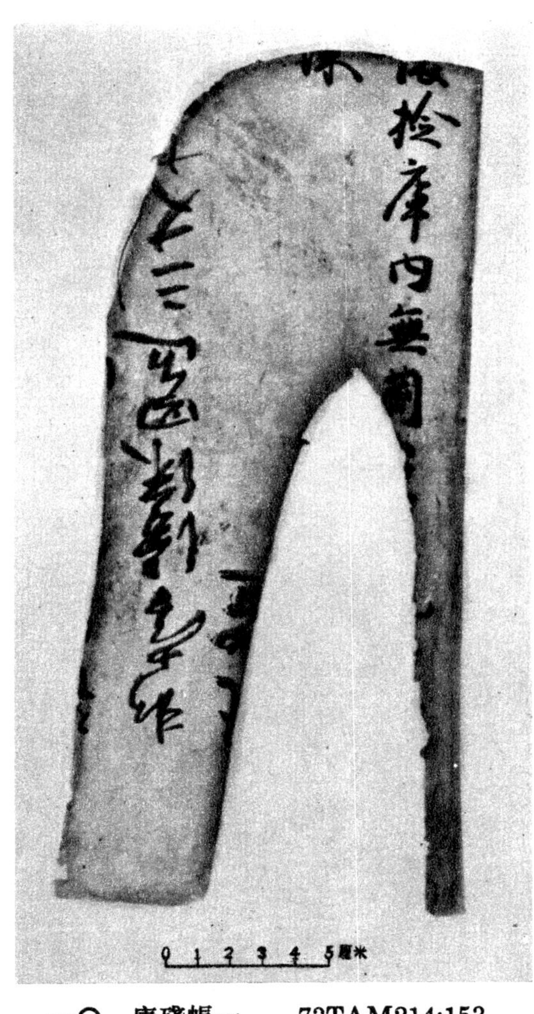

一〇　唐殘帳一　73TAM214:153

九　唐魏申相等納粟帳

1 魏申相　秦海住　張明悦　趙[　　]

2 右同前計得粟八[　　]

一〇　唐殘帳一

1 [　　][依]撿庫內無蔛(判)[　　]

2 [　　][練]

3 □□[一]

4 [　　][七]丈三尺四綵綵疊紫

注釋

〔一〕此兩缺字從原件殘筆判斷，同於後行，亦係倒文。

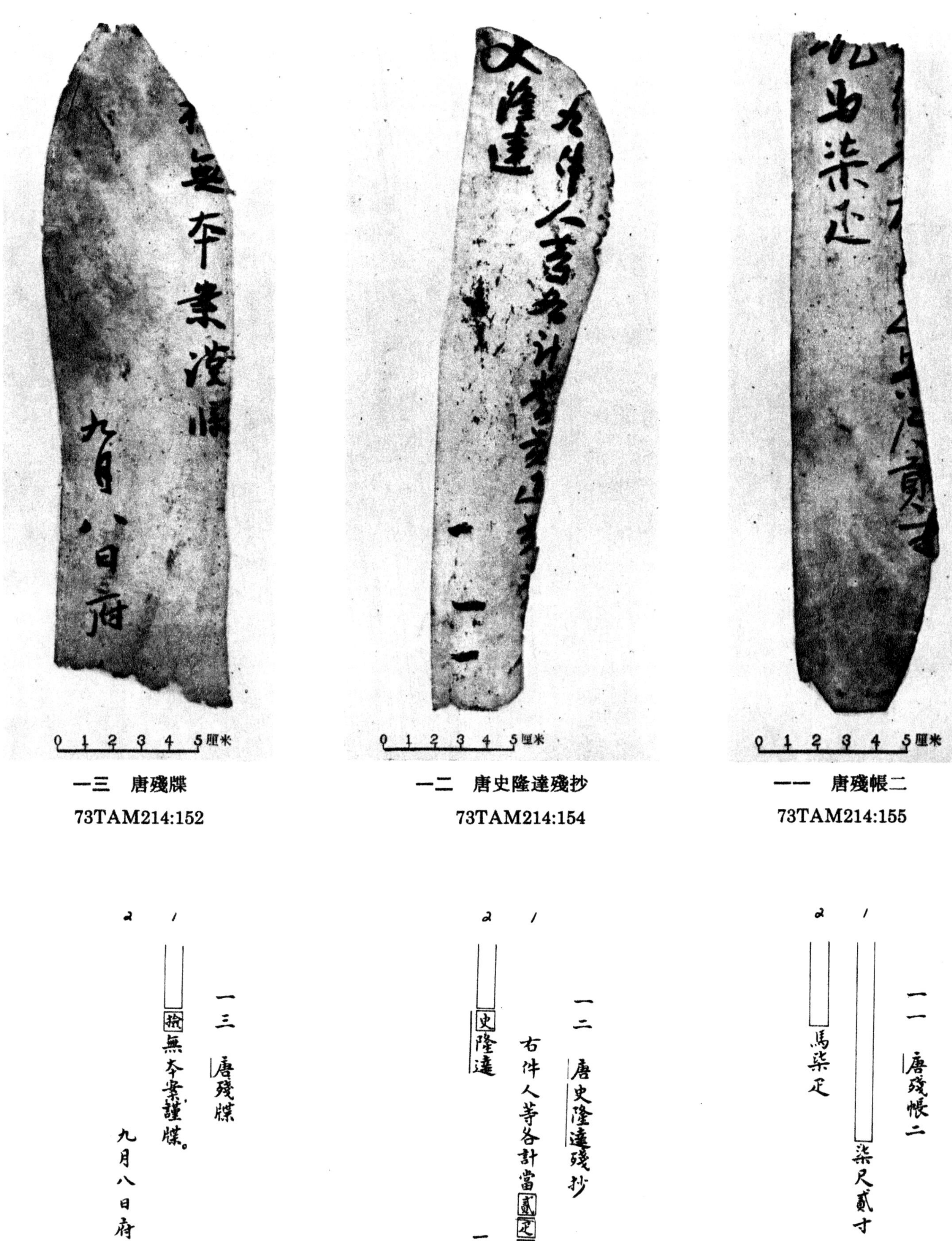

一一　唐殘帳二
73TAM214:155

一二　唐史隆達殘抄
73TAM214:154

一三　唐殘牒
73TAM214:152

一一　唐殘帳二

1 （前缺）柒尺貳寸
2 （前缺）馬柒疋（後缺）

一二　唐史隆達殘抄

1 右件人等各計當[貳疋貳丈]（後缺）
2 （前缺）[史]隆達　　一　一　一

一三　唐殘牒

1 （前缺）[撿]無本案，謹牒。
2 九月八日府（後缺）

一四　文書殘片
73TAM214:2(b)

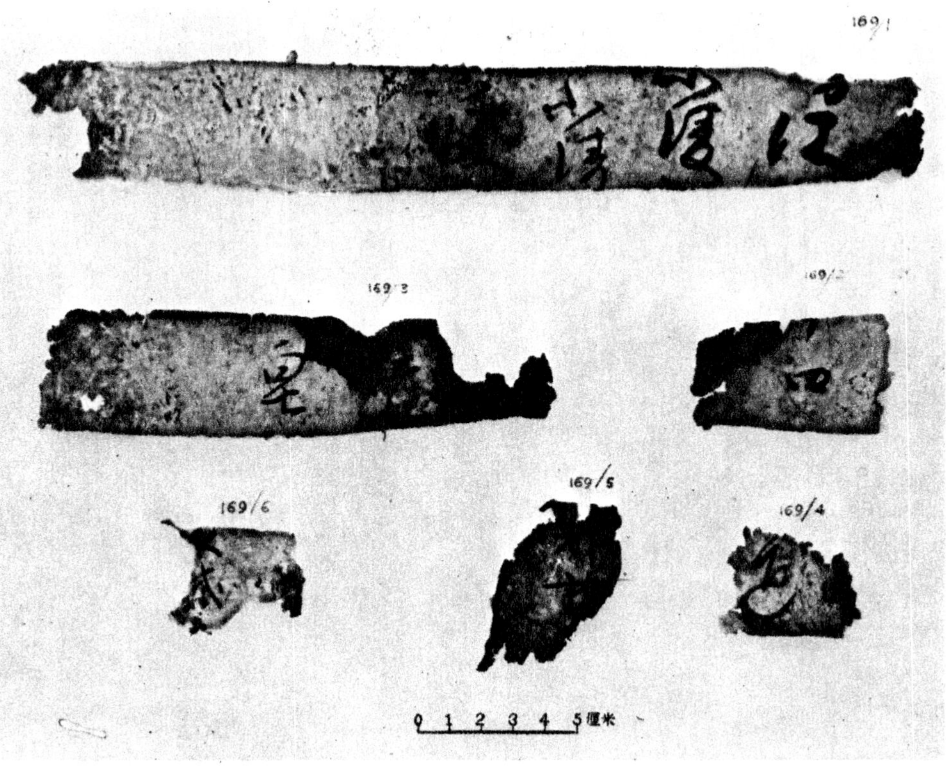

一五　文書殘片　　73TAM214:169/1～169/6

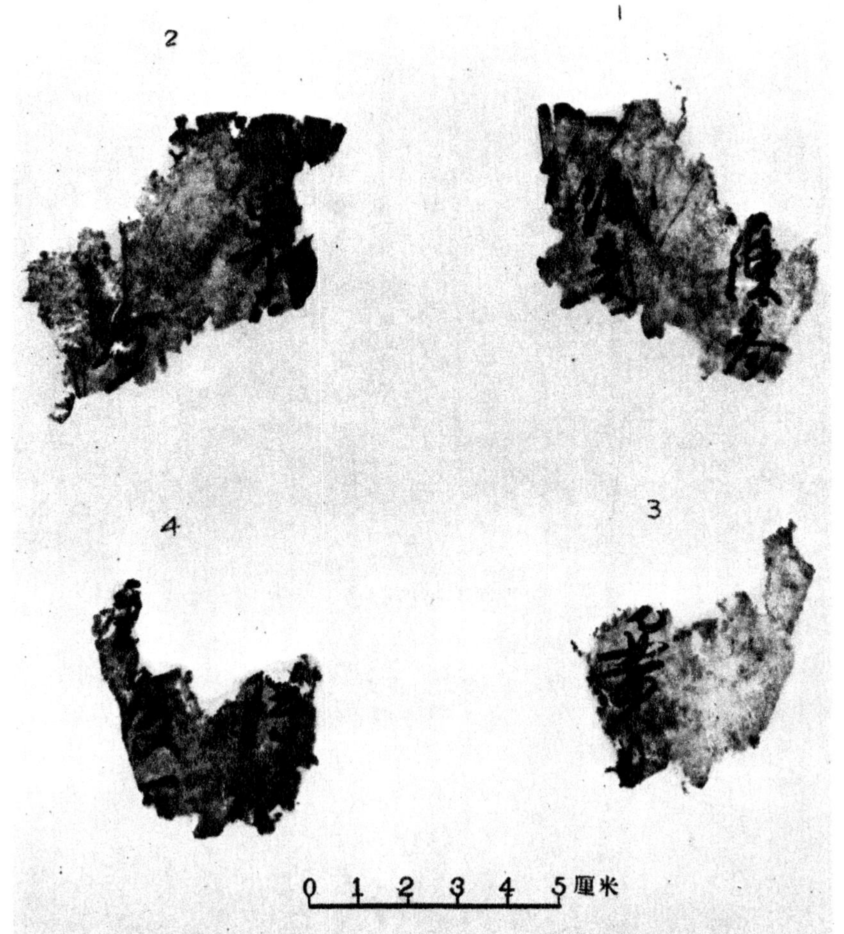

一六　文書殘片
73TAM214:170/1,170/2

阿斯塔那五號墓文書

本墓係合葬墓，有男、女屍各一具，無墓誌及隨葬衣物疏。所出文書有紀年者，起唐麟德二年（公元六六五年），止總章元年（公元六六八年）。

唐麟德二年(公元六六五年)殘文書　64TAM5:72/3

二　唐趙惡奴等户内丁口課役文書(一)　64TAM5:71(b)

一　唐麟德二年（公元六六五年）殘文書

1 □伍□
2 □麟德二年□

二　唐趙惡奴等户内丁口課役文書

本件紀年已殘缺，反面為《唐乾封二年（公元六六七年）某鄉户口帳》，此件在正面，書寫年代應在前。另本件内列人名皆未書。

（一）

1 □□□　下上□
2 □赤□　父□　下上□
3 趙惡奴　弟衛士前行□
4 張茍子　父白丁在　下□
5 康□□　□
6 張奴茍　父老　一弟□□□中下户
7 楊□□　父老　一兄衛士前行　一兄白丁在
下上户
8 □□□　單身　下下户
9 □□奴　父老　一叔白丁在　一弟白丁在下
□□

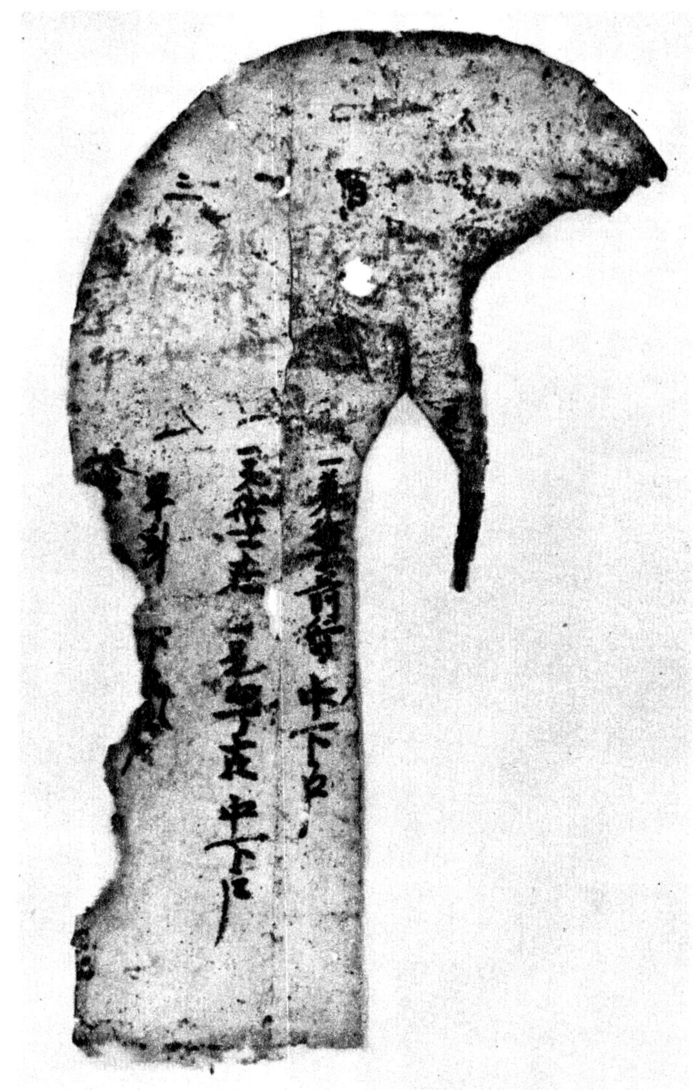

二　唐趙惡奴等户内丁口課役文書(二)
64TAM5:65(b),69/1(b),70/2(b)

（二）

1 十[　　]
2 ▢[　　]
3 ▢▢▢　一兄[衛][　　]　一弟[　　]
4 氾住▢[　　]
5 耿(?)▢▢　一弟衛士前行　中下户
6 龍勝海　一兄衛士在　一兄白丁在　中下户
7 翟奴子　單身、　下上户
8 傅康師　一▢[　　]

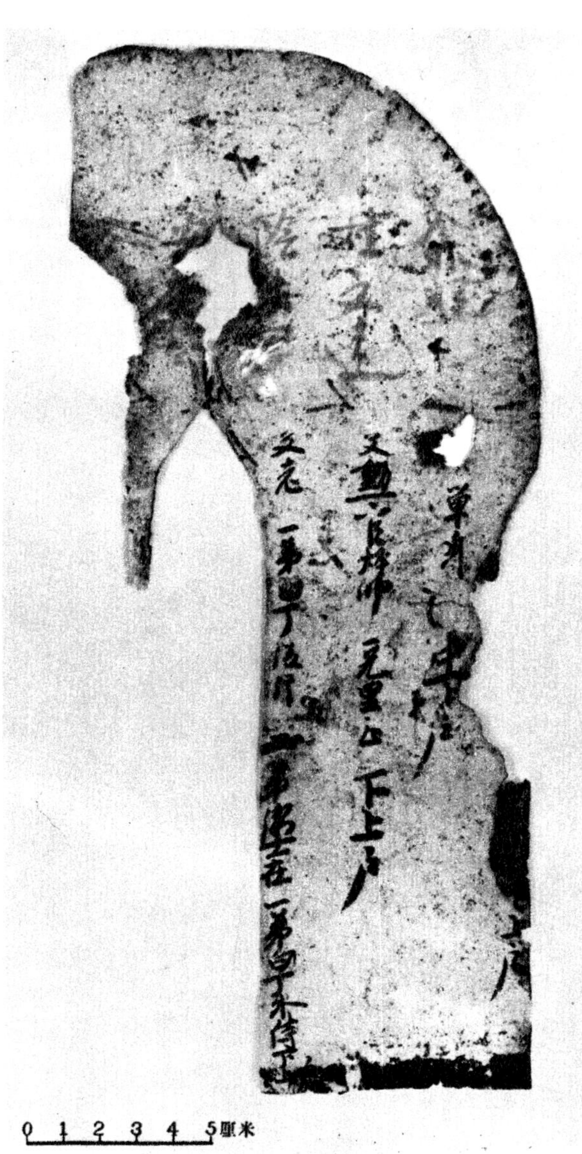

二　唐趙惡奴等户内丁口課役文書(三)
64TAM5:64(b),70/1(b)

（三）

1 [　　][從][行]下上户
2 令狐駋(?)　單身　中下户
3 杜文遠　父勳官烽帥　一兄里正　下上户
4 陰安奴　父老　一弟白丁從行　一弟衛士在　一弟白丁外侍下上户
5 安▢▢[　　]

二　唐趙惡奴等户内丁口課役文書(四)　64TAM5:62(b),69/2(b)

三　唐乾封二年(公元六六七年)某鄉户口帳(一)　64TAM5:71(a)

（四）

□茍奴衛士　父老　一弟曲長
衛懷德隊副　單身　上中户
三　人　岸　頭曹[迷]□□

- - - - - - - - - -

隊副孫善龍(?)□
翟阿□[父](?)□
任隆住○　父老□
（上殘）[八]　人　（下殘）

三　唐乾封二年（公元六六七年）某鄉户口帳

（一）

□[卅]三人　小男
（上殘）一十五人　黄男
（上殘）一百卅五人　女
（上殘）三　人　婦　（下殘）
（上殘）廿一人丁寡妻
（上殘）一十八人中□
□百八十□
□□[人]□

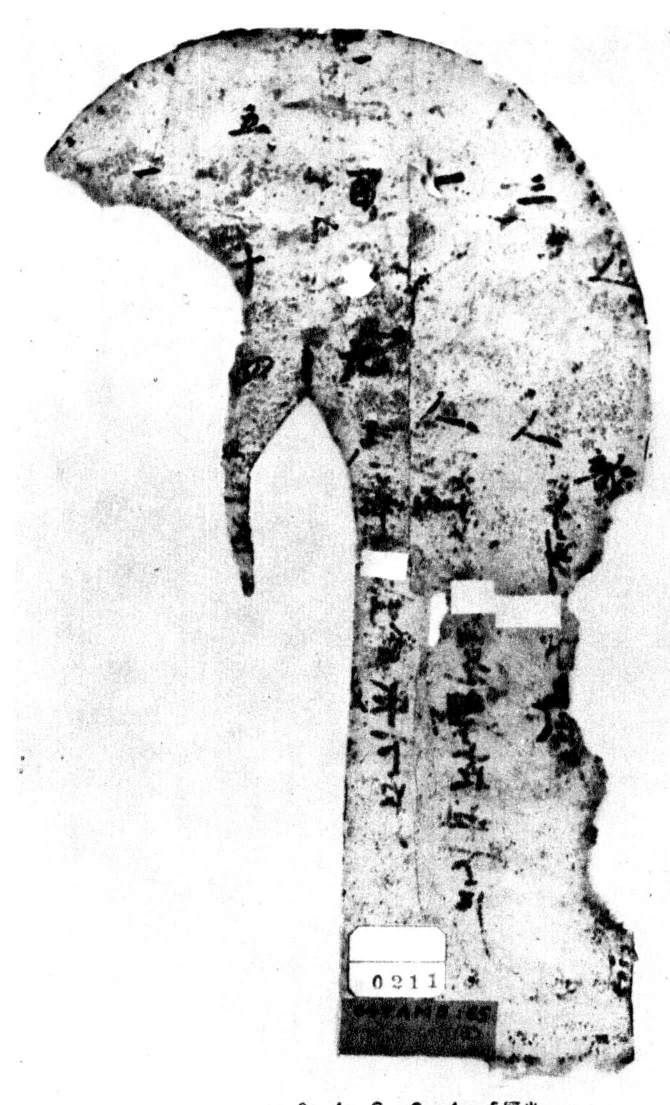

三　唐乾封二年(公元六六七年)某鄉户口帳
(二)　64TAM5:65(a),69/1(a),70/2(a)

三　唐乾封二年(公元六六七年)某鄉户口帳
(三)　64TAM5:64(a),70/1(a)

（二）

1 [　　]人部□
2 三人丁
3 一人小
4 一百九人[民]□
5 五十四[　　]
6 一[　　]

（三）

1 三人□□
2 廿□人[　　]
3 四人老婢
4 一十一人丁婢
5 [四]人[　　]

三 唐乾封二年（公元六六七年）某鄉户口帳（四）64TAM5:62(a),69/2(a)

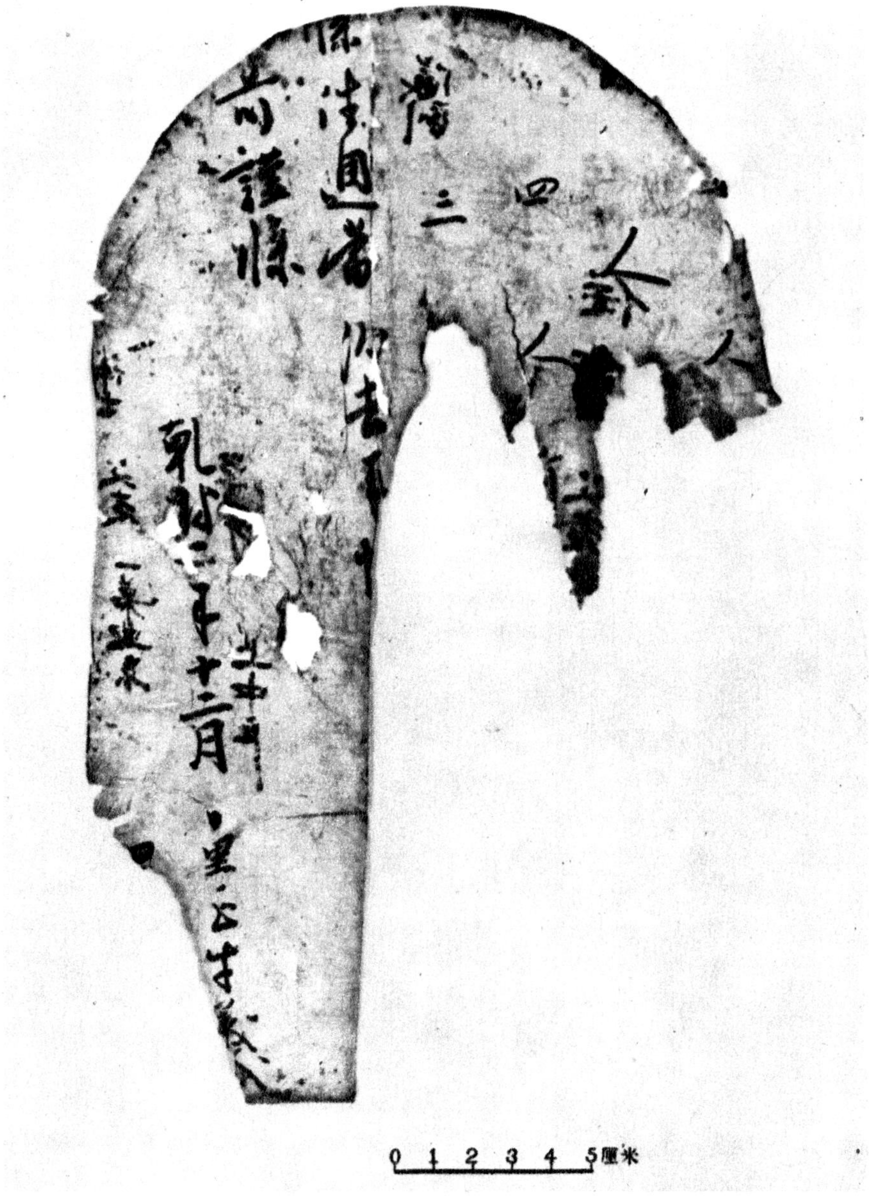

（四）

1 □人□[一]
2 □人□
3 □四 人 新□
4 三 □
- - - - - - - - - -
5 牒件通當鄉去年帳□
6 □前謹牒
7 乾封二年十二月 日里正牛義感
8 里□

注釋

〔一〕此段四、五行間有粘接縫，連爲一片，但按户口帳格式計當鄉新增人口並在帳首，疑此是後人裁剪作紙鞋時連綴。

四　唐總章元年（公元六六八年）里正牒爲申報□相户内欠田及丁男數事

64TAM5:97(b),102(b),67(b)

0　1　2　3　4　5 厘米

四　唐總章元年（公元六六八年）里正牒爲申報□相户内欠田及丁男數事

1　□□其□□

2　□□内欠□□

3　□□朔元[一]□□

4　從收□訖，配給須□□

5　□□相户□見有三丁□□

6　□□依實謹牒。

7　總章元年□月　日里正□□

注釋

〔一〕此當爲龍朔元年（公元六六一年）。

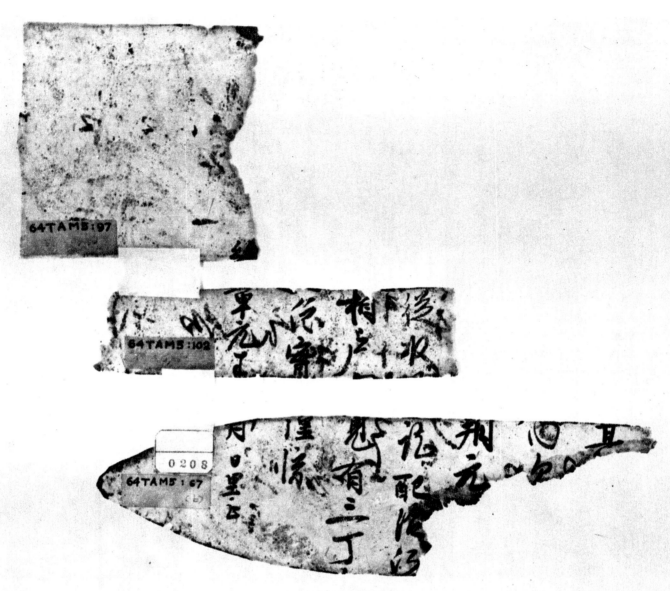

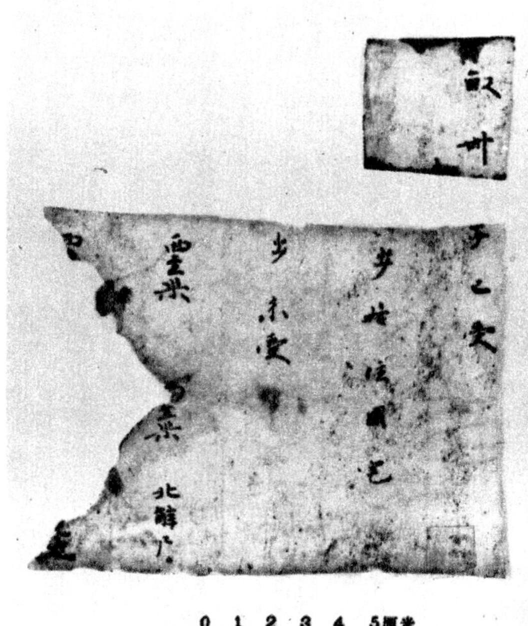

六　唐殘户籍一(一)　　64TAM5:98,72/4

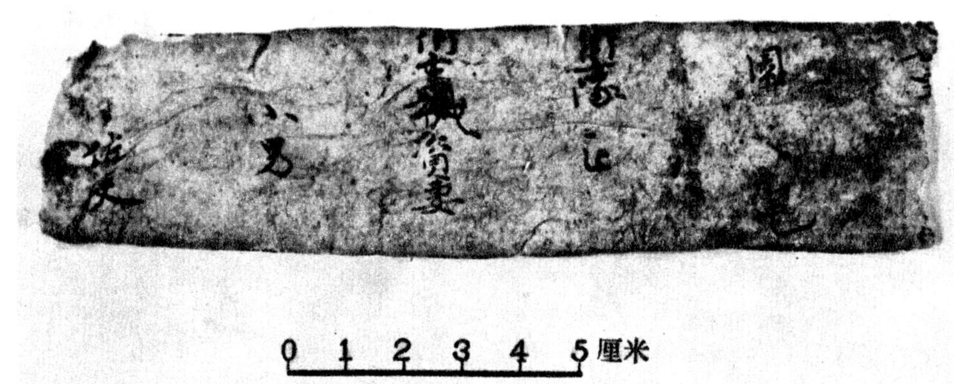

五　唐總章元年(公元六六八年)殘文書　　64TAM5:95(b)

六　唐殘户籍一(二)　　64TAM5:99

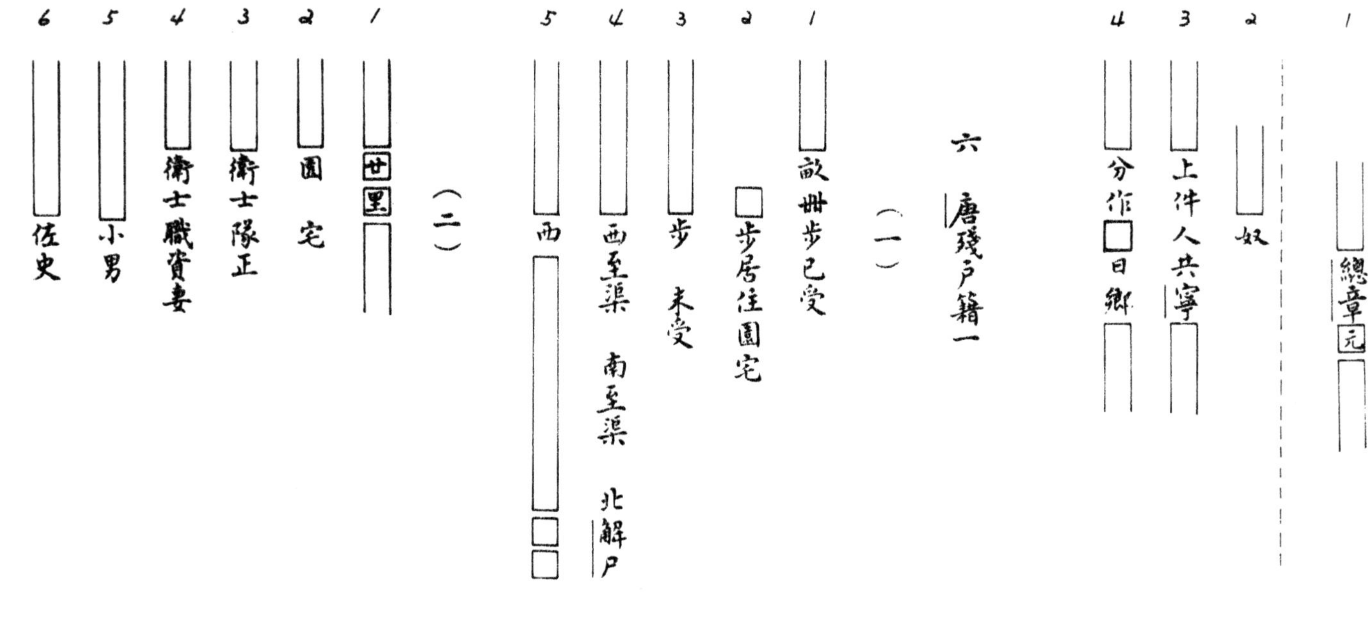

五　唐總章元年（公元六六八年）殘文書

1 □總章元□

2 □奴

3 □上件人共寧□

4 □分作□日鄉□

六　唐殘户籍一

（一）

1 □畝卌步已受

2 □步居住園宅

3 □步　未受

4 □西至渠　南至渠　北解户

5 □西□□□

（二）

1 □廿里□

2 □園　宅

3 □衛士隊正

4 □衛士職資妻

5 □小男

6 □佐史

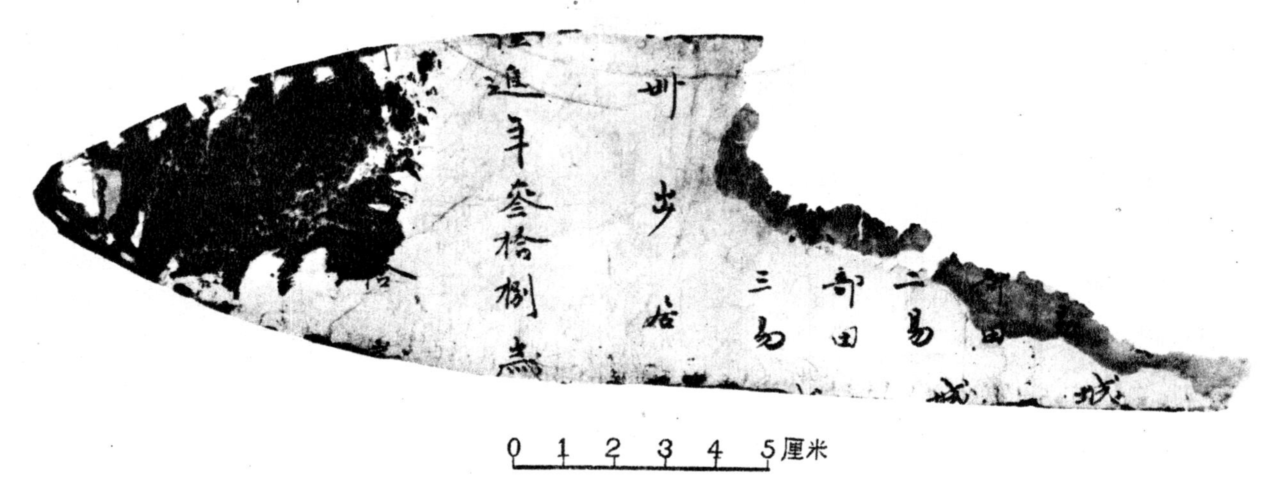

六　唐殘户籍一(三)　　64TAM5:63

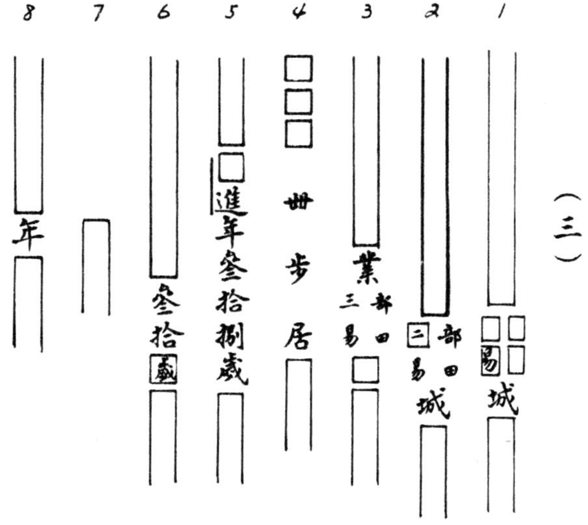

(三)

1 □□□易城□
2 □部田□二易城□
3 □業部田三易□□
4 □□□卌步居□
5 □□進年叁拾捌歲□
6 □叁拾歲□
7 □
8 □年□

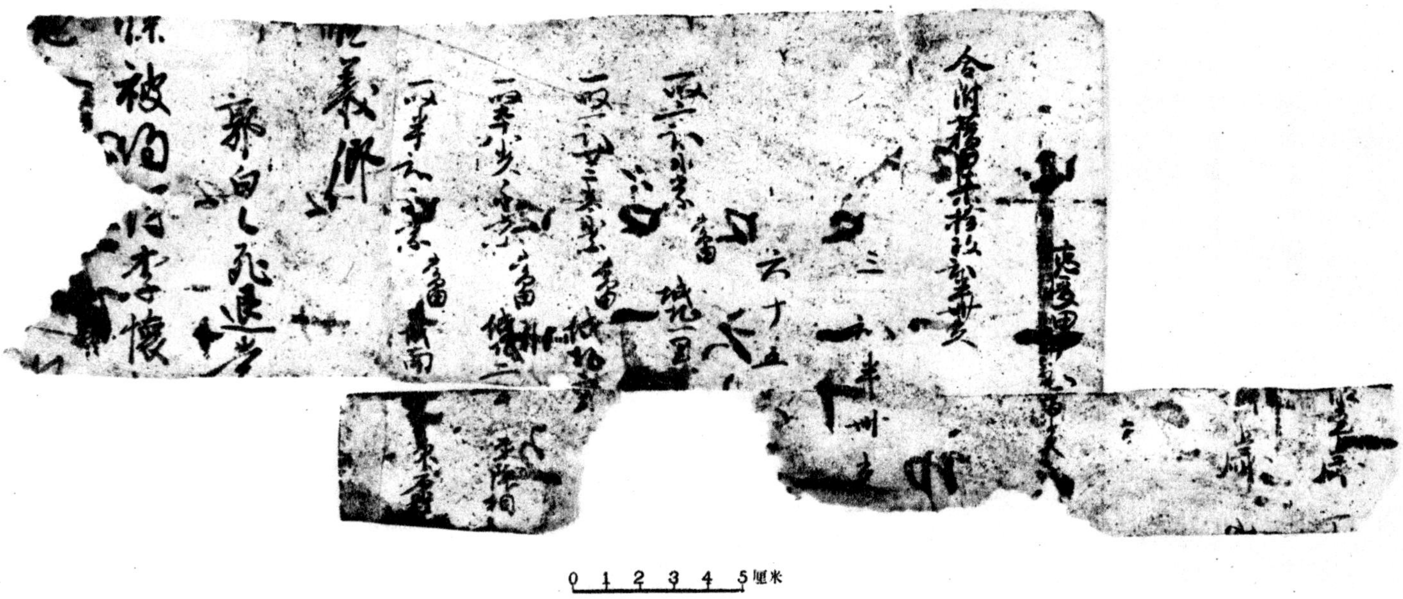

七(左)　唐西州高昌縣順義鄉郭白白退田文書　64TAM5:93－2(a),101－2(a)

八(右)　唐殘户籍二(一)　64TAM5:93－1(a),101－1(a)

七　唐西州高昌縣順義鄉郭白白退田文書

本件騎縫前原與同墓文書八《唐殘户籍二》粘連成片，背面爲同墓文書九《唐高昌縣順義鄉和平里户口帳》之第六段，當係寫《户口帳》時將本不相關之《殘户籍二》與此件相互粘接，今各自分别成件。

1 順義鄉

2 郭白白死退常□

3 牒被問得李懷□

4 地□

八　唐殘户籍二

（一）

1 □[拾]壹歲　[丁]□

2 □歲　[小]□

3 應受田一十畝一百步□

4 合附籍田柒拾玖畝半卌步□

5 三畝半卌步□

6 六十五[畝]□

7 一段二畝永業常田　城北一里□

8 一段一畝廿二步永業常田　城北二里□

9 一段九十八步永業常田　城北二里　東陰相□

10 一段半畝永業常田　城南□東康祉□

八　唐殘户籍二(二)　　64TAM5:100(a),94(a),104/4(a)

八　唐殘户籍二(三)　　64TAM5:66(a)

（二）

1 ［　　］一十五［　　］
2 ［　　］百廿步已受
3 ［　　］步
4 ［　　］一百步［　　］
5 ［　　］畝一百廿步未受
6 ［　　］西陰行　南自至　北至渠
7 ［　　］西張海　南至道　北至荒
8 ［　　］西竹懷　南至渠　北員胡
9 ［　　］南道　北至渠
10 ［　　］南麴遠　北宋信
11 ［　　］南道　北史尼
12 ［　　］陽　南至渠　北張相
13 ［　　］長使（史）田　西張［　　］
14 ［　　］趙濟（濟）　西［　　］
15 ［　　］西周［　　］

（三）

1 □□一畝［　　］
2 □□一畝永［　　］
3 □□一畝永業□□［　　］
4 □□□畝永業賜田城南［　　］
5 □□□畝永業部田城［　　］

九　唐西州高昌縣順義鄉和平里户口帳(一)
64TAM5:96

八　唐殘户籍二(四)　　64TAM5:72/1(a)

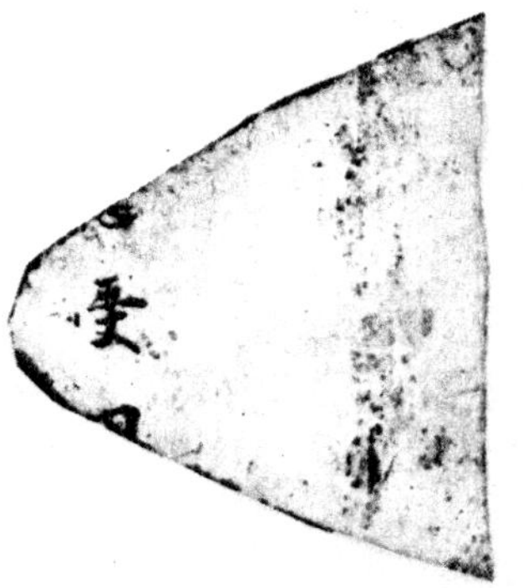

八　唐殘户籍二(五)　　64TAM5:72/2

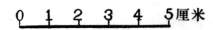

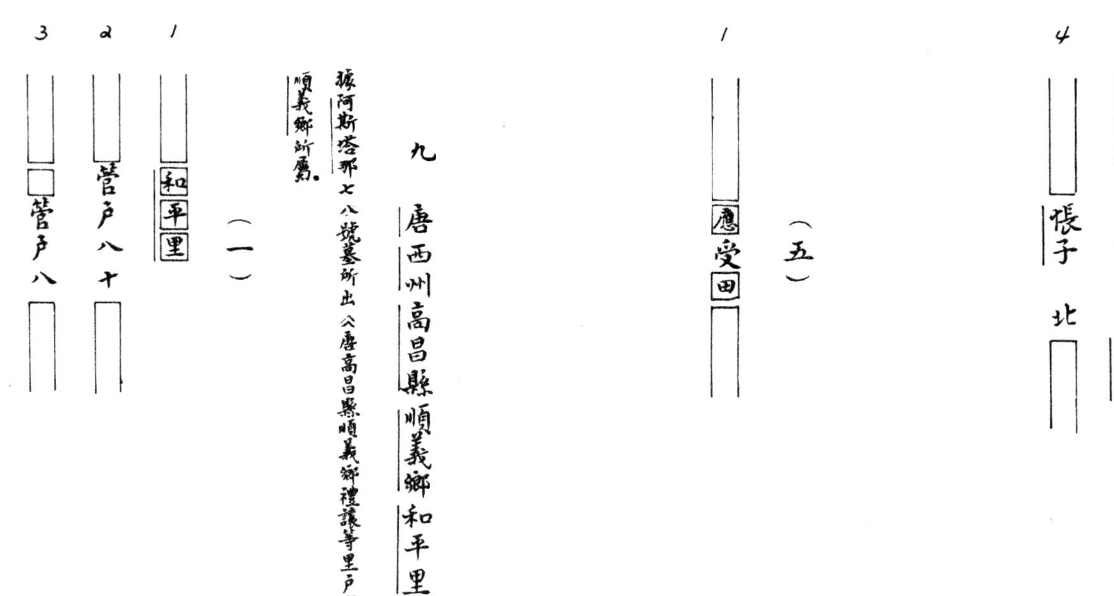

（四）

1 北至道

2 南至渠　北賈□

3 南至道　北辛□

4 張子　北

（五）

1 [應]受田

九　唐西州高昌縣順義鄉和平里户口帳

據阿斯塔那七八號墓所出《唐高昌縣順義鄉禮讓等里户别計數帳》，和平里爲順義鄉所屬。

（一）

1 [和平里]

2 營户八十

3 □營户八

九　唐西州高昌縣順義鄉和平里户口帳(二)　64TAM5:95(a)

九　唐西州高昌縣順義鄉和平里户口帳(四)
64TAM5:104/3

九　唐西州高昌縣順義鄉和平里户口帳(三)
64TAM5:104/2

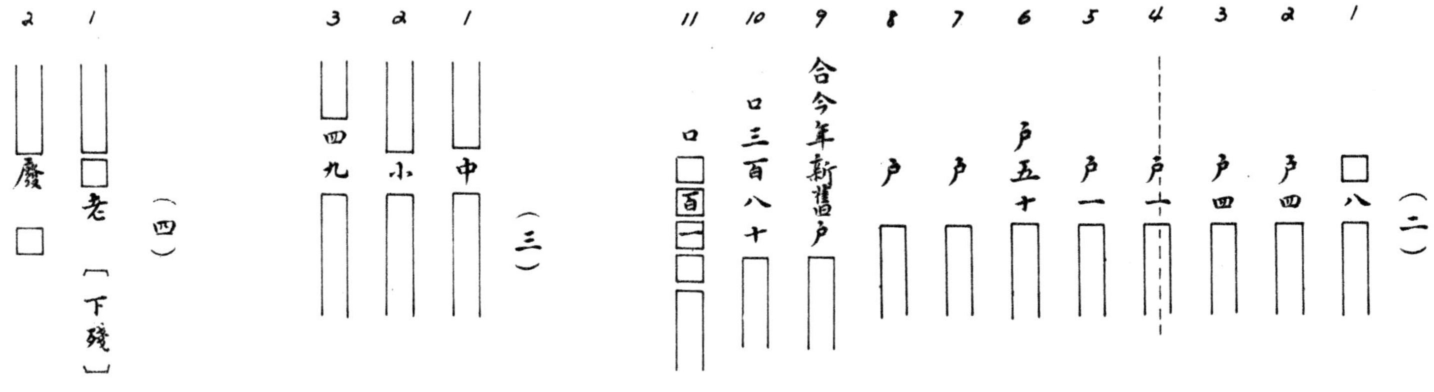

（二）

1 □八
2 户四
3 户四
4 户一
5 户一
6 户五十
7 户
8 户
9 合今年新舊户
10 口三百八十
11 口 □百一□

（三）

1 中
2 小
3 四九

（四）

1 □老 〔下殘〕
2 廢 □

九　唐西州高昌縣順義鄉和平里户口帳(五)　　64TAM5:104/1

九　唐西州高昌縣順義鄉和平里户口帳(六)　　64TAM5:93(b),101(b)

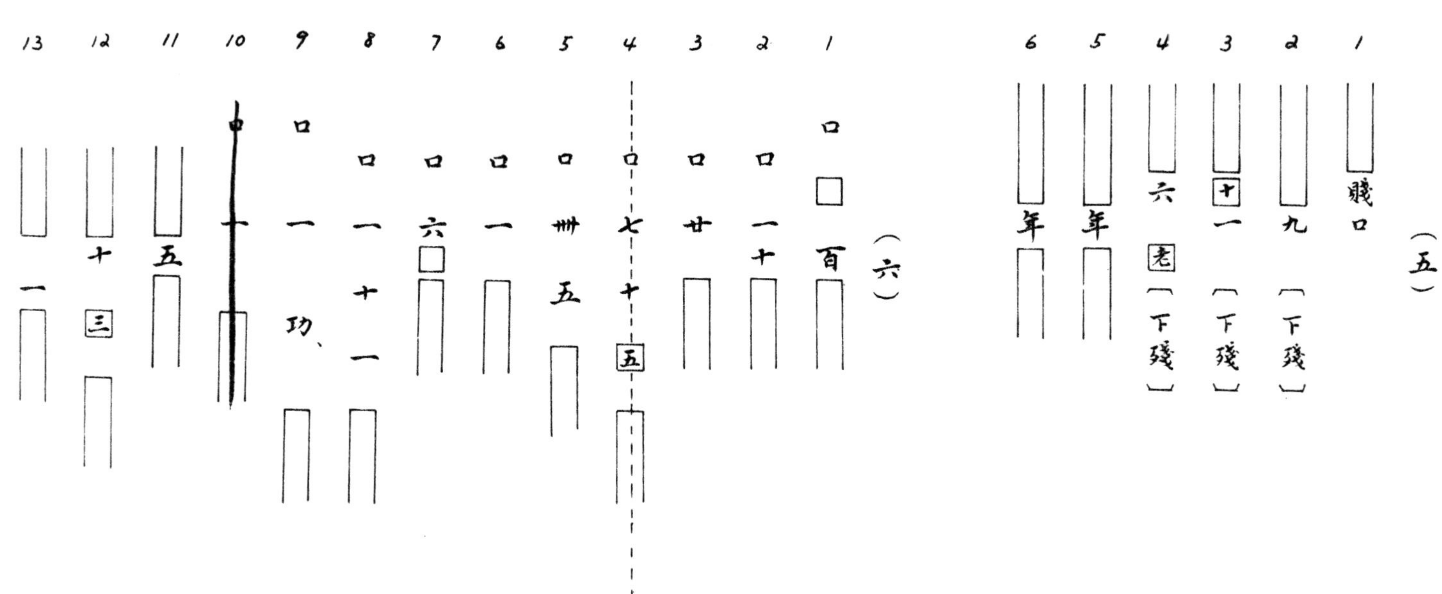

（五）

1 □賤口
2 □九□（下殘）
3 □[十]一□（下殘）
4 □六[老]□（下殘）
5 □年□
6 □年□

（六）

1 口□百□
2 □口一十□
3 □口廿□
4 □口七十[五]□
5 □口卅五□
6 □口一□
7 □口六□□
8 □口一十一□
9 口一功、□
10 中十□
11 □五□
12 □十[三]□
13 □一□

一〇 唐某鄉户口帳一(一)
64TAM5:97(a),102(a),67(a)

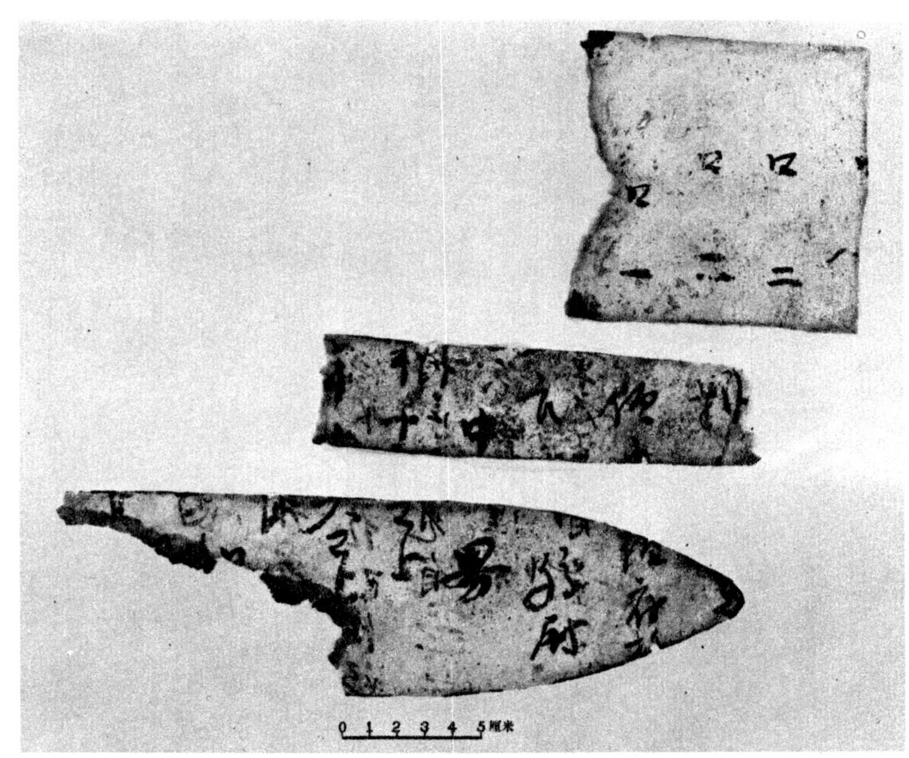

一〇 唐某鄉户口帳一(二)
64TAM5:68(a)

一〇 唐某鄉户口帳一

本件紀年已殘缺，第一段另面有《總章元年(公元六六八年)里正牒》，第二段另面有「里正牛義□」牒尾，牛義感見本墓二《乾封二年(公元六六七年)某鄉户口帳》，本件年代應亦相當。

(一)

1 口二[　　]
2 口二縣□
3 口一領、[岸]頭府[旅]□
4 [　　]官□騎尉
5 [　　]中男
6 [　　]年十□已上
7 [　　]年十六已上
8 [　　][男]
9 [　　][男]

(二)

1 [　　]課
2 [　　]男
3 [　　]疾
4 [　　]疾
5 [　　]男

一〇　唐某鄉户口帳一(三)　　64TAM5:104/4(b),94(b),100(b)

（三）

1 印〔下殘〕

2 七〔下殘〕

3 □石　二斗

4 □十　九[一]

5 口一飛騎尉

6 口一雲騎尉

7 口一十一年十八已上

8 口一百一十六丁

9 □男

10 口廿五 老 小 黄 男

11 龐老[二] □

12 □ □

13 四畝已受[三] □

注釋

〔一〕一、二、三、四行計七箇大字是後加，與此户口帳無關。

〔二〕龐老：即癃老。《詩·小雅·車攻》：「四牡龐龐」。《經典釋文》卷六，毛詩音義中：「龐，鹿同反」。《集韻》卷一，東韻龐音籠。龐與癃同在東韻，音近通用。癃是疲病的意思。這裏二字頂格，與一般户口帳形式不符，且癃老是前代名色，唐代法令上只稱老男，别無癃老名目，疑是後加。

〔三〕此行四字與本帳内容無關，疑是後加。

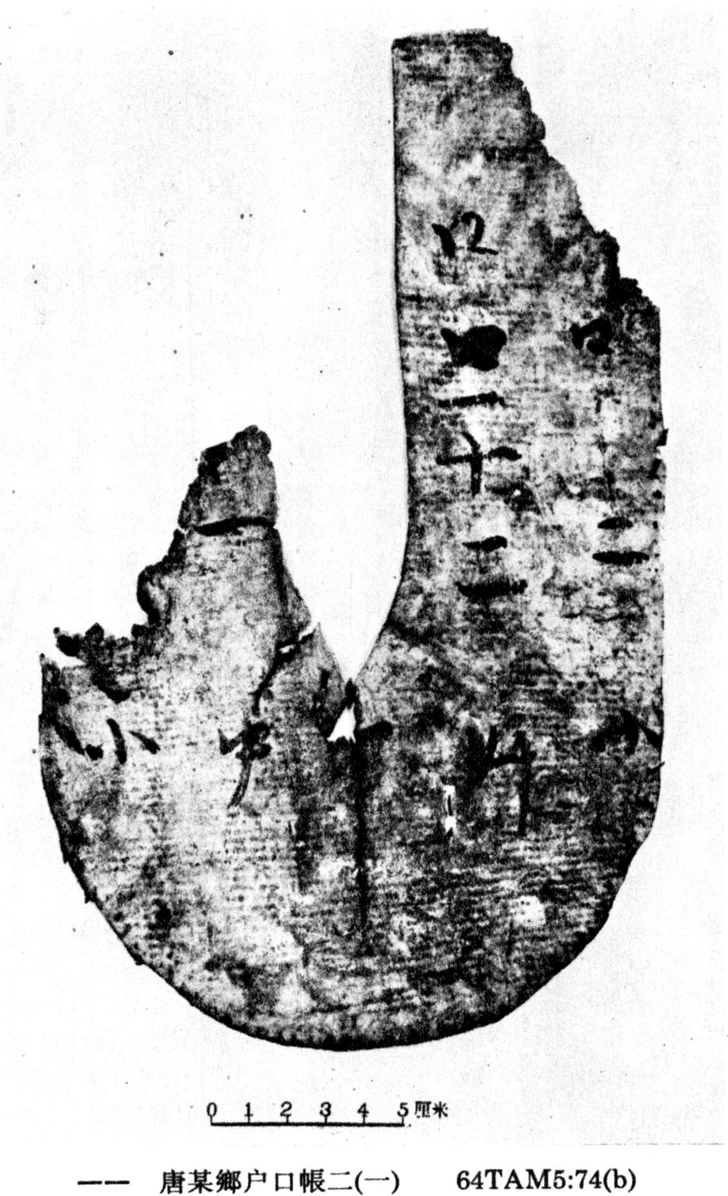

一一　唐某鄉户口帳二(一)　64TAM5:74(b)

一一　唐某鄉户口帳二(二)　64TAM5:73(b)

一一　唐某鄉户口帳二

（一）

1 口二　小

2 口一十二　婢

3 [　　　　]丁

4 [　　]一　中

5 [　　　　]小

（二）

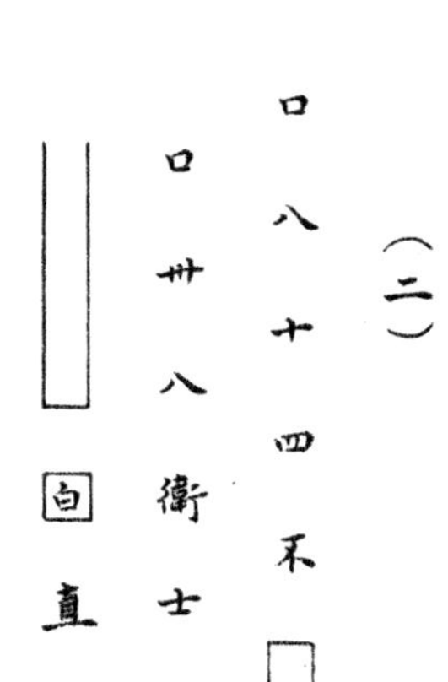

1 口八十四不□

2 口卅八衛士

3 [　　]白直

一二　唐諸戶丁口配田簿(甲件)(一)　　64TAM5:84

一二　唐諸戶丁口配田簿（甲件）

本件與下列乙丙兩件内容基本相同，但三件對比，也發現有若干差異。

（一）

1 戶主康阿迴年六十八　　一畝

2 　男秃子年廿七〔一〕　　二畝

3 戶主白明憙年十六〔二〕　　一畝

4 戶主樊阿憙年五十七　　二畝

5 戶主康海憙年廿七　　二畝

6 戶主康𨓏奴年五十九〔三〕　　二畝

7 戶主白嘿子年卅五　　二畝

8 戶主鄯廿相年五十七　　二畝

9 戶主畦亥生年七□　　一畝

10 戶□小王海相年□　　二畝

11 □　　□畝

注　釋

〔一〕此處因名字改過，所以與乙、丙兩件年齡不同，田畝數亦不符。

〔二〕乙件康𨓏奴（姓殘）年齡作「廿四歲」，丙件作「卅五歲」（又删去）。但丙件第四段第五行的「𨓏奴」（姓殘）「年五九」，與此相符。

一二　唐諸户丁口配田簿(甲件)(二)　　64TAM5:60/4,57,48,60/5,91,89

（二）

弟祐相[年][　　　]
户主賈阿先[年][　　　]
男慶海年卅　　二[畝]
户主張黑相年五十七　　二[畝]
□[主]白相海年六十二　　一畝
男醜〻年[卅][　　　]
户主宋武仁年五十八　　二畝
男憙洛年十九　　二畝
户主翟歡[住][　　　]
户[主]曹不之攬年[　　　]
[户]主張康師年廿五[　　　]
户主白祐歡年六十四[　　　]
户主李居仁年卅七[　　　]
户主曹玖子年七十八[　　　]
孫男德洛年廿六[　　　]
[户]主郭歡悦年廿七[　　　]
[户]主大女苻姚妃年八十八[　　　]
□[主][曹]摩[仁]年六十九[　　　]

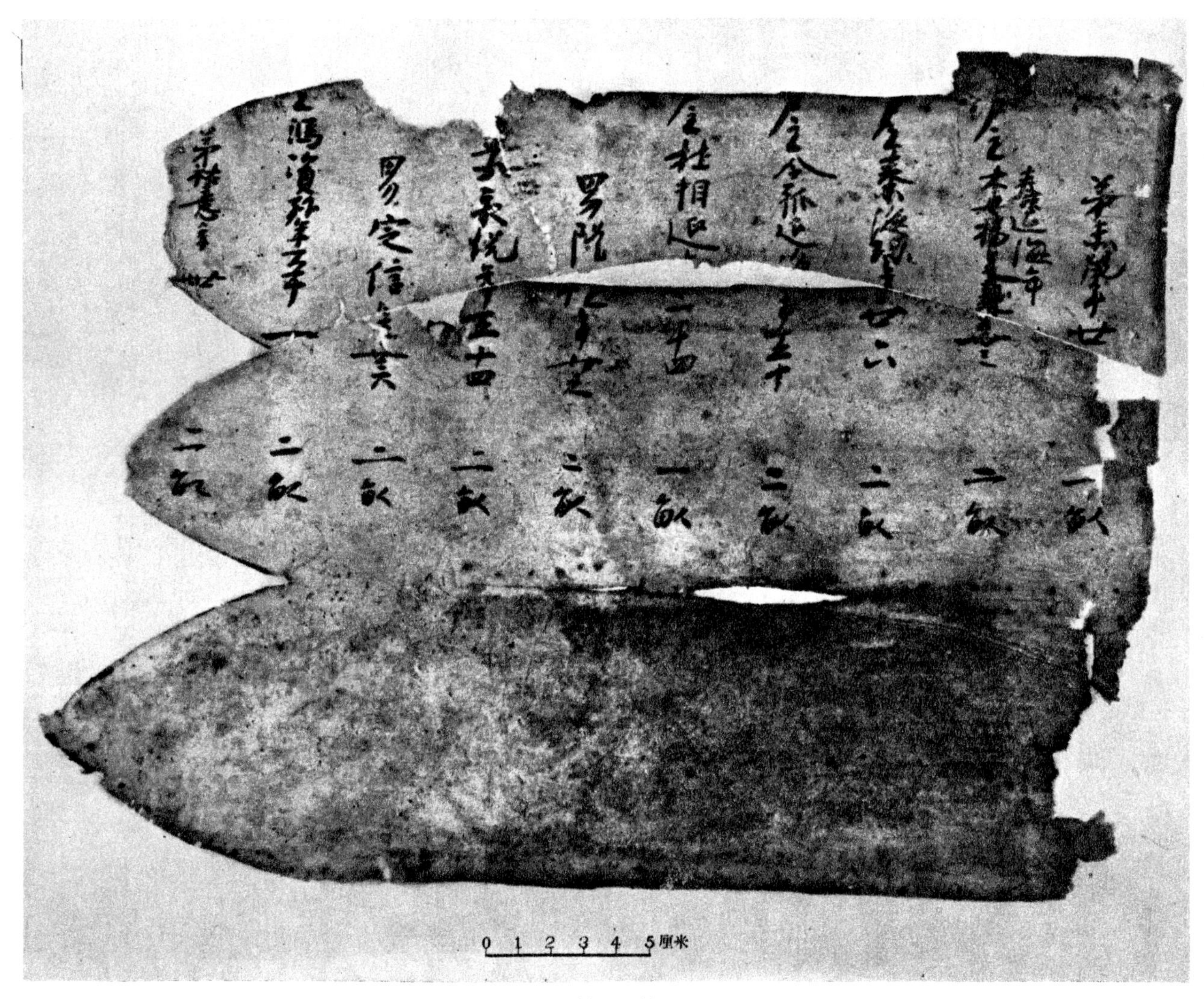

一二 唐諸户丁口配田簿(甲件)(二) 64TAM5:49

弟赤鼠年廿 天 弟[畝]〔一〕 一畝

戶主大女楊足䟦年 秦延海年 卅三 二畝

戶主秦海弥年廿六 二畝

戶主令狐延[海]年五十 二畝

戶主杜相延[年]六十四 一畝

男隆[柱]年廿六 二畝

□[主]索永悦年五十四 二畝

男定信[年]廿六 二畝

□主馮資弥年五十一 二畝

弟祐憙年卅□ 二畝

注 釋

〔一〕以上三箇小字後加，似與原件無直接關係。

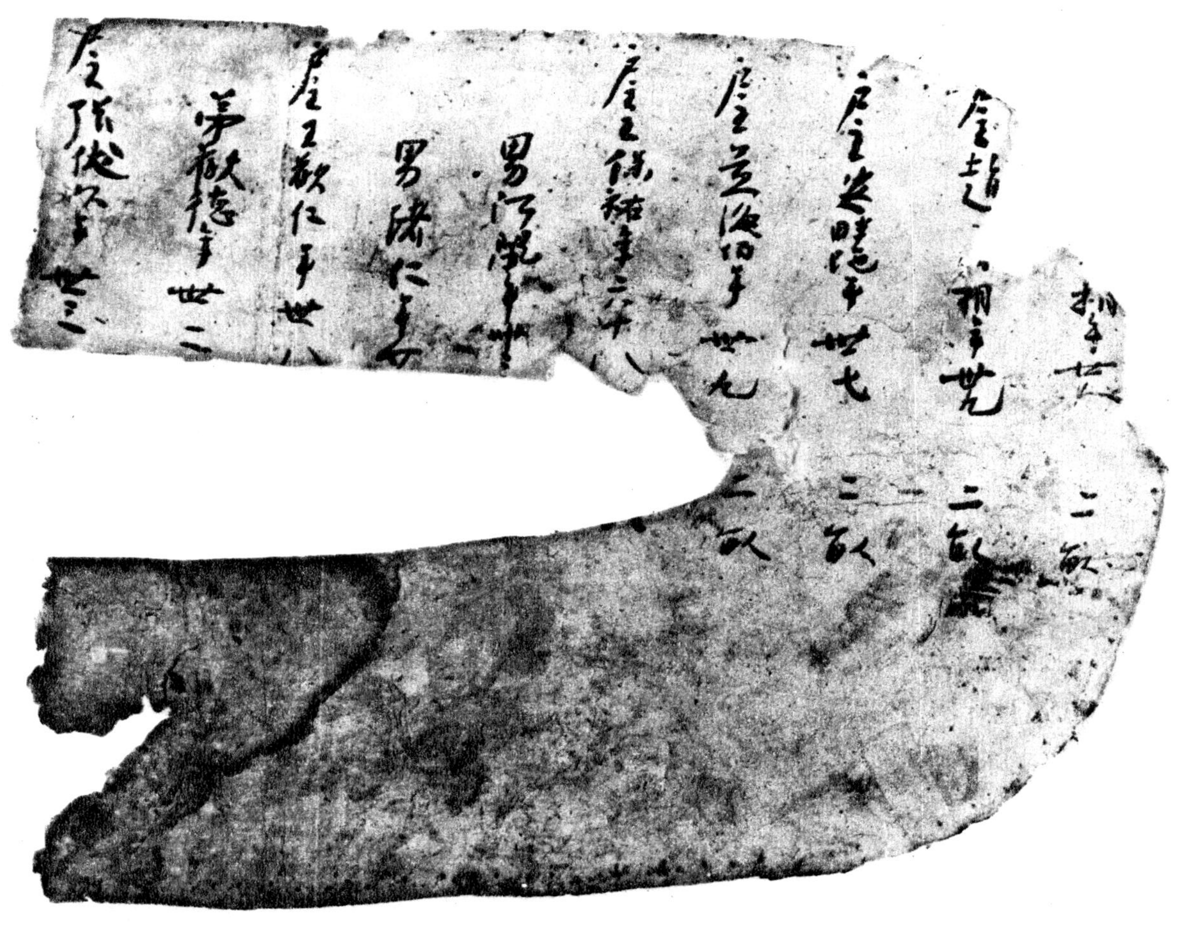

一二　唐諸户丁口配田簿(甲件)(二)　　64TAM5:85

29 □相年廿八　二畝

30 戶主趙□相年卅九　二畝

31 戶主安畔陁年卅七　二畝

32 戶主孟海伯年卅九　二畝

33 戶主王保祐年六十八　□□

34 男阿鼠年卅[三]　□□

35 男緒仁年廿□

36 戶主王歡仁年卅八　□□

37 弟歡德年卅二　□□

38 戶主張伏奴年卅三　□□

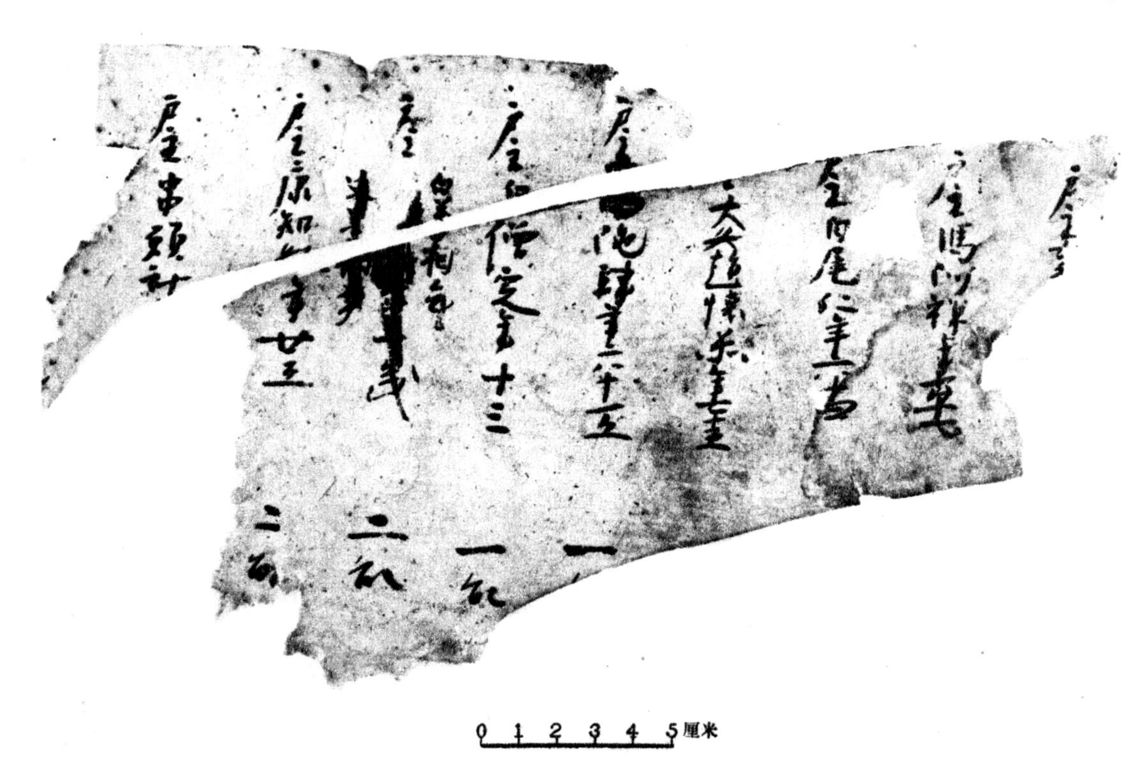

一二　唐諸户丁口配田簿(甲件)(三)　64TAM5:90,92

（三）

1 户主[大女]□

2 户主馮阿禪年六十七　□□

3 [户]主白尾仁年六十四　□□

4 □[主]大女趙懷香年七十五　□□

5 户主□□范肆年六十五　一□

6 户主白僧定年十三　一畝

7 户主白善相年歲[一]　二畝

8 户主康知□年廿五　二畝

9 户主串願[祐]□

注釋

〔一〕此處經兩次塗改，「年」下未記數字。

一三　唐諸户丁口配田簿（乙件）

（一）

1 □一[畝]

2 □年卌□二畝

3 □□鄭海仁年卌八二畝

4 弟歡柱年廿三二畝

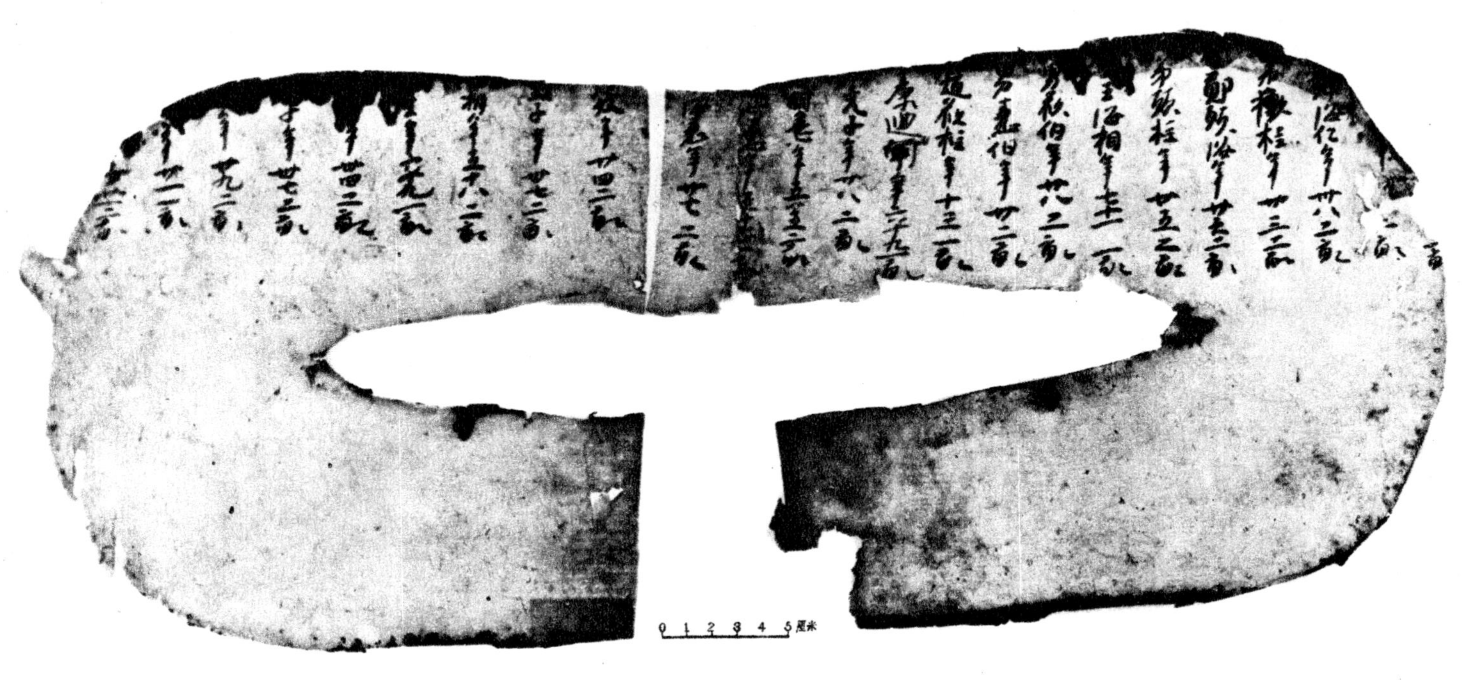

一三　唐諸户丁口配田簿(乙件)(一)　64TAM5:46,60/2,44

5 户主鄭顛海年廿六二畝

6 弟顛桂年廿五二畝

7 户主王海相年七十一一畝

8 男歡伯年廿八二畝

9 男憙伯年廿二畝

10 □[主]趙歡桂年十三一畝

11 □[主]康阿迴年六十九一畝

12 [男]尭子年廿八二畝〔一〕

13 □□[白]明憙年五十五二畝

14 □□□阿憙年五十七二畝

15 □□□海憙年廿七二畝

16 □□□追奴年廿四二畝〔二〕

17 □□□默子年卅七二畝

18 □□□甘相年五十八二畝

19 □□□亥生年六十九一畝

20 □□□海相年卅四二畝

21 □子年卅七二畝

22 □年廿九二畝

23 □年廿一一畝

24 □年卅一二畝

注　釋

〔一〕此處年齡與另兩件不符,但兩件人名均經改寫。

〔二〕此「追奴」從前後人名看,當是甲、丙件中的「康追奴」,但年齡相差甚大,不知何故。

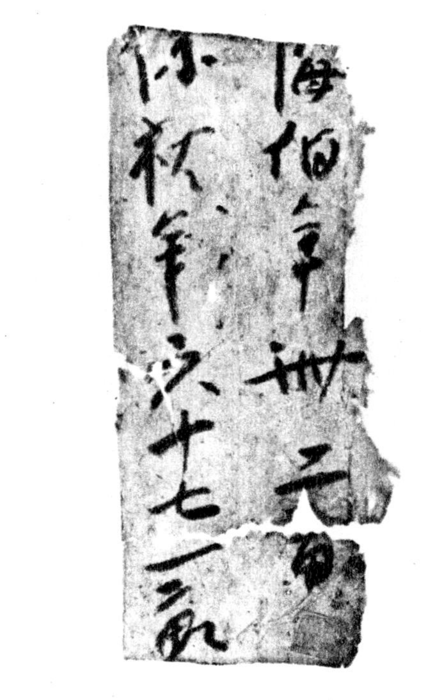

一三　唐諸户丁口配田簿(乙件)(三)
64TAM5:60/6

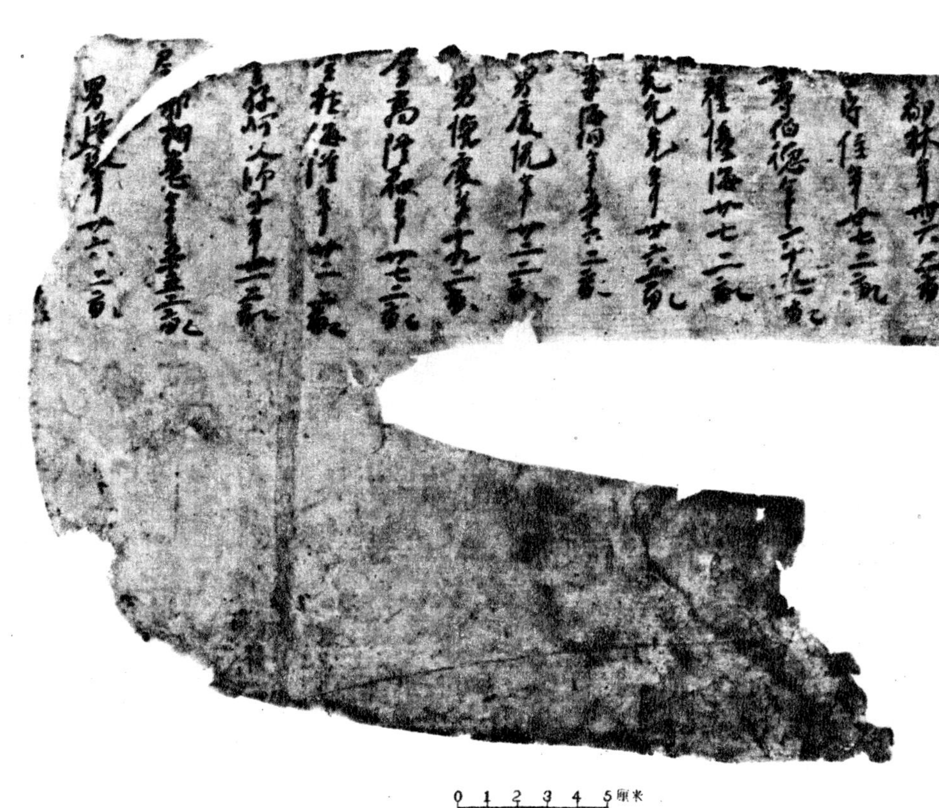

一三　唐諸户丁口配田簿(乙件)(二)　64TAM5:88,61/1

（二）

[　　]都林年卌六二畝
[　　]守住年廿七二畝
□□蕁伯德年六十九一畝
□□翟僮海廿七二畝
兄允先年卌六二畝
□□李海伯年五十六二畝
男慶悦年廿二二畝
男懷慶年十九二畝、
戸主高隆歡年廿七二畝
戸主杜海隆年廿二二畝
□主孫阿父師子年廿一二畝、
戸主郭相憙年五十五二畝
男隆護年廿六二畝
[　　]畝

（三）

[　　]海伯年卌二畝、
[　　]保祐年六十七一畝

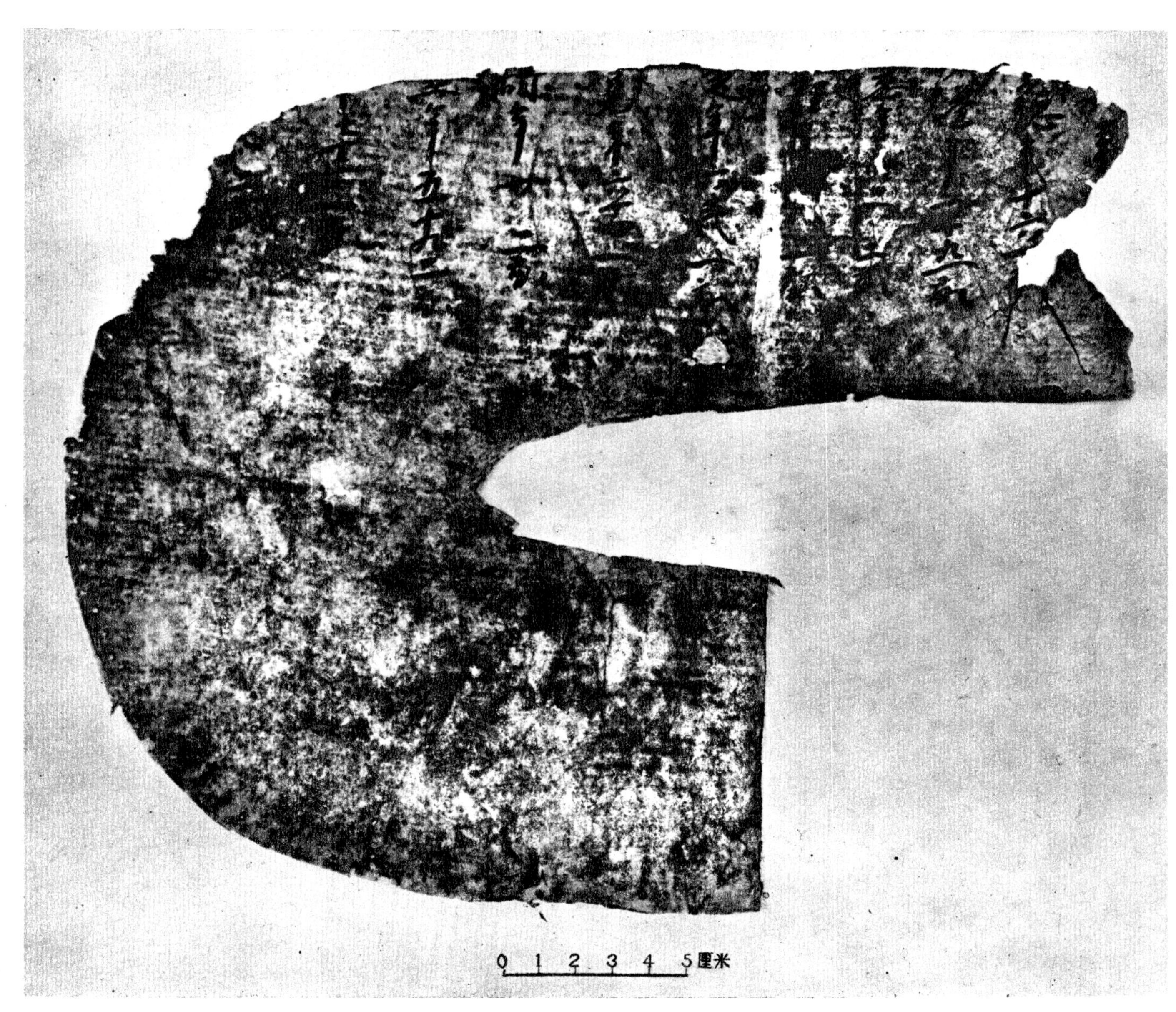

一三　唐諸户丁口配田簿(乙件)(四)　　64TAM5:86(a)

（四）

［　］年［　］
［　］德年十六一畝
［　］養年六十九一畝
［　］憙年卅二　二畝
［　］桂年卅八　二畝
［　］年六歲一畝
［　］憙年六十四一畝
［　］胡年廿二畝
［　］年五十九二畝
［　］年七十二一畝
［　］七二畝

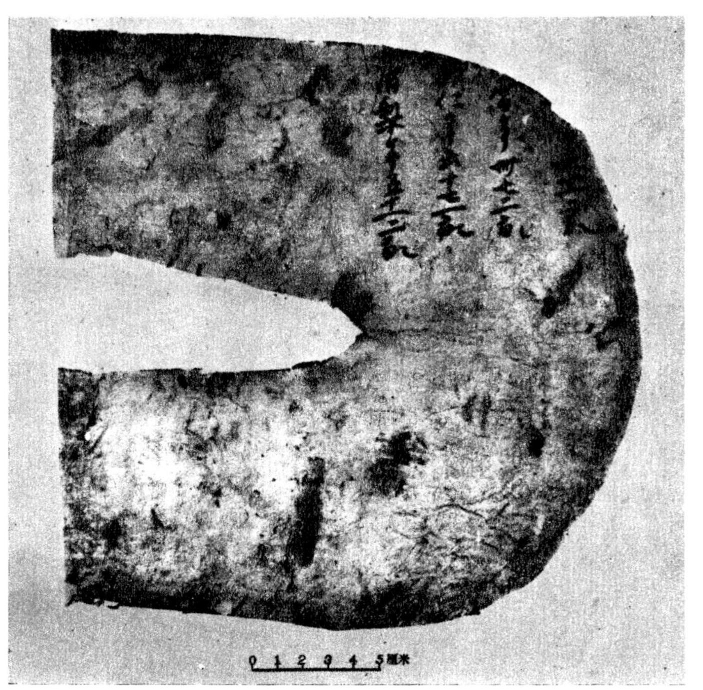
一三　唐諸户丁口配田簿(乙件)(五)　　64TAM5:45

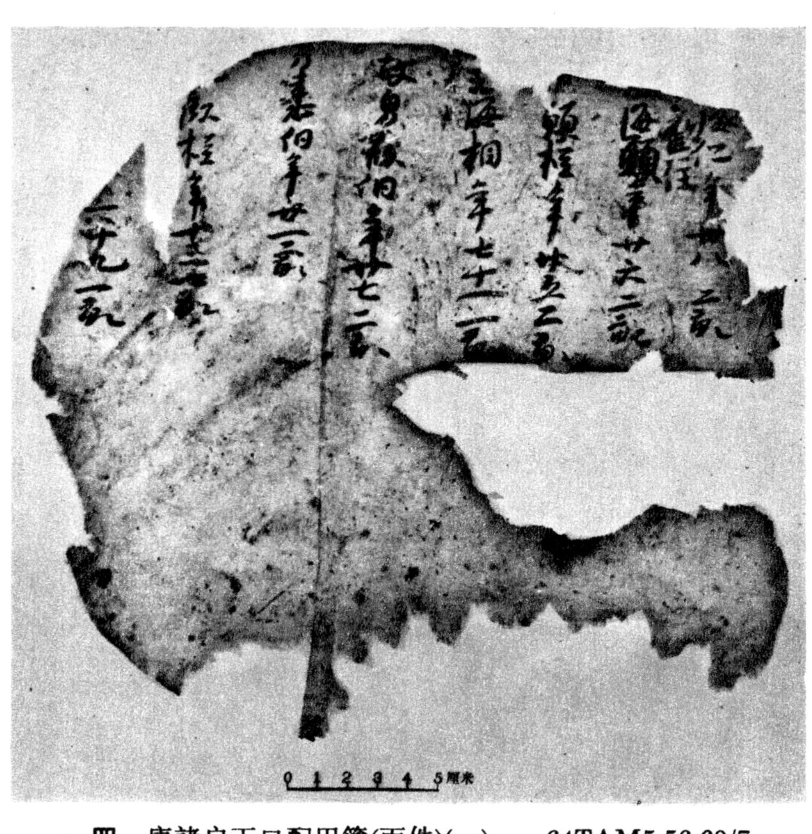
一四　唐諸户丁口配田簿(丙件)(一)　　64TAM5:56,60/7

（五）

1 [ ]年五十一二畝
2 [ ]富年卌七二畝
3 [ ]郎仁年六十七一畝
4 □□〔壹〕消梨年五十一二畝

一四　唐諸户丁口配田簿（丙件）

1 本件删改部分甚多，疑是乙件的稿本。

（一）

1 [ ]海仁年卌八二畝
2 □歡住〔一〕
3 [ ]頤海〔二〕年廿六二畝
4 □頤桂年廿五二畝
5 □□王海相年七十一一畝
6 故男歡伯年廿七二畝
7 男憙伯年廿一二畝
8 [ ]歡住年十三一畝
9 [ ]六十九一畝

注　釋

〔一〕此行形式上是加行，但從内容看是補入的。

〔二〕頤海：原件誤寫作「海頤」，「頤」字右上角有「√」號在上一行「歡」字上，表示與上字勾倒，因改。

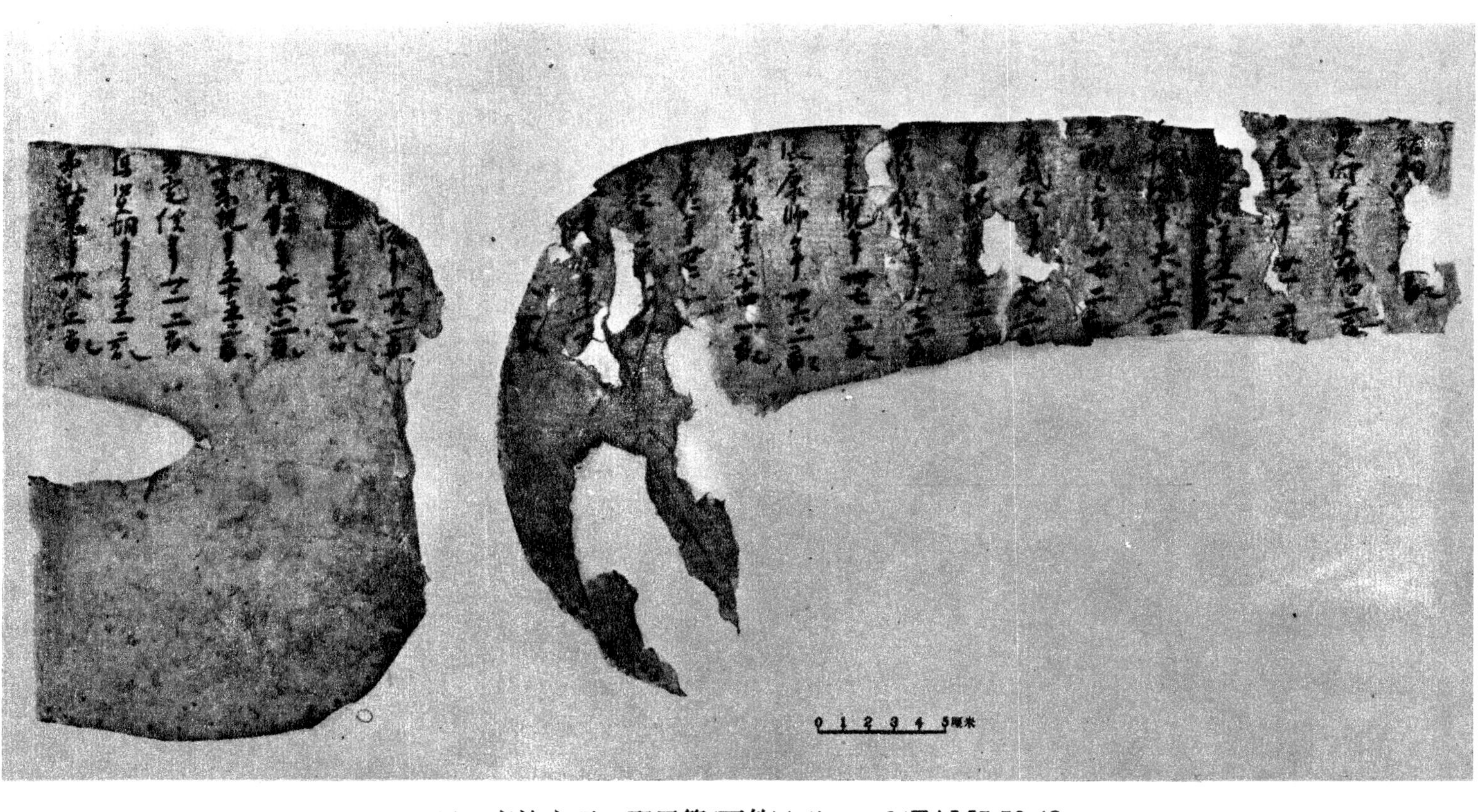

一四　唐諸户丁口配田簿(丙件)(二)　　64TAM5:50,42

（二）

1 [弟]祐相［　　］畝
2 □□貫阿先年六十四二畝
3 [男]慶海年卌一二畝
4 ［　　］默相年五十八二[畝]
5 □□白相海年六十五一[畝]
6 男醜々年卅七二畝
7 □□宋武仁年□十八二[畝]
8 男憙洛年卅二畝
9 □□翟歡住年卅七二畝
10 □□曹不之攬年卌七二畝
11 □□張康師年廿六二畝
12 □□白祐歡年六十四一畝
13 □□李居仁年卅七二[畝]
14 ［　　］郎仁年六十□一畝
15 ［　　］摩[羅]年十一一[畝]
16 ［　　］一畝
17 ［　　］海年卌九二畝
18 ［　　］相延年六十四一畝
19 [男]隆住年卅六二畝
20 □□索永悦年五十五二畝
21 男定信年廿二二畝
22 □□馮資胡年五十二二畝
23 弟祐憙年卌八二畝

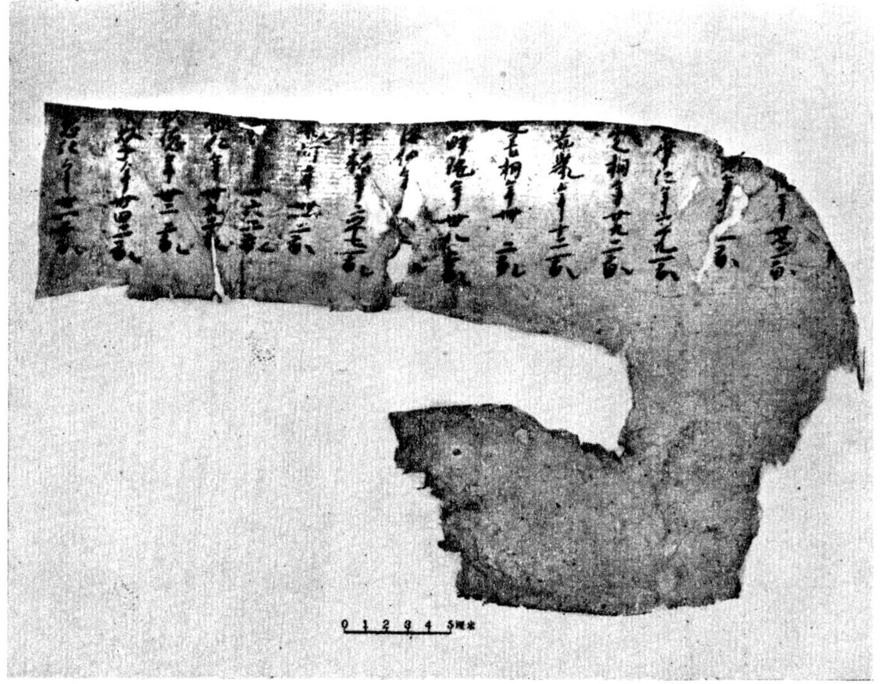

一四　唐諸户丁口配田簿(丙件)(二)　64TAM5:41

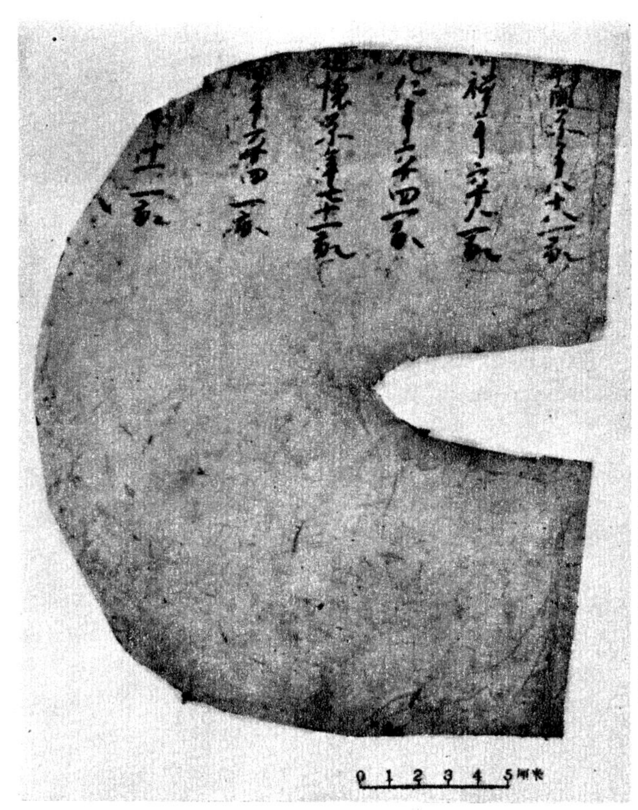

一四　唐諸户丁口配田簿(丙件)(三)
64TAM5:43

24 ［　　］[畝]
25 ［　　］悦年卅七二畝
26 ［　　］妃年[八][十]□一畝
27 ［　　］摩仁年六十九一畝
28 ［　　］定相年廿九二畝
29 □赤鼠年十二一畝
30 □□[趙]善相年卅二畝
31 □□[安]畔陁年廿八二畝
32 □□□海伯年［　　］
33 □□□保祐年六十七一畝
34 □阿鼠年卅一二畝
35 □[緒][仁]年廿六二畝
36 ［　　］歡仁年卅九二畝
37 □[歡]德年卅二二畝
38 ［　　］[伏]奴子年卅四二畝
39 ［　　］慈仁年卅一二畝

（三）

1 □□[尉]明𠅊年八十八一畝
2 ［　　］阿禪年六十八一畝
3 ［　　］尾仁年六十四一畝
4 □□□趙懷𠅊年七十一畝
5 ［　　］[卌](?)年六十四一畝
6 ［　　］年十一一畝

0 1 2 3 4 5厘米

一四　唐諸户丁口配田簿(丙件)(四)　　64TAM5:47,59,61/2

（四）

1 □年五十九二畝〔一〕
2 □憙年卌七　二畝
3 □□樊阿憙年五十七二畝
4 □□康塠奴年卌五二畝〔二〕
5 □□康海憙年廿七二畝
6 □塠奴〔三〕年五九二畝
7 □□白默子年廿七二畝
8 □□鄧甘相年五十八二畝
9 □□串顛稍年五十四二畝　（亥生七十一畝）
□卌二畝
10 □般當年卌八二畝
11 □亥生年六十九一畝
12 □尾洛年廿　二畝

注釋

〔一〕此行人名改過，所以年齡同甲、乙兩件不符，疑有誤。
〔二〕此處原已删去，但康塠奴年齡同甲、乙兩件不符，疑有誤。
〔三〕塠奴：似即康塠奴，年齡與甲件同。

一四　唐諸户丁口配田簿(丙件)(五)
64TAM5:87

一四　唐諸户丁口配田簿(丙件)(六)
64TAM5:54,58

（五）

1　〔　　〕[一][畝]
2　〔　　〕五十六二畝
3　〔　　〕知年卅七二畝
4　〔　　〕海仁年卅八二畝
5　〔　　〕明年卅六二畝
6　〔　　〕醜□[年]廿二畝
7　〔　　〕延相年五十七二畝
8　〔　　〕居年十九二畝
9　〔　　〕寘年廿九二畝
10　〔　　〕阿祐年五[十][六]二畝
11　〔　　〕年五〔　　〕

（六）

1　〔　　〕海隆年廿〔　　〕
2　〔　　〕年十一　一畝
3　〔　　〕阿父師子年卅一二畝
4　〔　　〕[相]憙年五十六二畝
5　〔　　〕護年廿七二畝
6　〔　　〕亂年十四一畝
7　〔　　〕□[畝]

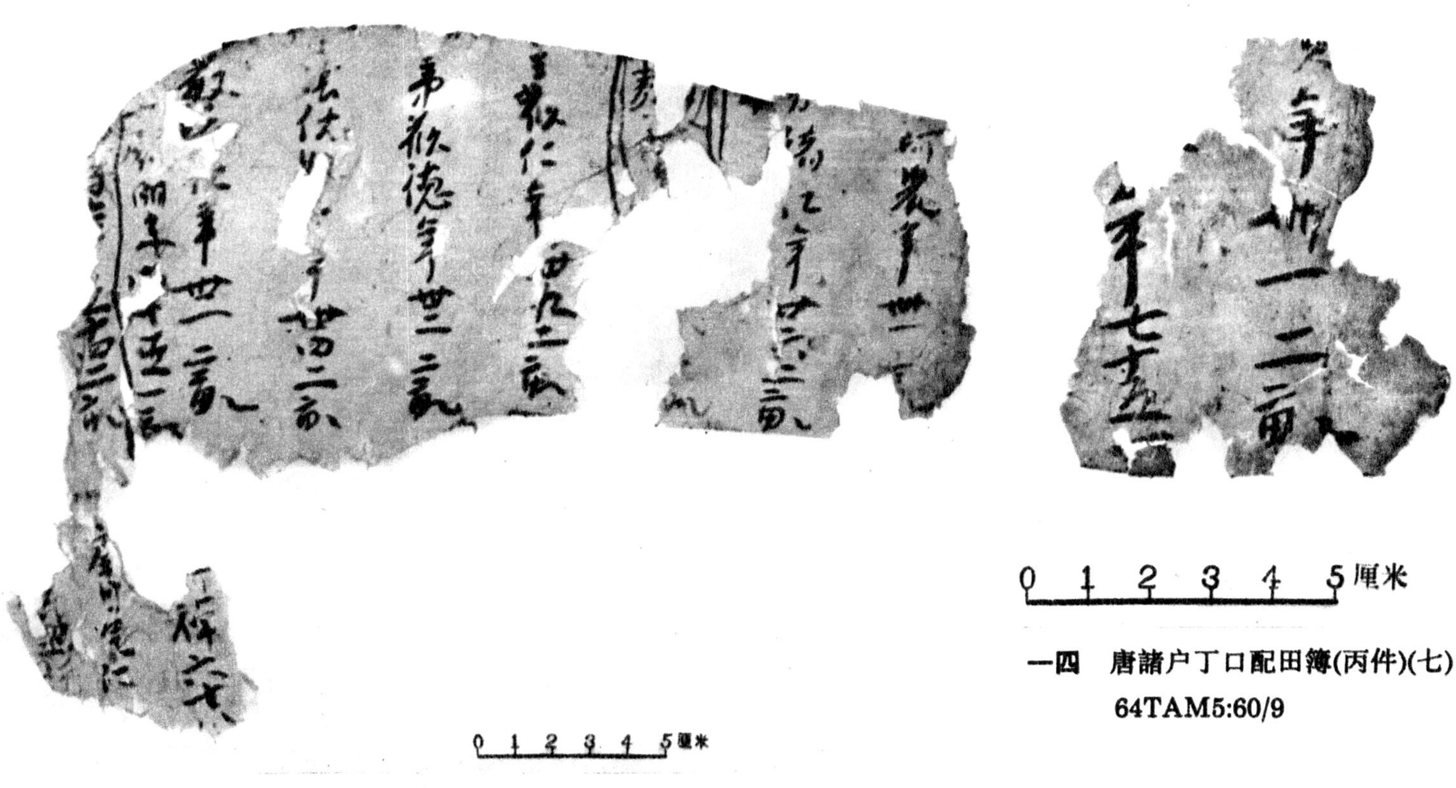

一四　唐諸户丁口配田簿(丙件)(七)　64TAM5:60/9

一四　唐諸户丁口配田簿(丙件)(八)　64TAM5:60/8,53

（七）

1 □年卌一　二畝

2 □年七十五　一□

（八）

1 □□□阿鼠年卌一　二畝

2 男緒仁年廿六　二畝

3 □□（魏）□　□一畝

4 □□王歡仁年卌九　二畝

5 弟歡德年卌二　二畝

6 □主張伏奴子年卌四　二畝

7 □□嚴慈仁年卌一　二畝

8 □□□女尉明子□十五　一畝

9 □　五十四　二畝

10

……………………………………

7 □阿禪六十八

8 戶主白尾仁(?)□

10 □□趙□

一四　唐諸户丁口配田簿（丙件）（九）　64TAM5:52,55,60/1,60/10

0 1 2 3 4 5厘米

（九）

1 □　　　　　　　　白歡□
2 　　　　　　　　　□□相二畝
3 □善容　　　　　　康知奴二畝
4 □〇六十七一畝　　串顧祐二畝
5 □□鄧海石年十六一畝　段富　二畝
6 □□張惠仁年廿　一畝　氾郎仁一畝
7 □王曹惠相□　一畝　曹消　一畝
8 □□□道瑗年卅未　二畝　張□□一畝
9 □□張祐□□　　　□□隆二畝
10 □□　　　　　　□善懷一畝

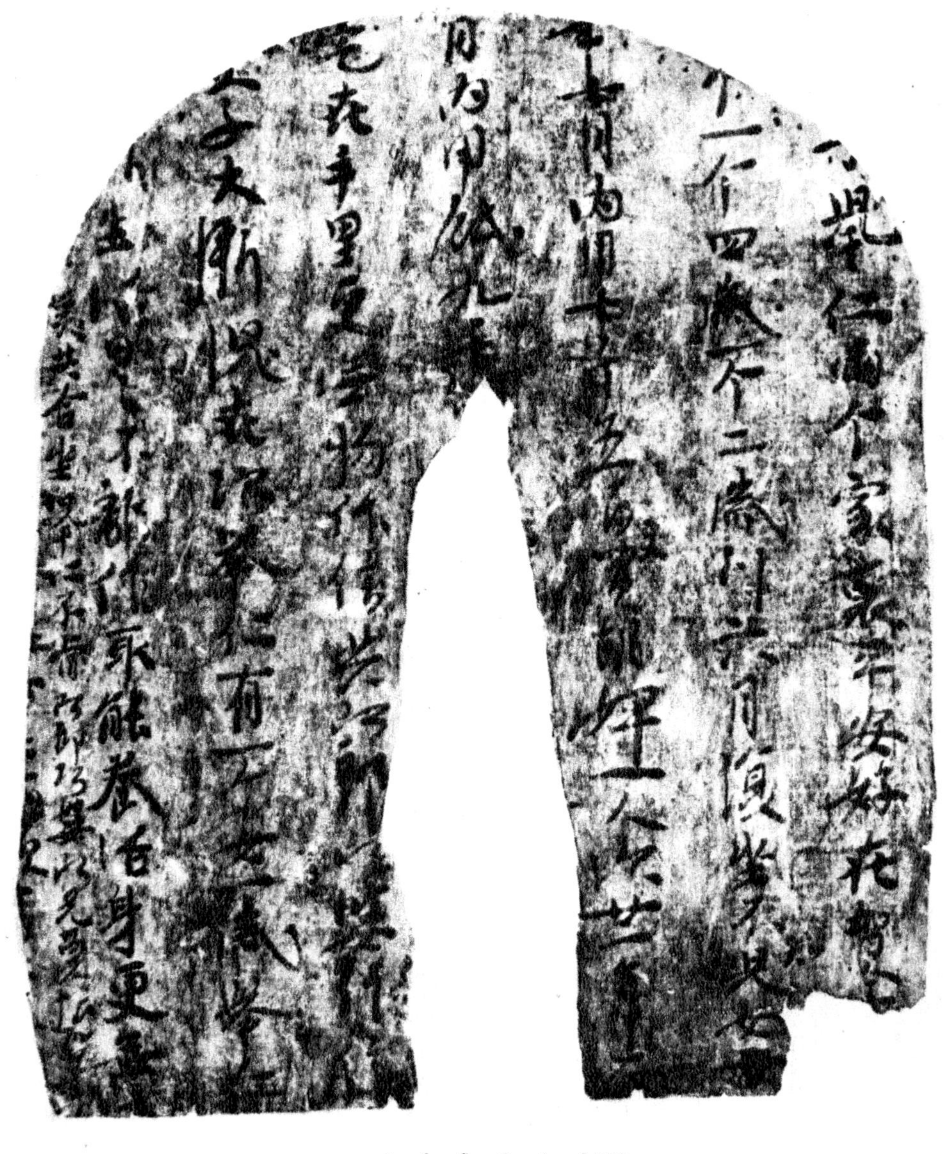

一五　唐李賀子上阿郎、阿婆書一（一）　64TAM5:40

一五　唐李賀子上阿郎、阿婆書一

據本墓所出文書年代的上下限，推知信內廿年、廿一年當爲貞觀廿年、廿一年。又「書四」第（三）段汜歡伯見於阿斯塔那四二號墓《唐貞觀二十二年令狐鼠鼻等差科簿》。故此信當寫於貞觀廿一年（公元六四七年）之後，總章元年（公元六六八年）之前。下列三信之年代同。

（一）

1 □□子、夆仁〔一〕兩个家裏平安好在。賀子□

2 □个，一个四歲，一个二歲，到六月復坐，不知兒女。廿

3 年七月內，用七千五百文買胡婢一人，次廿一年正

4 月內，用錢九千 ……

5 宅在。手里更無物作信，共阿郎、阿婆作信，

6 賀子大慚愧在。次夆仁有一个女一歲。夆仁

7 …… 生活，日日不離作，取能養活身，更無長

8 …… 換共合坐，夆仁不肯。阿郎、阿婆、阿兄莫恨。賀子

注釋

〔一〕此字係照描，可能係「鼠」字，亦可能係「舉」字。以下同。

一五　唐李賀子上阿郎、阿婆書一（二）　64TAM5:78(a)

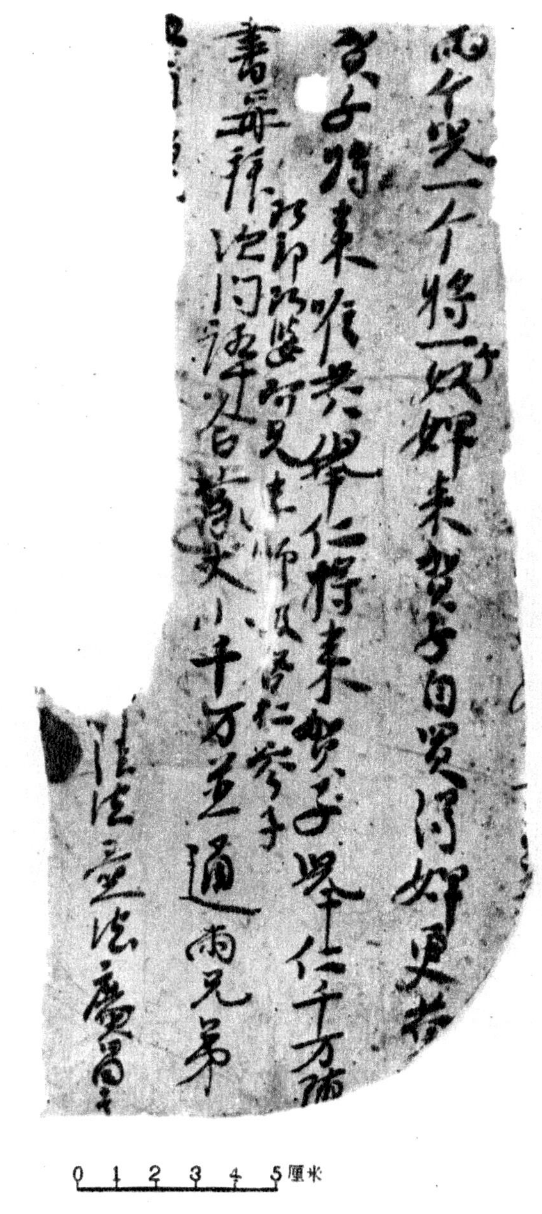

（二）

1 兩个兒一个將一个奴婢來。賀子自買得婢，更□

2 賀子將來，唯共舉仁將來。賀子、舉仁千万隨

阿郎、阿婆、阿兄李師及圀仁客子。

3 書再拜次問訊合家大小千万並通兩兄弟

4 □張法、孟法、廣昌□

一五　唐李賀子上阿郎、阿婆書一（三）　64TAM5:78(b)

（三）

1 李賀子書付[一]

注　釋

〔一〕此五字即書於第（二）段的背面。

一六　唐李賀子上阿郎、阿婆書二（一）　64TAM5:77

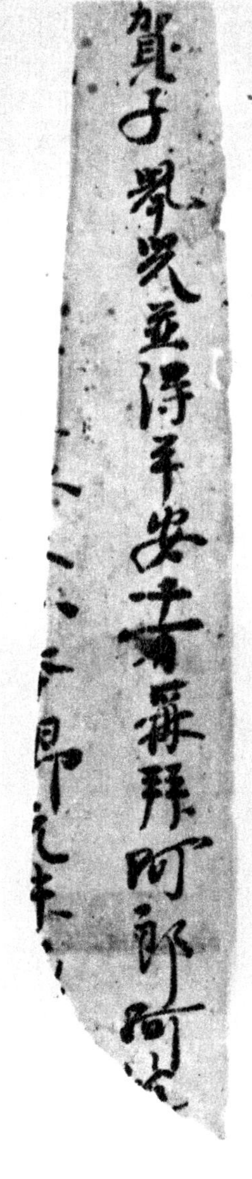

0 1 2 3 4 5厘米

一六　唐李賀子上阿郎、阿婆書二（二）　64TAM5:39

0 1 2 3 4 5厘米

一六　唐李賀子上阿郎、阿婆書二

（一）

1 賀子舉兒並得平安，千万再拜阿郎、阿〔婆〕

2 〔　〕即〔元〕〔未〕〔　〕

（二）

1 □□盡給婦，高昌有婦人，不得婦。擧兒得

2 □婦，竟正是好人子紩（姪）。顧阿郎、阿婆、阿兄

3 知，更莫愁，擧兒。虎熹來時得重小刀一合。

4 不得書，兩个兒不〔　〕

5 老阿兄充不成容〔子〕〔　〕

6 憐紫一訪車女單，次問訊張法師，阿團

7 □張將舍盡平安在。張岳隆死，問訊言

8 〔　〕孟法師。洛州兄弟二人盡平〔安〕。

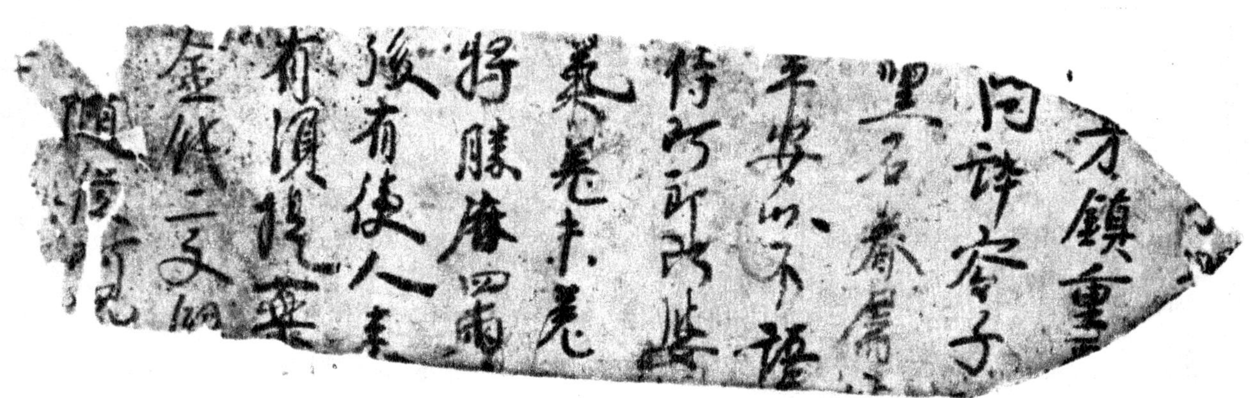

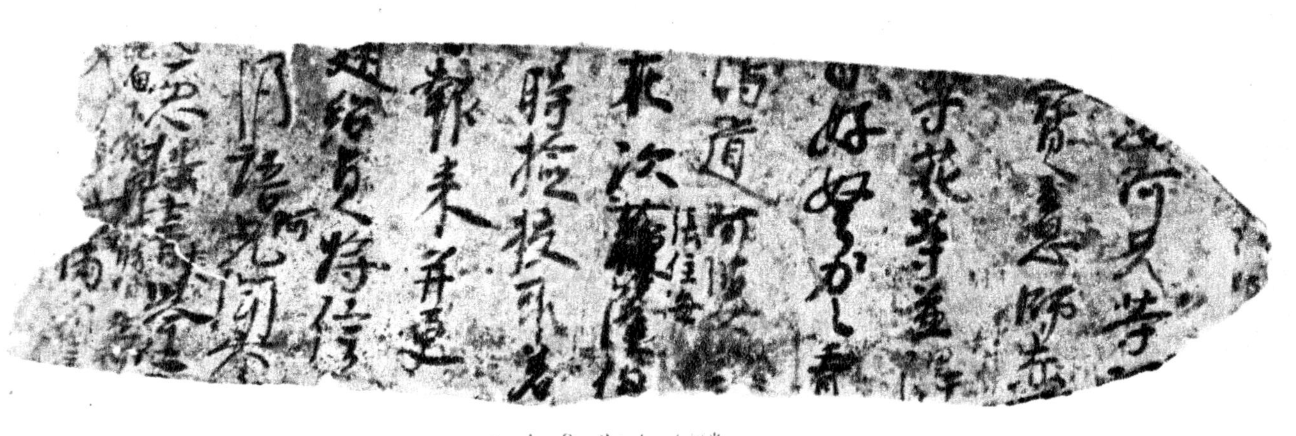

一七　唐李賀子上阿郎、阿婆書三　64TAM5:81,82

一七　唐李賀子上阿郎、阿婆書三

原件上下分爲兩片，析自同一鞋底，以一張信紙析疊剪成。今姑録成一件。

方鎮重［　　］妄阿兄等□
問訊容子［　　］寳意師赤□
黑石眷屬［　　］爭花等並得
平安以不語［　　］好努ミ力ミ看
侍阿郎、阿婆［　　］時道阿婆□ 張住海
氣差未差［　　］在，次蘇隆伯
將賸麻四兩［　　］時檢校取，若
後有使人來［　　］報來，並更
有須提藥［　　］趙紹貞將信
金錢二文銀［　　］問語阿兄。闞容
□隨從阿兄［　　］悪將書由舉仁 □自下隨客子時明□□
［　　］兩个□

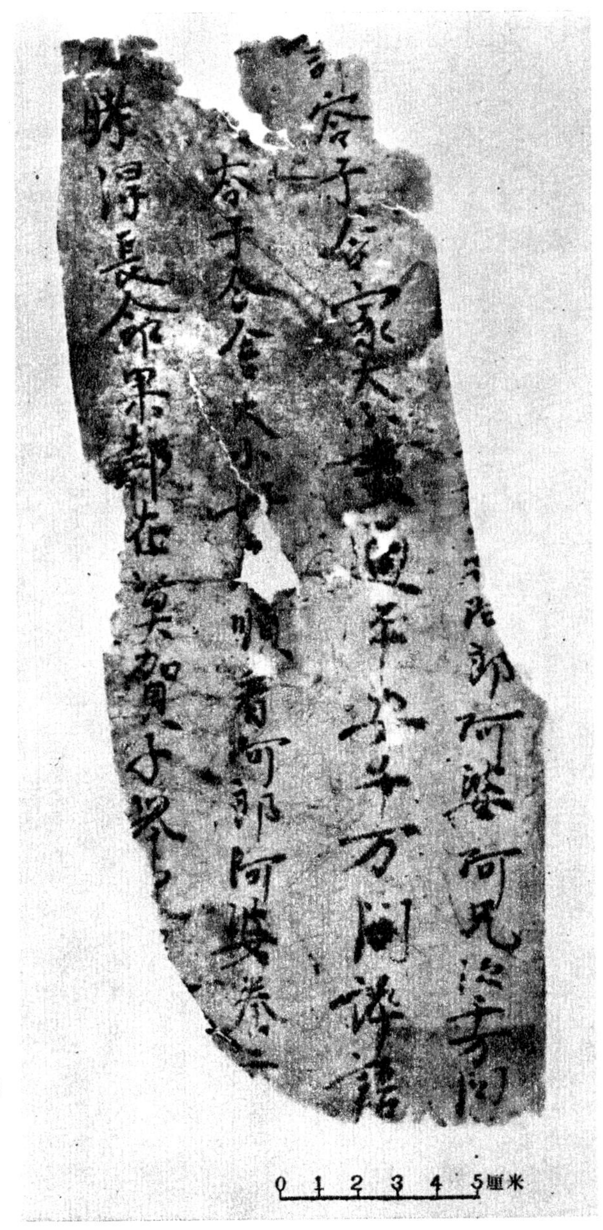

一八　唐李賀子上阿郎、阿婆書四(一)
64TAM5:79

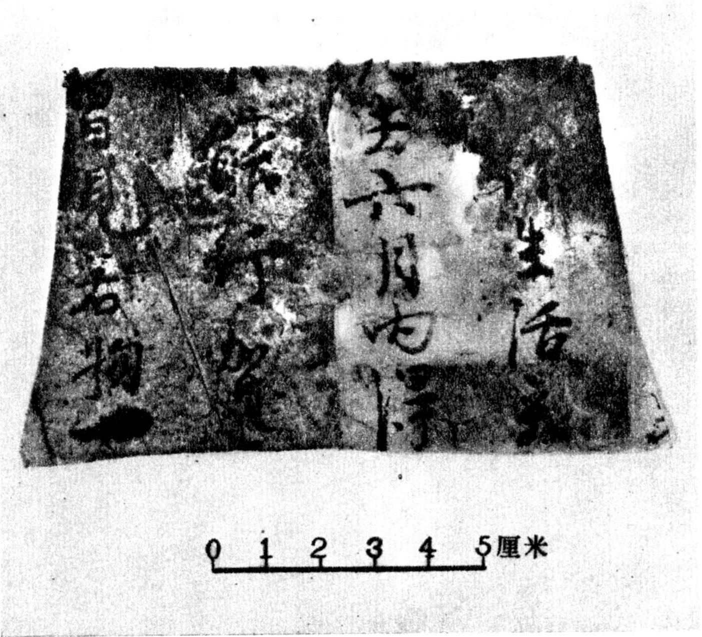

一八　唐李賀子上阿郎、阿婆書四(二)　　64TAM5:83

一八　唐李賀子上阿郎阿婆書四

（一）

1 ［　　］阿郎、阿婆、阿兄次千万問

2 ［訊］容子合家大小盡通平安，千万問訊語

3 ［　］容子合舍大小好□。順看阿郎、阿婆養二

4 人［時］得長命果報在，莫賀子擧［兒］［　］

（二）

1 ［　］田作生活充［　］

2 ［　］去六月内得，［　］

3 ［　］能行。賀□［　］

4 ［　］曾見，若物一［　］

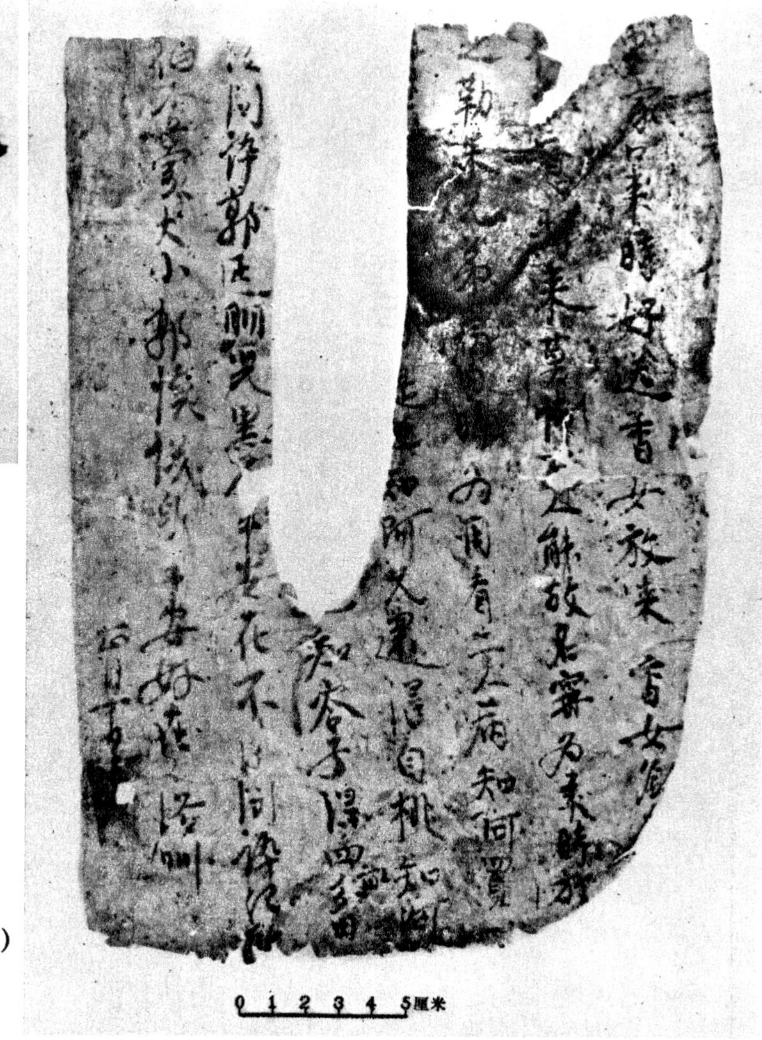

一八　唐李賀子上阿郎、阿婆書四(三)
64TAM5:80

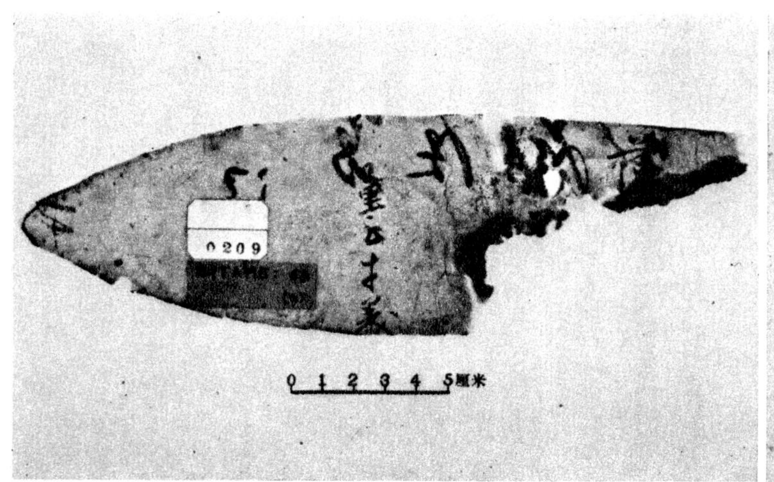

一九　唐殘文書　　64TAM5:68(b)

（三）

1 叓家口来時，好送香女放来。香女卻［　］
2 □□意將来莫怖□人能故名，寧爲来時放
3 之。勒来兄弟病日，時爲用看二人病，知阿買一
4 ［　］是近知阿兄還得自桃，知阿
5 ［　］知容子得四畝分田。
6 次問訊郭延明兒黑石平安在不，次問訊汜歡
7 伯合家大小，郭懷悦身平安好在。ミ洛州。
8 正月十日書

一九　唐殘文書

1 ［　］薄［　］
2 □(?)［　］
3 里正牛義［　］

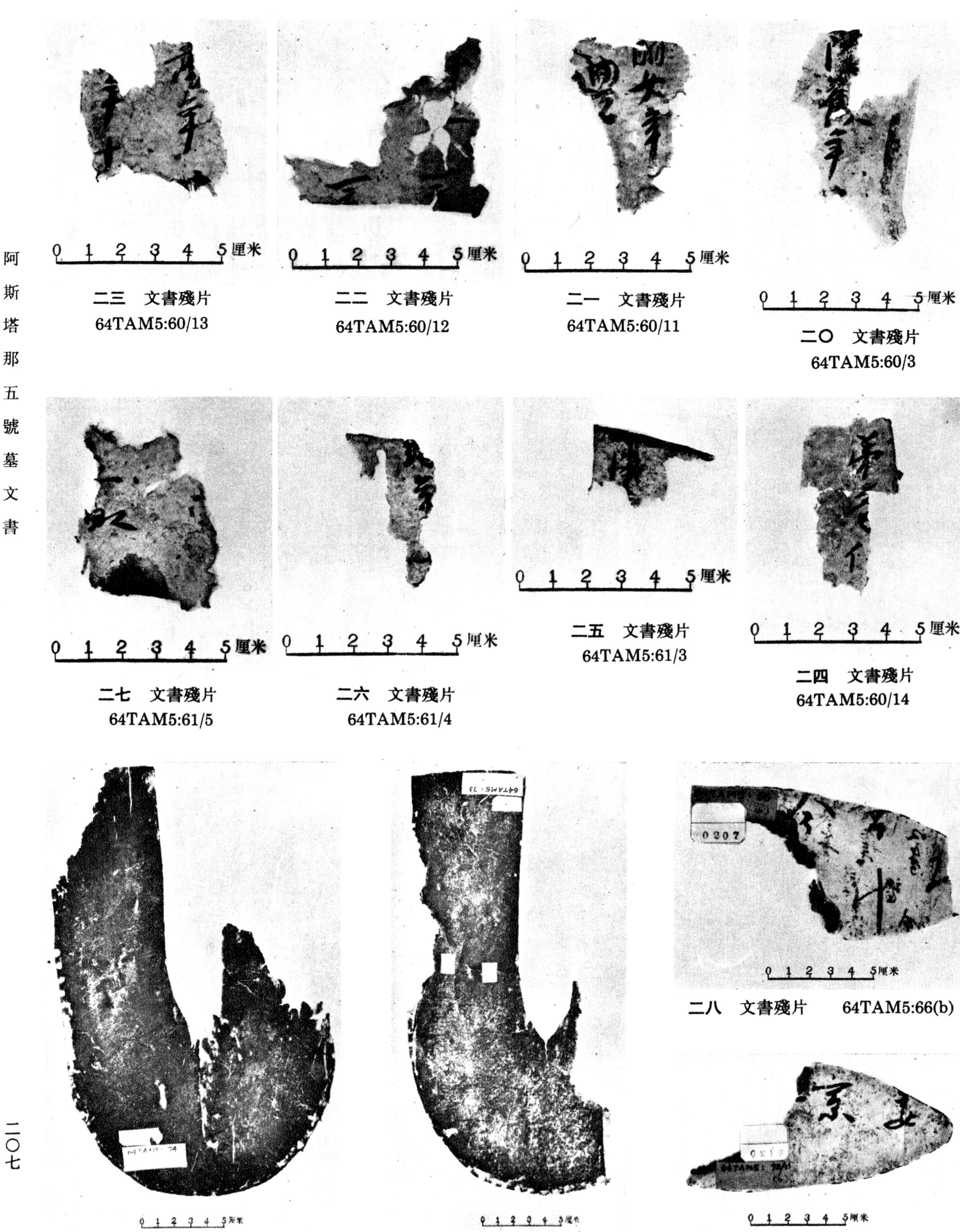

二三　文書殘片
64TAM5:60/13

二二　文書殘片
64TAM5:60/12

二一　文書殘片
64TAM5:60/11

二〇　文書殘片
64TAM5:60/3

二七　文書殘片
64TAM5:61/5

二六　文書殘片
64TAM5:61/4

二五　文書殘片
64TAM5:61/3

二四　文書殘片
64TAM5:60/14

二八　文書殘片　64TAM5:66(b)

三一　文書殘片　64TAM5:74(a)

三〇　文書殘片　64TAM5:73(a)

二九　文書殘片　64TAM5:72/1(b)

阿斯塔那四號墓文書

本墓出有唐咸亨四年（公元六七三年）左憧憙墓誌，並有《唐咸亨四年左憧憙生前功德及隨身錢物疏》。所出文書有紀年者，起顯慶五年（公元六六〇年），止咸亨四年。

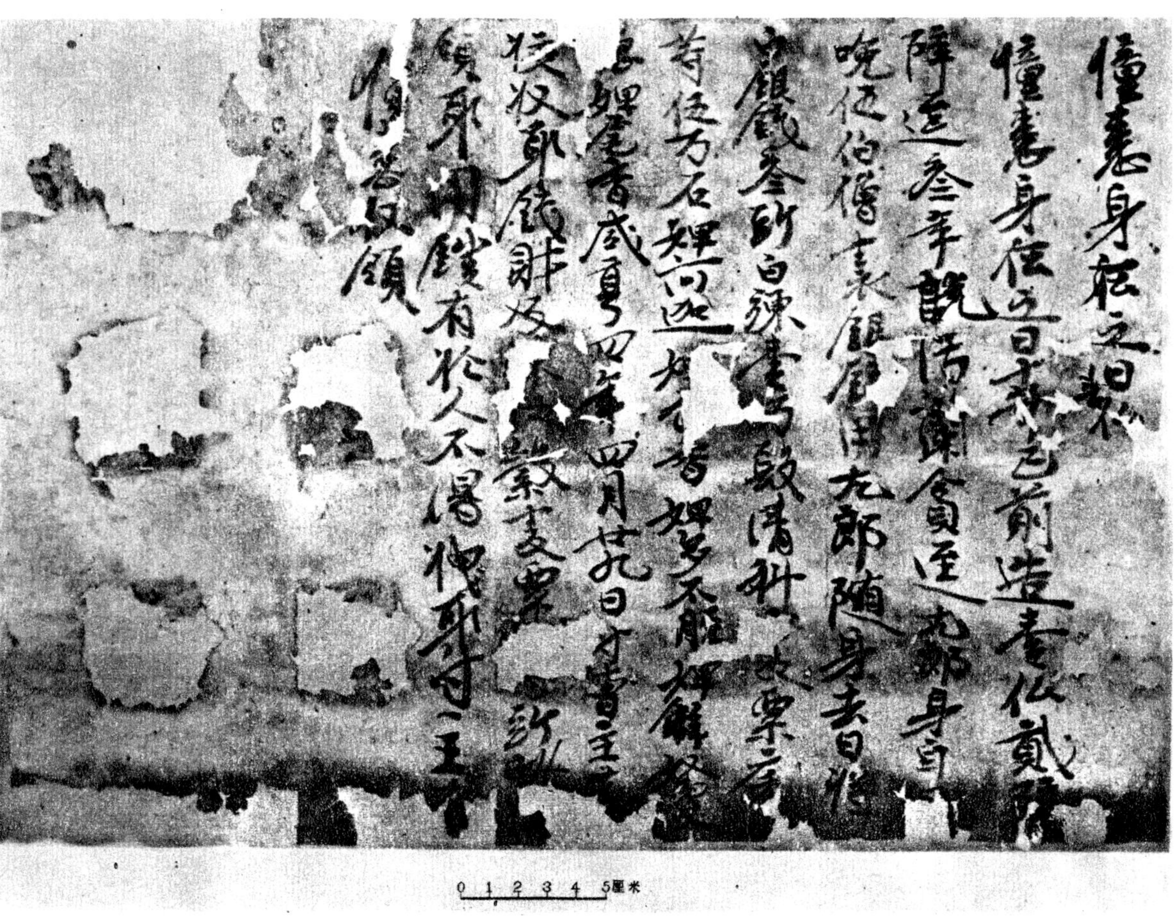

一　唐咸亨四年(公元六七三年)左憧憙生前功德及隨身錢物疏　64TAM4:29(a)

一　唐咸亨四年（公元六七三年）左憧憙生前功德及隨身錢物疏

1 憧憙身在之日告佛

2 憧憙身在之日，十年已前造壹佛，貳陪（菩）

3 （薩）。陓逘叁年，説汙蘭貪逘（經）〔一〕。左郎身自□

4 晚伍伯僧表銀錢用。左郎隨身去日，將

5 白銀錢叁斲，白練壹万段，清科（稞）□[麦]、粟、床

6 等伍万石。婢阿迦、[婢]□[香]、婢多不脛、婢解〔二〕、奴雙

7 [德]。婢尾香。咸亨四年四月廿九日付曹主左□

8 校收取錢財及[練]、伍穀、麥、粟[等]斲㪷（斛）[收]

9 領取用。鎧（？）有於人，不得拽取。付主[左]

10 [憧]憙收領。

注　釋

〔一〕汙蘭貪逘：「貪」是「貧」之誤，「逘」是「經」的同音假借。《汙蘭貧經》通常譯作《盂蘭盆經》。盂蘭盆是梵文 Ullambana 的音譯。

〔二〕婢解：「解」下疑脱一字。

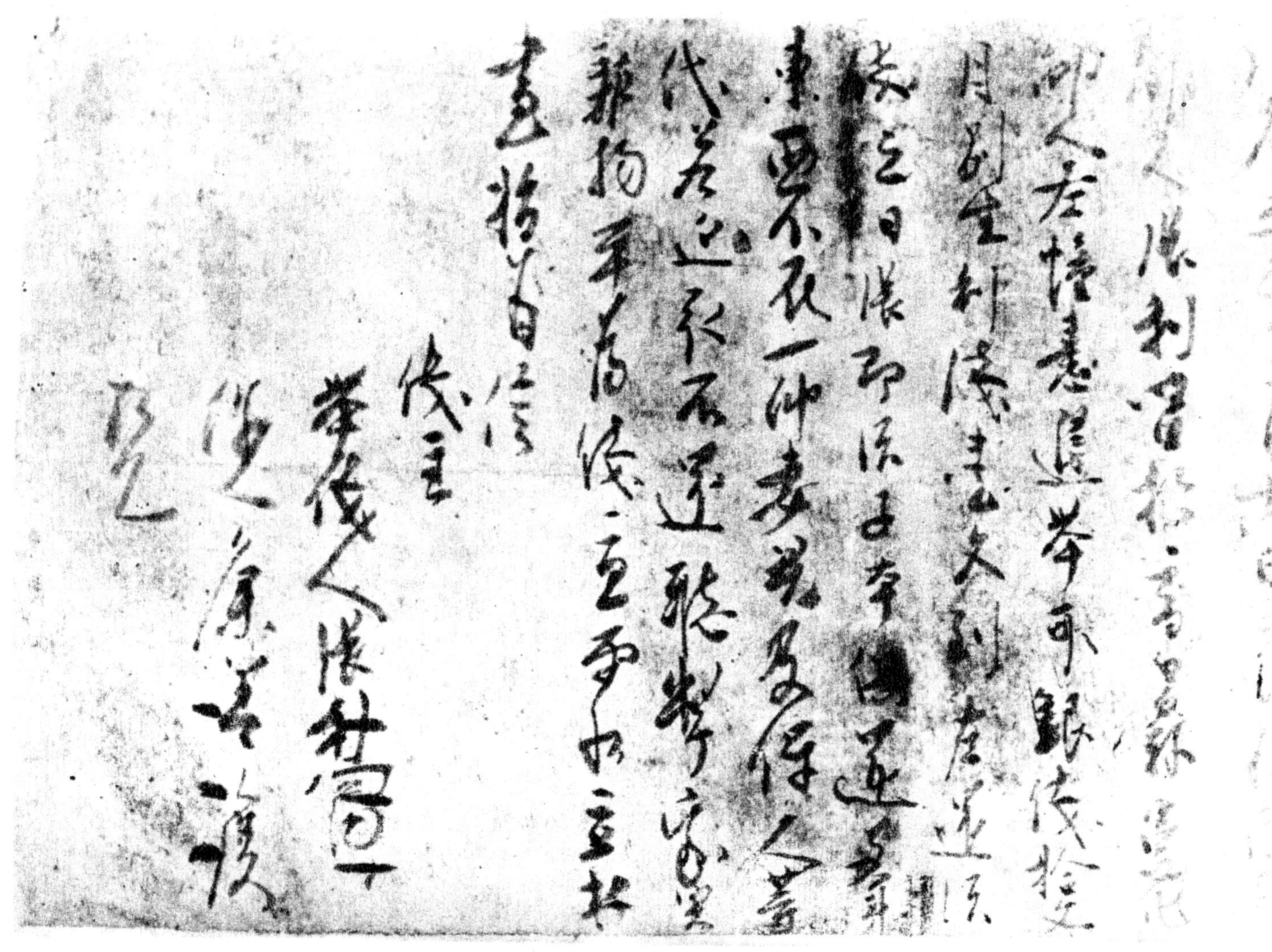

二　唐顯慶五年(公元六六〇年)張利富舉錢契　　64TAM4:38

二　唐顯慶五年（公元六六〇年）張利富舉錢契

顯慶五年三月十八日，天山縣南平
鄉人張利富於高昌縣崇化
鄉人左憧憙邊舉取銀錢拾文，
月別生利錢壹文。到左還須
錢之日，張即須子本俱還。若身
東西不在，一仰妻兒及保人等
代。若延引不還，聽掣家資
雜物，平為錢直。兩和立契，
畫指為信。
錢主
舉錢人張利富 一
保人康善獲 ┤┤┤
知見人

三　唐龍朔元年（公元六六一年）左憧憙夏菜園契　64TAM4:42

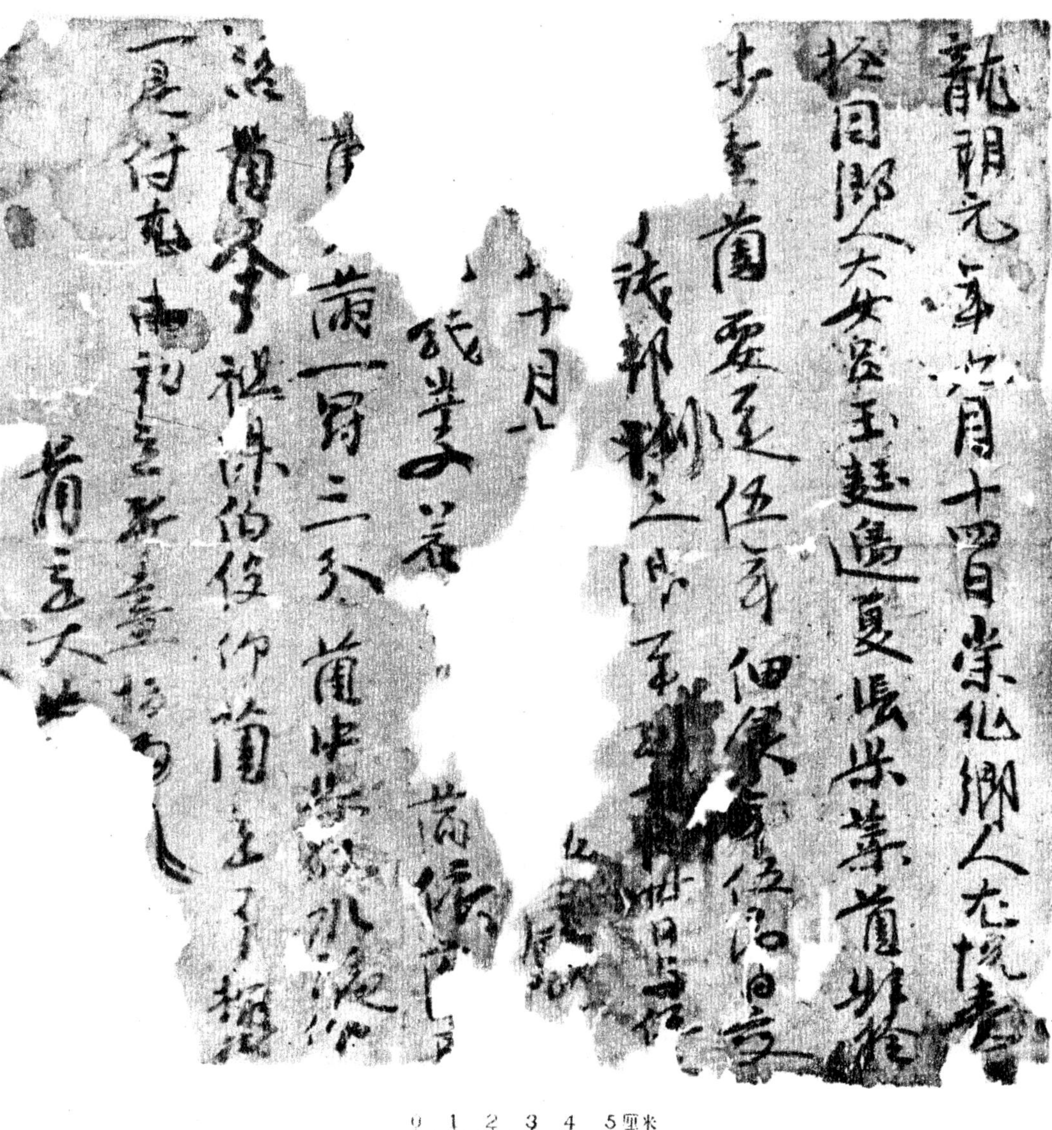

三　唐龍朔元年（公元六六一年）左憧憙夏菜園契

龍朔元年九月十四日，崇化鄉人左憧憙
於同鄉人大女呂玉㺯邊夏張渠菜園肆拾
步壹園。要迳伍年，佃食年伍。即日交
□錢（鄣）（拾）〔捌〕文。限一年，到九月卅日與伍[文]。
□十月十□
□錢半文。若□滿，依□□
□[園]□滿，一罰三分。園中渠破水讁，仰
治園人了。祖（租）殊（輸）伯役，仰園主了。榆樹
一具付左。兩和立契，畫指為[信]。
園主大女□□□

四　唐龍朔元年（公元六六一年）龍惠奴舉練契

64TAM4:34

0 1 2 3 4 5厘米

四　唐龍朔元年（公元六六一年）龍惠奴舉練契

龍朔元年八月廿三日，安西鄉人龍惠奴
於崇化鄉人古憧憙[一]邊舉取練叁
拾疋，月別生利練肆疋。其利若出
月不還，月別罰練壹疋入左。如憧
憙須[二]須練之日，並須依時酬還。若身
東西無，仰妻兒收後者償。人有正
法，[三]人從私契。兩和立契，獲指為信。
　　　練主左
　　　舉練人龍惠奴
　　　保人男隆緒　一一
　　　知見人魏石　一一
　　　知見人樊石德　一一
　　　保人康文憙　一一

注　釋

[一] 古憧憙：「古」字訛，當作「左」。「憧」與「憧」同。

[二] 須須練之日：此處衍一「須」字。

[三] 人有正法：其他契約都作「官有政法」。這里「人」當是「官」，「正」當是「政」之訛字。

五　唐龍朔元年（公元六六一年）左憧憙買奴契　64TAM4:44

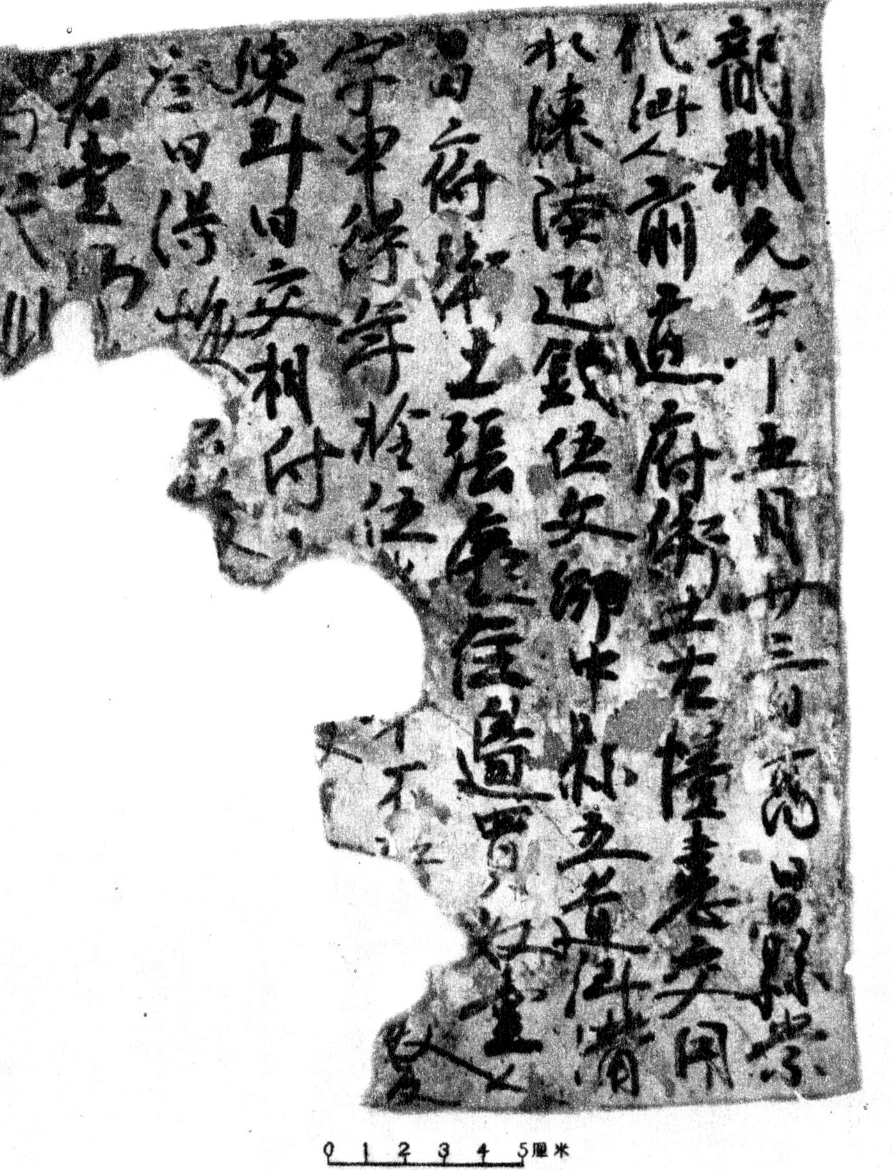

五　唐龍朔元年（公元六六一年）左憧憙買奴契

龍朔元年五月廿三日高昌縣崇
化鄉人前庭府衛士左憧憙交用
水練陸疋，錢伍文，柳〔一〕中縣五道鄉蒲
昌府衛士張慶住邊買奴壹人，
字申得，年拾伍□不□奴及
練到日交相付□
叁日得悔，□
者，壹［仰］□
為信。川

注　釋

〔一〕柳：原件誤作「鄉（鄉）」，其上疑奪一「從」或「於」字。

六　唐麟德二年(公元六六五年)趙醜胡貸練契　64TAM4:36

六　唐麟德二年（公元六六五年）趙醜胡貸練契

麟德二年八月十五日，西域道征人趙醜
胡於同行人左憧熹邊貸取帛練
叁疋。其練迴還到西州拾日内，還
練使了。到過其月不還，月別依
鄉法酬生利。延引不還，聽拽家財
雜物平為本練直。若身東西不在，
一仰妻兒還償本練。其練到安西
得賜物，只還練兩疋；若不得賜，始
還練叁疋。兩和立契，獲指為驗。
練主左
貸練人趙醜胡
保人白秃子
知見人張軌端
知見人竹秃子

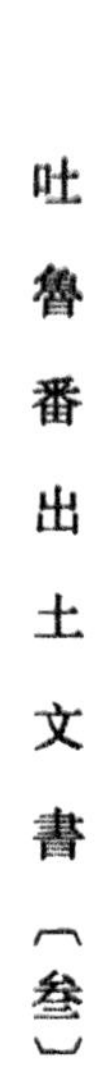

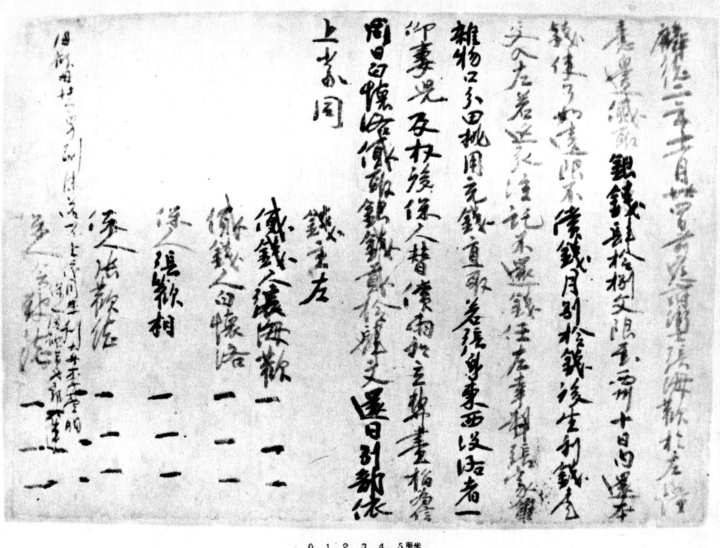

七　唐麟德二年(公元六六五年)張海歡、白懷洛貸銀錢契　　64TAM4:53

七　唐麟德二年（公元六六五年）張海歡、白懷洛貸銀錢契

麟德二年十一月廿四日，前庭府衛士張海歡於左憧
憙邊貸取銀錢肆拾捌文，限至西州十日内還本
錢使了。如違限不償錢，月别拾錢後生利錢壹
文入左。若延引注托不還錢，任左牽掣張家資
雜物口分田桃（萄）用充錢直取。若張身東西没洛（落）者，一
仰妻兒及收後保人替償。兩和立契，畫指為信。
同日，白懷洛貸取銀錢貳拾肆文，還日别部依
上券同。
錢主　左
貸錢人　張海歡　——　——
貸錢人　白懷洛　——　——
保人　張歡相　——　——　——
保人　張歡德　——　——　——
海歡母替男酬練，若不上，依月生利。大女李臺明　——
保人海歡妻郭如連　——
保人　陰歡德　——　——　——

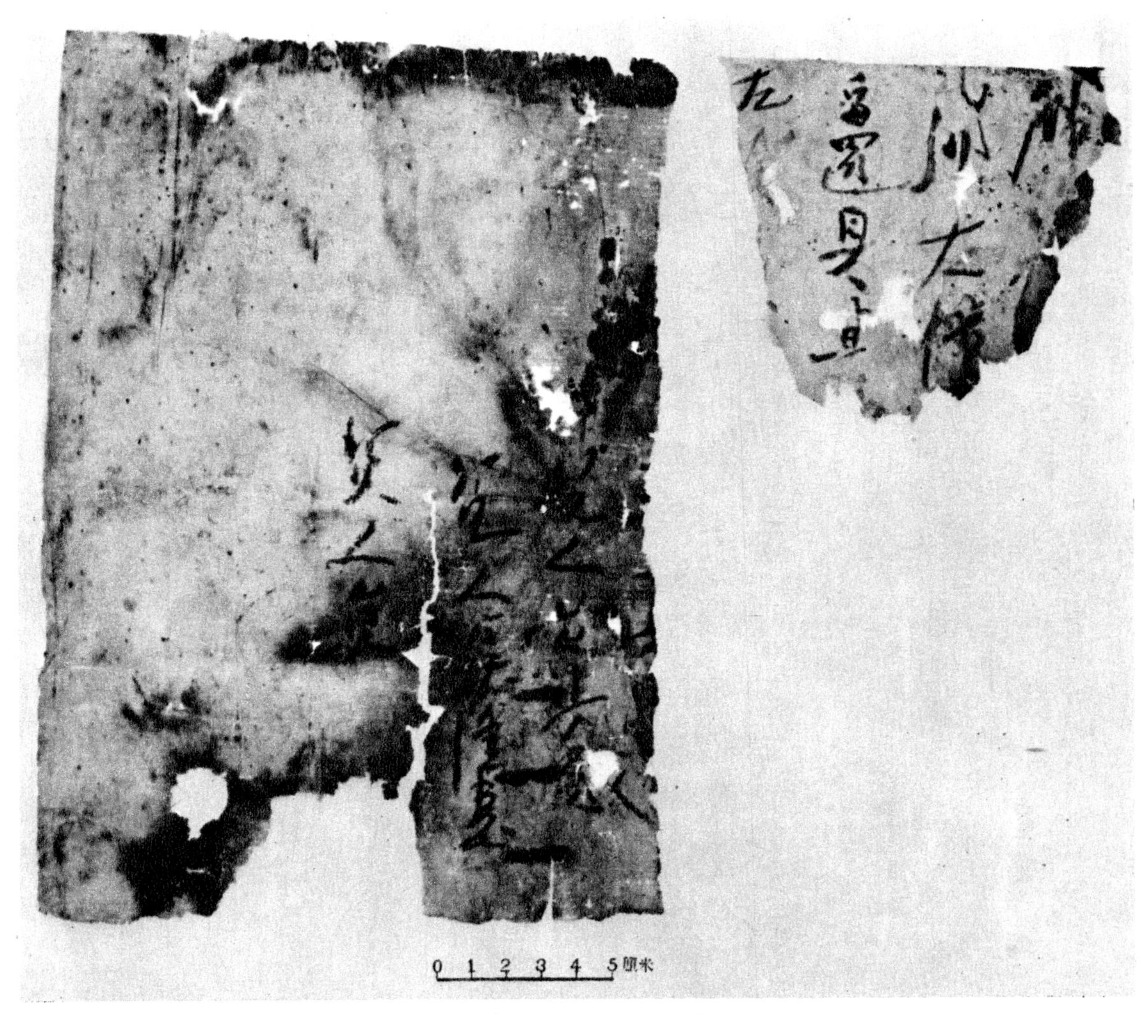

八　唐麟德某年(公元六六四～六六五年)左憧憙殘契　　64TAM4:51,52

八　唐麟德某年（公元六六四—六六五年）左憧憙殘契

1 麟德［　　　］
2 化鄉左憧［　　　］
3 (當)畐還具其［　　　］
4 左［　　　］
5 知見人范□感
6 知見人侯隆憙
7 知見人員

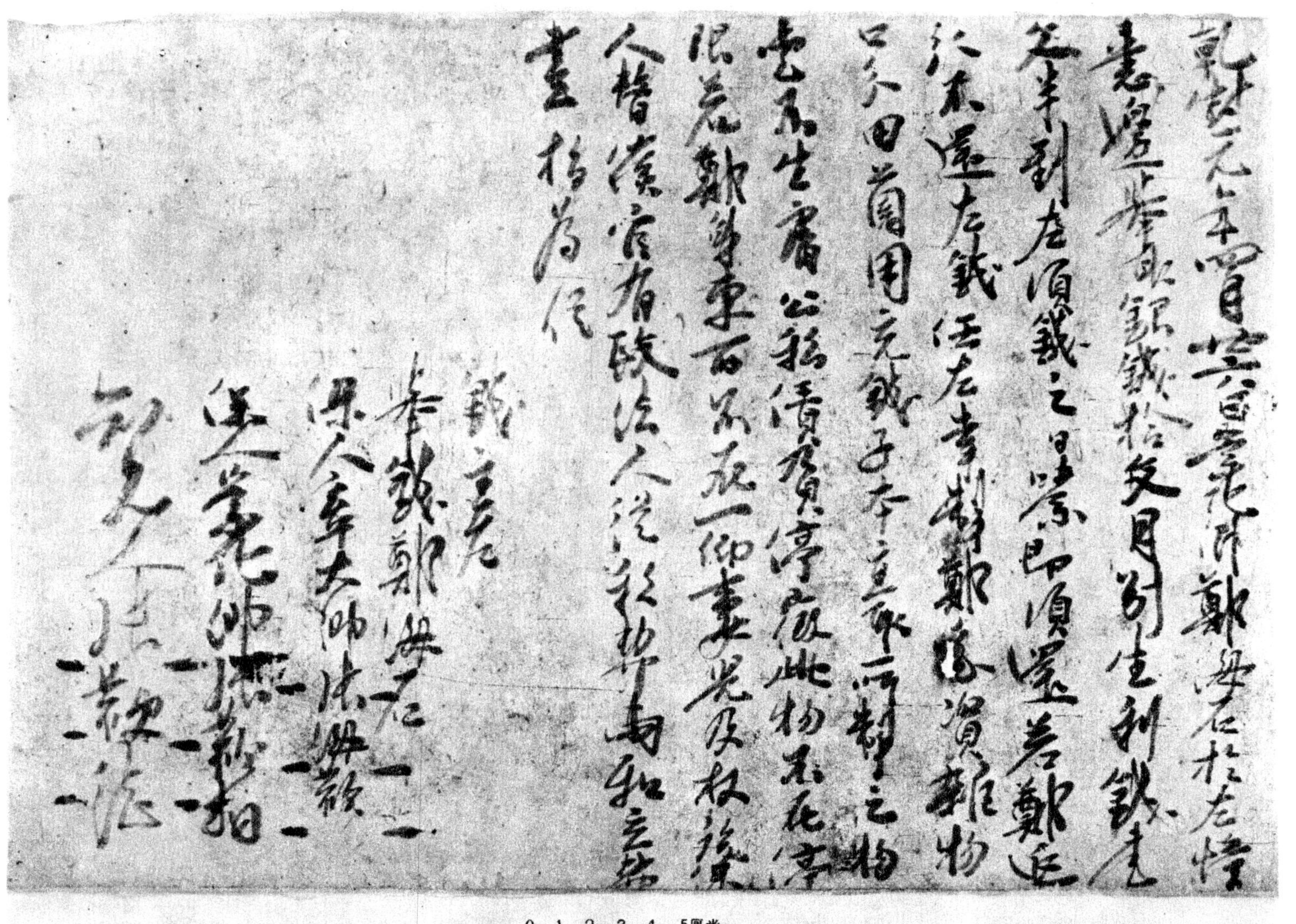

九　唐乾封元年(公元六六六年)鄭海石舉銀錢契　　64TAM4:39

九　唐乾封元年（公元六六六年）鄭海石舉銀錢契

乾封元年四月廿六日，崇化鄉鄭海石於左憧
憙邊舉取銀錢拾文，月別生利錢壹
文半。到左須錢之日，嗦(索)即須還。若鄭延
引不還左錢，任左牽掣鄭家資雜物、
口分田園，用充錢子本直。取所掣之物，
壹不生庸；公私債負停徵，此物不在停
限。若鄭身東西不在，一仰妻兒及收後保
人替償。官有政法，人從私契。兩和立契，
畫指為信。

錢主左
舉錢鄭海石
保人寧大鄉張海歡
保人崇化鄉張歡相
知見人張歡德

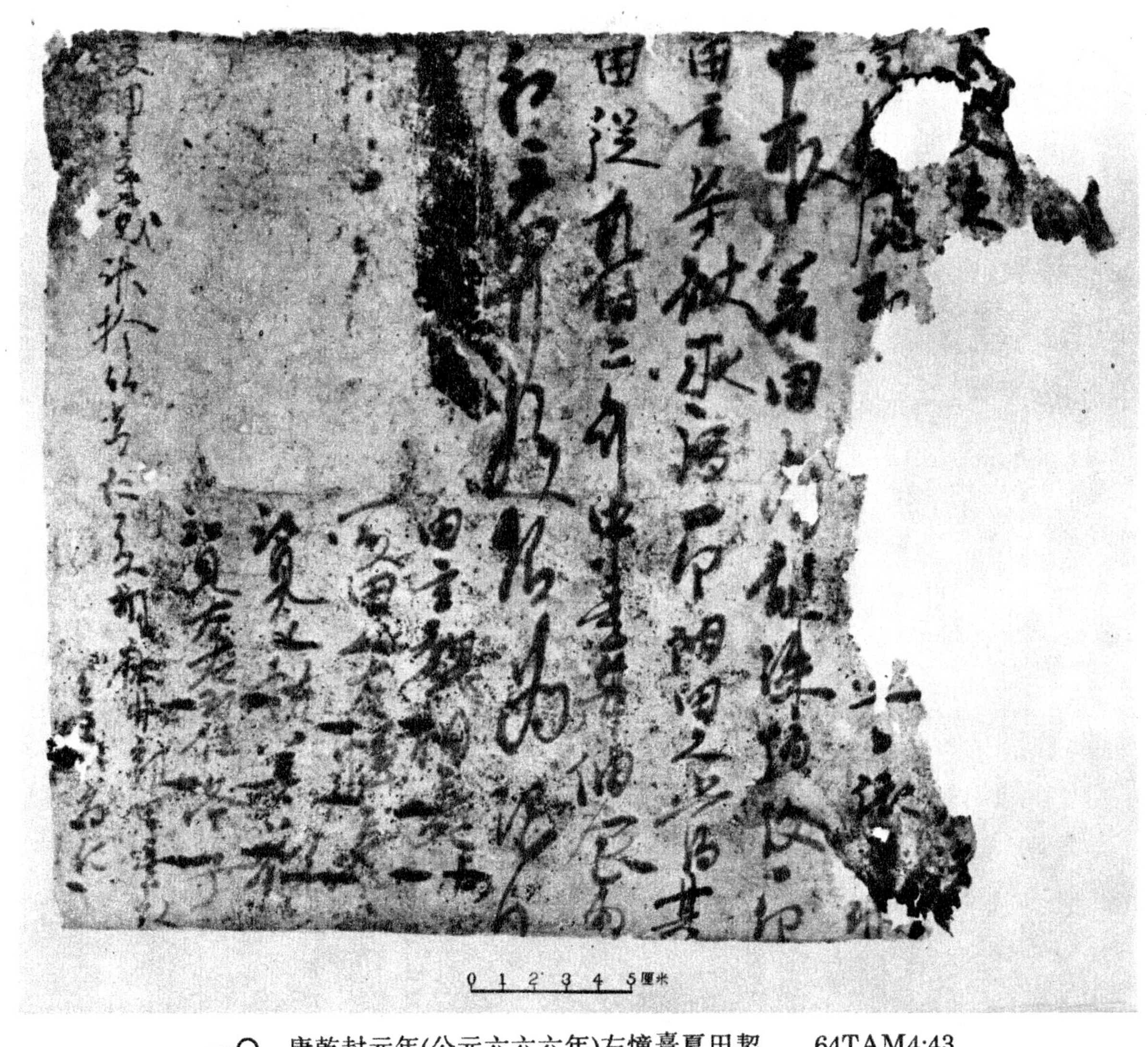

一〇　唐乾封元年(公元六六六年)左憧憙夏田契　　64TAM4:43

一〇　唐乾封元年（公元六六六年）左憧憙夏田契

本件紀年已缺，但契文指明「從乾封二年中壹年佃食」，按通例立契當在乾封元年。

上[麥]使［　　］
[向][風]颺取。［　　］之日，依平斛（斛）
中取。若田有祖（租）殊（輸）佰役，一仰
田主；渠破水讁，一仰佃田人當。其
田從乾封二年中壹年佃食。兩
和立契，獲指為記。
田主　魏相憙
夏田人　左憧憙
知見人　杜善歡
知見左右　翟隆子
交用小麥貳斛，於竹苟仁夏胡麻井部田壹畝
田主　竹[苟]仁

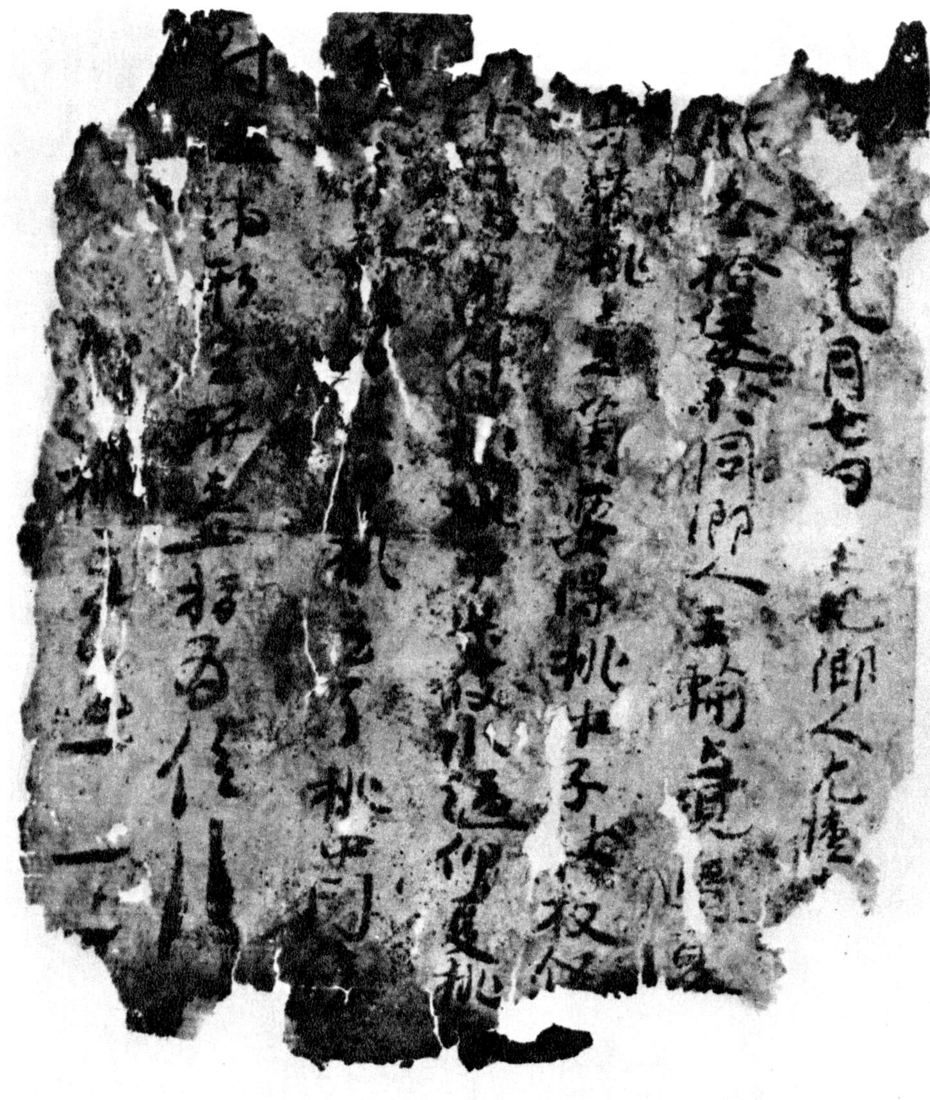

一一　唐乾封元年（公元六六六年）左憧憙夏葡萄園契　64TAM4:45

一一　唐乾封元年（公元六六六年）左憧憙夏葡萄園契

[乾][封][元]年八月七日，[崇]化鄉人左憧[憙]
□錢叁拾伍文，於同鄉人王輸覺邊夏□
□渠蒲桃（葡萄）壹園，要得桃中子[秋]收領。
[到]十月內還付[桃]，桃中渠破水讁，仰夏桃子
秋人了；祖殊[佰][役]，仰桃主了。桃中門辟（壁）
付左。兩和立契，畫指為信。
桃主　王

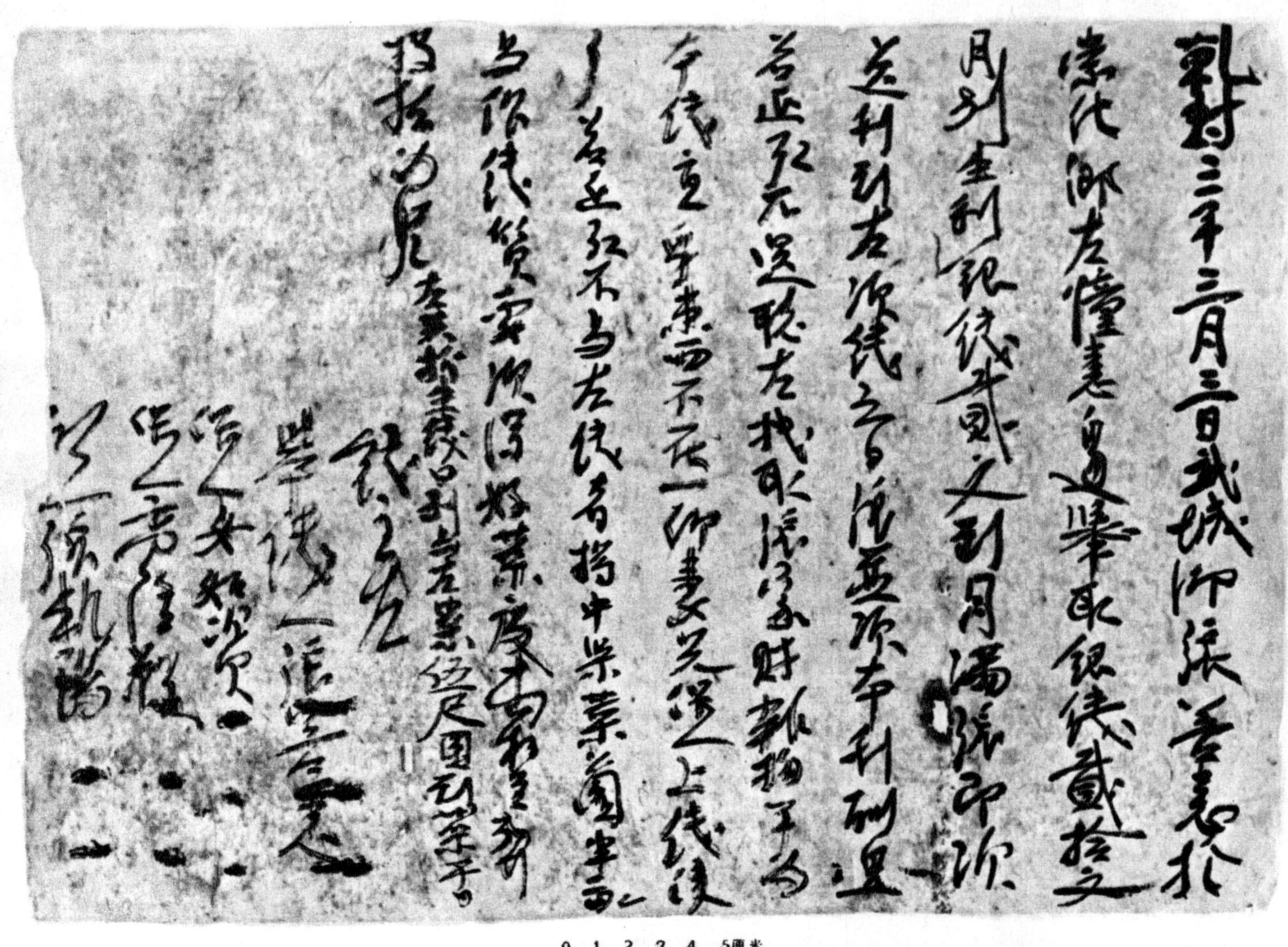

一二　唐乾封三年(公元六六八年)張善憙舉錢契　　64TAM4:40

一二　唐乾封三年（公元六六八年）張善憙舉錢契

乾封三年三月三日，武城鄉張善憙於
崇化鄉左憧憙邊舉取銀錢貳拾文，
月別生利銀錢貳文。到月滿，張即須
送利。到左須錢之日，張並須本利酬還。
若延引不還，聽左拽取張家財雜物平為
本錢直。身東西不在，一仰妻兒保人上錢使
了。若延引不與左錢者，將中渠菜園半畝，
與作錢質，要須得好菜處。兩和立契，
獲指為驗。左共折生錢，日別與左菜伍尺園，到菜干日。
錢主　左
舉錢人　張善憙一
保人　女如資一一
保人　高隆歡一一
知見人　張軌端一一

一三　唐總章元年(公元六六八年)左憧憙買草契　　64TAM4:32

一三　唐總章元年（公元六六八年）左憧憙買草契

總章元年六月三日，崇化鄉人左憧憙交用銀
錢肆拾[一]，順義鄉張潘塠邊取草玖拾韋[二]，如到
高昌之日不得草玖[三]韋者，還銀錢陸拾文。
如身東西不到高昌者，仰收後者[四]別還。若
草好惡之中，任爲左意。如身東西不
在者，一仰妻兒及保人知當。兩和
立契，獲指爲信。如草□高昌□。
錢主左
取草人張潘塠
保人竹阿闍利
保人樊曾□　一
同伴人和廣護

注釋

〔一〕拾：此字原作「於」，從下讀，後又改爲「拾」，從上讀，其下省一「於」字。

〔二〕韋：原件如此，難以辨識，是草的量詞。

〔三〕玖：下當脱一「拾」字。

〔四〕後者：原件作「者後」，因改。

一四　唐總章元年(公元六六八年)西州高昌縣左憧憙辭爲租佃葡萄園事　64TAM4:6

一四　唐總章元年(公元六六八年)西州高昌縣左憧憙辭爲租佃葡萄園事

1 總章元年七月　日高昌縣左憧憙辭

2 張渠蒲(葡)桃(萄)一所　舊主趙迴□

3 縣司：憧憙先租佃上□桃，今□

4 恐屯桃人并比隣不委，謹以辭陳，□

5 公驗，謹辭。

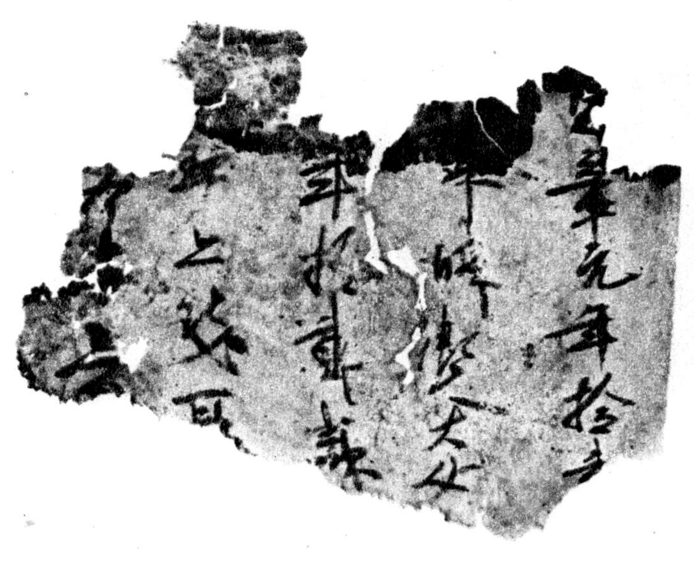

一五　唐總章元年(公元六六八年)武城鄉人大女殘文書　64TAM4:30

一五　唐總章元年(公元六六八年)武城鄉人大女殘文書

1 總章元年拾貳□

2 □武城鄉人大女□

3 □年拾貳歲□

4 □郭(?)上錢且□

5 □□□□

一六　唐總章三年(公元六七〇年)左憧憙夏菜園契　　64TAM4:33

一六　唐總章三年（公元六七〇年）左憧憙夏菜園契

總章三年二月十三日，左憧憙於張善
憙邊夏取張渠菜園壹所，在白赤舉
北分墻。其園叁年中与夏價大麥拾
陸䚯（斛）；秋拾陸䚯。更肆年，与銀錢叁拾文。
若到佃時不得者，壹罰貳入左。祖（租）殊（輸）
伯（佰）役，仰園主；渠破水讁，仰佃人當。為
人無信，故立私契為驗。——
錢主　左
園主　張善憙——
保人　男君洛
保人　女如資
知見人　王父師——
知見人　曹感

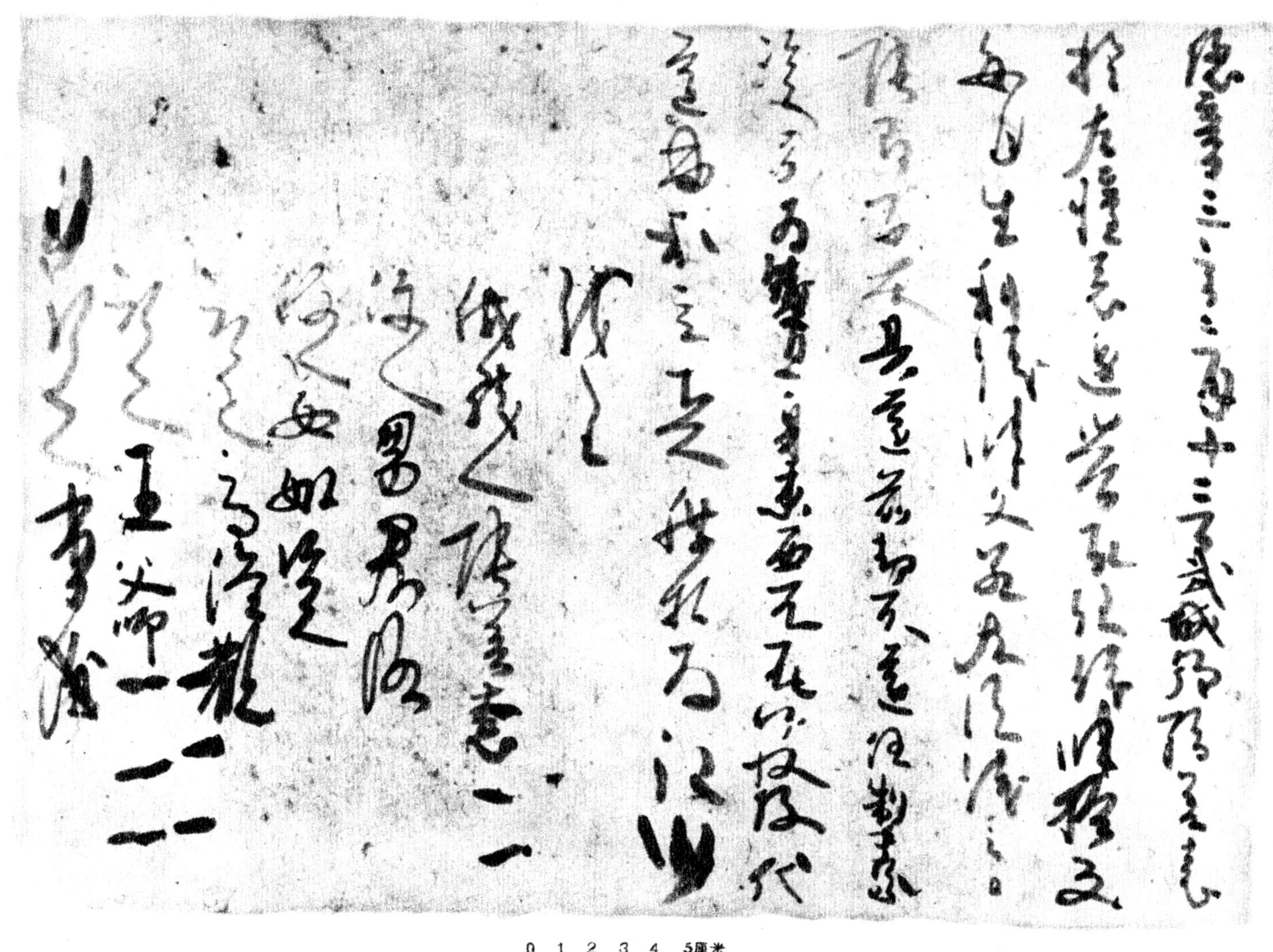

一七　唐總章三年(公元六七〇年)張善憙舉錢契　　64TAM4:41

一七　唐總章三年（公元六七〇年）張善憙舉錢契

1 總章三年三月十三日，武城鄉張善憙
2 於左憧憙邊舉取銀錢肆拾文，
3 每月生利錢肆文。若左須錢之日，
4 張即子本具還。前却不還，任掣家
5 資平為錢直。身東西不在，仰收後代
6 還。兩和立契，獲指為記。|||
7 錢主
8 貸錢人張善憙一一
9 保人男君洛
10 保人女如資
11 知見人高隆歡一一
12 知見人王父師一一
13 || 知見人曹感

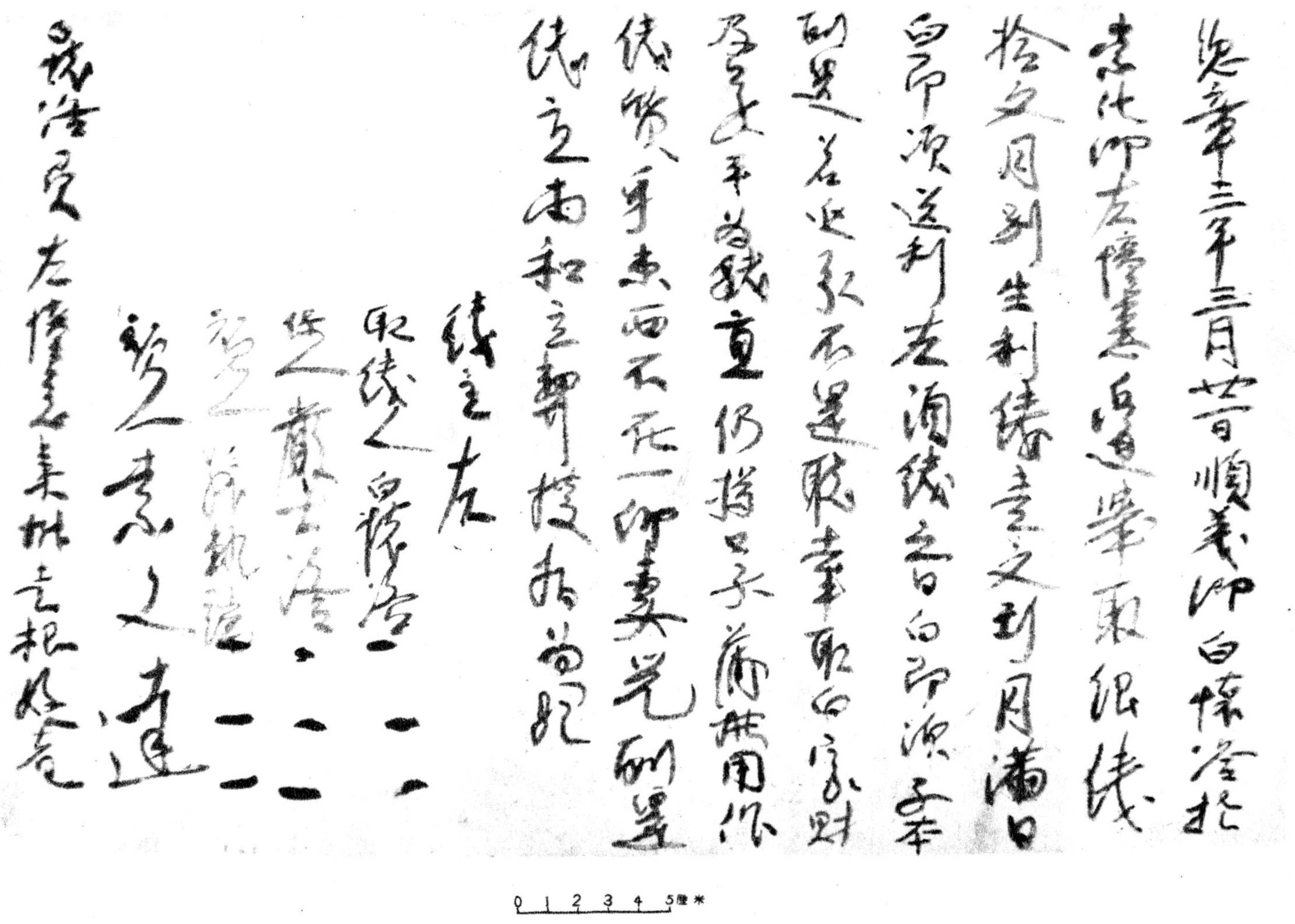

一八　唐總章三年(公元六七〇年)白懷洛舉錢契　64TAM4:37

一八　唐總章三年（公元六七〇年）白懷洛舉錢契

總章三年三月廿一日，順義鄉白懷洛於崇化鄉左憧憙邊舉取銀錢拾文，月别生利錢壹文。到月滿日，白即須送利。左須錢之日，白即須子本酬還。若延引不還，聽牽取白家財及口分平爲錢直。仍將口分蒲（葡）桃（萄）用作錢質。身東西不在，一仰妻兒酬還錢直。兩和立契，獲指爲驗。

錢主左

取錢人白懷洛｜｜｜

保人嚴士洛｜｜｜

知見人張軌端｜｜｜

知見人索文達｜｜｜

白懷洛負左憧憙菜樹壹根，好者。

一九　唐支用錢練帳一　　64TAM4:46/1

一九　唐支用錢練帳一

1 □三將去五疋，校尉買去二疋，用買何㹰馬。練□

2 □鐵城下。用練一疋，䊮（羅）馬踖。更錢八文，亦用䊮。胡仵城更用
練一疋

3 □用錢拾文，幢□䊮麦。用麦造粮。據史德城用錢

4 □文，校尉用四文，䊮踖。用錢二文，買弦。更練一疋，曹師邊用
䊮踖。□

5 忍渾。用練一疋，䊮趁來，迴河頭。用一疋，曹顧住處買羊。更用
錢□

6 □□住內。撥换城用練半疋䊮來，買婢，闕練一疋。更用錢□

7 □□買宍（肉），更用一疋，買白氈。用練半疋，尾氈處買氈。用錢三
文□

8 □安西用錢三文，䊮踖。更用錢一文，買草。更用同（銅）錢貳拾二
文趁（一）□

9 □蓿。更用同錢六文，䊮趁。更用同錢十四文，䊮□

…

10 ……[錢]一十八文豁麮，更用同[錢]……

11 ……[踏][用][銀][錢][二][文][買]一脚宍。[更][用]錢廿一文買氎□

……

12 ……[練]……

13 ……□[錢]……作用□

14 □□[正]一文[索]……[用]

練一疋与[作]□。用

15 錢壹[拾]三文，更[錢]……[校][尉]下。銀

錢六文，銅錢六十文。

16 安校尉下，銀錢六文，銅錢卅一文。韓校尉下，銀錢六，銅錢[伍]

十文。[趙]師下，

17 銀錢十文，銅[錢]六十文，更銅錢廿十六文。張師下，銀[錢]七文

銅[錢][卅]文。

注　釋

〔一〕麮：據下件當是「麨」之誤（以下第一一行同），其上疑奪一「買」字。

〔二〕廿十六文：疑衍一「十」字。

二〇　唐支用錢練帳二　　64TAM4:47,49,48

二〇　唐支用錢練帳二

本件為上件之另一抄本。

1 □□□二疋用買何塠
2 □□□[疋]，[羅]馬踏。[更]錢
3 □□□[練]□馬踏。更[用][錢]十
4 □□□粮。　據史德城用[錢]四文，与
5 索□用錢二文，買弦。更用練一疋，
6 曹師邊用羅□迴來河
7 [頭]，用練一疋，曹願住處買[羊]。□[用][錢]□還買肉。
8 撥換城用[練][半][疋]，羅米。　買婢，[願]□二文，
9 願住處買肉。更[用][練]一[疋]（撥換）買白□□[用][味]□
10 用錢三文，作齋。　更[到][安]西用　三文，羅[踏]。□
11 用同（銅）錢廿二文，買麩。　用同錢[六]文，買[苜]□
12 更用同錢八文，買[四]□[苜]蓿。更□
13 用錢六[文]，[買]三束苜蓿。　[更][用]同□
14 文，買一脚。　更用同[錢]□□

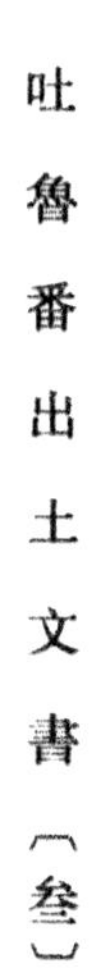

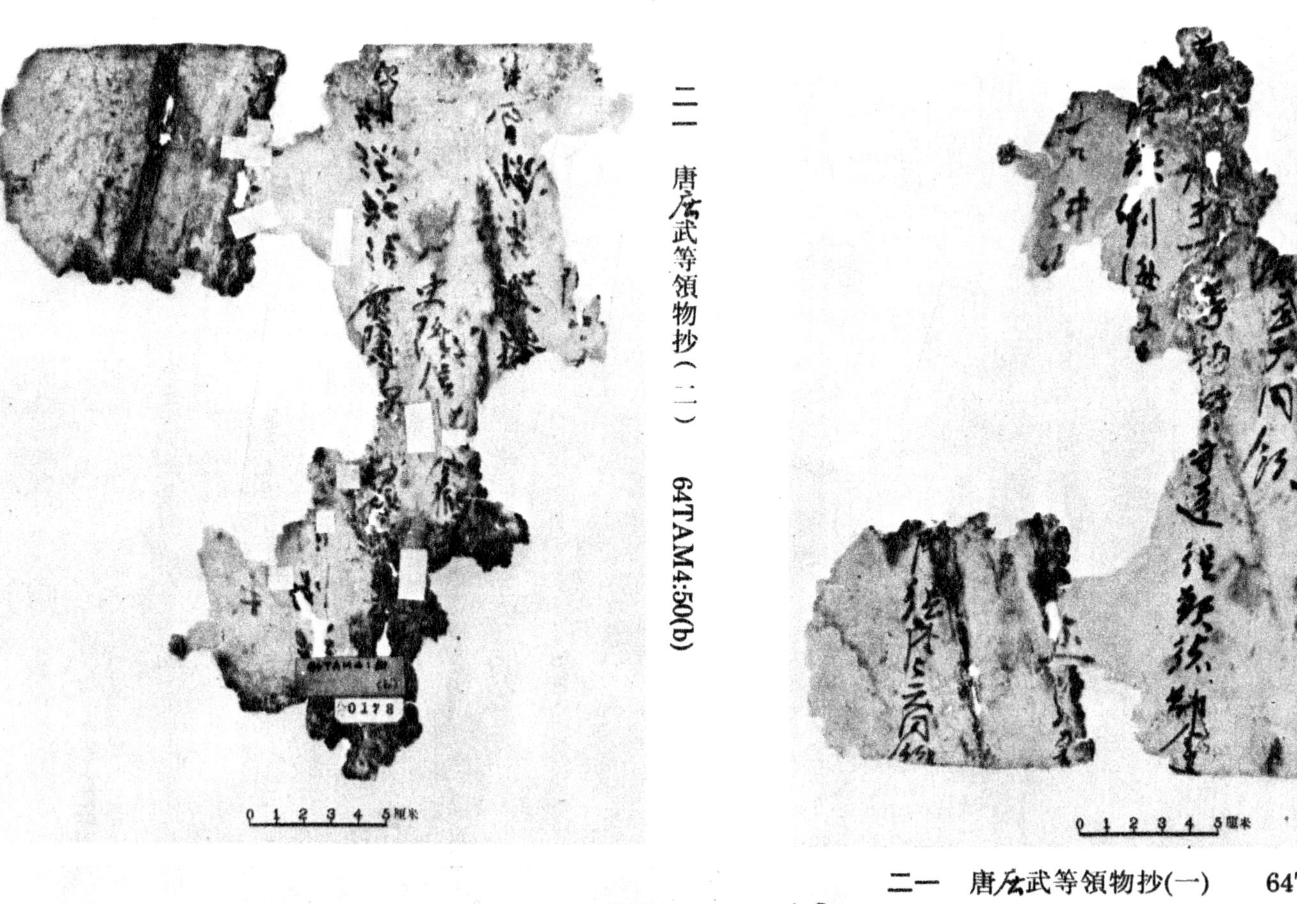

二一　唐㐫武等領物抄（二）　64TAM4:50(b)

二一　唐㐫武等領物抄(一)　64TAM4:50(a)

二二　唐得布准錢帳　64TAM4:1

二一　唐㐫武等領物抄

（一）

1 [ ]一口並鐵過寺
2 [ ][㐫]武二人同領
3 [ ]稅一口等物□守達、張歡德、郭會[ ]、
4 [ ][隆]歡劉海[ ]
5 右件[物][ ]
6 [ ]張隆〻二人同領

（二）

1 □□文[ ]
2 [ ]
3 史隆信　令狐[ ]
4 唐[隆][ ]　□□□

二二　唐得布准錢帳

1 [ ]一文[思][ ]
2 [ ][得]布[壹][ ]
3 [ ]取，准錢壹拾[貳][ ]
4 [ ]入趙(?)進[ ]
5 [ ]子得布三疋，[准][ ]
6 [ ][皁]角壹具，准錢[壹][ ]

二三　唐潢舍告死者左憧憙書爲左憧憙家失銀錢事(一)
64TAM4:35(a)

二三　唐潢舍告死者左憧憙書爲左憧憙家失銀錢事(二)
64TAM4:35(b)

二四　文書殘片　　64TAM4:46/2～46/4

二三　唐潢舍告死者左憧憙書爲左憧憙家失銀錢事

本件首稱「乾封二年（公元六六七年）臘月十一日」乃左家失錢之日，本件必在其後。

（一）

1 乾封二年臘(臘)月十一日，左憧憙家内失銀錢伍伯
2 文(道)盜潢舍盜錢。其潢舍不得兄子錢，家里
3 大小曹主及奴是等及鎧相有人盜錢者，兄子
4 好驗校分明嗦(索)取，里鎧有人取者，放令
5 潢舍知見。其潢舍好兄子邊受之往(枉)
6 罪。潢舍未服，語兄分明驗校，潢舍心下
7 得清淨意。古(故)若潢舍不取之錢，家里曹主及
8 大小奴婢及鎧人放，潢舍眼見，即於死者威亨〔四〕
9 年四月廿九日神遇已後，見多放仕，即須知錢
10 之往，要須大小得死，潢舍即知。

（二）

1 取不證於人取事〔一〕　　　二〔二〕
2 潢舍書件左憧憙〔三〕　資領　　　以古
3 　　　　　　　　　　　　　潼舍

注　釋

〔一〕此段書於潢舍告死者左憧憙書之背。
〔二〕此處剩「潼」字上半截「僮」。
〔三〕此處剩「潼」字下半截「仩」，當與前引半截折疊合書。

阿斯塔那三三〇號墓文書

本墓係合葬墓，出有唐咸亨三年（公元六七二年）趙惡仁墓誌。趙惡仁先葬，一四號紙鞋上拆有文書四件，無紀年；另一屍在外，當係後葬，二六號紙鞋上拆出文書四件，有紀年者，起總章元年（公元六六八年），止咸亨五年（公元六七四年）。

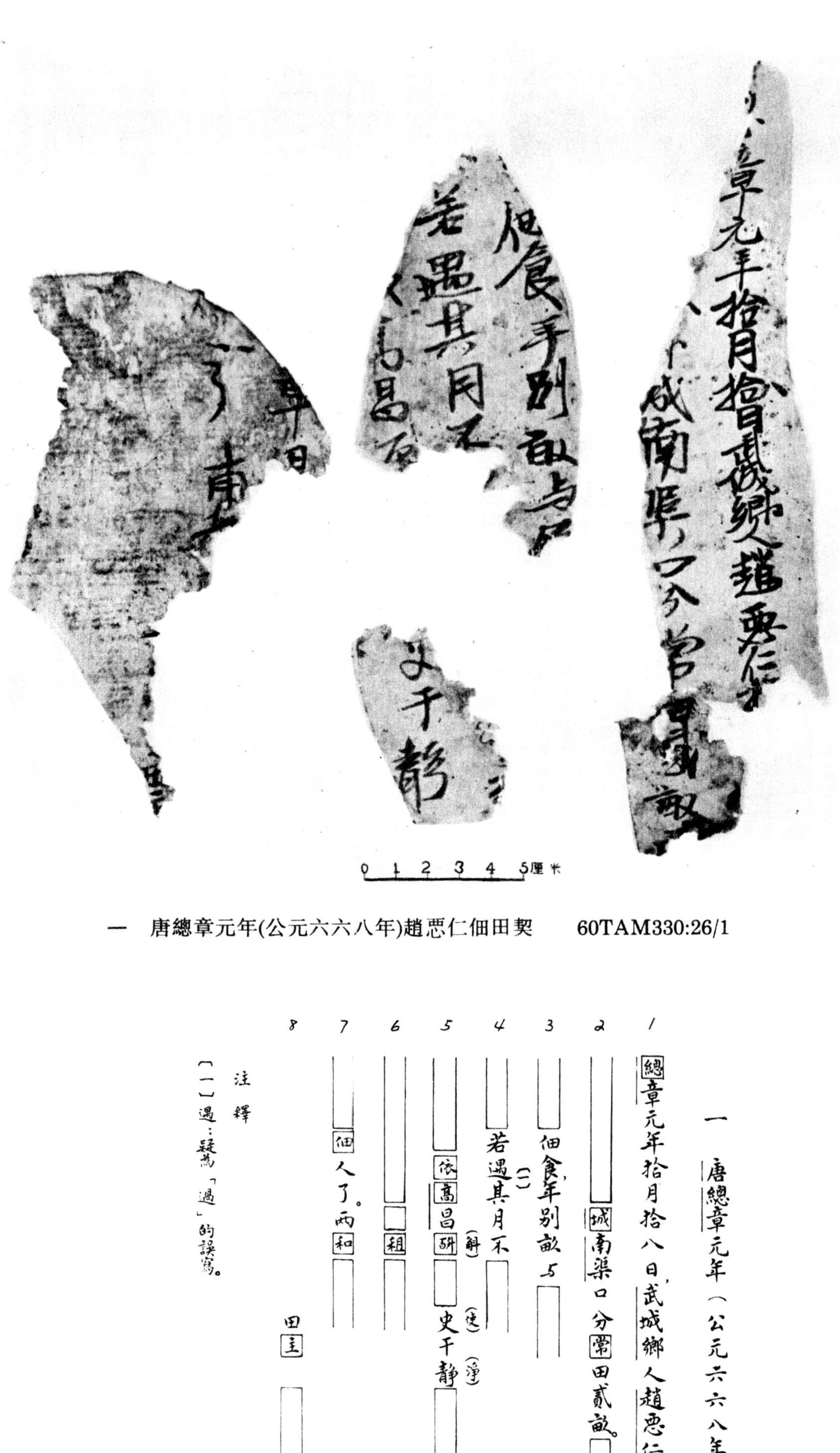

一　唐總章元年(公元六六八年)趙悪仁佃田契　60TAM330:26/1

一　唐總章元年（公元六六八年）趙悪仁佃田契

1 總章元年拾月拾八日，武城鄉人趙悪仁於□

2 □城南渠口分常田貳畝。□

3 □佃食年別畝五□

4 □若遇〔一〕其月不□

5 □依高昌研（斛）□史（使）千靜（淨）□

6 □□租□

7 □佃人了。兩和□

8 田主□

注釋

〔一〕遇：疑為「過」的誤寫。

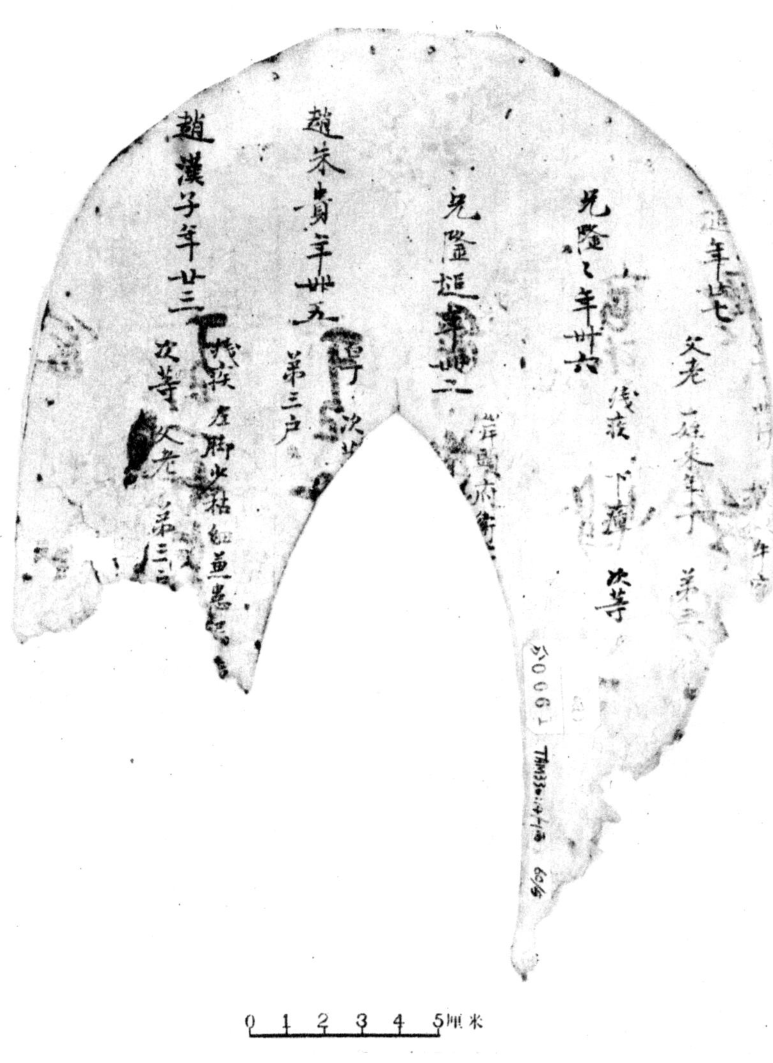

二　唐趙須章等貌定簿(?)(二)　60TAM330:14/1－3(a)

二　唐趙須章等貌定簿(?)(一)
60TAM330:14/1－4(a)

二　唐趙須章等貌定簿(?)

本件第(一)段一、二、三行被墨塗過，字迹難以辨認。本件紀年已缺，但拆自趙惡仁屍紙鞋，故此件當在咸亨三年(公元六七二年)之前。今姑列於《總章元年(公元六六八年)趙惡仁佃田契》之後。下列三、四兩件文書紀年依此推定。

(一)

1 □祀汜年□□第三户

2 趙須章年廿二　白丁□□　樣似趙永□　上等[一]
　□軍[二]　第三户

3 年五十一　岸頭府衛士
　第□户(下殘)

注釋

〔一〕「等」字下似有字。

〔二〕「軍」此字似「中」字，又像「来」字洗掉兩筆。

(二)

1 □□翅年廿七　白丁　西行　樣似牛邑
　父老　一姪来年丁　第三户

2 兄隆〻年卅六　殘疾　丁瘇　次等

3 兄隆翅年卅二　岸頭府衛士(下殘)

4 趙朱貴年卅五　白丁　次等(下殘)
　第三户

5 趙漢子年廿三　殘疾　左脚少枯細，兼患漏瘇。
　次等　父老　第三户

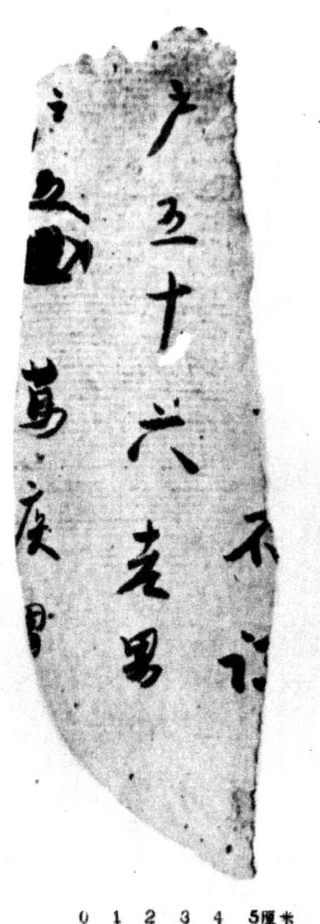

三 唐某鄉户口帳(一)
60TAM330:14/1－4(b)

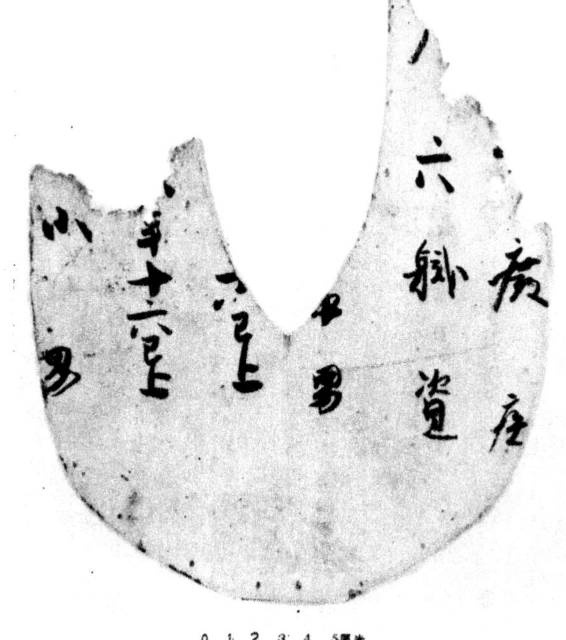

三 唐某鄉户口帳(二)
60TAM330:14/1－3(b)

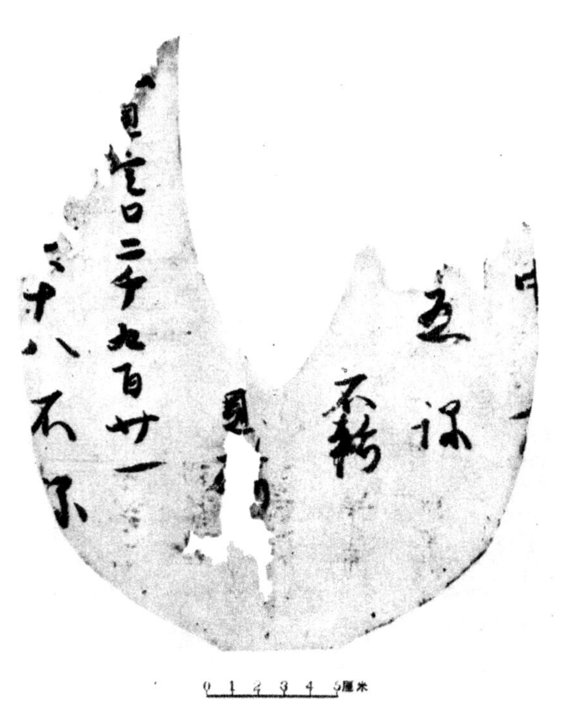

三 唐某鄉户口帳(三)
60TAM330:14/1－2(b)

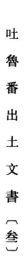

三 唐某鄉户口帳

（一）

1 ［　　　］不[課]
2 户 五十六 老男
3 户 五㊃ 篤 疾[男]

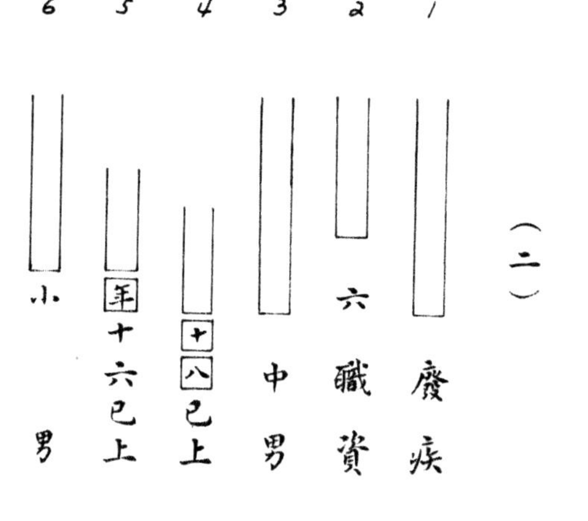

（二）

1 ［　　　］廢 疾
2 ［　　］六 職 資
3 ［　　　］中 男
4 ［　　］[十][八]已上
5 ［　　］[年]十六已上
6 ［　　］小 男

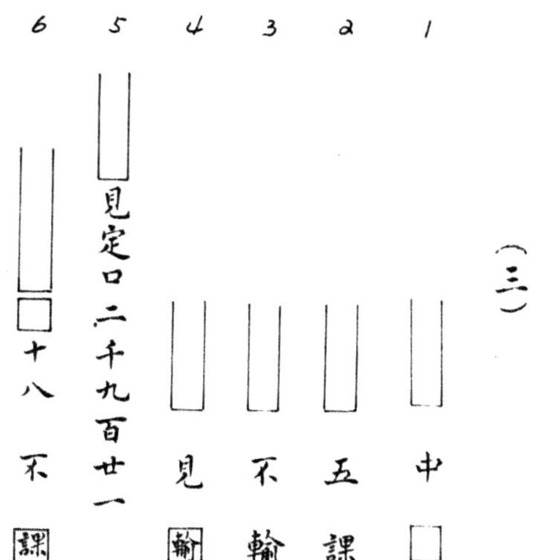

（三）

1 ［　　］中 □
2 ［　　］五 課
3 ［　　］不 輸
4 ［　　］見 [輸]
5 ［　　］見定口二千九百廿一
6 ［　　］□十八 不 [課]

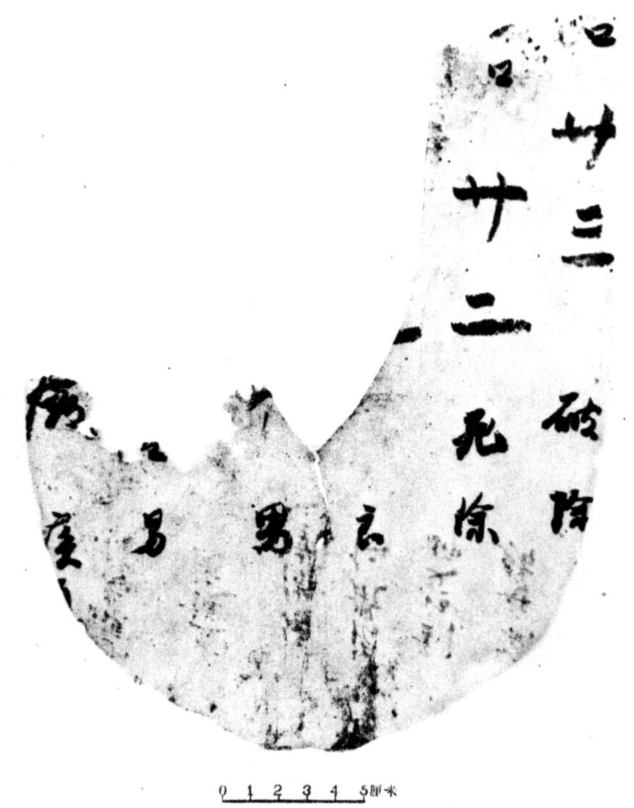

三　唐某鄉户口帳(四)　60TAM330:14/1－1(b)

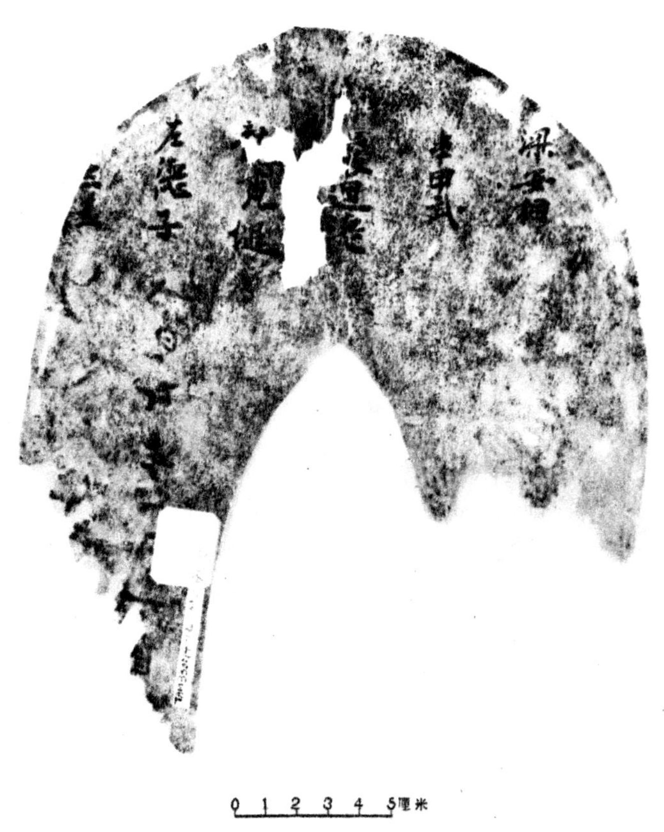

四　唐梁安相等名籍(一)　60TAM330:14/1－2(a)

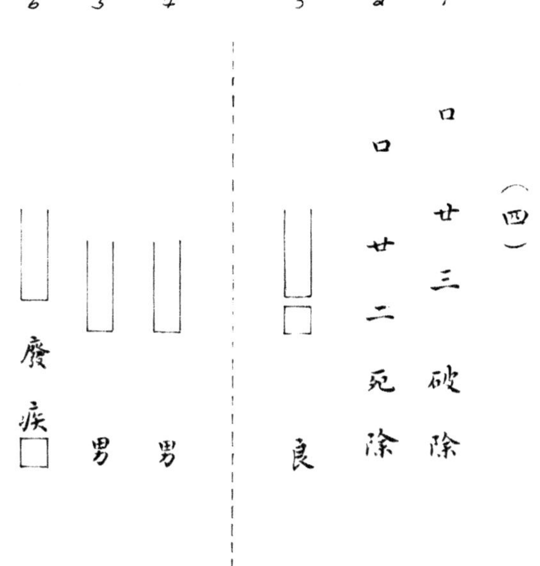

（四）

1 口廿三破除
2 口廿二死除
3 □　良
4 男
5 男
6 廢疾□

四　唐梁安相等名籍（一）

1 梁安相
2 串申武
3 嚴迴德
4 龍秃趄
5 左德子
6 □□住

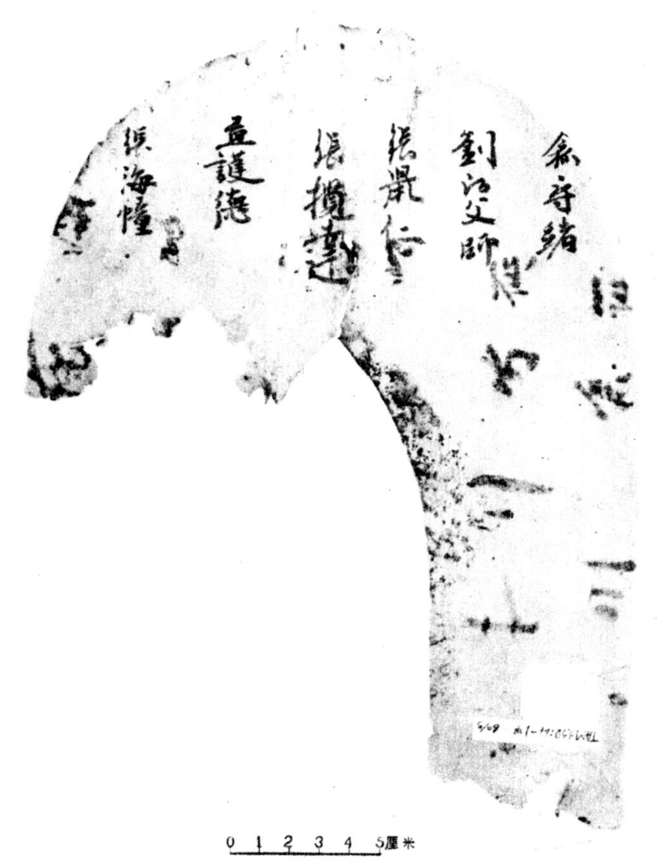

四　唐梁安相等名籍(二)　60TAM330:14/1－1(a)

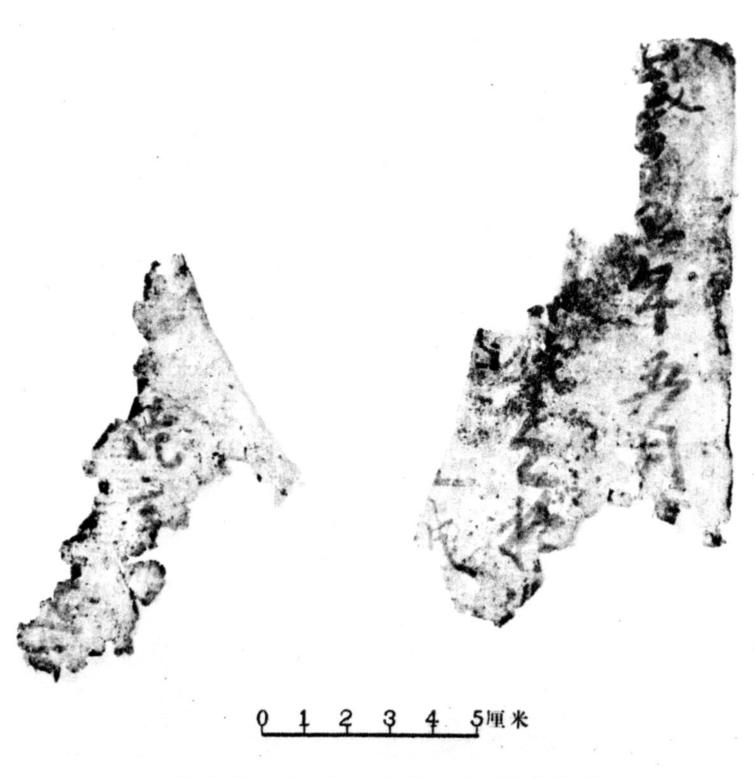

五　唐咸亨五年(公元六七四年)某人舉錢契
60TAM330:26/4－1,26/4－2

(二)

1 今(令)狐守緒
2 劉汃(河)父師
3 張鼂(晁)仁
4 張攬達
5 盂(孟)護德
6 張海憧

五　唐咸亨五年(公元六七四年)某人舉錢契

1 [咸]亨五年五月□
2 □錢壹拾□
3 □□[錢]□
4 錢主□

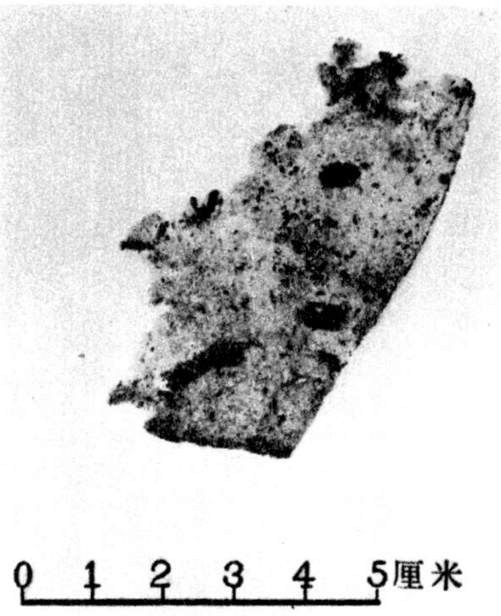

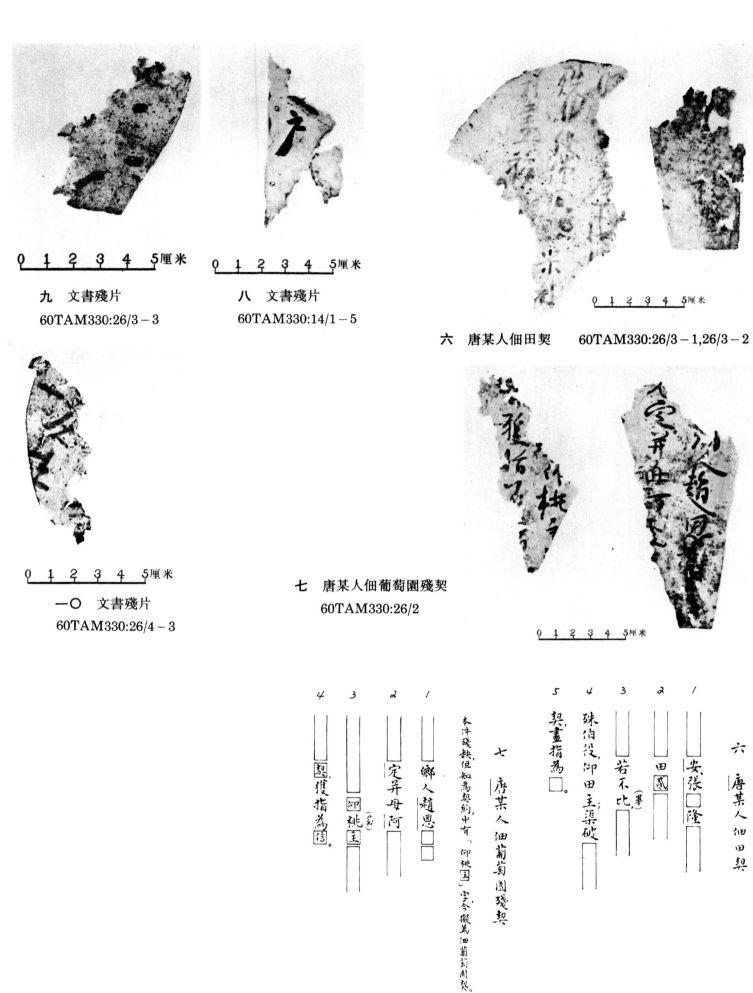

九　文書殘片
60TAM330:26/3－3

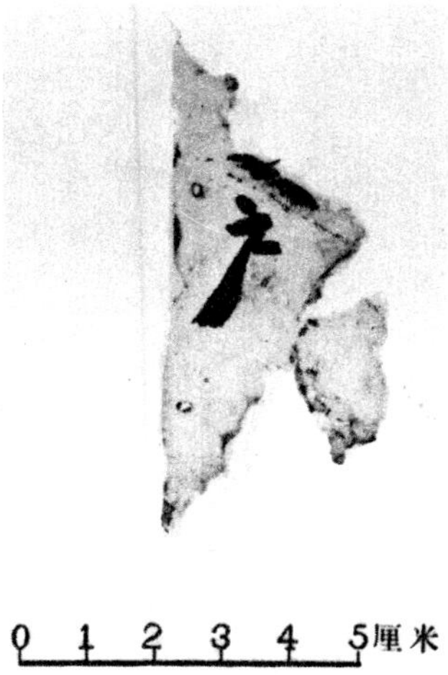

八　文書殘片
60TAM330:14/1－5

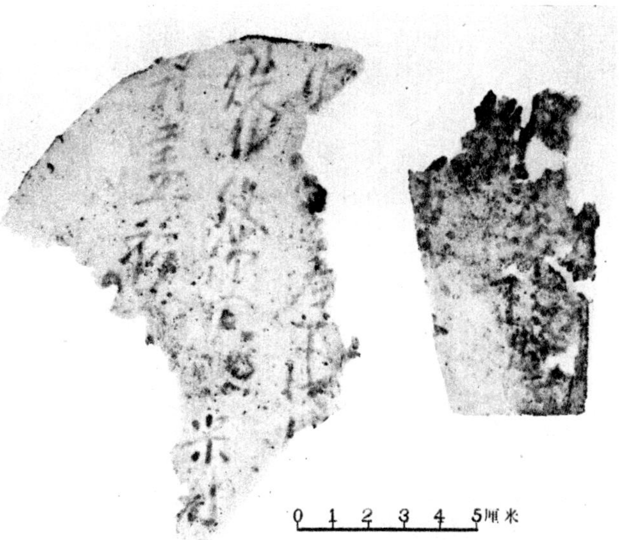

六　唐某人佃田契　　60TAM330:26/3－1,26/3－2

一〇　文書殘片
60TAM330:26/4－3

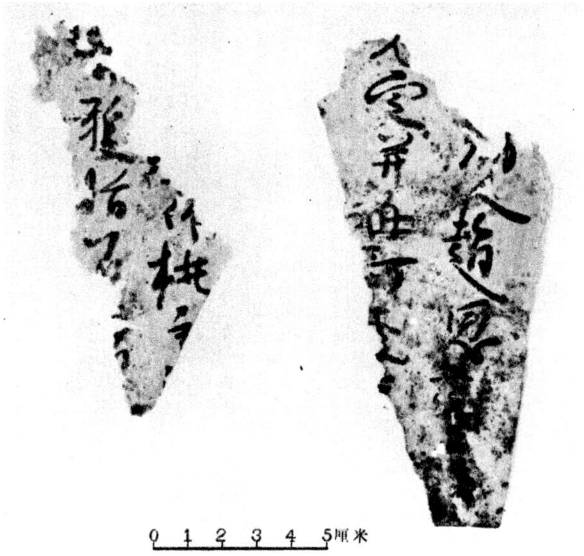

七　唐某人佃葡萄園殘契
60TAM330:26/2

六　唐某人佃田契

1 ［　　］安，張□隆［　　］
2 ［　　］田[貳]［　　］
3 ［　　］若不比，（畢）［　　］
4 殊伯役，佃田主；渠破［　　］
5 契，畫指為□。

七　唐某人佃葡萄園殘契

本件殘缺，但知為契約，中有「佃桃[園]」字，今擬為佃葡萄園契。

1 ［　　］鄉人趙恩□□
2 ［　　］定并母阿［　　］
3 ［　　］[佃]桃[主]（萄）［　　］
4 ［　　］[契]，獲指為[信]。

阿斯塔那六一號墓文書

本墓出有唐咸亨四年（公元六七三年）海生墓誌。所出文書有紀年者，爲唐麟德二年（公元六六五年）。

一　唐麟德二年(公元六六五年)坊正傅某牒爲追送畦海員身到事　66TAM61:21(a)

一　唐麟德二年（公元六六五年）坊正傅某牒爲追送畦海員身到事

本件與下件皆爲追訊畦海員事，疑原係粘接成一案卷。

1 □義□
2 畦海貟
3 右被帖追上件人送者，依追身到，今隨□
4 牒件狀如前。謹牒。
5 麟德二年五月十六日坊正傅□
6 問。武示
7 十□

二　唐麟德二年(公元六六五年)畦海員辯辭　　66TAM61:20(a)

二　唐麟德二年（公元六六五年）畦海員辯辭

畦海員年卌五

海員辯：被問賃牛兩頭与趙運貞踐麥，是何日賃与□，……

□得多少價數者。謹審：但海員不是賃牛与趙運貞……

□□[日]巳時許，趙運貞家內有一婢來，不得名，到海員……

……曹主遣賃你兩、三箇牛來，用踐麥。海員……

……賃与，實借牛兩頭与運貞踐麥是實，被問[依]

□□[辯]。

……式　　麟德二年五月　日

奴有宿[處]

證見並[撿]

既不是□

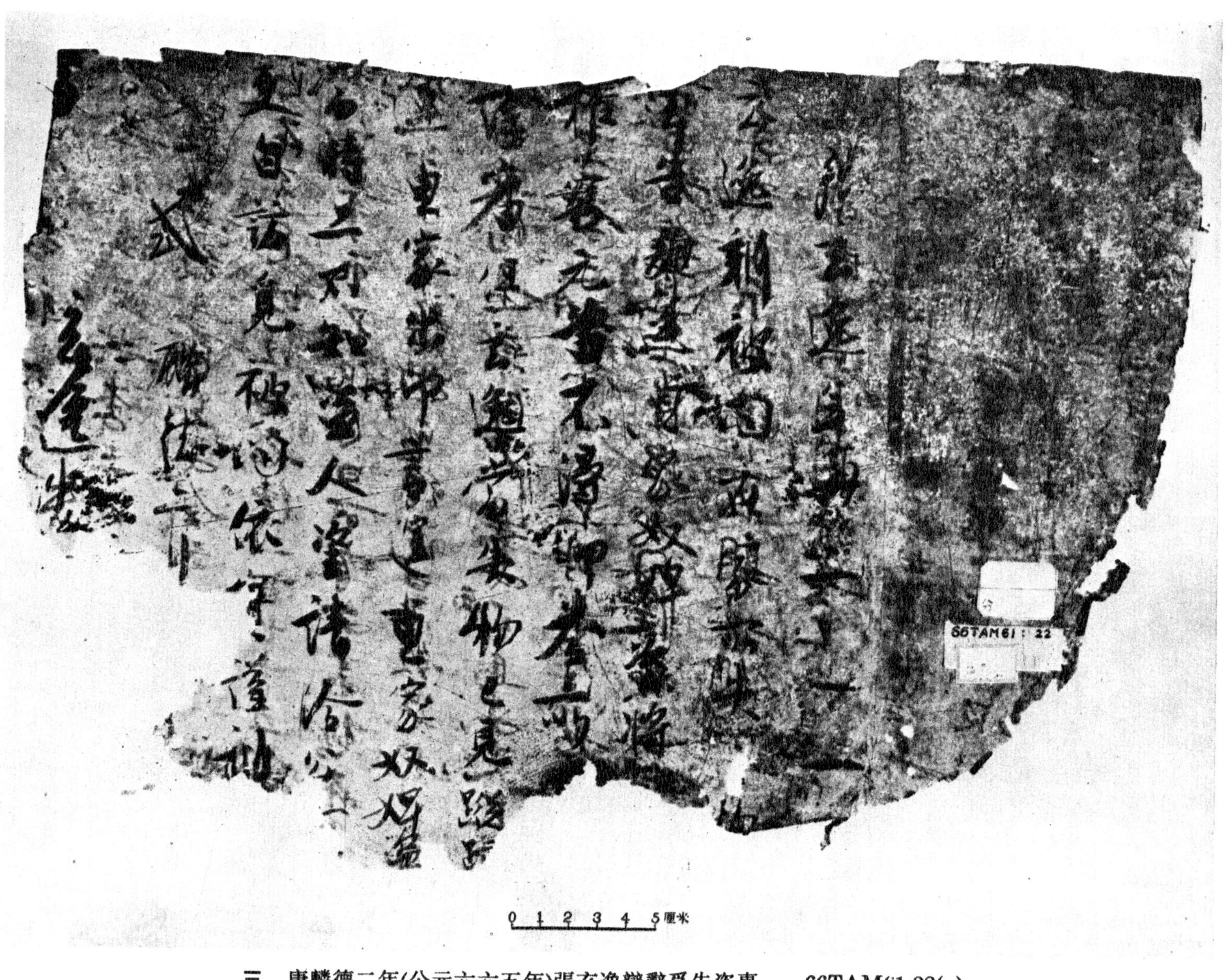

三　唐麟德二年(公元六六五年)張玄逸辯辭爲失盜事　　66TAM61:22(a)

三　唐麟德二年（公元六六五年）張玄逸辯辭爲失盜事

本件與後二件皆爲訊張玄逸失盜事，疑原係粘接爲一案卷。

張玄逸年卅二　　一一一
玄逸辯：被問在家所失[之][物][　　　]
□告麴運貞家奴婢盜將[　　　]
推窮元盜不得，仰答：：所[　　　]
謹審：但玄逸當失物已見蹤[跡]，
運貞家出，即言運貞家奴婢盜。
當時亦不知盜人，(望)請給公□
更自訪覓。被問依實謹辯。
式　麟德二年[　　　]
玄逸失[　　　]

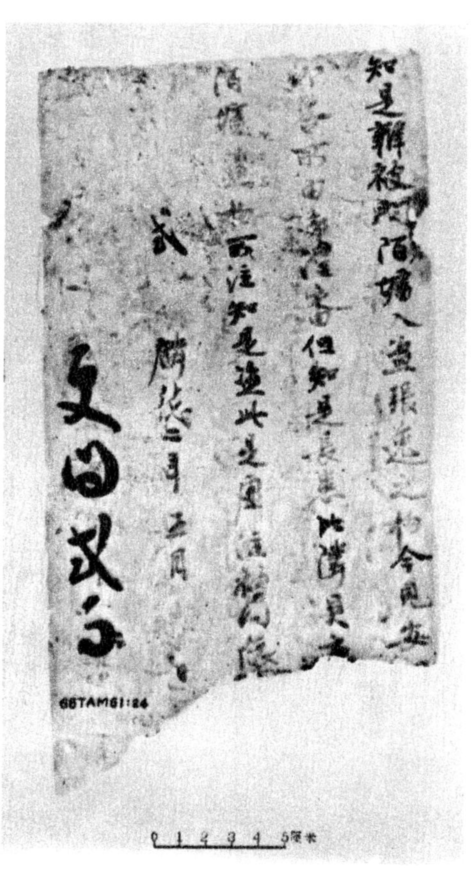

四　唐麟德二年(公元六六五年)知是辯辭爲張玄逸失盜事
66TAM61:24(a)

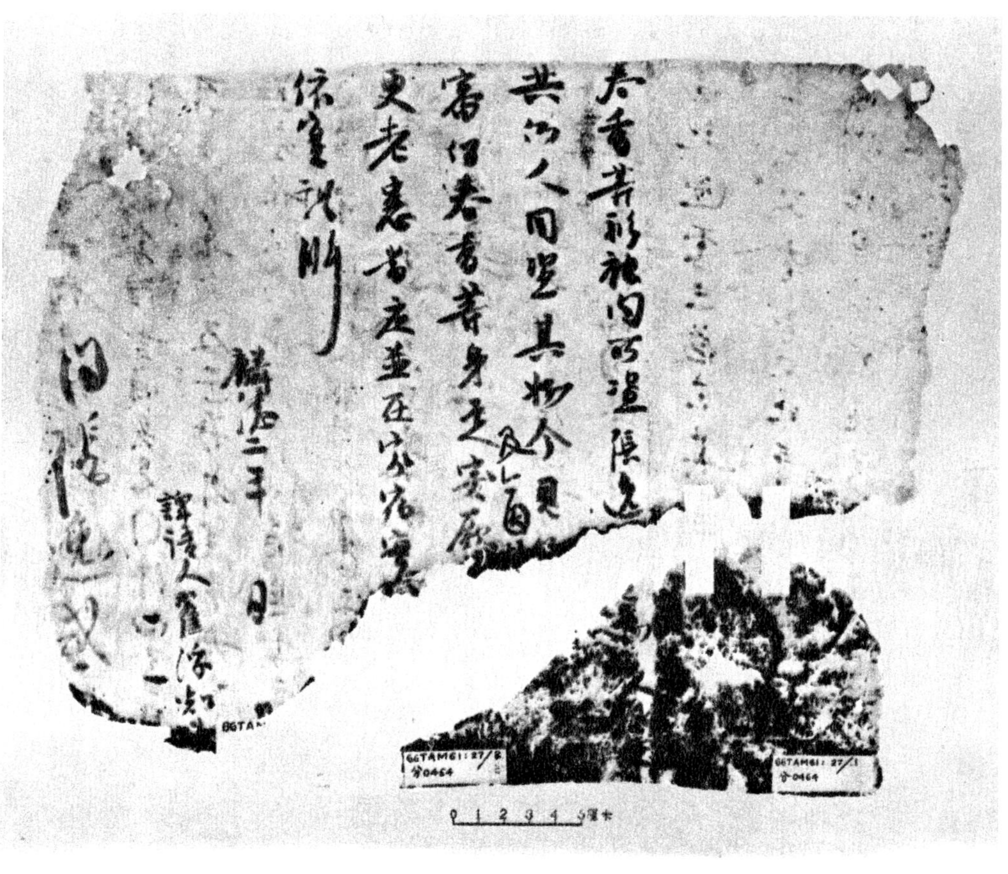

五　唐麟德二年(公元六六五年)婢春香辯辭爲張玄逸失盜事
66TAM61: 23(a),27/1(a),27/2(a)

四　唐麟德二年（公元六六五年）知是辯辭爲

張玄逸失盜事

知是辯：問陌牆入盜張逸之物，今見安［　　］
仰答所由者，謹審。但知是長患，比隣具[乙]［　　］
陌牆盜物，所注知是盜，此是虛注。被問依［　　］
式　　麟德二年五月　　日
史　　問。式示

五　唐麟德二年（公元六六五年）婢春香辯辭爲

張玄逸失盜事

春香等辯：被問所盜張逸[之]物，頉□更
共何人同盜，其物今見［　　］答□
審：但春香等身是突厥［　　］及今国［　　］
更老患，當夜並在家宿，實［　　］
依實謹辯。
麟德二年　月　日
譯語人翟浮知□　　一一□
問張逸。式
□

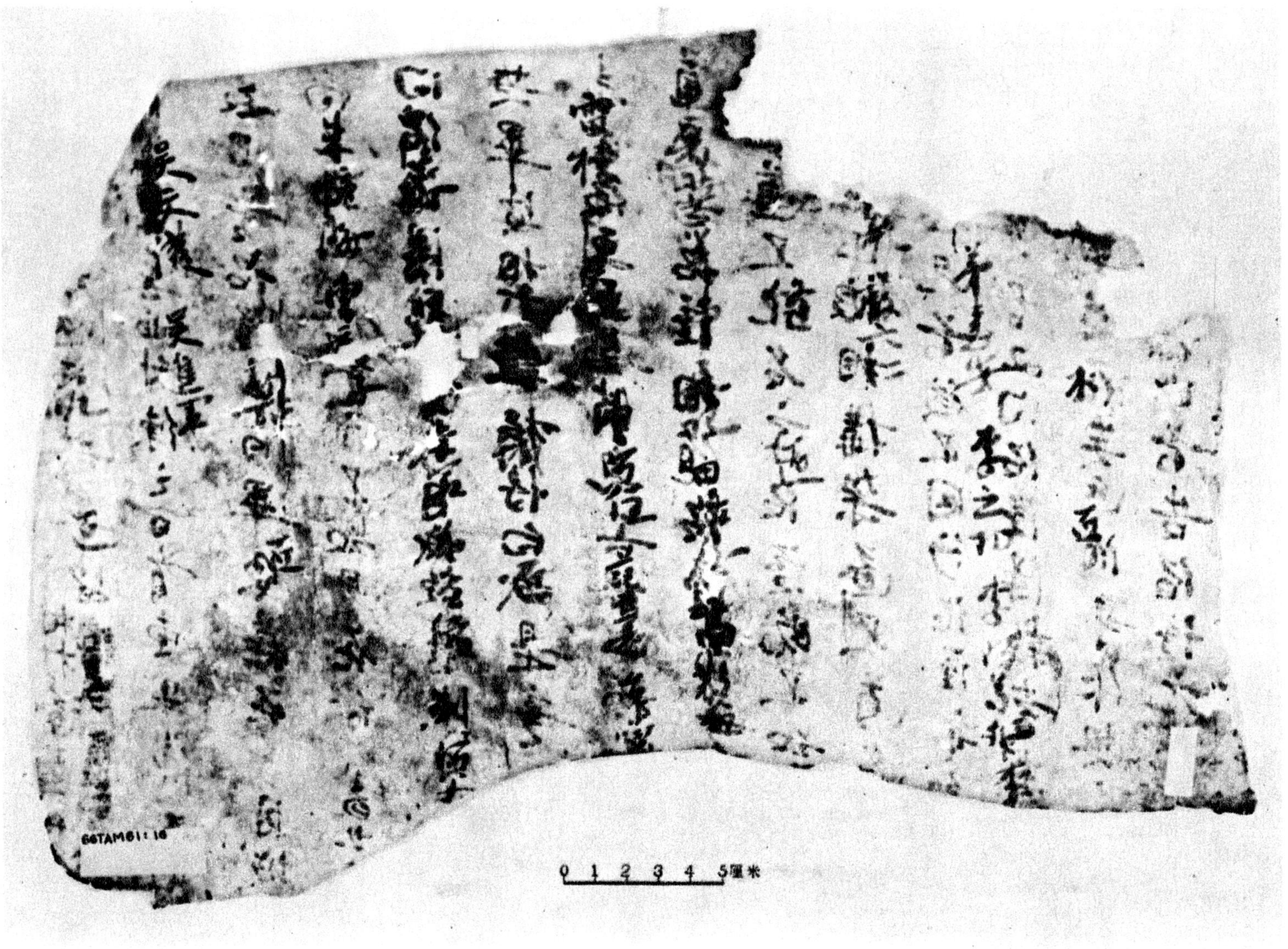

六　唐憙安等匠人名籍(一)　　66TAM61:16(a)

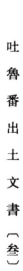

六　唐憙安等匠人名籍

本件紀年已缺。據前件《唐麟德二年張玄逸辯辭》與本件粘合，背面用作高昌縣上安西都護府牒文，今置於高昌縣牒前麟德二年（公元六六五年）文書之後。

（一）

□□木　匠

□　弟憙安　李之功　李阿苟仁　李□

□□鼠　嚴六仁

□□縫　匠

申屠英□　曹居記　田洛德　高歡住

雷犢子　吴紹進　曹阿住　范爲耆　負小□

□□鐵　匠

白住德　弟住□　□養富　弟隆緒　劉阿父□

朱憧海　曹[兎]子

二人笮　匠

吴文護　吴進軍

□□泥　匠

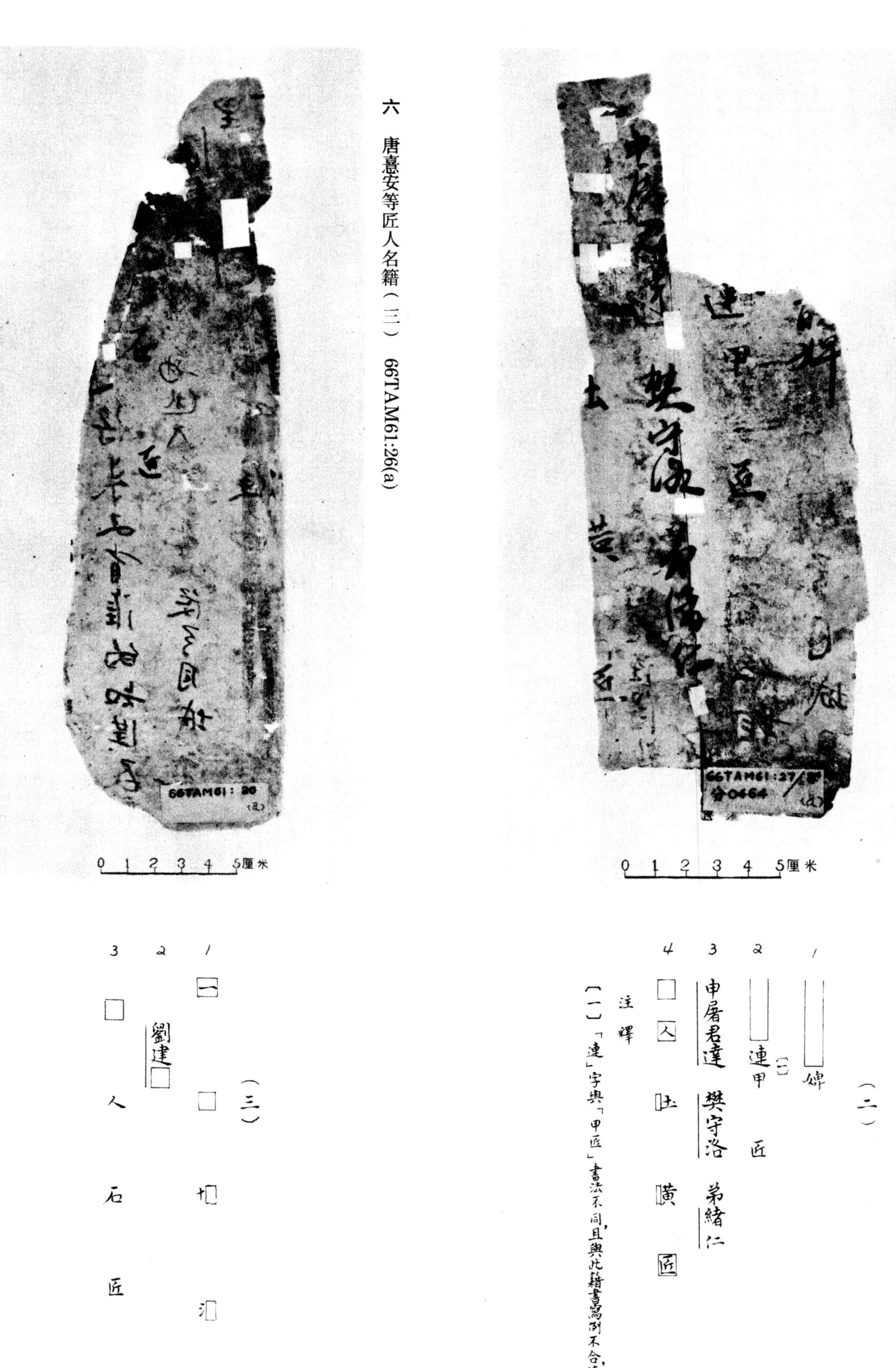

六　唐憙安等匠人名籍（二）　66TAM61:27/5(a)

六　唐憙安等匠人名籍（三）　66TAM61:26(a)

（二）

1 □□□□婢
2 □□□連甲[一]匠
3 申屠君達　樊守洛　弟緒仁
4 □人　土　黄　匠

注釋

〔一〕「連」字與「甲匠」書法不同，且與此籍書寫例不合，待考。

（三）

1 一　□　十□　氵□　□
2 劉建□
3 □　人　石　匠

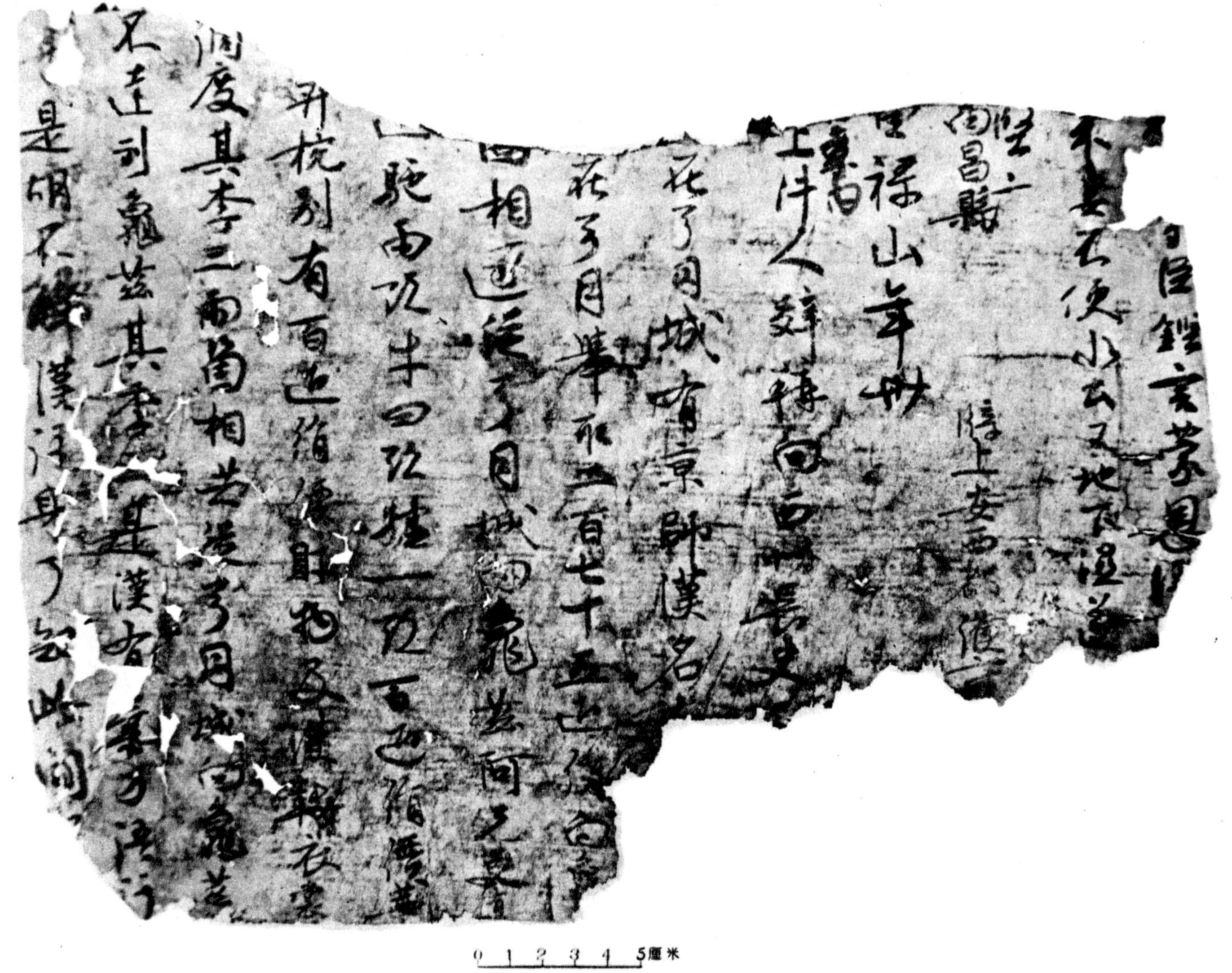

七　唐西州高昌縣上安西都護府牒稿爲録上訊問曹禄山訴李紹謹兩造辯辭事（一）　66TAM61:17(b)

七　唐西州高昌縣上安西都護府牒稿爲錄上訊問曹祿山訴李紹謹兩造辯辭事

本件係用舊文書粘接，於背面書寫。舊文書有麟德二年（公元六六五年）年號。同墓又出咸亨四年（公元六七三年）墓誌，故本件應作於高宗世。又本件（一）之一、二兩行，似是奏疏，錄寫未完，改寫牒文稿。

（一）

1 臣鏗言蒙恩[得]
2 □□禾妻不便水土，又地下濕遂
堅二
3 [高]昌縣　　牒上安西都護[府]
4 [曹]祿山年卅
案内
5 □□上件人辭稱向西州長史
6 在弓月城有京師漢名[李]
7 在弓月城舉取二百七十五疋絹，向[龜]
8 相逐，從弓月城向龜茲。阿兄更有
9 □□[疋]，駝兩頭，牛四頭，驢一頭，百疋絹價華
10 □并椀，別有百疋絹價財物及漢鞍衣裳
11 調度。其李三兩箇相共從弓月城向龜茲，
12 不達到龜茲。其李三是漢，有氣力語[行]
13 〔一〕身是胡，不解漢語。身了知此間
14 行恩澤於此間，請一箇〔二〕

注　釋

〔一〕「身」字以上原紙有損，惟無缺字痕跡。然據上下文義，疑上脫一「兄」字。

〔二〕本行寫於另一紙上，僅殘存此行，前後關係難以確定，今據文義，姑置於此。

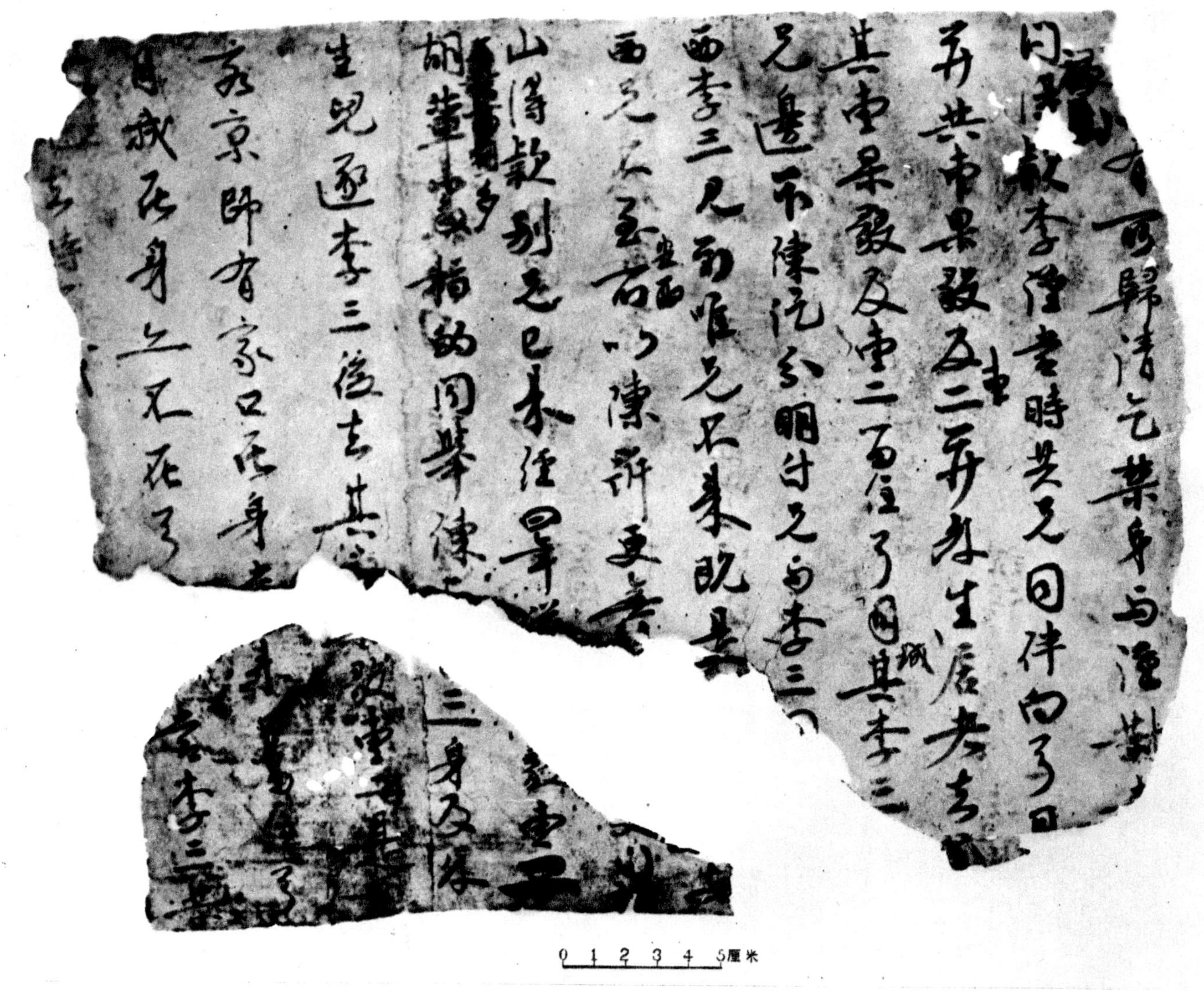

七　唐西州高昌縣上安西都護府牒稿爲録上訊問曹禄山訴李紹謹兩造辯辭事(二)
66TAM61:23(b),27/2(b),27/1(b)

（二）

[ ]有所歸，請乞禁身，与謹對[當][ ]
問禄山得款：李謹當時共兄同伴，向弓[月][ ]
并共曹果毅及曹二，并外生居者去[ ](埒)
其曹果毅及曹二留住弓月城，其李三[ ]
兄邊取練，訖分明付，兄与李三[同][ ]
西。李三見到，唯兄不來，既是[ ]安
西，兄不至安西，所以陳訴，更無[ ][又]問[禄]
山得款：别兄已來，經四年[ ]毅、曹二
○○○○多
胡輩處指的同舉練[ ]三。身及外
生兒逐李三後去。其[曹][果]毅、曹二是胡，
客京師，有家口在。身當來日，留住弓
月城在，身亦不在弓[ ]當李三共
[ ]去[時][弓][ ]

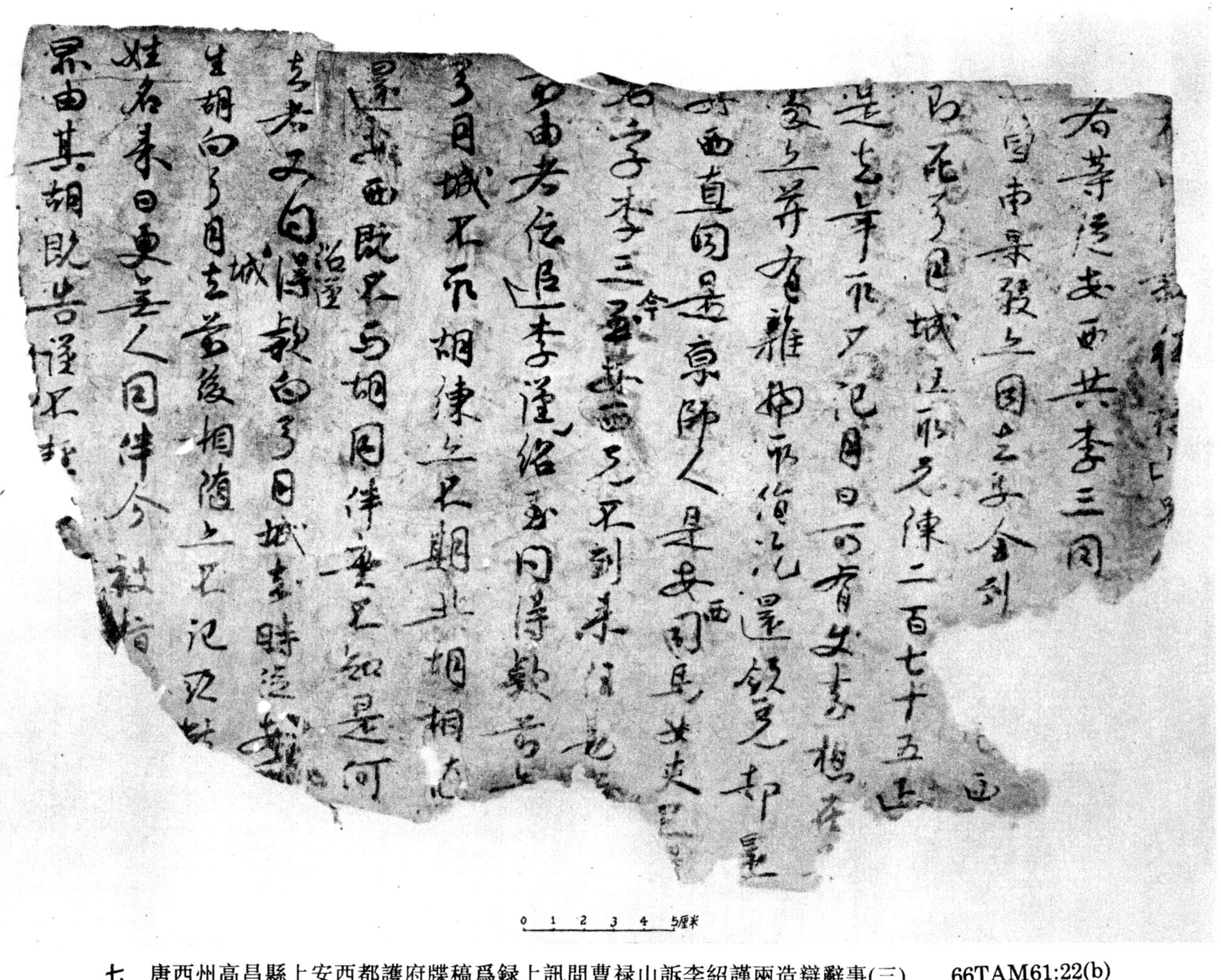

七　唐西州高昌縣上安西都護府牒稿爲録上訊問曹禄山訴李紹謹兩造辯辭事(三)　　66TAM61:22(b)

（三）

[禄山得款稱禄山兄][　　]
者等，從[安]西共李三同[　　]
一箇曹果毅亦同去，安全到[　　][安]西[　　]
即在弓月城住，取兄練二百七十五疋[　　]
是去年取，不記日月。所有文券總在[兄]
處，亦并有雜物。取絹訖還領，兄却還
安西。且同是京師人，是安西司馬女夫，[不得]
名字。李三今至安西，兄不到來，任勘[　　]
所由者。依追李紹謹至，問得款：前[　　]
弓月城不取胡練，亦不期共胡相隨[　　]
還安西，既不与胡同伴，實不知是何[　　]
去者。又問紹謹得款：向弓月城去時，從安[　　]
生胡向弓月城去，前後相隨，亦不記頭[數][　　]
姓名，來日更無人同伴。今被指[　　]
罪由。其胡既告謹不[　　]

七　唐西州高昌縣上安西都護府牒稿爲録上訊問曹禄山訴李紹謹兩造辯辭事(四)　66TAM61:26(b)

（四）

□捉將來，又有誰的知漢及□

□典馬磨勒逃及致死。又從弓月城行百

里許，即逢安西有使四□

七　唐西州高昌縣上安西都護府牒稿爲録上訊問曹禄山訴李紹謹兩造辯辭事(五)　66TAM61:27/5(b)

（五）

謹行不，〔即〕知虛實者。又問紹謹得〔款〕

□相逐

□問〔到〕弓月城日紹

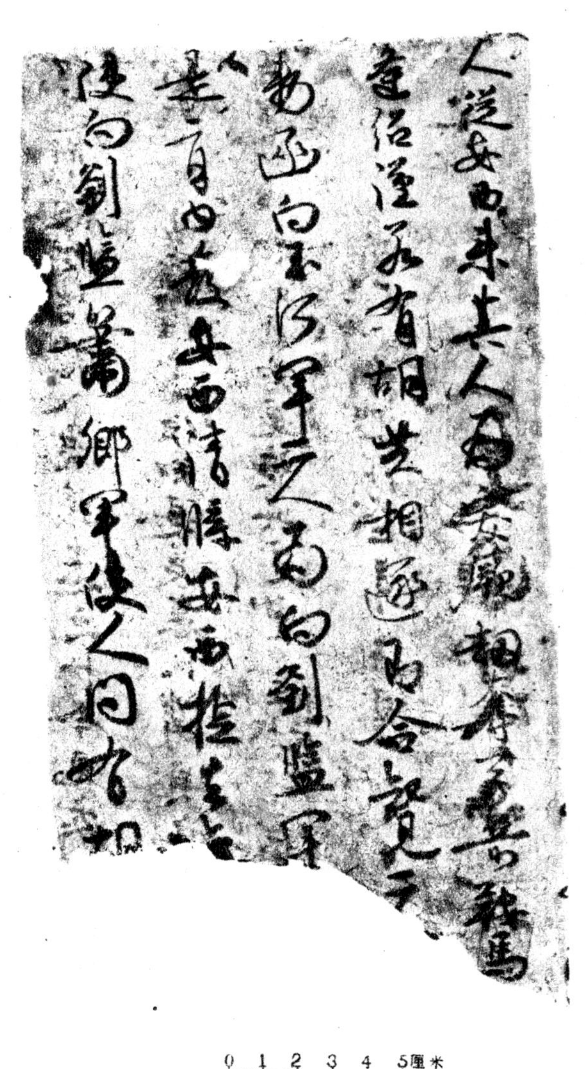

七　唐西州高昌縣上安西都護府牒稿爲録上訊問曹禄山訴李紹謹兩造辯辭事(六)　66TAM61:24(b)

（六）

人，從安西來，其人為突厥劫奪弓箭鞍馬□

逢紹謹，若有胡共相逐，即合知見。二〔人〕□

勅函向玉河軍，二人為向劉監軍□

人是二月內發安西。請牒安西檢去〔年〕□

使向劉監蕭鄉軍使人問有〔胡〕□

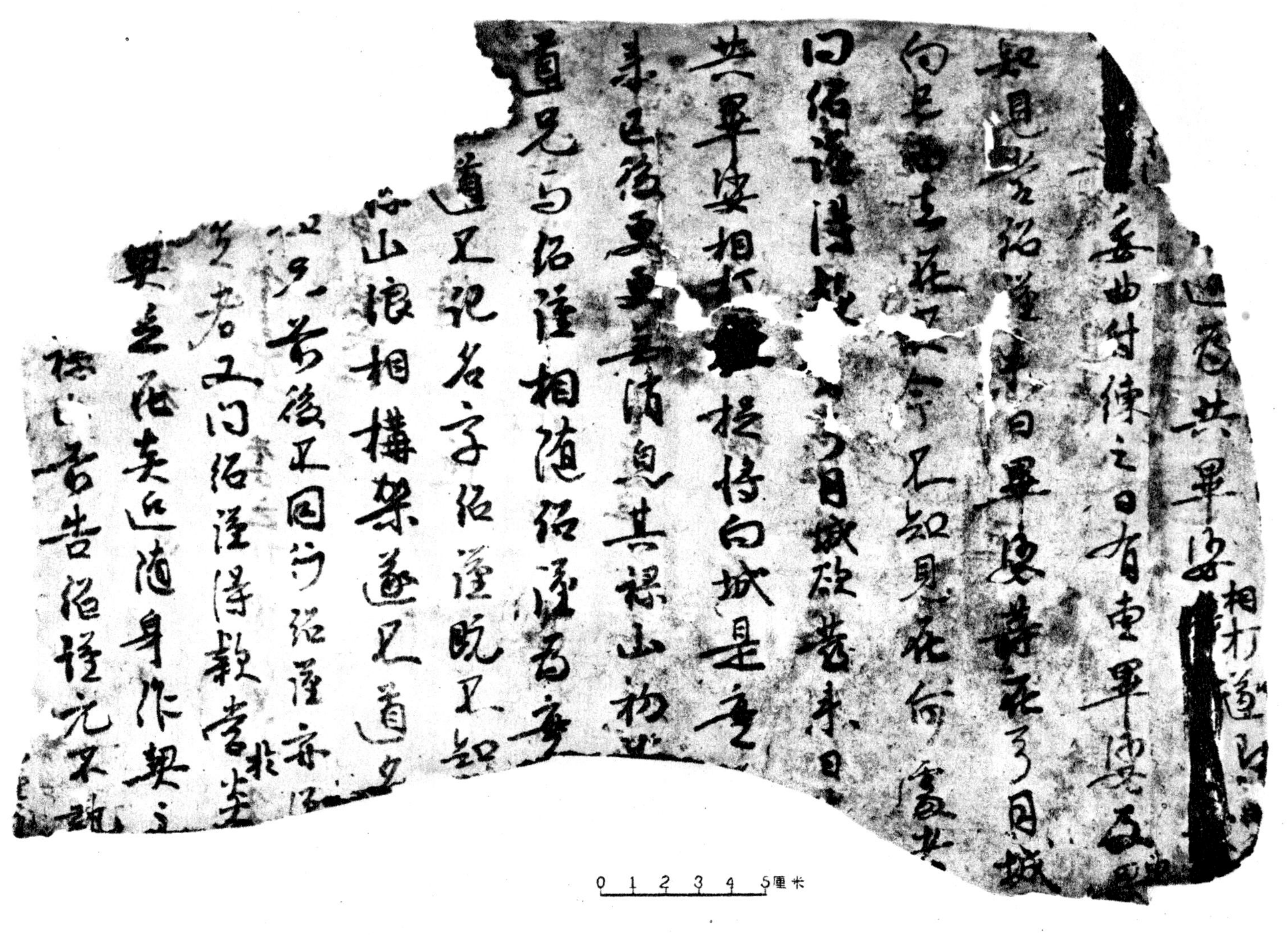

七　唐西州高昌縣上安西都護府牒稿爲録上訊問曹禄山訴李紹謹兩造辯辭事(七)　66TAM61:16(b)

（七）

1 [　　]延爲共畢娑○○○○○相打，遂即[　　]
2 ○○○委曲。付練之日，有曹畢娑及曹果[　　]
3 知見。當紹謹來日，畢娑等在弓月城[　　]
4 向已西去，在不今不知，見在何處者[　　]
5 問紹謹得款：□弓月城欲發来日[　　]
6 共畢娑相打，○捉將向城是實。[　　]
7 來已後，更更〔一〕無消息，其禄山初[　　]
8 道兄与紹謹相隨，紹謹爲實，[　　]
9 □□道不記名字。紹謹既不知[　　]
10 [　　]禄山浪相構架，遂不道名[　　]
11 [　　]兄前後不同行，紹謹亦[　　]
12 [　　]實者。又問紹謹得款：當於炎[　　]
13 [　　]契并在，炎延隨身作契[　　]
14 [　　]禄山前告紹謹元不執[　　]

注　釋

〔一〕原文如此，疑衍一「更」字。

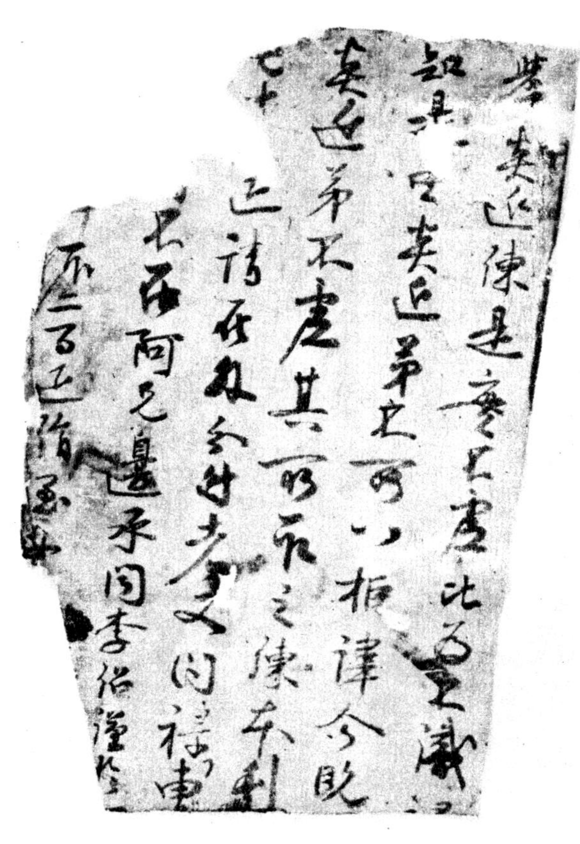

七　唐西州高昌縣上安西都護府牒稿爲録上訊問曹禄山訴李紹謹兩造辯辭事(八)　66TAM61:25

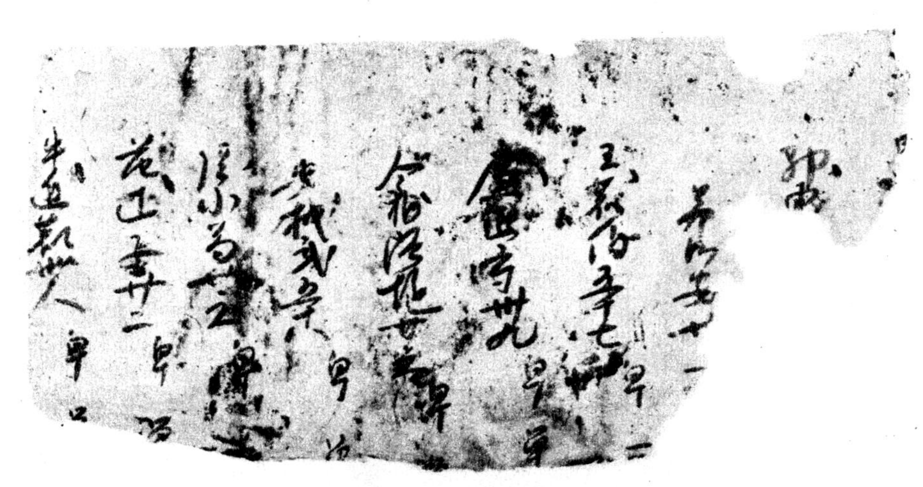

八　唐郭阿安等白丁名籍(一)　66TAM61:30

（八）

1 舉炎延練是實不虛，比爲不識[祿]□

2 知是[曹]炎延弟，不可以拒諱。今既□

3 炎延弟不虛，其所取之練，本利□

4 七十□疋請在外分付者。又問曹祿□

5 □不在阿兄邊，承聞李紹謹[蕰]□

6 □取二百疋絹至安□

八　唐郭阿安等白丁名籍

本件人名旁多有墨點。

（一）

1 郭□

2 弟阿安[卅]□

3 王歡伯　五十七　白丁　□

4 康延守　卅九　白丁　單　□

5 令狐洛塠　廿六　白丁　[單]□

6 安抽武　五十八　白丁　[單]□

7 張小苟　廿六　白丁　[單]□

8 范正子　廿二　白丁　[單]□

9 牛進歡　卌八　白丁　[單]□

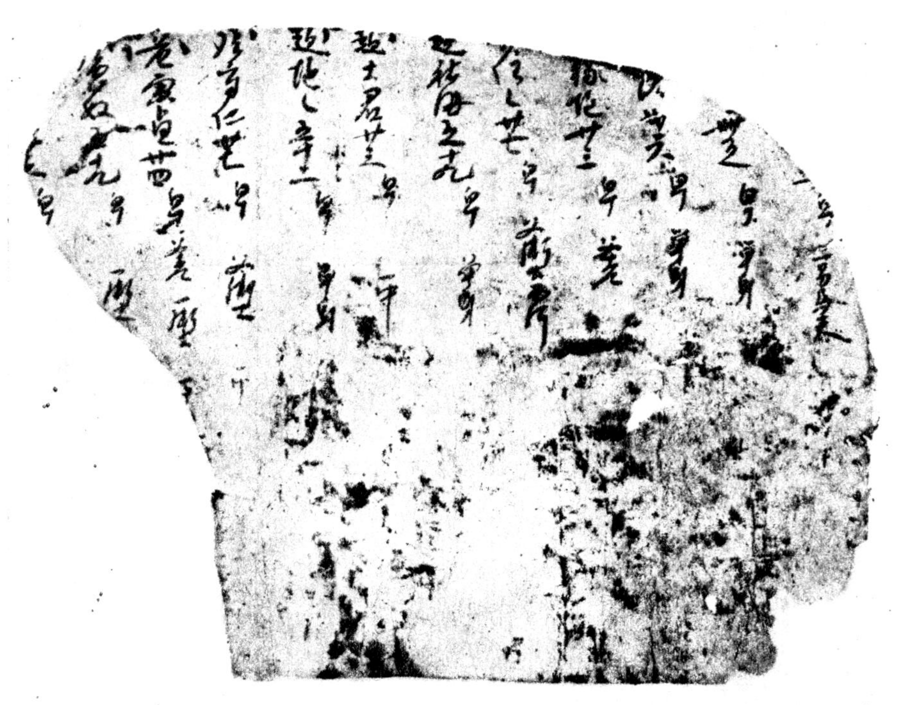

八　唐郭阿安等白丁名籍(二)　66TAM61:33(a)

八　唐郭阿安等白丁名籍(三)　66TAM61:18(a)

（二）

1 ［　　］白丁　一男馬夫
2 ［　　］卌五　白丁　單身
3 □□洛卌六　白丁　單身
4 □[福]塠廿三　白丁　父老
5 □住〻廿七　白丁　父衛士西行
6 [趙]祐海五十九　白丁　單身
7 趙、士君廿三　白丁　一中
8 趙、塠〻五十二　白丁　單身
9 張、守仁廿七　白丁　父衛士　一中
10 范、寅貞廿四　白丁　父老　一衛士　一[中]
11 □、[僧]奴五十九　白丁　一衛士
12 ［　　］白丁　［　　］

（三）

1 張、驢耳廿四　白丁　父馬夫　一中
2 串、善相五十九　白丁　單身
3 劉、隆(?)達
4 下下户
5 張、洛豊卌九　白丁　單身
6 張、海達廿六　白丁　單身
7 范、默奴廿一　白丁　單身
8 龍、□祐□□　白丁　單身

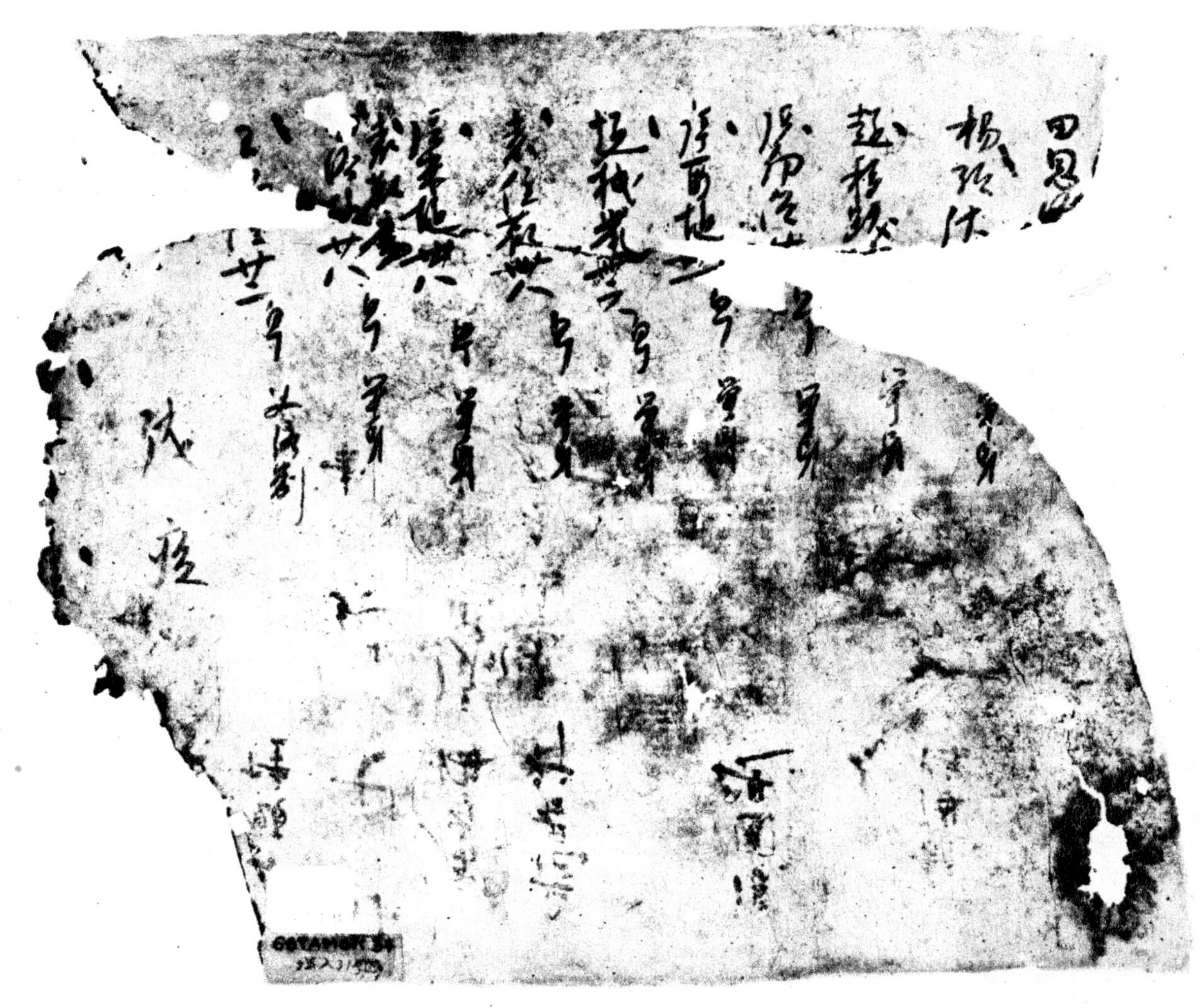

0 1 2 3 4 5厘米

八　唐郭阿安等白丁名籍(四)　　66TAM61:31/1(a),31/3(a),31/4(a)

（四）

田思[ ]
楊頭德□□□□　單身
趙移跋□□□□　單身
張幼洛廿□　白丁　單身
張酉塠□一　白丁　單身
趙挫鼠卌六　白丁　單身
袁住歡卌八　白丁　單身
張米塠卌八　白丁　單身
□洛□（袁歡慶）廿八　白丁　單身
王□□廿二　白丁　父終制
殘疾
[ ]白丁[ ]

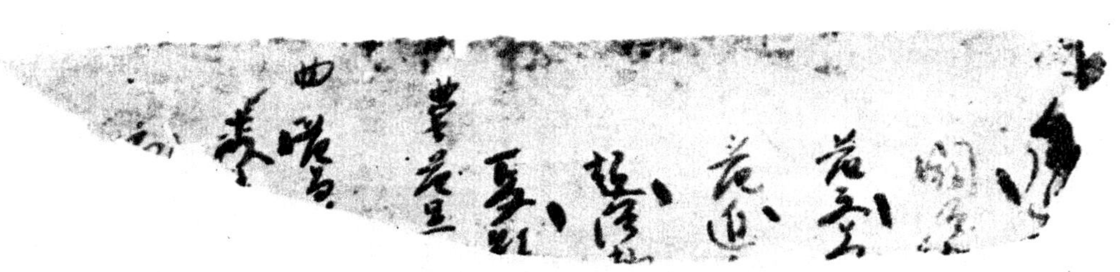

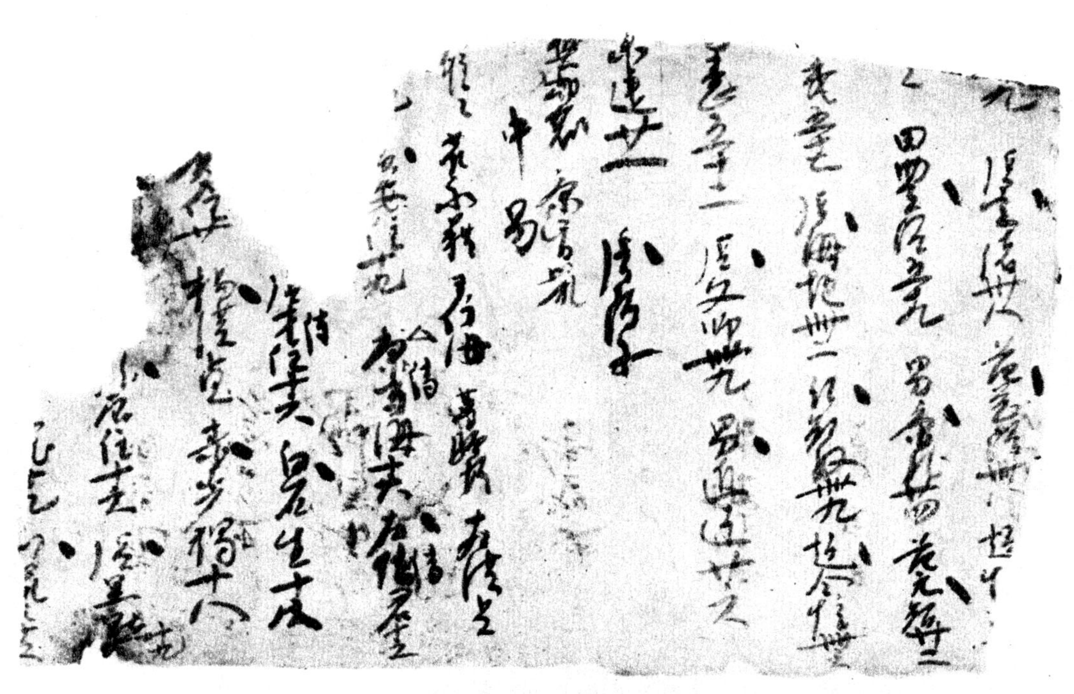

九　唐闞洛□等點身丁中名籍　66TAM61:29(a)

九　唐闞洛□等點身丁中名籍

乙張□

闞、洛□九　張定緒卅八　范、慈隆卅八　[趙]

□

范、文□　田豊洛五十九　男、康德廿四　范、

元智廿二

范、進□秃五十七　張、海虵卅二　張知奴卅九

趙、令憧卅六

趙隆□惠五十二　張父師卅九　男、進達廿

六

夏、□廿一　張、隆子

曲長范黑□樊相歡　康盲鼠

中　男

曲范昌□憧々　翟永籍　王住海　葛驢胡(?)　左

洪貞

索(?)□□、安住十九　康守海十六（ム侍）　左、德(?)侍

君十六

□[張]才住十六（侍）　白石生十八

□慶住廿　楊洪貞　索、步得十八

□[孫]、辰住十六　張黑

默十九

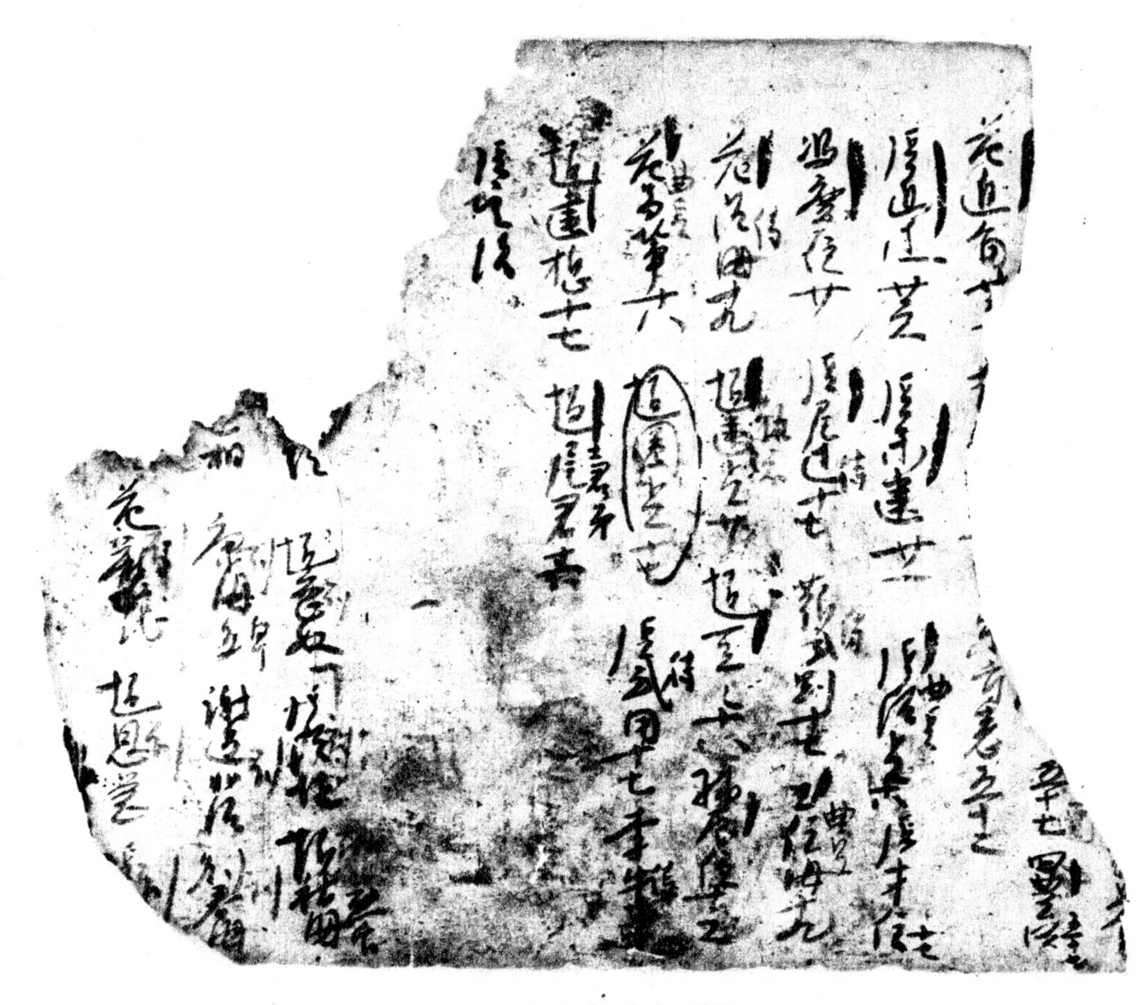

0 1 2 3 4 5厘米

一〇　唐田豊洛等點身丁中名籍　66TAM61:28(a),31/2(a)

14　[　　　]□□□十九　□、□

丨々十六

一〇　唐田豊洛等點身丁中名籍

1　[　　　]五十七　田豊洛五

十九

2　范進貞廿　[　　　]守悉五十二

3　張進達廿六　張未建廿一　曲長張隆貞十八　張才住十七

4　馮慶住廿　侍張尾達十七　侍靳武剛十七　曲長王住海十九

5　侍范隆海十九　執衣趙建貞廿　趙豆々十八　侍孫辰住十六

6　曲長范昌輩十八　（趙團貞十七）　侍張武用十七　李牛廿六

7　趙建慈十七　主君弟趙尾君十六

8　張定洛

9　[　　　]　趙惡奴 到　張隆䞍 府　張祐海 到 勳官

10　[　　　]相　康海多 到 白丁　謝之落 到　劉春海 到

11　[　　　]　范慶德 到　趙恩慈 到　[張]□□ [到]

—— 唐田緒歡等課役名籍(一)　66TAM61:18(b)

—— 唐田緒歡等課役名籍(二)　66TAM61:28(b),31/2(b)

一一　唐田緒歡等課役名籍

（一）

1 田緒歡
2 楊小鼠
3 龍守懷
4 劉隆達行
5 杜洛儁
6 劉洛相
7 楊漢貞
8 生 楊苟〻行

（二）

1 弟園□
2 丁 王惠潘
3 弟忽香行 生
4 翟車匿行
5 丁 張海幢
6 疾 張慈君

一一　唐田緒歡等課役名籍(三)　66TAM61:33(b)

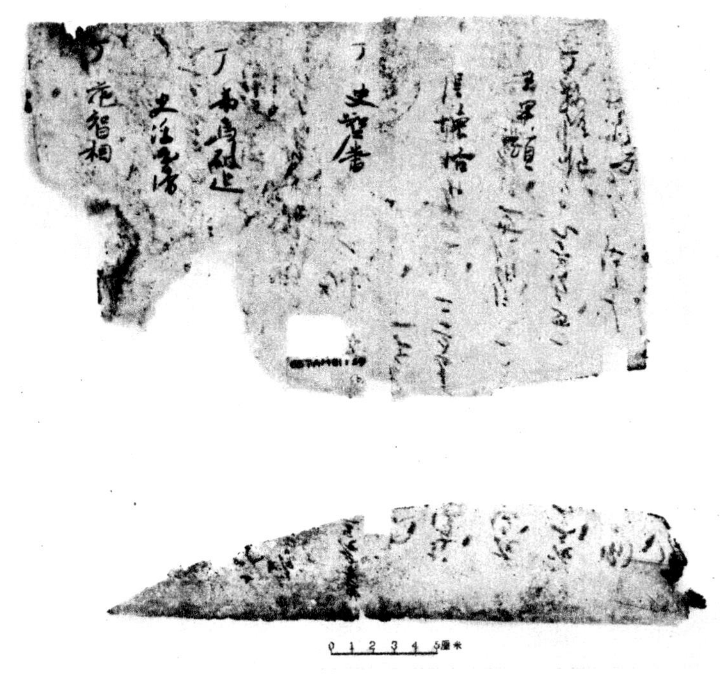

一一　唐田緒歡等課役名籍(四)　66TAM61:29(b)

（三）

1 趙令伯

2 范悪奴

3 生趙慈隆行

4 陰延憧

（四）

1 □□子

2 丁孫隆埴

3 王早頭

4 張懷洛

5 丁史呦尸番

6 丁弟烏破延

7 史浮呦潘

8 丁范智相

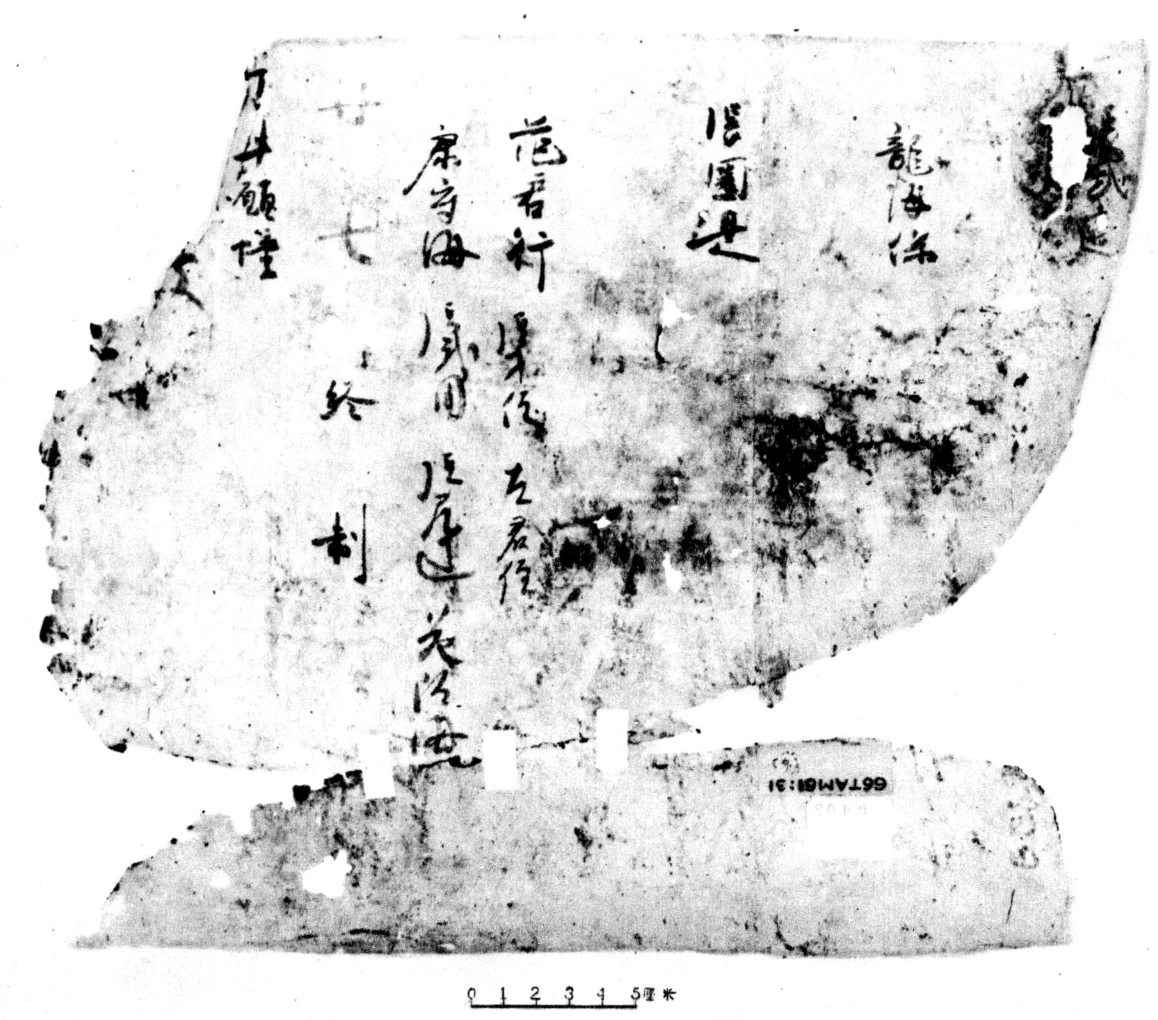

一一　唐田緒歡等課役名籍(五)　　66TAM61:34(b),31/1(b),31/3(b),31/4(b)

（五）

1 張武□〔下殘〕

2 龍海沵

---

3 張圖是

4 范君行　張才住　左君住

5 康守海　張武用　張尾達　范隆海

6 廿七　終　制

7 丁牛願幢

8 □

0 1 2 3 4 5厘米

一二　唐陰安師等上番人名籍　　66TAM61:19(a),32/10(a)

一二　唐陰安師等上番人名籍

本件人名旁並有黑點。

［　　］陰安師　田秃塠　張□信
［　　］張小苟　康申海　賈力子　張君洛 終制
［　　］楊歡德　田拽多　范默奴　張海塠
□□塠 □直　田默々　李園富 馬夫　張洛豊　王安住
□父師 白直　［　　］　康延守 白直　張酉堆　袁歡慶
□□住　［　　］仁
右件人正月一日上番
□□海　［　　］　趙伯歡　袁住歡　麹延亮 白直
［　　］君　張塠子 白直　張富抓 白直　張白抓 馬夫
［　　］　王祐住　杜阿緒 侍　闞隆々 馬夫
［　　］康德　［　　］　夏伯住　翟姚子
［　　］寅得　白石生　楊漢貞　白住德
□□□正月十五日番

一五　文書殘片　66TAM61:21(b)

一四　文書殘片　66TAM61:20(b)

一三　文書殘片　66TAM61:19(b),32/10(b)

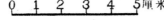

一八　文書殘片　66TAM61:27/4(b)

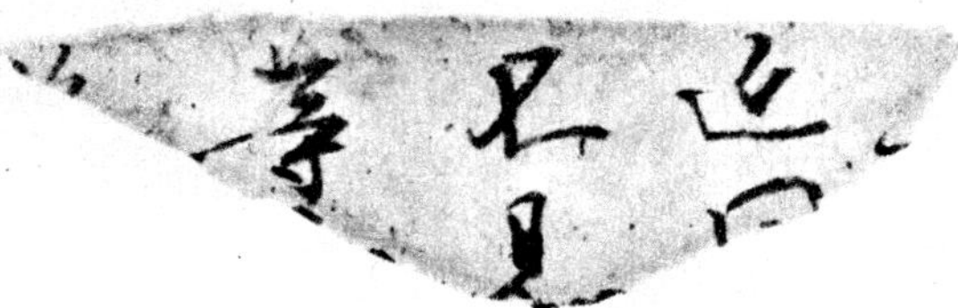

一七　文書殘片　66TAM61:27/3(b)

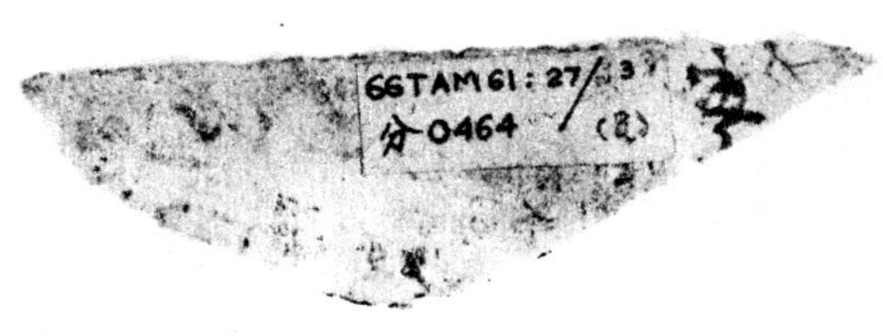

一六　文書殘片　66TAM61:27/3(a)

二二　文書殘片　66TAM61:27/7(b)

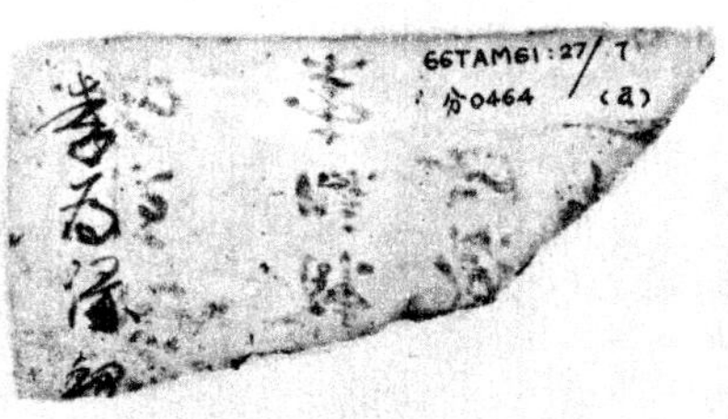

二一　文書殘片　66TAM61:27/7(a)

二〇　文書殘片　66TAM61:27/6(b)

一九　文書殘片　66TAM61:27/6(a)

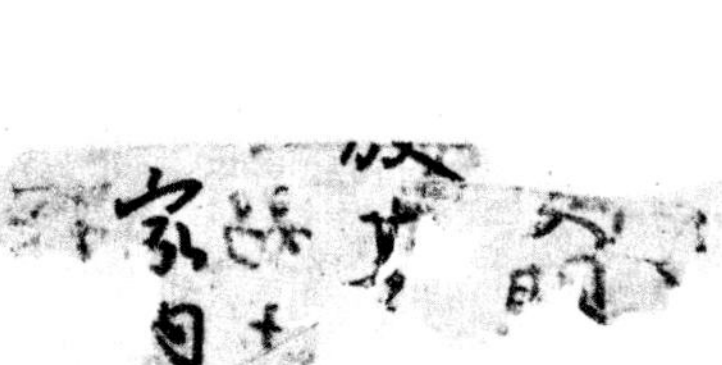

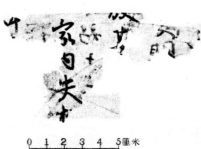

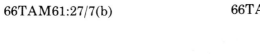

二七　文書殘片　66TAM61:27/11(a)

二五　文書殘片　66TAM61:27/9(b)

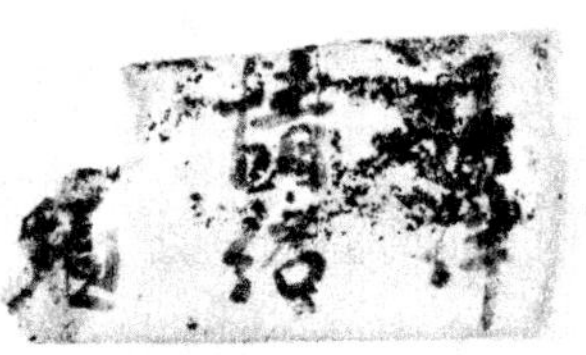

二六　文書殘片　66TAM61:27/10

二四　文書殘片　66TAM61:27/8(b)

二三　文書殘片　66TAM61:27/8(a)

三一　文書殘片　66TAM61:32/2(a)

三〇　文書殘片
66TAM61:32/1

二九　文書殘片
66TAM61:27/12

二八　文書殘片
66TAM61:27/11(b)

三四　文書殘片　66TAM61:32/3(b)

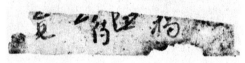

三三　文書殘片　66TAM61:32/3(a)

三二　文書殘片
66TAM61:32/2(b)

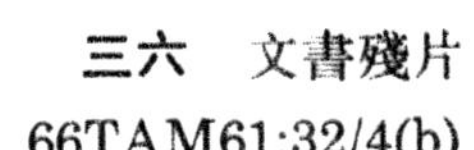

三六　文書殘片
66TAM61:32/4(b)

三五　文書殘片
66TAM61:32/4(a)

三九　文書殘片
66TAM61:32/6

三八　文書殘片
66TAM61:32/5(b)

三七　文書殘片
66TAM61:32/5(a)

四三　文書殘片
66TAM61:32/9

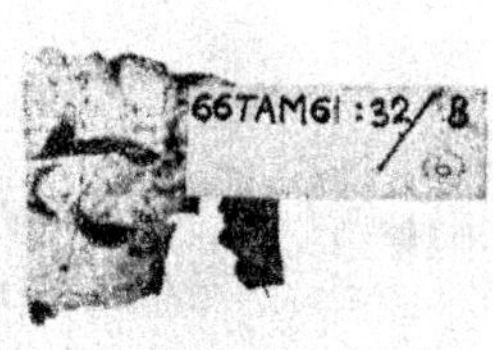
四二　文書殘片
66TAM61:32/8(b)

四一　文書殘片
66TAM61:32/8(a)

四〇　文書殘片
66TAM61:32/7

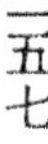

阿斯塔那二〇一號墓文書

本墓出有唐咸亨五年（公元六七四年）三月廿二日張君行之母墓誌及《唐咸亨五年兒爲阿婆録在生及亡没所修功德牒》。所出文書有紀年者，起咸亨三年（公元六七二年），止咸亨五年。

0 1 2 3 4 5厘米

一 唐咸亨三年(公元六七二年)西州都督府下軍團符　72TAM201:25/1

一 唐咸亨三年（公元六七二年）西州都督府下軍團符

本件有朱印三處，印文殘損，細審首爲「西」字，次行「府之印」三字依稀可辨。

1 家貲「車牛馬等并武貞父同送」向府者。今

2 以狀下團，宜准狀符到奉行。

3 府

4 司馬 陽

5 史索「　」達

6 咸亨三年「五月廿二」日下

三　唐殘牒
72TAM201:01

二　唐咸亨五年(公元六七四年)皃爲阿婆録在生及亡没所修功德牒　72TAM201:33

二　唐咸亨五年（公元六七四年）皃爲阿婆錄在
　　生及亡沒所修功德牒

右阿婆生存及亡沒所修功德件錄條
目如左：
一文軌法師邊講法華一部。　敬道禪師邊受戒。
一寫涅槃經一部，　隨願往生經一卷，
觀世音經一卷。
一延僧設供誦大波若一十遍。
一自省己来，口誦餘經，未曾邂〔懈〕廢。
一延法師曇真往南平講金光明經一遍，
法華兩遍，金光波若一遍。
一在生好喜布施，乍計不周。
右告阿婆從亡已後，延僧誦隨願往生，
至今經聲不絕。并誦大波若一遍，
葬日布施衆僧銀錢叁伯文。
牒件錄在生及亡沒所修功德條目如
前，謹牒。
咸亨五年三月廿二日白　　牒

三　唐殘牒

本件殘存朱印半方，僅識首爲「西」字。

付彼
牒至番到

阿斯塔那三四六號墓文書

本墓無墓誌及隨葬衣物疏。所出文書唯唐乾封二年（公元六六七年）和上元二年（公元六七五年）二件。

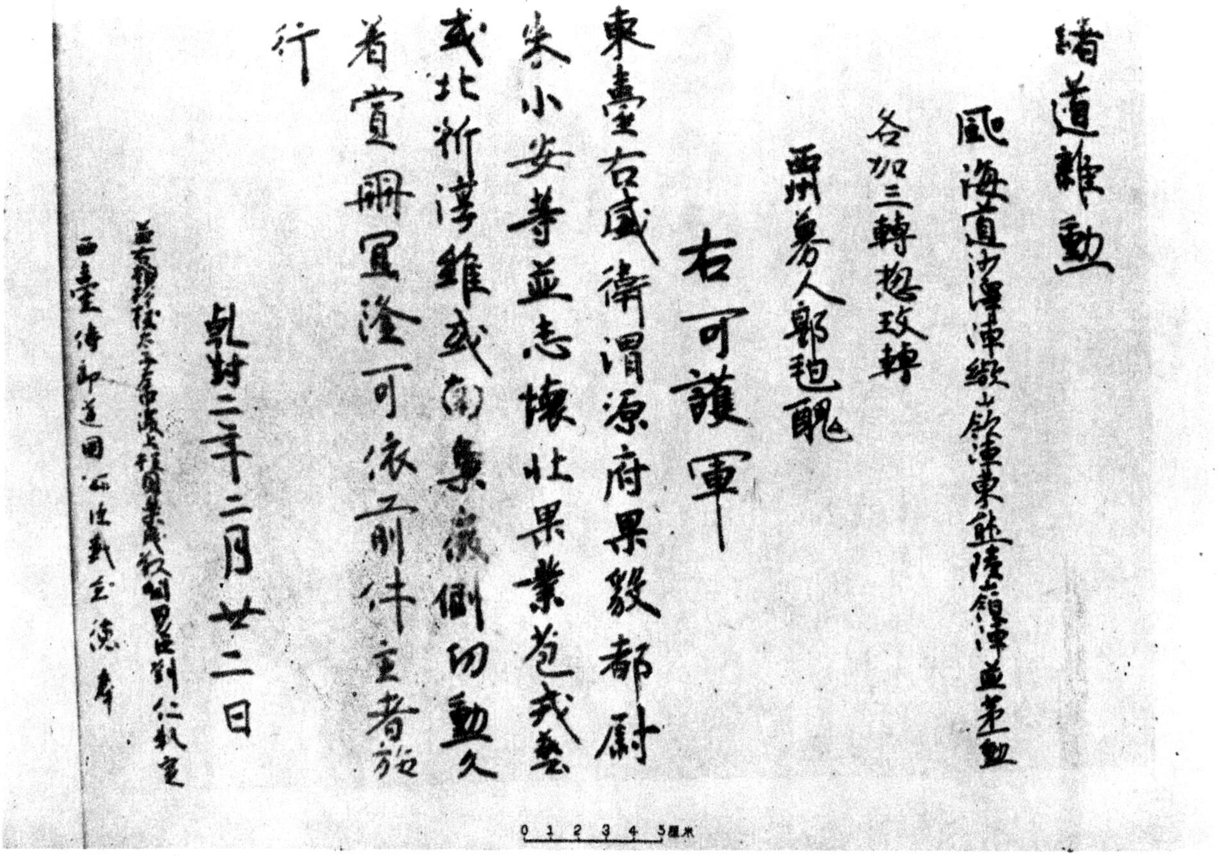

一　唐乾封二年(公元六六七年)郭𫓹醜勳告　65TAM346:1之一

一　唐乾封二年（公元六六七年）郭𫓹醜勳告

諸道雜勳
　駞海道沙澤陣、𦇦嶺陣、東熊陸嶺陣並第一勳，
　各加三轉，總玖轉。
　　西州募人郭𫓹醜
　　　右可護軍
東臺：右威衛渭源府果毅都尉
朱小安等，並志懷壯果，業苞戎藝。
或北折淳維，或南梟徼（𥃤）側，功勳久
着，賞册宜隆，可依前件，主者施
行。
　　　　乾封二年二月廿二日
　兼右相檢校太子左中護上柱國樂成縣開男〔一〕臣劉
仁軌宣
　西臺侍郎道國公臣戴至德奉

注釋

〔一〕「男」字上當脱一「國」字。

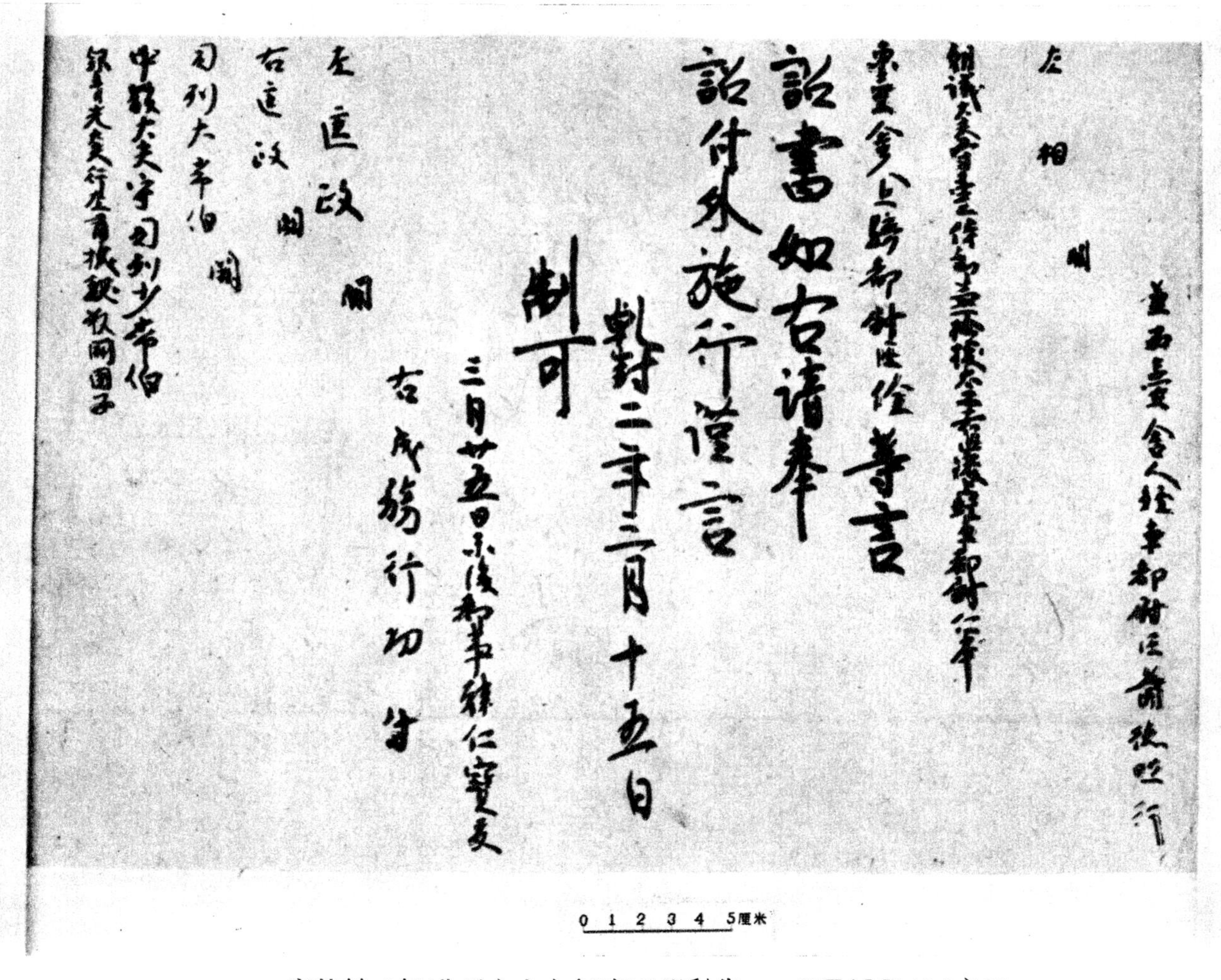

一　唐乾封二年(公元六六七年)郭𫄧醜勳告　65TAM346:1之二

兼西臺舍人輕車都尉臣蕭德照行
左　相　闕
朝議大夫守臺〔一〕侍郎兼檢校太子右中護上輕車都尉仁本
東臺舍人上騎都尉臣佺　等言
詔書如右，請奉
詔付外施行，謹言。
乾封二年三月十五日
制可
三月廿五日未後都事韓仁寶受
右成務　行功　付
左　匡　政　闕
右　匡　政　闕
司　列　太　常　伯　闕
中散大夫守司列少常伯
銀青光〔二〕大夫行左肅機魏縣開國子

注　釋

〔一〕「臺」字上當脱一「東」字。
〔二〕「光」字下脱一「禄」字。

一　唐乾封二年(公元六六七年)郭𠂤醜勳告
65TAM346:1之三

二　唐上元二年(公元六七五年)府曹孝通牒爲文峻賜勳事
65TAM346:2

告護軍郭𠂤醜奉
被
詔書如右，符到奉行。
主事　慶
司勳員外郎行寶　令史張玄
書令史
乾封二年　月　日下

二　唐上元二年（公元六七五年）府曹孝通牒爲文峻賜勳事

加勳□
三年補左右，請□今年□
官兩轉，其勳既未入手，請給牒□
勑鎮滿十年賜勳兩轉，付録事司檢文峻等並
經十年已上檢　勑雖復未獲，據省給告身，
並銜　勑授文峻等補經廿年已上有實。
實給牒，任爲公驗者。今以狀牒，牒至□
驗。故牒。
勘同福　上元二年八月十五日府曹孝通牒
參軍判兵曹李讓

阿斯塔那二〇二號墓文書

本墓爲合葬墓，出有唐麟德元年（公元六六四年）張氏妻麴姜墓誌及儀鳳二年（公元六七七年）張氏墓誌。所出文書有紀年者，爲唐上元二年（公元六七五年）。

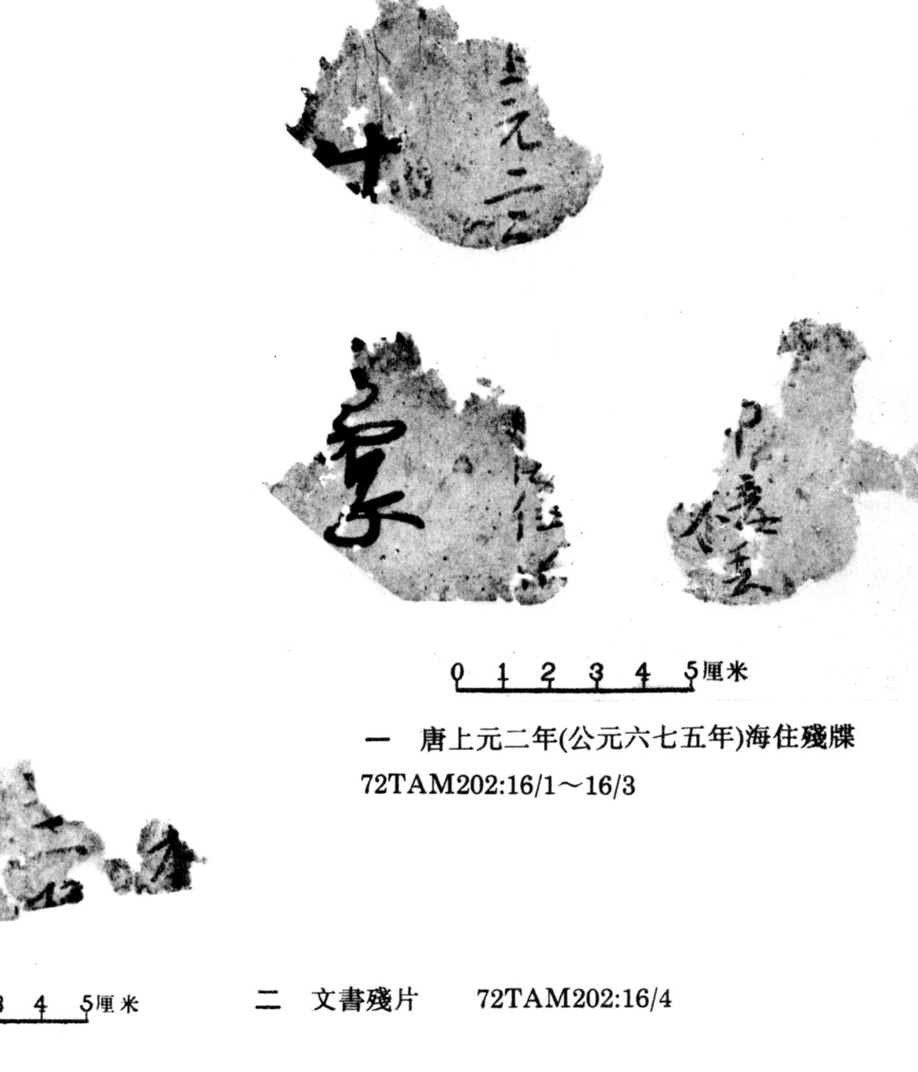

一　唐上元二年(公元六七五年)海住殘牒　72TAM202:16/1～16/3

二　文書殘片　72TAM202:16/4

一　唐上元二年（公元六七五年）海住殘牒

1　（前缺）□□□□接去

2　上元二［年］□□［海］［住］［牒］

3　付□□示

阿斯塔那一九號墓文書

本墓係合葬墓，無墓誌及隨葬衣物疏。女屍先葬，紙鞋上拆有四二至五九號文書，紙冠上拆有三二至四一號文書；男屍後葬，紙盔上拆有六〇至七一號文書。其有紀年者，起唐永徽二年（公元六五一年），止上元三年（公元六七六年）。

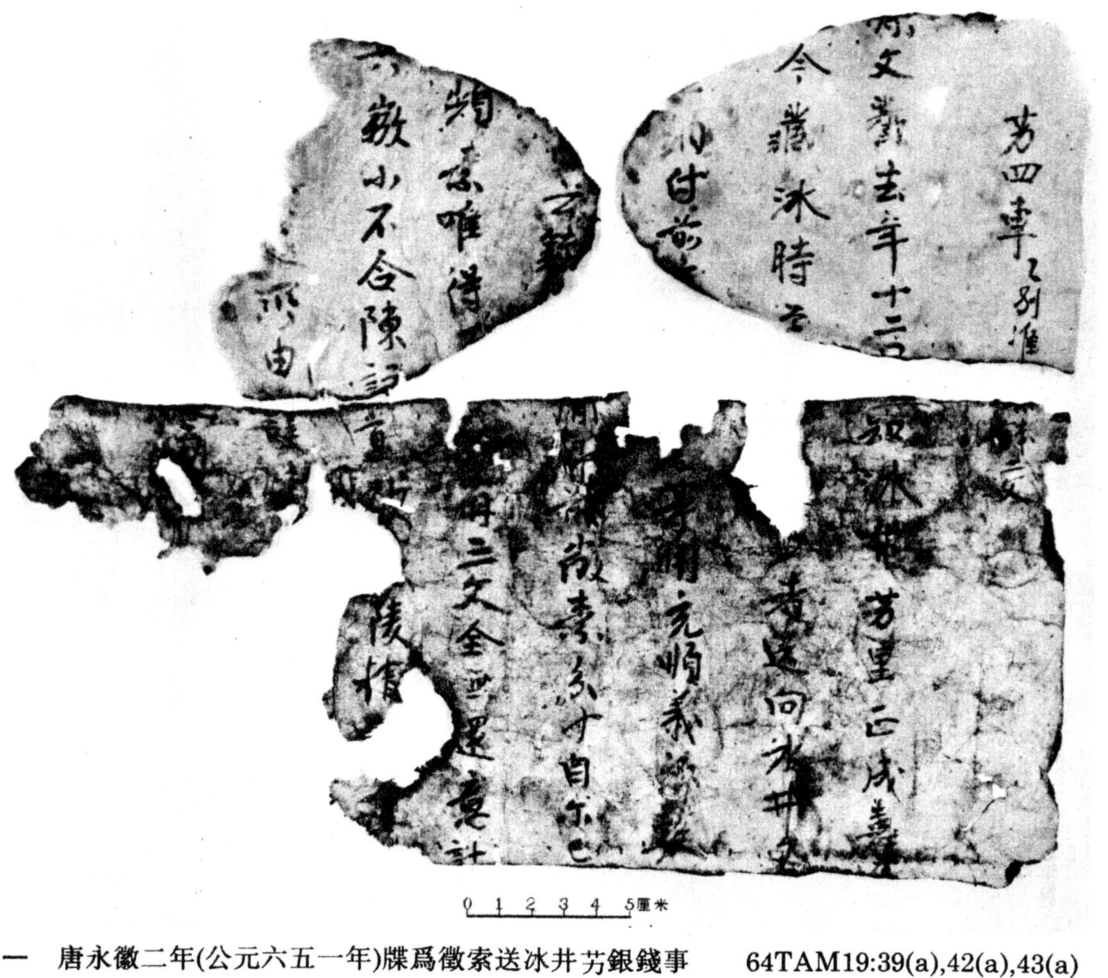

一　唐永徽二年(公元六五一年)牒爲徵索送冰井芀銀錢事　　64TAM19:39(a),42(a),43(a)

一　唐永徽二年（公元六五一年）牒爲徵索送冰井芀銀錢事

[　]芀四車〻別准[銀]錢二文
[　][牒]，文歡去年十二[月]知泳(冰)井芀，里正成憙[刃]
[　]今藏冰時[至]，[　]者送向冰井，又
[　]納付前匠[　][匠]等用充順義鄉數，
[　]云錢[　]聞即欲徵索分付，自尔已
[　]頻索，唯得[illegible][尺][錢]。有三文全無還意，計
[其]徵小，不合陳[訴]，直[被][　]陵情[　]
[　][追]所由。謹牒。
[　][徽]二年[　]月[　]

二　唐顯慶元年(公元六五六年)史氾士㳂殘牒
64TAM19:62

三　唐顯慶五年(公元六六〇年)殘關文　　64TAM19:40

二　唐顯慶元年（公元六五六年）史氾士㳂殘牒

1 [　　]如前謹牒。

2 [　　]慶元年十一月　日史氾士㳂牒

3 [　　]帝

4 五日

三　唐顯慶五年（公元六六〇年）殘關文

1 [　　]件狀如前，今以狀關[　　]

2 顯慶五年九[　　]

3 府

4 [　　]狀

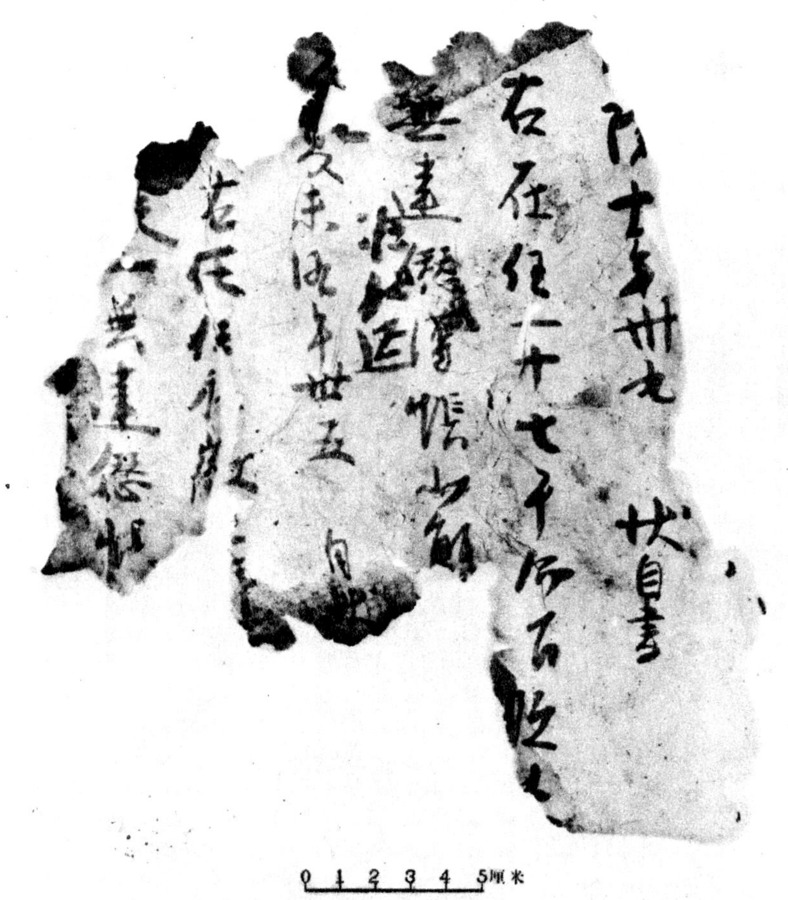

四　唐□隆士、夏未洛狀自書　　64TAM19:63

五　唐夏洛、隆仕殘文書　　64TAM19:64/2

六　唐狀自書殘文書一
64TAM19:64/1

四　唐□隆士、夏未洛狀自書

本件紀年已缺，據夏未洛名下有「右在任永徽□年」語，又下一一〈唐顯慶某年殘牒〉記顯慶年號，知此類狀自書在顯慶間（公元六五六—六六一年）。以下七件內容相同，可能是一件，其一一號文書似在最後，但字跡不盡相同，今並分列於後。

1 〔上殘〕□隆士年卅九　狀自書
2 右在任一十七年，鄉下收□[一]
3 無違懲（慈）簿帳少解，□
4 〔上殘〕到夏未洛年卅五准狀延　自狀□
5 右在任永徽□年
6 □一無違懲，帳□

五　唐夏洛、隆仕殘文書

本件二人姓名與上件同，今列於後。

1 □正夏洛
2 □隆仕
3 〔上殘〕五日

六　唐狀自書殘文書一

1 □薄明閑□

七　唐狀自書殘文書二
64TAM19:64/3

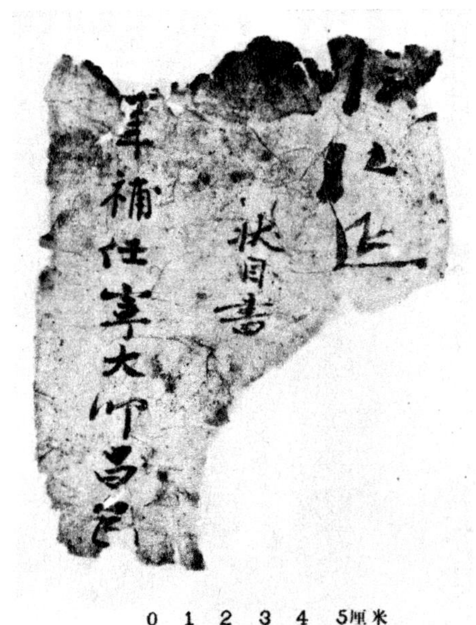

九　唐狀自書殘文書四
64TAM19:67

八　唐狀自書殘文書三
64TAM19:66

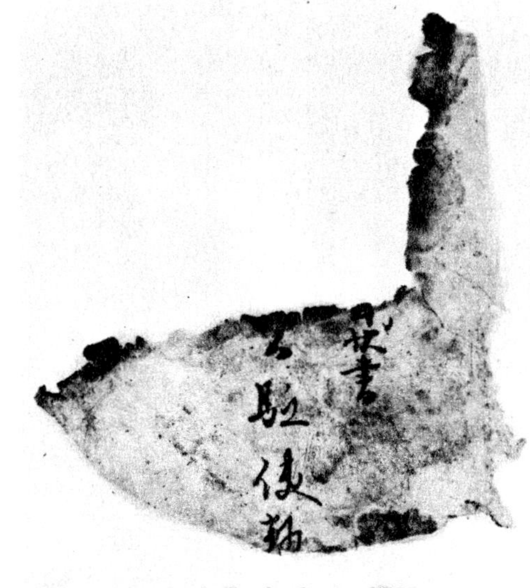

一〇　唐狀自書殘文書五
64TAM19:68

七　唐狀自書殘文書二

1 （前缺）狀。延

2 補任崇化鄉

八　唐狀自書殘文書三

1 狀自書。

2 內補充在

3 案□□錯失亦

九　唐狀自書殘文書四

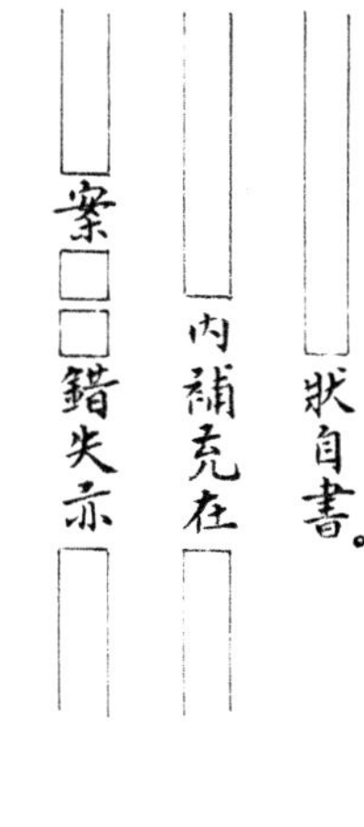

1 准狀。延

2 狀自書

3 □一年補任寧大鄉昌邑

一〇　唐狀自書殘文書五

1 [自]狀書

2 公驅使[勤]

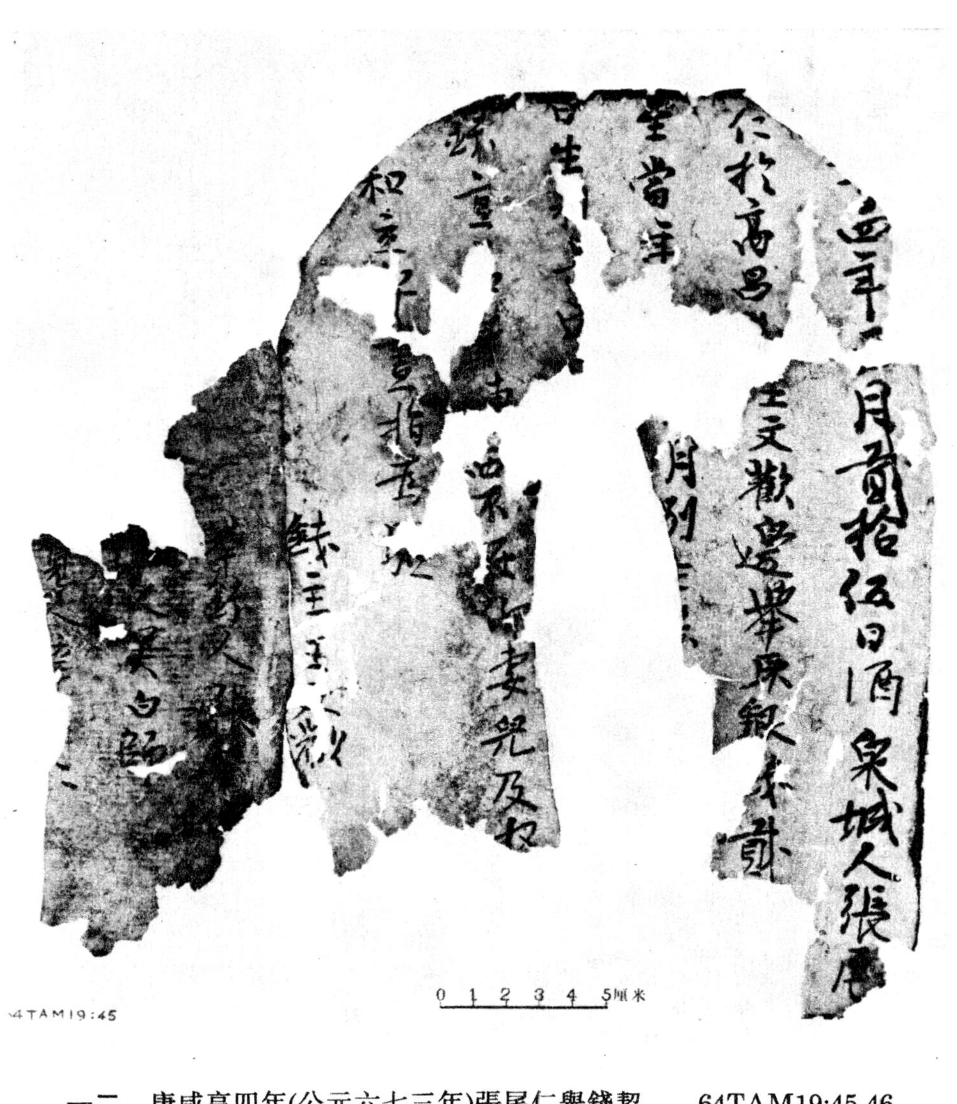

一二　唐咸亨四年(公元六七三年)張尾仁舉錢契　　64TAM19:45,46

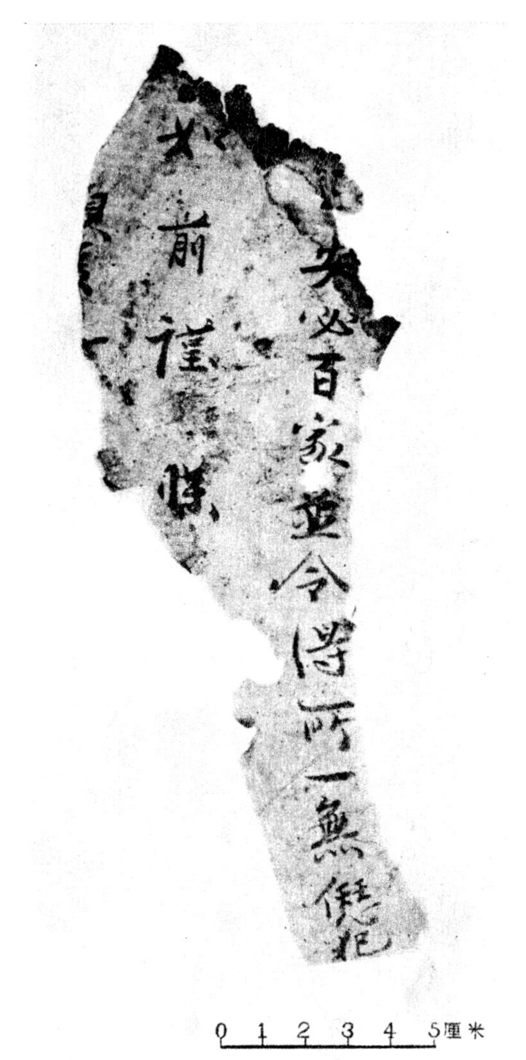

一一　唐顯慶某年(公元六五六～六六一年)殘牒　　64TAM19:65

一一　唐顯慶某年（公元六五六——六六一年）殘牒

按上《狀自書文書》大致爲里正所書本人任職年限及考語，此件一行殘存一「正」字，内容所云與前件均有關。

1 □正安，必百家並令得所，一無惩(愆)犯。
2 □如前謹牒。
3 □顯慶□

一二　唐咸亨四年（公元六七三年）張尾仁舉錢契

1 □亨四年正月貳拾伍日，酒泉城人張尾
2 仁於高昌縣王文歡邊舉取銀錢貳□
3 至當年□□月別生□
4 日生利具還□
5 錢直。□身東西不在，仰妻兒及收□
6 □和立契，畫指爲驗。
7 錢主王文歡
8 舉錢人張尾仁
9 保人吴白師
10 知見人辛□

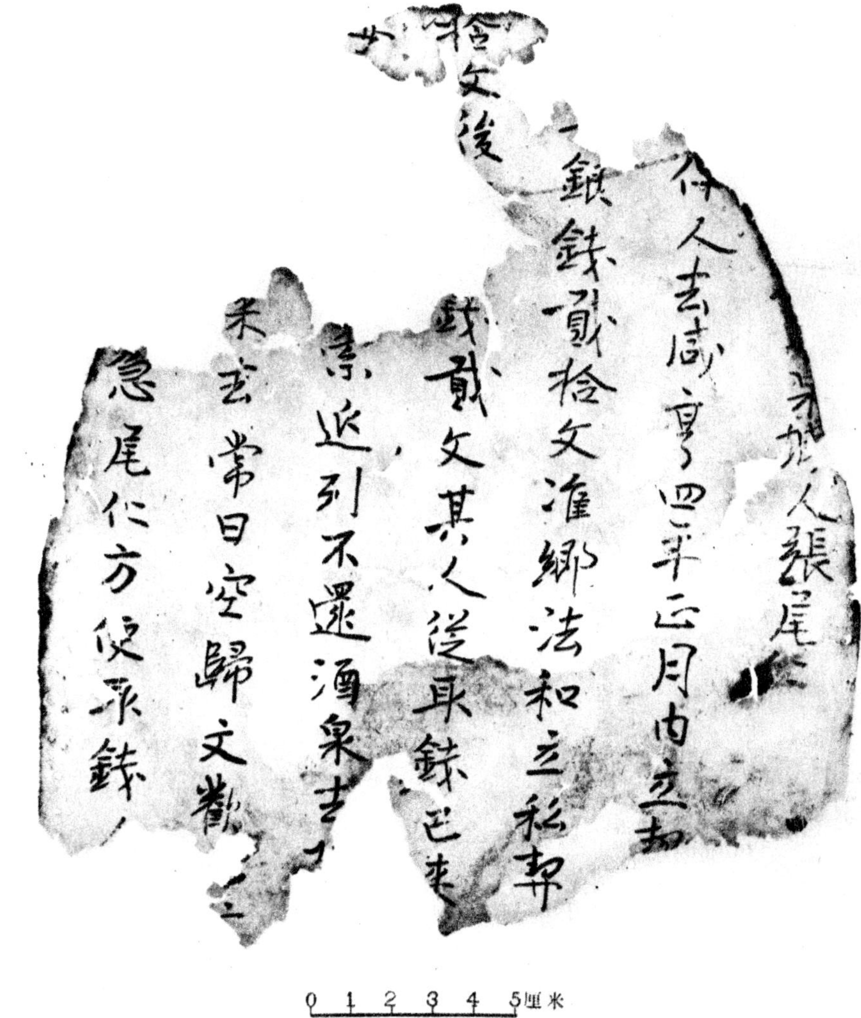

0 1 2 3 4 5厘米

一三　唐咸亨五年(公元六七四年)王文歡訴酒泉城人張尾仁貸錢不還辭　64TAM19:36

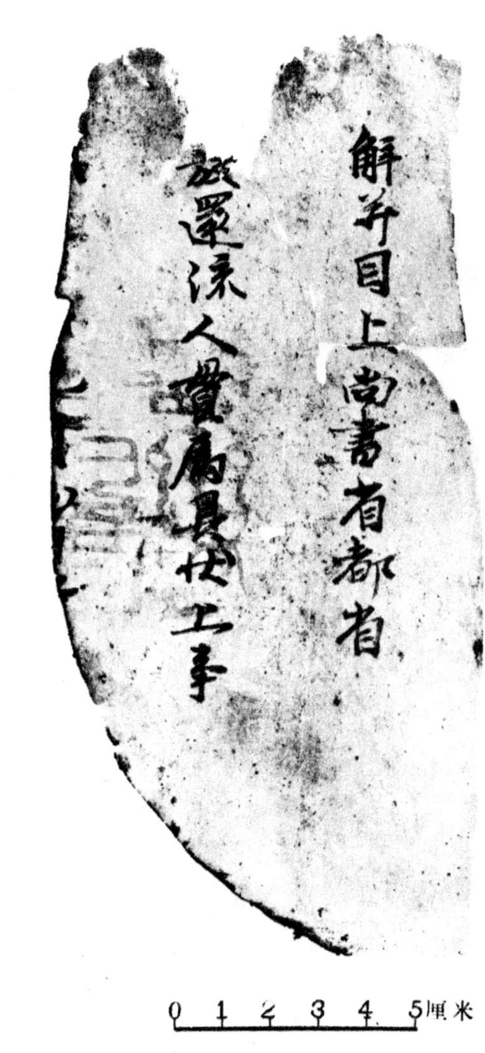

0 1 2 3 4 5厘米

一四　唐上元三年(公元六七六年)西州都督府上尚書都省狀爲勘放還流人貫屬事(一)　64TAM19:48

一三　唐咸亨五年（公元六七四年）王文歡訴酒泉城人張尾仁貸錢不還辭

本件與上件《咸亨四年（公元六七三年）張尾仁舉錢契》緊密相關，既稱「去咸亨四年」，因知本件必寫於咸亨五年（是年八月改元上元），或上元元年。

1 [　][酒]泉城人張尾仁。

2 [　]件人去咸亨四年正月内立[契]，[　]

3 [　]銀錢貳拾文，准鄉法和立私契。[　]

4 拾文後□□錢貳文。其人從取錢已來，[　]

5 [　]索，延引不還。酒泉去[州][　]

6 [　][來]去常日空歸。文歡[　]

7 [　]急，尾仁方便取錢[人][　]

一四　唐上元三年（公元六七六年）西州都督府上尚書都省狀爲勘放還流人貫屬事

本件蓋有朱印四處，除第（一）段上印文已殘外，其它完整，印文爲「西州都督府之印」。

（一）

1 解并目上尚書省都省。

2 [　]放還流人貫屬具狀上事。

3 [　][九][月][四][日][　]

一四　唐上元三年(公元六七六年)西州都督府上尚書都省狀爲勘放還流人貫屬事(二)　64TAM19:38

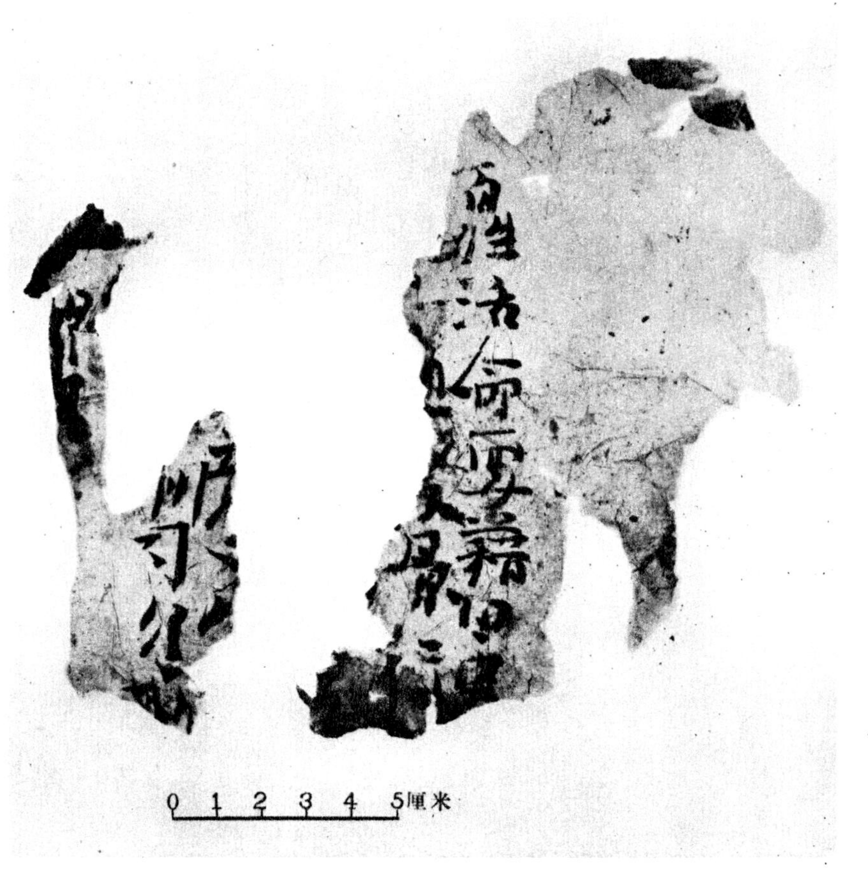

一五(右)　唐殘文書一(一)　64TAM19:71/1

一五(左)　唐殘文書一(二)　64TAM19:71/2

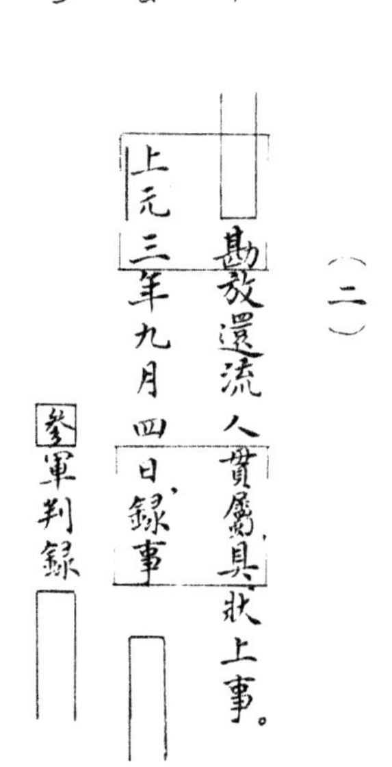

（二）

1 ［　　］勘放還流人貫屬具狀上事。

2 上元三年九月四日，録事［　　］

3 〔參〕軍判録［　　］

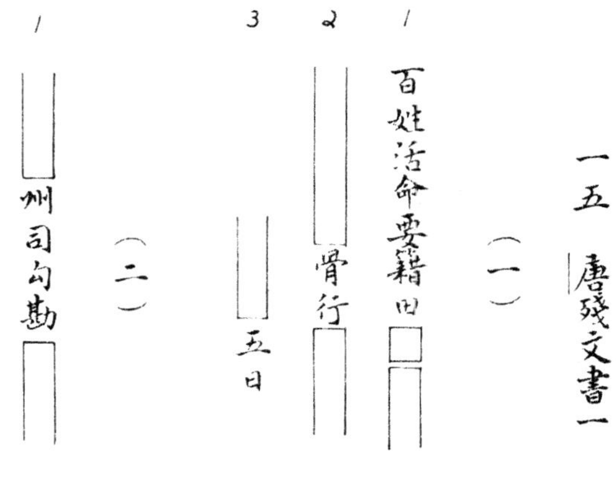

一五　唐殘文書一

（一）

1 百姓活命要籍田［　　］

2 ［　　］胥行［　　］

3 ［　　］五日

（二）

1 ［　　］州司勾勘［　　］

一六　唐殘文書二　64TAM19:41/1

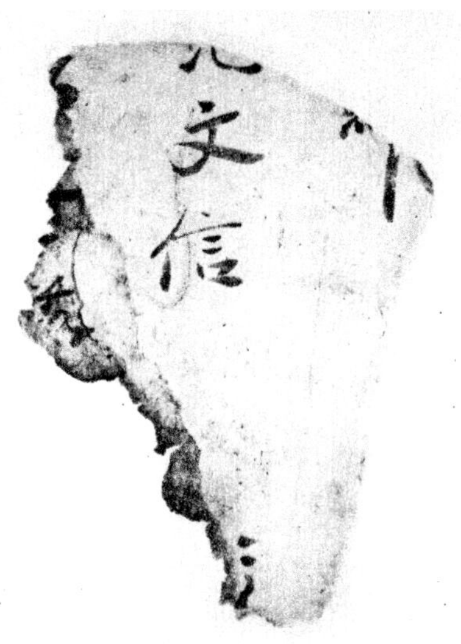

一七　唐殘文書三　64TAM19:69

一八　唐殘牒尾 64TAM19:61(a)

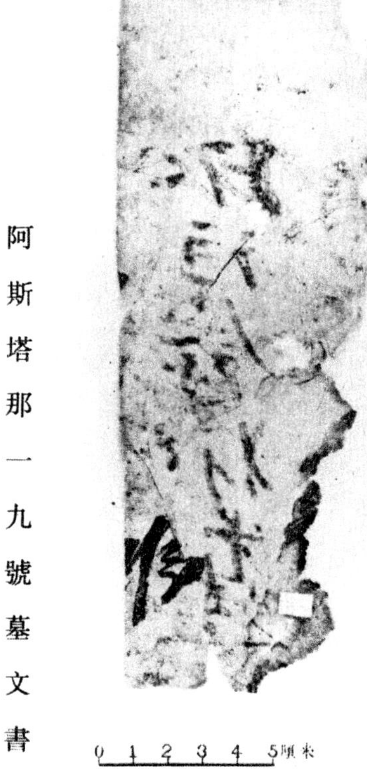

一八　唐殘牒尾 64TAM19:61(b)

一六　唐殘文書二

1 □歡奴□

2 □轉側□

3 □人被□

一七　唐殘文書三

1 兄文信□

一八　唐殘牒尾

1 依注，餘依判。達

2 準示。

[一]

注釋

[一] 背面騎縫處押「修」字。

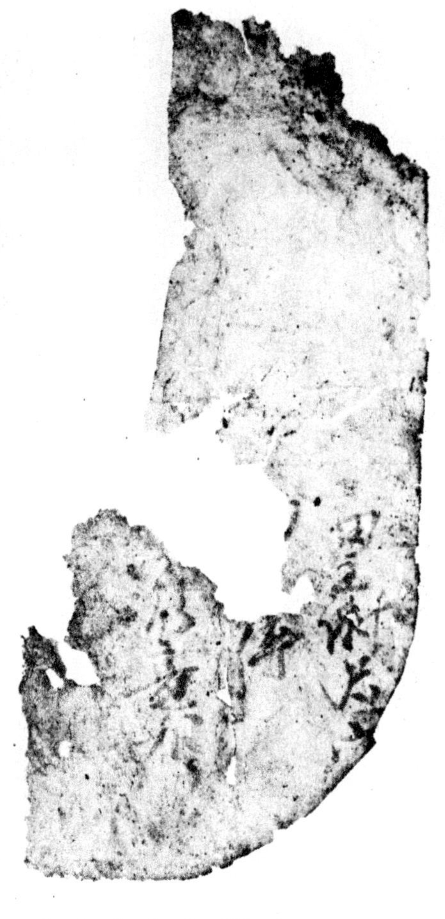

一九　唐傅某佃謝道守田殘契
64TAM19:47

二〇(右)　唐人寫牛疫方(一)　64TAM19:41/4
二〇(左)　唐人寫牛疫方(二)　64TAM19:44

一九　唐傅某佃謝道守田殘契

1 田主　謝道守
2 傅
3 竹惠相

二〇　唐人寫牛疫方

（一）

1 〔上殘〕牛疫方　鬼

（二）

1 三兩　朮三兩
2 細辛一兩
3 初以瓶盛藥
4 小□瓶內燒藥，
5 氣薰牛鼻中
6 出即止。養牛
7 疫宜頓置

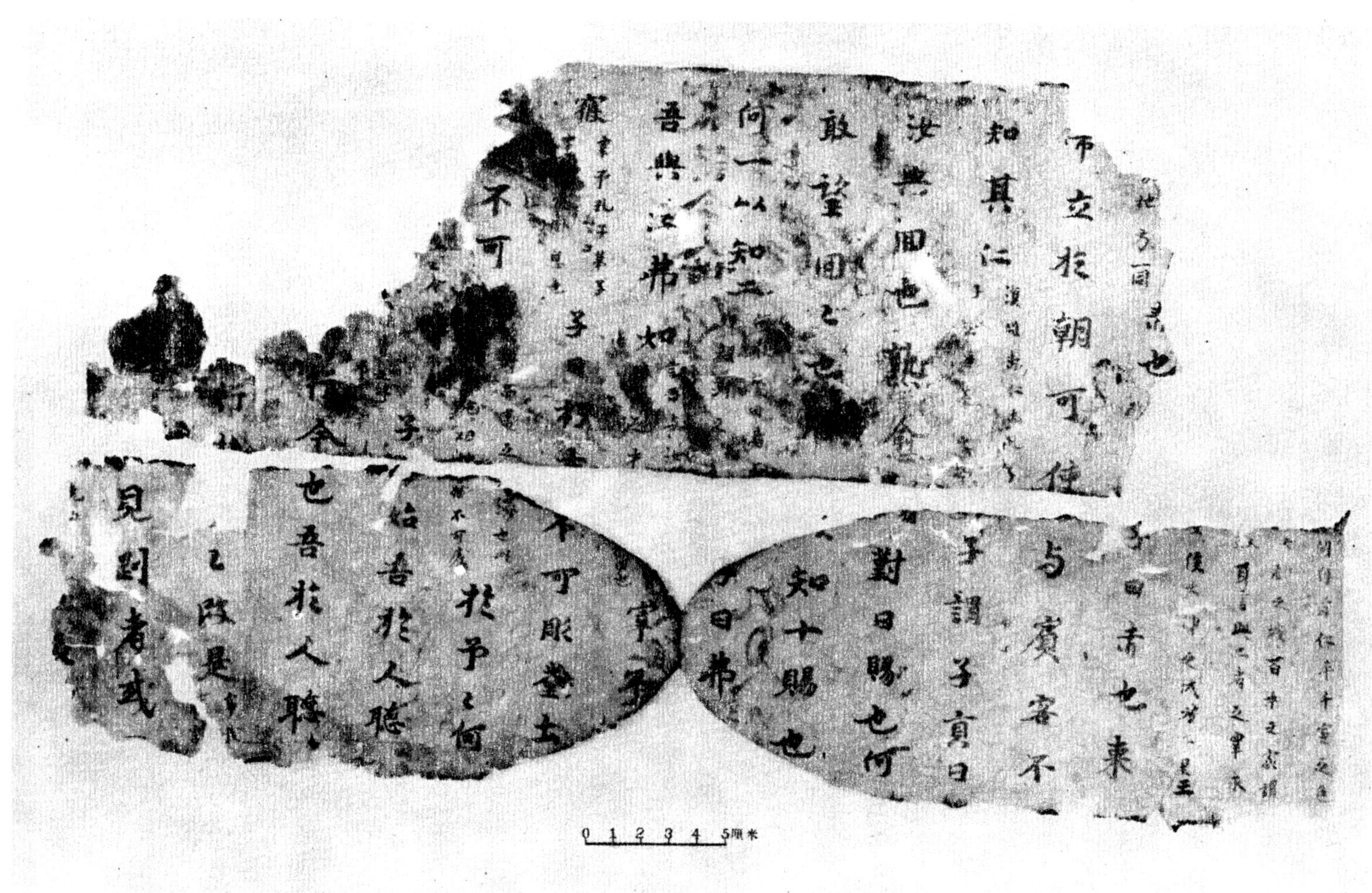

二一　唐寫本鄭氏注《論語》公治長篇　　64TAM19:32(a),54(a),55(a)

二一　唐寫本鄭氏注《論語》公冶長篇

閻冉有仁乎千室之邑　大都之城百乘之家謂

與耳言此二者之宰求　侯大都之城方二里三

地方一同　赤也□□[子]曰赤也来

[帶]立於朝可使与賓客不

知其仁　復問赤仁赤孔子[弟子]　子公西華之字[也]　子謂子貢曰

汝與回也孰愈□[勝]□□[猶]□對曰賜也何

敢望回〻也聞□[以]知十賜也

何〔一〕一以知二　何敢望回者不　如顏淵之　子曰弗□

吾與汝弗如　言吾与汝　時人之才□回也　宰予□

寢　宰予孔子弟子　宰□□寢臥息也　子曰朽[木]不可彫璧土

[之][牆]不可[朽]　彫飾而畫之□湯也此　□□□施功□猶不可成　於予〻何

□　我〻今常□孰責　責之辭　子□始吾於人聽

行今也吾於人聽

行[於]□〻改是　宰我能言

[子]曰吾[未]見剛者或

[棖][申]　曰[棖]□

注釋

〔一〕何：乃「聞」字之誤。

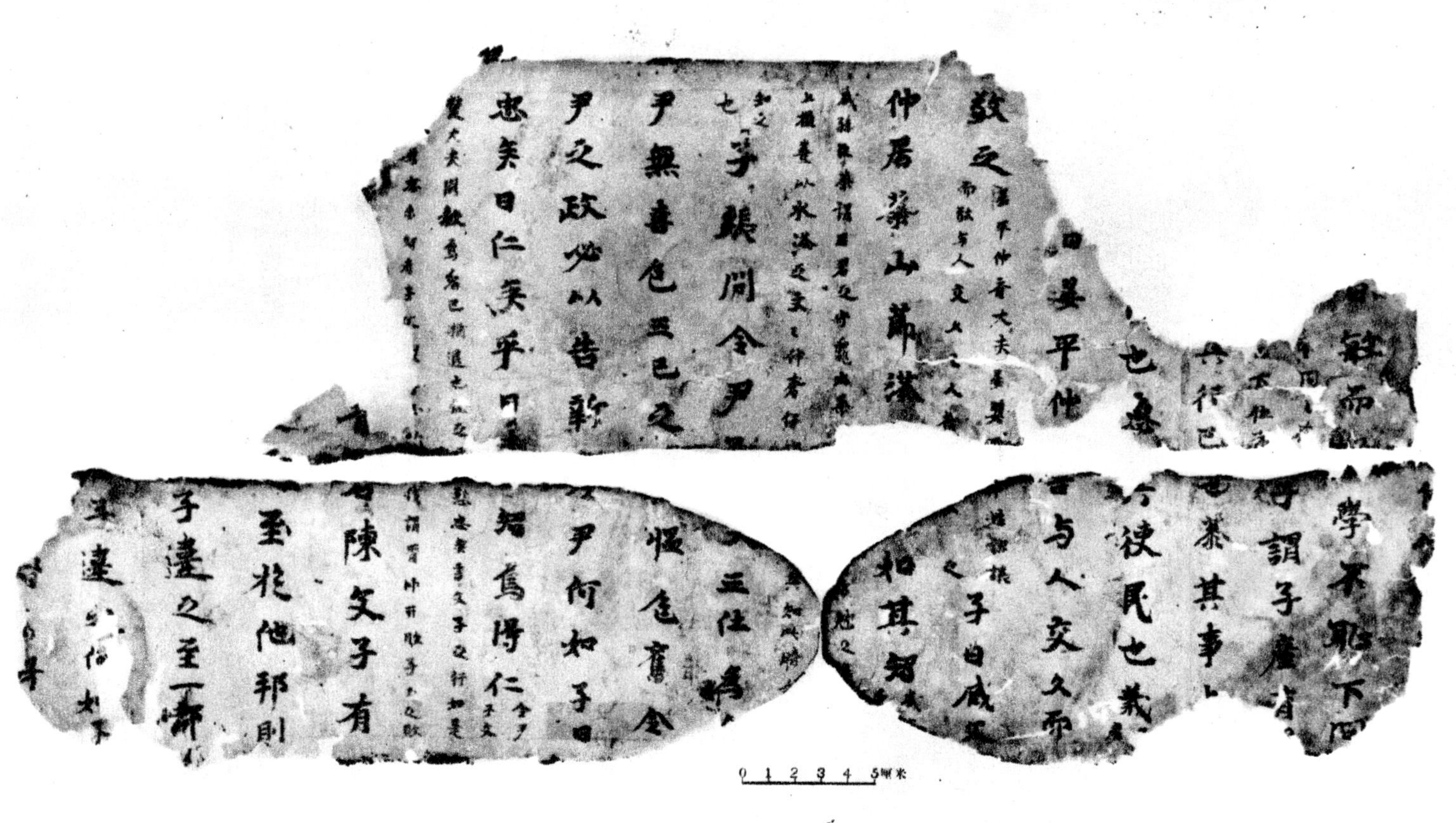

二一　唐寫本鄭氏注《論語》公冶長篇　64TAM19:33,56,57

……[何][以][謂][之]□
……曰敏而[好]學不恥下[問]
……下問〻在己下位者……子謂子產有[君]
……[其]行己也恭其事[上]□
……也惠[其]使民也義[子]產
…… ……□曰晏平仲[善]与人交久而
敬之晏平仲齊大夫晏嬰[字]仲姓(注)謙讓而敬与人交久己人益[敬]之　子曰臧文
仲居蔡山節藻□□如其智臧[文]□[□]□□
臧氏居蔡謂曰君之守龜出蔡……蠕魅之[者]……上極畫以水藻之文仲奢侈如……其知此[一]時……
知之也　子張問令尹[子][文]三仕爲[令]
尹無喜色三巳之[無]愠色舊令
尹之政必以告新[令]尹何如子曰
忠矣曰仁矣乎曰[未]智焉得仁令尹子文
□楚大夫鬪穀爲免巳猶退也[愠]之□思忠矣言文子之行如是爲忠未智者子文□□□以□伐[二]謂晉師所敗子玉之敗
……[齊][君]陳文子有
……[違][之]至於他邦則
……子違之至一邦
……[崔]子違之[何]如[子]
……智[爲][得]□

注釋

〔一〕此：朱筆改寫爲「剉」字。

〔二〕伐：朱筆改爲「代」字。

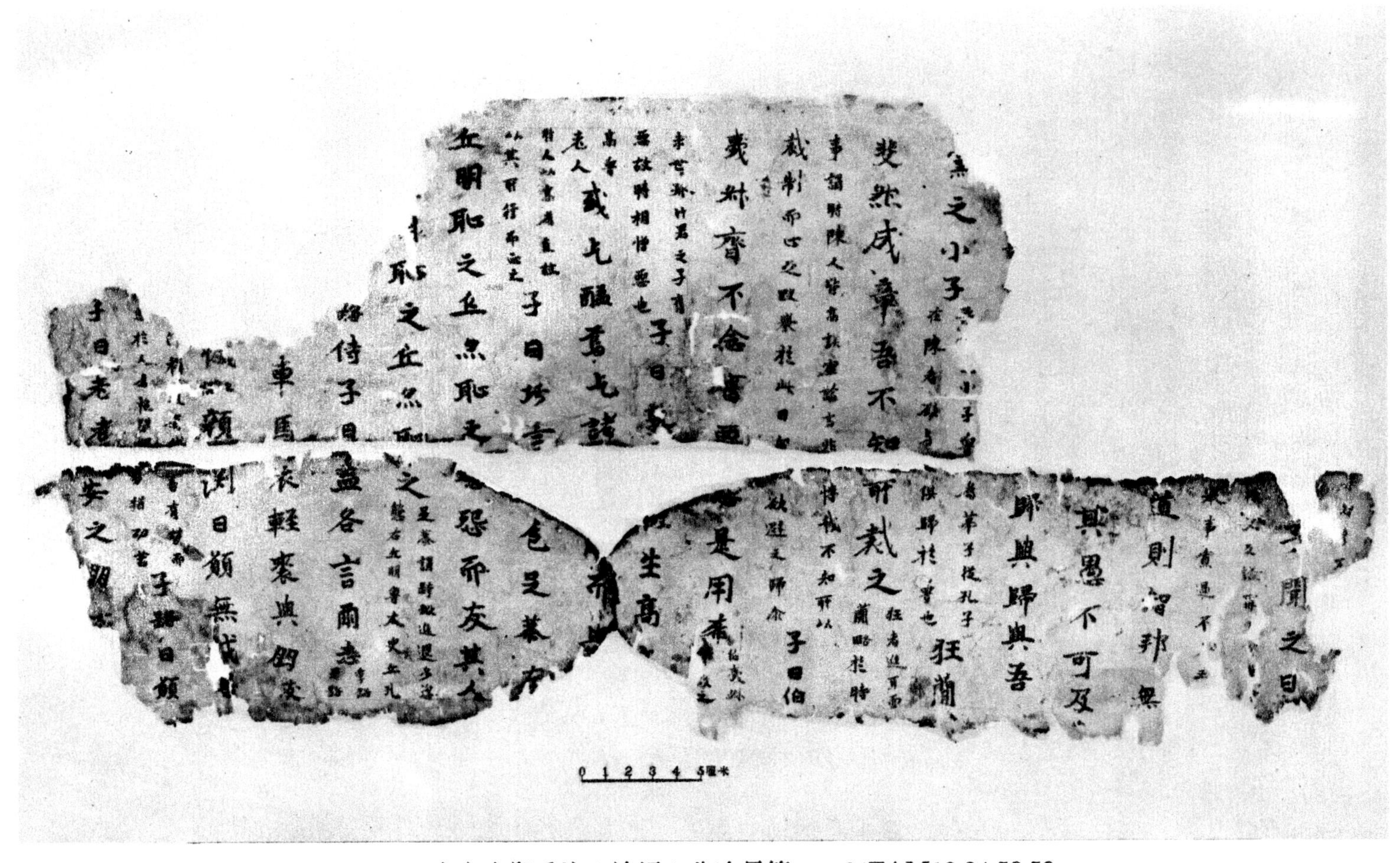

二一　唐寫本鄭氏注《論語》公冶長篇　　64TAM19:34,58,59

36 ……不智者不……
37 ……子聞之曰[甯]
38 ……行父之謚再[思][可][矣]□ 舉事寡過[不][必][三]□
39 ……道則智邦無
40 ……[及]其愚不可及
41 ……歸與歸與吾
42 [黨]之小子 吾□□小子魯爲弟子從孔子 在陳者欲与俱歸於魯也 狂簡
43 斐然成章吾不知所裁之 狂者進耳〔一〕而 簡略於時
44 事謂時陳人皆高談虛論言非□時我不知所以 裁制而止之毀譽於此曰[思]□欲避之歸介 子曰伯
45 夷叔齊不念舊[惡][怨]是用希 伯夷叔 [齊]殷之
46 〔二〕未世孤竹君之子舊 惡故時相憎惡也 子曰孰□[微]生高[直]
47 高魯 老人 或乞醯焉乞諸□□而與□
48 時人以高爲直故 以其所行而正之 子曰巧言□色足恭左
49 丘明恥之丘亦恥之[匿]怨而友其人
50 □□[明]恥之丘亦[恥]之 足恭謂踧踖進退多恣 態[諂]丘明魯太史丘孔
51 □□□路侍子曰盍各言爾志 季路 子路
52 □□□□車馬衣輕裘與朋友
53 ……憾[之][恨] 顏淵曰願無伐善
54 ……□[自]稱□爲[伐]善有勞而 惠於人爲施勞謂勞猶功苦 子路曰願
55 ……子曰老者安之朋友□□

注釋

〔一〕耳：朱筆於右旁補「又」，改爲「取」字。

〔二〕未：朱筆改爲「末」字。

〔三〕右：是「左」字之誤。

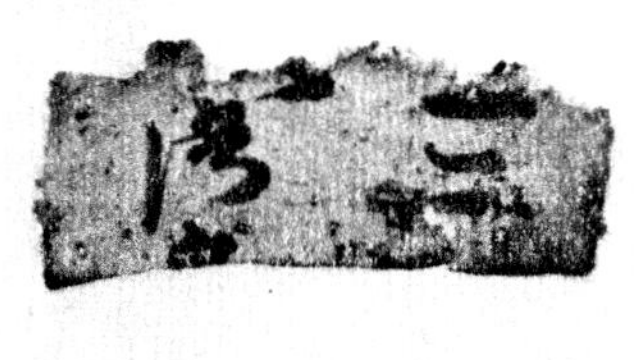

二三　文書殘片
64TAM19:35

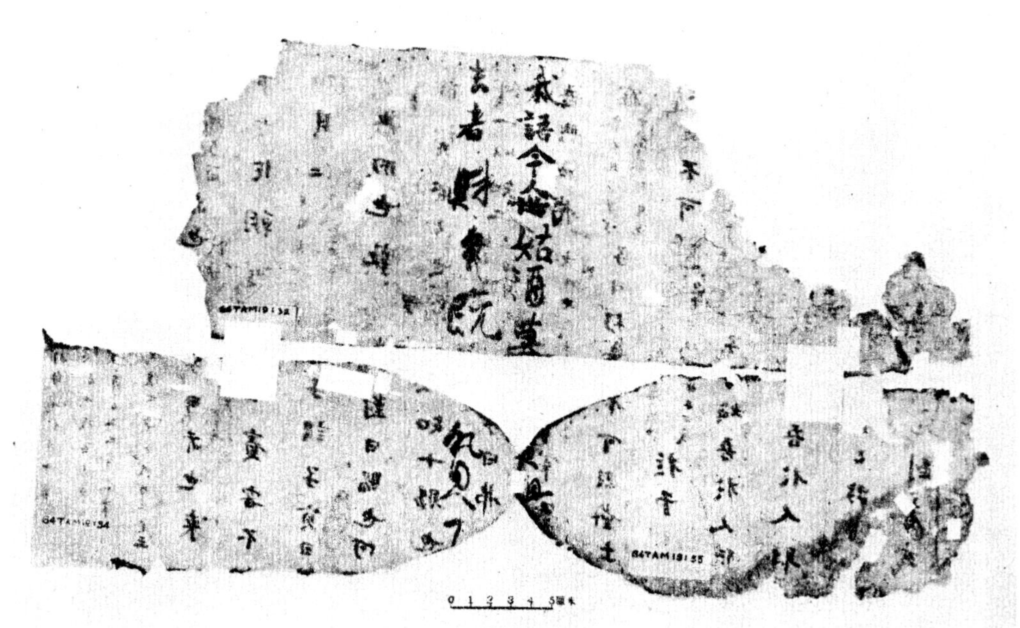

二二　文書殘片　64TAM19:32(b),54(b),55(b)

二四　文書殘片
64TAM19:37

二七　文書殘片
64TAM19:41/3

二六　文書殘片
64TAM19:41/2(b)

二五　文書殘片
64TAM19:41/2(a)

三〇　文書殘片
64TAM19:50(b)

二九　文書殘片
64TAM19:50(a)

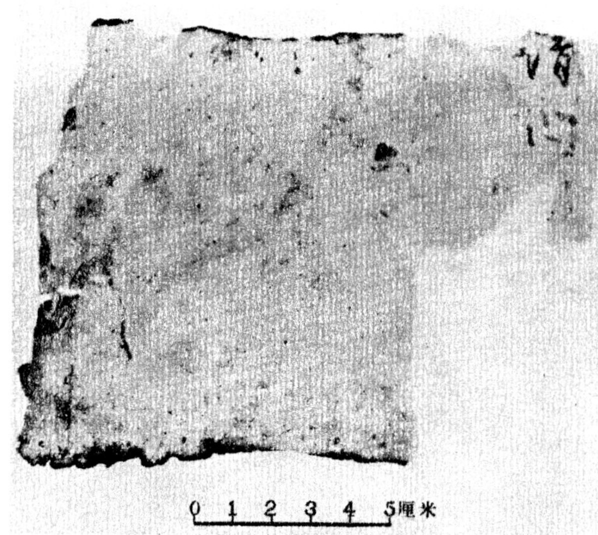

二八　文書殘片　64TAM19:49

三一　文書殘片
64TAM19:51(a)

三二　文書殘片
64TAM19:51(b)

三三　文書殘片　64TAM19:52(a)

三四　文書殘片　64TAM19:52(b)

三五　文書殘片
64TAM19:53/1

三六　文書殘片
64TAM19:53/2

三七　文書殘片
64TAM19:53/3(a)

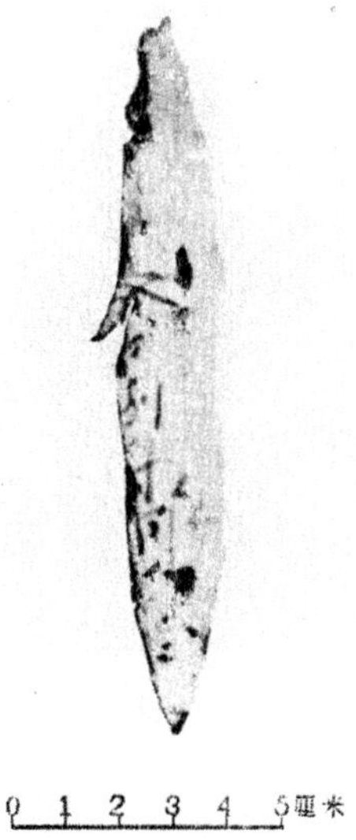

三八　文書殘片
64TAM19:53/3(b)

三九　文書殘片
64TAM19:53/4

四〇　文書殘片
64TAM19:60(a)

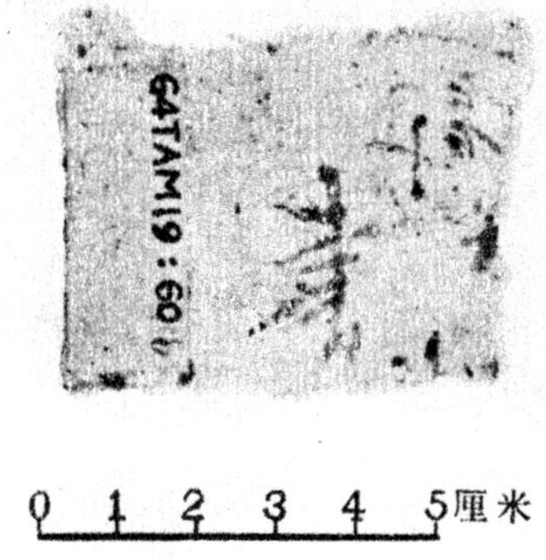

四一　文書殘片
64TAM19:60(b)

四三　文書殘片　　64TAM19:70/1

四二　文書殘片　　64TAM19:64/4

四五　文書殘片
64TAM19:70/3～70/5

四四　文書殘片　　64TAM19:70/2

阿斯塔那一九一號墓文書

本墓無墓誌及隨葬衣物疏。所出文書有紀年者，起唐永隆元年（公元六八〇年），止永隆二年（公元六八一年）。

一　唐永隆元年(公元六八〇年)軍團牒爲記注所屬衛士征鎮樣人及勳官簽符諸色事(一)　73TAM191:119(a)

一　唐永隆元年（公元六八〇年）軍團牒爲記注所屬衛士征鎮樣人及勳官籤符諸色事

本件多處有朱筆點記，騎縫處背面均有押字。

（一）

1 [缺]　安西鎮　　樣人張弟〻。

2 [缺]　樣人翟隆貞

3 [缺]　上護軍，籤符見到。

4 [缺]年卅五　上輕車，籤符見到。

5 王勝藏年卌一

6 劉尸舉年廿六

7 白歡進年卌一　送波斯王，樣人康文義。進上輕車，籤符到府。

8 趙力相年卅五　送波斯王，樣人康曇住。

9 解養生年卅五　安西鎮，樣人白祐海。養生上輕車，籤符到。

〔一〕

注釋

〔一〕騎縫背殘半押字。

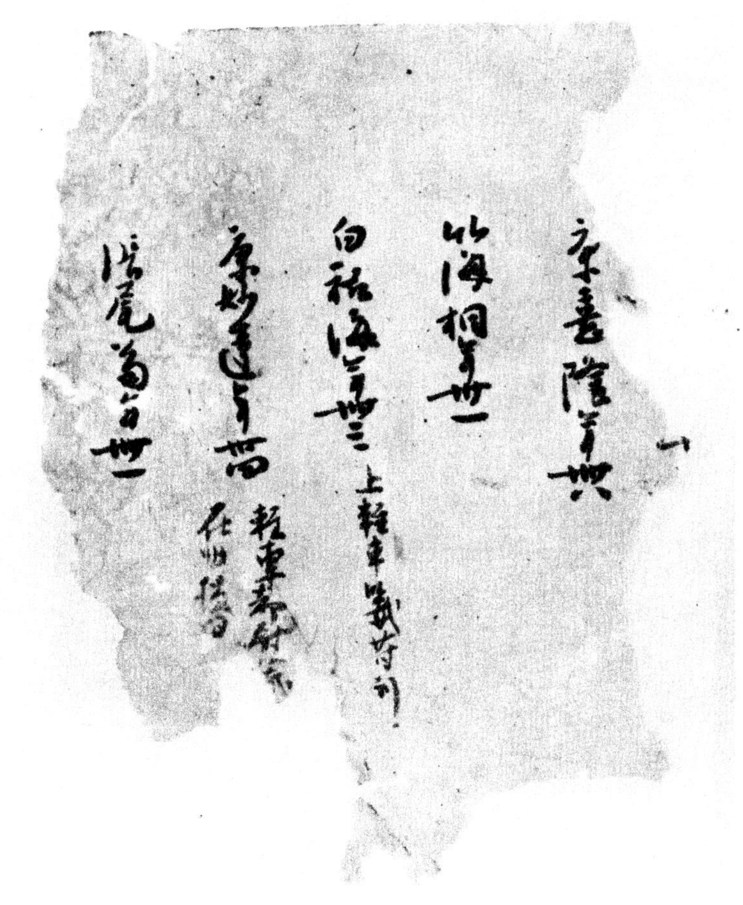

0 1 2 3 4 5厘米

一　唐永隆元年(公元六八〇年)軍團牒爲記注所屬衛士征鎮樣人及勳官籤符諸色事（二）　73TAM191:120(a)

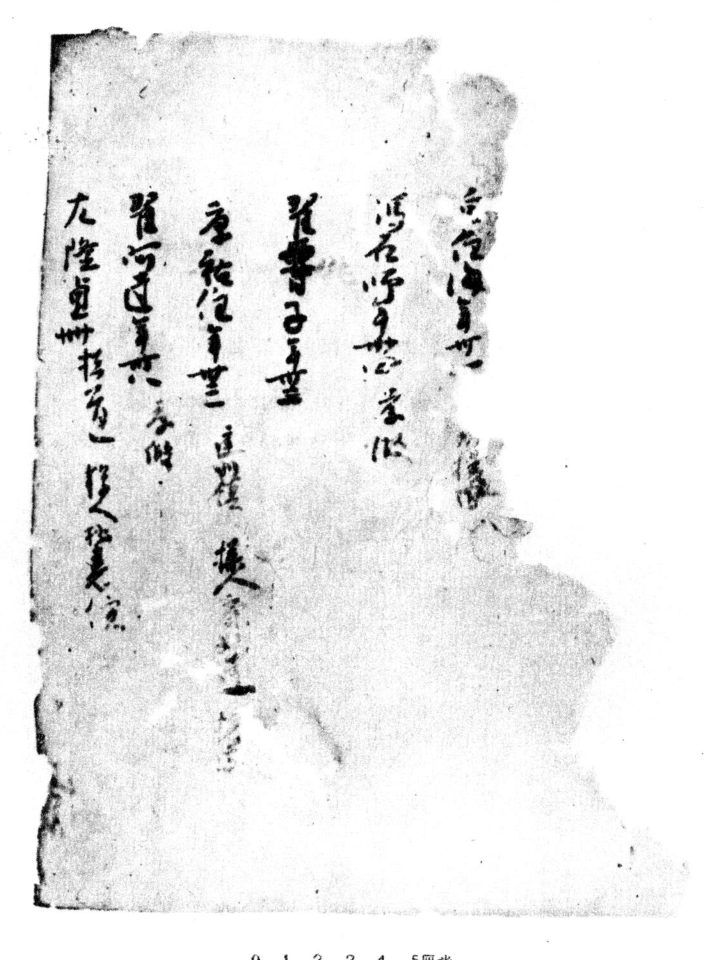

0 1 2 3 4 5厘米

一　唐永隆元年(公元六八〇年)軍團牒爲記注所屬衛士征鎮樣人及勳官籤符諸色事（三）　73TAM191:121(a)

（二）

1 康惠隆年卌八
2 竹海相年卌一
3 白祐海年卌三　上輕車，籤符到。
4 康妙達年卌四　輕車都尉，〔籤〕□ 在州撿因。
5 張尾荀年卌一

（三）

1 〔向〕住海年卌一　□州授因。
2 馮石師年卌四　孝假。
3 翟胥姚〔一〕子年卌三
4 康祐住年卌三　庭州鎮。　樣人康妙達，授因。
5 翟阿達年卌八　孝假。
6 左隆貞卌　捉道。樣人杜惠住。

注釋

〔一〕胥：右旁以朱筆寫一「姚」字，疑示原寫作「胥」，後改為「姚」。

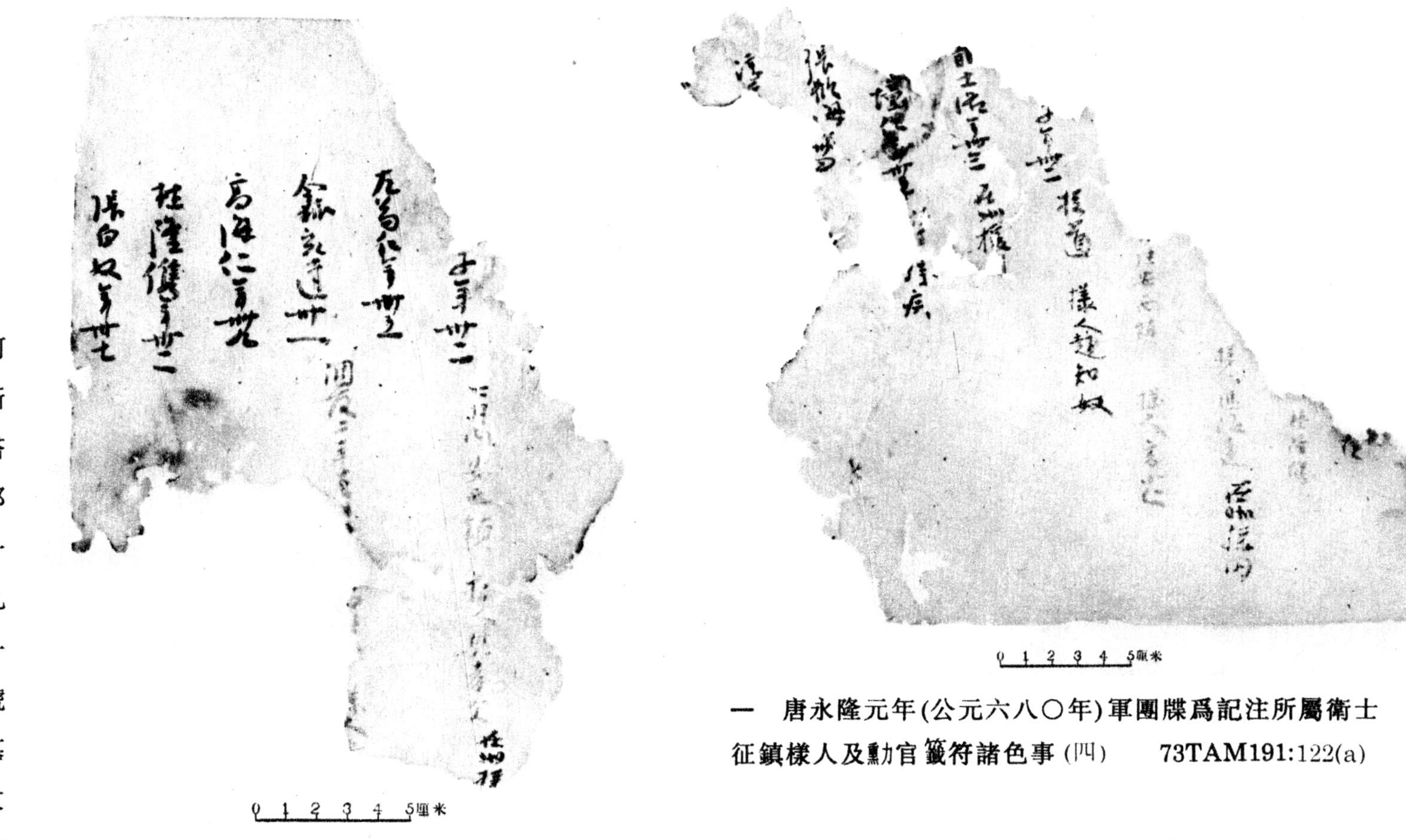

一　唐永隆元年(公元六八〇年)軍團牒爲記注所屬衛士征鎮樣人及勳官簽符諸色事(五)　73TAM191:123(a)

一　唐永隆元年(公元六八〇年)軍團牒爲記注所屬衛士征鎮樣人及勳官簽符諸色事(四)　73TAM191:122(a)

（四）

1 □
2 杜隆傷
3 樣人馮海達，在州授囗。
4 往安西鎮　樣人高小仁。
5 □□子年卌二　捉道。　樣人趙知奴。
6 □士洛年卌三　在州授囗。
7 □憧仁年卌五　侍丁殘疾。
8 張歡海年卌四
9 浮[子]

（五）

1 □□子年卌二　七月內安西鎮，　樣人樊孝之，在州
[授]□。
2 左茍仁年卌五
3 令狐亥達卌一　調露二年七[月]□□[西][鎮]，　樣人
4 高海仁年卌九
5 杜隆傷年卌六
6 張白奴年卌七

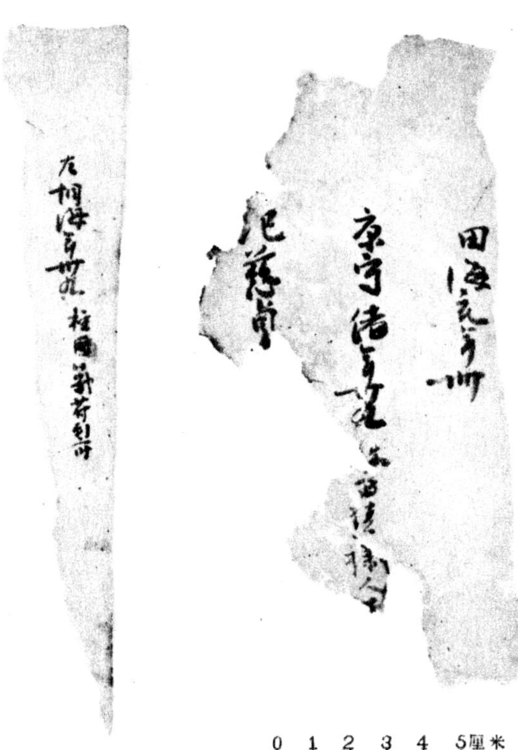

一　唐永隆元年（公元六八〇年）軍團牒爲記注所屬衛士征鎮様人及勳官簽符諸色事（六）　73TAM191：124(a)

一　唐永隆元年（公元六八〇年）軍團牒爲記注所屬衛士征鎮様人及勳官簽符諸色事（七）　73TAM191：111(a)

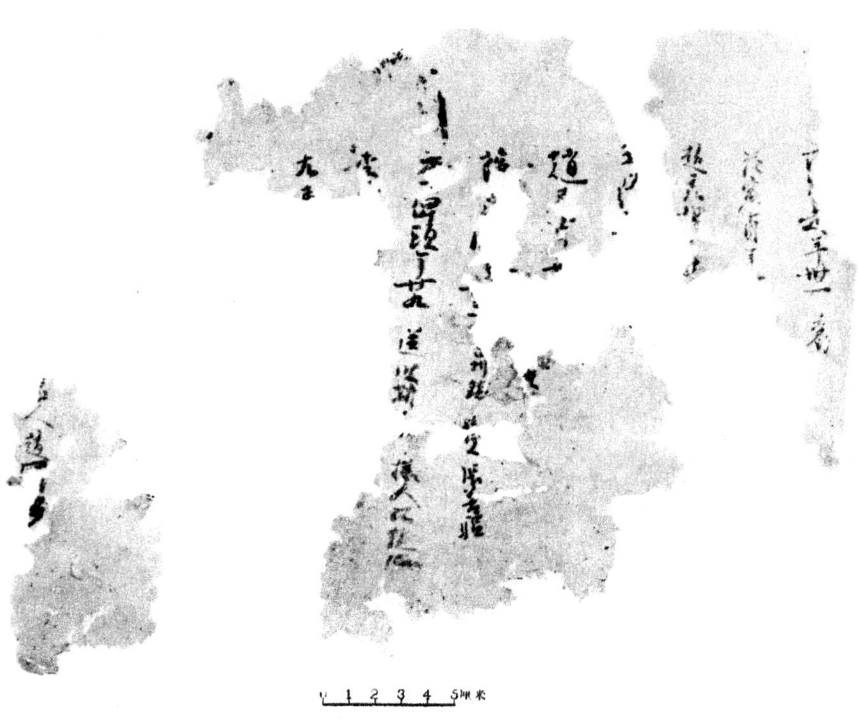

一　唐永隆元年（公元六八〇年）軍團牒爲記注所屬衛士征鎮様人及勳官簽符諸色事（八）　73TAM191：110(a)

（六）

1 田海亥年卅
2 康守緒年廿[九]　安西[鎮]様人［　　］
3 氾慈貞［　　］

（七）

1 左相海年卅九　柱國，藏符到府。

（八）

1 □□□年卅一　孝假。
2 范寅貞年［　　］
3 趙秃□［　　］
4 [王][隆]［　　］
5 趙［　　］
6 [蘇]［　　］[二]　[庭]州鎮，[様]人張善賜。
7 □俾頭年卅九　送波斯□，様人氾追□。
8 李［　　］
9 左［　　］
10 ［　　］［　　］様人趙［　　］

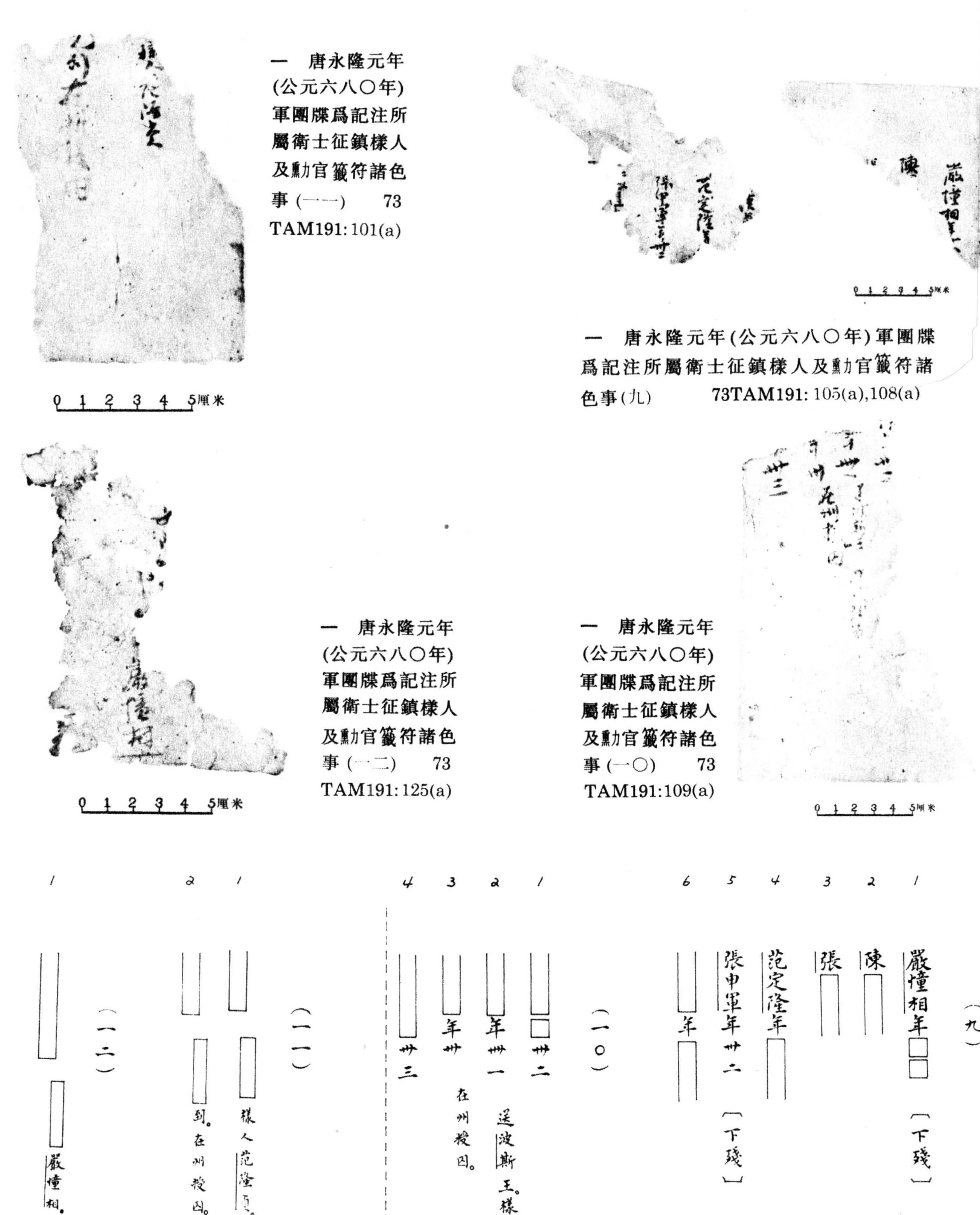

一　唐永隆元年(公元六八〇年)軍團牒爲記注所屬衛士征鎮樣人及勳官簽符諸色事(一一)　73TAM191:101(a)

一　唐永隆元年(公元六八〇年)軍團牒爲記注所屬衛士征鎮樣人及勳官簽符諸色事(九)　73TAM191:105(a),108(a)

一　唐永隆元年(公元六八〇年)軍團牒爲記注所屬衛士征鎮樣人及勳官簽符諸色事(一二)　73TAM191:125(a)

一　唐永隆元年(公元六八〇年)軍團牒爲記注所屬衛士征鎮樣人及勳官簽符諸色事(一〇)　73TAM191:109(a)

（九）

1 嚴幢相年□□［下殘］
2 陳□
3 張□
4 范定隆年□
5 張申軍年卅二［下殘］
6 □年□

（一〇）

1 □□卅二
2 □年卅一　送波斯王。樣人張□。
3 □年卅　在州假因。
4 □卅三

（一一）

1 □　□樣人范隆□。
2 □　□到。在州假因。

（一二）

1 □　□嚴幢相。

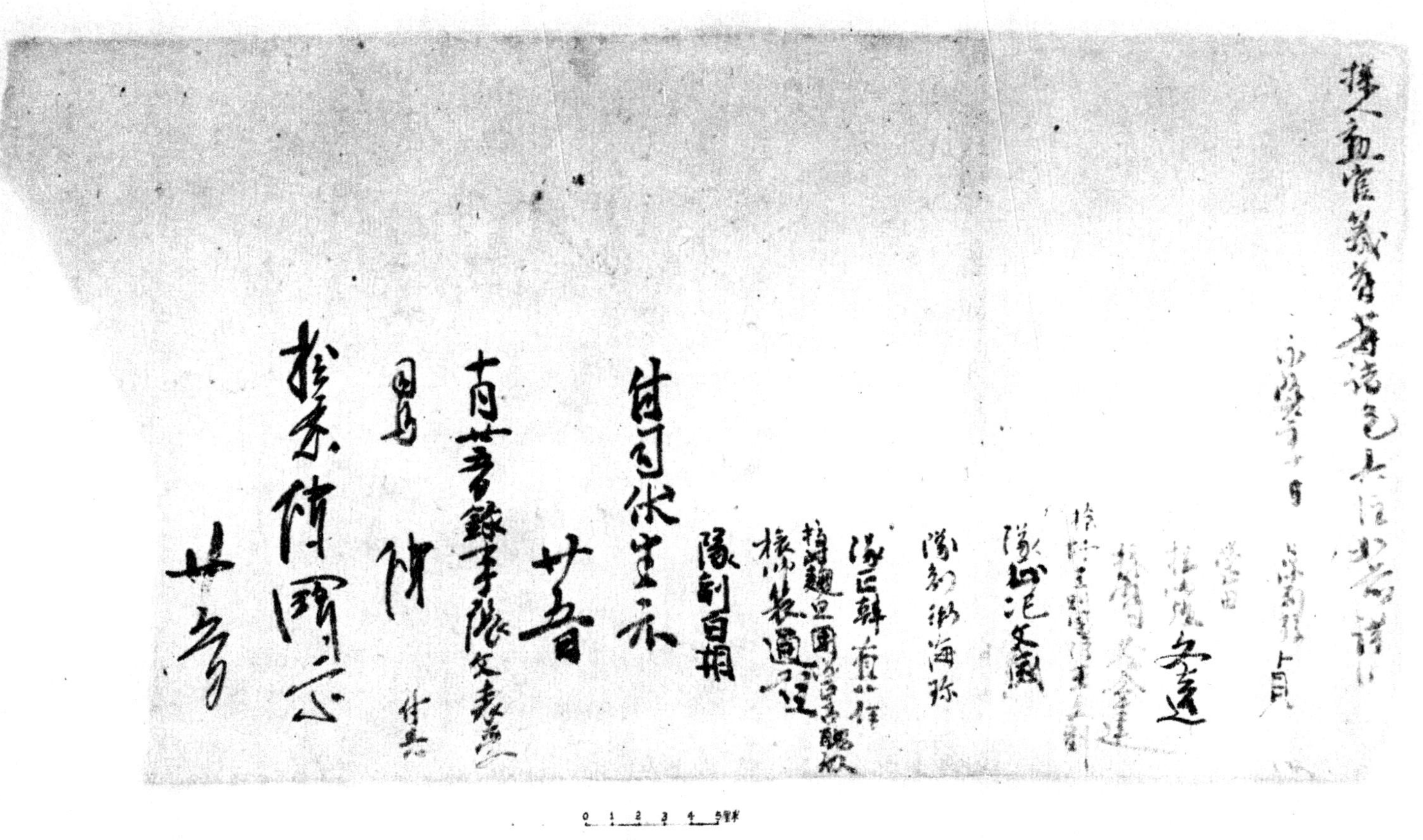

一　唐永隆元年(公元六八〇年)軍團牒爲記注所屬衛士征鎮樣人及勳官籤符諸色事(一三)　73TAM191:17(a)

（一三）

樣人、勳官籤符等諸色，具注如前，[謹][牒]。
永隆元年十月　日隊副孫　貞
隊正田
旅帥趙久遠
校尉司空令達
旅帥王則團隊〔一〕王文則
隊正氾文威
隊副衛海琮
隊正韓真住
校尉麴丘圍隊正高醜奴
旅帥裴通達
隊副白相
付司伏生示
廿五日
十月廿五日録事張久表受
司馬　仲　付兵
檢案　仲　示
廿五日

注釋

〔一〕「隊」字下當脱一字，參見同件第十行「校尉麴丘圍隊正高醜奴」條。

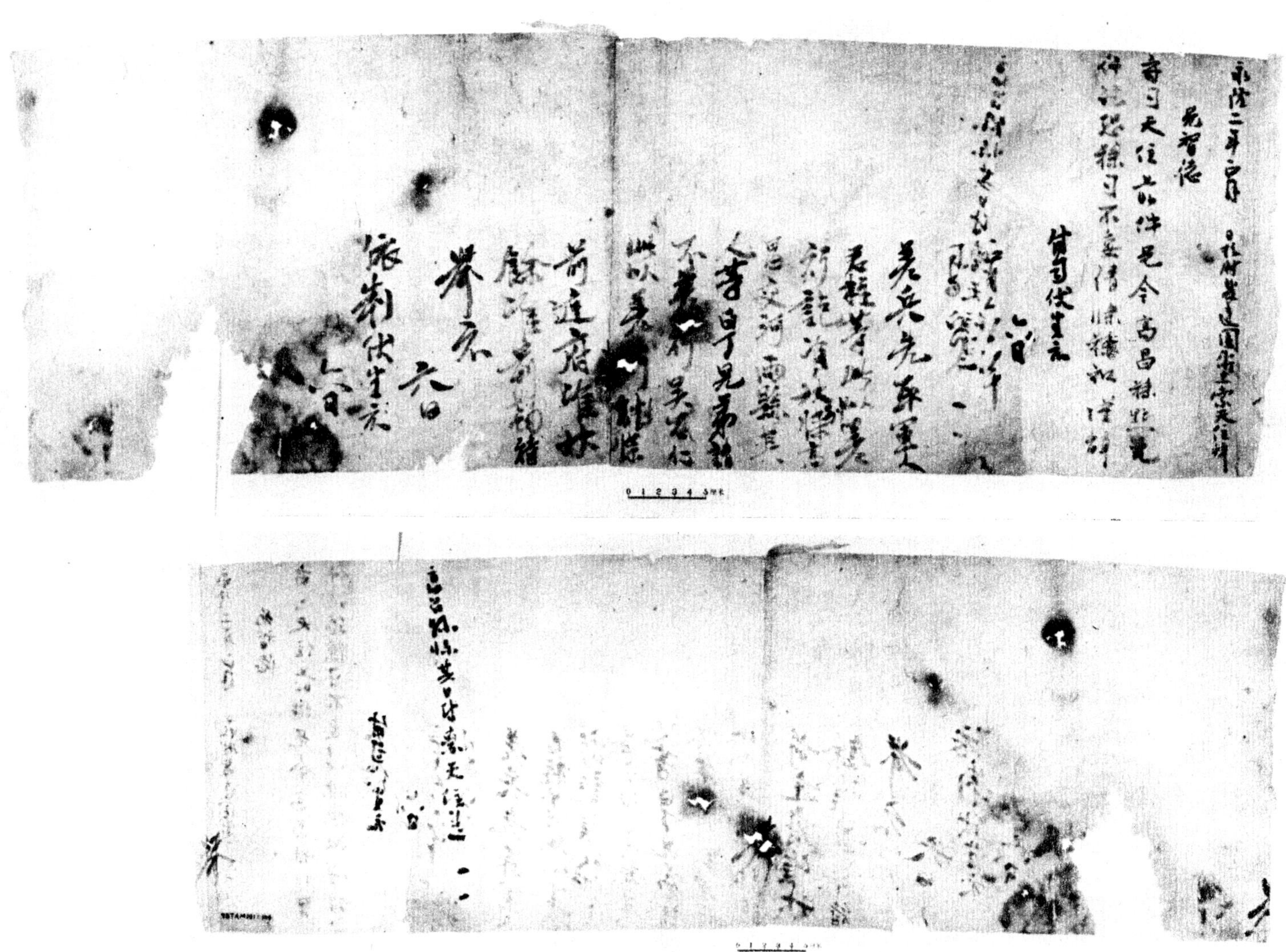

二　唐永隆二年(公元六八一年)衛士索天住辭爲兄被高昌縣點充差行事(一)　73TAM191:104(a)

二　唐永隆二年(公元六八一年)衛士索天住辭爲兄被高昌縣點充差行事(二)　73TAM191:104(b)

二　唐永隆二年（公元六八一年）衛士索天住辭爲兄被高昌縣點充差行事

本件前騎縫背面殘剩「𢓊」字左半側，後騎縫背面有「𢓊」字押署。

永隆二年正月　日校尉裴達團衛士索天住辭
兄智德
府司：天住前件兄今高昌縣點充
行講，恐縣司不委，請牒縣知，謹辭。
付司伏生示
六日
正月六日　卆
司馬　[illegible]
差兵先取軍人
君柱等，此以差
行講。准狀別牒高
昌、交河兩縣，其
人等白丁兄弟，請
不差行。吴石仁
此以差行講，牒
前庭府准狀，
餘准前勘。待
𢓊　示
六日

三　唐史衞智牒爲軍團點兵事　　73TAM191:32(a)

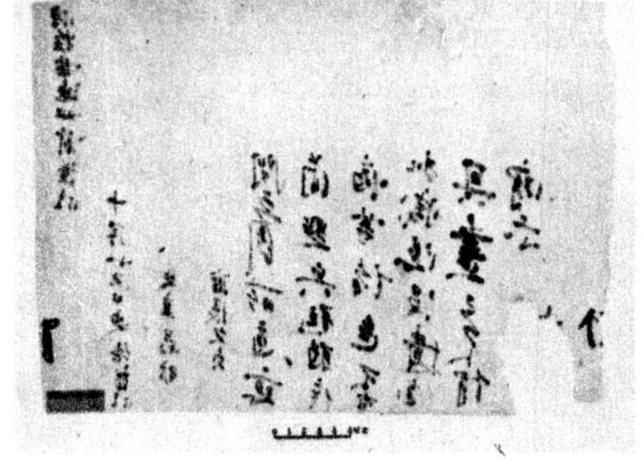

三　唐史衞智牒爲軍團點兵事　　73TAM191:32(b)

依判伏生示

六日

（二）

高昌縣牒其日付索天住北一一一〔一〕

注　釋

〔一〕此一行寫在背面。

三　唐史衞智牒爲軍團點兵事

本件前後騎縫背面有「俘」字押署，前後二縫各殘剩半字。

牒檢案連如前，謹牒。

十月廿五日史衞智牒

史辛君昉

府張文貞

問五團，所通應

簡點兵羸弱疾

病等諸色，不有

加減，隱沒遺漏，

具盡已不，傍

寧示

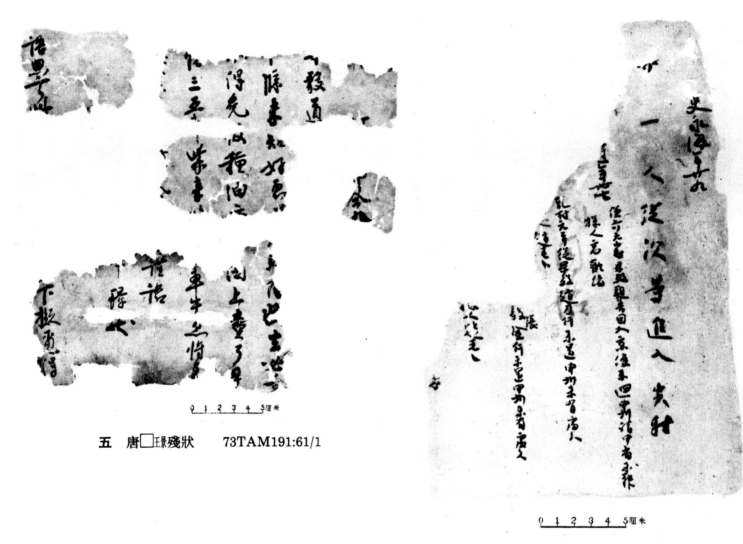

五　唐□璟殘狀　　73TAM191:61/1

四　唐軍府名籍　　73TAM191:74(a)

四　唐軍府名籍

本件紀年殘缺，内記「乾封元年」，必造於是年之後。第三、四行間有朱書「□日同帖」。

1 史永海年廿九

2 □　一　人從次等進入　步射

3 □年卌七　傔前天山府果毅趙喜因入京使，未迴。　隊人高歡緒　申州，請申省，未報。

4 □　□乾封元年從果毅趙刀行，未還。申州，未有處分。　□人[趙]毛〻。

5 □　□毅張仝行，未還。中州，未有處分。

6 □　□[檢]人趙志〻。

五　唐□璟殘狀

1 □今□

2 □毅道□

3 □牒，未知好惡□去必各

4 □得免□種油□上冀了，[得]

5 □三五[車]柴来□車牛亦將[来]

6 □謹諮。

7 □璟狀

8 語典言[此]□下，擬覓得

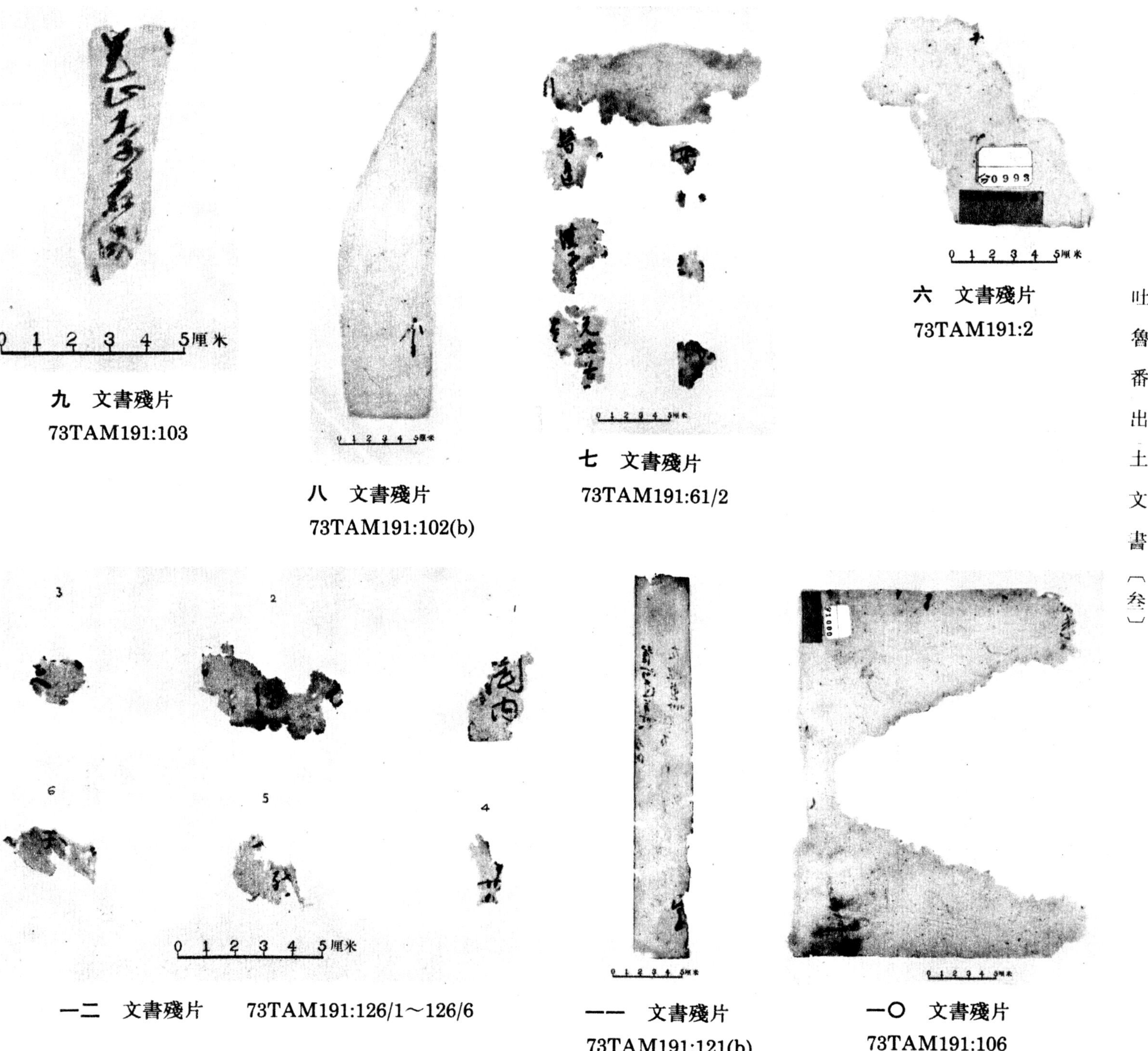

九　文書殘片
73TAM191:103

八　文書殘片
73TAM191:102(b)

七　文書殘片
73TAM191:61/2

六　文書殘片
73TAM191:2

一二　文書殘片　73TAM191:126/1～126/6

一一　文書殘片
73TAM191:121(b)

一〇　文書殘片
73TAM191:106

阿斯塔那三七六號墓文書

本墓無墓誌及隨葬衣物疏。所出文書有紀年者，爲唐開耀二年（公元六八二年）。

一　唐開耀二年（公元六八二年）寧戎驛長康才藝牒爲請追勘違番不到驛丁事

67TAM376:02(a)

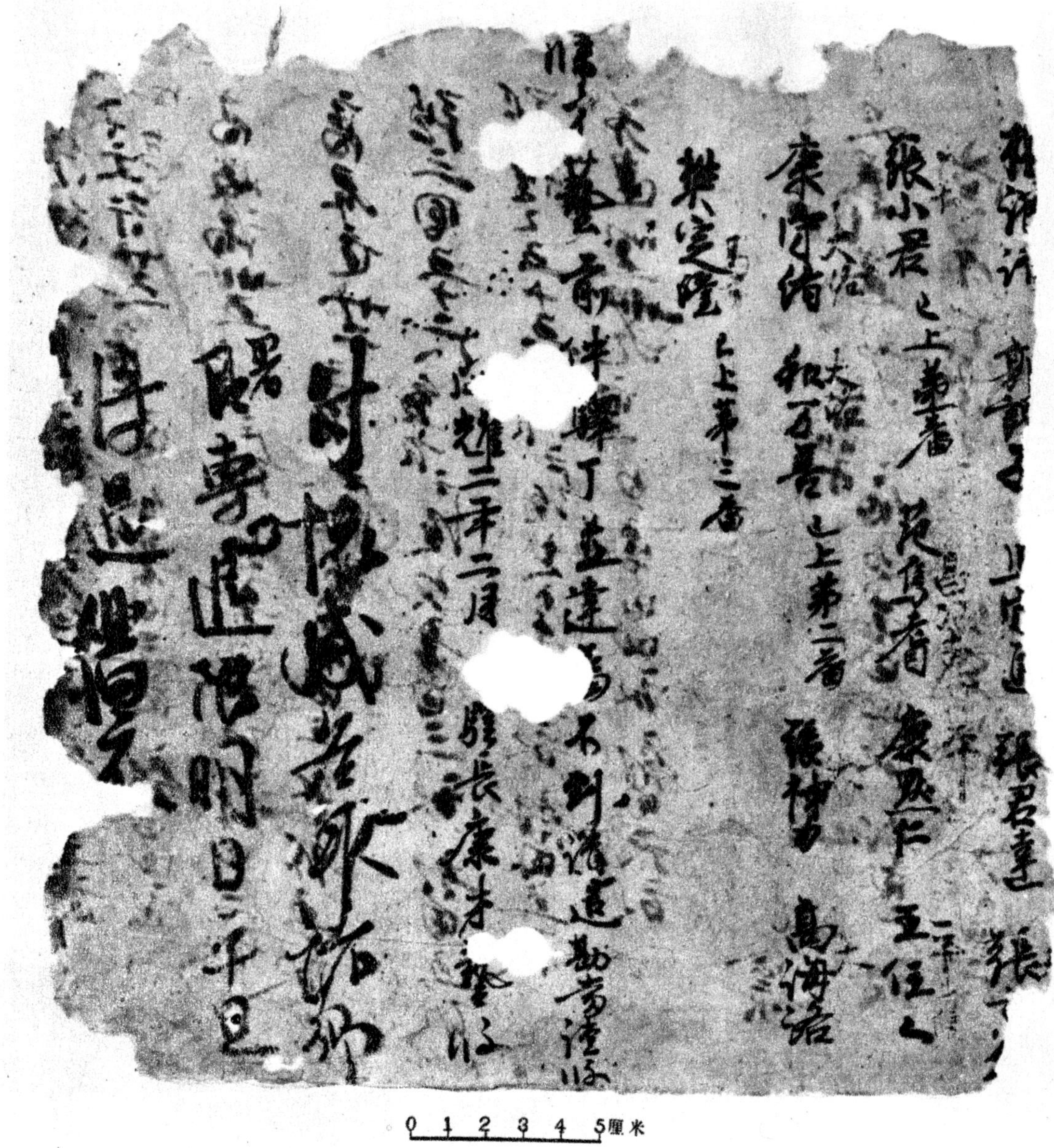
0 1 2 3 4 5厘米

一　唐開耀二年（公元六八二年）寧戎驛長康
　　才藝牒爲請追勘違番不到驛丁事

杜護洛　郭訁□子　馬定□　張君達　張□□
張小君（十）　已上第一番　范鳥耆（唱沱憩）　康默仁（平）　王住之（平□信）
康守緒（大洛）　和万善（大洛）　已上第二番　張神力（大）　高海洛（大）
樊定隆（馬）　已上第三番
牒：才藝前件驛丁，並違番不到，請追勘當。謹牒。
開耀二年二月　□驛長康才藝牒
付懷感各取諸鄉
即（署）專追，限明日平旦
將過。備示。

二　唐開耀二年（公元六八二年）寧戎驛長康才藝牒爲請處分欠番驛丁事

67TAM376:01(a)

0 1 2 3 4 5厘米

二　唐開耀二年（公元六八二年）寧戎驛長康才藝牒爲請處分欠番驛丁事

[　　　　][㐫]双　龍定[　]大　[趙]頣洛　[宋]弘義[昌]

丁頣德昌　左辰歡昌　翟安住昌　令狐呼末昌　氾朱渠昌

龍安師昌　竹士隆昌

牒：才藝從去年正月一日，至其年七月以前，每番

各欠五人，於州陳訴。爲上件人等並是闕官白

直，符下配充驛丁填數，准計人别三番合上。其

人等准兩番上訖，欠一番未上，請追處分。謹牒。

開耀二年二月　日寧戎驛長康才藝牒

三　唐西州高昌縣諸鄉里正上直暨不到人名籍　67TAM376:03(b)

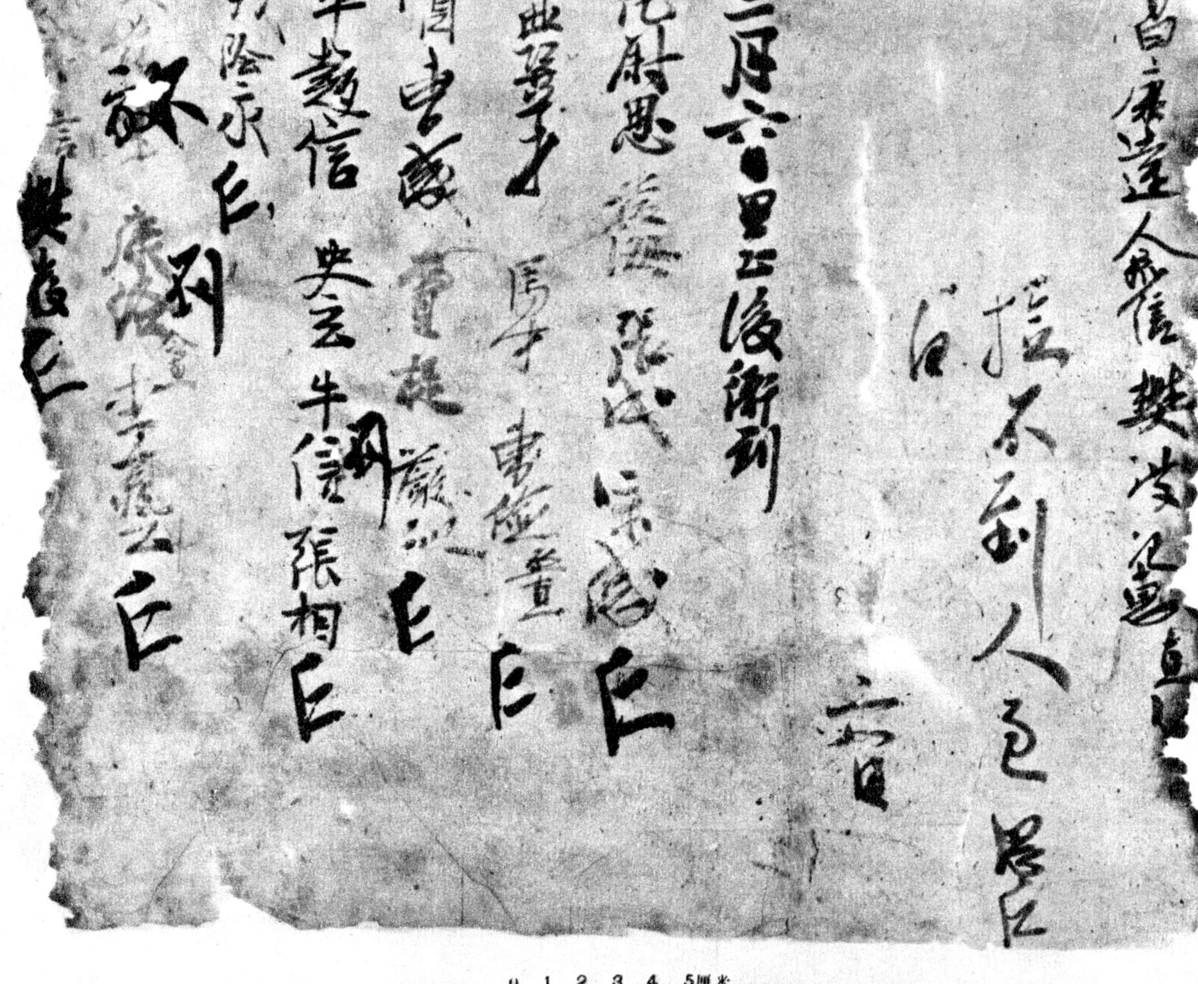

三　唐西州高昌縣諸鄉里正上直暨不到人名籍　67TAM376:03(a)

三　唐西州高昌縣諸鄉里正上直暨不到人名籍

本件騎縫背面押署一「仁」字。據各行所標鄉名簡稱，知均屬高昌縣。

1 昌康達、令狐信、樊度、氾惠　直　[仁]

2 　　撿不到人過。思仁

3 　　白。

4 　　　　六日

5 二月六日里正後衛到

6 化尉思　嚴海　張成　宋感　仁

7 西鞏才　馬才　曹儉　丞直　仁

8 順曹感　賈提　嚴似　仁

9 平趙信　史玄　牛信到　張相　仁

10 戎陰永　仁

11 大[慈]祢□　康洛到　令直　李藝　仁

12 昌[令][狐][信]　樊□　仁

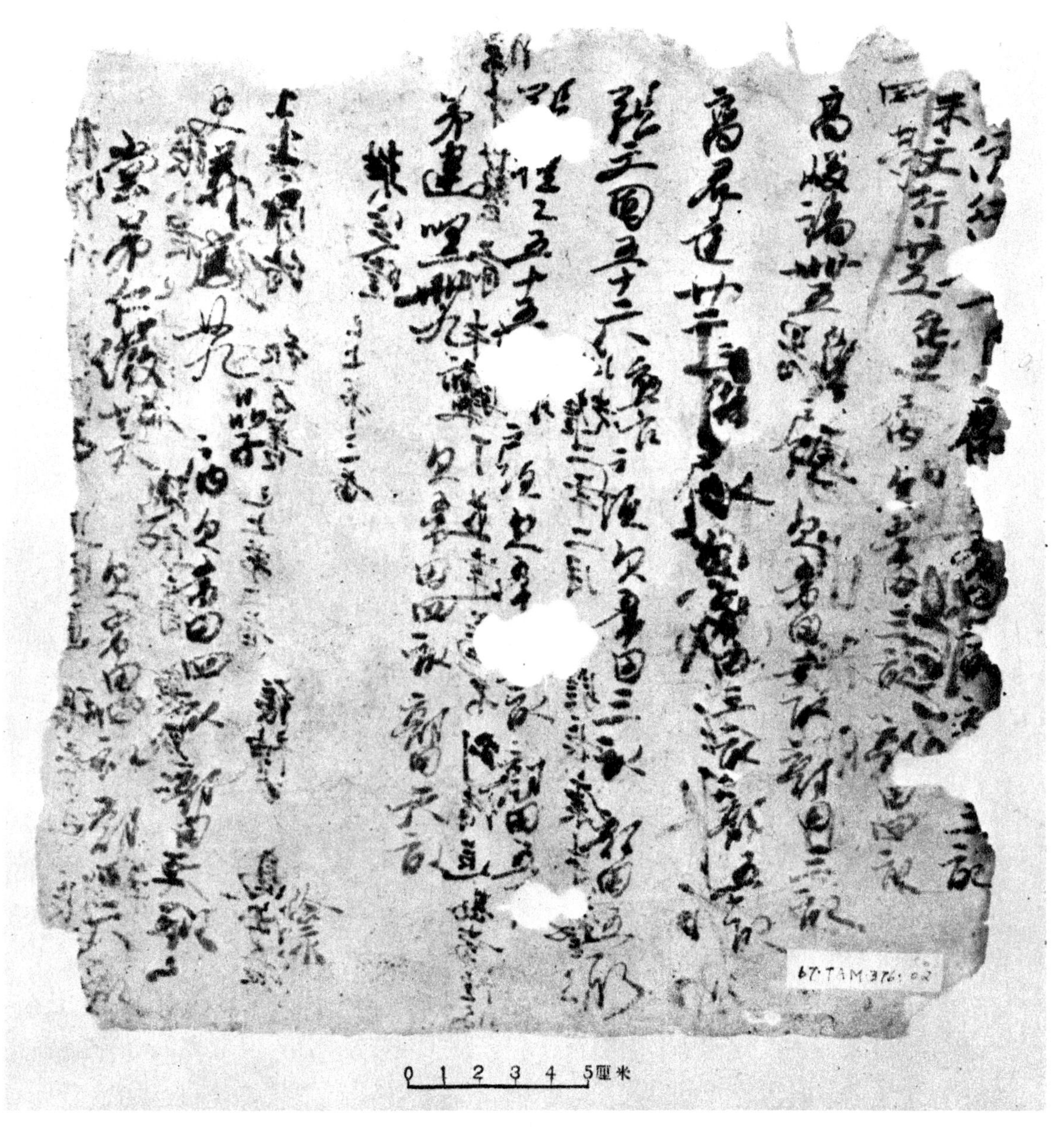

四　唐欠田簿（一）　67TAM376:02(b)

四　唐欠田簿

本件同墓所出有紀年文書兩件，均爲開耀二年（公元六八二年），其一即在本件的另面。本件年代應亦相當。

（一）

1 □住行□□□□　戶内欠常田□二畝　□部□三畝

2 米文行廿五衛士　戶内欠常田三畝　部田四畝

3 四等

4 高峻端卌五衛士　戶頭欠常田二畝　部田三畝

5 高君達廿二三衛　戶内欠常田三畝　部五畝〔一〕

6 張文固五十六勳官　戶頭欠常田三畝　部田五畝

7 □張□〻五十五□□官　戶頭欠常□□畝　部田五□

8 弟建嘿卌九府史　欠常田四畝　部田六畝

9 陰永

10 上上戶〔二〕

11 史義感廿九品子　戶内欠常田四畝　部田六畝

12 堂弟仁儼廿六品子　欠常田四畝　部田六畝

注　釋

〔一〕部五畝：部下脱一「田」字。

〔二〕上上戶：上上戶應即一等戶，但前後稱「四等」、「六等」，這裏不稱一等而稱「上上」，顯然不一致；且現存唐代戶籍中絕未見有「上上戶」，僅此處一見，也覺可疑。此件所云四、六等和上上戶究作何解釋，尚待研究。

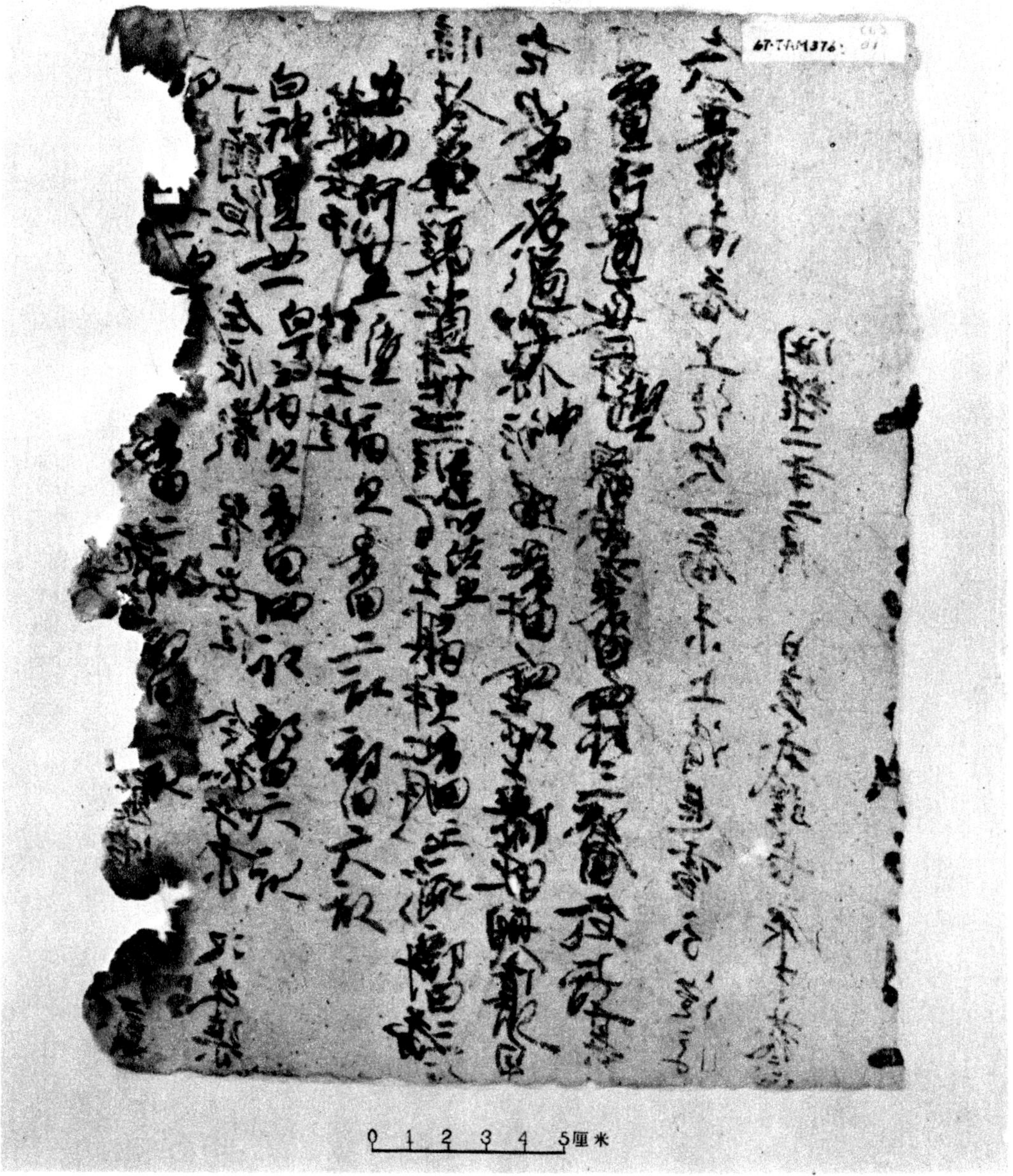

四　唐欠田簿（二）　67TAM376:01(b)

（二）

1 六等

2 賈行通卌二 衛士 戸内欠常田四畝　部田六畝

3 弟孝通十八 中 欠常田四畝　部田六畝

4 令狐高貞廿三 定州佐史 戸内欠常田三畝　部田三畝

5 安妙何卌五 衛士 戸内欠常田二畝　部田六畝

6 白神寳廿一 白丁 戸内欠常田四畝　部田六畝

7 □□□廿一 白丁 □内欠常田二畝　部田二畝

阿斯塔那三〇四號墓文書

本墓出唐垂拱四年（公元六八八年）王遮駋墓誌一方。所出文書無紀年。

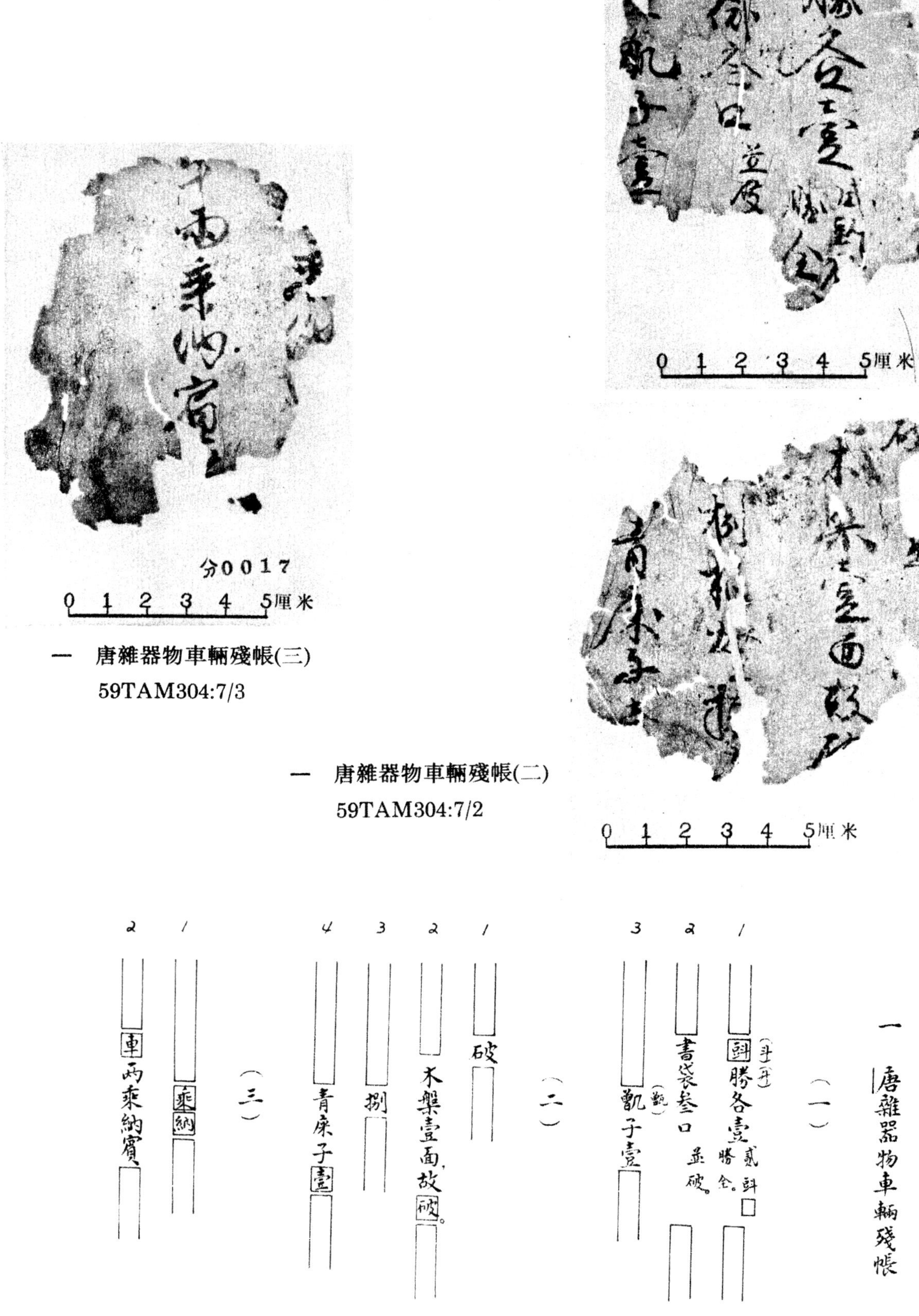

一　唐雜器物車輛殘帳(一)
59TAM304:7/1

一　唐雜器物車輛殘帳(二)
59TAM304:7/2

一　唐雜器物車輛殘帳(三)
59TAM304:7/3

一　唐雜器物車輛殘帳

（一）

1 □斗（升）勝各壹貳斗□勝全。□

2 □書袋叁口並破。□

3 □甑（甑）子壹□

（二）

1 □破□

2 □木槃壹面，故破。□

3 □捌□

4 □青床子壹□

（三）

1 □乘納□

2 □車兩乘納實，□

阿斯塔那四〇號墓文書

本墓爲合葬墓，男屍先葬，無墓誌及隨葬衣物疏。所出文書亦無紀年。有《杜定歡賃舍契》，查與本墓同一塋區的四二號墓中，出有唐永徽二年（公元六五一年）杜相墓誌，並出有另一件《杜定歡賃舍契》，今將本墓文書姑置於高宗時期之末。

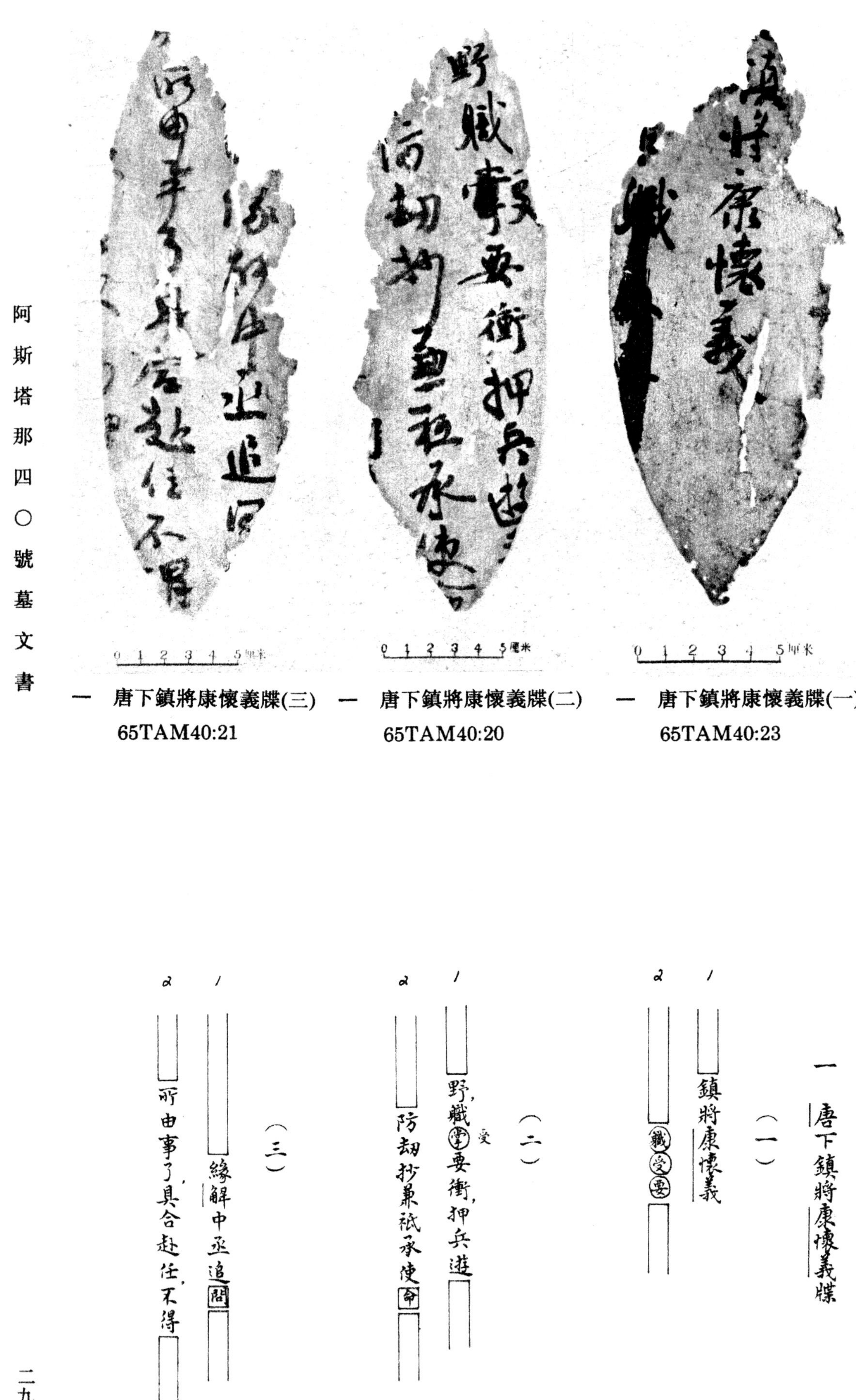

一　唐下鎮將康懷義牒(一)　65TAM40:23

一　唐下鎮將康懷義牒(二)　65TAM40:20

一　唐下鎮將康懷義牒(三)　65TAM40:21

一　唐下鎮將康懷義牒

（一）

1 ［　］鎮將康懷義

2 ［　］（職）（受）（要）［　］

（二）

1 ［　］野，職（掌）［受］要衝，押兵遊［　］

2 ［　］防刼抄，彙祇承使〔命〕［　］

（三）

1 ［　］緣解中丞追〔問〕［　］

2 ［　］所由事了，具合赴任，不得［　］

一　唐下鎮將康懷義牒(四)
65TAM40:22

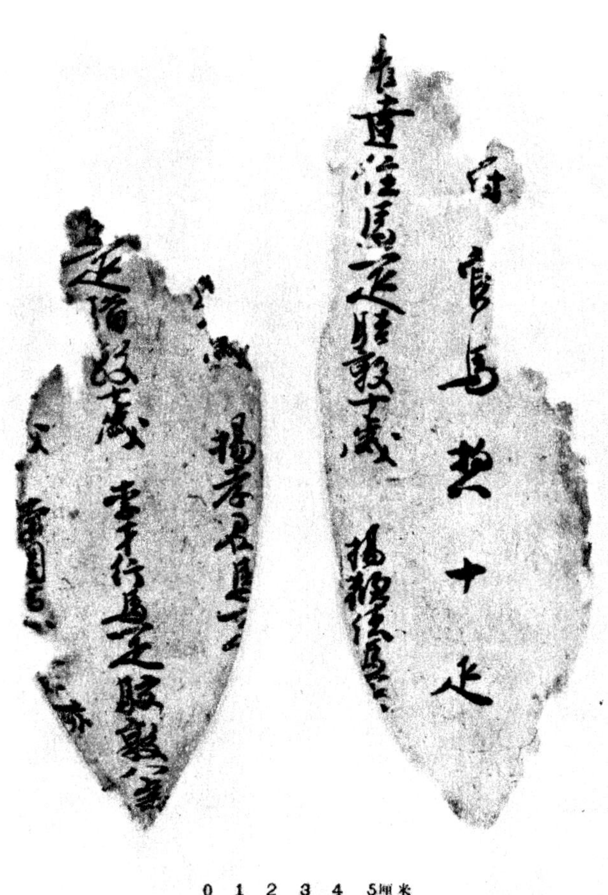

二　唐某府官馬帳　65TAM40:24,25

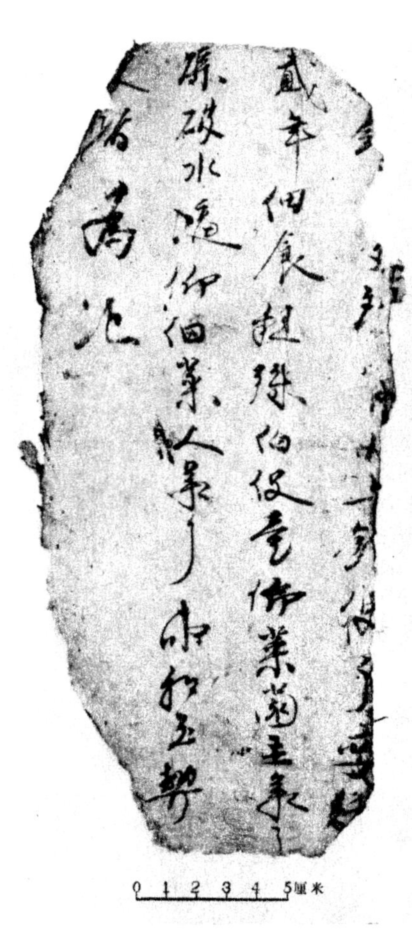

三　唐某人佃菜園殘契
65TAM40:35

（四）

1 [缺]闕人檢校，謹以[缺]

二　唐某府官馬帳

1 [缺][府]官馬總十疋
2 翟達俟馬一疋駐敦十歲　楊歡德馬一[疋][缺]
3 [缺]歲　楊孝君馬一疋[缺]
4 [缺][馬]一疋騮敦十歲　李才行馬一疋駮敦八歲
5 [缺][歲]　李[圓]德[缺]一疋赤[缺]

三　唐某人佃菜園殘契

1 [缺][錢][缺][文][到]八月[內][上][錢]使了。要[經]
2 貳年佃食。租殊（輸）伯役，壹仰菜園主承了；
3 渠破水讁，仰佃菜人〔一〕承了。兩和立契，
4 [獲][指]為記。

注釋

〔一〕佃菜人：當是「佃菜園人」之省略或誤漏。

五　唐杜定□舉錢殘契　　65TAM40:30

四　唐杜歡舉錢殘契　　65TAM40:33

四　唐杜歡舉錢殘契

1 □可立契，畫指為信。
2 錢主康忽婆——
3 □□人杜歡
4 知見人蘇子洽——□

五　唐杜定□舉錢殘契

1 □[記]。
2 錢主□
3 取錢人　杜[定]□

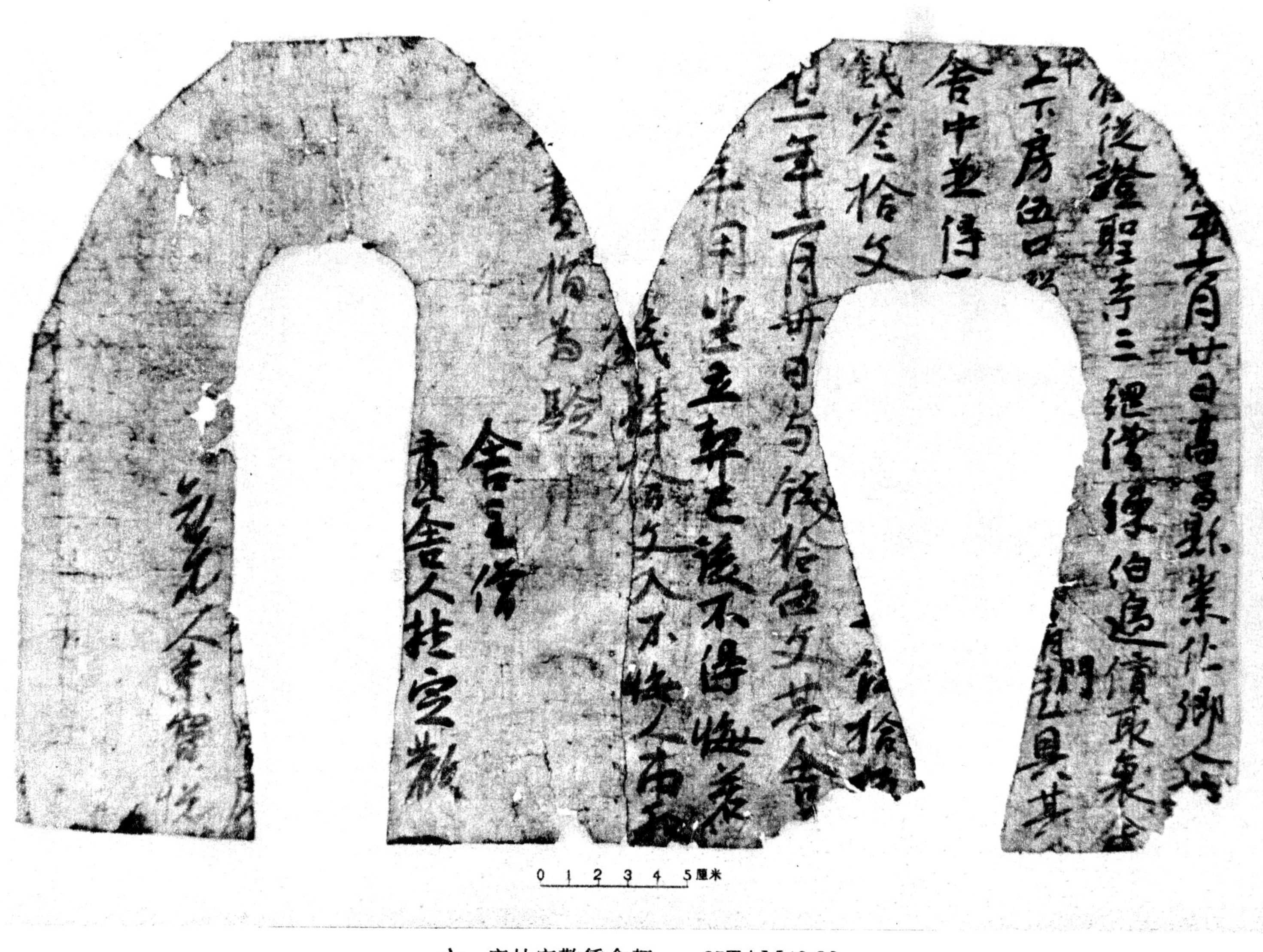

六　唐杜定歡賃舍契　　65TAM40:28

六　唐杜定歡賃舍契

□□元年六月廿日，高昌縣崇化鄉人杜定
歡從證聖寺三綱僧練伯邊賃取裏舍
中上下房伍口，□有門壹具，其
舍中並得□
錢叁拾文□錢拾伍
到二年二月卅日，与錢拾伍文。其舍□
□年用坐。立契已後，不得悔；若□
□錢肆拾文，入不悔人。兩和
□□，畫指為驗。川
舍主僧
賃舍人　杜定歡
知見人　索寶悅

八　唐杜定歡雇人放馬契　　65TAM40:39

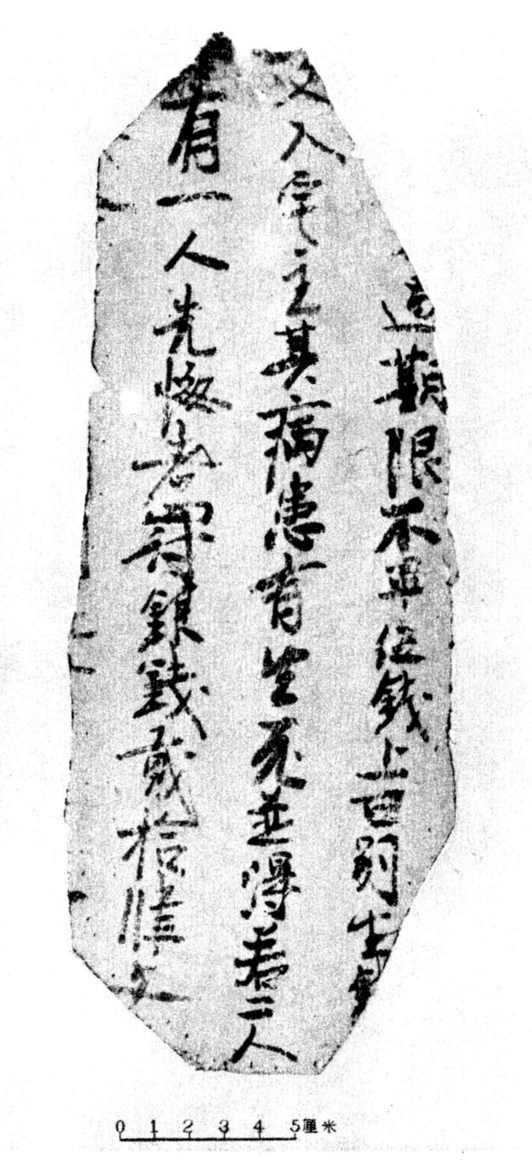

七　唐某人賃舍殘契　　65TAM40:29

七　唐某人賃舍殘契

1 □過期限不畢，伍錢上日別生[錢]□

2 文。入宅主。其病患有生死，並得。若二人

3 有一人先悔者，罰銀錢貳拾肆文。

八　唐杜定[歡]雇人放馬契

本件「杜定」下缺一字，據前件知是「杜定歡」。

1 □二月七日，崇化鄉杜定□

2 [百]寧大鄉□善歡放馬□

3 □[錢]拾□

4 [殘]錢肆□[錢][使]了□

5 過限不畢，日別生錢□文。立契

6 □和可□

一〇　唐康辰花殘契二　65TAM40:31,32

九　唐康辰花殘契一　65TAM40:38

九　唐康辰花殘契一

1 □八月四日，順義鄉大女康辰花□

2 □[六]文，[於][索][化]鄉杜定歡邊□

3 □嚴□

4 文殘三文，到今滿頭上錢使[畢]。

□月不畢，日别生利錢壹文。□

一〇　唐康辰花殘契二

1 □[辰][花]□[子]□□若□□

2 [康]辰花与錢貳文，□□□不合

3 要逕壹[年]□[兩][和]立契，獲指為[記]。

4 知見人　[宣]（？）奴々

一二 唐殘辭 65TAM40:36

一一 唐保人安不六多殘契 65TAM40:34

一一 唐保人安不六多殘契

1 保人安不六多 ――

2 知見人安世阿 ――

3 書人寘歡保 ――

一二 唐殘辭

1 □□今忖思東西經紀無處可得，請乞[免]許，請裁，謹辭。

哈拉和卓一〇三號墓文書

本墓係合葬墓，無墓誌及隨葬衣物疏。所出文書亦無紀年。據所出某人自書狀，記有唐儀鳳二年（公元六七七年）履歷，今將本墓文書姑置於高宗時期之末。

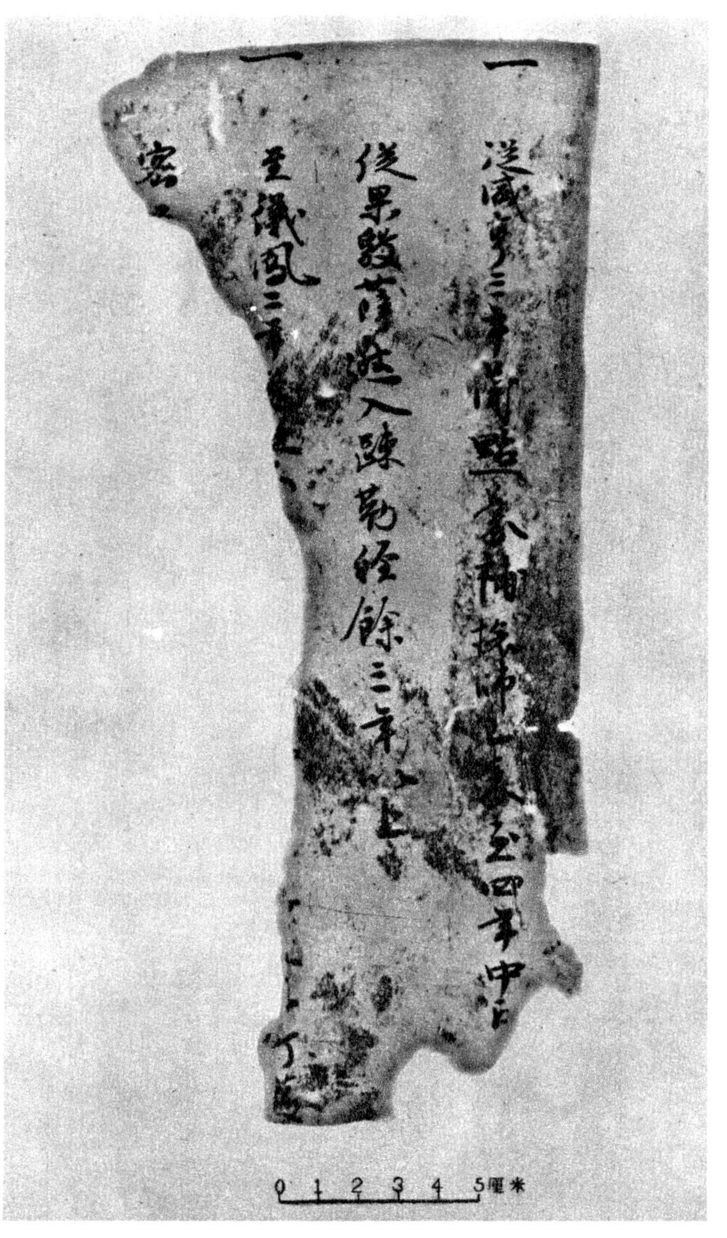

一　唐某人自書歷官狀　75TKM103:1

一　唐某人自書歷官狀

1　一　從咸亨三年蒯點蒙補旅帥已來，至四年中
2　從果毅薛逊入疎勒，經餘三年以上。
3　一　至儀鳳二年差從[　　]行護
4　密[　　]

阿斯塔那二二一號墓文書

本墓出有唐永徽四年（公元六五三年）交河縣尉張團兒墓誌。在屍身紙鞋上拆有三九至五一號文書，紙帽上拆有五五至六三號文書。另出文書六件，内有儀鳳三年（公元六七八年）及武周時期文書。

一　唐貞觀十八年（公元六四四年）殘文書

[貞]觀十八年十一月廿二[日]

二　唐貞觀廿二年（公元六四八年）安西都護府承勅下交河縣符爲處分三衛犯私罪納課違番事

一　唐貞觀十八年(公元六四四年)殘文書　73TAM221:39

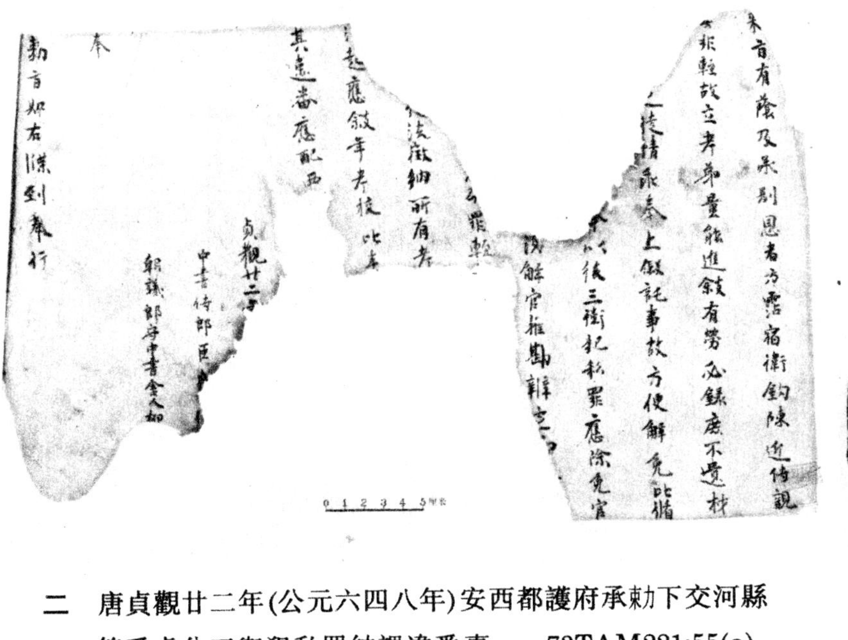

二　唐貞觀廿二年(公元六四八年)安西都護府承勅下交河縣符爲處分三衛犯私罪納課違番事　73TAM221:55(a)

本件四二行有朱筆勾勒。

1 [勅]旨有蔭及承别恩者，方霑宿衛，鈎陳近侍，親
2 □非輕。故立考第，量能進叙，有勞必録，庶不遺材。
3 [　][之]徒，情乖奉上，假託事故，方便解免，比循
4 [　]今以後，三衛犯私罪應除免官，
5 [　]須解官推勘辨定[　]
6 [　][本]罪，輕[　]
7 □□[依]法徵納。所有考[　]
8 □起應叙年考校，比[來][　]
9 其違番應配西[　]
10 貞觀廿二[年][　]

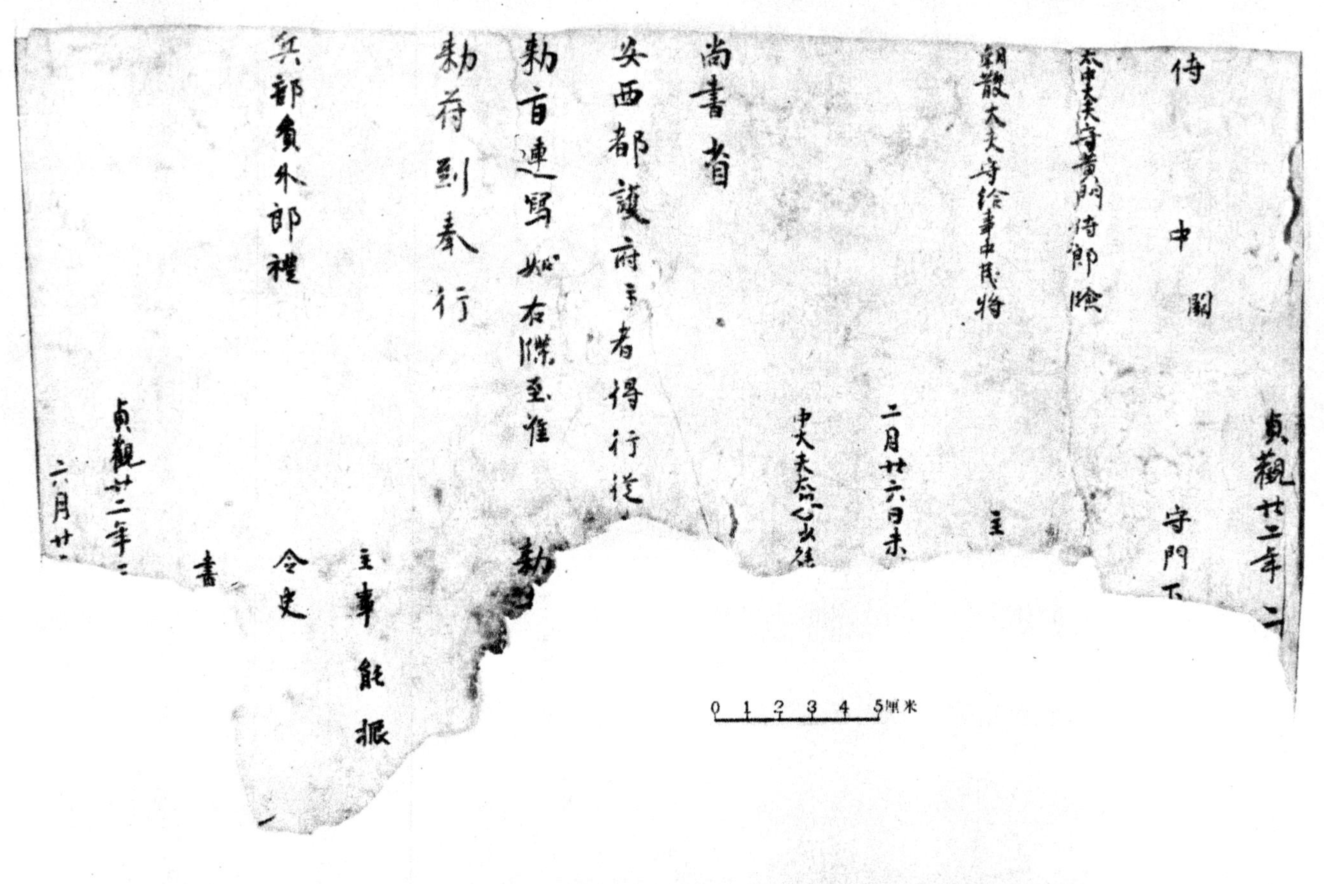

二　唐貞觀廿二年(公元六四八年)安西都護府承勅下交河縣符爲處分三衛犯私罪納課違番事　73TAM221:56(a)

中書侍郎臣崔仁□
朝議郎守中書舍人柳□□
奉
勅旨如右，牒到奉行。
貞觀廿二年二□
侍　中　闕　守門下□
太中大夫守黄門侍郎臨□
朝散大夫守給事中茂將　主□
二月廿六日未□
中大夫太子少保□
尚書省
安西都護府主者：得行從□
勅旨連寫如右，牒至准　勅者，□
勅符到奉行。
主事能振
兵部員外郎禮　令史
書□
貞觀廿二年三□
六月廿□

注　釋

〔一〕騎縫背面押「弘」字。

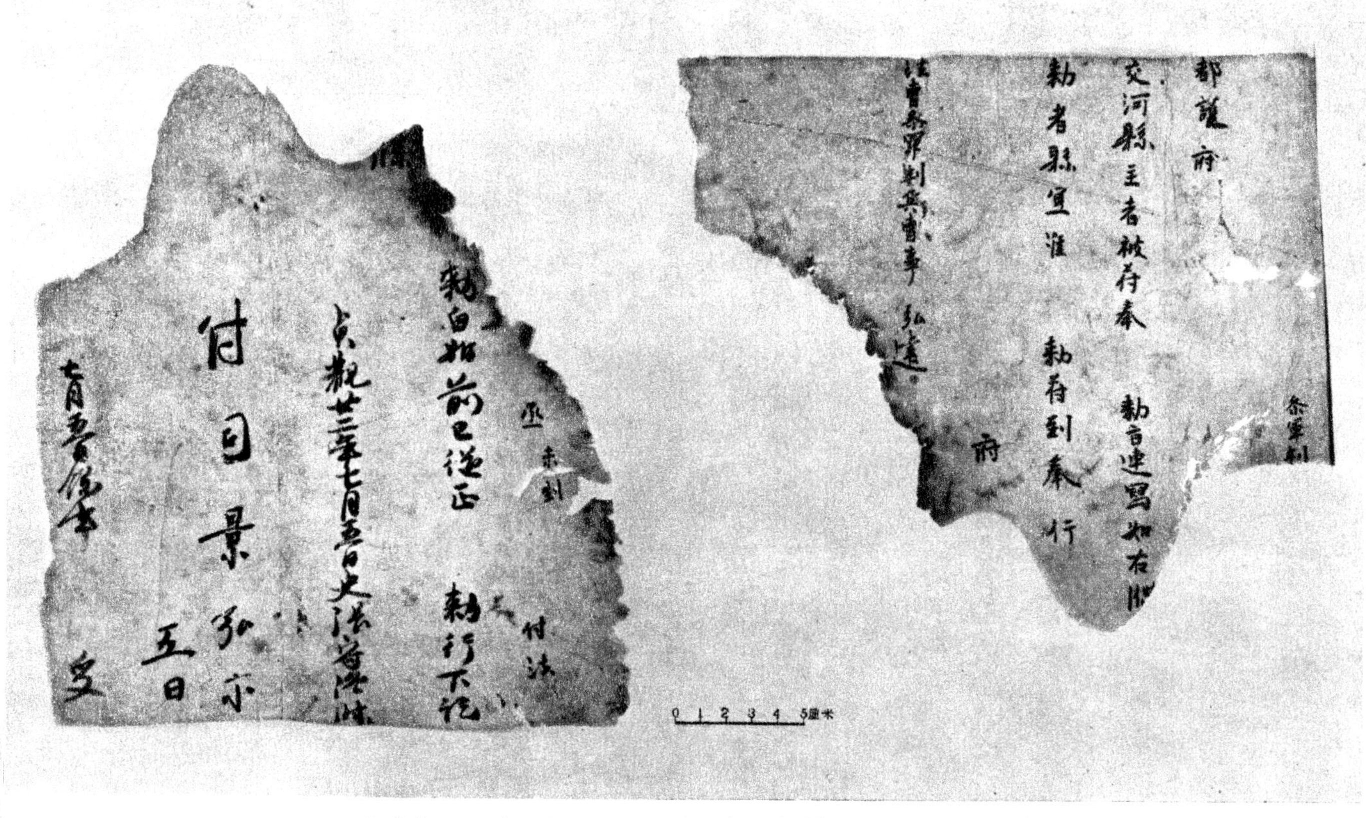

二　唐貞觀廿二年(公元六四八年)安西都護府承勅下交河縣符爲處分三衛犯私罪納課違番事　73TAM221:57(a),58(a)

二　唐貞觀廿二年(公元六四八年)安西都護府承勅下交河縣符爲處分三衛犯私罪納課違番事　73TAM221:58(b)

30　　　　參軍判□
31　都護府
32　交河縣主者：被符奉　勅旨連寫如右，牒□
33　勅者，縣宜准　勅，符到奉行。
34　　　　府
35　法曹參軍判兵曹事　弘建
36　　　　丞　未到　　付法
37　□　勅白如前，已從正　勅行下訖。
38　□牒。
39　　　　貞觀廿二年七月五日史張守洛牒
40　　　　付司。景弘示
41　　　　　五日
42　　　　七月五日錄事　受
〔一〕

注釋

〔一〕騎縫背面亦押「弘」字。

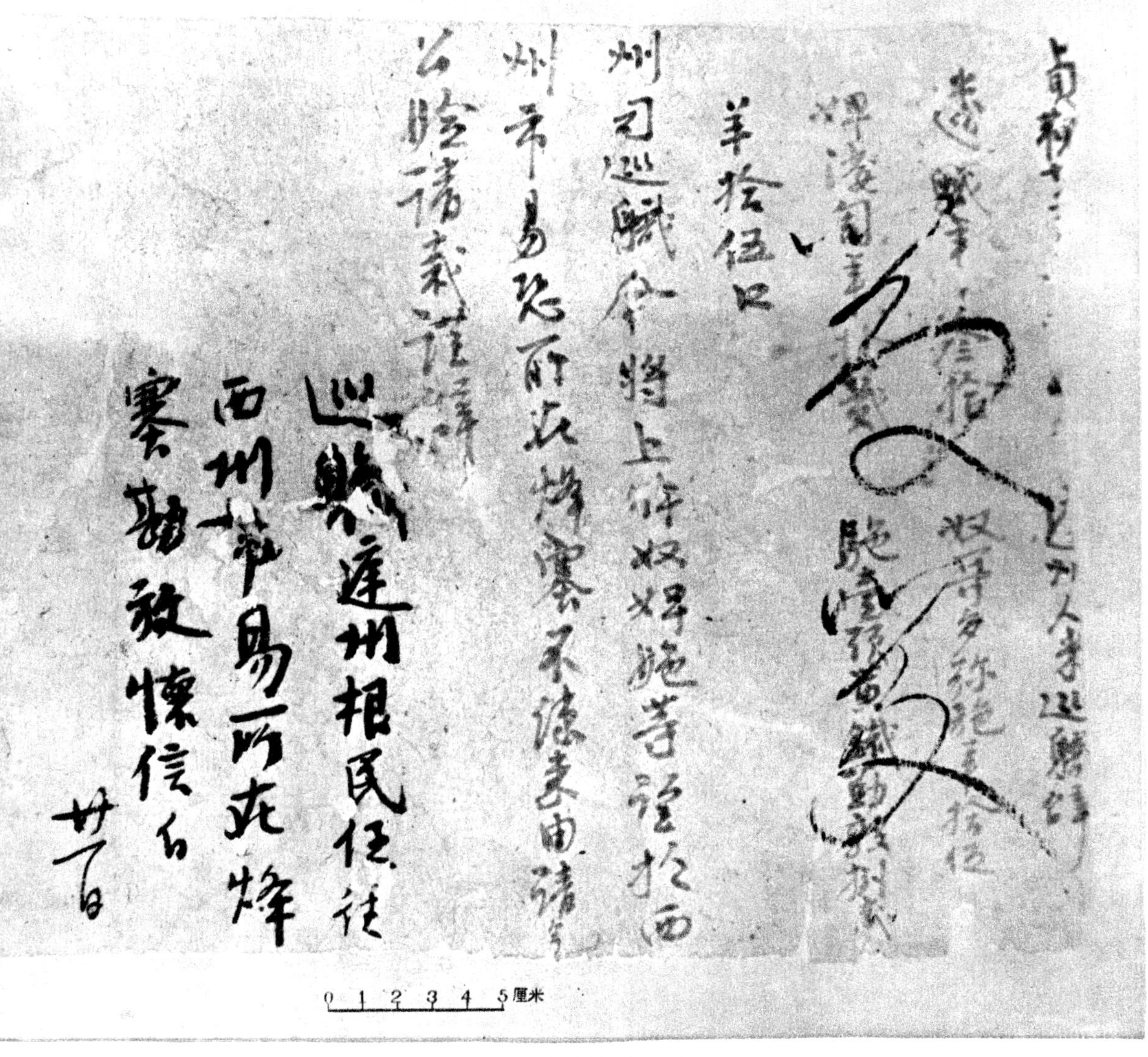

三　唐貞觀廿二年(公元六四八年)庭州人米巡職辭爲請給公驗事　　73TAM221:5

三　唐貞觀廿二年（公元六四八年）庭州人米巡職辭爲請給公驗事

本件第二、三行有草書二「[illegible]」字，與辭文及判語筆跡不同，顯係後書。與本件是否有關，待考。

貞觀廿二□庭州人米巡職辭：
米巡職年叁拾，　奴哥多弥施年拾伍
婢婆匐年拾貳　駝壹頭黄鐵勤敦捌歲
羊拾伍口。
州司：巡職今將上件奴婢駝等，望於西
州市易。恐所在烽塞，不練來由。請乞
公驗。請裁，謹辭。
巡職庭州根民，任往
西州市易，所在烽
塞勘放，懷信白。
廿一日

四　唐貞觀廿□年(公元六四七～六四九年)佃人僧道真等田畝簿(一)(二)(三)　73TAM221:63/1～63/3

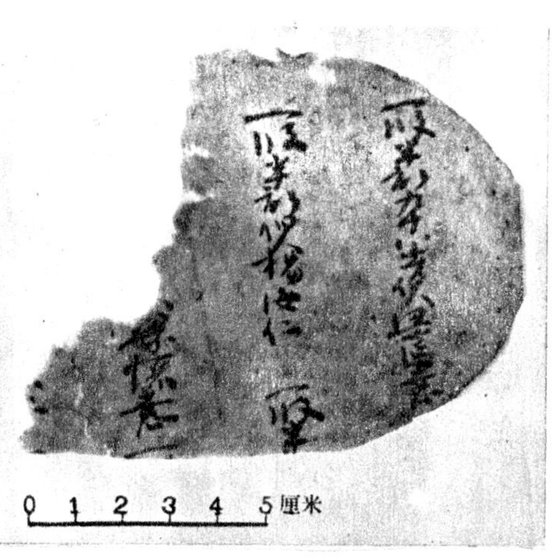

五　唐佃人梁延憙等田畝簿　73TAM221:42

四　唐貞觀廿□年（公元六四七—六四九年）佃人僧道真等田畝簿

本件第（一）段一、二行及第（二）段二行有墨點。

（一）

一段一畝半卌步、、、佃人僧道真、［下殘］

一段一畝二、[ ]

（二）

□一段二畝半一[ ]

[ ]天護、一段一畝五、[ ]

（三）

[ ]貞觀廿□[ ]

五　唐佃人梁延憙等田畝簿

本件紀年已缺，内容與本墓文書四《貞觀廿□年佃人僧道真等田畝簿》同，疑亦同時。下件同。

一段半畝九十八步，佃人梁延憙[ ]

一段半畝，佃人楊海仁，一段半[ ]

[ ]梁懷憙一[ ]

六　唐佃人支酉□等田畝簿

73TAM221:44

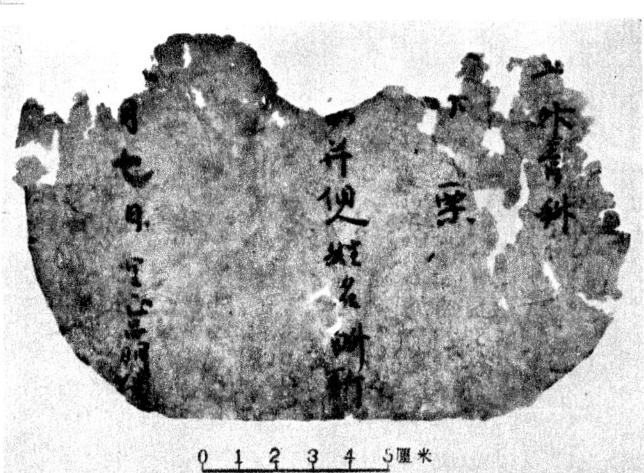

七　唐里正呂明獨申報田畝并佃人姓名斛斗牒

73TAM221:51

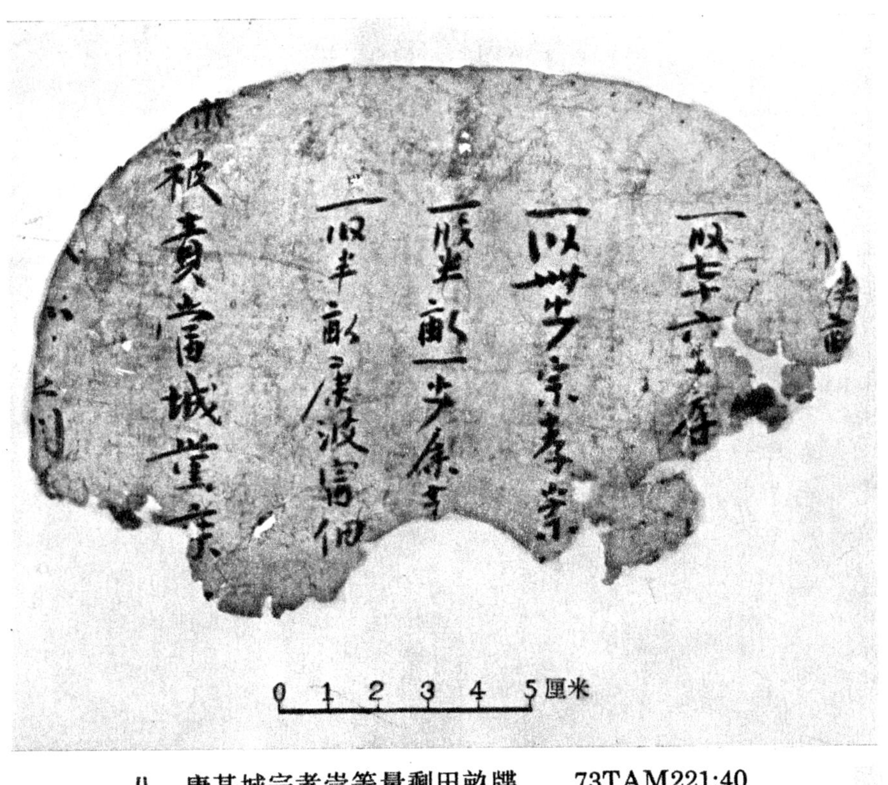

八　唐某城宗孝崇等量剩田畝牒　　73TAM221:40

六　唐佃人支酉□等田畝簿

1 □半畝七十步，佃人支酉□，

2 □軍一箱仁，一段半畝廿步，白相子佃，

3 □一段半畝□

七　唐里正呂明獨申報田畝并佃人姓名斛斗牒

1 □升青科（稞）

2 □升　粟〔一〕

3 □畝并佃人姓名，斛斤（斛斗）

4 □

5 □月七日　里正呂明獨□

注釋

〔一〕粟：原文如此，疑是「粟」字之誤。

八　唐某城宗孝崇等量剩田畝牒

1 □一段半畝□

2 一段七十六步，康□

3 一段卌步，宗孝崇□

4 一段半畝一步，康□

5 一段半畝，康波富佃□

6 □牒被責當城量乘（剩）□

7 □如□前□

九　唐田畝殘文簿　73TAM221:43

一〇　唐西州高昌縣勘職田、公廨田牒　73TAM221:37,65

九　唐田畝殘文簿

1 □
[肆]畝半壹伯(佰)壹拾柒步

一〇　唐西州高昌縣勘職田、公廨田牒

本件蓋有朱印一方，印文爲「高昌縣之印」。

1 一段一畝半　城北三里　東自[田]　南嚴義 □ □
2 高昌縣得牒稱被 □
3 牒□上件職田，[常] □
4 □(斛)酙(斗)𣂷加減 [illegible] □
5 者准符牒知 □
6 府公「廨田在縣，」先 □
7 [符]使勘申州訖，仍 □ 准狀者
8 件□畝數「酙」𣂷四至如前， □ 申州
9 訖，牒至准狀。
10 □ 月五日
11 禮　府張君
12 史

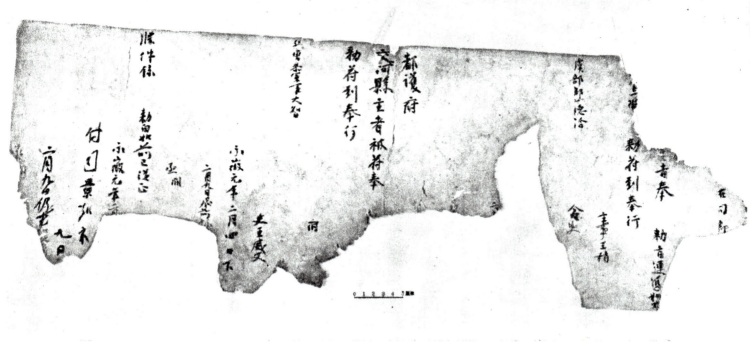

一一　唐永徽元年(公元六五〇年)安西都護府承勅下交河縣符　　73TAM221:59(a),60(a)

一一　唐永徽元年（公元六五〇年）安西都護府承勅下交河縣符

1 右司郎［　　　］
2 □□
3 ［　　　　　］主者奉　勅旨連寫如右
4 □□宜准　勅符到奉行
5 主事王積
6 虞部郎中德洽　令史
7 ［　　　］
8 ［　　　］
9 二［月］［　　　］
10 功［曹］［　　　］
11 都護府
12 交河縣主者，被符奉［勅］［　　　］
13 勅符到奉行。
14 府
15 兵曹參軍事大智
16 史王威文
17 永徽元年二月四日下
18 二月九日辰前錄［　　　］
19 丞　闕

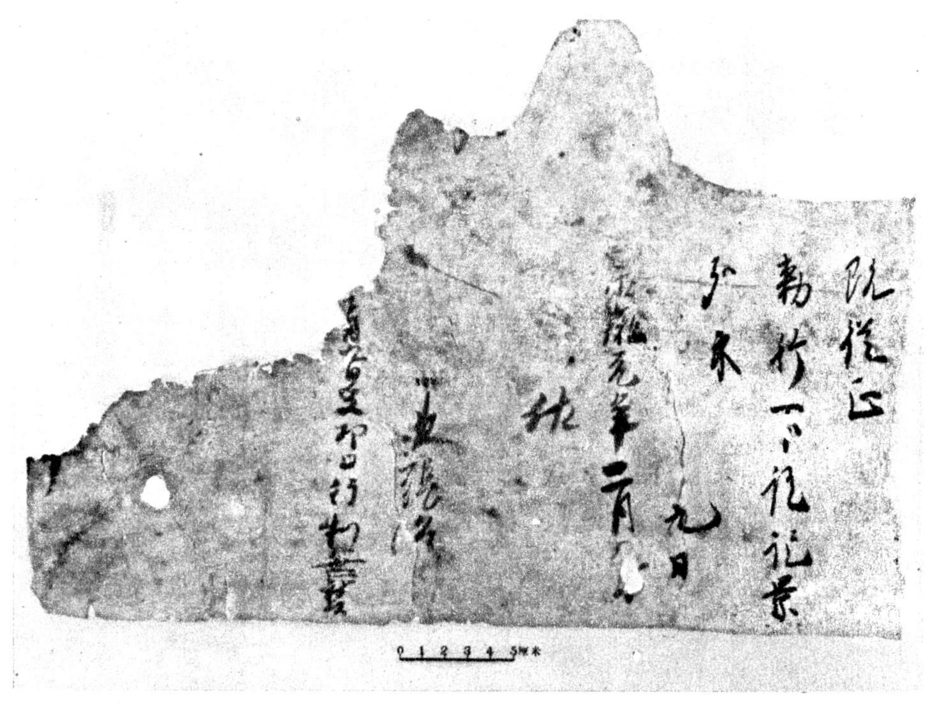

一一　唐永徽元年(公元六五〇年)安西都護府承勅下交河縣符　73TAM221:61(a)

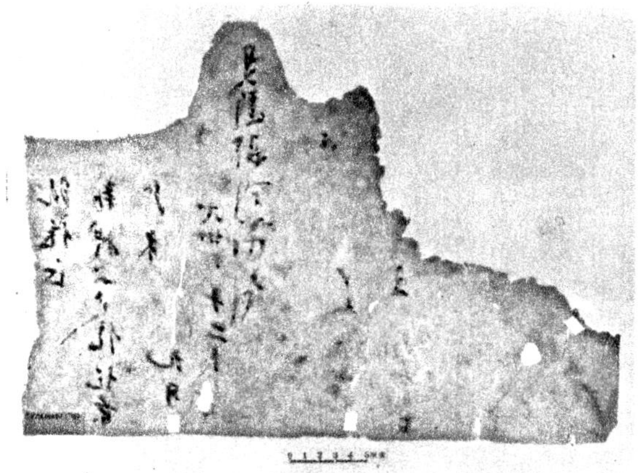

一一　唐永徽元年(公元六五〇年)安西都護府承勅下交河縣符　73TAM221:61(b)

20　牒件録　勅白如前已從正　□
21　　永徽元年二月　□
22　　付司景弘示
23　　　九日
24　　二月九日録事張□□
25　　丞國

本件末背面有朱書「以上六張給記倂」。

26　既從正
27　勅行下記記景
28　弘示
29　　九日
30　永徽元年二月九日
31　　佐
32　　史張洛
33　二月九日受即日行判無稽

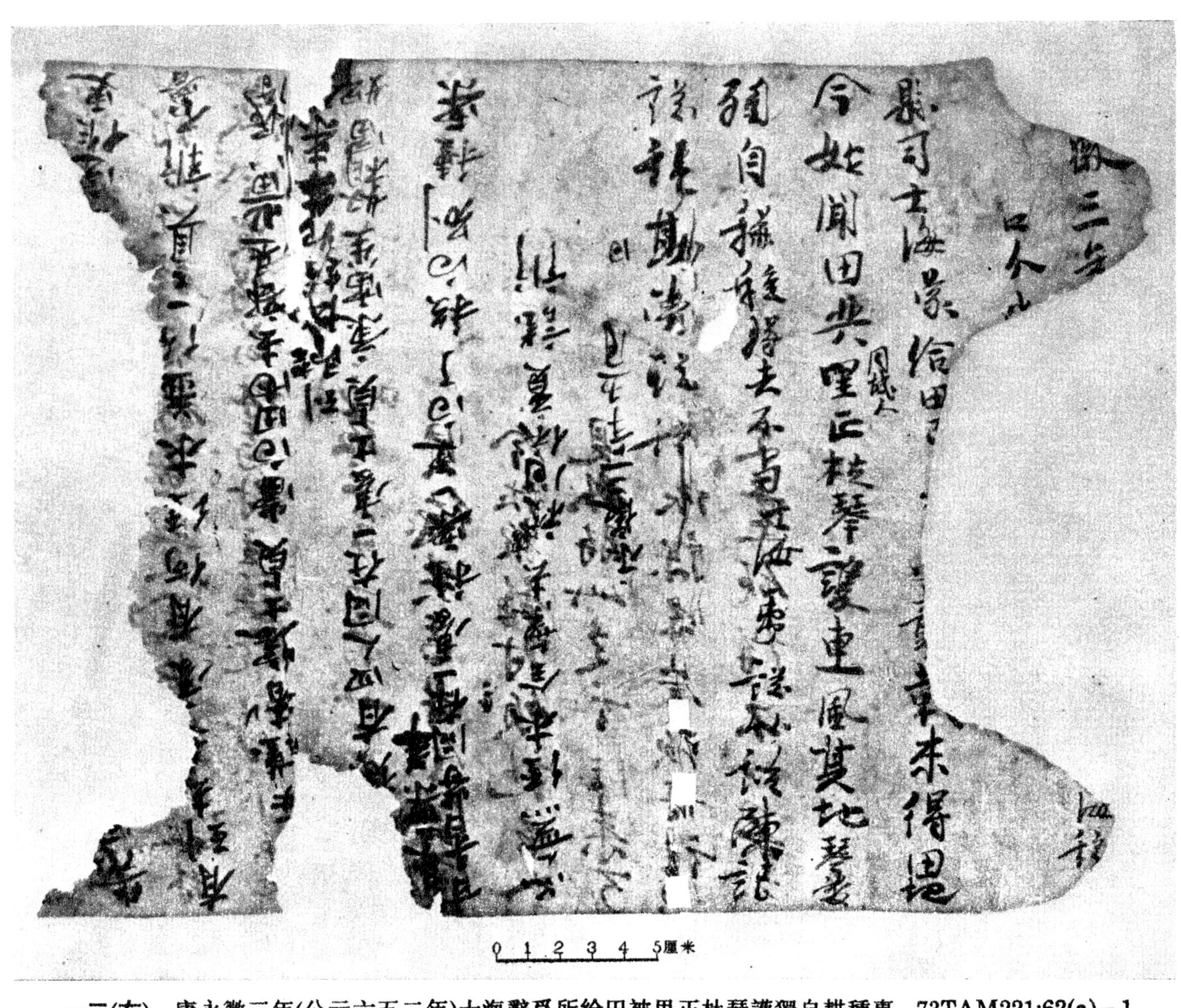

一二(右)　唐永徽三年(公元六五二年)士海辭爲所給田被里正杜琴護獨自耕種事　73TAM221:62(a)－1

一三(左)　唐永徽三年(公元六五二年)士貞辯　73TAM221:62(a)－2

一二　唐永徽三年（公元六五二年）士海辭爲所給田被里正杜琴護獨自耕種事

本件與下件《唐永徽三年士貞辯》同寫在一紙上。

1 [　]徽三年[　　　　]海辭：

2 　　口分常[　　]

3 縣司：士海蒙給田，[己][　　][貳][畝]未得田地。

4 今始聞田共同城人里正杜琴護連風（封）。其地，琴護

5 獨自祥（耕）種將去，不与士海一步。謹以諮陳訖。

6 謹請[一]勘當，謹辞。

注　釋

〔一〕六行「請」字先寫作「訖」，原改作「請」。

一三　唐永徽三年（公元六五二年）士貞辯

本件與上件《唐永徽三年士海辭爲所給田被里正杜琴護獨自耕種事》同寫在一紙上，倒書。

1 鍙[　　　　　　　]定作吏

2 有到去[之]處，有何經求，並仰一一具辯，不容

3 □□妄者。謹審：士貞當向田内去，部是黄昏時

4 [　　]總有四人同在一處。士貞、康寅、生、奴相富、婢（到部□□□牛來□）

5 甘香等同在一處種粟。一更向了，移向別種粟，（寅東爲）

6 亦無經求，全無去處。被問依實，謹辯。

7 　　永徽三年五月　　日

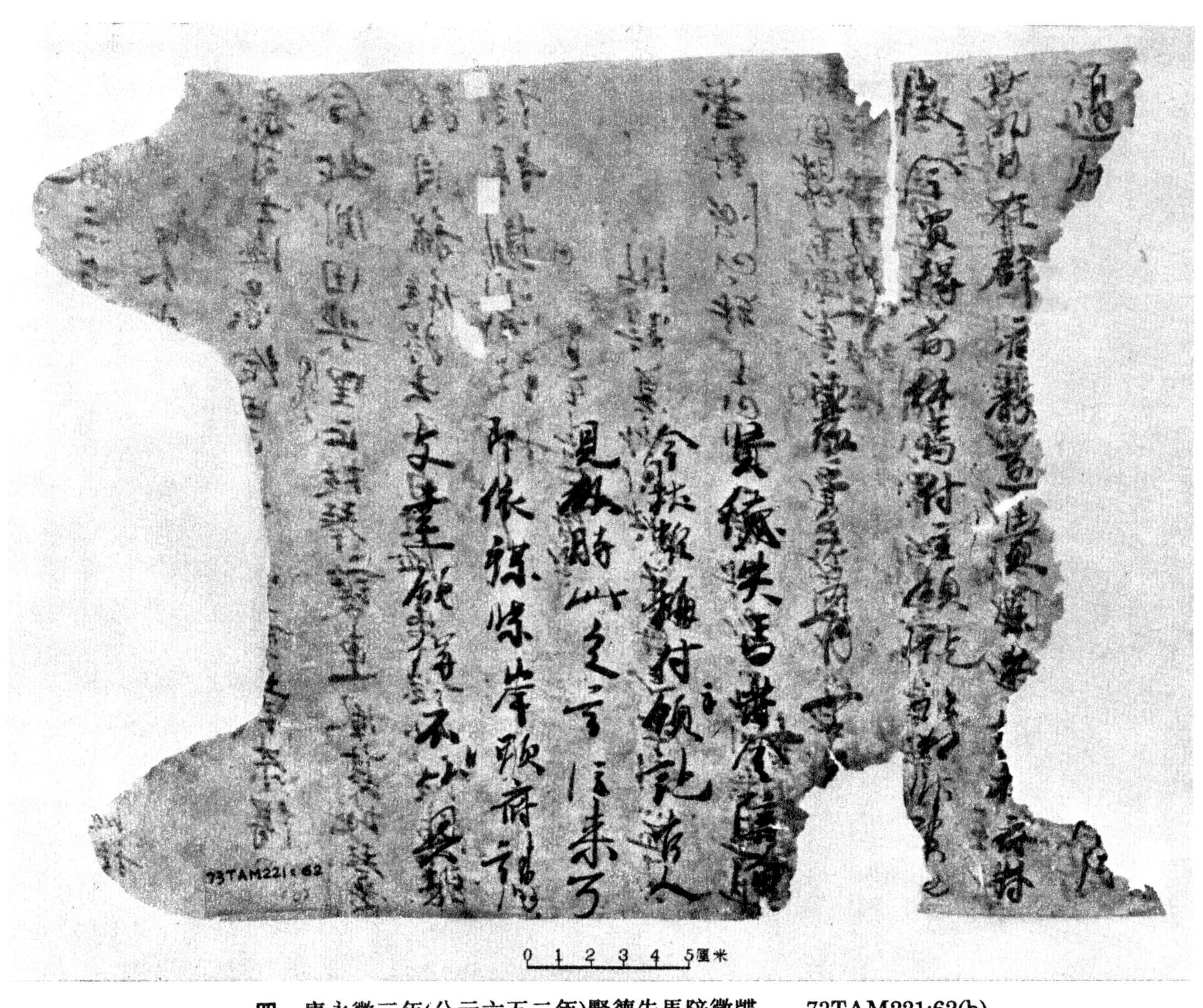

一四　唐永徽三年(公元六五二年)賢德失馬陪徵牒　　73TAM221:62(b)

一四　唐永徽三年（公元六五二年）賢德失馬陪徵牒

1 邊州□　月
2 廿九日，在群夜放，前馬忽闌失，□〔被〕府符
3 徵馬，今買得前件馬，付主領訖。謹以牒〔陳〕□
4 永徽三年五月廿九日□
5 賢德失馬，符令陪備。
6 今狀雖稱付主領訖，官人
7 見領，時此定言注來了。
8 即依祿（錄）牒岸頭府，謹問
9 文達領得以不？具報。

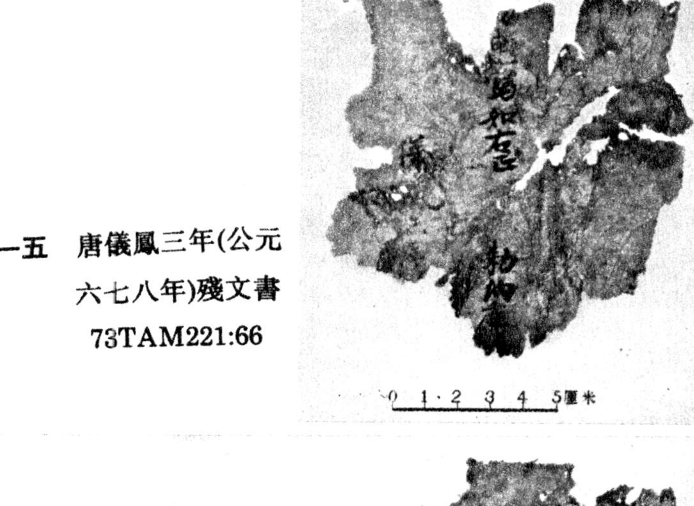

一五　唐儀鳳三年(公元六七八年)殘文書　73TAM221:66

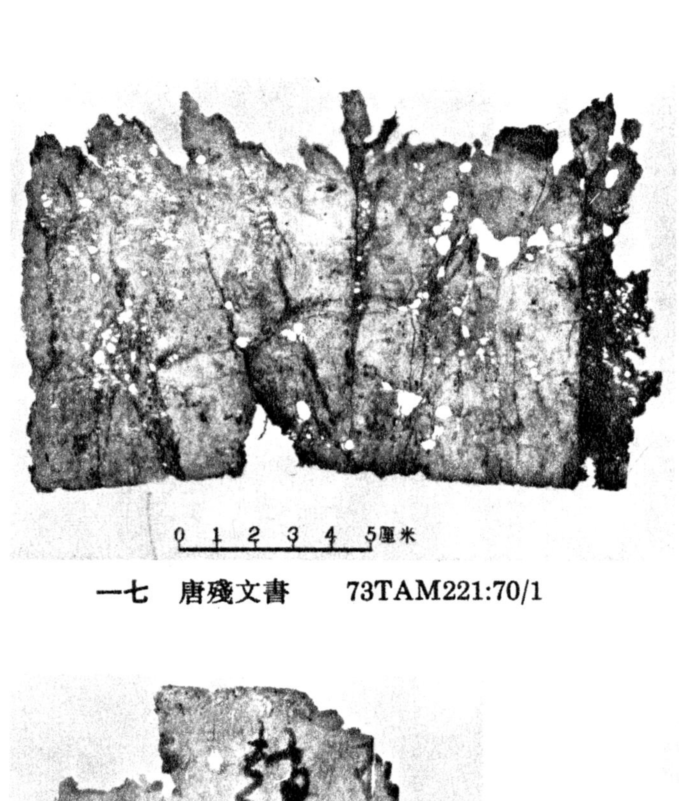

一七　唐殘文書　73TAM221:70/1

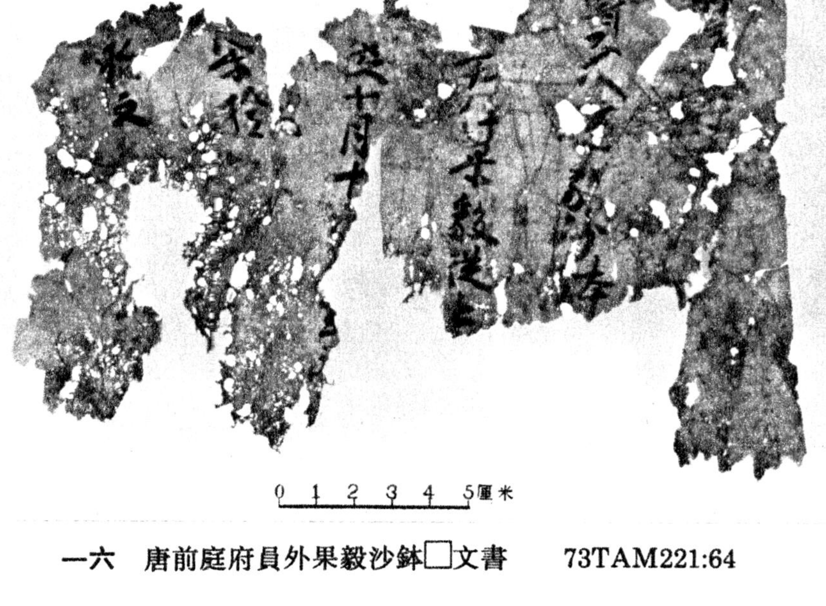

一六　唐前庭府員外果毅沙鉢□文書　73TAM221:64

一八　唐趙德憙等殘文書(一)　73TAM221:68/1

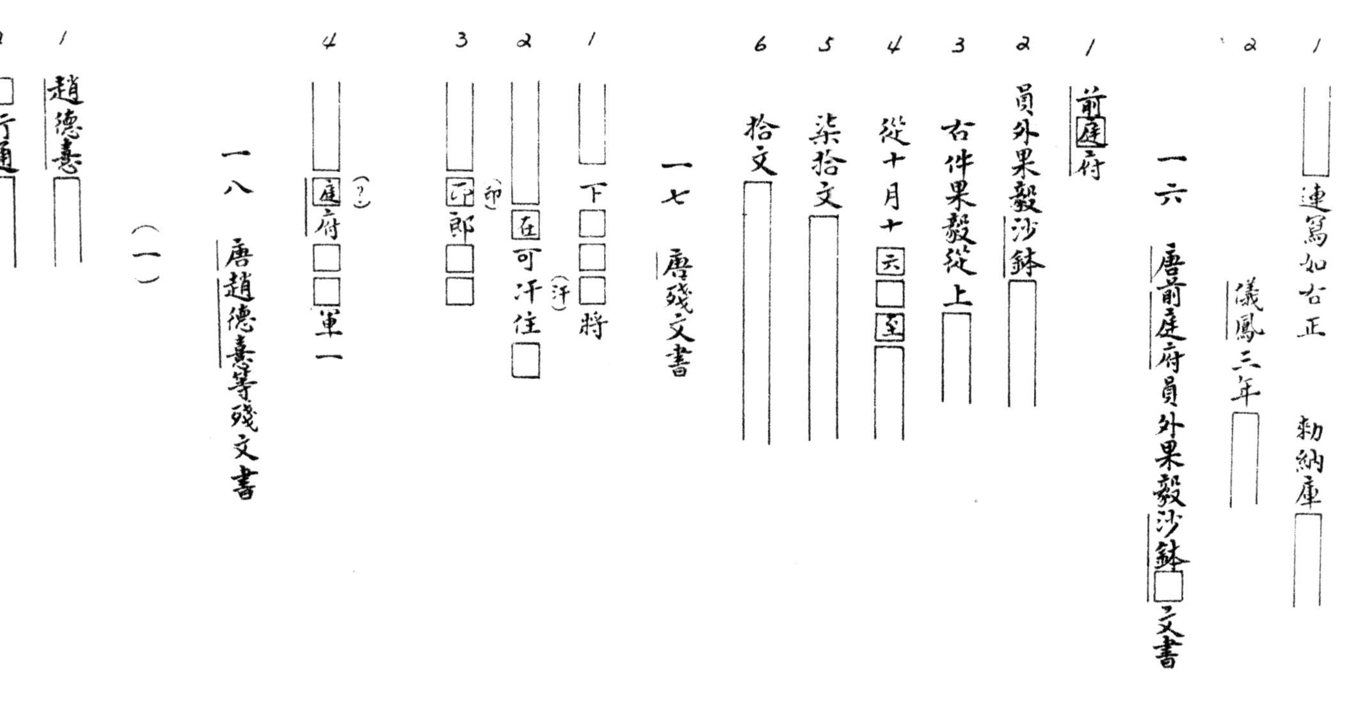

一五　唐儀鳳三年(公元六七八年)殘文書

1 □連寫如右正　勅納庫□
2 儀鳳三年□

一六　唐前庭府員外果毅沙鉢□文書

1 前庭府
2 員外果毅沙鉢□
3 右件果毅從上□
4 從十月十六□至□
5 柒拾文□
6 拾文□

一七　唐殘文書

1 □下□□□將
2 □在可汗(汗)住□
3 □□(印)郎□□
4 □庭(?)府□□單一

一八　唐趙德憙等殘文書(一)

1 趙德憙□
2 □行通□

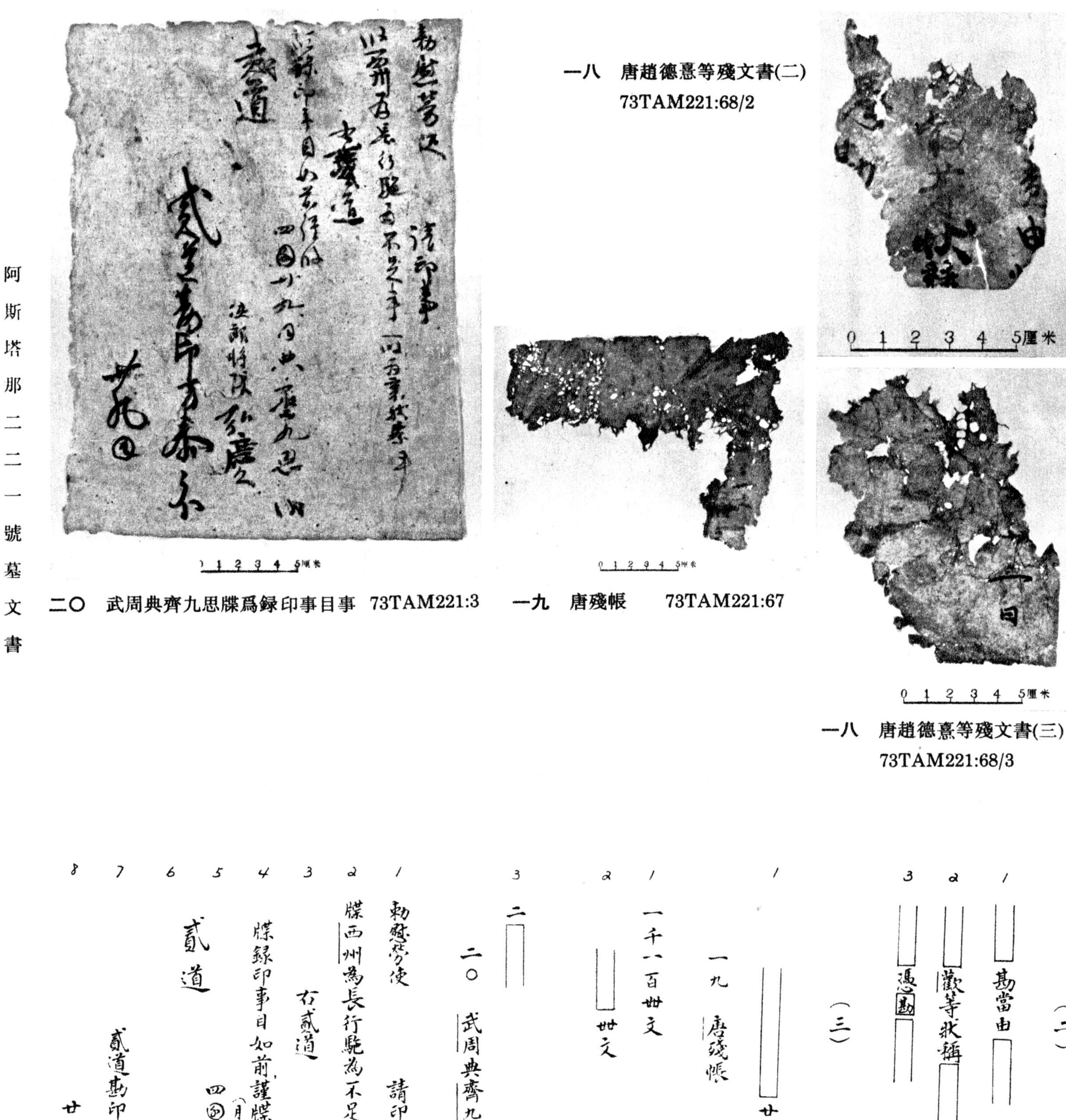

一八　唐趙德憙等殘文書(二)　73TAM221:68/2

一九　唐殘帳　73TAM221:67

二〇　武周典齊九思牒爲録印事目事　73TAM221:3

一八　唐趙德憙等殘文書(三)　73TAM221:68/3

(二)

1 □勘當由□

2 □歡等狀稱□

3 □憑勘□

(三)

1 □廿二日

一九　唐殘帳

1 一千一百卌文

2 □卌文

3 二□

二〇　武周典齊九思牒爲録印事目事

1 勅慰勞使　　請印事。

2 牒西州爲長行駝爲不足事，一牒爲乘馱案事。

3 付貳道

4 牒録印事目如前，謹牒。

5 四月廿九日典齊九思牒

6 貳道　　使郎將張弘慶

7 貳道勘印方泰　示

8 廿九日

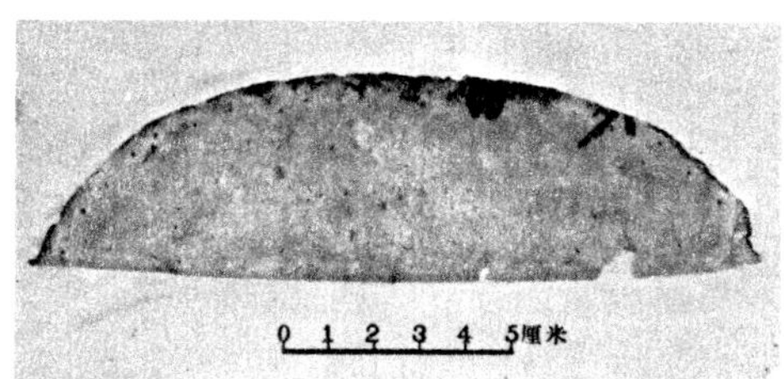

二三　文書殘片　73TAM221:46

二二　文書殘片
73TAM221:45

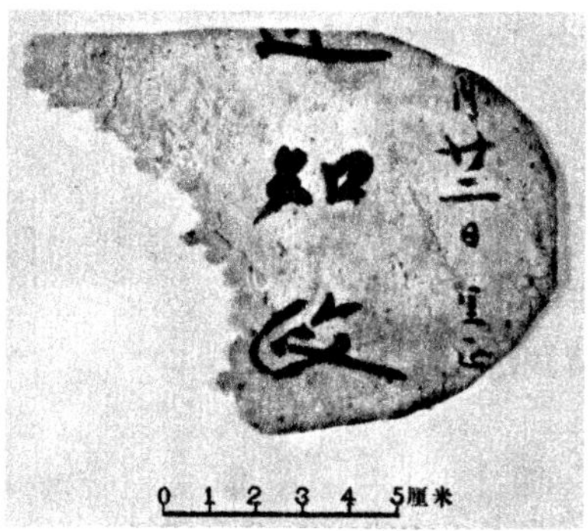

二一　文書殘片
73TAM221:41

二六　文書殘片
73TAM221:68/5

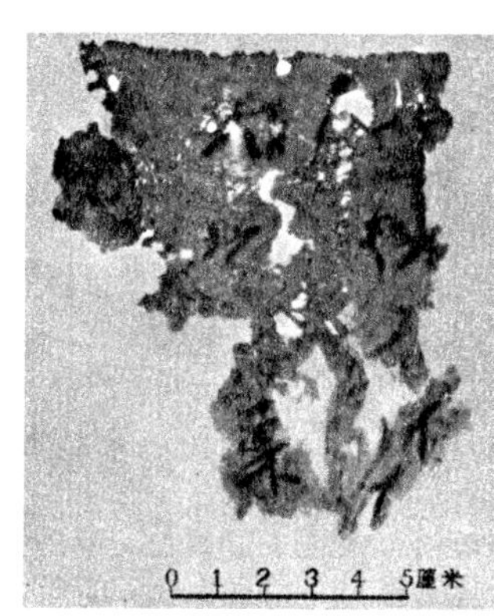

二五　文書殘片
73TAM221:68/4

二四　文書殘片
73TAM221:50

二八　文書殘片
73TAM221:70/2

二七　文書殘片
73TAM221:69

阿斯塔那二〇九號墓文書

本墓係合葬墓，男屍先葬，出有唐顯慶三年（公元六五八年）張善和墓誌。男屍紙帽拆出八七至九四號文書，可考定年代者爲貞觀十七年（公元六四三年）；紙鞋拆出七二至八三號文書。女屍後葬，從紙鞋拆出八五號文書，有武周新字，背面是神龍二年（公元七〇六年）七月習書《千字文》。

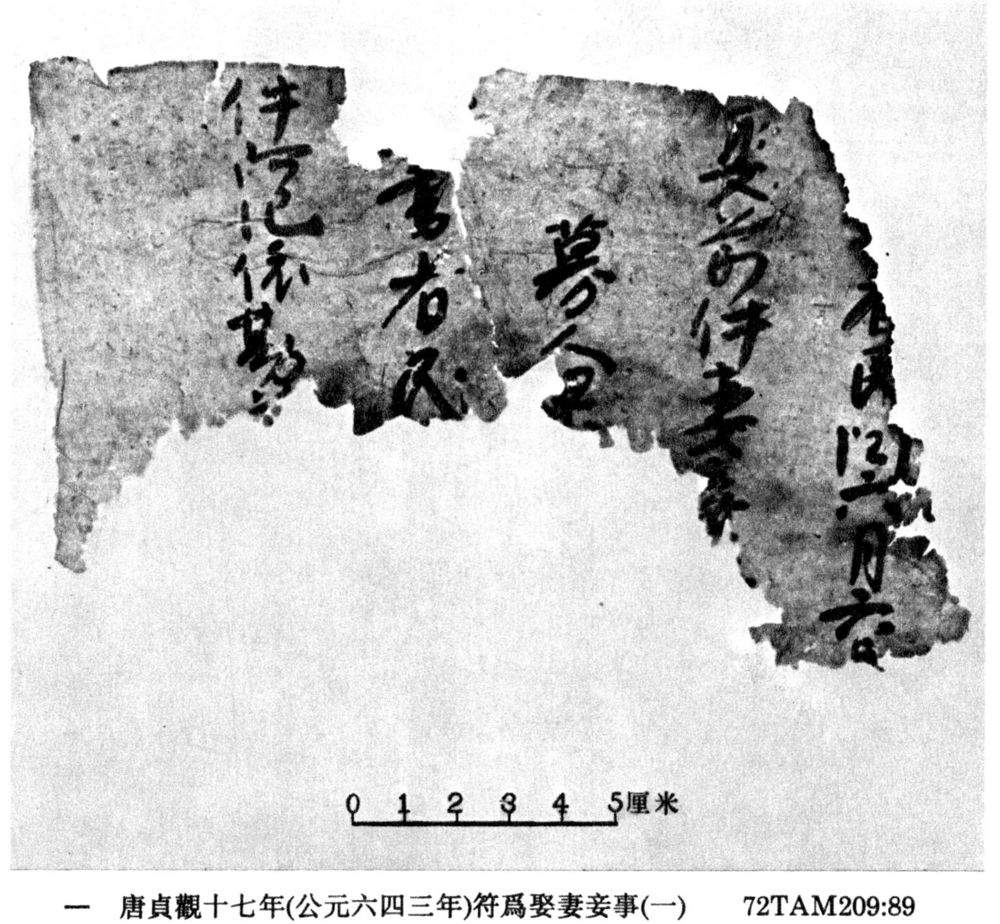

一　唐貞觀十七年(公元六四三年)符爲娶妻妾事(一)　72TAM209:89

一　唐貞觀十七年（公元六四三年）符爲娶妻妾事

本件紀年已缺，唐初紀年至十七年而又閏六月者唯有貞觀，今定爲貞觀十七年。此件與下件疑爲同一案卷。

（一）

1 □□[省]民閏六月六日□

2 娶前件妻[妾]□

3 募人□

4 □書者民□

5 件阿汜依勘□

一　唐貞觀十七年(公元六四三年)符爲娶妻妾事(二)　72TAM209:91(b)

一　唐貞觀十七年(公元六四三年)符爲娶妻妾事(二)　72TAM209:91(a)

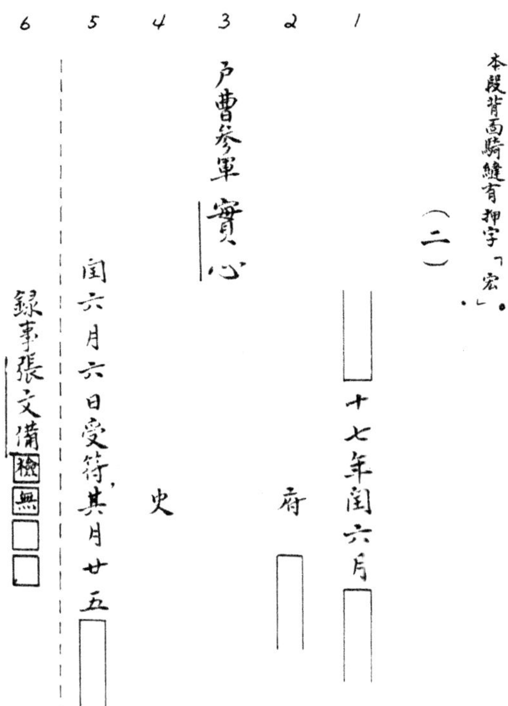

(二)

本段背面騎縫有押字「宏」。

1 □十七年閏六月□

2 府□

3 户曹參軍　實心

4 史

5 閏六月六日受符，其月廿五□

6 録事張文備　檢無□□

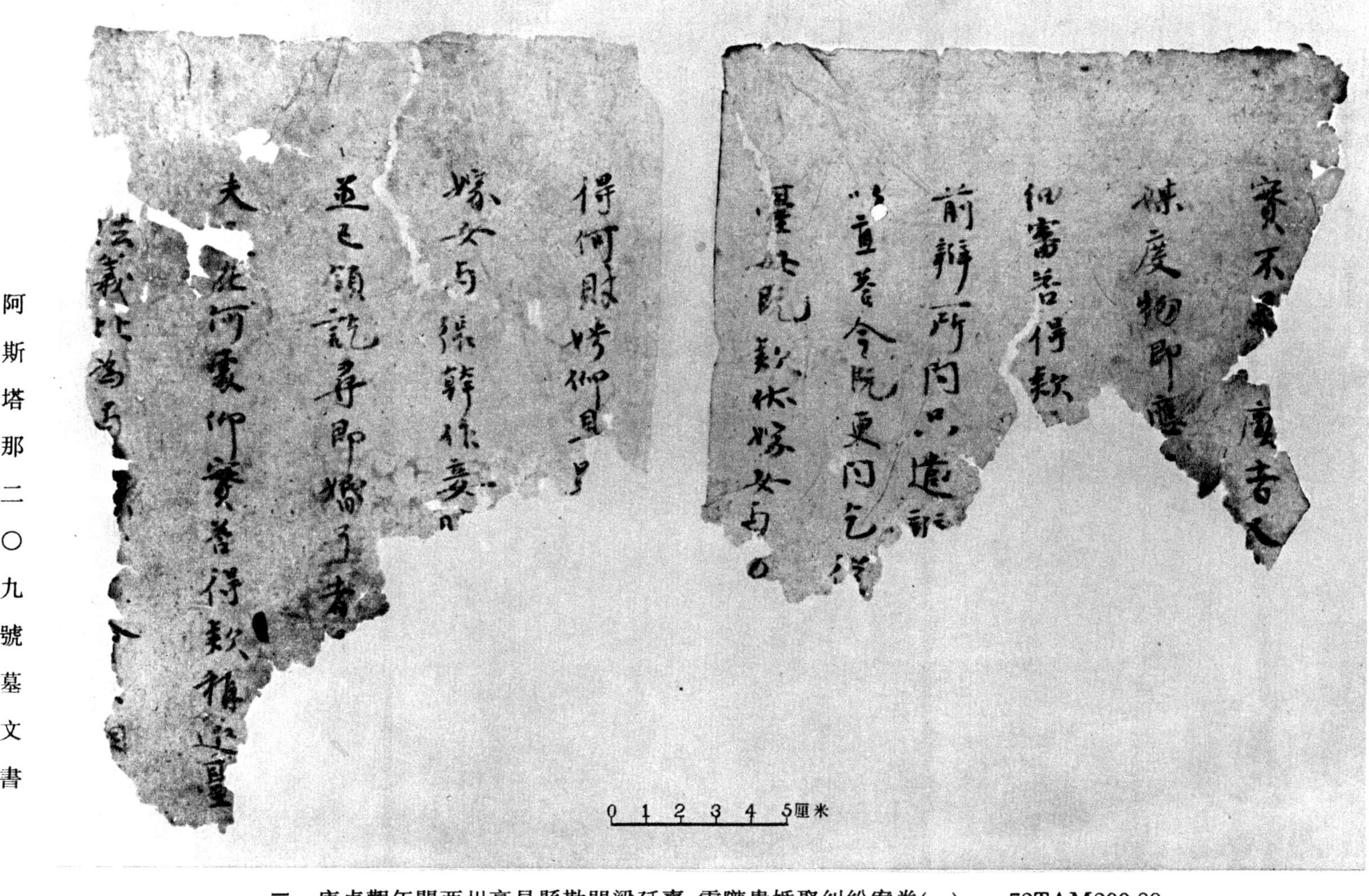

二　唐貞觀年間西州高昌縣勘問梁延臺、雷隴貴婚娶糾紛案卷(一)　　72TAM209:88

二　唐貞觀年間西州高昌縣勘問梁延臺、雷隴貴婚娶糾紛案卷

本件蓋有「高昌縣之印」一方。

(一)

實不是□壟者。又[　　]
媒度物，即應[　　]
細審。答得款稱：[　　]
前辯所問，只遣歸[　　]
以直答，今既更同已從[　　]
臺母既款伏嫁女与[　　]
得何財娉(？)仰具[　　]
嫁女与張幹作妾，[　　]
並已領訖，尋即婚了者。[　　]
夫□在何處，仰實答。得款稱：延臺[　　]
□法義比為与[　　]

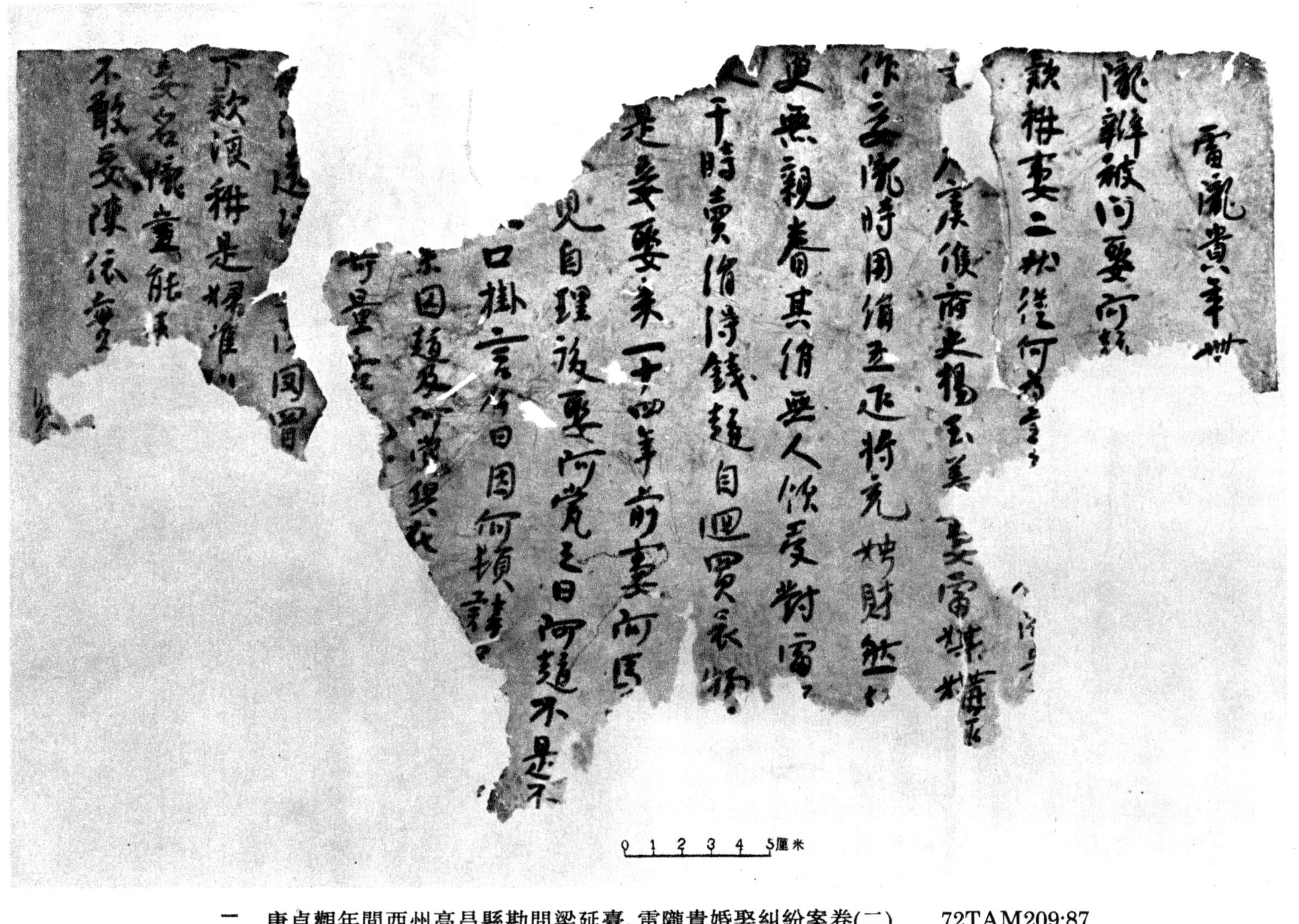

二　唐貞觀年間西州高昌縣勘問梁延臺、雷隴貴婚娶糾紛案卷(二)　　72TAM209:87

（二）

1 雷隴貴年卌[……]
2 隴辯：被問娶阿[趙][……]
3 款稱妻，二狀從何爲[……]
4 [是]□[乙]虞候府史楊玉[羊]妻，雷媒媾[娶][……]
5 作妾，隴時用絹五疋將充娉財，然[趙][……]
6 更無親眷，其絹無人領受。對雷[……]
7 [……]人于時賣絹得錢，趙自迴買衣物。[……]
8 □是妾，娶來一十四年。前妻阿馬[……]
9 [……]見自理，後娶阿賞之日，阿趙不是不[……]
10 [……]口掛言，今日因何頓諱？[……]
11 [……][系]因。趙及阿賞俱在[……]
12 [……][可]量各[……]
13 [……]遠[……]冈罝[……]
14 下款，浪稱是婦，准[如][……]
15 妄名，隴豈能[……]
16 不敢妄陳，依實[……]
17 貞[……]

二　唐貞觀年間西州高昌縣勘問梁延臺、雷隴貴婚娶糾紛案卷(四)　72TAM209:92

二　唐貞觀年間西州高昌縣勘問梁延臺、雷隴貴婚娶糾紛案卷(三)　72TAM209:90

（四）

1 問娶□

2 為□

3 今復□

4 心□。

5 □□

（三）

1 梁（臺）其妾勘申不？

2 其雷隴以狀問實

3 心白。

4 六日

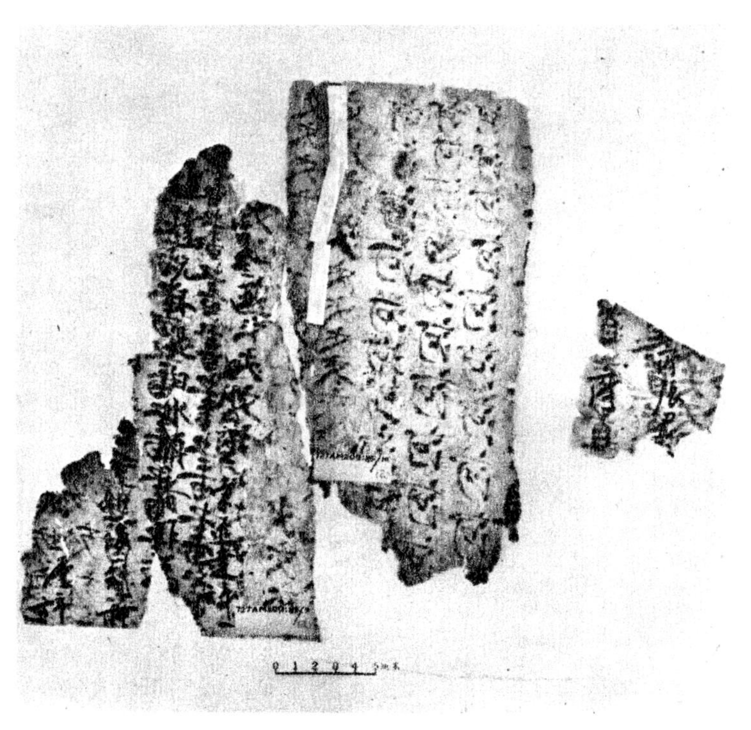

三　武周天山府索進達辭爲白水鎮上番事
72TAM209:85/10(a),85/9(a)

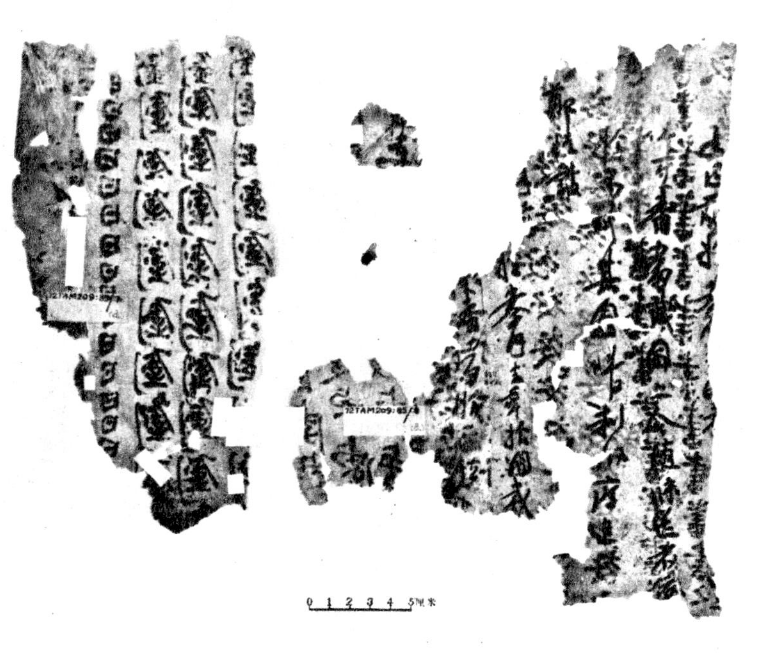

四　武周牒爲請追上番不到人事
72TAM209:85/8(a),85/7(a)

三　武周天山府索進達辭爲白水鎮上番事

本件缺紀年，有武周新字，當爲武周文書。本件以下至一一均拆自女屍紙鞋，疑爲同一案卷。本件背面爲神龍二年（公元七〇六年）交河縣學生劉虔壽放書千字文。自本件至第十一件順序依背面千字文序列。

□府張君〻□
府（下殘）
□□□𠡦(年)叁𠥱(月)　𡆠(日)𠑺(天)山府　索進達辭
□進達元不是白水鎮番，昨爲□
□如後到，所
□上，謹辭。

四　武周牒爲請追上番不到人事

九𡆠(日)前撿案□上
件𤯔(人)番當貳𡝗(月)上，今隨牒送者。依
撿不到。其𡝗肆日判：牒府追。
鄭隆讓
□撿案內去𠡦(年)拾𡝗貳□
□番當拾𠥱(月)鎮□
□去□

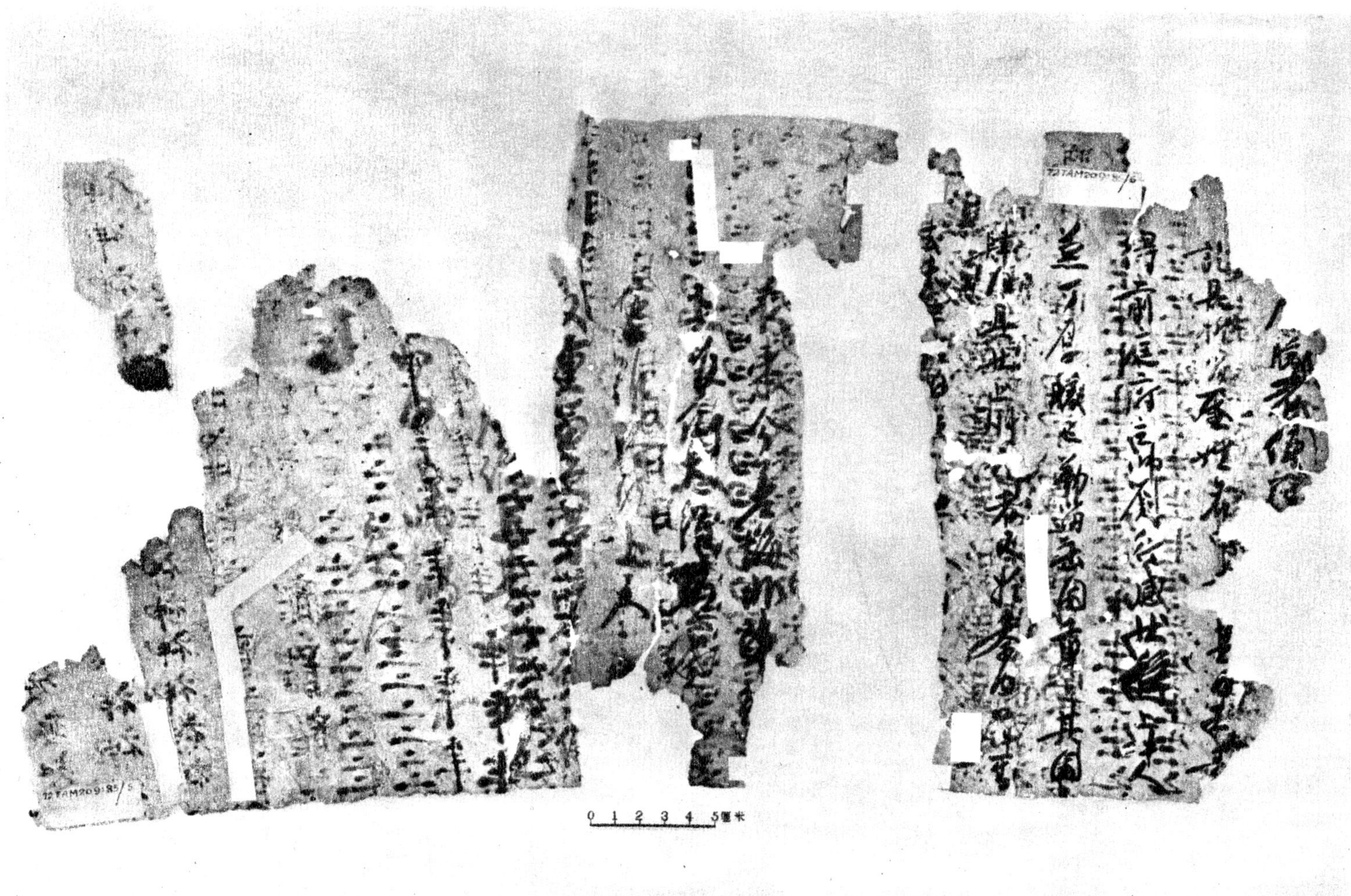

五　武周牒爲請處分前庭府請折留衛士事　　72TAM209:85/6(a),85/5(a)

五　武周牒爲請處分前庭府請折留衛士事

□暖者便□
訖具折留𤯔(人)姓名□□其⊙(日)来□
得前庭府主帥劉行感狀，稱上件人
兼丁厚暖，已勒留𠙺(正)𠥱(月)重上。其𠥱
肆𠥱具狀上州訖(?)者。又撿案内上件𤯔
去□□□⊙□
取来，今差悔非陳□
□准例入得□貸□
倉准給訖上叁□
□重留五等□
□上其不到□
如白(?)主帥牒□
叁日

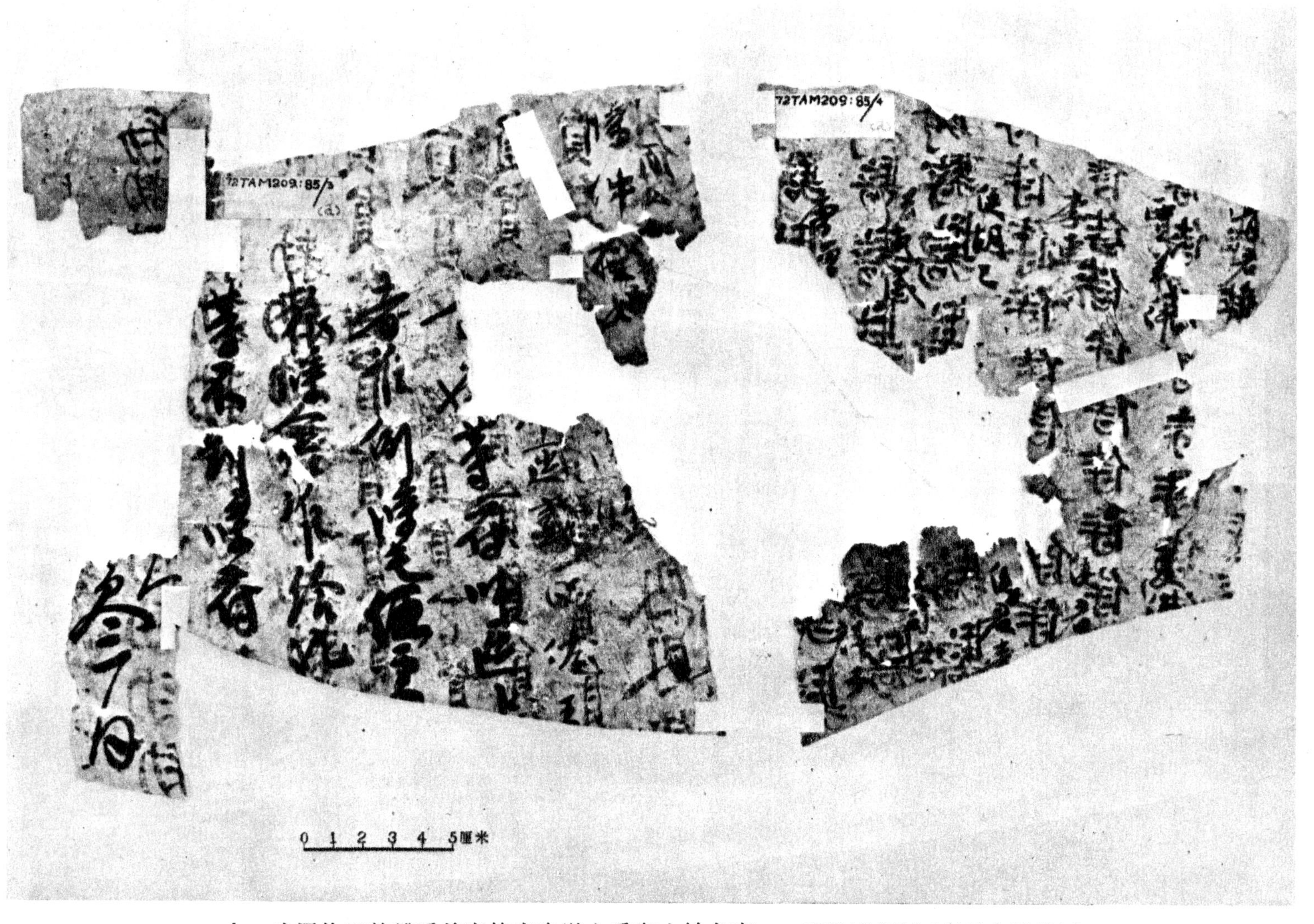

六　武周佐王某牒爲前庭等府申送上番衛士姓名事　　72TAM209:85/4(a),85/3(a)

六　武周佐王某牒爲前庭等府申送上番衛士姓名事

骨君塠

賈義行　夏□□

李運仁　侯君□

侯胡ㄑ　侯君〔勣〕

張惠感　史苟女

康僧　□群子

天山〔府〕

牒件撿如〔前〕〔謹〕牒。

□〔肆〕匜（月）貳𡆠（日）　佐王□

〔前〕〔庭〕等府肆匜〔上〕□

者，准例牒乇伍處□

粮，牒倉准給訖，□

等不到，牒府□

□〔示〕。廿三日

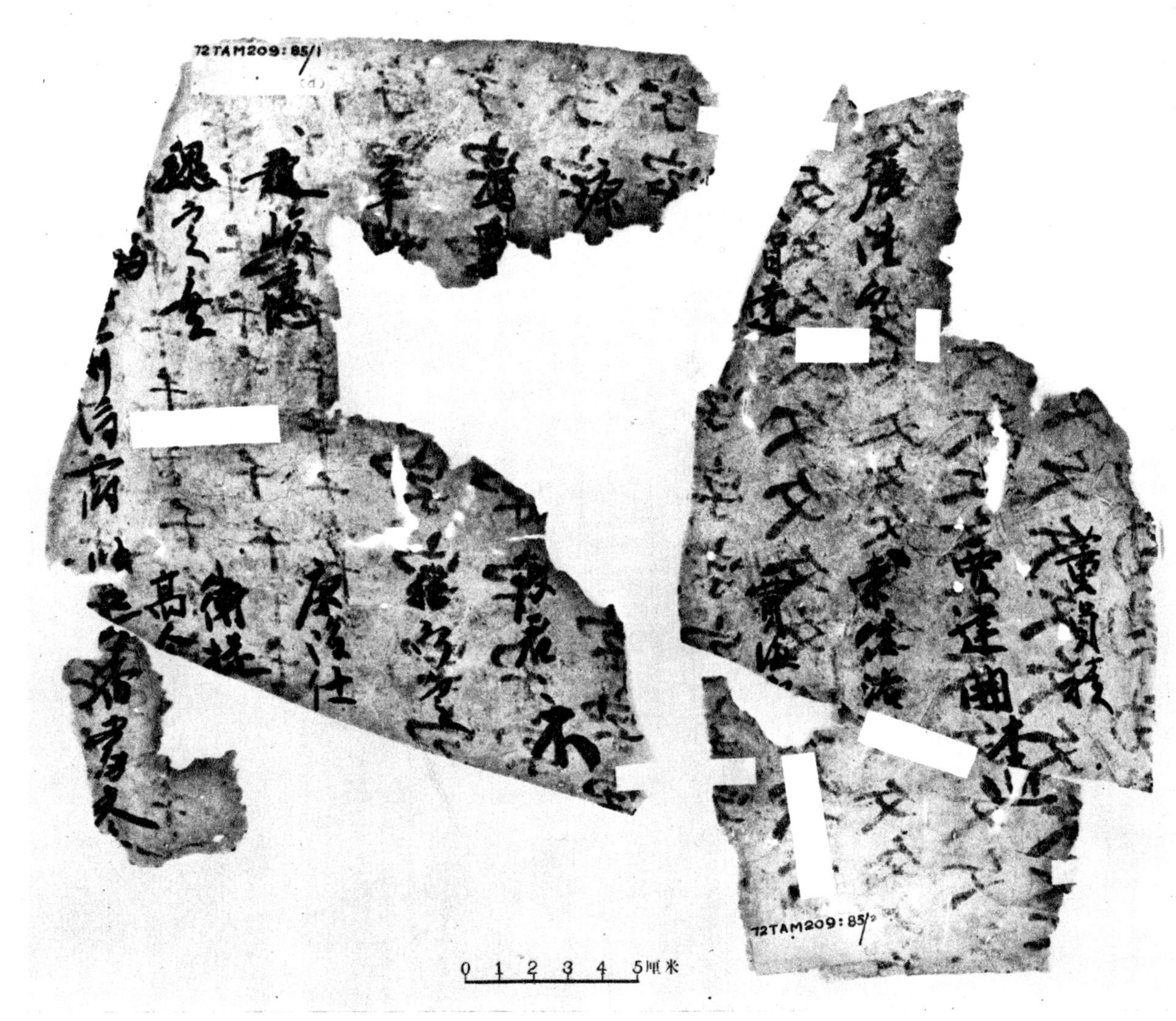

七　武周牒爲上番衛士姓名事　72TAM209:85/2(a),85/1(a)

七　武周牒爲上番衛士姓名事

□　董貞積

□　賈建開　不[因]

張隆定　索住洛

□智達　賈海□

康□□　□

馮默□　張君〻　不

辛□□　杜阿定

趙峻達(達)　康隆仕

魏定齎　(衛)衛捉□

□　高令□

□前得府牒[已]番當參□

八　唐王君子等配役名籍　　72TAM209:85/11(a),85/12(a)

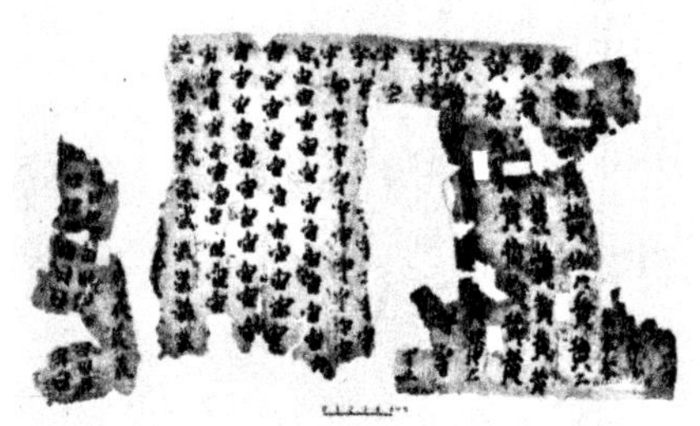

八　唐王君子等配役名籍　　72TAM209:85/11(b),85/12(b)

八　唐王君子等配役名籍

本件背面有逆行書千字文「玄黄宇宙洪荒日」諸習字文「黄」與「宇」字間有「七月十三日甲□」等字。

1 董□定〔一〕

2 得　王君子□定

3 早　魏慶感　見定　元□□　不續到見□

4 其　趙才達　屯　白苟□　□堠烽

5 何　翟孝貞　望子　王阿隆　屯

6 牛　推隆貞　□　郭通禮　見定

7 周智達　□　□

8 趙□　□

9 魏德爽　見定　安苟子　捉道

10 魏昌仁　見定　竇鍕純　門子

11 □佳□　捉道　賈敏仁　見定

12 □□子　見定　史行義　屯

13 蘇懷達　鎮將仗身　黄祥印　屯

14 尚思□〔下殘〕

15 馬懷定　屯

16 董猪仁　捉道

注釋

〔一〕一行至六行上部空白處有倒書「何其早得」等字及正寫「牛」字，當係後人戲書。

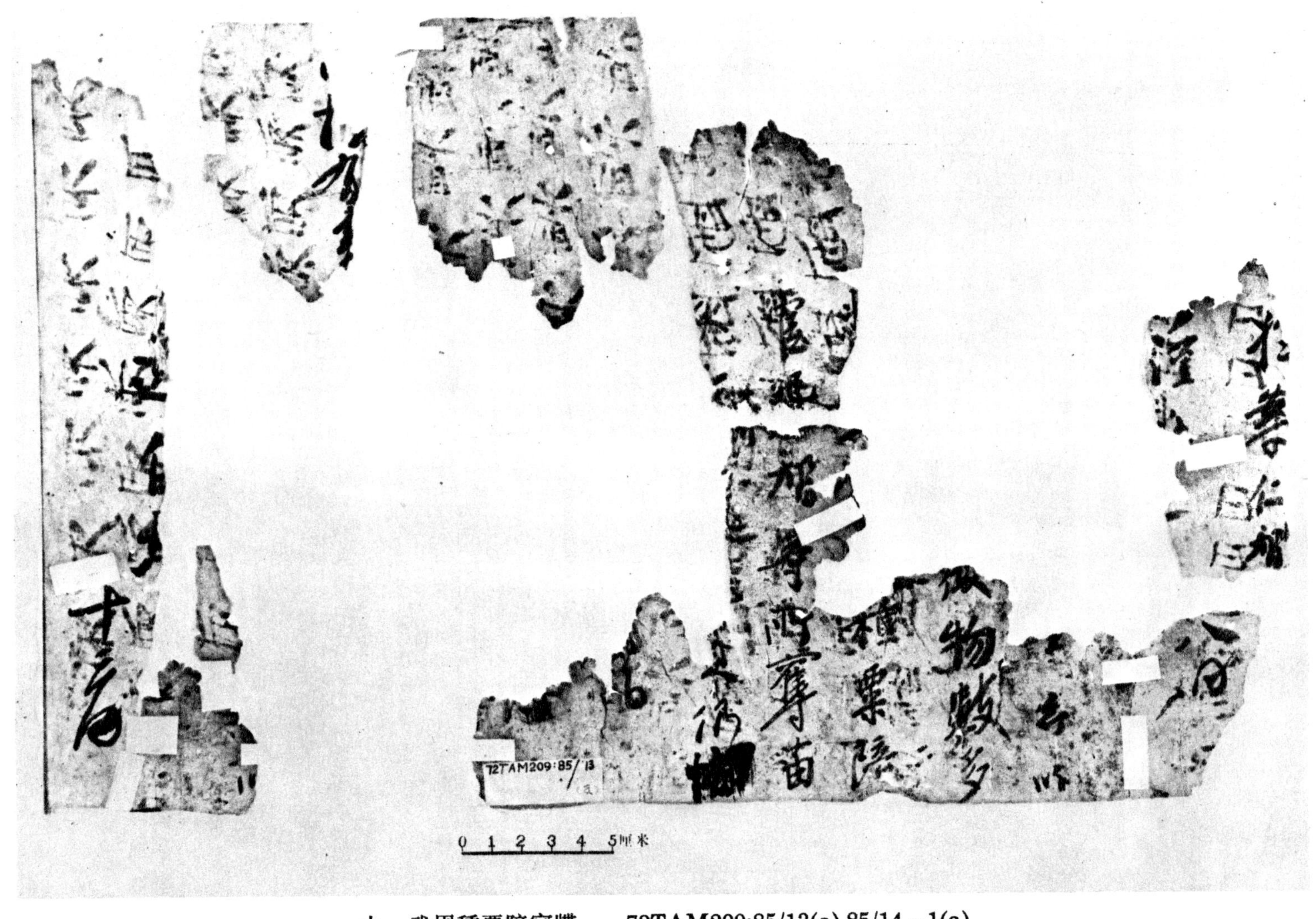

九　武周種粟陪官牒　　72TAM209:85/13(a),85/14－1(a)

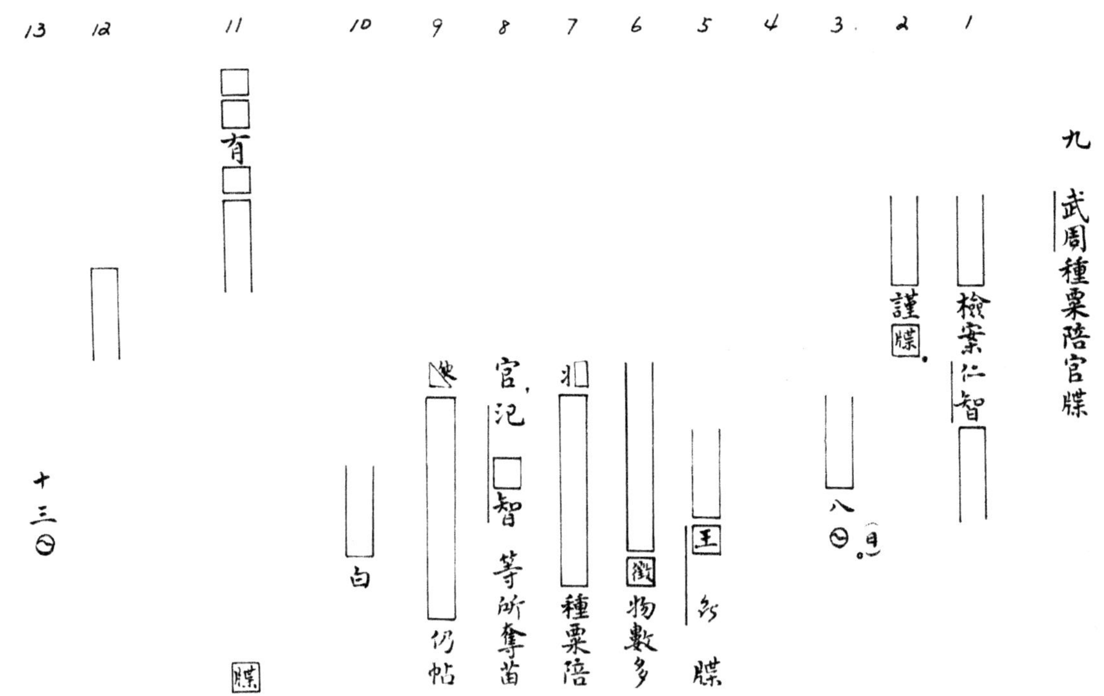

九　武周種粟陪官牒

1　[……]檢案仁智[……]
2　[……]謹牒。
3　[……]八〇。(日)
4　
5　[……]王彡牒
6　[……]徵物數多
7　北[……]種粟陪
8　官，氾[……]智　等所奪苗
9　[illegible][……]仍帖
10　[……]白
11　[……][……]有[……][……]牒
12　[……]
13　十三〇

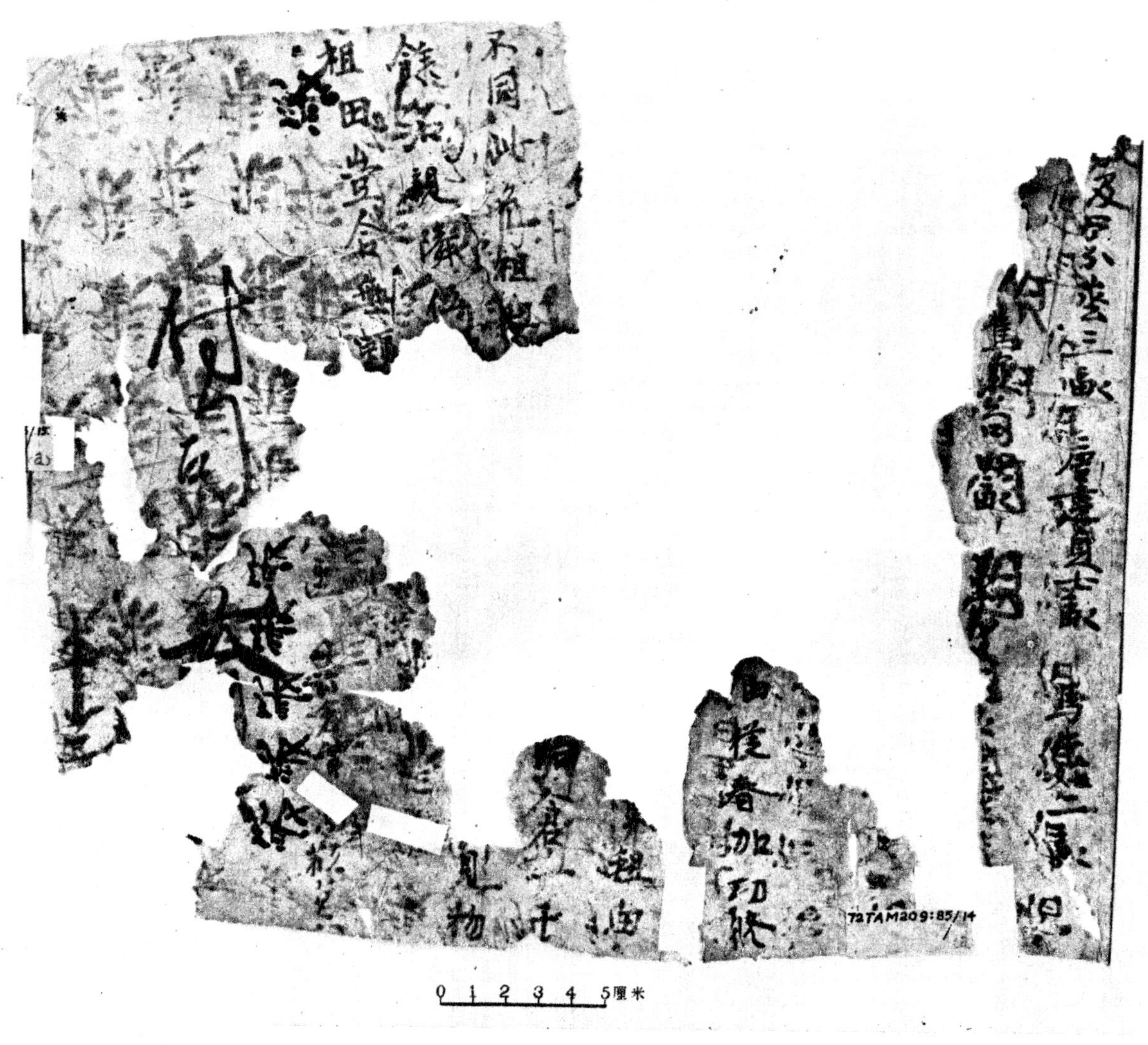

一〇　武周西州交河縣前倉督高歡貞牒爲租田事　　72TAM209:85/14－2(a),85/15(a)

一〇　武周西州交河縣前倉督高歡貞牒爲租田事

本件有朱印一方，殘剩「交河」二字。本件首行有騎縫綫，出土時與前件尾相粘接，當爲書寫背面千字文「辰宿列張寒」之習字者用紙時所接。

□及口分埊（地）三畝　唐建貞七畝　馬牛始二畝
　　焦貞苟四畝　董義[恭]□[畝][　　]
[　　]田從春加功修
[　　]（租）租田
不同此色租契[　　]陪倉一千
餘，乃親隣伍[　　]見物
祖田，豈合無頼[　　]謹牒。
八匝（月）𡆠（日）前倉督高歡貞
付司
十三[　　]

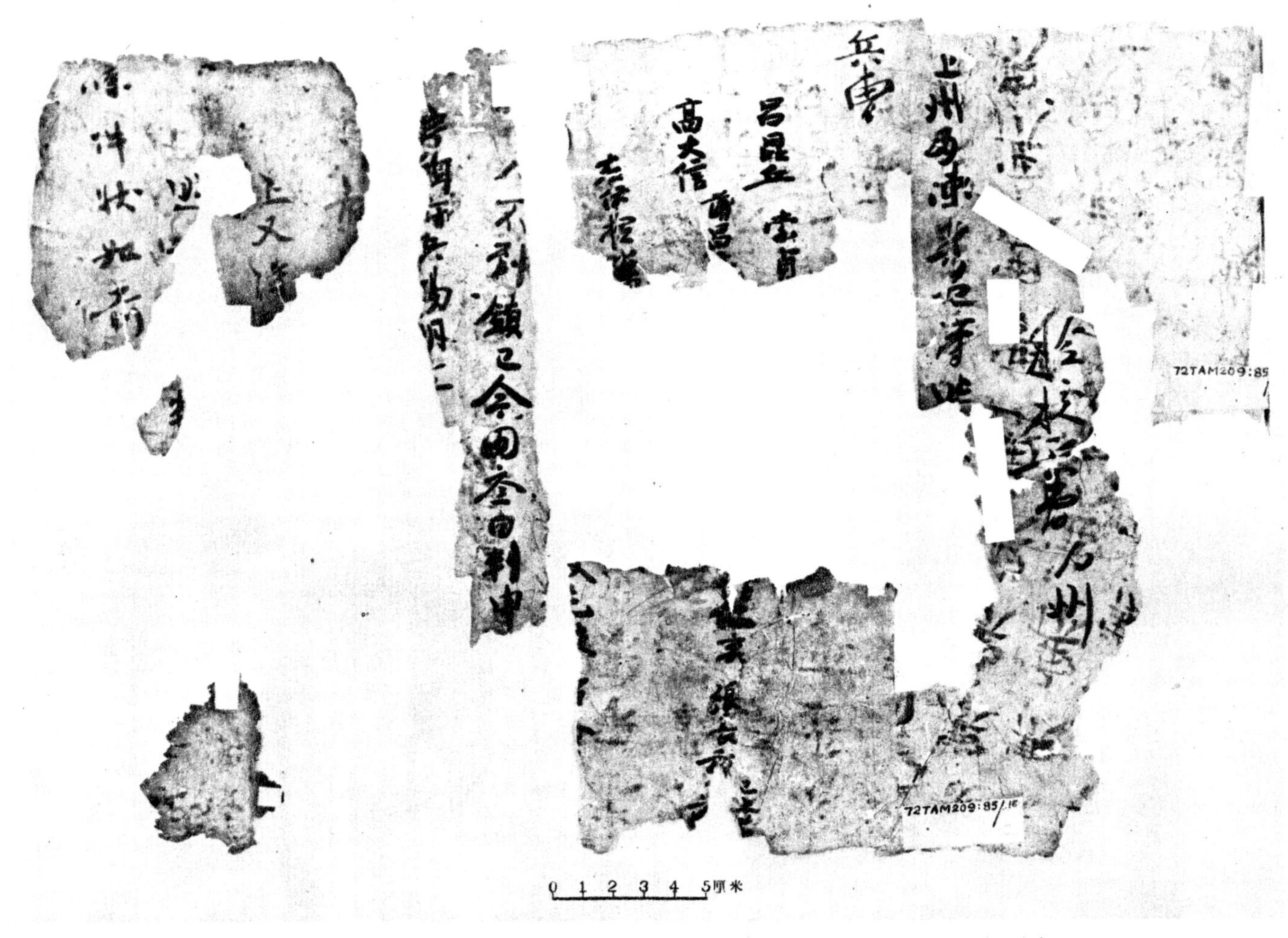

一一　武周兵曹牒爲申報前庭等府逃兵名事　72TAM209:85/16(a)

一一　武周兵曹牒爲申報前庭等府逃兵名事

檢校兵曹　向州

上州爲陳(?)等色等逃[　　]

兵曹

呂昆丘　索貞□[　　]仁爽　張長□　已上前庭

高大信　蒲昌府

右依檢案[　　]

人不到鎮已今(月)叁(日)判申[　　]

岸頭府兵楊明□[下殘]

[　　]

上文得[　　]

逃[　　]

牒件狀如前[　　]

一二　唐軍府文書爲賣死馬得價直事　　72TAM209:72～76

一三　唐出賣馬肉文書(一)　　72TAM209:78/1

一二　唐軍府文書爲賣死馬得價直事

1 □[得]銀錢陸文
2 □[銀]錢肆文□
3 □得銀錢壹拾[文]
4 □被曹[司]帖稱□[足]出賣市司□□
5 □[當]馬主帥相監賣□[勳]尾還付主帥
6 □心等自□
7 □七日行判無[稽]□
8 □無稽失
9 □死付市相監出賣□得價直判□

一三　唐出賣馬肉文書

（一）

本件內容與上件相關，字跡墨色相同，也可能屬同一案卷。

1 □[賣]者，謹當□
2 □多肉自餘不□
3 □當即執留去□
4 □當馬人[討]□

一六　文書殘片
72TAM209:50

一五　文書殘片
72TAM209:48

一三　唐出賣馬肉文書(二)
72TAM209:77

一八　文書殘片
72TAM209:79

一七　文書殘片
72TAM209:78/2

一四　唐殘判　72TAM209:70

二〇　文書殘片
72TAM209:81

一九　文書殘片
72TAM209:80

二一　文書殘片　72TAM209:82/1～82/5(a)

（二）

1 □瘦馬肉兩腔□
2 □瘦弱□
3 □出賣經停[留]□
4 □隨貴賤[賣]□
5 □錢法曹已諮□

一四　唐殘判

1 八月一日府[阮][　]
2 [依][檢][問][道][義][白]

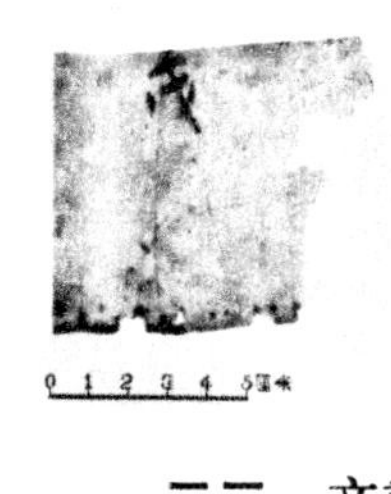

二二　文書殘片
72TAM209:82/5(b)

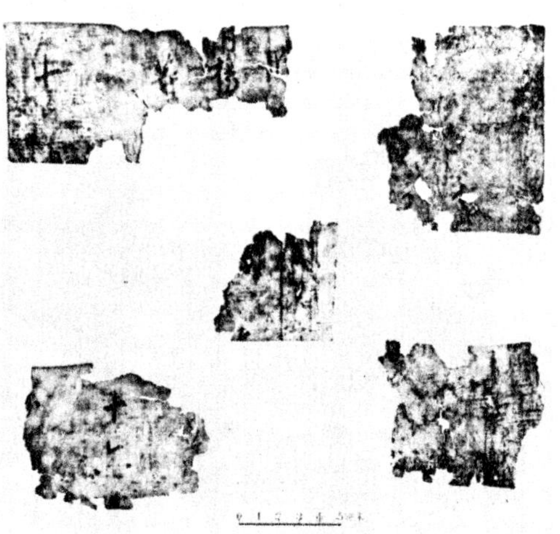

二三　文書殘片　72TAM209:83

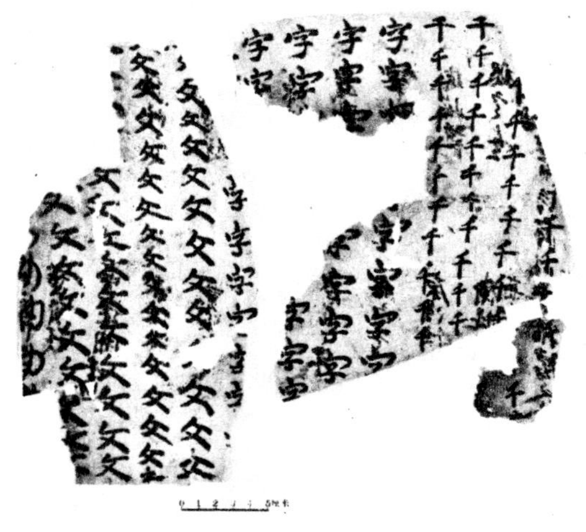

二四　文書殘片
72TAM209:85/1(b),85/2(b)

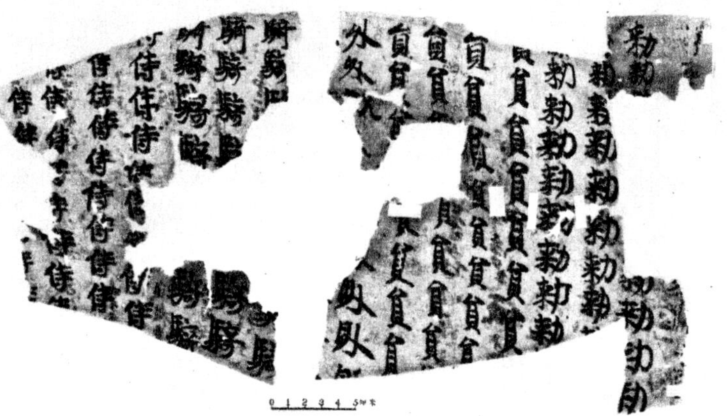

二五　文書殘片　72TAM209:85/3(b),85/4(b)

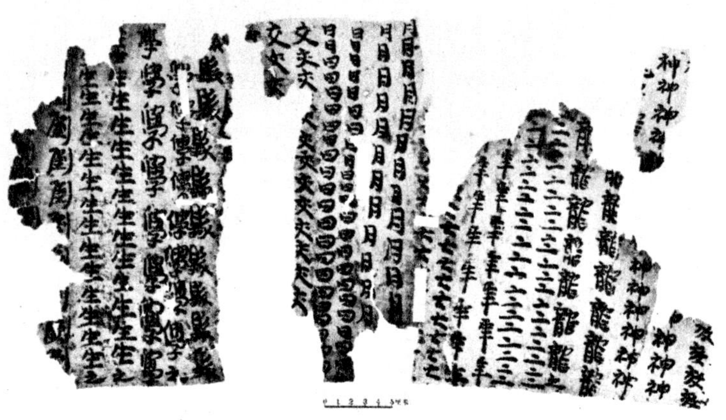

二六　文書殘片　72TAM209:85/5(b),85/6(b)

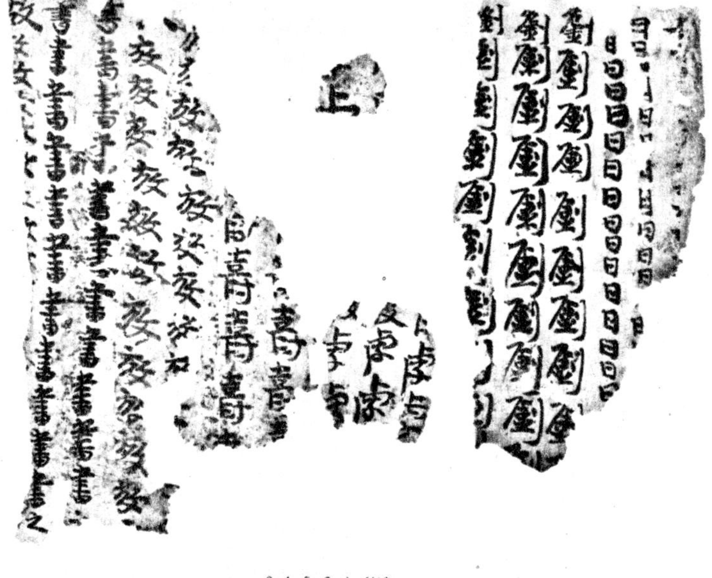

二七　文書殘片　72TAM209:85/7(b),85/8(b)

二八　文書殘片　72TAM209:85/9(b),85/10(b)

三〇　文書殘片　　72TAM209:85/14－2(b),85/15(b)

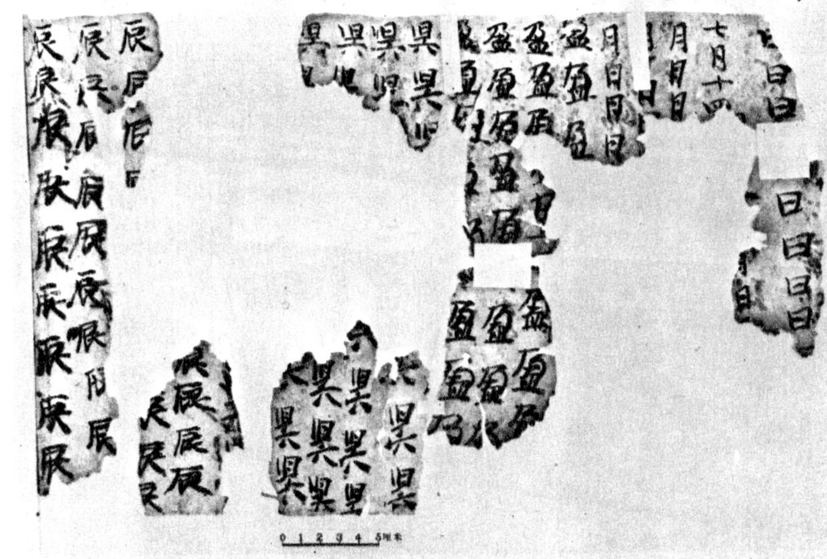

二九　文書殘片　　72TAM209:85/13(b),85/14－1(b)

三二　文書殘片　　72TAM209:93

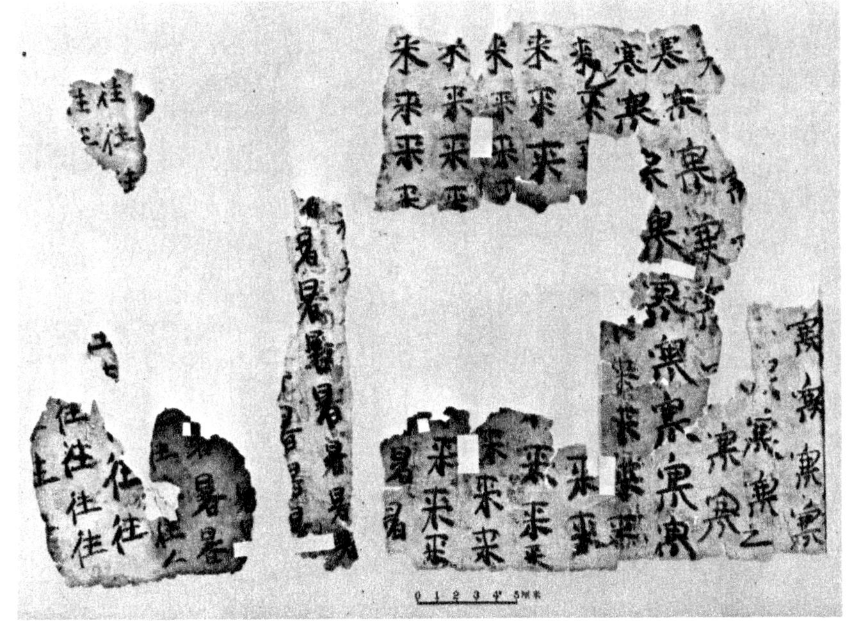

三一　文書殘片　　72TAM209:85/16(b)

阿斯塔那二九號墓文書

本墓爲合葬墓，男屍先葬，出有《唐咸亨三年（公元六七二年）新婦爲阿公録在生功德疏》。所出一一〇至一一一號文書，以及一二〇號文書，均拆自男屍紙腰帶；八九至一〇六、一一三至一一九、一二一至一三〇號文書，均拆自女屍紙冠。其有紀年者，起咸亨三年，止垂拱元年（公元六八五年）。

一　唐咸亨三年(公元六七二年)新婦爲阿公録在生功德疏　　64TAM29:44之一

一　唐咸亨三年（公元六七二年）新婦爲阿公録在生功德疏

謹啓　　阿公生存在日所脩功德［應］□但從
去年染患已来所作功德，具如右件：
一　去年十二月廿三日請廿僧乞誦，并施馬一疋
与佛。將黄紬綾袍裙一［領］〔下殘〕
懺悔出罪。
一　今年正月一日請十僧［轉］□
至月七日了。於此日更請五十僧［乞］誦，并施
（佛）仏銀槃一，重廿兩。當日□罪懺悔。
一　至正月八日後更請十僧［轉］□
到正月十八日了。計轉大般［若］□了。
一　昨正月十三日復請屈尼僧廿人乞誦□出罪懺悔。
一　阿兄在安西日已燒香發心請仏生禪師讀
一千遍金（剛）經般若經起□彼□
日設齋供養，并誦雜經六□［懺悔］。

一　唐咸亨三年(公元六七二年)新婦爲阿公録在生功德疏　　64TAM29:44之二

一復於安西悲田寺佛堂南壁□衆人出八十
疋帛練,畫維摩、文殊等菩薩變一捕(鋪),又
發心爲　阿公修造願知。
一復至二月十日,更請十箇尼僧□出衆。
一當未亡時,二月七日夜,　阿公發心將家中七斛(斛)大
百師一口施弥勒仏,玄覺寺常住。請[百]僧乞誦
并誦二七僧日行道,并造卌九尺五色幡一口,至八
日齋後,即依　阿公本願屈□
衆布施大像、常住百師,并[請]洛通法師出衆
懺悔。回此亦即屈請通法師受菩[薩]戒,亦懺
悔,願知。
一至八日,大衆散後,即請孟禪[師]□于□
發心行道,旦暮二時懺悔,當日夜即將
阿公袜綾袴一腰,布施二行道□
阿公乃即捨化。當時即依隨願往生經文造
作黄幡懸着刹上,并旦暮兩時燃卌九燈,請

〇 1 2 3 4 5 厘米

一　唐咸亨三年(公元六七二年)新婦爲阿公録在生功德疏　　64TAM29:44之三

僧兩時懺悔，并屈三僧使經聲□
經。　阿公合得合得十方[淨]□
一　阿公昨日發心造卌九尺神幡，昨始造成，初七齋
日度度。頗知。
一　昨日(回)行次到塔中見門扇後　阿公手記處云，
讀槃涅經計欠兩遍半百卷。昨初十[日]屈興光
張禪讀半遍廿卷了，并請轉讀妙法蓮華
經一部，金光明經一部，設一七□
僧復轉讀涅槃經一遍卌卷了，并出衆懺悔。
一　昨從初七後還屈二僧轉讀，經聲不[絶]，亦二時[燃]
燈懺悔。至今月廿一日，復更請卌僧更轉讀涅槃
經卌卷一遍了，計前後揔讀涅槃經□[遍][半]□[卷]
了。
一　今日(回)轉讀涅槃經，更將後件物等[施]三寶：

一　唐咸亨三年(公元六七二年)新婦爲阿公録在生功德疏　　64TAM29:44之四

馬一疋布施佛　　鞍轡一具施法
黄綢綿袍一領　　絲巾子一枚
黄布衫一領　　羅襆頭一枚
帛布衫一領　　帛綢綾半臂一腰
生絁長袖一腰　　熟銅挍腰帶一
扰(沉)香霸(把)刀子金口一　　鞋鞾靴一量并氈
兩色綾接鞦一　　帛練裌袴一腰
帛練單袴一腰　　帛練汗衫一領
帛練褌一腰　　細絲襪一量
墨緑紬綾裙一腰　　紫黄羅間陌複一腰
緋羅帔子一領　　紫紬綾褥子一錦褾
五色繡鞋一量　　墨緑紬綾襪一量錦鞦
右前件物布施見前大衆
紫綾裌裙一腰　　緑綾裌帔子二領
宍(肉)色綾裌衫子一領
右件上物新婦爲　阿公布施

一　唐咸亨三年(公元六七二年)新婦爲阿公録在生功德疏　64TAM29:44之五

一　古件物今二月廿一日對衆布施三寶，亦願知。
一　阿公患日將綿一乇(屯)布施孟禪師，請為
諸天轉讀今(金)光明經，亦請知。
諮　阿公生存在日功德，審思量記錄，但[令]
過已後功德具件如前，願將此文[讀]
前頭分雪，須覓生天淨佛國土，不得求人
間果報。在生產業、田園、宅舍、妻子、男女、
奴婢等物，並是虛花，皆無真實。
阿公每讀經思義，應審知之。直為生死
道殊，恐　阿公心有顛倒，既臨終[受]
戒，功德復多，假使在中陰中，須發上心覓
好生處，不得心有戀看，致落下道。
謹錄此簿，分強分踈。出離三界，求勝上[界]。
若得生路，託夢令知。

一　唐咸亨三年(公元六七二年)新婦爲阿公録在生功德疏　　64TAM29:44之六

闕相起咸亨三年四月十五日，遣家人祀德
向塚閒堀底作佛，至其月十八日，計成佛
一万二千五百卌佛。日作佛二百六十元〻廿佛。
於後更向堀門裏北畔新塔廳上佛堂中
東壁上，泥素(塑)弥勒上生變，并菩薩、侍者，
天神等一捕，亦請記録。
往前於楊法師房内造一廳并堂宇，供養
玄覺寺常住三寶。
又已前將園中渠上一〇木布施百尺彌勒。
又已前家中抄寫涅槃經一部，注子法華經一部，
注子金剛般若經一部，對法論經一部，更於後寫
法華經一部，大般若經一袟十卷。作更於絹生畫兩
捕釋迦牟尼變并侍者、諸天。每年趙法師請
百僧七日設供，　阿公每年常助施兩僧供，并
施物兩文，恒常不絶。

一　唐咸亨三年(公元六七二年)新婦爲阿公録在生功德疏　64TAM29:44之七

二　唐上元二年(公元六七五年)康玄感牒　64TAM29:117,118

又昨阿　公亡後即常屈三僧轉讀，供養
不絶。又更爲　阿公從身亡日，日畫　佛一軀
至卌九日，擬成卌九軀佛。又今日請一僧就門
礼一千五百佛名一遍。以前中間　阿公更
有修功德處，亦不具記，願自思量申雪。

二　唐上元二年（公元六七五年）康玄感牒

[牒][户][曹]
解壹道爲申
牒，得牒稱上件
信，未知分
牒至任判，謹牒。
上元二年十月　日史康玄感牒

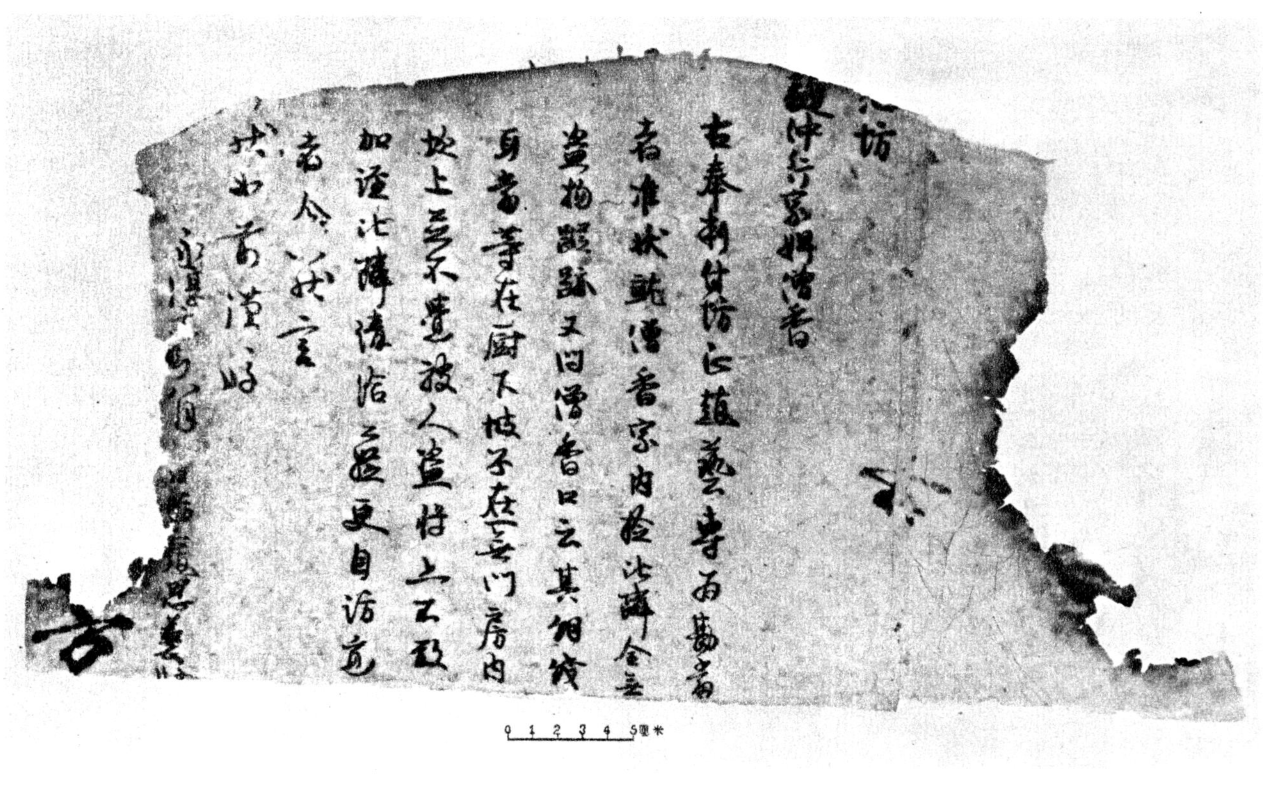

三　唐永淳元年(公元六八二年)坊正趙思藝牒爲勘當失盜事　　64TAM29:89(a)

三　唐永淳元年(公元六八二年)坊正趙思藝牒爲勘當失盜事　　64TAM29:89(b)

三　唐永淳元年（公元六八二年）坊正趙思藝牒爲勘當失盜事

本件騎縫背面押署一「方」字。

1 □坊
2 趙仲行家婢僧香
3 右奉判付坊正趙藝專爲勘當
4 者，准狀就僧香家内撿，比隣全無
5 盜物踪跡。又問僧香口云：其銅錢、
6 耳當（璫）等在廚下，披（帔）子在一無門房内
7 坎上，并不覺被人盜將，亦不敢
8 加誣比隣。請給公驗，更自訪覓
9 者。今以狀言，
10 □狀如前。謹牒。
11 永淳元年八月　日坊正趙思藝牒
12 □　方

四　唐永淳元年(公元六八二年)麴敏會辭爲鞍具并轡事　64TAM29:91(a)

五　唐五穀時估申送尚書省案卷(一)　64TAM29:93

四　唐永淳元年（公元六八二年）麴敏會辭爲鞍具并轡事

永淳元年□月　日麴敏會辭

鞍具并轡（轡）

縣司：敏會去三月內，有安府□

弟隨後即來，敏會道首看去□

五　唐五穀時估申送尚書省案卷

本組文書均拆自女屍紙冠。據《舊唐書·本紀》：龍朔二年二月甲子：「改京諸司及百官名，尚書省爲中臺」。本件有「中臺」字樣，同知九四號及一二三號文書，均爲高宗時物。又，一二一號文書紙質墨色與各件相近，姑列於本組之後。該件紀年「□章三年二月」之「□章」，當爲總章，其年即公元六七〇年。又，本組文書背有朱書及朱記數處。

（一）

□廿二日史朱

丞翬

令陰善

五穀時價以狀錄申□

書省戶部聽裁

懷儉白

廿二□

□判　二儉　示

五　唐五穀時估申送尚書省案卷(三)　　64TAM29:123

五　唐五穀時估申送尚書省案卷(二)　　64TAM29:94

（二）

1 □連如前□□
2 十一月廿七日
3 檢 𠤎、（匕日）
4 廿□
5 □粟時估解一條并目
6 □[四]月十一日付華州□
7 □領送中臺□
8 □訖謹牒。
9 □[氾]貞[感]

（三）

1 錄事 珪芽 檢無□
2 參軍判錄事 恵〔一〕□
3 □[時]估錄申中臺司元□

注釋

〔一〕此處行一、二爲朱書。

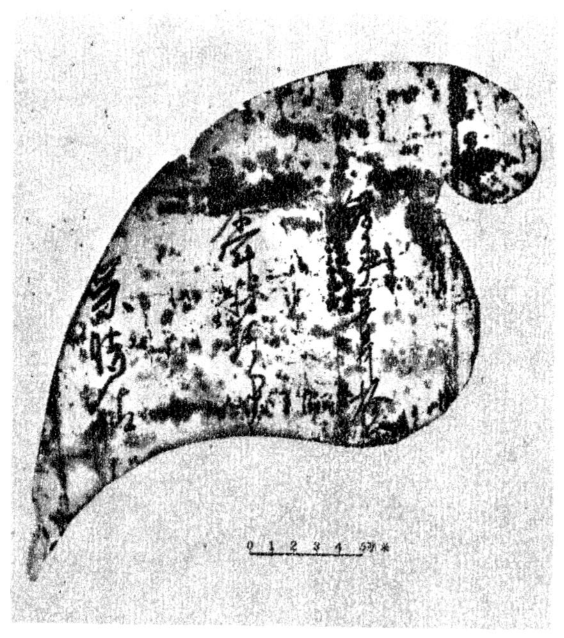

五　唐五穀時估申送尚書省案卷(四)
64TAM29:122

五　唐五穀時估申送尚書省案卷(五)
64TAM29:119

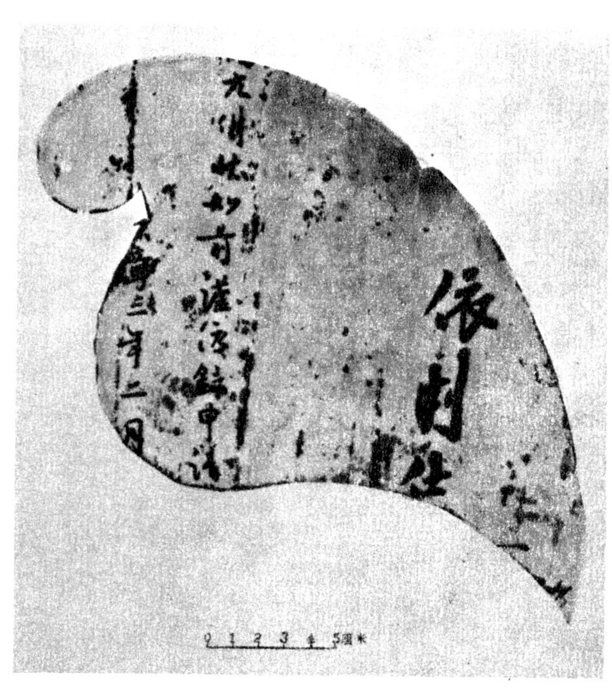

五　唐五穀時估申送尚書省案卷(六)
64TAM29:121

（四）

1 　錄事張舜　檢無

2 　參軍判錄事

3 □粟時估

（五）

1 　功曹判錄事元奭[一]

2 □米粟時估以狀錄申東

注釋

〔一〕「奭」字右側有朱點記一處。

（六）

1 　一

2 　依判仕

3 　元件狀如前，謹依錄申請，

4 □章三年二月

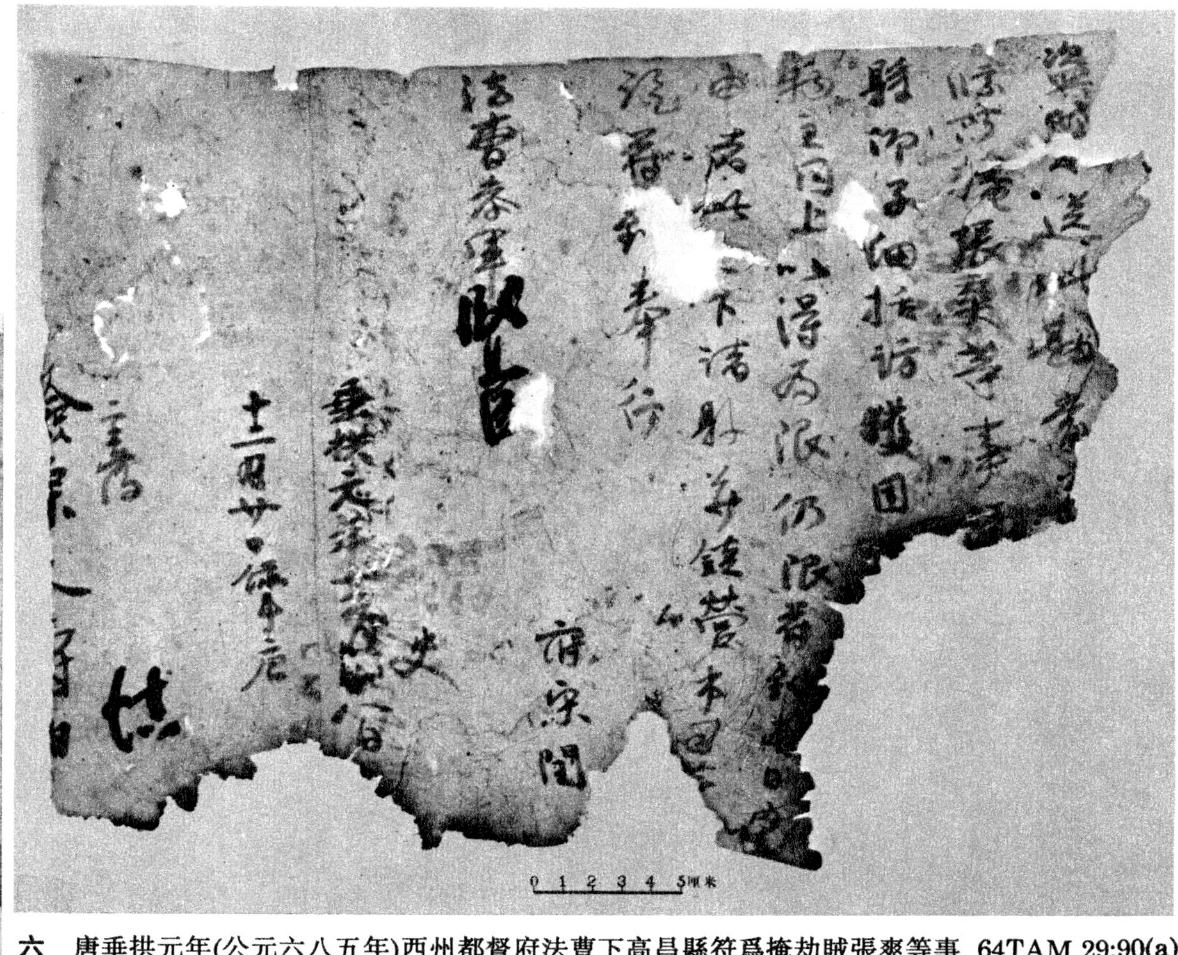

六　唐垂拱元年(公元六八五年)西州都督府法曹下高昌縣符爲掩劫賊張爽等事　64TAM 29:90(a)

六　唐垂拱元年(公元六八五年)西州都督府法曹下高昌縣符爲掩劫賊張爽等事　64TAM 29:90(b)

六　唐垂拱元年（公元六八五年）西州都督府法曹下高昌縣符爲掩劫賊張爽等事

本件有「西州都督府之印」朱印二方。騎縫背面有「芀」字押署，又有題款一行，今附於後。

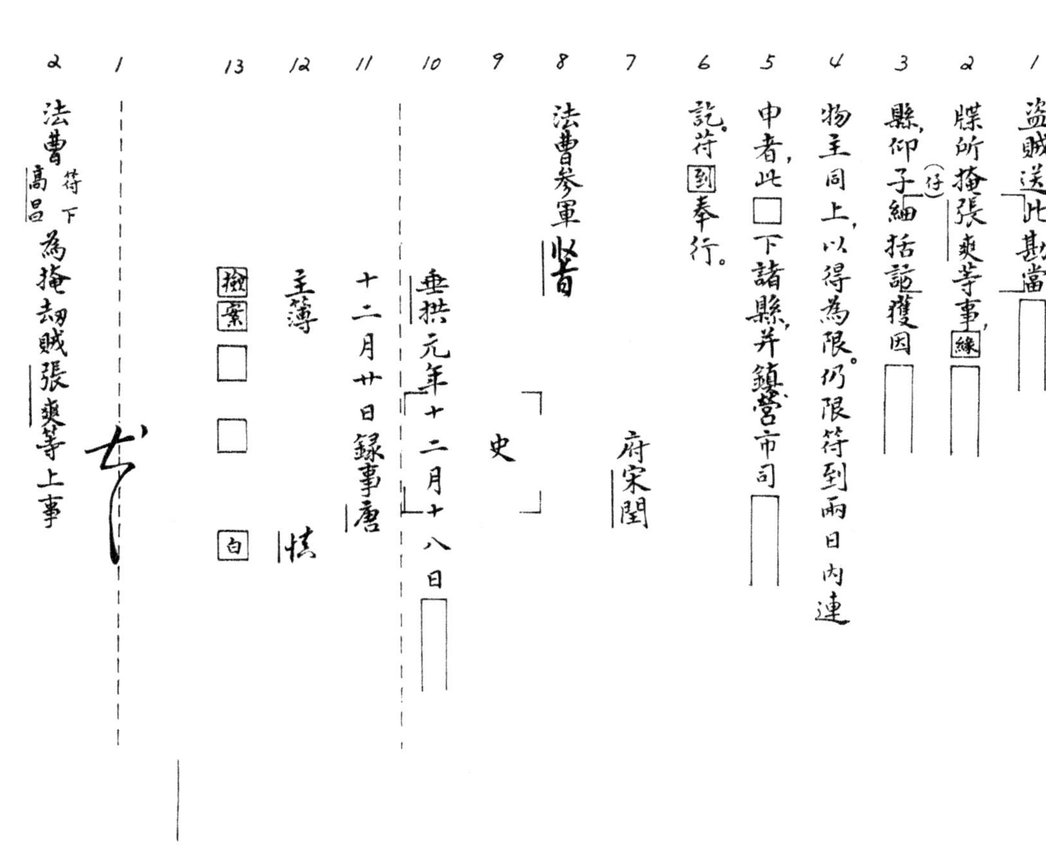

1 盗賊送〔此〕勘當□

2 牒所掩張爽等事，緣□

3 縣，仰子(仔)細括諮獲因□

4 物主同上，以得爲限。仍限符到兩日内連

5 申者，此□下諸縣并鎮營市司□

6 訖。符到奉行。

7 　　　　　　府宋閏

8 法曹參軍以旨

9 　　　　　　史

10 　　　　垂拱元年十二月十八日□

11 　　　　十二月廿日録事唐

12 　　主簿　　　　　怯

13 檢案□　□　　白

1 　　　　　　芀

2 法曹符下高昌爲掩劫賊張爽等上事

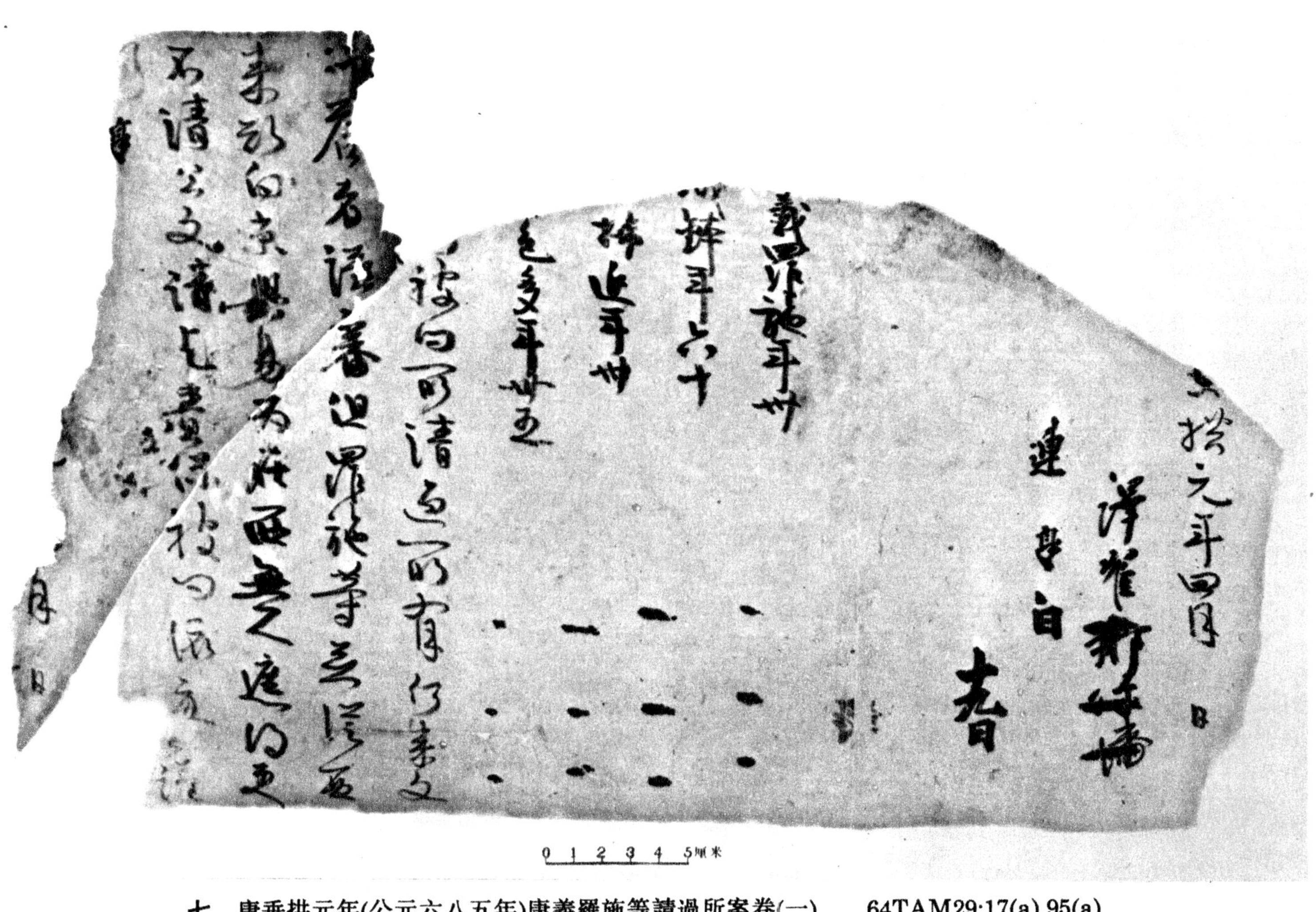

七　唐垂拱元年(公元六八五年)康義羅施等請過所案卷(一)　64TAM29:17(a),95(a)

七　唐垂拱元年（公元六八五年）康義羅施等請過所案卷

本件（一）第四至五行間騎縫背面有「亨」字押署。

（一）

垂拱元年四月　日
譯翟那你潘
連　亨　白
十九日
□義羅施年卅　——
□鉢年六十　——
□拂延年卅　——
□色多年卅五　——
□被問所請過所，有何來文，
仰答者，謹審：但羅施等並從西
來，欲向東興易，爲在西無人遮得，更
不請公文，請乞責保，被問依實，謹
□。
亨　□月　日

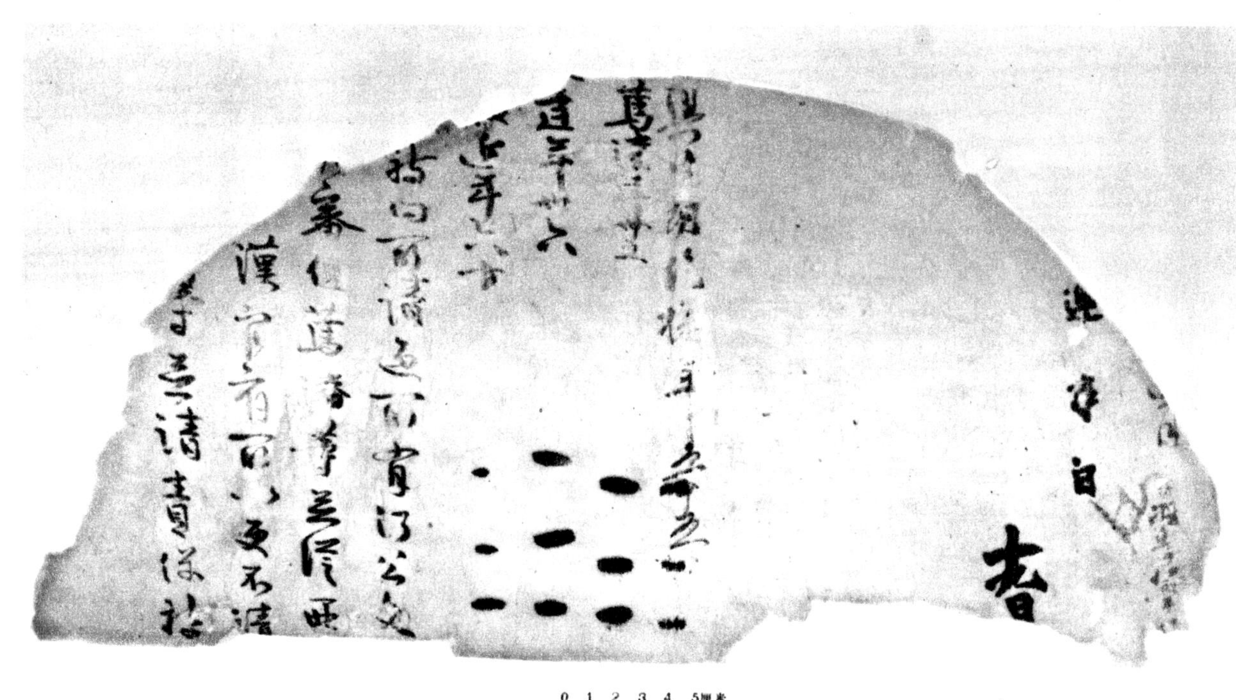

七　唐垂拱元年(公元六八五年)康義羅施等請過所案卷(二)　　64TAM29:108(a)

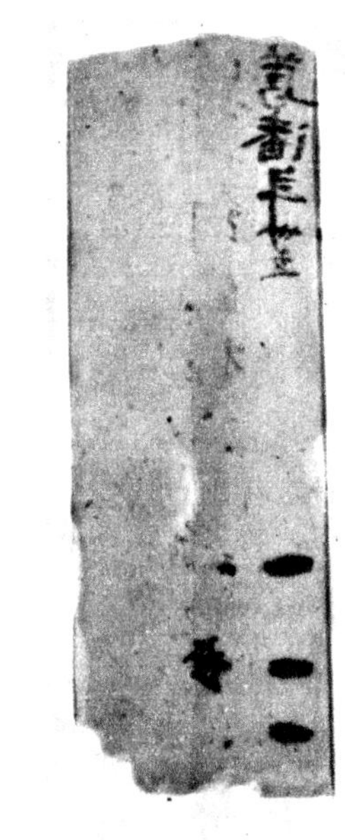

七　唐垂拱元年(公元六八五年)康義羅施等請過所案卷(二)　　64TAM29:108(b)

本段騎縫背面有押署。

（二）

四月　日游擊將軍[　　]

連　亨　白

十九日

[　]興生胡紇槎年五十五　—　—　—

[　]萬潘年卌五　—　—　—

[　]達年卌六　—　—　—

[　]延年六十　—　—　—

[　]被問所請過所，有何公文？

[　]審，但萬潘等並從西

[　]漢官府，所以更不請

[　]等並請責保，被

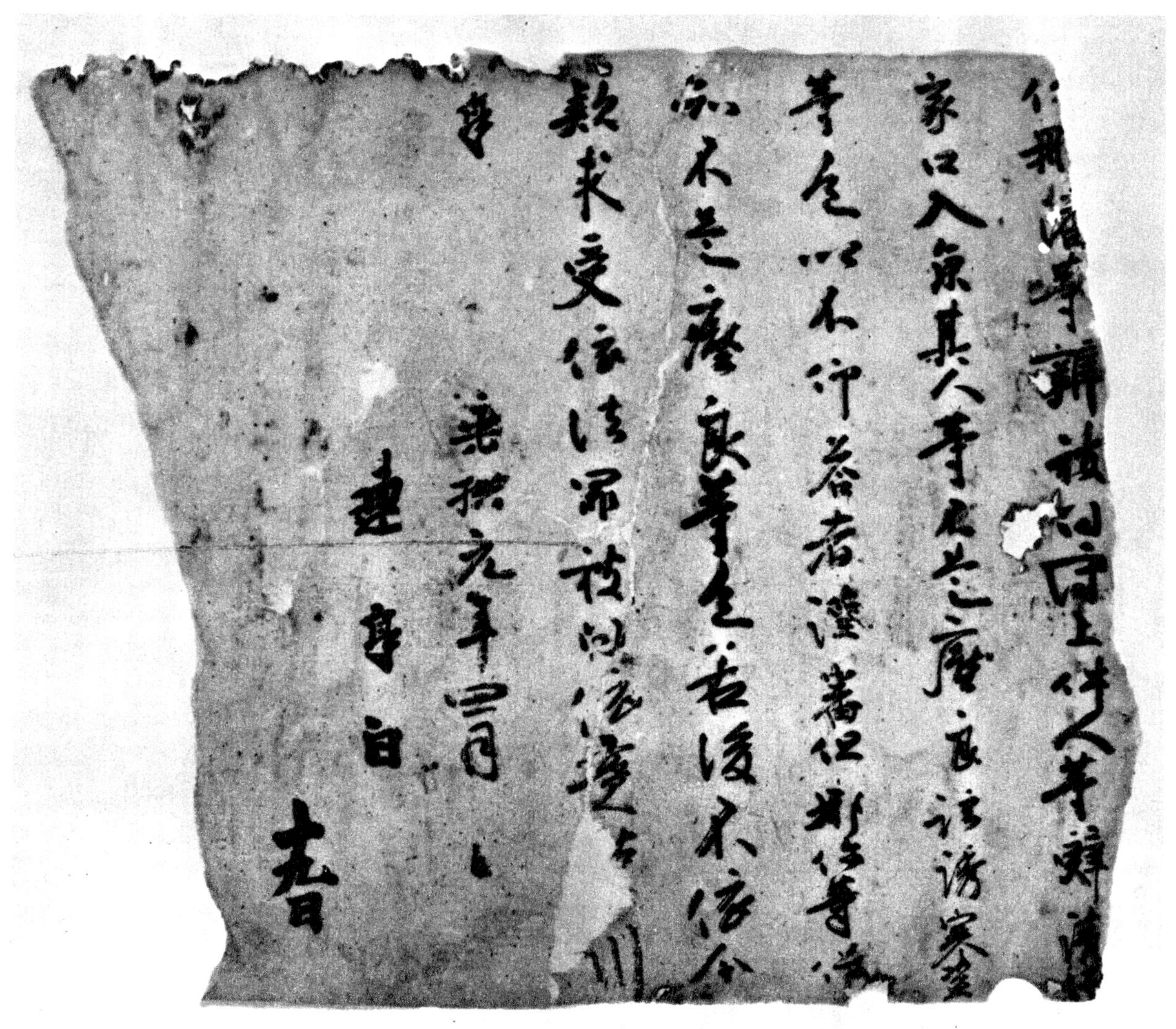

0　1　2　3　4　5厘米

七　唐垂拱元年(公元六八五年)康義羅施等請過所案卷(三)　　64TAM29:107

（三）

[你][那][潘]等辯：被問得上件人等[辭]，[請][將]
家口入京，其人等不是壓良、詃誘、寒盜
等色以不？仰答者！謹審：但那你等保
知不是壓良等色，若後不依今
款，求受依法罪，被問依實，[謹][　]。　川
亨　　垂拱元年四月　日
連　亨白
十九日

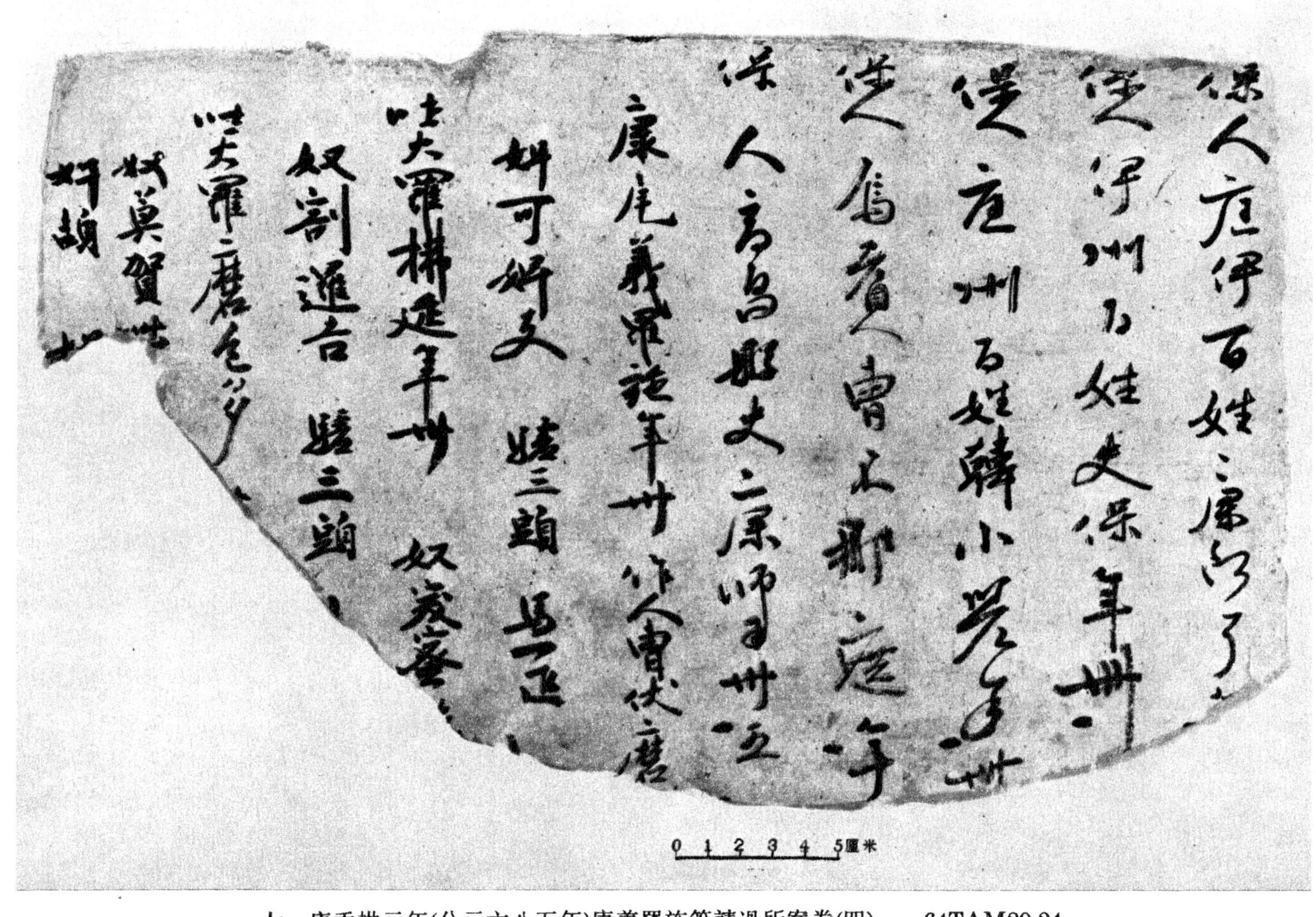

七　唐垂拱元年(公元六八五年)康義羅施等請過所案卷(四)　　64TAM29:24

（四）

保人庭、伊百姓康阿了
保人伊州百姓史保年卌
保人庭州百姓韓小兒年卌
保人烏(焉)耆人曹不那遮年
保人高昌縣史康師年卅五
康尾義羅施年卅作人曹伏磨
婢可婢支　驢三頭　馬一疋
吐火羅拂延年卅　奴突蜜
奴割邏吉　驢三頭
吐火羅磨色多
奴莫賀咄
婢頡　婢

七　唐垂拱元年(公元六八五年)康義羅施等請過所案卷(四)　　64TAM29:25

駝二頭　驢五頭　〔下殘〕
何胡數剌　作人曹延那　〔下殘〕
驢三頭、
康紀槎　男射鼻　男浮你了
作人曹野那　作人安莫延　康□
婢桃菓(葉)　驢一十二頭
阿了辯：被問得上件人等牒稱，請□
家口入京，其人等不是壓良、□
冒名假代等色以不？者，謹審：但了□
不是壓良、假代等色，若後不□
求受依法罪。被問依實，謹□。
垂拱元年四月　日
連　亨　□

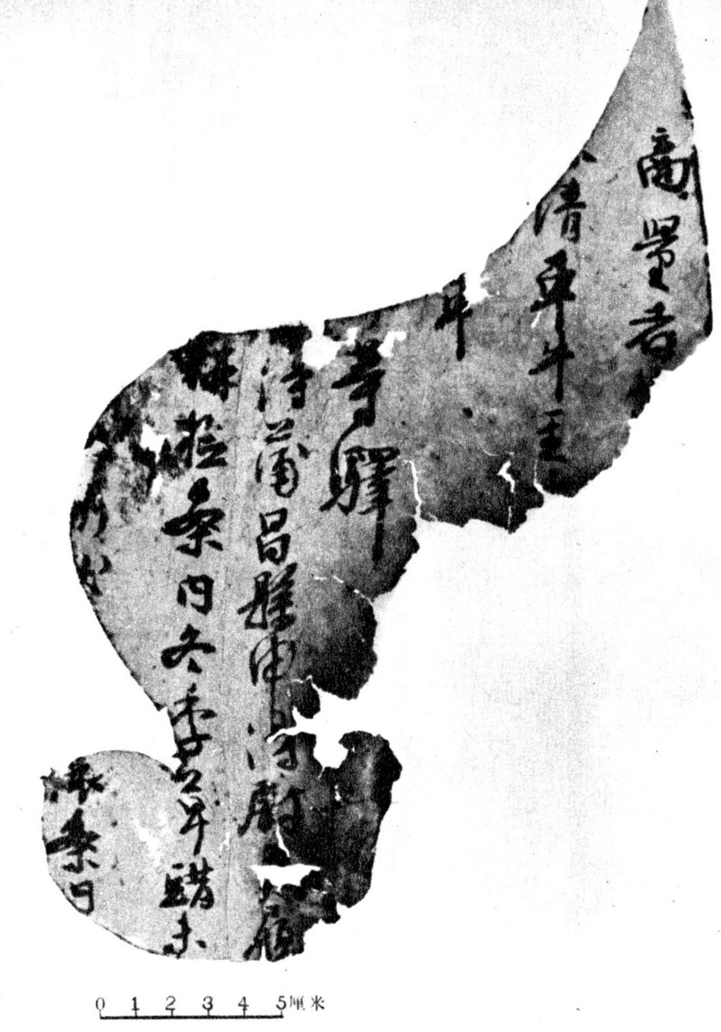

八　武周請車牛人運載馬草䴭文書　　64TAM29:99

九　武周(?)達匪等驛申報馬數文書　　64TAM29:98

八　武周請車牛人運載馬草䴭文書

本件有武周新字，因知為武周載初元年（公元六八九年）後文書。

1　商量者［　］
2　［　］請車牛（人）壹［十］［　］
3　［　］車
4　［　］等驛
5　［　］得蒲昌縣申得府□［狀］［　］
6　［　］稱撿案內冬季草䴭未［　］
7　［　］［州］［狀］□□依案［內］［　］

九　武周（？）達匪等驛申報馬數文書

本件與前列九九號文書俱拆自女屍紙冠，且紙色相同，又同屬館驛文書，今將此件列於上件之後，下二件同。

1　［兵］曹［　］
2　□□［驛］馬五十三［　］
3　［　］［在］達匪［　］
4　［　］［三］匹　五十二匹久上槽馬一匹［見］［在］　狼泉［驛］［馬］五［　］
5　［　］撿上件驛馬報者［　］
6　［　］除［　］數［如］［前］［　］

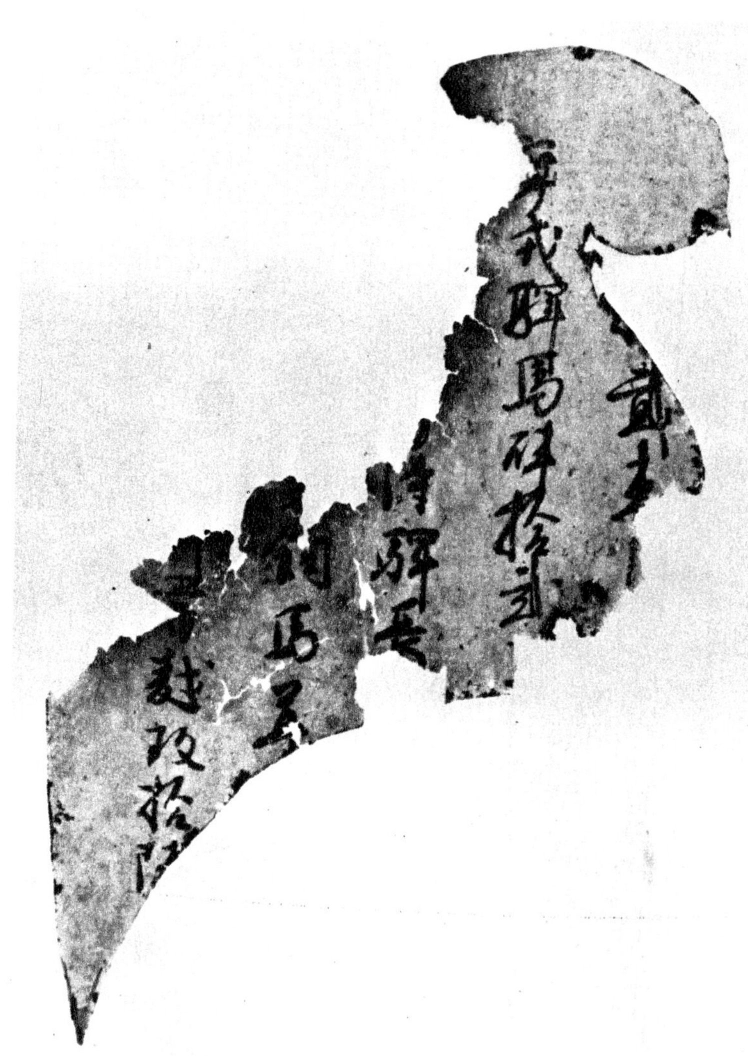

一〇　武周(?)寧戎驛馬及馬草踖文書　64TAM29:97

一一　武周(?)西州下某縣至柳中運官趞文書　64TAM29:96

一〇　武周（?）寧戎驛馬及馬草踖文書

1　□貳車[　　]

2　寧戎驛馬肆拾貳[　　]

3　[　　]得驛長[　　]

4　[　　]飼馬草〔一〕[　　]

5　[　　]當趞玖拾陸[　　]

注釋

〔一〕趞：當是「踖」之誤。

一一　武周（?）西州下某縣至柳中運官趞文書

1　[　　]縣[　　][　　]至柳中[　　]

2　[　　]運載，即於州陳請車牛[　　]

3　[　　]於柳中取□於[　　]

4　[　　]有官趞〔一〕[　　]

5　□下縣，今勘前[　　]

6　今曹司判[　　]

注釋

〔一〕趞：原文如此，當是「踖」之誤。

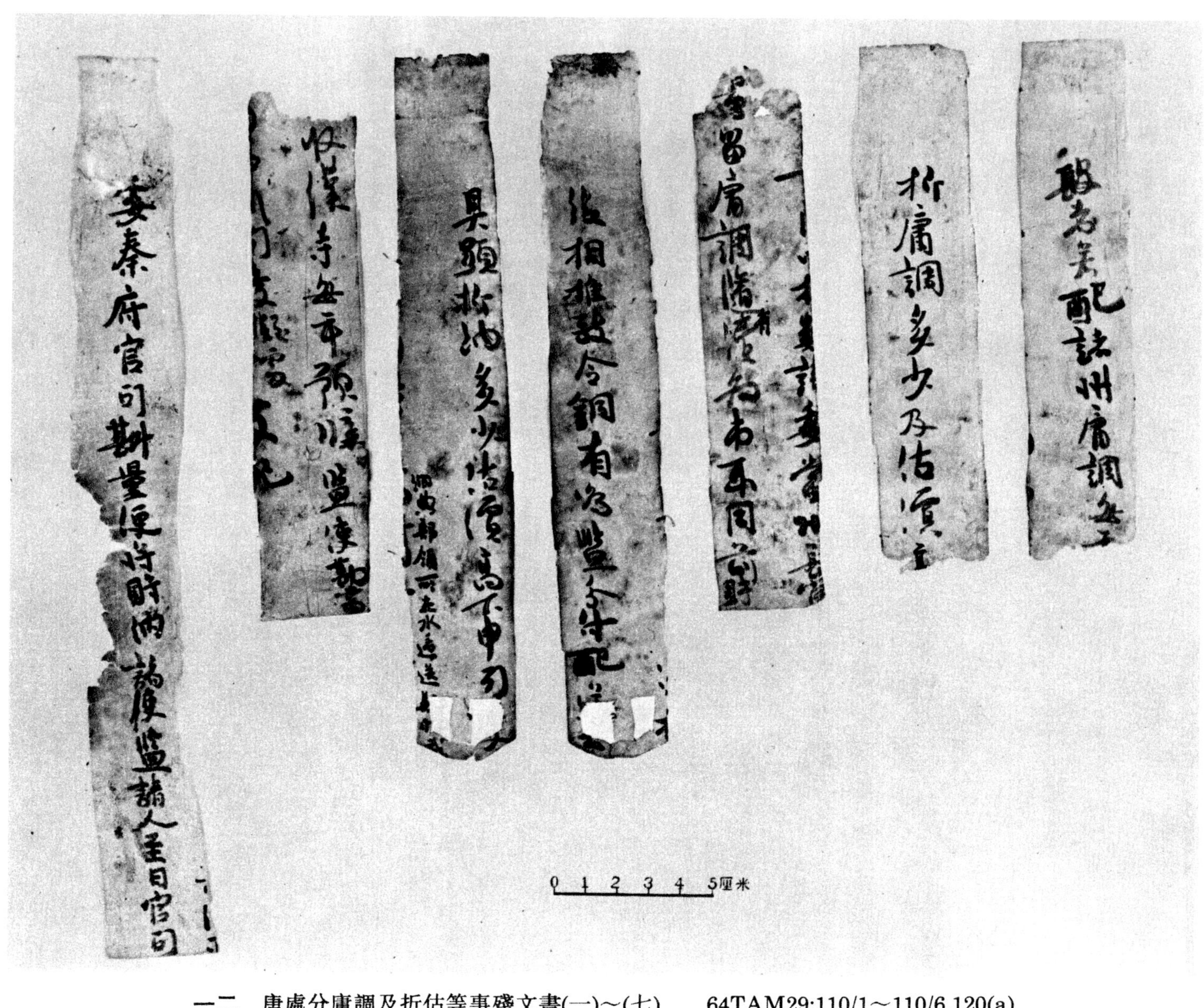

一二　唐處分庸調及折估等事殘文書(一)～(七)　　64TAM29:110/1～110/6,120(a)

一二　唐處分庸調及折估等事殘文書

本件一一〇號及一二〇號文書，均拆自紙腰帶，其内容及紙質墨色俱同，兹列爲一件。本件第（七）段背面有押署、朱印均殘。

（一）

1 段者若配諸州庸調，每［　　］

（二）

1 折庸調多少及估價[高]［　　］

（三）

1 ［　　］[數]，[請][委][當][州][長][官]

2 ［　　］量留庸調，隨有羨(?)爲市取，同前貯

（四）

1 後(?)相推致令銅有當(?)监分付配[送]［　　］

（五）

1 具顯折納多少、估價高下，申司［　　］

2 綱典部領，所在水遞[送][鄯][州]［　　］

（六）

1 ［　　］收僕寺，每年預牒监使勘當

2 ［　　］[申][所](?)□□[擬][處][支][配]

（七）

1 委秦府官司斟量，便將貯納諸使监，請人至日，官司［　　］

一三　唐西州都督府殘文書　64TAM29:126(a)

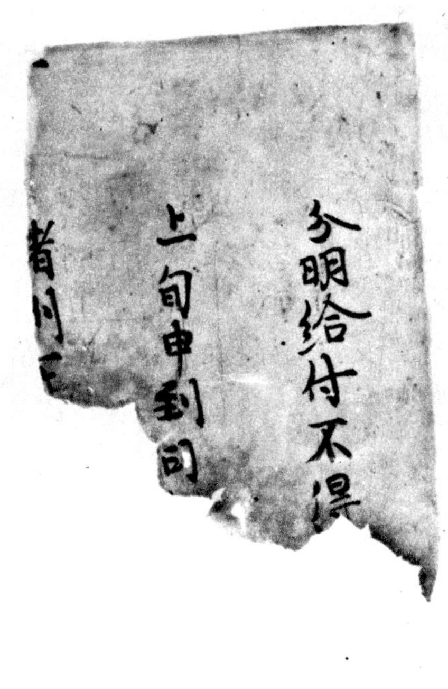

一三　唐西州都督府殘文書　64TAM29:126(b)

一四　唐市司上户曹狀爲報米估事　64TAM29:111/8(a)

一三　唐西州都督府殘文書

本件粘接縫背面有「西州都□□□」殘印，押署亦殘剩半字。

1　分明給付不得□限八月

2　上旬申到司□

3　諸州所□貢

一四　唐市司上户曹狀爲報米估事

1　市司　　狀上户曹爲報米估事

2　　　　令　陰善珍

一六　唐匡遮□奴莫賀吐辯辭　　64TAM29:114,115

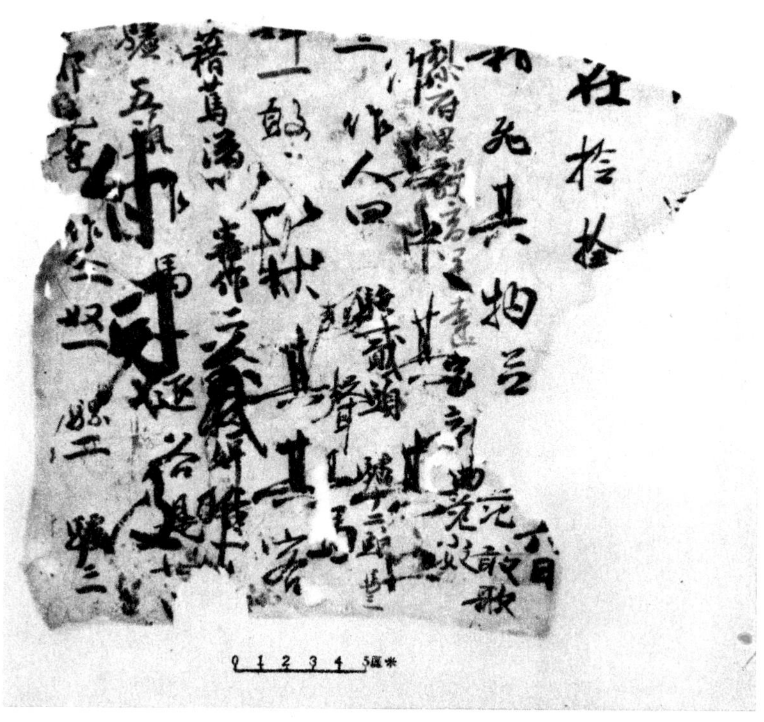

一五　唐果毅高運達等請過所(?)殘文書　　64TAM29:128

一五　唐果毅高運達等請過所（？）殘文書

本件記家口及牲畜數，似是請過所，但前二行内容乃記人死後處理遺物事，前後似不相關。

1 [　　]在檢[　　]
2 [　　]死其物並[　　]范敵歌〔一〕六日
3 [　　]黎府果毅高運達家部曲范小奴
4 [　　]　作人四　駞貳頭　驢小二頭　馬三
5 [　　][婢]一
6 [　　]籍萬潘　客作二人　奴婢肆
7 [　　]驢五頭　馬一
8 [　　][那]尾達　作人一　奴一　騾二　驢三

注　釋

〔一〕「六日」、「范敵歌」五字或係後人戲書。

一六　唐匡遮□奴莫賀吐辯辭

1 匡遮□奴莫賀吐年卌五　一一
2 □賀吐辯：被問何因誑韓行大小奴，將向
3 □[平]，仰答者。謹審：莫賀吐元不誑奴
4 □十月[　　]住[　　]向縣禁？
5 [　　]於南平城捉得，自上□□高
6 守住共戶曹□向南平，就康[莫]□
7 家捉獲。請問曹主具知誑人。被問

一七　唐綠葉辯辭爲附籍事　　64TAM29:102

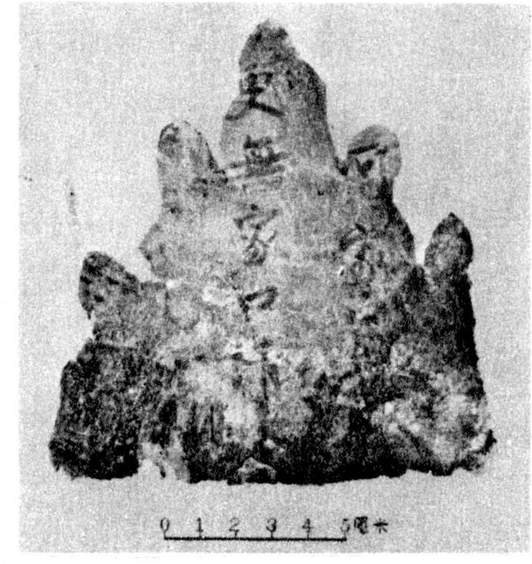

一八　唐殘辯辭　　64TAM29:125

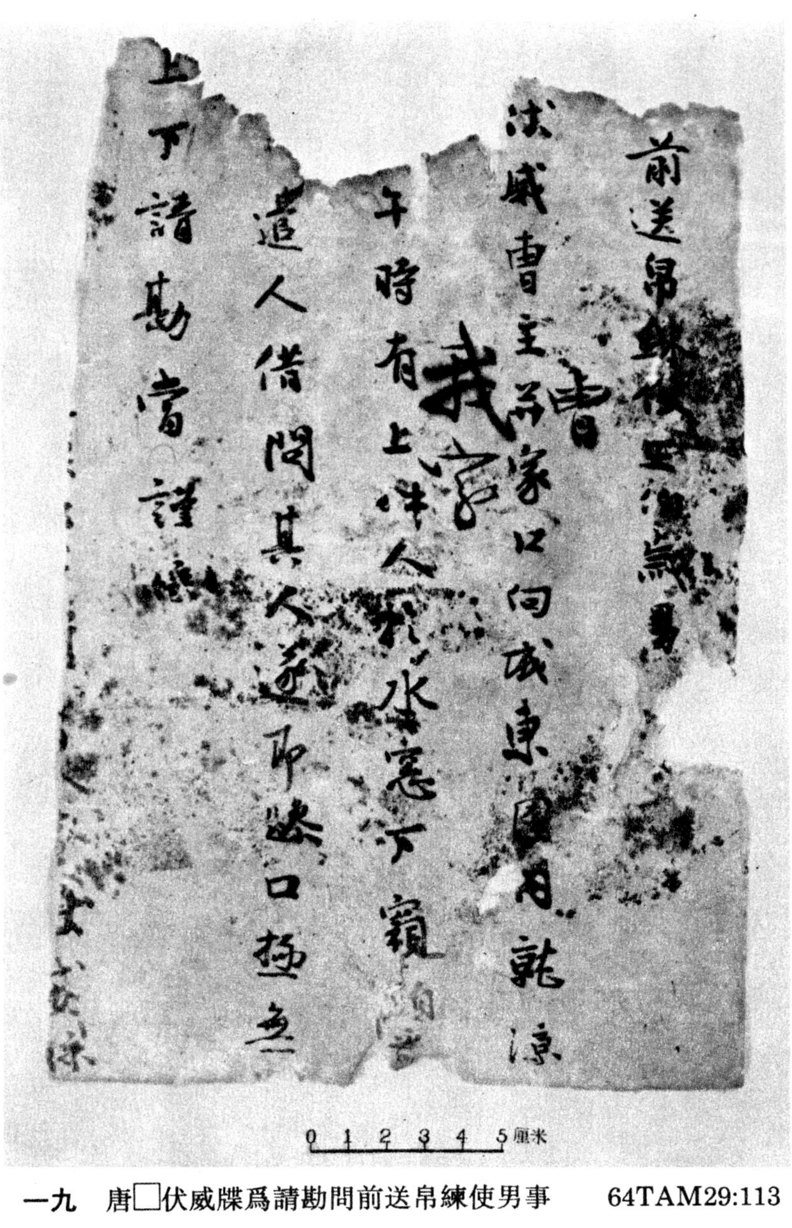

一九　唐□伏威牒爲請勘問前送帛練使男事　　64TAM29:113

一七　唐綠葉辯辭爲附籍事

1 □綠葉（葉）今

2 鄉附，被問依實

3

4 日

一八　唐殘辯辭

1 何家口

2 更無家口請□

一九　唐□伏威牒爲請勘問前送帛練使男事

本件第一至二行、二至三行間有「曹」、「我家」三字，係後人戲書。

1 前送帛練使王伯歲男

2 □伏威曹主并家口向城東園内就涼。

3 □□午時，有上件人於水窗下窺頭看

4 □□遣人借問，其人遂即路口，極無

5 上下，請勘當。謹牒。

6 伏威牒

二〇　唐趙醜禿等辭爲勘當鞍轡事　64TAM29:116(a)

二〇　唐趙醜禿等辭爲勘當鞍轡事

1 □[趙]醜禿、寗相□□早将馬□
2 □時主簿勘當，[唯][得]馬，不出鞍轡。判
3 □醜禿等鞍轡。鄉[司]比來絶不爲
4 □辭。陳，請裁。謹辭。
5 □□　□

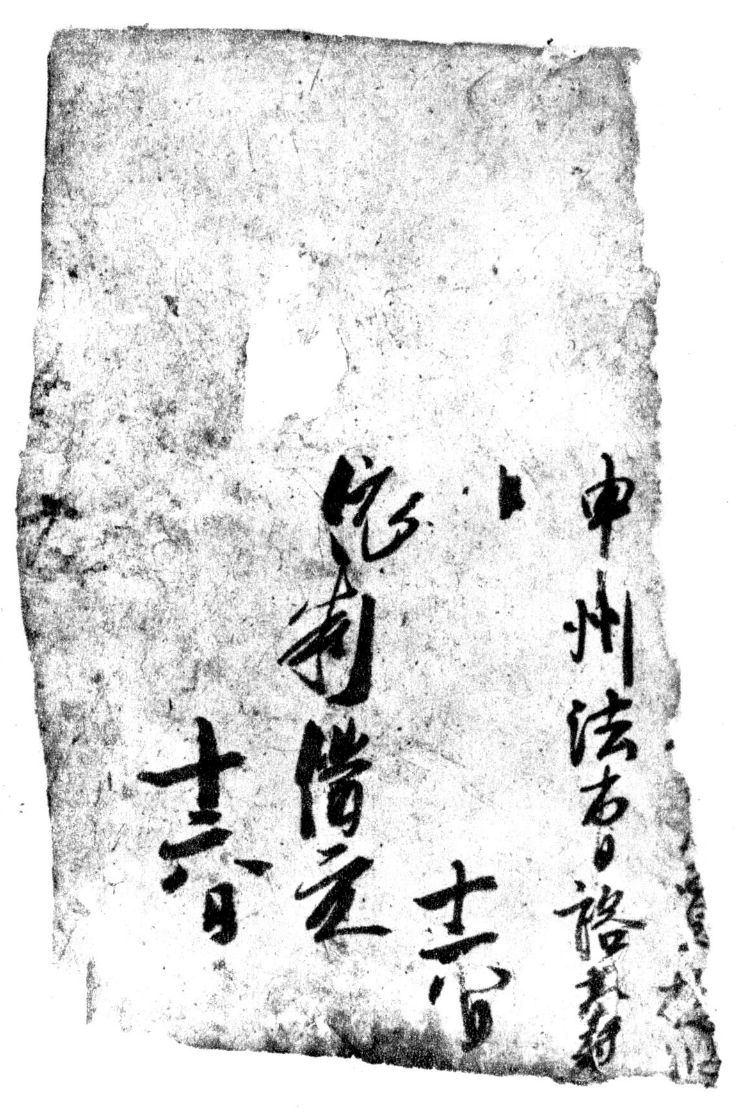

二一　唐申州法曹殘牒　64TAM29:92

二一　唐申州法曹殘牒

1 □□□[牒]。
2 申州法曹諮壽
3 白　十六日
4 依判僧示
5 十六日

二二　唐殘牒爲申患疾事　64TAM29:103

0 1 2 3 4 5厘米

二三　唐殘牒　64TAM29:101

0 1 2 3 4 5厘米

二四　唐殘詩　64TAM29:91(b)

0 1 2 3 4 5厘米

二二　唐殘牒爲申患疾事

1 ［　　］病〻疹〻，藥
2 ［　　］［濟］其羸，今清漏
3 ［　　］是［　　］□人於理未爲
4 ［　　］□下知并牒□
5 ［　　］日□已牒岐

二三　唐殘牒

1 ［　　］奉行
2 ［　　］縣宜准狀故牒。
3 ［　　］至准狀故牒。

二四　唐殘詩

1 ［　　］終難，澤未研［轉］朗，［未］見
2 ［　　］桂，何曾有梟蘭。落弦
3 ［　　］［燈］鏡拂還看。自知松
4 ［　　］情［不］謁□

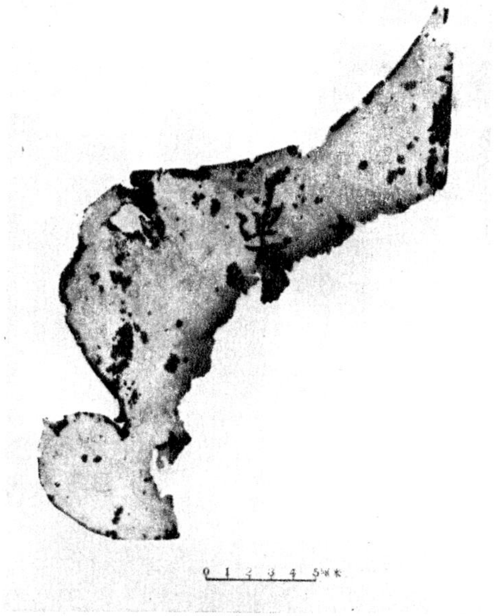

二五　文書殘片　64TAM29:100

二六　文書殘片　64TAM29:104

二七　文書殘片　64TAM29:105

二八　文書殘片　64TAM29:106

二九　文書殘片　64TAM29:111/1(a)～111/7(a)

三〇　文書殘片
64TAM29:111/6(b)

三一　文書殘片
64TAM29:
111/7(b)

三二　文書殘片
64TAM29:
111/8(b)

三三　文書殘片
64TAM29:116(b)

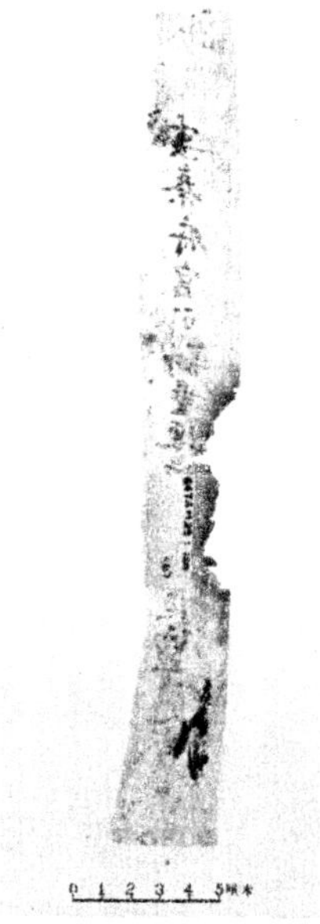

三四　文書殘片
64TAM29:120(b)

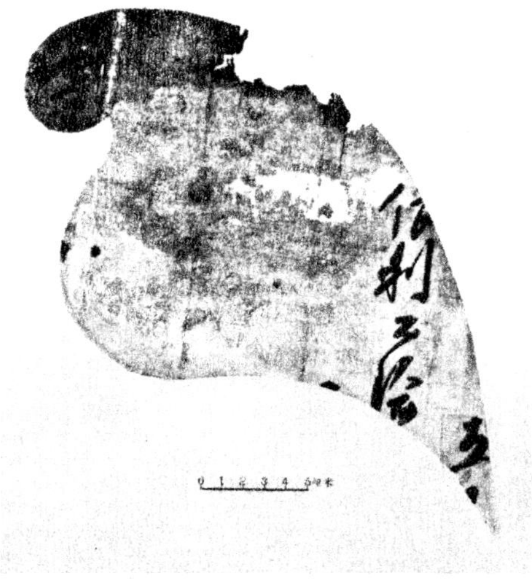

三五　文書殘片
64TAM29:124

三九　文書殘片
64TAM29:130/1(a)

三七　文書殘片　　64TAM29:127(b)

三六　文書殘片　　64TAM29:127(a)

四〇　文書殘片
64TAM29:130/1(b)

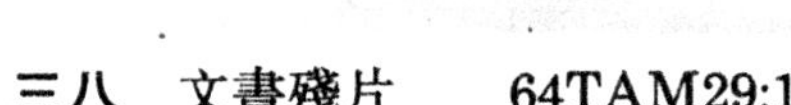

三八　文書殘片　　64TAM29:129/1～129/4

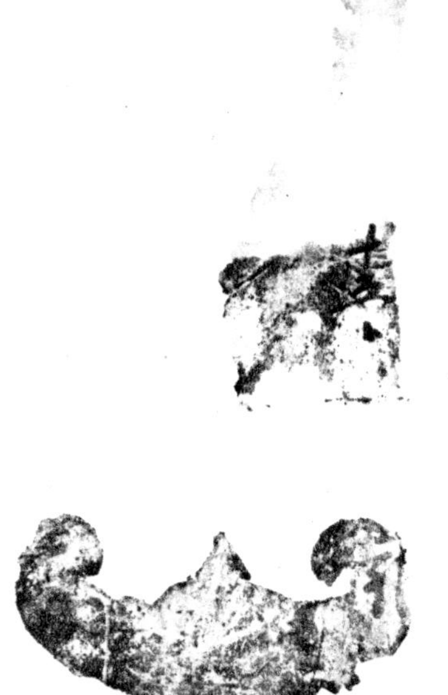

四三　文書殘片
64TAM29:130/6－3,130/6－4

四二　文書殘片
64TAM29:130/2(b)

四一　文書殘片
64TAM29:130/2(a)

阿斯塔那一七九號墓文書

本墓無墓誌及隨葬衣物疏。所出文書有紀年者，僅唐總章元年（公元六六八年）一件，又有武周新字文書。

一　唐總章元年（公元六六八年）帳後西州柳中縣籍（一）　72TAM179:16/7(a)

一　唐總章元年（公元六六八年）帳後西州柳中縣籍（一）　72TAM179:16/6(a)

一　唐總章元年（公元六六八年）帳後西州柳中縣籍

本件蓋有柳中縣印多處。另面抄寫《尚書》孔氏傳《禹貢》第一、《甘誓》第二。拼對、排比時參照了戶籍內容及「禹貢」、「甘誓」篇章順序。

（一）

1　弟守洛年貳拾貳歲　白丁終制

2　洛妻孫年拾肆歲　丁妻總章元年帳後娶同縣承禮

鄉弘教里孫隆住女為妻

一　唐總章元年（公元六六八年）帳後西州柳中縣籍（一）　72TAM179:16/5(a)

3 ［弟仁行年柒歲　小男
4 弟仁才年陸歲　小男

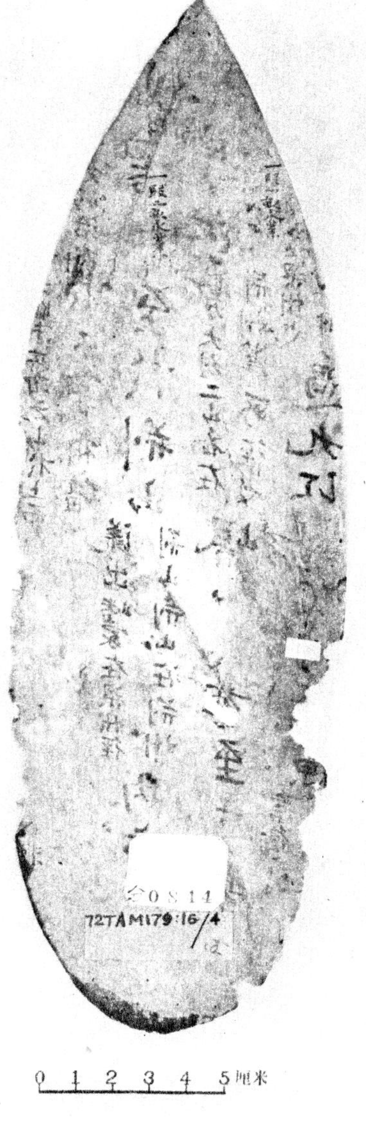

一　唐總章元年（公元六六八年）帳後西州柳中縣籍（二）　72TAM179:16/4(a)

1 一段一畝永業□
2 一段二畝永業□　二易□　西官□

（二）

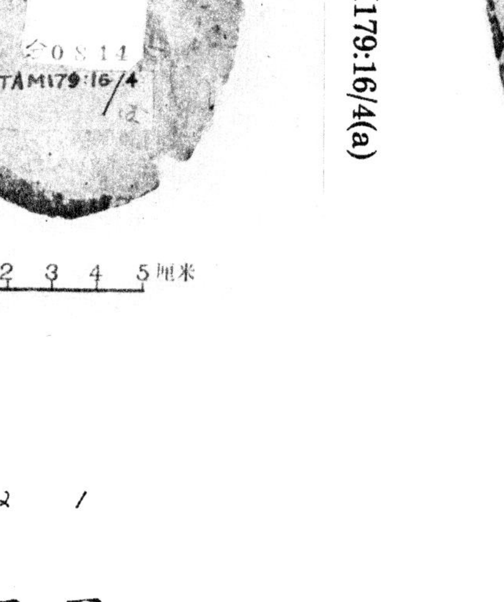

一　唐總章元年（公元六六八年）帳後西州柳中縣籍（二）　72TAM179:16/3(a)

3 一段七十步居住園宅
4 □□康相懷年陸拾貳歲　老男　課戶見輸
5 妻孫年陸拾叁歲　老男妻

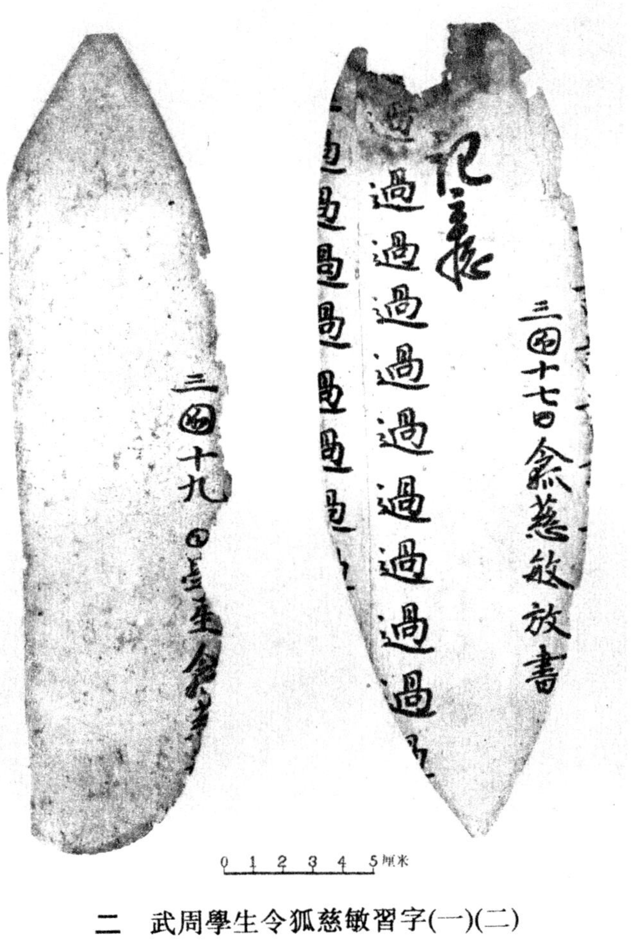

二　武周學生令狐慈敏習字(一)(二)
72TAM179:18/8,18/9

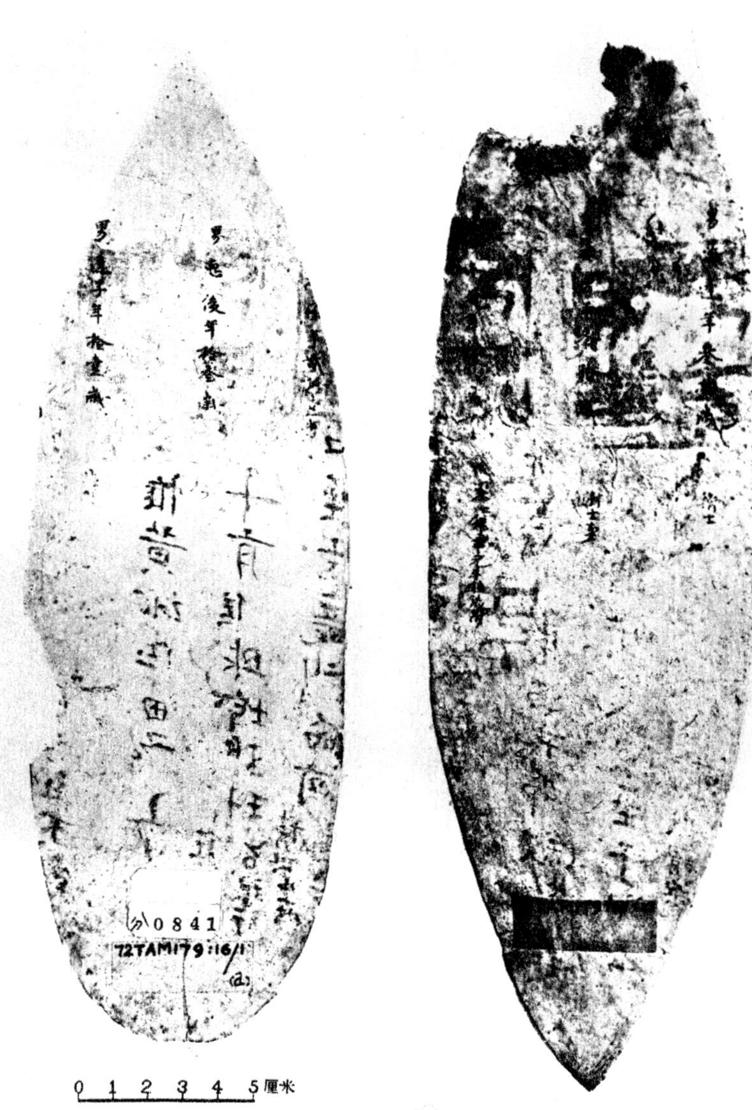

一　唐總章元年(公元六六八年)帳後西州柳中縣籍(二)
72TAM179:16/2(a):16/1(a)

6　男海達年叁拾歲　衛士
7　達妻唐年叁拾歲　衛士妻
8　達女冬鼠年叁歲　□□總章元年帳後附
9　□□子年貳拾壹歲　□□
10　男惠後年拾叁歲　□男
11　男達子年拾壹歲　□男

二　武周學生令狐慈敏習字

本件共十三片，均為學童習字，內九片為學生令狐慈敏習字，其他四片為學生和闍利習字，所寫諸字不相連貫，今只錄一、二兩片令狐慈敏題記。

（一）

1　三囝（月）十七日令狐慈敏放（倣）書
2　記言懷
3　過過過過過過過過過
4　過過過過過過過過

（二）

1　三囝（月）十九𡆠（日）學生令狐慈敏

三 唐寫《尚書》孔氏傳《禹貢》、《甘誓》殘卷 72TAM179:16/1(b)

0 1 2 3 4 5 厘米

三 唐寫《尚書》孔氏傳《禹貢》、《甘誓》殘卷 72TAM179:16/2(b)

三 唐寫《尚書》孔氏傳《禹貢》、《甘誓》殘卷 72TAM179:16/3(b)

0 1 2 3 4 5 厘米

三 唐寫《尚書》孔氏傳《禹貢》、《甘誓》殘卷

1 □[猪]埜下濕曰隰猪埜地名言皆致功也 三危旡宅三苗丕[敘]□裔

2 之山已可居三苗之族大有次敘禹之功 厥土惟黃壤厥田惟上上厥

3 [賦]中下田第一賦第六人功少也 厥貢惟球琳琅玕球琳皆玉名琅玕

4 ……□□[積]石至于龍門西河積石山在[金][城][西][南]

5 ……[河][順][流][而]北千里而東也千里而南龍門山在河東之西界 會于渭汭渭北□□……

6 水西上也 織皮昆侖析支渠搜西戎即敘織皮毛布此四國在

7 荒服之外流沙之內羌髳之屬皆就次敘美禹之功及戎狄也 道岍及岐至于荊山

8 更理說所治山川首尾所治山通水故以山□[之]三山皆在雍州也 逾于河此謂梁……

9 □□□□[至][于][太][岳]岳在上[黨][西]……□□□□□

10 于王屋此三山在冀州南河之北東行 太行恒山至于碣石入□□

11 此二山連延東北接碣石而入倉海百川經[經]此衆山禹皆治之不可勝名故以山言 西傾朱圉鳥鼠

12 [西]傾朱圉在積石以東鳥鼠謂所出在隴西之西三者雍州之南山 至于太華相首尾而東也 熊

13 □□□[桐][栢]至于陪尾四山相連東南在豫[州][熊][耳]……

三　唐寫《尚書》孔氏傳《禹貢》、《甘誓》殘卷　72TAM179:16/4(b)

三　唐寫《尚書》孔氏傳《禹貢》、《甘誓》殘卷　72TAM179:16/5(b)

三　唐寫《尚書》孔氏傳《禹貢》、《甘誓》殘卷　72TAM179:16/6(b)

三　唐寫《尚書》孔氏傳《禹貢》、《甘誓》殘卷　72TAM179:16/7(b)

14 □□[到]所治水於下蹤相備　畢所功之山於上而

15 道嶓冢至於荊山　漾出嶓冢在梁州徑　荊山荊山在荊州　內方至

16 于大別　內方大別二山名在　荊州漢所徑也　嶓山之昜至于衡山

17 [所]出在梁州也　[州]過九江至于專□[原]　言衡山連

18 □　[教][者]□□□□事王　□□□□

19 [法]三百　里而差簡也　叉百里荒服　要服外之五[百][里]　言荒又簡略　三百里蠻□　文

20 德蠻来之　不制以法　二百里流　流移言政教隨其風俗　凡五服相距方五千里　東漸于彙

21 □被流沙朔南泉聲教　漸入被及也此言五服之　外皆与王者聲教而

22 □□　□□□彙命錫玄圭告乒成功　玄天色禹功　盡加於[四]

23 [彰]顯之言天功成　以

24 尚書日斷第二　夏書　孔氏傳

25 启與又扈戰于日之埜作日斷　夏啓嗣禹立　伐有扈之罪

26 日斷　甘有扈郊地　將戰先誓

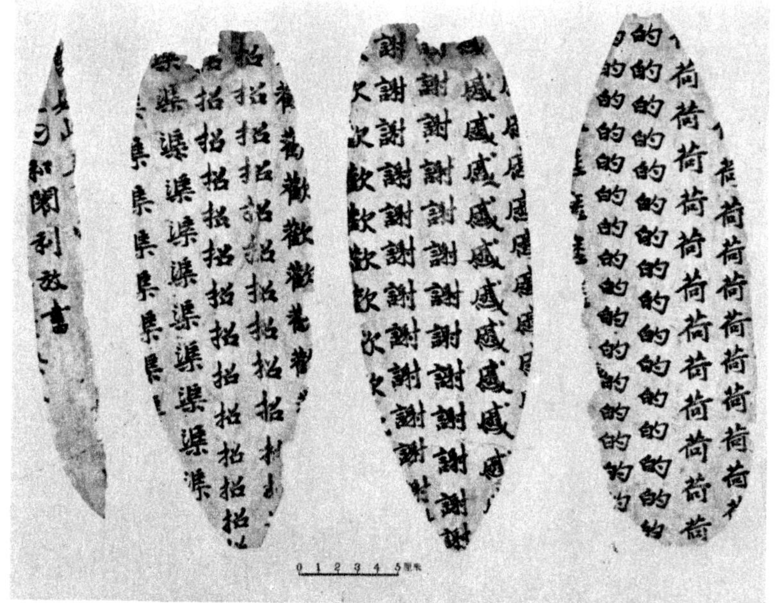

四　文書殘片　72TAM179:17/1～17/4

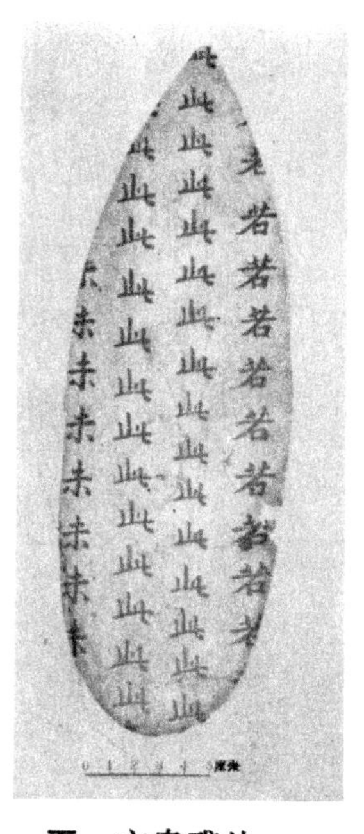

五　文書殘片
72TAM179:18/1

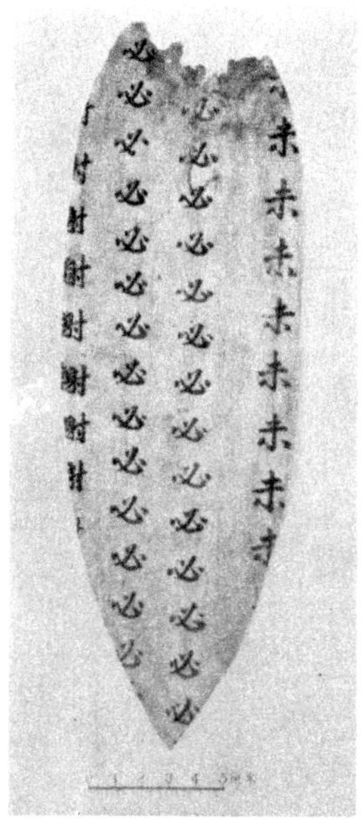

六　文書殘片
72TAM179:18/2

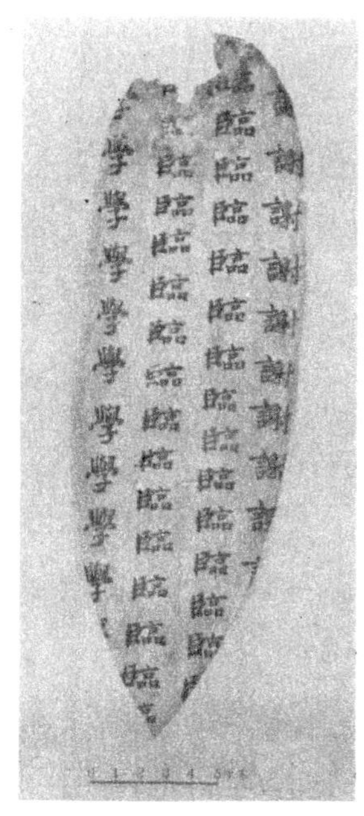

七　文書殘片
72TAM179:18/3

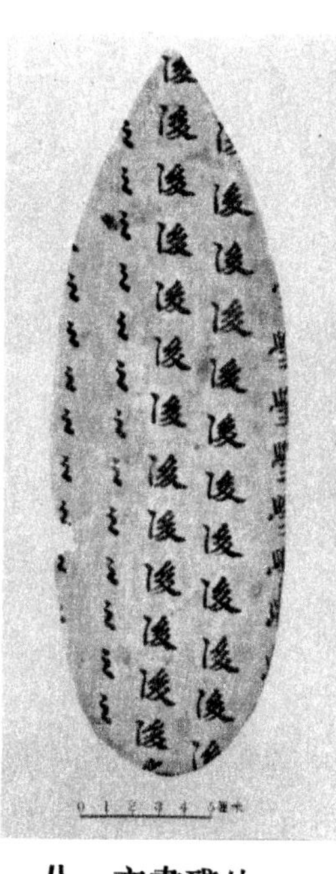

八　文書殘片
72TAM179:18/4

九　文書殘片
72TAM179:18/5

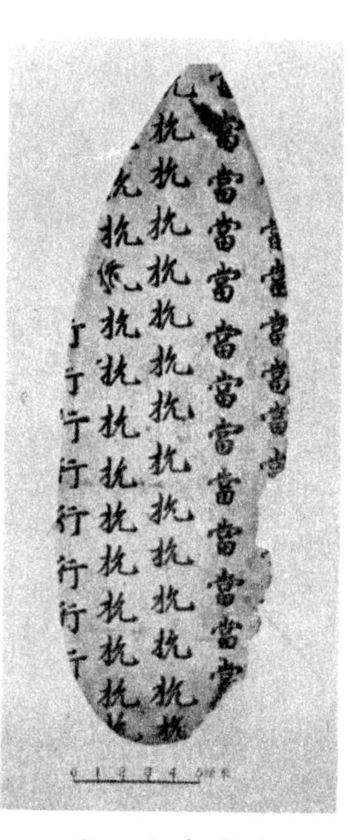

一〇　文書殘片
72TAM179:18/6

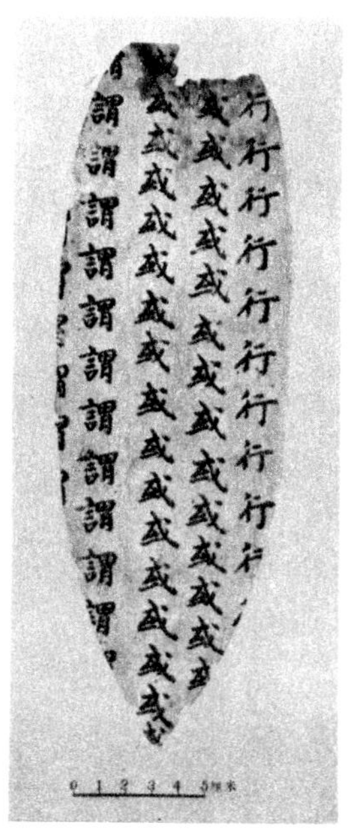

一一　文書殘片
72TAM179:18/7

阿斯塔那五一二號墓文書

本墓出有武周長壽二年（公元六九三年）張富琳墓誌。所出文書無紀年。

一　唐西州都督府史康柱歡等殘牒　73TAM512:10/1～10/4

一　唐西州都督府史康柱歡等殘牒

本件蓋有朱印「西州都督府之印」。

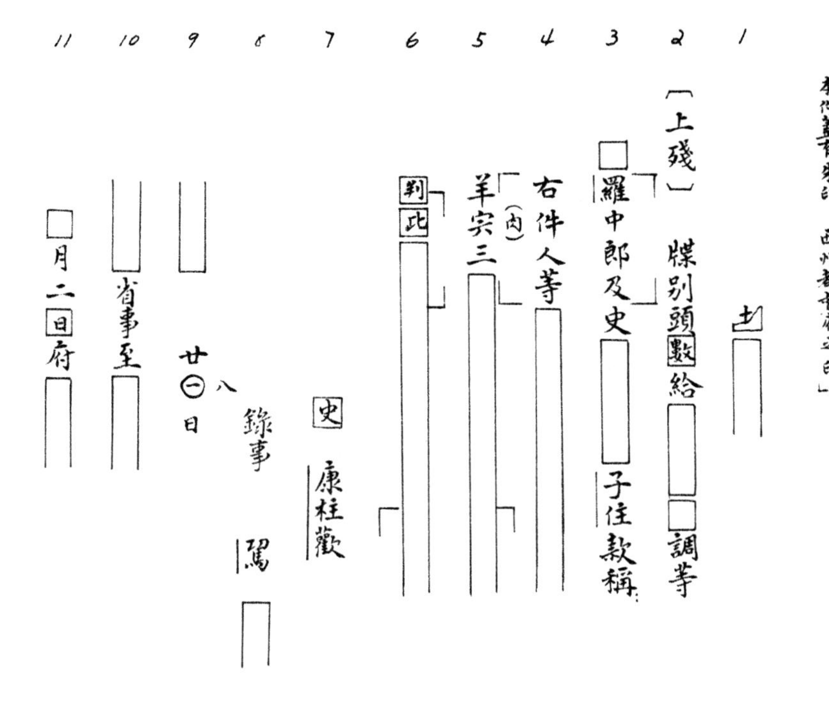

土□

（上殘）牒別頭[數]給□□調等

□羅中郎及史□子住款稱

右件人等□

（内）羊宍三□□

[判][比]□□

[史]康柱歡

録事　罵□

□廿一八日

□省事至□

□月二[日]府□

阿斯塔那二二二號墓文書

本墓無墓誌及隨葬衣物疏。所出文書有紀年者，最早爲唐咸亨二年（公元六七一年），最晚爲武周證聖元年（公元六九五年）。

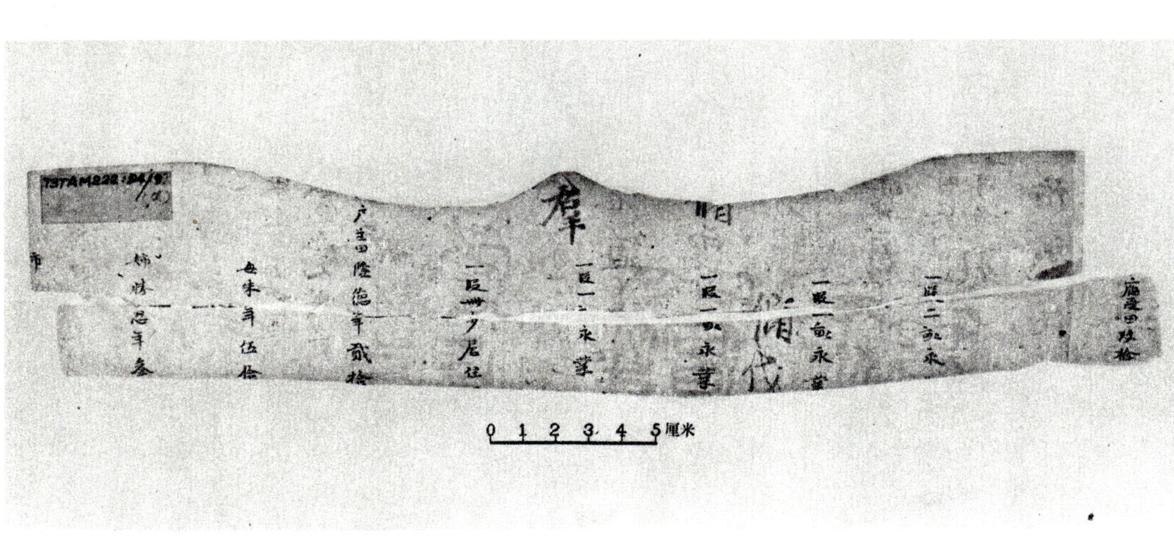

一　唐咸亨二年(公元六七一年)西州高昌縣感仁等户籍(一)　73TAM222:54/11(a),54/10(a)

一　唐咸亨二年(公元六七一年)西州高昌縣感仁等户籍(二)　73TAM222:54/9(a)

一　唐咸亨二年（公元六七一年）西州高昌縣感仁等户籍

本件上有殘印數方，第一段二、三行間背面騎縫殘存「咸亨二年」等字及「高昌縣之印」一方，第二段一、二行間背面騎縫殘存「高昌縣」字及「高昌縣之印」一方。

（一）

1　□□二畝
2　□□二畝永
3　□□一畝永
4　□□一畝永
5　□□卌步
6　感仁年
7　□康年
8　男胡子
9　女勝

（二）

1　應受田玖拾
2　一段二畝永
3　一段一畝永業　佾伐〔一〕
4　一段一畝永業
5　羣〔二〕一段一畝永業
6　一段卌步居住□□
7　戶主田隆德年貳拾
8　母朱年伍拾
9　姊勝忍年叁
10　姊

注釋

〔一〕「佾伐」，爲後人戲書。

〔二〕「羣」，爲後人戲書。

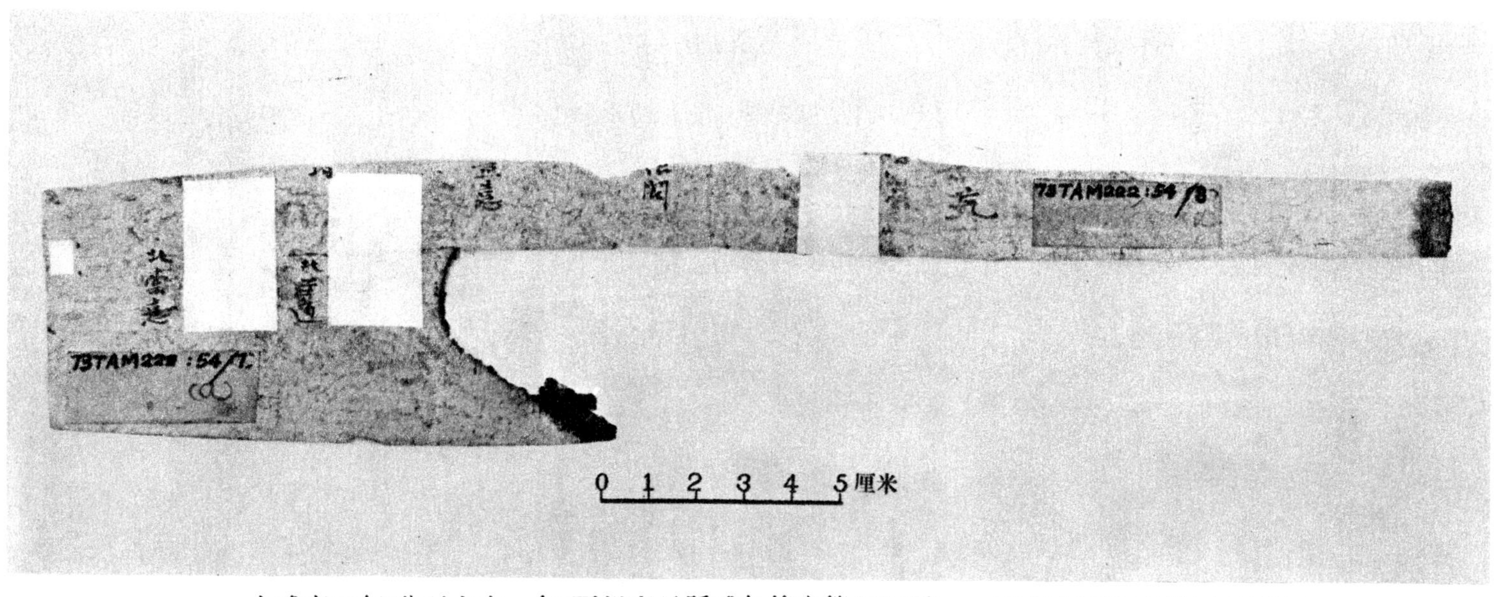

一　唐咸亨二年(公元六七一年)西州高昌縣感仁等户籍(三)(四)　73TAM222:54/8(a),54/7(a)

一　唐咸亨二年(公元六七一年)西州高昌縣感仁等户籍(五)　73TAM222:54/6(a)

（三）

1 ［　　］宅

（四）

1 ［　　］閼［　　］

2 ［　　］〔宣〕憙［　　］

3 ［　　］北至道

4 ［　　］北索憙

（五）

1 ［　　］尭子［　　］

2 合應受田〔五〕佰捌拾〔貳〕［　　］

3 一段二畝一百步永業［　　］

4 一段一百九十五步永〔業〕［　　］

5 一段一百卌五步永〔業〕［　　］

6 一段二畝永業［　　］

7 一段一畝□□〔步〕永業［　　］

二　唐垂拱四年(公元六八八年)隊佐張玄泰牒爲通當隊隊陪事　73TAM222:1(a)

二　唐垂拱四年（公元六八八年）隊佐張玄泰牒為通當隊隊陪事

王如意
索君感　左僧伽
趙元叔　左德本　武須履　孫法
明
右傔旗曲嗣信　劉弘基　高嘉慎　叱雷本
隊頭王神圓　執旗程文才　副執旗王神景　副隊頭武
懷表
左傔旗武神登　淳于（乇）毛節　陽弘盖　白福敬
趙弘節　張玄泰　任永仁　王神威
趙義搥　蘭玄爽
衛阿榮
牒件通當隊隊陪如前，謹牒。
垂拱四年四月十三日隊佐張玄泰牒
隊頭武懷表
第八隊

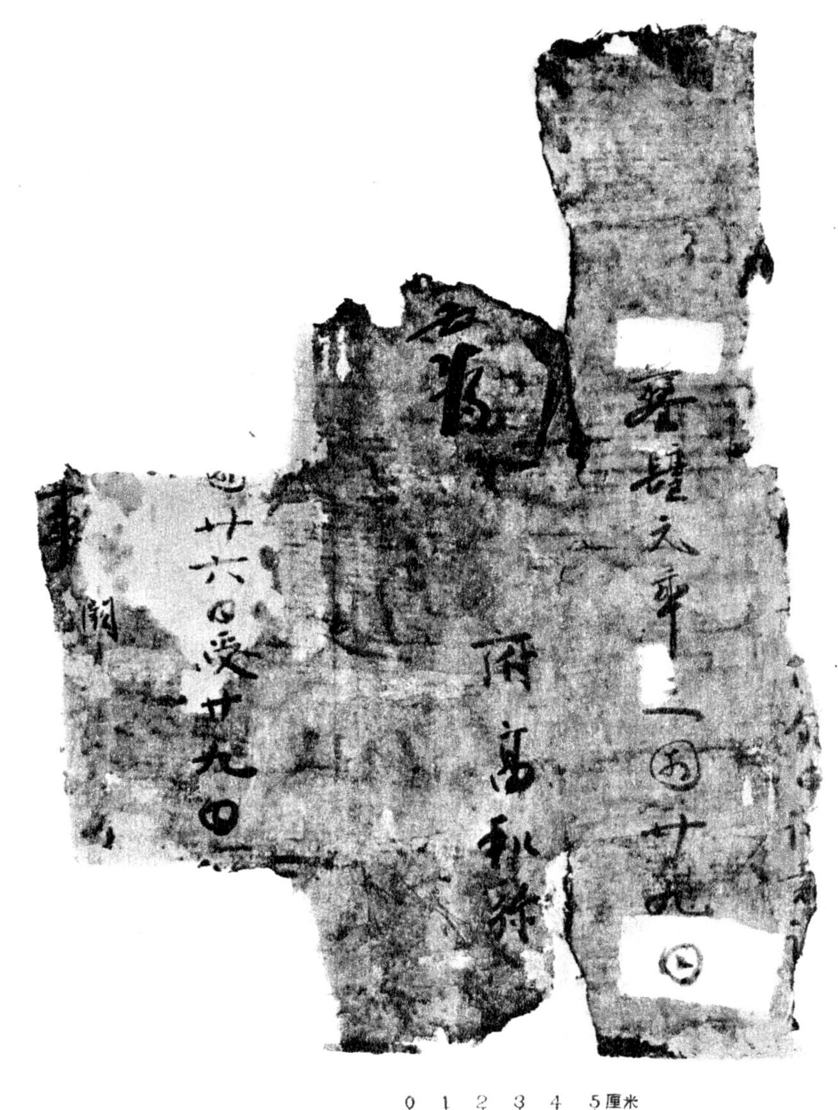

三　武周證聖元年(公元六九五年)殘牒　73TAM222:16

三　武周證聖元年（公元六九五年）殘牒

1 □録申請裁，謹□。

2 證聖元年三月廿九日

3 □爲　府高和弥

4 史

5 □月廿六日受，廿九日□

6 事　闕

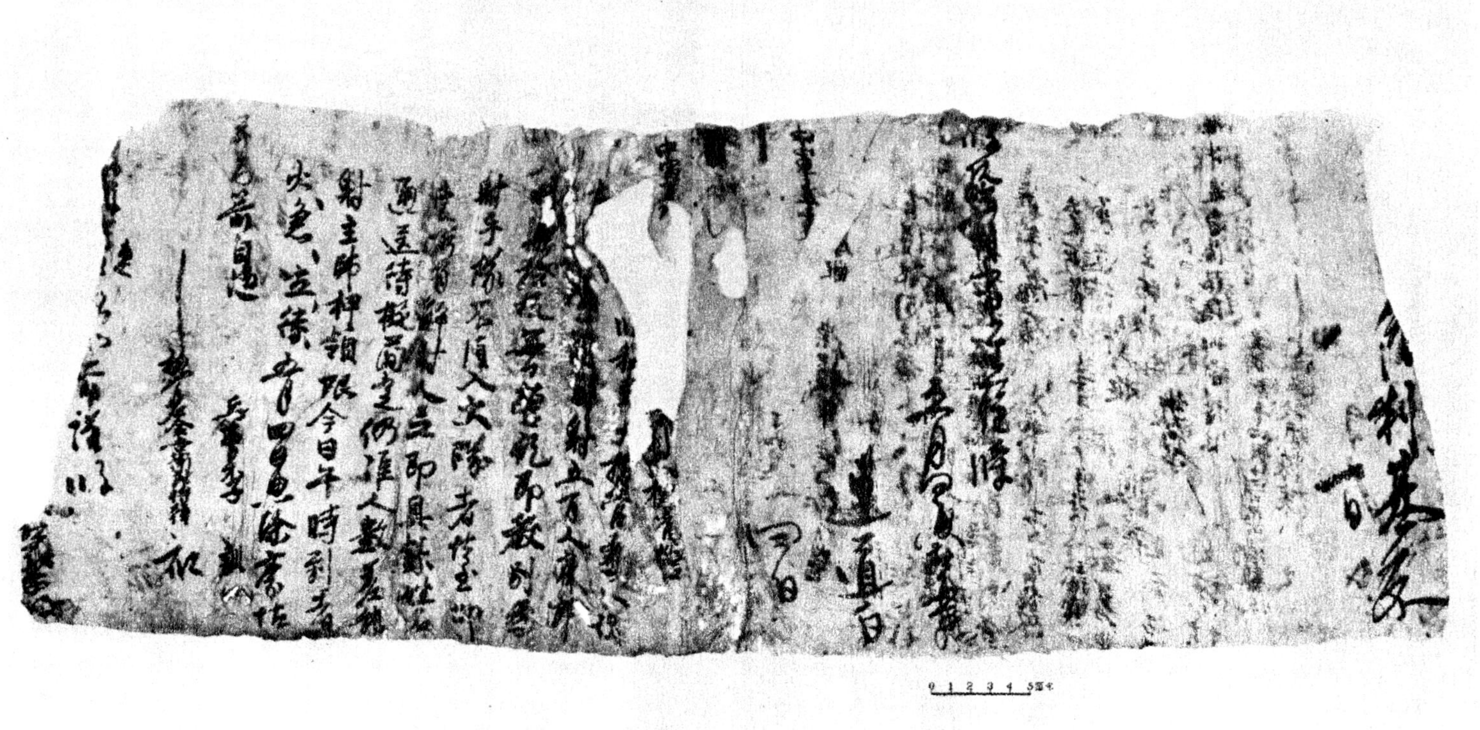

四　唐中軍左虞候帖爲處分解射人事　73TAM222:1(b)

四　唐中軍左虞候帖爲處分解射人事

本件似爲殘案卷，騎縫前乃其他文件。

1 　依　判　基　示

2 　　　　一日

3 牒檢一月事至，謹牒。

4 　　五月四日典杜弃（棄?）牒

5 　　　連　道　白

6 中軍左虞候帖〔二〕　　　四日

7 中軍[左]［　　　　］大總管營

8 ［　　　　］[牒][稱][　][大]總管處分諸

9 ［　　　　］解射五百人韓郎

10 將[　]檢校，每下營訖，即教別爲

11 射手隊，不須入大隊者。帖至，仰

12 營所有解射人立即具録姓名

13 通送，待擬簡定，仍准人數差解

14 射主帥押領，限今日午時到者。

15 火急立待。五月四日典徐豪帖

16 并弓箭自隨　　　　兵曹李　訓

17 ——　　總管左金吾衛郎將韓　歡

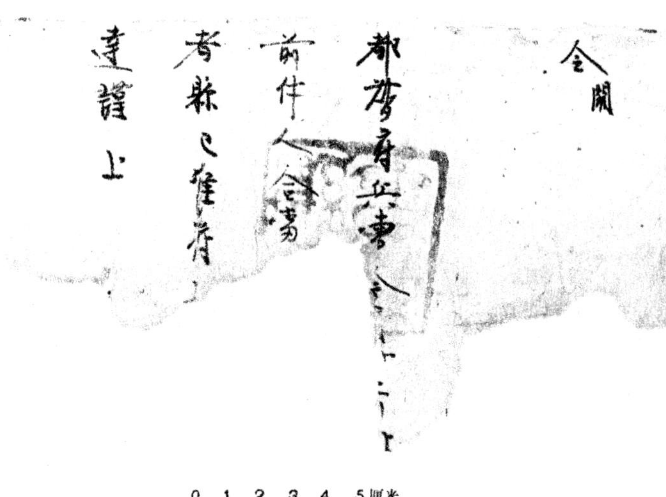

六　唐高昌縣上西州都督府兵曹殘文書　　73TAM222:49

五　唐軍府甲杖簿　　73TAM222:51

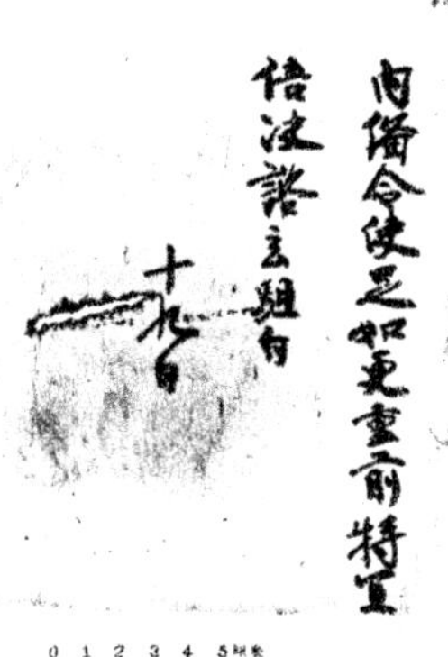

七　唐玄駔殘文書　　73TAM222:50

18 [牒][檢][案]連□[如]前，謹牒。

19 □杜棄牒

注　釋

〔一〕此五字是第七行墨漬印字。

五　唐軍府甲杖簿

1 槍四張　甲五領一鐵，四皮。一皮抽付疎勒軍

2 □□[賢]□

六　唐高昌縣上西州都督府兵曹殘文書

本件蓋有「高昌縣之印」。

1 令　闕

2 都督府兵曹□[今][月][廿][二][日]□

3 前件人合當□

4 者，縣已准符□

5 達，謹上。

七　唐玄駔殘文書

1 內備令使足，如更重前，特宜

2 倍決。諮，玄駔白

3 十九日

八　唐殘名籍一　　73TAM222:57/1(a)

九　唐殘名籍二　　73TAM222:57/3

八　唐殘名籍一

1　［　　］悉達　申［　　］

　　□了玄

2　［　　］［感］瀲　［李］［　　］

3　［　　］藏子　尚［　　］

4　［　　］録令月［　　］

九　唐殘名籍二

1　［　　］孝感　安［玄］［　　］

2　［　　］□□　張［感］［　　］

3　［　　］録令月廿［　　］

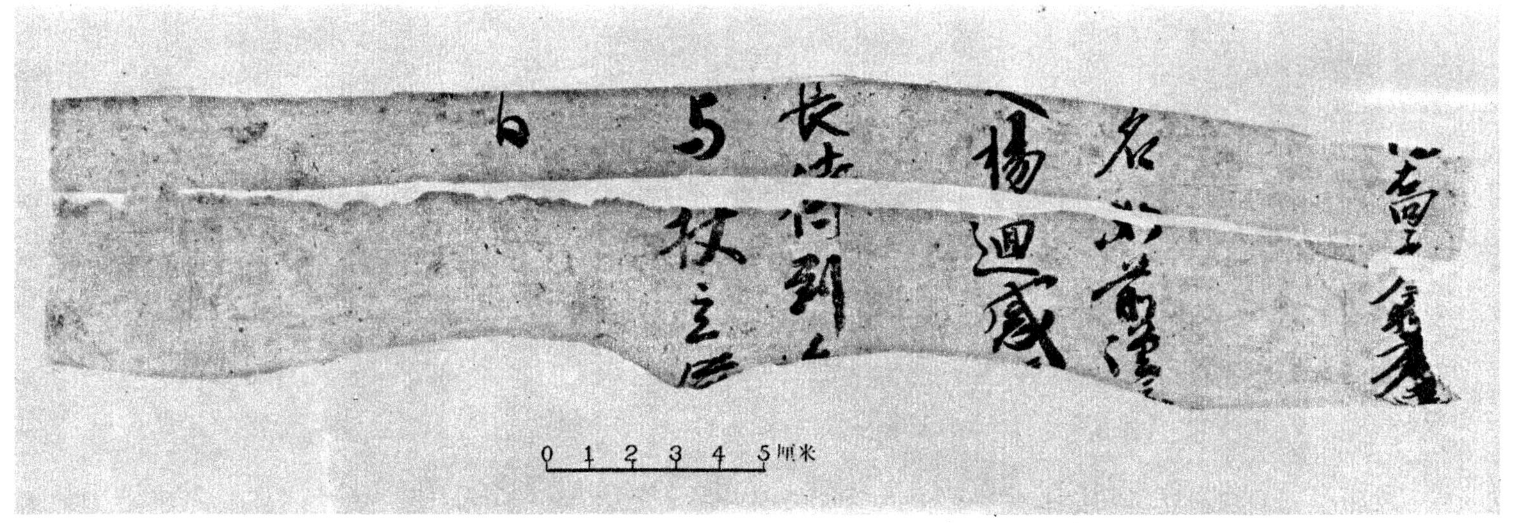

一〇 唐殘牒 73TAM222:57/2

一一 唐殘判集(一)(二) 73TAM222:56/1,56/2

一〇 唐殘牒

1 □齋子 令狐□□ □
2 □名如前。謹牒。
3 □史楊迴感□
4 □長侍到□
5 □与杖玄□
6 □日

一一 唐殘判集

（一）

1 朩□孑□□
2 中州守境臨□
3 令專知不得□
4 奉判：昭福寺□
5 都督兄弟□
6 即遣均割□

（二）

1 違桓身存□
2 屈者無不喧□
3 平已後，即日□
4 減數，又傷多□
5 理在必然，但舊□
6 官奏恐不諧□
7 如崇顯普明□
8 年尊，復日□
9 文曹司，亦無□
10 全非流類□
11 論餘判□
12 □合溫□

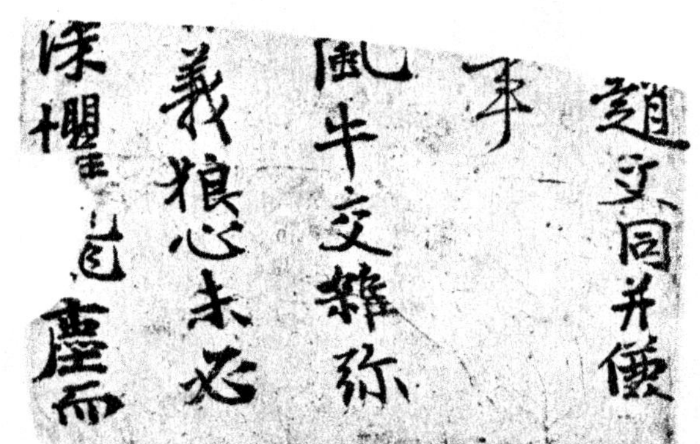

—— 唐殘判集(三)(四)　73TAM222:56/3(a),56/4(a)

—— 唐殘判集(五)(六)　73TAM222:56/5,56/6

（三）

1 充僧數

2 學生授〔業〕

3 立廟堂

4 業豈可〔頓〕

（四）

1 人數稍多

2 若乖〔於〕日〔新〕

3 律云：〔祖〕父母

4 大功以下遞減

5 經卅日〔不〕告者

6 隱狀據律〔本〕

7 由動獄與物

8 承復如何〔得〕

9 別牒〔驗〕且〔得〕

10 奉判：詞財傷

11 害尤所難

12 用物既是

13 舉〔諱〕務

（五）

1 趙文同并儀

2 事

3 風牛交雜弥

4 義狼心未必

5 深〔懼〕〔飛〕塵而

（六）

1 城刀

2 差

3 何

4 〔惕〕（慢）

—— 唐殘判集(七)(八)　73TAM222:56/7(a),56/8(a)

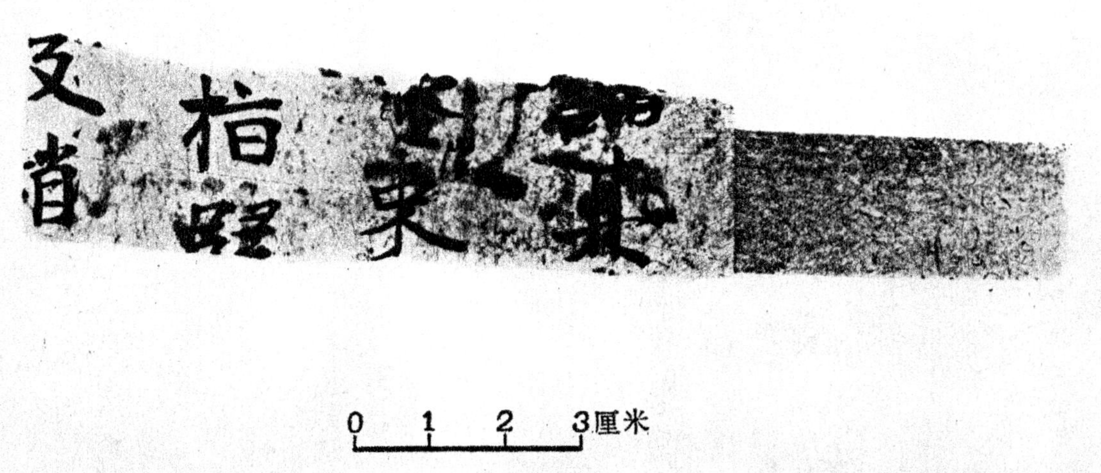

—— 唐殘判集(九)　73TAM222:56/9(a)

（七）

1 □□填[危]□□
2 □□[當]免□□
3 □□職[事]□□
4 □□是□□
5 □□闕□□
6 □□者[二]□□
7 □□望[拙]□□

（八）

1 □□[□]人□□
2 □□討縣□□
3 □□不在□□

（九）

1 □□[論]其□□
2 □□來□□
3 □□指[歸]□□
4 □□[及][□]□□

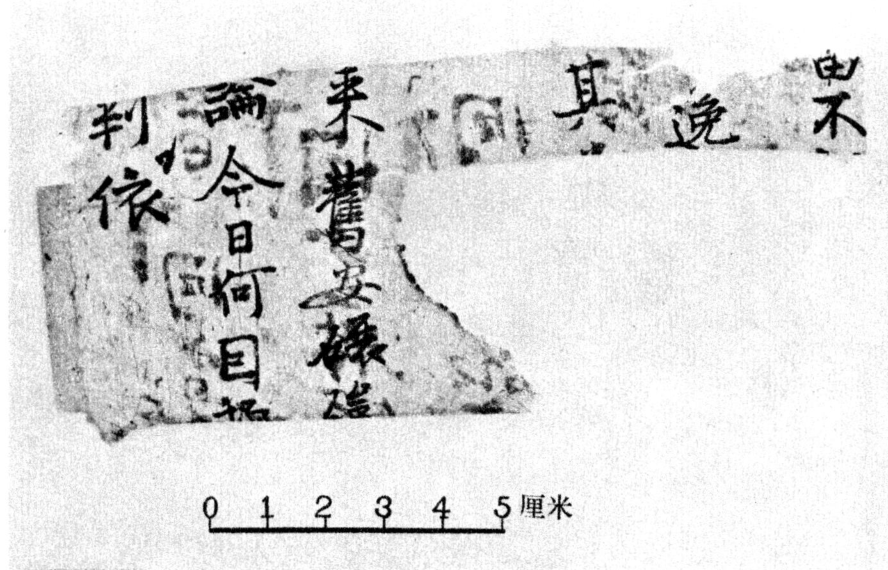

一一　唐殘判集(一〇)
73TAM222:56/10(a)

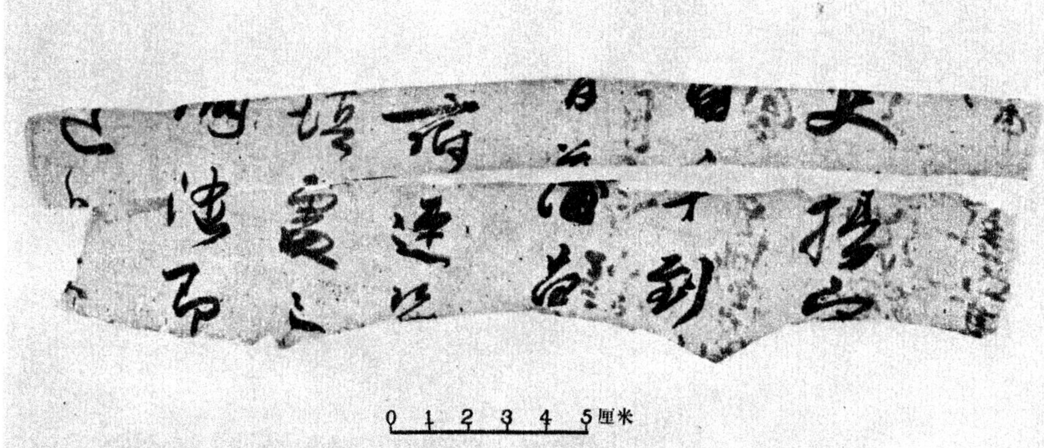

一二　唐殘文書
73TAM222:57/1(b)

（一〇）

☐[由]不☐
☐逸☐
☐其☐
☐
☐來舊安碾[磑]☐
☐論今日何因☐☐
☐依判。

一二　唐殘文書

☐[史]楊☐
☐到☐
☐日蒲昌☐
☐府連☐
☐填處已☐
☐隨即☐

一三　唐寫《禮記》鄭氏注《檀弓》下殘卷　　73TAM222:54/1(b)

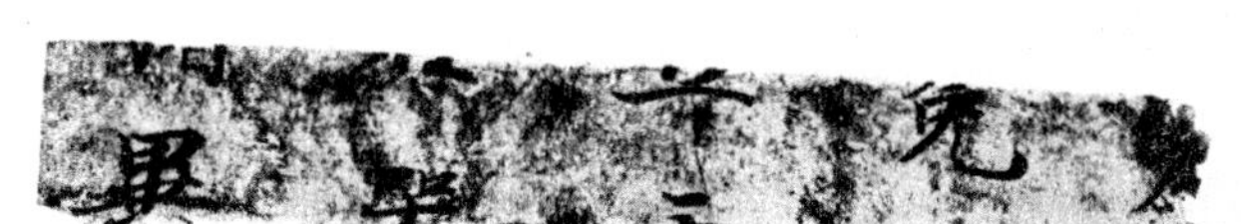

一三　唐寫《禮記》鄭氏注《檀弓》下殘卷　　73TAM222:54/2(b),54/3(b)

一三　唐寫《禮記》鄭氏注《檀弓》下殘卷

〔件另面爲唐咸亨二年（公元六七一年）高昌縣某鄉□仁等户籍，故本面有粘接縫押字及朱印多處。〕

1　[　　]矣士唯[　　]
2　[　　]爲上卿强且能守禮不畏[　　]
3　[　　]君子表
4　[　　]點倚其
5　[　　]當事而至
6　[　　]事也弔於人□
7　[　　]不越殭而
8　[　　]食肉焉以□哀□
9　[　　]祗及擴□
10　[　　]公弔必有
11　[　　]可也謂無生從
12　[　　]人曰臨君尊臨其[　　]
13　[　　]之[　　]君於[　　]
14　[　　]爲[　　]
15　[　　]免[　　]
16　[　　]立子[　　]
17　[　　]在哭[　　]
18　[　　]諸異[　　]
19　[　　]室[　　]
20　[　　]同[　　]
21　有□之[　　]
22　不以弔以□□服□□[　　]
23　凡弔者也有若[　　]
24　左擯擴侑喪由右相[　　]
25　姬之喪[　　]

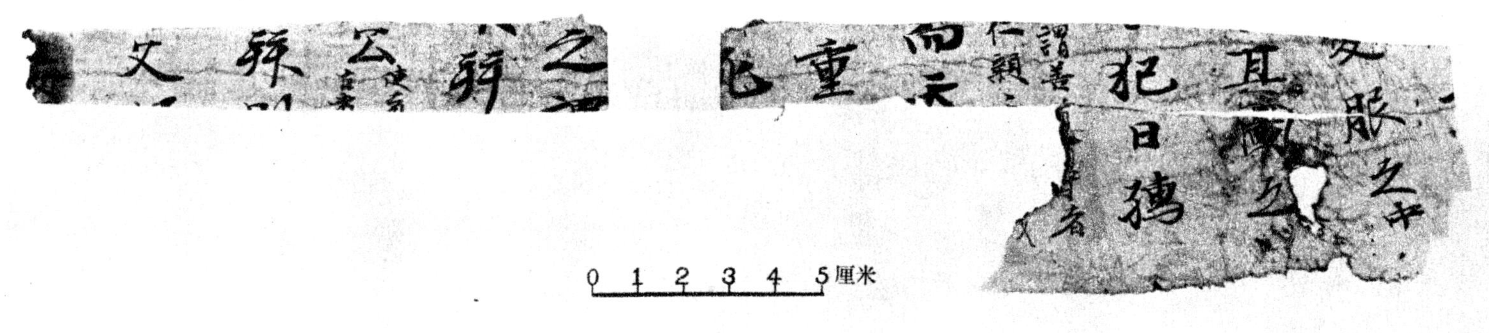

一三　唐寫《禮記》鄭氏注《檀弓》下殘卷　　73TAM222:54/4(b),54/5(b)

一三　唐寫《禮記》鄭氏注《檀弓》下殘卷　　73TAM222:54/6(b)

26 □[憂]服之中

27 □其圖之

28 □犯日鴂（鴞）

29 □謂善[道][可]守者　仁親[之]□

30 □而天□

31 □重□

32 □死□

33 □之[謂]□

34 □[不]拜□

35 □公　使者　古者□

36 □拜[則]□

37 □父[也]□

38 □姜□

39 □之至[也]□

40 □也　始猶生念　己不欲傷其□

41 □心爲　謂招魂[且]　幾其精□

42 □之道也　鬼[神]　其[從]□

43 □　□從來也礼復[拜]　□升屋北面也

44 □甚也　隱痛也□□□　觸地□□□

45 □道用美爲爾□

46 □可別也已[故]□

47 □[敬]之斯盡其□

48 □　□春秋傳曰[虞]主用[殷]　[桑]練主用□也□

49 □　□人作主　[撤]重理之奠以素□

50 □祀之礼主人□

31 □齊敬之心也□

52 □文也　華數　也　祖（組）□

53 □[有]所[且]□

一三　唐寫《禮記》鄭氏注《檀弓》下殘卷　　73TAM222:54/7(b),54/8(b)

一三　唐寫《禮記》鄭氏注《檀弓》下殘卷　　73TAM222:54/9(b)

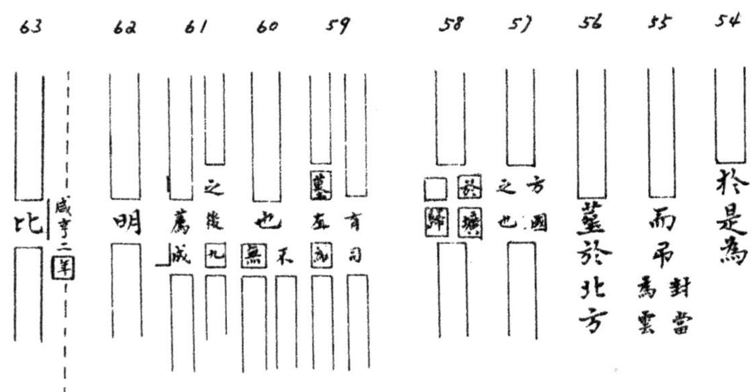

63 比 咸亨二年
62 明
61 之後 爲 凡 成
60 也 無 不
59 葬 有司 左 爲
58 □歸 於壙
57 方國 之也
56 葬於北方
55 而弔 封當 爲雲
54 於是爲

77 □□日爲 高昌縣
76 殆於用
75 明器 同也 孔子謂
74 靈自古有
73 □漸幾 用人 其曰
72 □而用生者
71 喪道矣倫
70 於祖周朝
69 □故至於
68 □順死之
67 𢾺死之狀也爲 戲之死人賤之先
66 所以異於
65 惡之也 其 爲
64 善殷 朝 之人情 □□

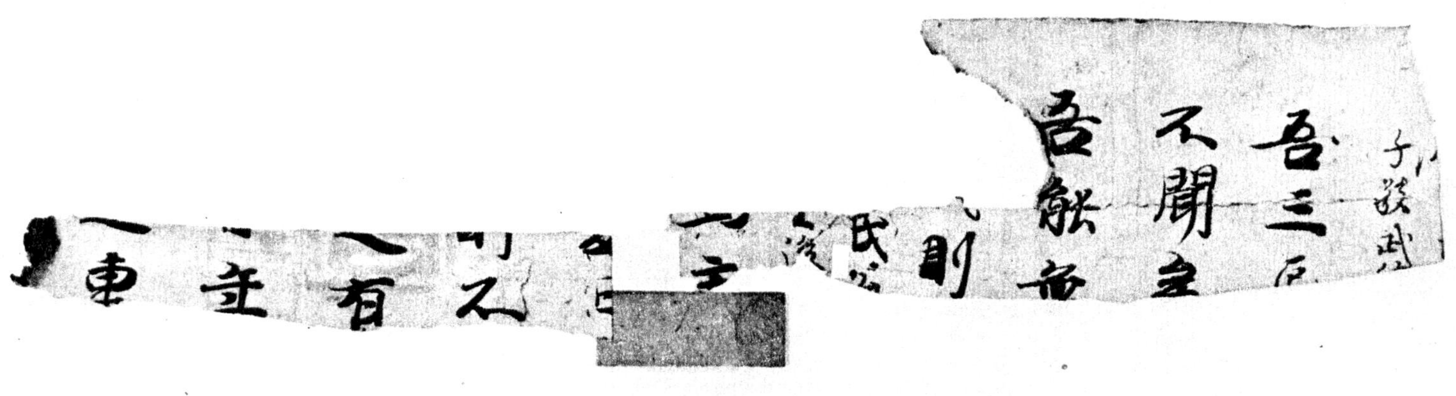

一三　唐寫《禮記》鄭氏注《檀弓》下殘卷　　73TAM222:54/10(b),54/11(b)

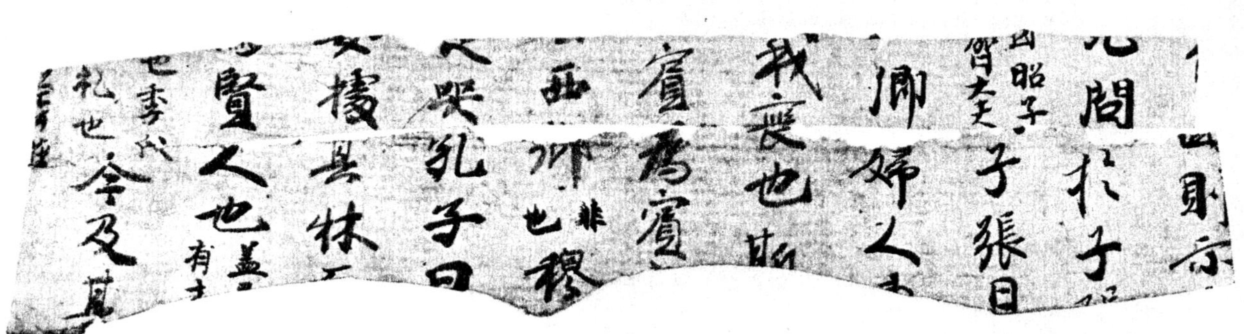

一三　唐寫《禮記》鄭氏注《檀弓》下殘卷　　73TAM222:54/12(b)

78 敬子武伯
79 吾三臣
80 不聞矣
81 吾能無
82 □□則
83 氏公 之後
84 焉主
85 夏曰
86 不
87 之有
88 年
89 遣車
90 奮則示
91 死問於子張
92 國昭子 齊大夫 子張曰
93 鄉婦人束
94 我喪也斯
95 賓為賓
96 西鄉 非也 穆
97 夜哭孔子曰
98 姜據其牀
99 為賢人也 蓋見□ 有肎□
100 也季氏 禮也 今及其

一四　唐寫《千字文》殘卷　　73TAM222:55(a)

一四　唐寫《千字文》殘卷

1 [飽][飫][ ]
2 粮妾御績[ ]
3 燭煒煌[晝][ ]
4 讌接盃[舉][ ]
5 後嗣續[祭][ ]
6 惶牋牒簡[ ]
7 熱願涼[驢][ ]
8 盜捕獲□[ ]
9 倫紙駒巧[ ]
10 施淑姿工[ ]
11 曜琁璣□[ ]
12 綏吉劭[矩][ ]
13 莊徘徊[ ]

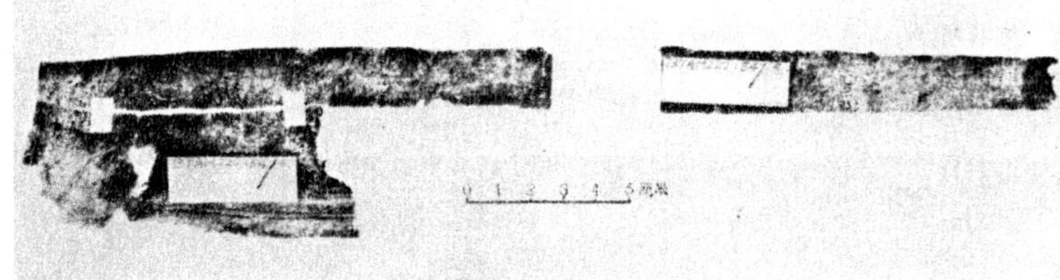

一六　文書殘片　　73TAM222:54/5(a),54/4(a)

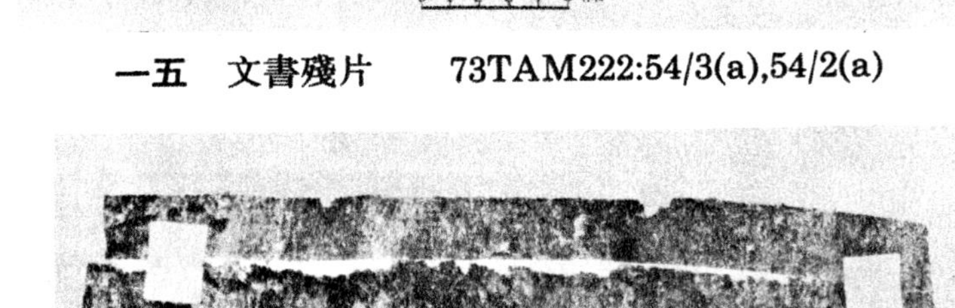

一五　文書殘片　　73TAM222:54/3(a),54/2(a)

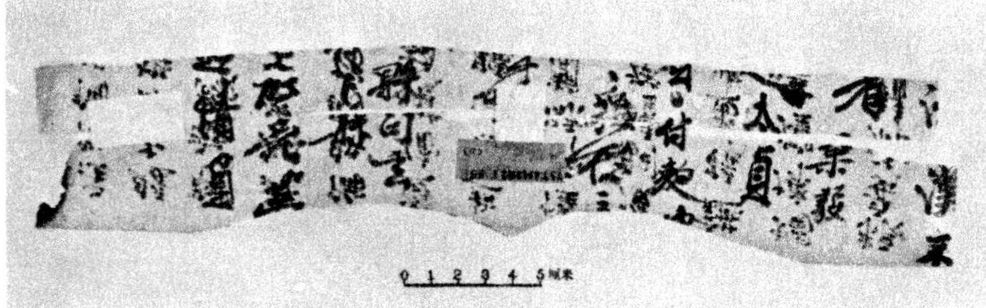

一八　文書殘片　　73TAM222:55(b)

一七　文書殘片　　73TAM222:54/12(a)

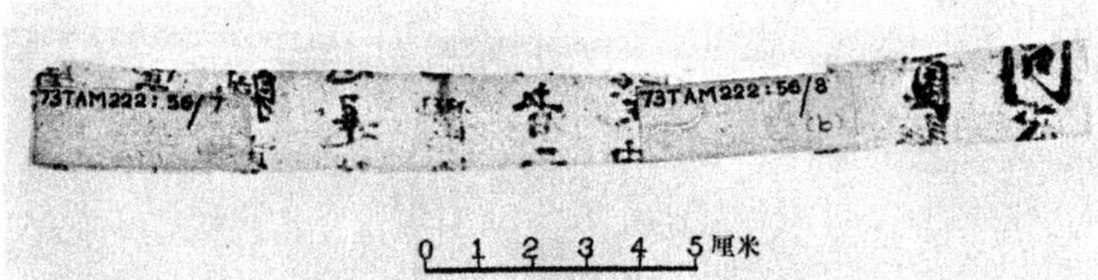

二〇　文書殘片　　73TAM222:56/8(b),56/7(b)

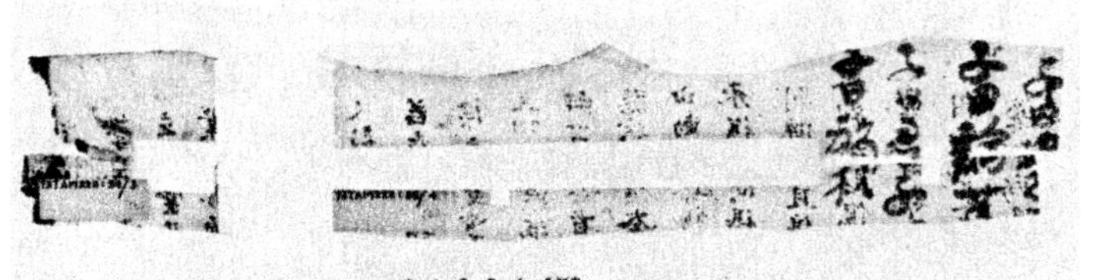

一九　文書殘片　　73TAM222:56/4(b),56/3(b)

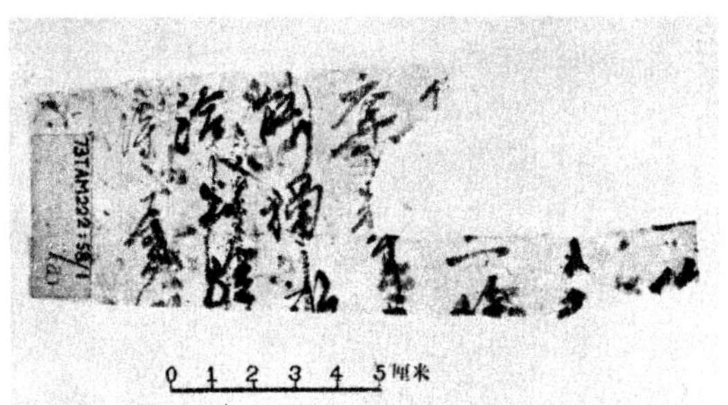

二三　文書殘片　　73TAM222:58/1(a)

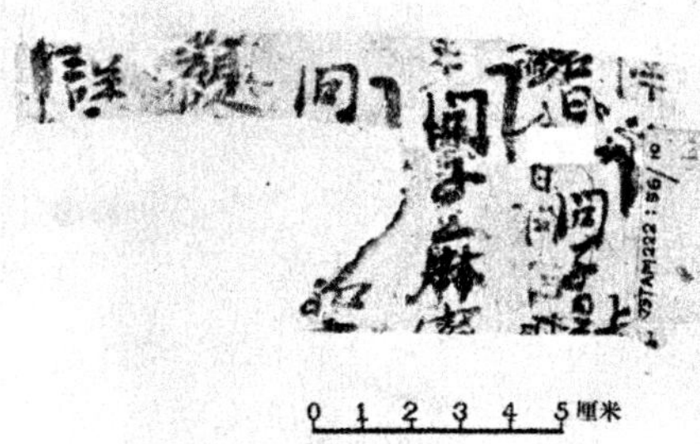

二二　文書殘片
73TAM222:56/10(b)

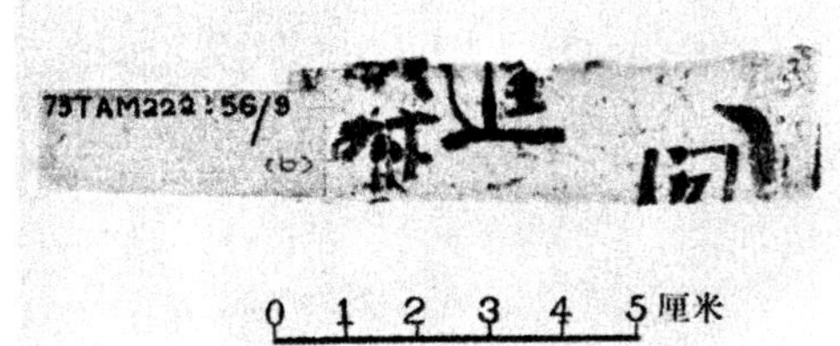

二一　文書殘片
73TAM222:56/9(b)

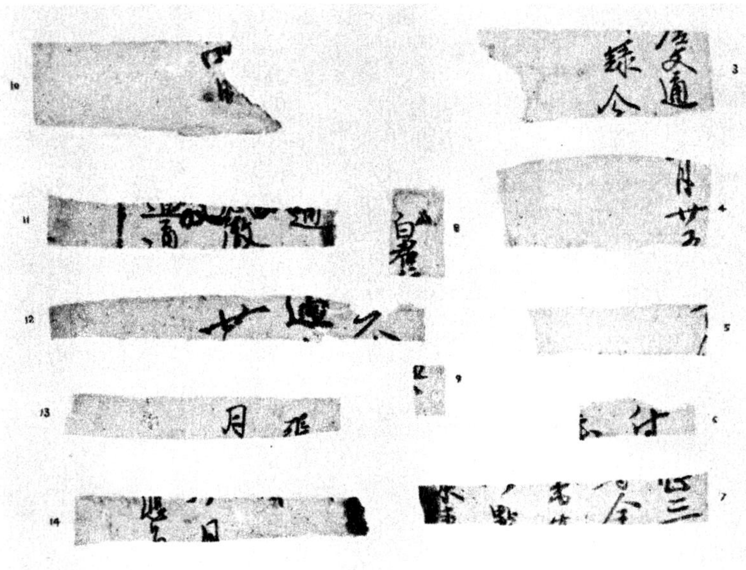

二七　文書殘片
73TAM222:58/3～58/14

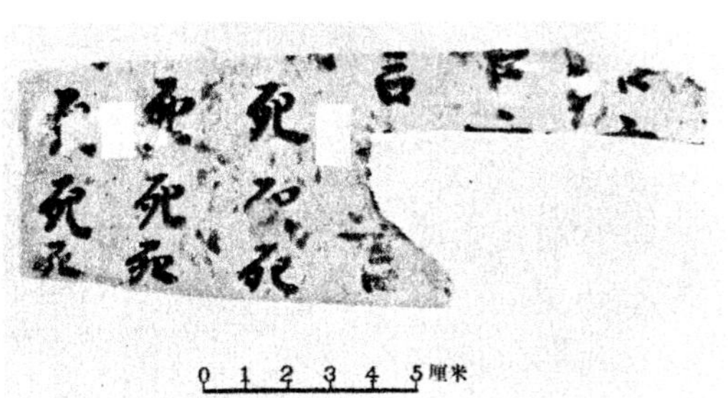

二四　文書殘片　　73TAM222:58/1(b)

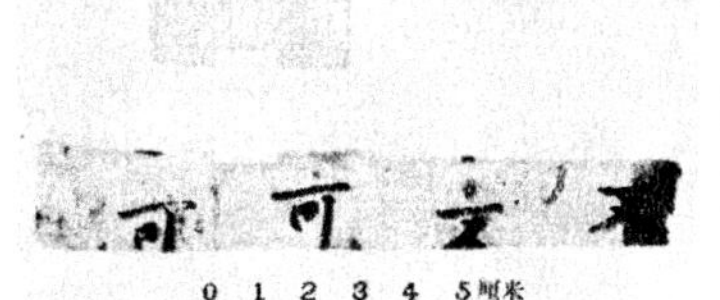

二六　文書殘片
73TAM222:58/2(b)

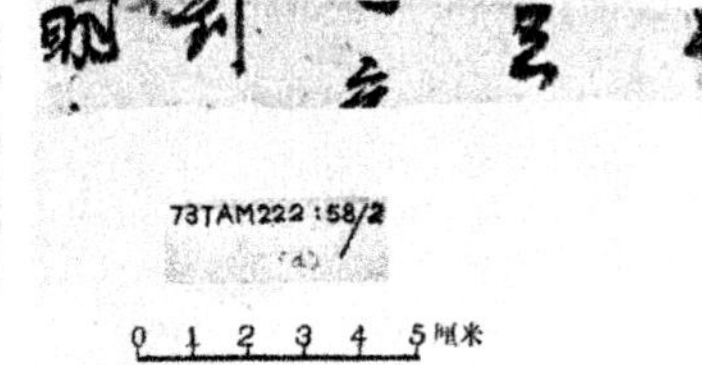

二五　文書殘片
73TAM222:58/2(a)

阿斯塔那五〇一號墓文書

本墓無墓誌及隨葬衣物疏。所出文書有紀年者，最早爲唐垂拱年間（公元六八五—六八八年），最晚爲武周聖曆元年（公元六九八年）。其餘紀年殘缺者爲高宗世文書。

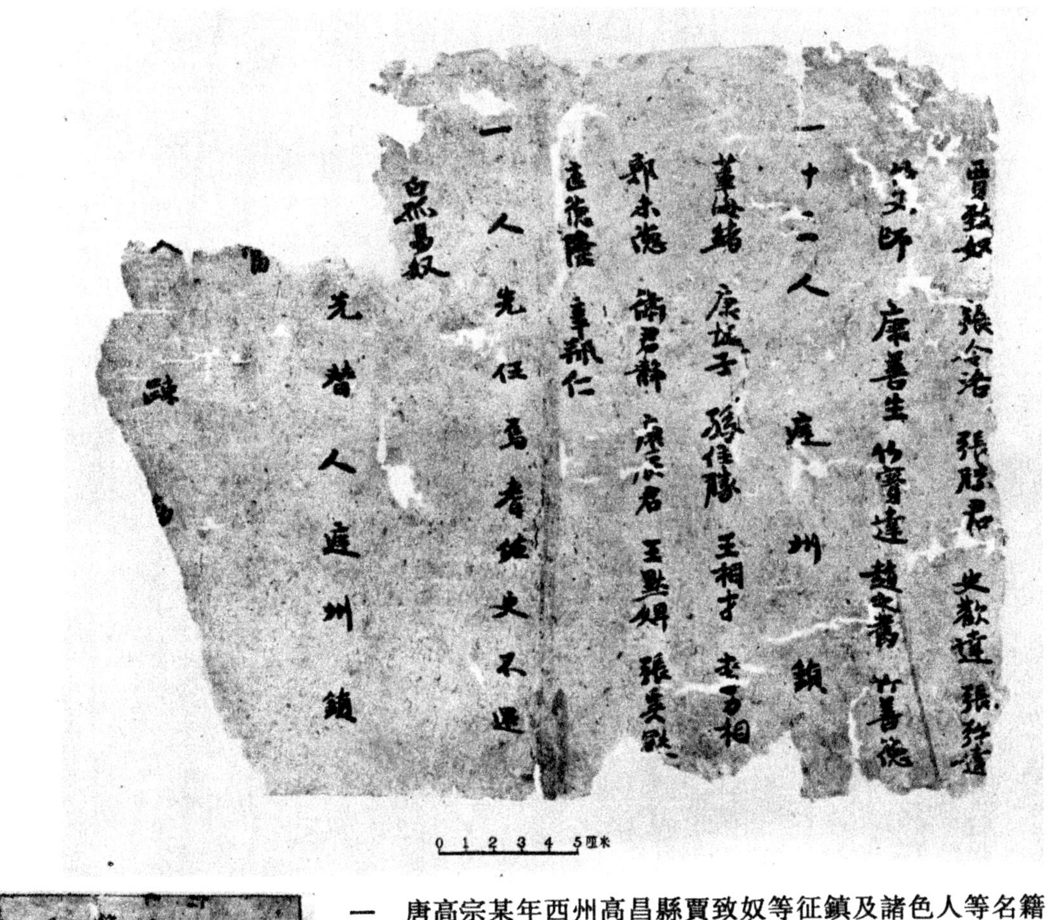

一　唐高宗某年西州高昌縣賈致奴等征鎮及諸色人等名籍
73TAM501:109/7(a)

一　唐高宗某年西州高昌縣賈致奴等征鎮及諸色人等名籍
73TAM501:109/7(b)

一　唐高宗某年西州高昌縣賈致奴等征鎮及諸色人等名籍

本件王默婢、張奚默名又見於下件，知爲高昌縣文書。本件雖無紀年，然王、張二人均列入庭州鎮數內，下件列王入孝假數內，列張入逃走數內，故知本件時間在下件前。

1 賈致奴　張令洛　張勝君　史歡達　張弥達
2 竹父師　康善生　竹寶達　趙之舊　竹善德
3 一十二人　庭　州　鎮
4 董海緒　康塠子　孫住勝　王相才　李大相
5 郭未德　衛君靜　康辰君　王默婢　張奚默
6 匡德隆　辛甁(瓶)仁
　　　　（焉）〔一〕
7 一人先任爲青佐史　不還
8 白孤易奴
9 □□先替人　庭州鎮
10 □□冨
11 □人　疎　勒　□

注釋

〔一〕本騎縫背面有「[illegible]」字簽署。

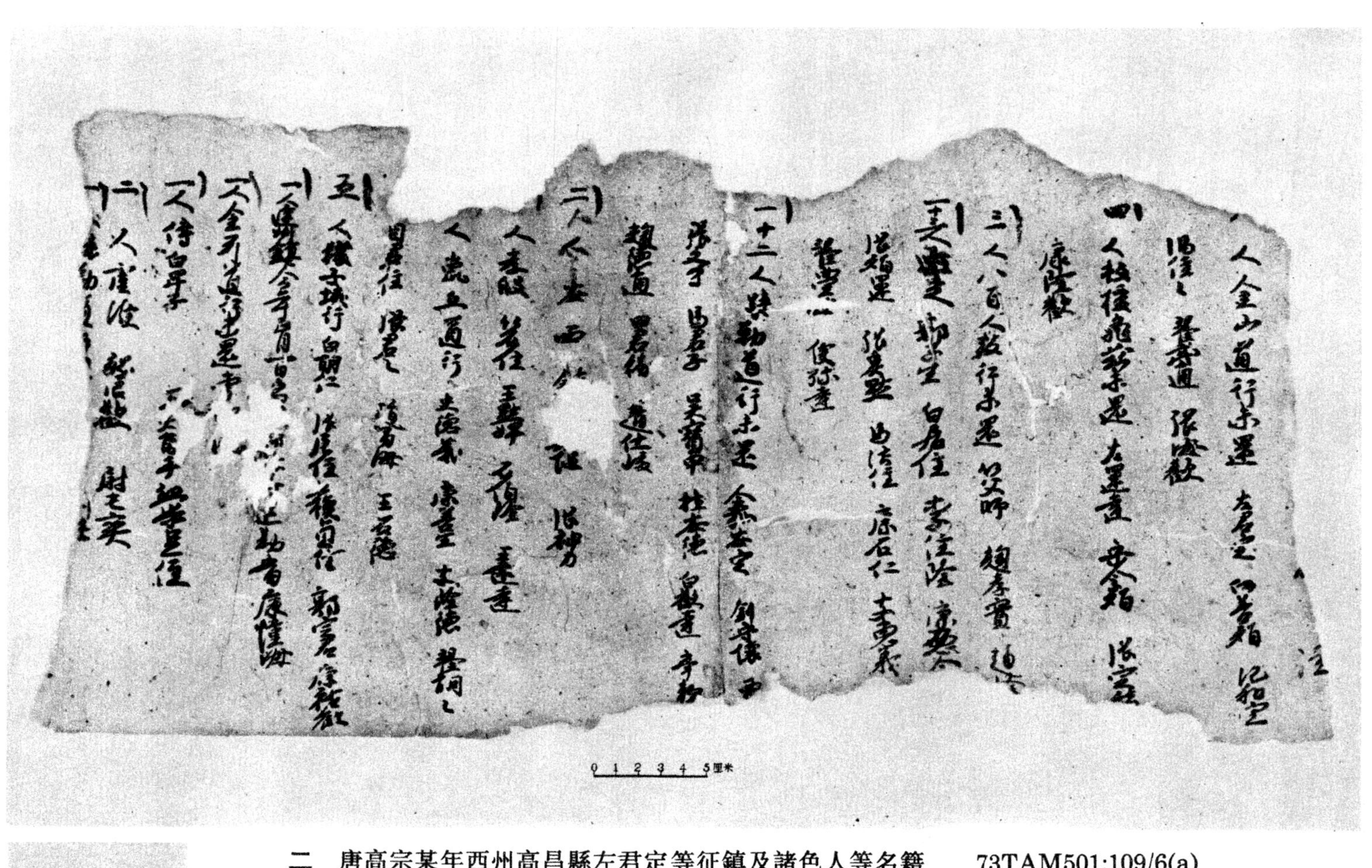

二　唐高宗某年西州高昌縣左君定等征鎮及諸色人等名籍　　73TAM501:109/6(a)

二　唐高宗某年西州高昌縣左君定等征鎮及諸色人等名籍　　73TAM501:109/6(b)

二　唐高宗某年西州高昌縣左君定等征鎮及諸色人等名籍

本件張海歡又見於阿斯塔那四號墓七《唐麟德二年張海歡、白懷洛貸銀錢契》，知張爲前庭府衛士，本件當是高昌縣文書。内紀年已缺，據《册府元龜》卷九八五載：貞觀二十一年詔以阿史那社爾爲崑丘道行軍大總管，討龜茲。又《舊唐書·高宗本紀》載：永淳元年以裴行儉爲金牙道行軍大總管。本件列有崑丘道和金牙道，又不見武周新字，當爲唐高宗世文書。本件人數上有墨點記。又，本件騎縫背面有僉署。

〔上殘〕　□　注

□人金山道行，未還：　左君定　何善智　氾和定

馮住ゝ　翟武通　張海歡

四人救援龜茲，未還：　左運達　宋令智　張定□

康隆歡

三人八百人數行，未還：　何父師　趙孝實　趙□□

一十三人逃走：　郭子生　白居住　李住隆　康[惡]□

張智運　張奚默　馬法住　康石仁　支惠義　□

翟豐[海]　侯弥達

一十二人踈勒道行，未還：　令狐安定　劉守懷　[賈]□

張文才　馬君子　吳實申　杜安德　白歡達　辛

靜□

12 麹德通　田君稽　趙仕峻

13 二、人安西鎮：□□塠　張神力

14 □人孝假：竹石住　王默婢　石伯隆　王遠達

15 □人崑丘道行：史德義　康善生　支隆德　翟胡〻

16 目君住　張君〻　趙富海　王石德

17 五、人狼子城行：白胡仁　張尾住　蘓真信　郭定君

康祐歡

18 一、人庭州鎮，今年正月一日□勘當：康憧海

19 一、人金牙道行，未還：曹□□

20 一、人侍：白畢子　一[人]大角手，沮渠足住

21 二、人虞候：魏辰歡　尉乇奕

22 一、[人][疎][勒]道□、

三　唐張義海等征鎮及諸色人等名籍(一)　73TAM501:109/8－1

三　唐張義海等征鎮及諸色人等名籍

本件紀年殘缺，然形式及所記内容與前同，今姑置於其後。又本件人名旁多有墨點記，人數上多有墨勾記。

(一)

1 張、義海　陰、感成　氾、隆貞　韓、□

2 張、武倫　車、海護　王、隆智　樊、□

3 江、定洛

4 二人去年安西鎮□

5 曹、玄恪　車、智德

6 一十㊃五人　李□

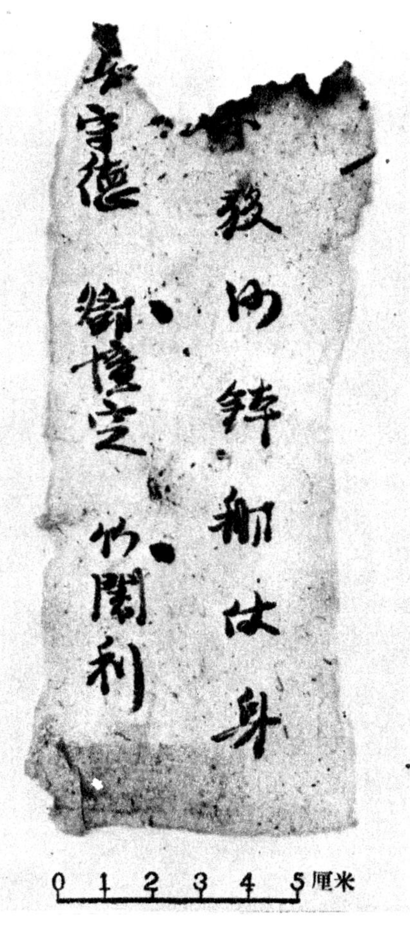

三　唐張義海等征鎮及諸色人等名籍(四)

73TAM501:109/8－4

三　唐張義海等征鎮及諸色人等名籍(三)

73TAM501:109/8－3

三　唐張義海等征鎮及諸色人等名籍(二)

73TAM501:109/8－2

（四）

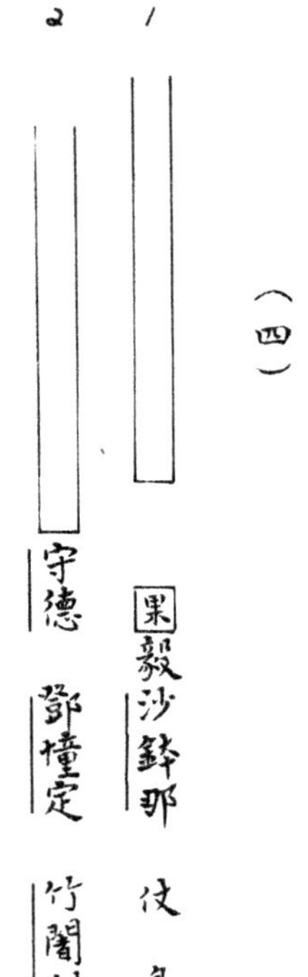

（三）

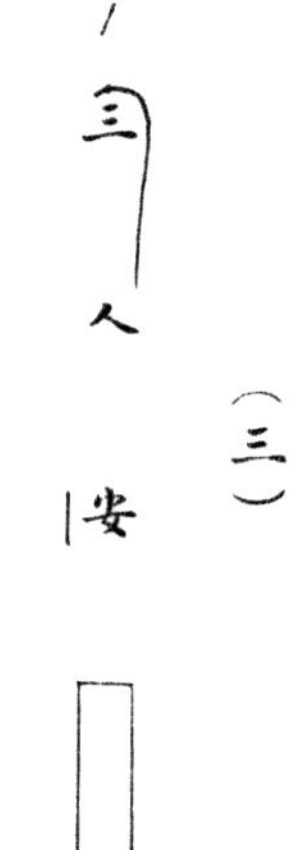

（二）

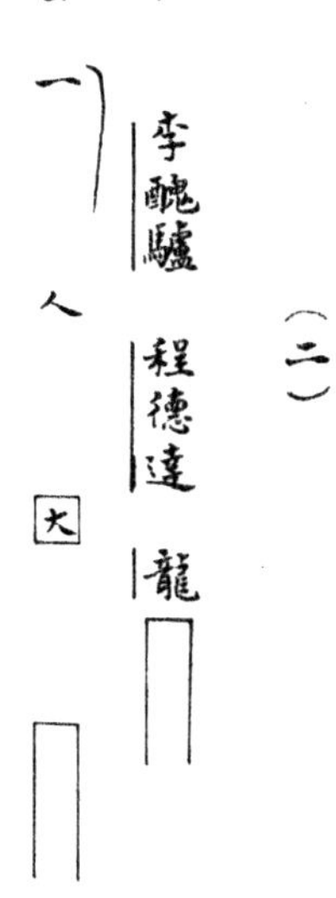

三　唐張義海等征鎮及諸色人等名籍(五)
73TAM501:109/8－5(a)

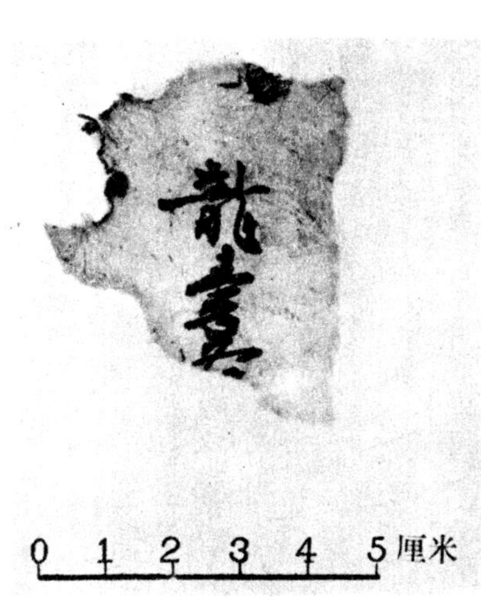

三　唐張義海等征鎮及諸色人等名籍(六)
73TAM501:109/8－6

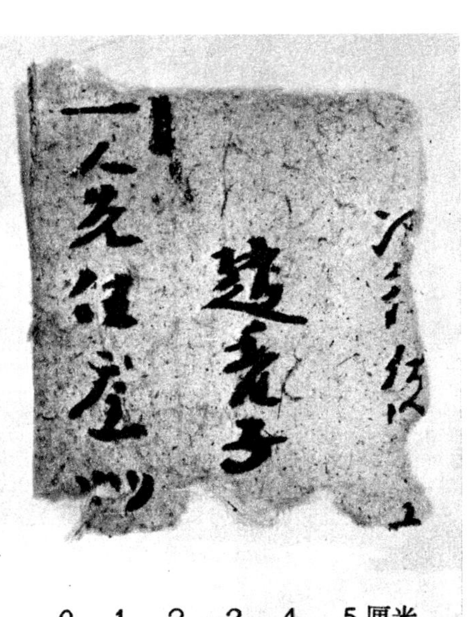

三　唐張義海等征鎮及諸色人等名籍(七)
73TAM501:109/8－7

四　唐垂拱間(公元六八五～六八八年)某團通當團番兵牒
73TAM501:109/12－3

（五）

1 [ ]史天保　索孝進　鄯才□
2 [ ]行
3 [ ]悉仁　董貞積

（六）

1 [ ]龍悉[洛][ ]

（七）

1 [沱]□[德][ ]
2 趙禿子
3 一人先任庭州[ ][一]

注釋

[一] 本片紙質書法與片(五)同，但格式又似與本件有異，今姑置於此處。

四　唐垂拱間(公元六八五——六八八年)某團通當團番兵牒

1 郭文𢏁(弘)
2 牒件通當團第一番[ ]
3 [垂][拱][ ]

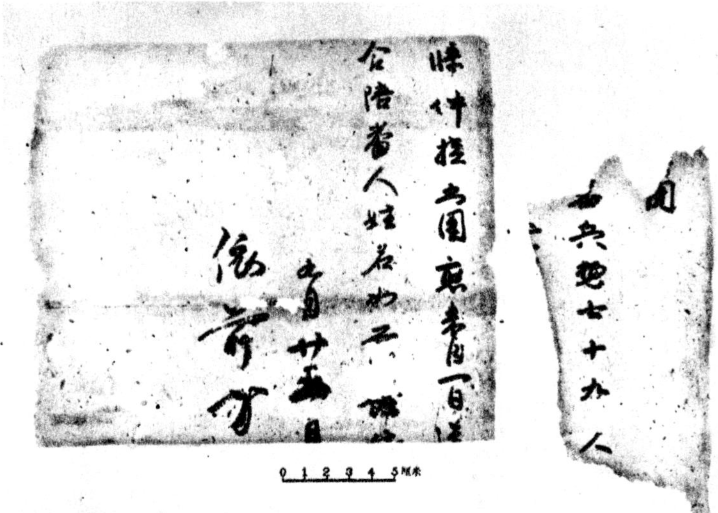

五　唐五團通當團番兵姓名牒
73TAM501:109/11－5(a),109/10(a)

六　唐某團番上兵士殘文書
73TAM501:109/11－1

七　唐某團通當團番兵數牒
73TAM501:109/11－3

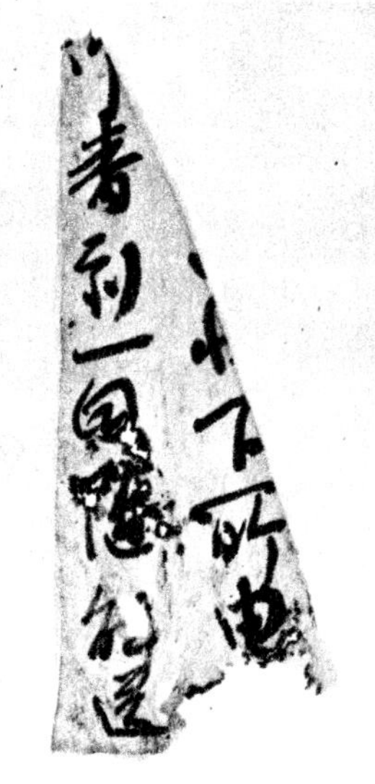

八　武周番上殘文書
73TAM501:109/11－2

五　唐五團通當團番兵姓名牒

本件紀年殘缺，然所云爲通當團番兵姓名事，與上件垂拱年間牒文同類，今姑置於上件之後。下二件亦同。

1 〔　　〕團
2 〔　　〕番兵總七十九人〔　　〕
3 牒件檢五團應來月一日送〔　　〕
4 合陪番人姓名如前。謹牒。
5 九月廿五日
6 依前方〔　　〕

六　唐某團番上兵士殘文書

1 衛士張〔　　〕德方亭〔　　〕
2 令狐〔　　〕員外果毅〔　　〕
3 董海〔　　〕洛准前

七　唐某團通當團番兵數牒

1 牒件通當團番兵〔　　〕

八　武周番上殘文書

本件紀年殘缺，內有武周新字。

1 〔　　〕帖下所由□
2 〔　　〕番到一𡆠(日)隨解送

九　武周如意元年（公元六九二年）堰頭令狐定忠牒爲申報青苗畝數及佃人姓名事
73TAM501:109/2

一〇　武周如意元年（公元六九二年）堰頭魏君富殘牒
73TAM501:109/1

九　武周如意元年（公元六九二年）堰頭令狐定忠牒爲申報青苗畝數及佃人姓名事

本件年數殘缺，史稱天授三年（公元六九二年）四月改元如意，九月改如意爲長壽。知此爲如意元年。

1 肆畝，佃人史䴢面□
2 牒件通當□青苗畝數，佃人姓名
3 如前。謹牒。
4 如意□𠦚（年）八𠥱（月）𡆠（日）堰頭令狐定忠牒

一〇　武周如意元年（公元六九二年）堰頭魏君富殘牒

1 如意元𠦚（年）九𠥱（月）　𡆠（日）堰頭魏君富牒
2 連　亨　白
3 十一𡆠

一二　武周長壽三年
(公元六九四年)殘文書
73TAM501:109/5－4

一一　武周堰頭殘牒
(一)(二)
73TAM501:109/5－3

一三　武周某堰堰頭申
報畝數及佃人姓名牒
73TAM501:109/5－2

一一　武周堰頭殘牒

本件年號已缺，據二行簽署與上件同，今附於後。

（一）

1 ［　　］［𠡦］(年)［四］［𠥱］(月)　［𡆠］(日)［　　］

2 ［　　］戎ら

3 　　廿九𡆠

（二）

1 ［　　］漏。如後［不］依今數，求受

2 ［　　］

3 ［　　］元𠡦八𠥱［　］𡆠［　　］

一二　武周長壽三年（公元六九四年）殘文書

本件殘存年月，疑亦是堰頭申報青苗畝數及佃人姓名牒。今附於前件之後。

1 長壽三𠡦(年)四𠥱(月)廿［五］［　　］

一三　武周某堰堰頭申報畝數及佃人姓名牒

本件無紀年，用武周新字，據内容列於前件之後。

1 ［　　］［段］四至畝數佃

2 ［　　］［牒］

3 ［　　］𠥱(月)廿三𡆠(日)［　］［　］優牒

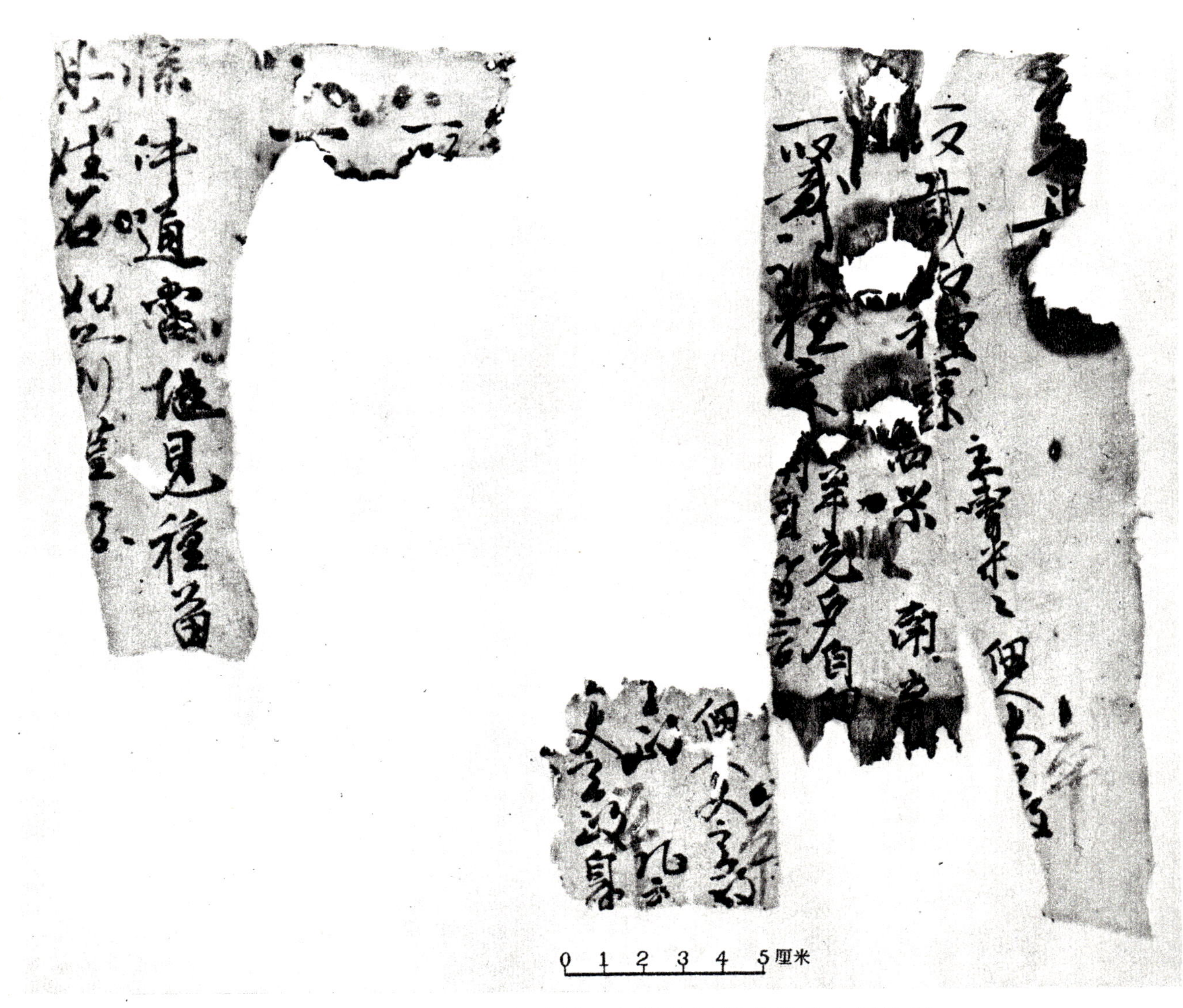

一四　武周(？)西州高昌縣石宕渠某堰堰頭牒爲申報當堰見種苗畝數及田主佃人姓名事　73TAM501:109/4

一四　武周（？）西州高昌縣石宕渠某堰堰頭牒爲申報當堰見種苗畝數及田主佃人姓名事

本件紀年已缺，據内容與前如意年間牒文有關，但未見武周新字。然前如意元年令狐定忠牒内年、月、日用武周新字，「人」亦未作「𤯔」。今姑將本件及下列六件並附於同類文書之後。行間「平」、「順」字均爲朱書。

石宕渠

一段貳畝種床　主曹朱々，佃人史玄政（平）［　　］　西渠　南辛［　　］

一段貳畝種床　□辛充（順）方　自佃［　　］　南賈昭信［　　］

［　　］［　　］佃人史玄（平）政［　　］　玄政　北［　　］

［　　］［　　］史玄（平）政　自佃［　　］

一段［　　］

一段［　　］

牒件通當堰見種苗［　　］

具姓名如前，謹牒。

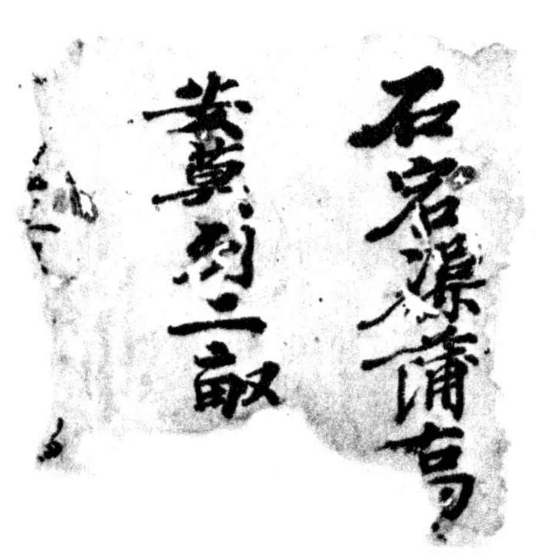

一六　武周(?)西州高昌縣石宕渠某堰堰頭殘牒　73TAM501:109/5－1

一五　武周(?)西州高昌縣王渠某堰堰頭牒爲申報當堰見種秋畝數及田主佃人姓名事　73TAM501:109/3

一五　武周(?)西州高昌縣王渠某堰堰頭牒爲申報當堰見種秋畝數及田主佃人姓名事

本件行間注「尚」、「昌」、「西」字，均爲朱書。

1　王渠孫師(?)□　〔下殘〕

2　氾申居壹畝（尚）種秋自佃東□賈信南張隆北曹居記

3　孟真義壹畝（尚）種種〔一〕佃人氾申□東功曹西賈信南□北曹居記

4　康乞子壹畝（昌）種秋佃人翟安智東功曹西隆信南張隆北曹

5　張隆信二畝（西）種秋佃人趙願壽東功曹西白仁達南曹熙是北

6　□（昌）□種□秋□

注釋

〔一〕「種種」應是「種秋」之誤。

一六　武周(?)西州高昌縣石宕渠某堰堰頭殘牒

本件與同出武周堰頭申報田畝數及佃人名牒内容略同，今列於其後。二行後「順」字爲朱書。

1　石宕渠蒲□

2　安莫列二畝（順）

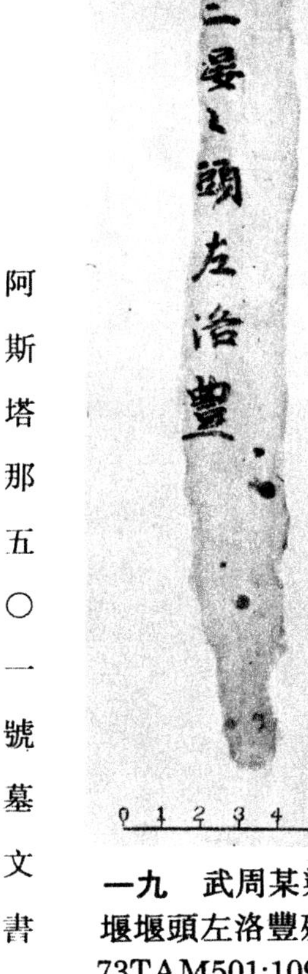

一九　武周某渠第二堰堰頭左洛豐殘牒
73TAM501:109/5－6

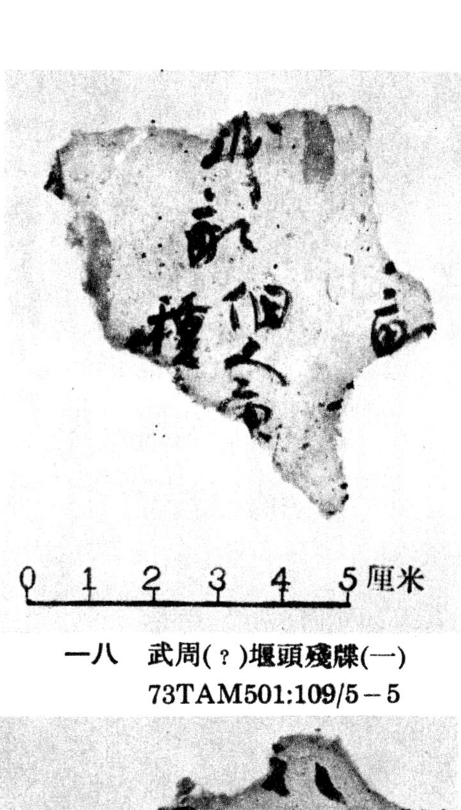

一八　武周（？）堰頭殘牒(一)
73TAM501:109/5－5

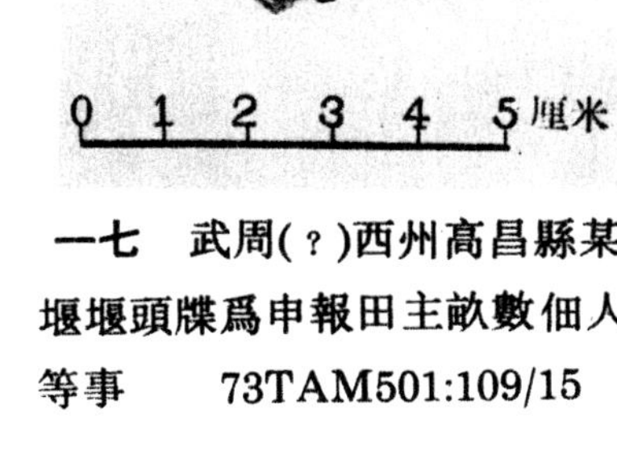

一七　武周（？）西州高昌縣某堰堰頭牒爲申報田主畝數佃人等事　73TAM501:109/15

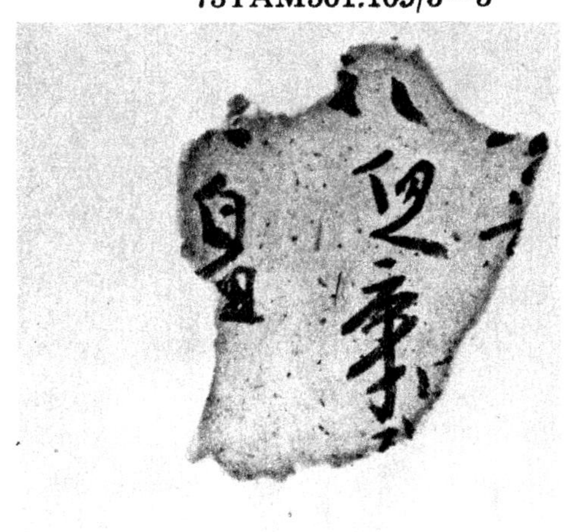

一八　武周（？）堰頭殘牒(二)
73TAM501:109/5－7

一七　武周（？）西州高昌縣某堰堰頭牒爲申報田主畝數佃人等事

本件殘甚，較同墓所出堰頭申報種苗畝數及田主佃人姓名牒文，此件類同，當亦是同類文書。

1　張父師壹畝　佃人[白]

2　□　佃人[西]

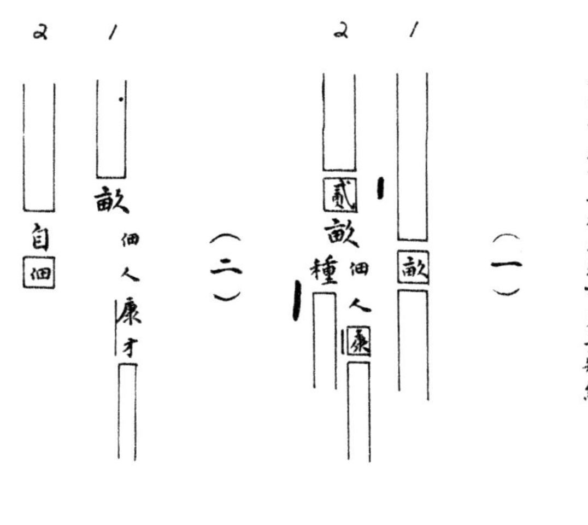

一八　武周（？）堰頭殘牒

本件一段一、二行後均有朱筆短綫。

（一）

1　□[畝]□

2　□[貳]畝種　佃人[康]□

（二）

1　□畝　佃人康才□

2　□自[佃]

一九　武周某渠第二堰堰頭左洛豐殘牒

1　弟(第)二晏(堰)〻頭左洛豊(豐)

二〇　武周（？）堰頭殘文書　73TAM501:109/5－8

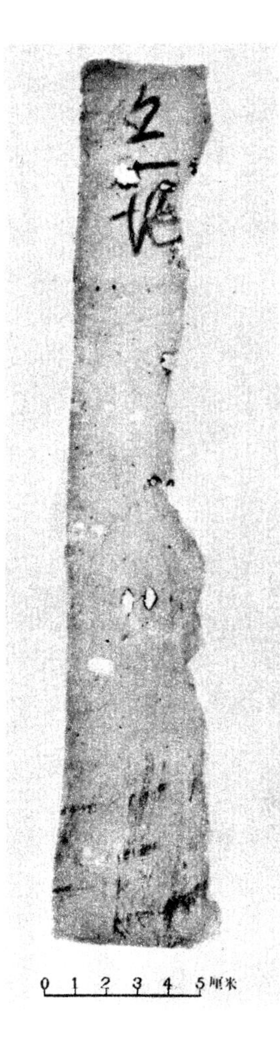

二一　武周聖曆元年（公元六九八年）殘文書　73TAM501:109/14－1～109/14－4

二〇　武周（？）堰頭殘文書

本件殘甚，只餘朱書「欠一堰」三字，當與前各渠下屬堰頭申報當堰見種畝數、田主、佃人姓名事有關，今附於本類之末。

1 欠一堰

二一　武周聖曆元年（公元六九八年）殘文書

1 （聖）　　（年）（月）
𤯔曆元𠡦伍𠥱貳拾［　　　］

2 付□□□［　　　］

3 　　　　（日）
貳拾貳〇

4 錄事□

5 捡感　白

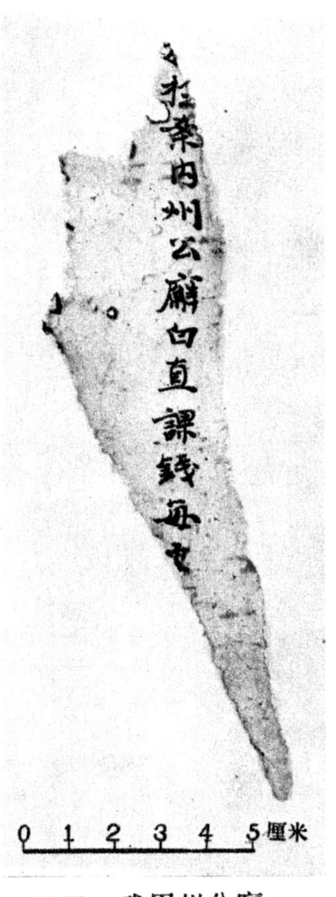

二三　武周州公廨白直課錢文書(一)
73TAM501:109/12－9

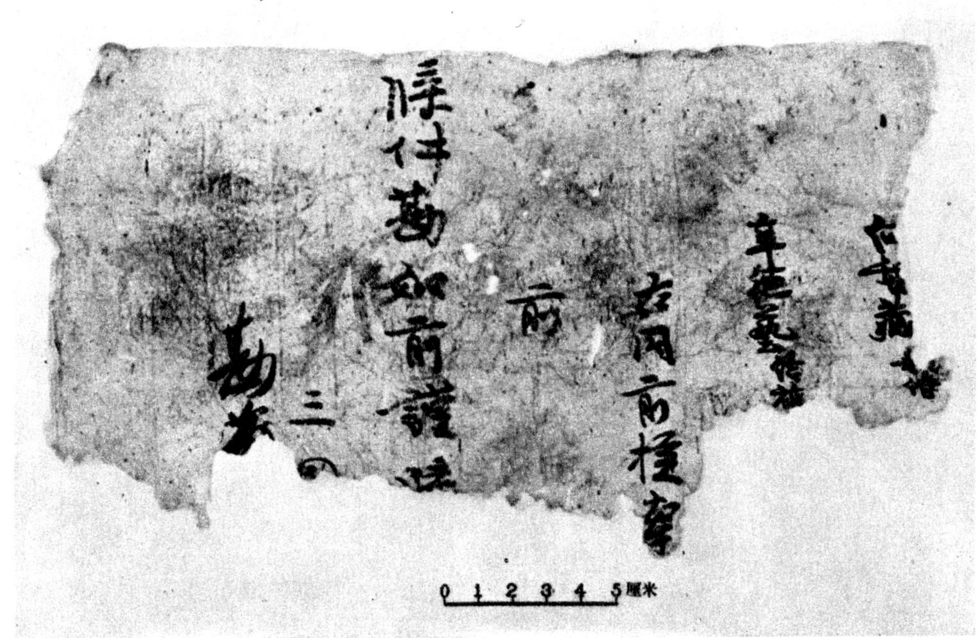

二二　武周殘牒爲親侍給復等事　73TAM501:109/9

二三　武周州公廨白直課錢文書(二)
73TAM501:109/12－5

二二　武周殘牒爲親侍給復等事

本件紀年殘缺，內見有武周新字。

1 何智藏　親侍［　］
2 辛德藝　給復［下殘］
3 右同前撿案［　］
4 前
5 牒件勘如前，謹牒。
6 三月［　］
7 勘［　］

二三　武周州公廨白直課錢文書

本件紀年殘缺，內有武周新字。又本件蓋有殘印三方，印文不可辨識。

（一）

1 ［　］撿案內州公廨白直課錢每年［　］

（二）

1 未有申處［　］
2 縣已差坊正［　］

二四　武周六駄及官畜殘牒
73TAM501:109/12－1

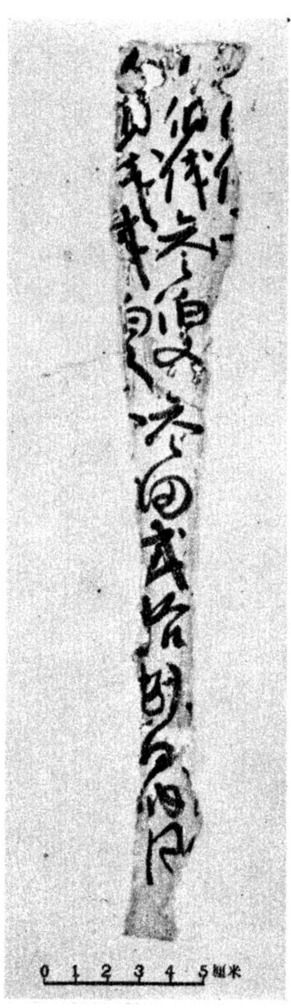
二五　武周納銅錢歷
73TAM501:109/13－1

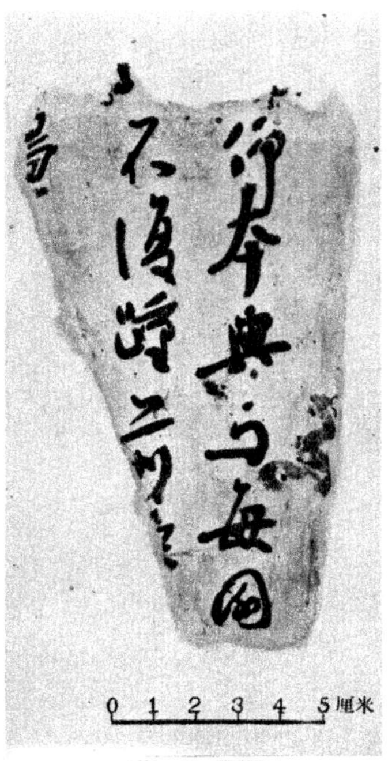
二六　武周殘文書
73TAM501:109/14－10(a)

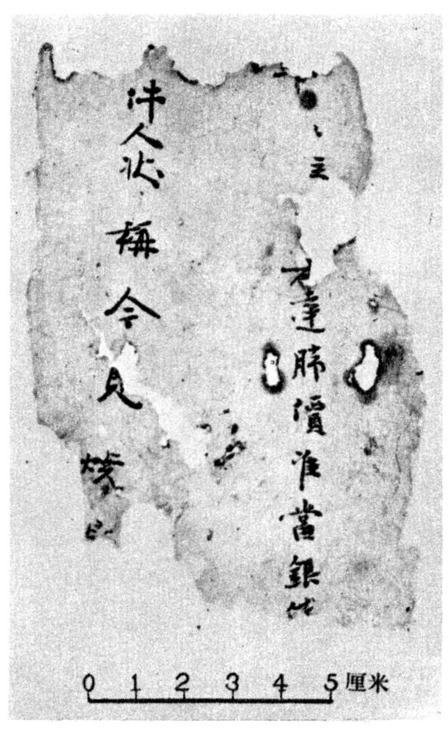
二七　唐脚價錢牒
73TAM501:109/12－4

二四　武周六駄及官畜殘牒

本件紀年殘缺，内有武周新字。

1 臘(月)廿二(日)[　　]
2 [　　]營六駄及官畜各牒
3 [　　]總

二五　武周納銅錢歷

本件紀年殘缺，内有武周新字。

1 [　　]銅錢[　　]
2 ／銅錢叁伯文叁(月)貳拾捌(日)納　丹
3 ／銅錢貳佰文[　　]

二六　武周殘文書

本件紀年殘缺，内有武周新字。

1 [　　]仰本典与每(月)
2 [　　]不復踵前[　　]

二七　唐脚價錢牒

1 [　　]主[　　]達脚價准當銀錢[　　]
2 [　　]件人狀稱今見燒[　　]

二八　唐公廨殘文書
73TAM501:109/12－7

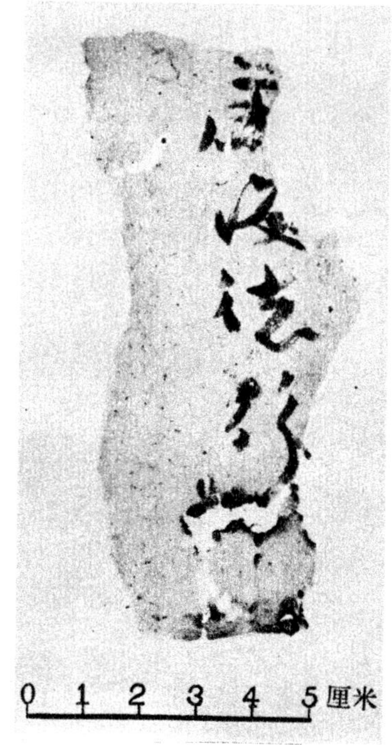

二九　唐康海德殘文書
73TAM501:109/5－9

三一　唐殘牒
73TAM501:109/12－6

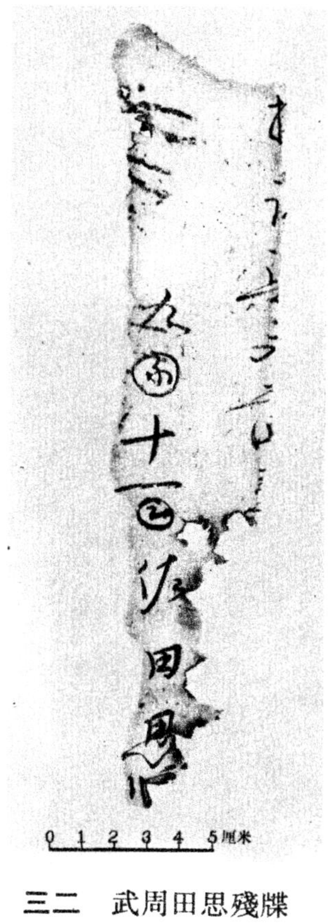

三二　武周田思殘牒
73TAM501:109/13－2

三〇　唐殘文書
73TAM501:109/12－2

二八　唐公廨殘文書

1 公廨冬季秋

二九　唐康海德殘文書

1 康海德行

三〇　唐殘文書

本件殘剩印一處，印文殘不可識。

1 得折侯

2 前件事

三一　唐殘牒

1 牒檢有事至

三二　武周田思殘牒

1 九(月)四(日)十一(日)佐田思牒

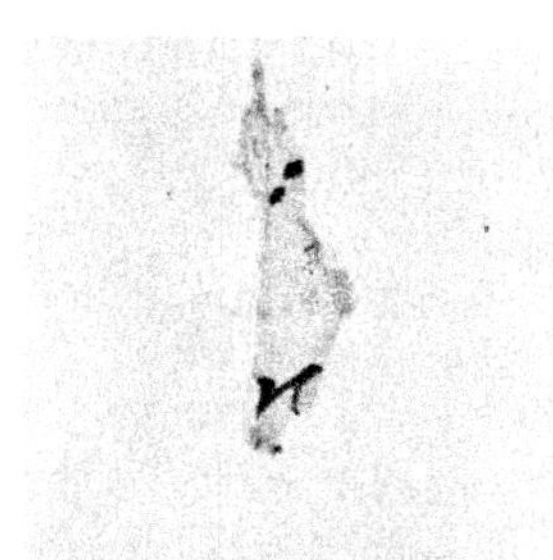
三七　文書殘片
73TAM501:109/5－14

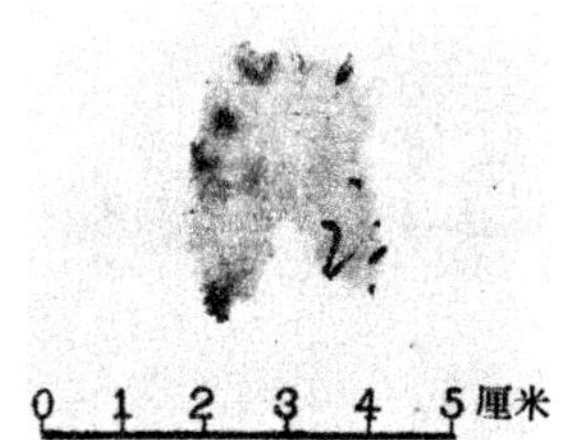
三六　文書殘片
73TAM501:109/5－13

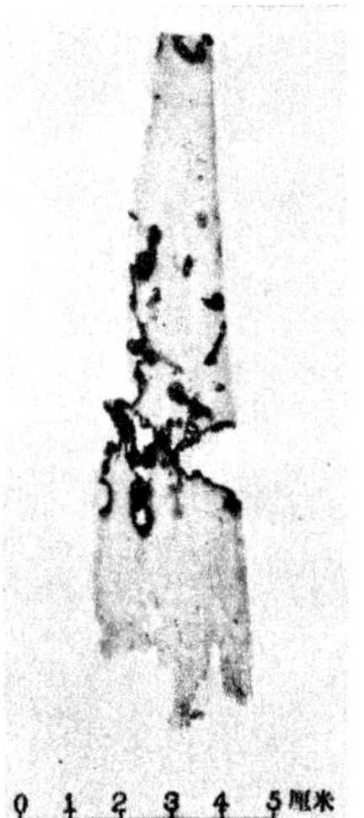
三五　文書殘片
73TAM501:109/5－12

三四　文書殘片
73TAM501:109/5－11

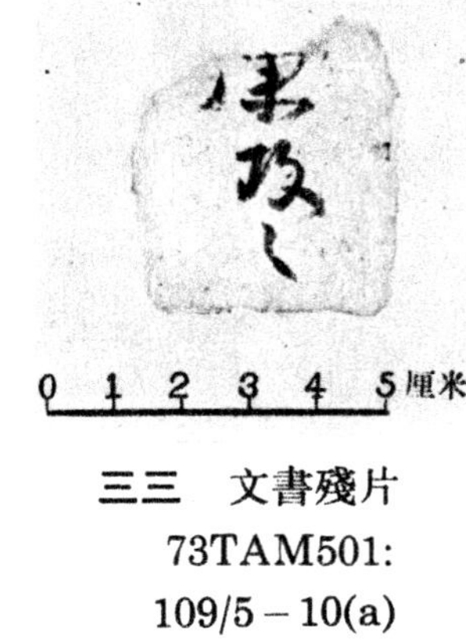
三三　文書殘片
73TAM501:109/5－10(a)

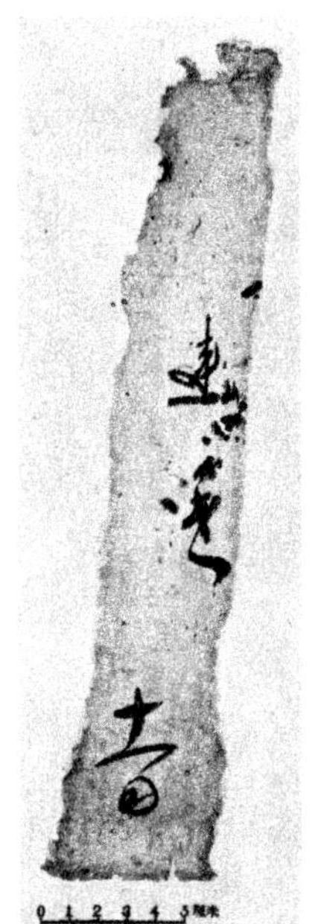
四二　文書殘片
73TAM501:109/13－3

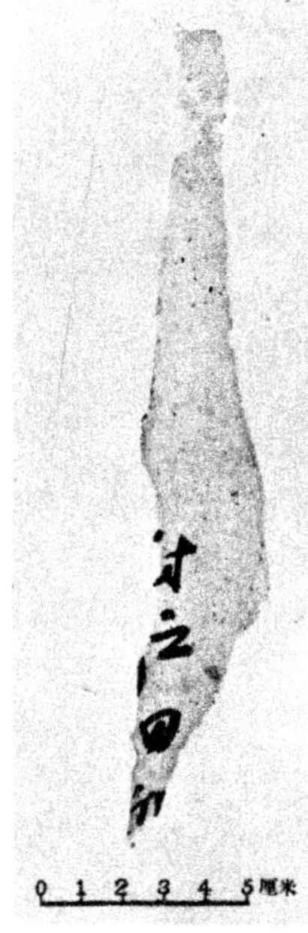
四一　文書殘片
73TAM501:109/12－8

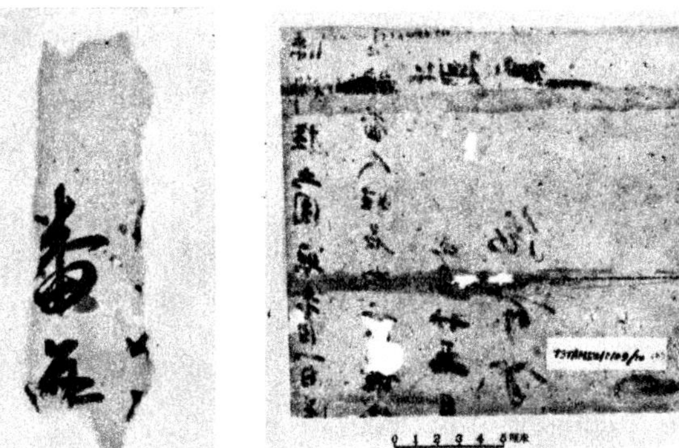
三九　文書殘片
73TAM501:109/10(b),109/11－5(b)

三八　文書殘片
73TAM501:109/8－5(b)

四〇　文書殘片
73TAM501:109/11－4

四七　文書殘片
73TAM501:109/14－10(b)

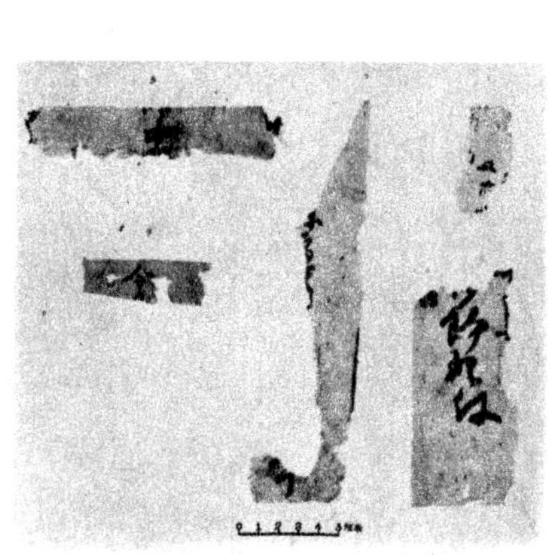
四六　文書殘片　73TAM501:109/14－5～109/14－9

四五　文書殘片
73TAM501:109/13－5

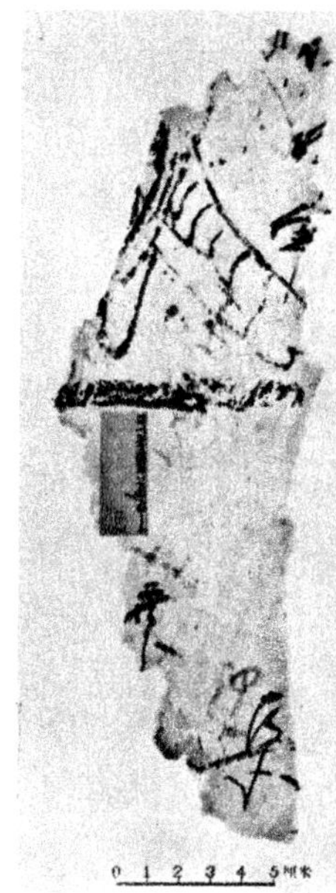
四四　文書殘片
73TAM501:109/13－4(b)

四三　文書殘片　73TAM501:109/13－4(a)

阿斯塔那五〇八號墓文書

本墓爲合葬墓，出有武周長安三年（公元七〇三年）張詮墓誌。所出文書有紀年者，爲天册萬歲二年（公元六九六年）及萬歲通天二年（公元六九七年）。

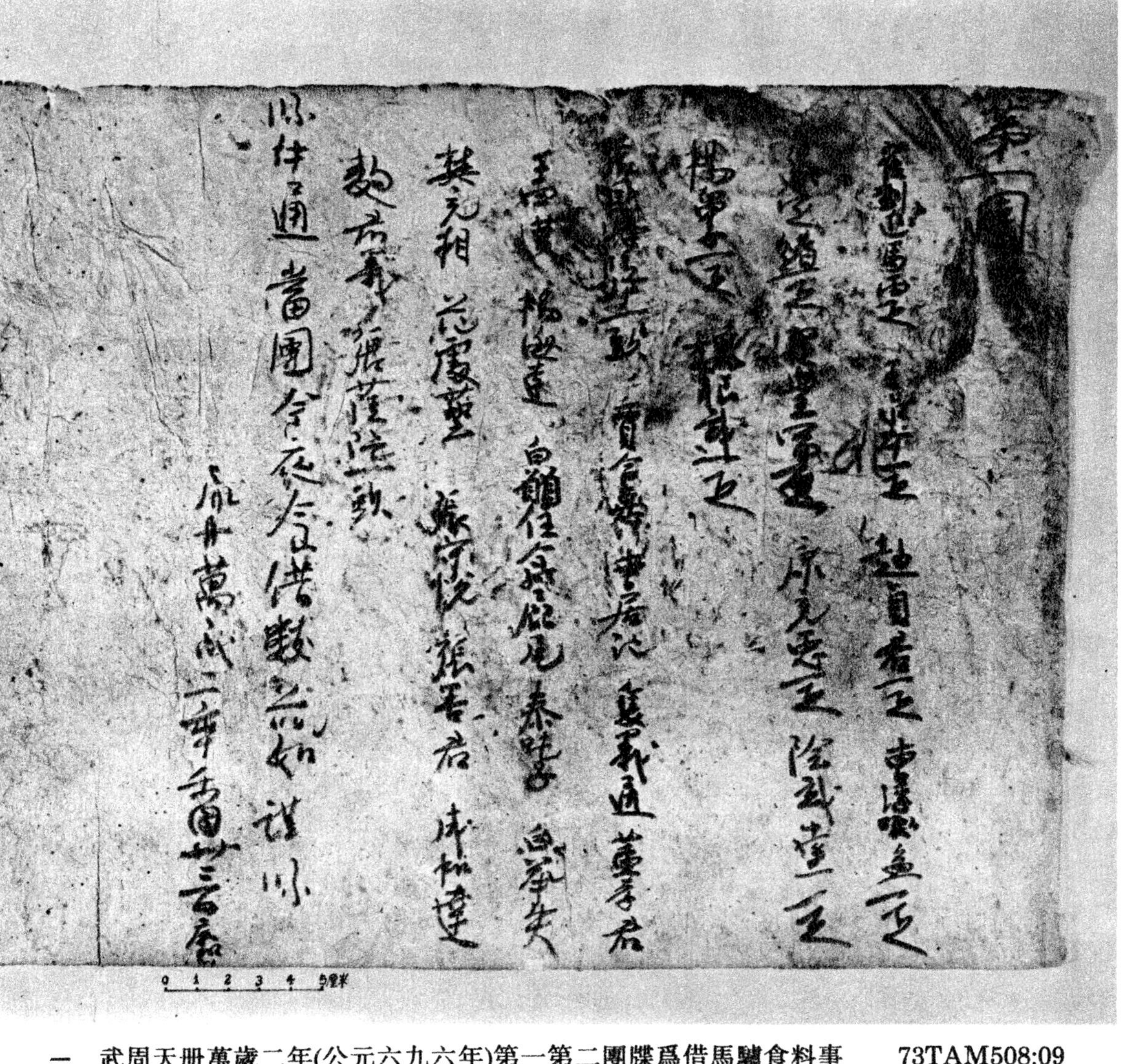

一　武周天册萬歲二年(公元六九六年)第一第二團牒爲借馬驢食料事　73TAM508:09

一　武周天册萬歲二年（公元六九六年）第一第二團牒爲借馬驢食料事

1 第一團

2 翟到進馬兩疋　王永李一疋　趙貞君一疋　曹浮
㘻盆一疋

3 張定緒一疋　翟豊富一疋　康充(匡)忠一疋　陰武達
一疋

4 楊鼻子一疋　魏服武一疋

5 張廻洛驢一頭　賈合憙　曹居阤　侯義通　董孝
君

6 王四漢　楊海達　白顧住　令狳(尨)屁尾　秦吒子
白苯失

7 樊充相　范慶藝　張守悦　張善君　成和達

8 趙君義　張薩陀一頭

9 牒件通當團今㐌食借數如前，謹牒。

10 而(天)册萬歲二𠡦(年)𠙺(正)𠥱(月)卄三𡆠(日)康和牒

11 第二圍

12 張行敏馬　劉進貞馬　康近利馬　張祐隆馬

13 朱文行馬　張文固馬　負惠訓馬（？）　成嘉禮馬

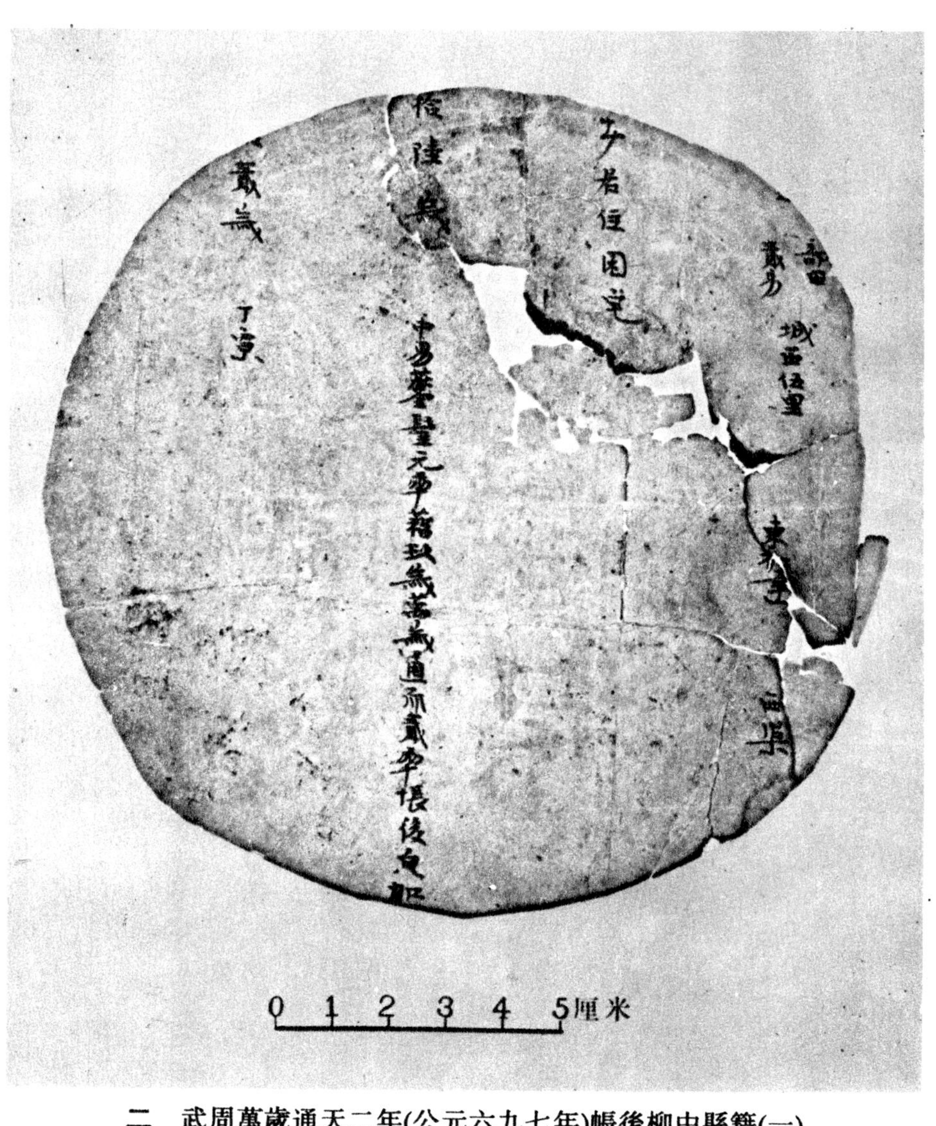

二　武周萬歲通天二年(公元六九七年)帳後柳中縣籍(一)
73TAM508:08/1－1

二　武周萬歲通天二年（公元六九七年）帳後柳中縣籍

本件蓋有柳中縣印多處。

（一）

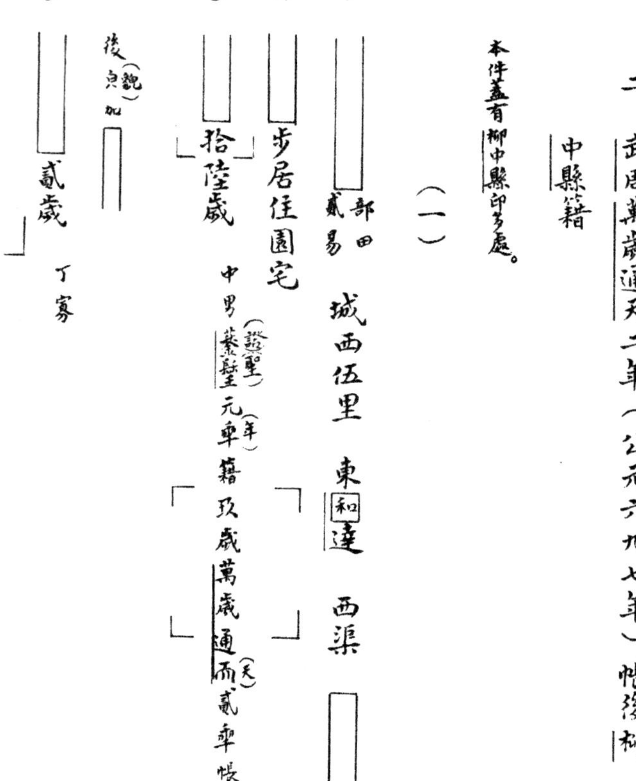

1 ［　　］部田貳易　城西伍里　東和達　西渠　［　　］

2 ［　　］步居住園宅

3 ［　　］拾陸歲　中男　蘂壁（證聖）元年（年）籍玖歲　萬歲通而（天）貳年帳　後貞（觀）加 ［　　］

4 ［　　］貳歲　丁寡

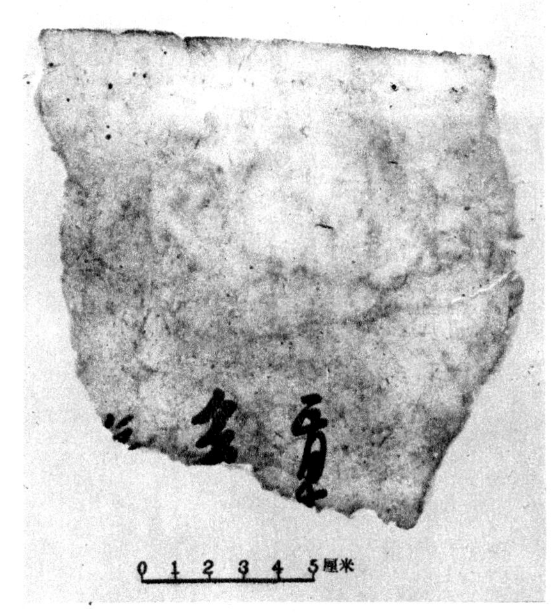

三　文書殘片　　73TAM508:08/2

二　武周萬歲通天二年(公元六九七年)帳後柳中縣籍(二)
73TAM508:08/1－2

（二）

[ ]常田　城南貳里　東法曹[ ]北道
[ ]常田　城南貳里　東□□[ ]北支渠
[ ]部田[園]易　城西肆里　[東]□□[ ]北至渠
[ ]部田[園][易]　城南伍里　東□□[ ]南[至]□　北至渠
[ ]東渾迴　西至鹵　南康甕　北至鹵

阿斯塔那一〇〇號墓文書

本墓出有武周久視元年（公元七〇〇年）氾德達墓誌。所出文書有紀年者，爲唐永淳元年（公元六八二年）及武周延載元年（公元六九四年）告身。

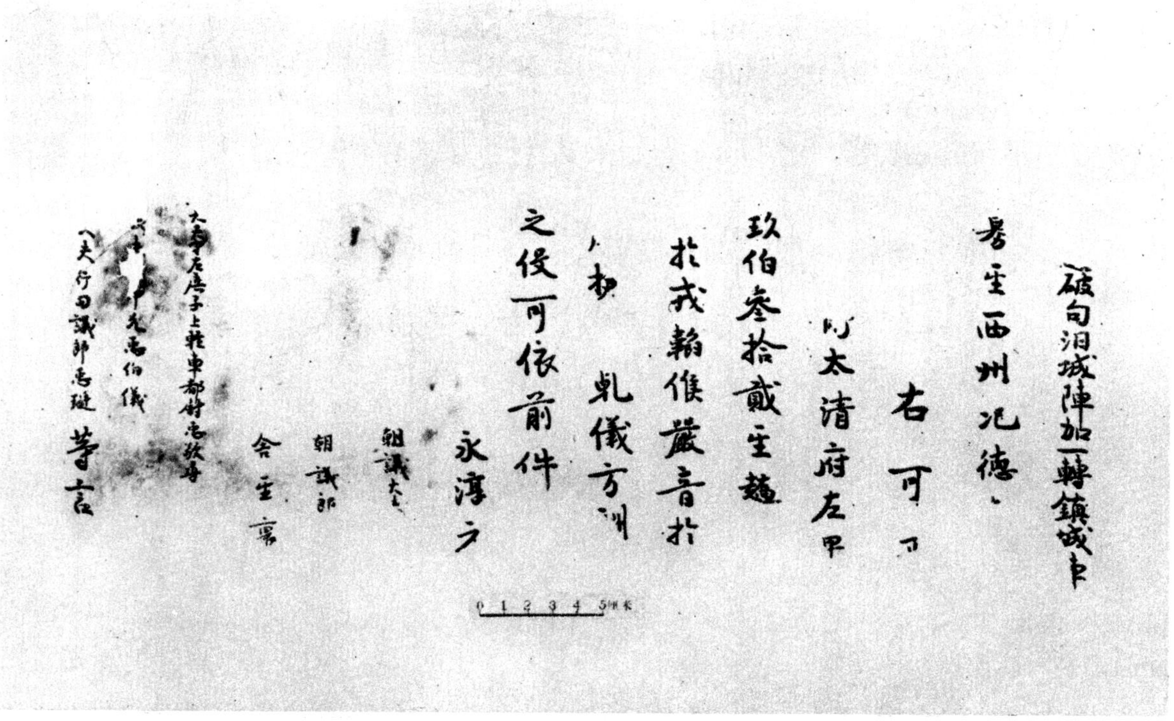

一　唐永淳元年(公元六八二年)氾德達飛騎尉告身　　68TAM100:4

一　唐永淳元年（公元六八二年）氾德達飛騎尉告身

本件紀年爲永淳元年，然内有武周新字。今據墓誌，德達卒於武周久視元年（公元七〇〇年），當是終後家人抄錄勳告附葬，故抄件中用武周新字。

□破句泊城陣加一轉鎮城[陣]□
[募]（人）至西州氾德□
右可[飛]□□
□太清府左[果]□
□玖伯叁拾貳至趙□
□□於戎翰，候嚴音於□
□□□□　乹儀方[酬]□
□之役，可依前件。
永淳元□
朝議大[夫]□
朝議郎□
舍至裏□

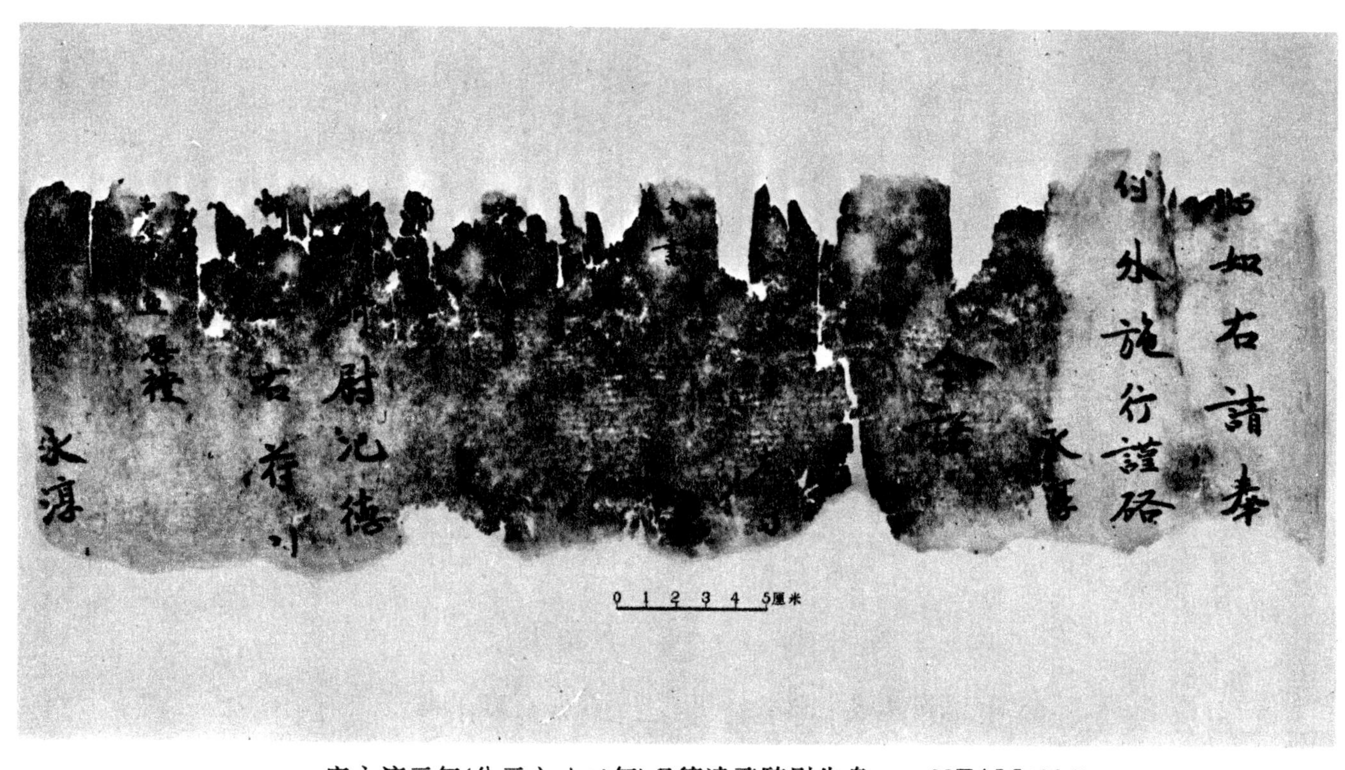

一　唐永淳元年(公元六八二年)氾德達飛騎尉告身　68TAM100:5

13 □□大夫守左庶子上輕車都尉悉(臣)敬尊

14 □□大夫□□中允悉伯儀

15 □□大夫行司議郎悉珽等言

16 □[書]如右請奉

17 □[付]外施行謹啟

18 永[淳]

19 令諾

20

21 左司

22 □□尚書　闕

23 □□□郎　闕

24 □□侍郎　從

25 □□□[天][守]尚書右丞

26 □飛騎尉氾德

27 □[書]如右符[到]

28 □(?)(?)事丞攝司勳思禮

29 永淳

二　武周延載元年(公元六九四年)氾德達輕車都尉告身　68TAM100:1

二　武周延載元年（公元六九四年）氾德達輕車都尉告身

1 准垂拱二𠡦(年)十一𠥱(月)三𡆠(日)　勅，金牙軍拔于闐安□、□

2 勅碎葉等四鎮，每鎮酬勳一轉，破都歷嶺等陣，

3 共酬勳叁轉，總柒轉。

4 西州氾德達　高昌縣

5 □可輕車都尉

6 鸞臺[　]都尉張貴卿等壹佰肆拾肆

7 𤯔(人)並武藝可稱，戎班早預，東踰危堞，北指

8 龍庭，既著美於推先，俾覃恩於賜服，可依

9 前件□□□行。

10 延𡕀(載)元𠡦九𠥱廿九𡆠

11 銀青光祿大夫守內史上柱圀(國)𢘑(臣)豆盧　被推

12 朝請大夫守鳳閣侍郎同鳳閣鸞臺平章事

杜景儉宣

13 給事郎守鳳閣舍𤯔內供奉𢘑孫行[　]

14 朝請大夫[　]

15 朝請大夫守鸞臺侍郎同鳳閣鸞臺平章事𢘑

二　武周延載元年(公元六九四年)氾德達輕車都尉告身　　68TAM100:2

16 朝請大夫給事中□𢘑等言
17 制書[如]□□奉
18 制，付外施行，謹言。
19 延𡕀元𠡦十𠥱十六□
20 □可
21 十𠥱十八㘝酉時都事　下直
22 左司郎中　下直
23 文昌左[相]　□
24 (天)文昌右相　闕
25 𠑺官尚□
26 中大夫守𠑺官侍郎潁川縣開國男□
27 朝議郎知𠑺官侍郎事□
28 朝議郎知𠑺官侍[郎]□
29 朝議大夫檢校文昌左丞輕□
30 告輕車[都][尉]氾德達奉被

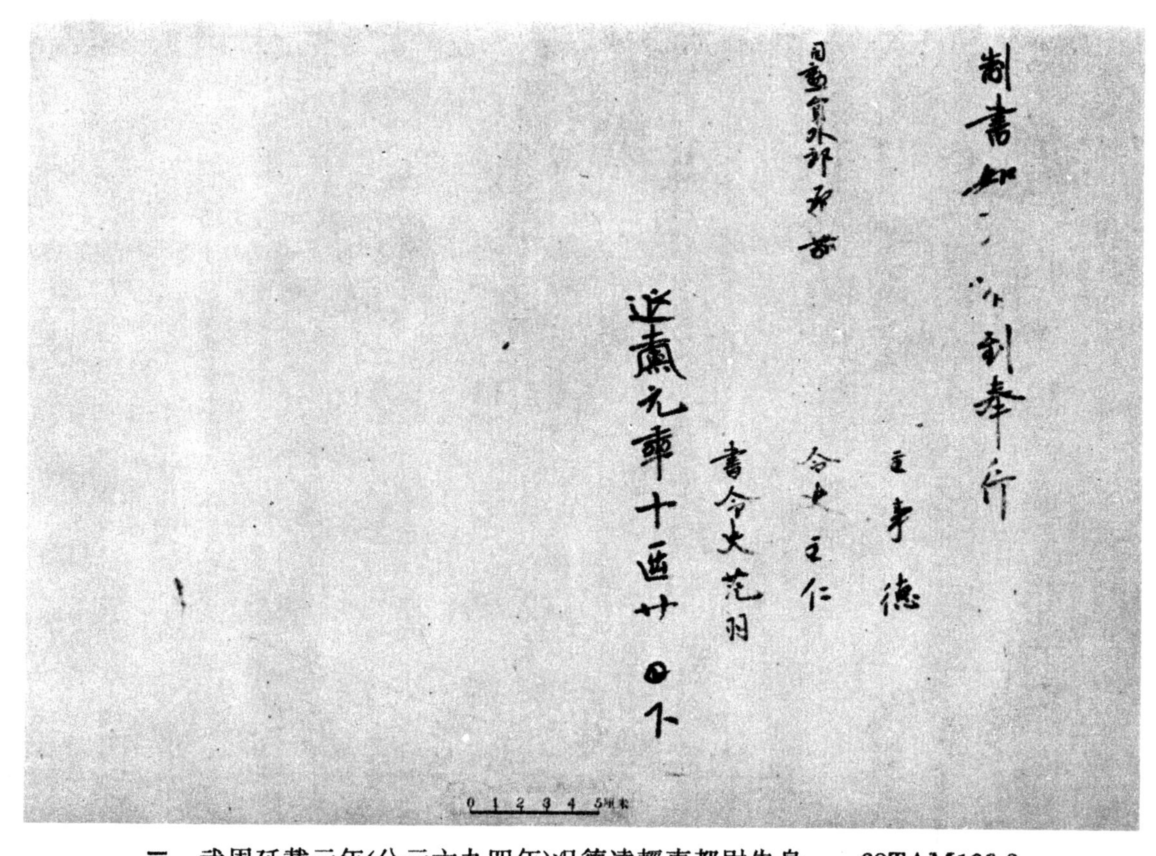

二　武周延載元年(公元六九四年)氾德達輕車都尉告身　　68TAM100:3

制書如右符到奉行

主事　德

司勳員外郎　承嘉　　令史王仁

書令史范羽

延載元年十月廿　日下

阿斯塔那二二五號墓文書

本墓無墓誌及隨葬衣物疏。所出文書有紀年者，最早爲武周聖曆二年（公元六九九年），最晚爲長安三年（公元七〇三年）。

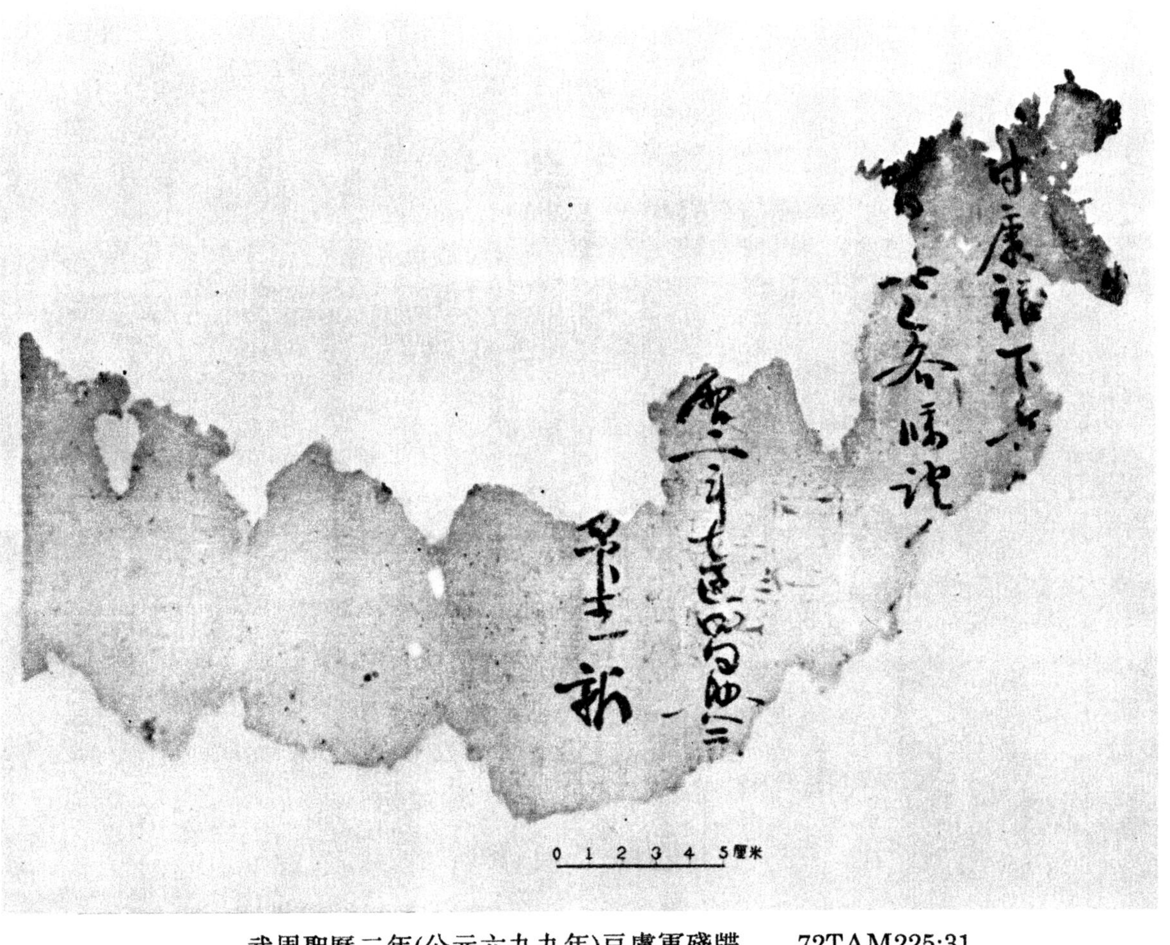

一　武周聖曆二年(公元六九九年)豆盧軍殘牒　72TAM225:31

一　武周聖曆二年（公元六九九年）豆盧軍殘牒

本件有「豆盧軍經略使之印」二處。

1 ［　］付康福下兵［　］

2 ［　］爲此已各牒訖［　］

3 ［上殘］□曆二年七匜（月）四日（日）典［　］

4 ［　］營王　新

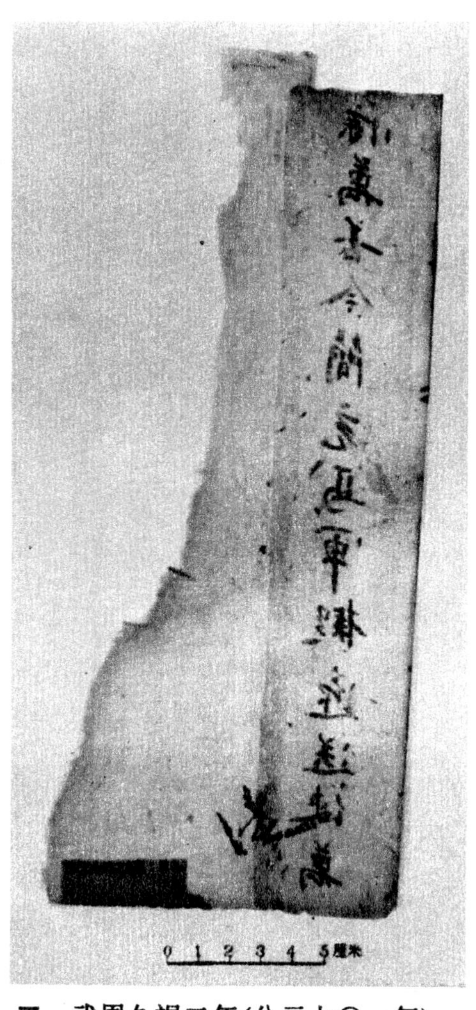

二　武周久視二年(公元七〇一年)沙州敦煌縣懸泉鄉上柱國康萬善牒爲以男代赴役事　　72TAM225:22(b)

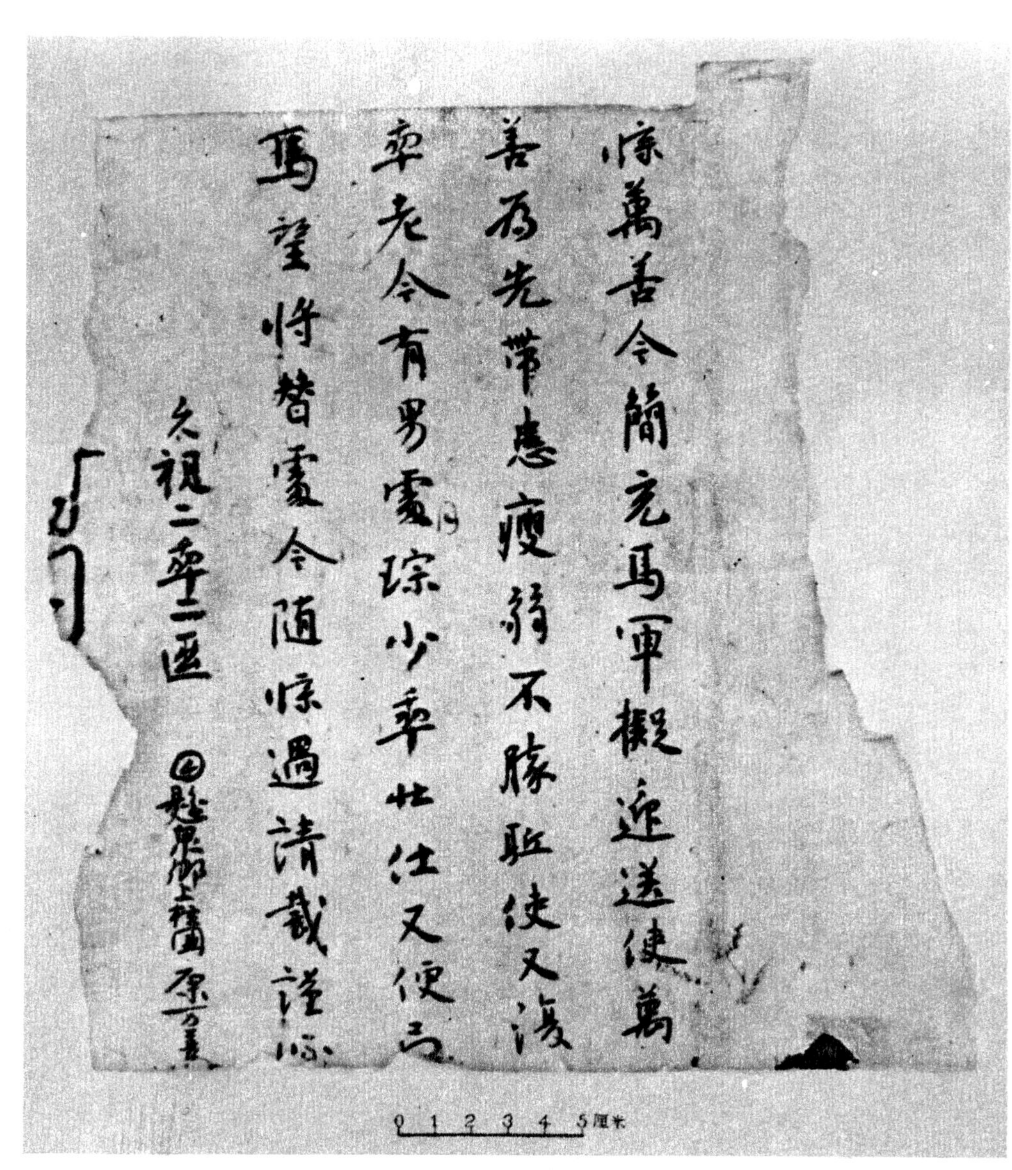

二　武周久視二年(公元七〇一年)沙州敦煌縣懸泉鄉上柱國康萬善牒爲以男代赴役事　　72TAM225:22(a)

二　武周久視二年（公元七〇一年）沙州敦煌縣懸泉鄉上柱國康萬善牒爲以男代赴役事

本件粘接縫背面有「懷」字押署。

1 牒萬善今簡充馬軍，擬迎送使。萬
2 善爲先帶患，瘦弱不勝驅使，又復
3 𠦚(年)老，今有男處琮，少𠦚(年)壯仕，又便弓
4 馬，望將替處。今隨牒過，請裁。謹牒。
5 久視二𠦚(年)二𠥱(月)〇(日)懸泉鄉上柱國康万善牒
6 付司

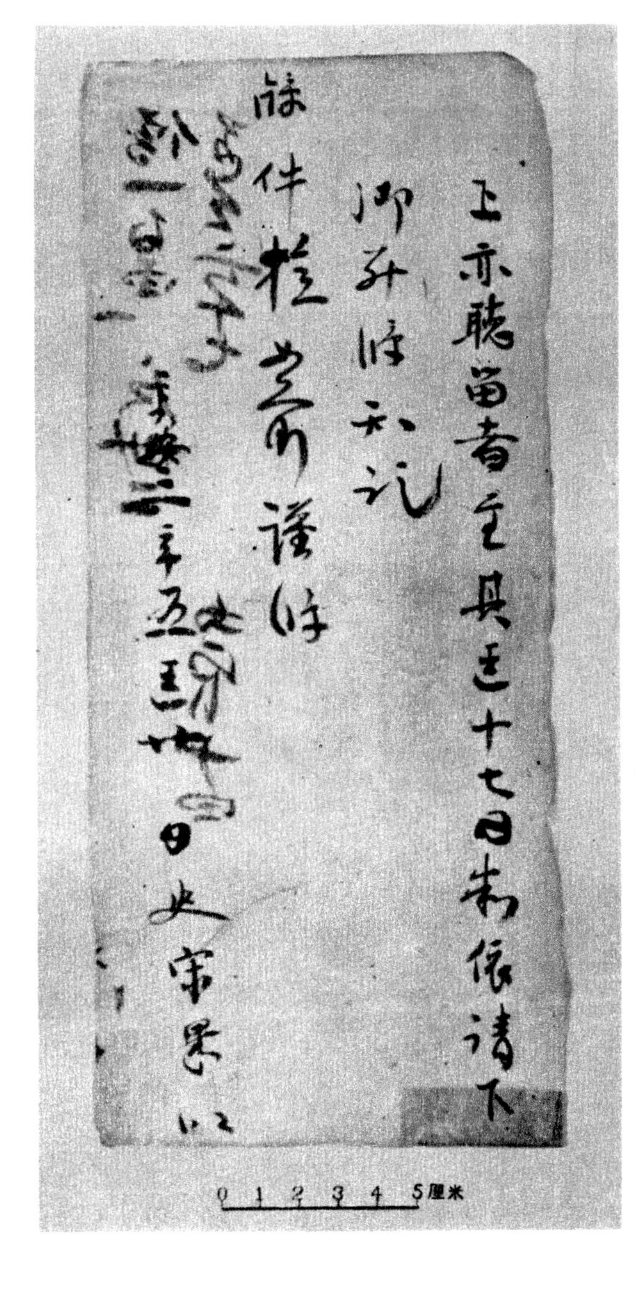

三　武周長安三年（公元七〇三年）史宋果牒　72TAM225:16(a)

四　唐合計僧尼道士女官數帳　72TAM225:16(b)

三　武周長安三年（公元七〇三年）史宋果牒

本件粘接縫背面有押署已殘，不可辨識。

1 上亦聽留者，至其匝（月）十七𠁣（日）判依請下

2 鄉牙牒知訖。

3 牒件檢如前，謹牒。

4 長安三車（年）五匝廿　日史宋果牒

四　唐合計僧尼道士女官數帳

本件正面爲武周長安三年（公元七〇二年）史宋果牒。

1 僧一白（百）四一　尼卌二

2 道士六十七　女官十四

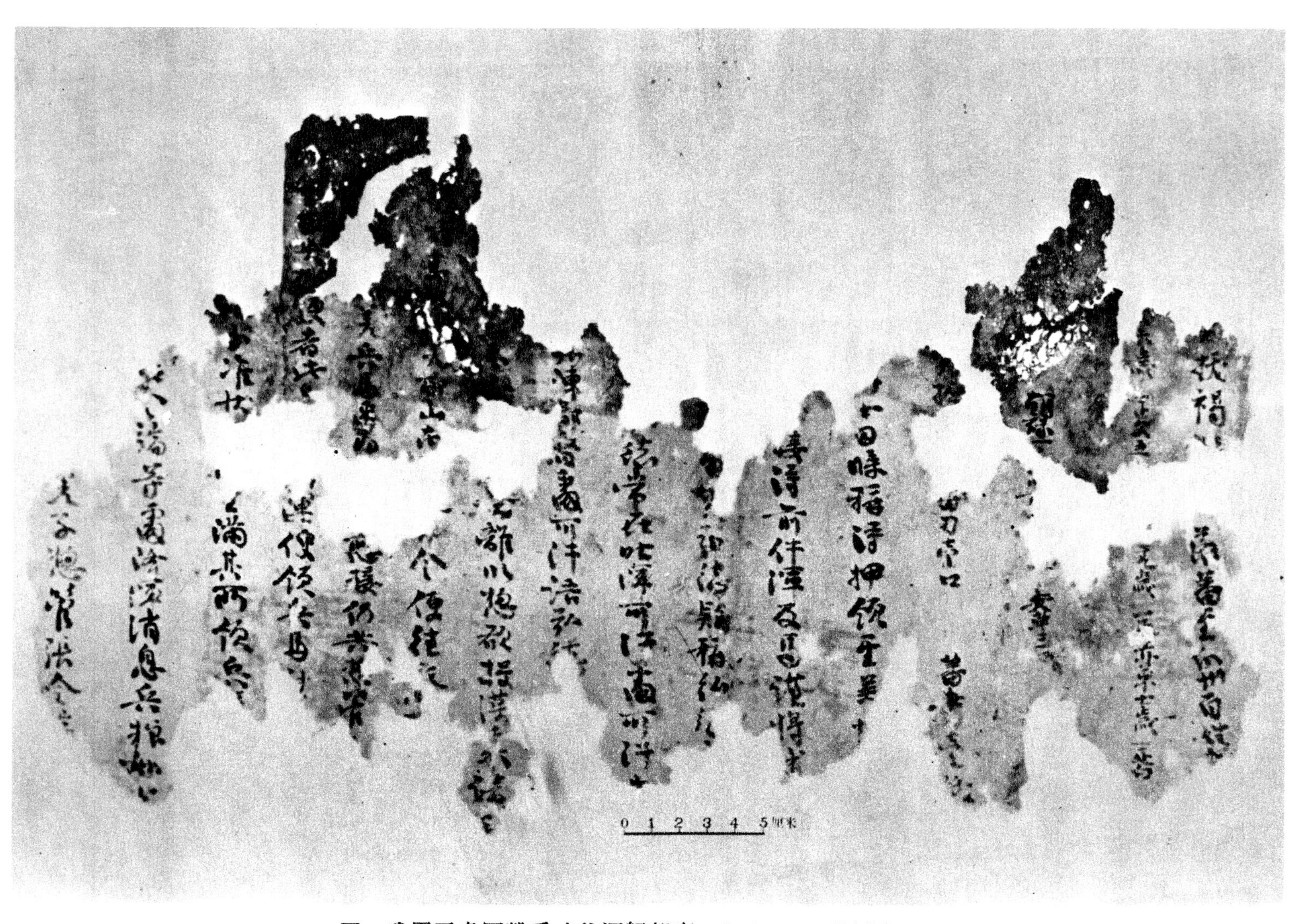

五　武周豆盧軍牒爲吐谷渾歸朝事一(一)　　72TAM225:25

五　武周豆盧軍牒爲吐谷渾歸朝事一

本件鈐有「豆盧軍經畧使之印」多處。

（一）

1 □抜褐□落(之)蕃至瓜州百姓[賀]□

2 □六歲　一疋父五□[草]九歲

疋赤草七歲　一疋白□

3 □胡祿一□鞍三

〔下殘〕

4 □[究](玖)拾□刀壹口　蕃書

壹□

5 □十日(日)牒稱：得押領至[昊]□

6 □[揔]得前件渾及馬，謹將□

7 □[蕃][至][賀]弘德款稱：弘[德]□

8 □德常在吐渾可汗處，可汗

9 □[州]陳都督處，可汗語弘[德]□

10 □衆[令]□[墨]離川，總欲投漢來，請□

11 □接者。郭知□大配山南□令便往[應]□

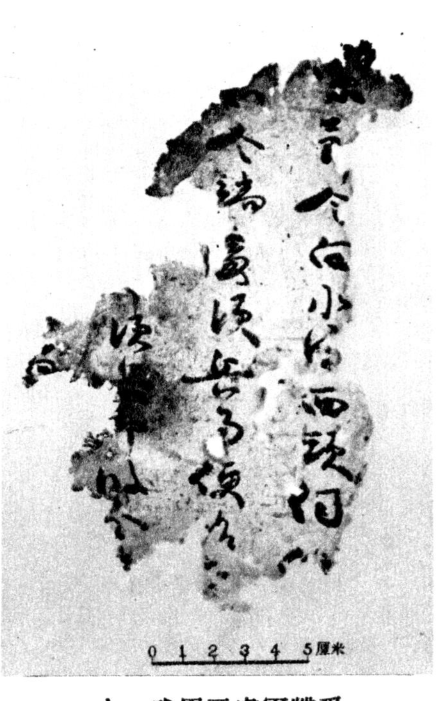

六　武周豆盧軍牒爲吐谷渾歸朝事二(二)
72TAM225:28

六　武周豆盧軍牒爲吐谷渾歸朝事二(一)
72TAM225:33

五　武周豆盧軍牒爲吐谷渾歸朝事一(二)
72TAM225:38

12 　　　　差兵馬速即□□應接，仍共總管　　　　
13 □計會，勿失機便者。此日□[知]運便領兵馬[往]　　　　
14 　　　　至准狀　　　　滿，其所領兵　　　　
15 　　　　[令]端等處降渾消息，兵粮如[少]　　　　
16 　　　　差子總管張令[端]　　　　

（二）

1 　　　　以狀牒上墨離
2 　　　　報并牒郭知

六　武周豆盧軍牒爲吐谷渾歸朝事二

（一）

1 □王(人)　　　　[汗]遣[]道　　　　
2 向瓜州陳都督處，可汗[語][弘]　　　　
3 及百姓可有十万衆，今　　　　

本段有「豆盧軍經畧使之印」。

（二）

1 　　　　索[節]令向[氷][源]西頭伺[候]　　　　
2 　　　　如令端處須兵事便　　　　
3 　　　　須兵[即]牒[令][端]　　　　

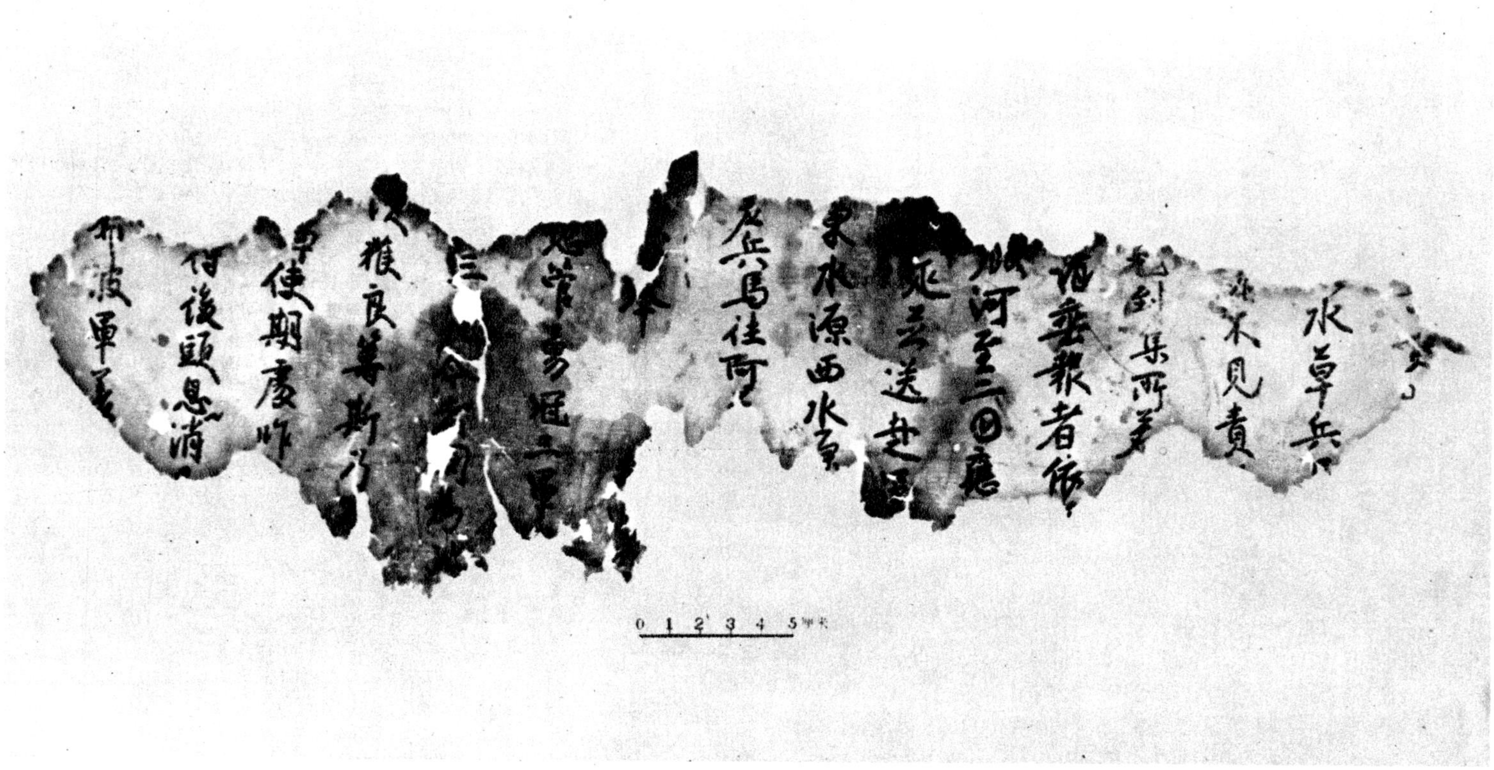

七　武周豆盧軍牒爲報吐谷渾後頭消息事　72TAM225:26

七　武周豆盧軍牒爲報吐谷渾後頭消息事

1 [　　]□[責](?)□[　　]
2 [　　]水草兵[馬][　　]
3 [　　][亦]不見責[　　]
4 [　　]□到集所，[若][　　]
5 [　　][話]垂報者，依[　　]
6 [　　][賊]河，至二⊙(日)應[　　]
7 [　　]頭疋並送赴軍[　　]
8 [　　]東水源，西水[源][　　]
9 [　　][差]兵馬往阿[子][　　]
10 [　　]尺[運]奉　[勑][　　]
11 [　　]總管勇冠三軍[　　]
12 [　　]三[危]，今者[同]爲此[　　]
13 [　　]須獲良籌，斯乃[累][　　]
14 [　　][渾]使期處，昨[　　]
15 [　　][得]後頭息消[　　]
16 [　　][仰]彼軍差[　　]

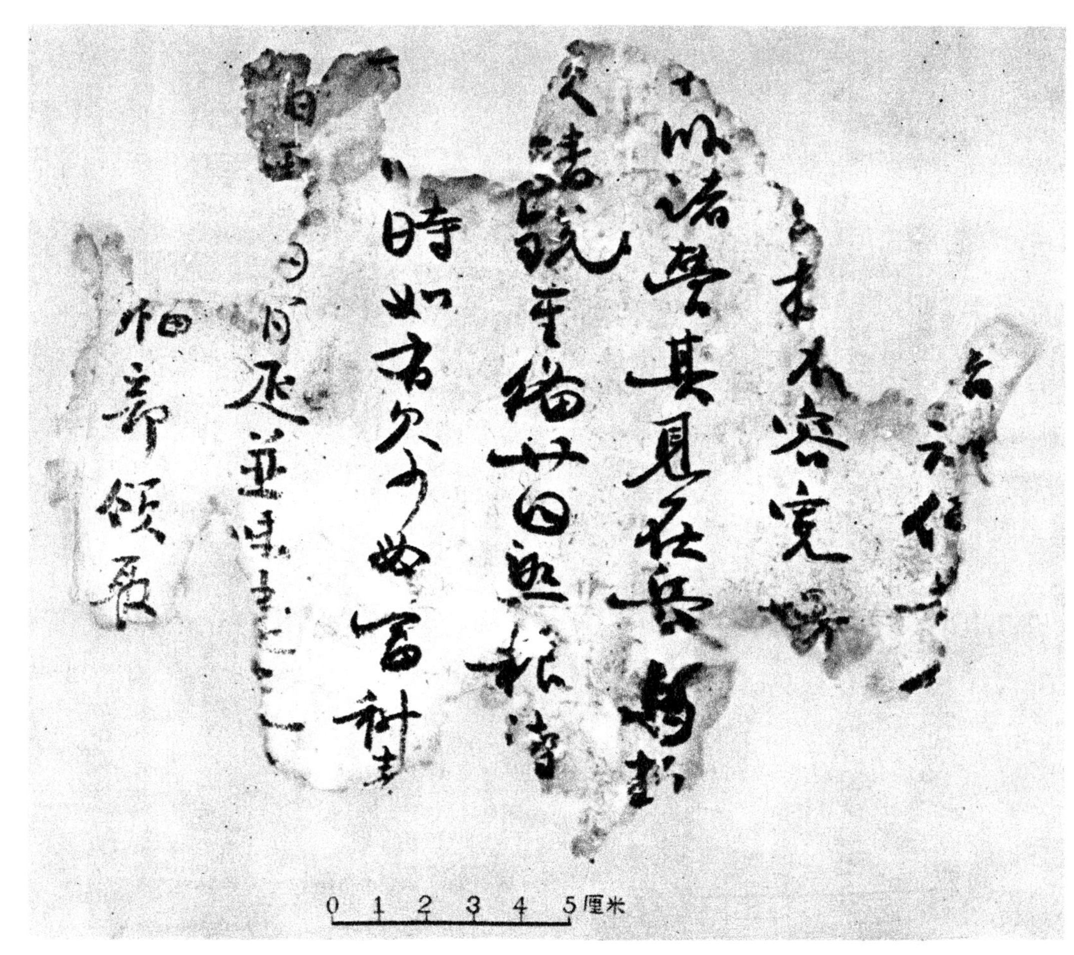

八　武周豆盧軍下諸營牒爲備人馬熟粮事　72TAM225:29

八　武周豆盧軍下諸營牒爲備人馬熟粮事

本件有「豆盧軍經略使之印」二處。

1 （前缺）知□
2 不容寬[遲]
3 牒諸營，其見在兵馬□
4 [須]精鋭，（人）至備卅（日）熟粮□
5 時如有欠少，必當科[責]
6 百[疋][馬]百疋，並牒[建]乚
7 [福]部領取
（後缺）

九　武周府陰正牒爲請給公驗事　　72TAM225:27

九　武周府陰正牒爲請給公驗事

本件有殘印二處，印文爲「□州都□□之印」。

［　　］[檢]計[書]□水路今(月)九□
［　　］㐊州□□爲移道向摩［
［　　］須敌□□停經壹拾[壹]
［　　］[不][練]所由，□給公驗者。依檢
［　　］使奉
［　　］故驛及鞍□
［　　］非急[切]
［　　］爲張端事非急
［　　］牒至任[爲]
［　　］
［　　］廿五(日)府陰正牒
［　　］曹馬　克么

一〇　武周豆盧軍配置兵人文書
72TAM225:34

一一　武周豆盧軍殘牒一(一)
72TAM225:42/1

一一　武周豆盧軍殘牒一(二)
72TAM225:42/2

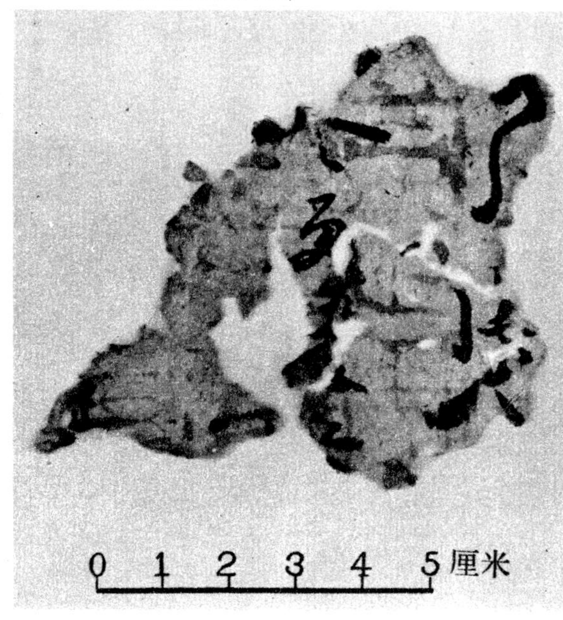

一一　武周豆盧軍殘牒一(三)
72TAM225:42/3

一〇　武周豆盧軍配置兵人文書

本件有「豆盧軍經略使之印」。

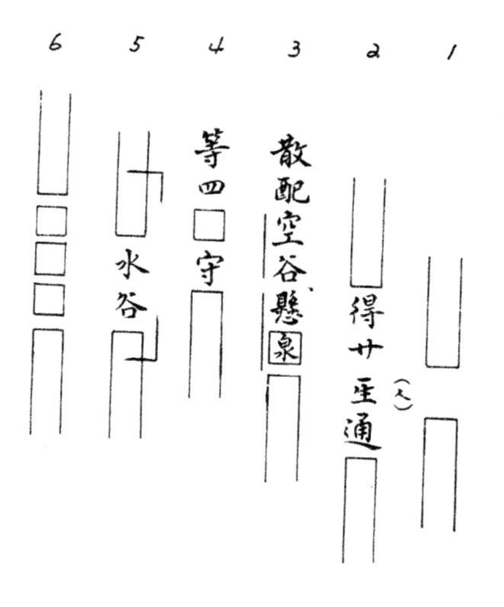

1
2 得廿（人）至通
3 散配空谷懸泉
4 等四□守
5 水谷
6 □□□□

一一　武周豆盧軍殘牒一

本件(一)、(三)段上殘存有「豆盧軍經略使之印」，文中「張令端」、「弘□」又見於本墓五六件，當爲同時同類牒文。

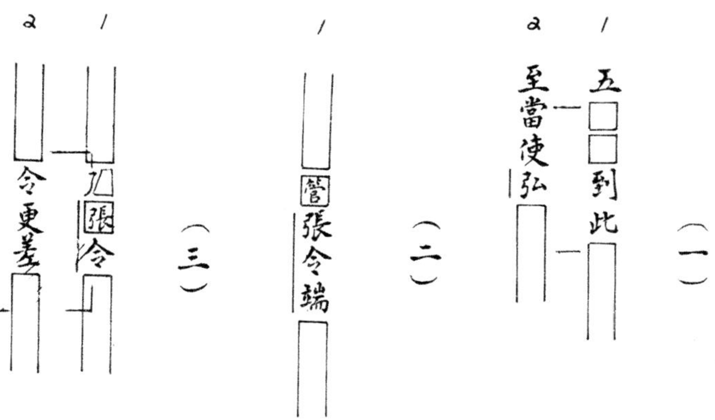

（一）

1 五□□到此
2 至當使弘

（二）

1 營張令端

（三）

1 □張令
2 令更差

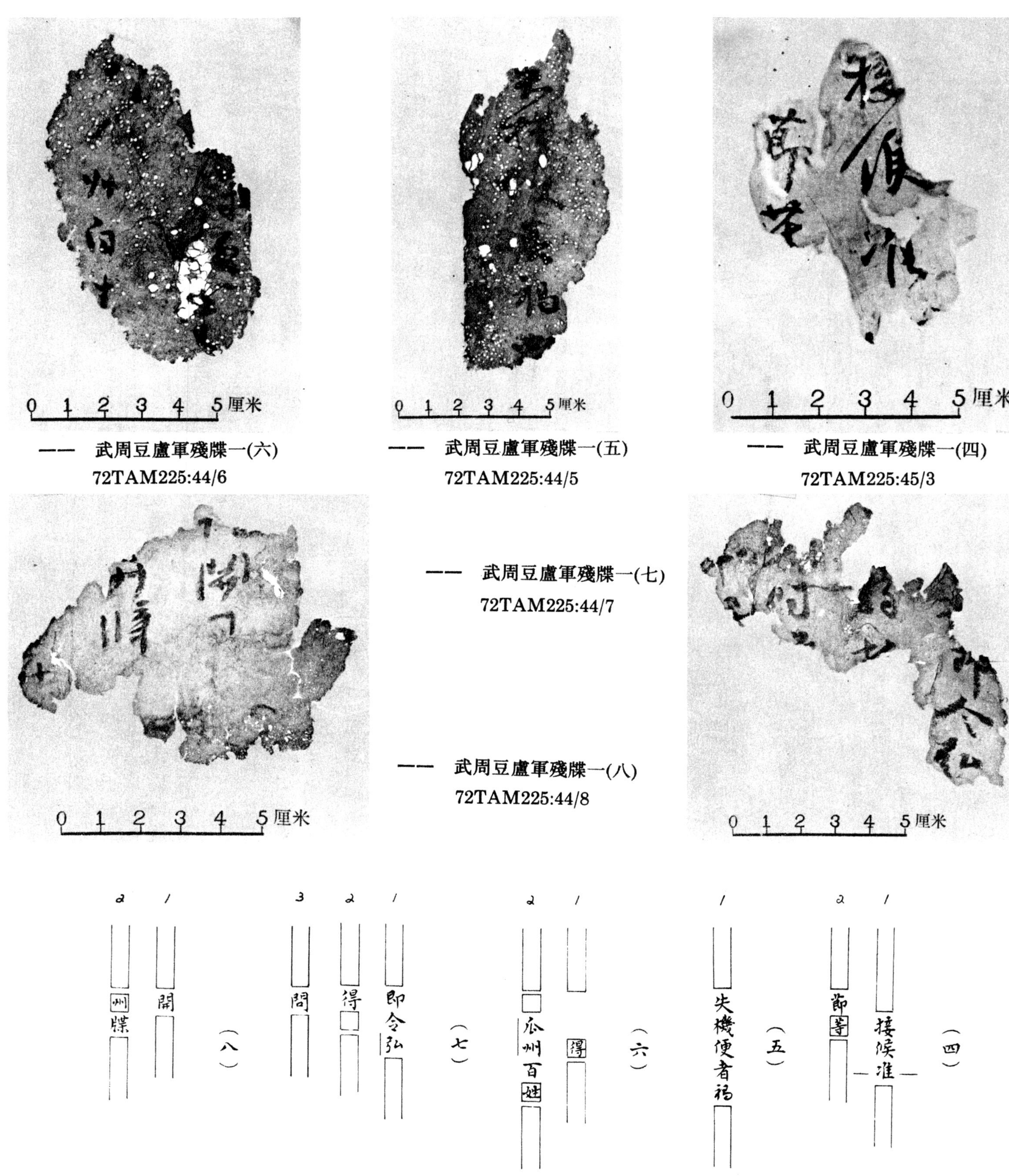

—— 武周豆盧軍殘牒一(六)
72TAM225:44/6

—— 武周豆盧軍殘牒一(五)
72TAM225:44/5

—— 武周豆盧軍殘牒一(四)
72TAM225:45/3

—— 武周豆盧軍殘牒一(七)
72TAM225:44/7

—— 武周豆盧軍殘牒一(八)
72TAM225:44/8

（四）

1 □接候准□

2 □節[等]□

（五）

1 □失機便者福□

（六）

1 □[得]□

2 □□瓜州百[姓]□

（七）

1 □即令弘□

2 □得□□

3 □問□

（八）

1 □開□

2 □[州]牒□

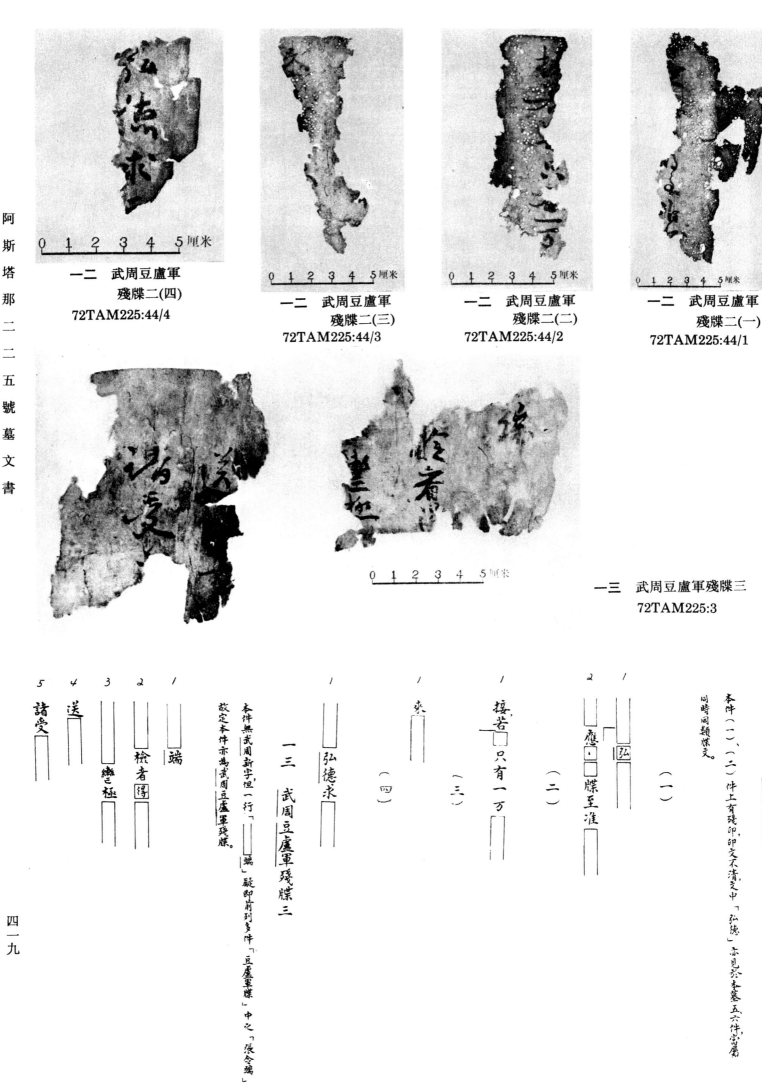

一二　武周豆盧軍殘牒二(四)
72TAM225:44/4

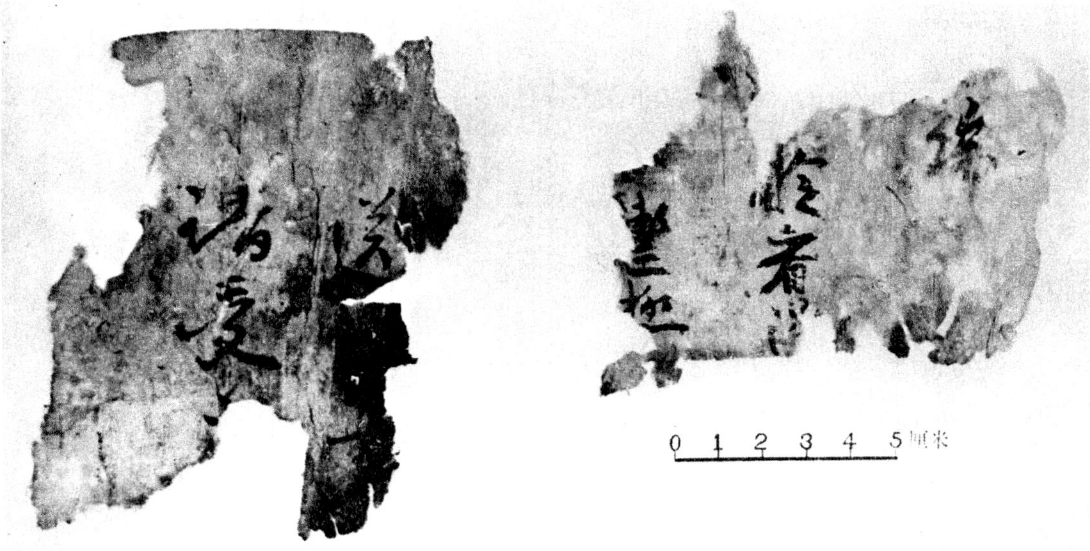

一二　武周豆盧軍殘牒二(三)
72TAM225:44/3

一二　武周豆盧軍殘牒二(二)
72TAM225:44/2

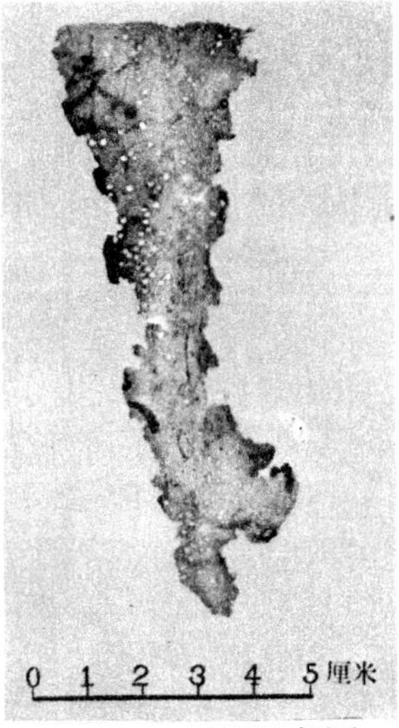

一二　武周豆盧軍殘牒二(一)
72TAM225:44/1

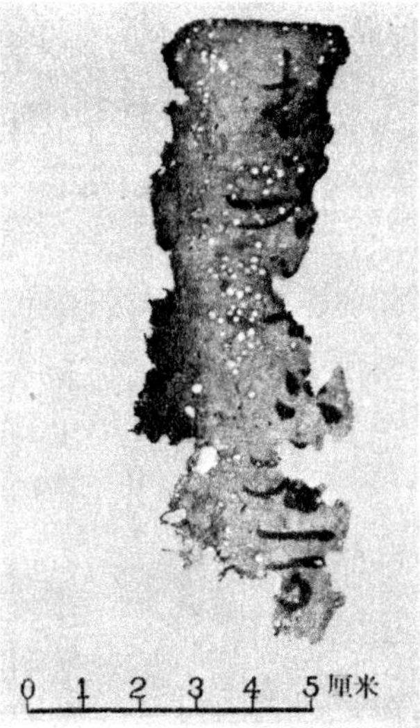

一三　武周豆盧軍殘牒三
72TAM225:3

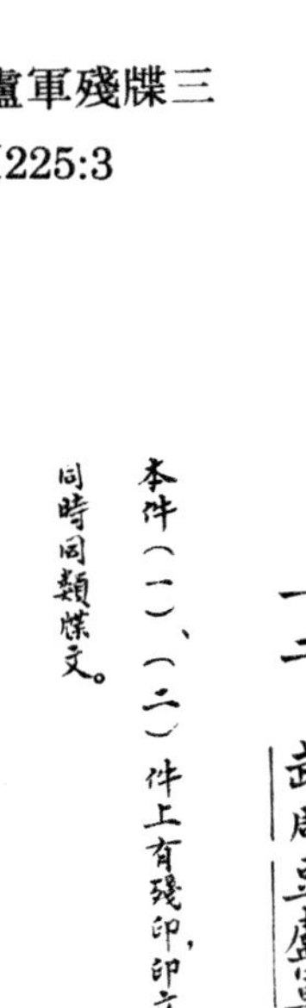

一二　武周豆盧軍殘牒二

本件（一）、（二）件上有殘印，印文不清。文中「弘德」亦見於本墓五六件，當屬同時同類牒文。

（一）

1 □弘□

2 □應□□牒至准□

（二）

1 接若□只有一万□

（三）

1 來□

（四）

1 □弘德求□

一三　武周豆盧軍殘牒三

本件無武周新字，但一行「□端」疑即前列多件「豆盧軍牒」中之「張令端」，故定本件亦爲武周豆盧軍殘牒。

1 □端

2 □検者得□

3 □繼極□

4 送□

5 諸受□

一四　武周墨離軍殘文書一　72TAM225:39

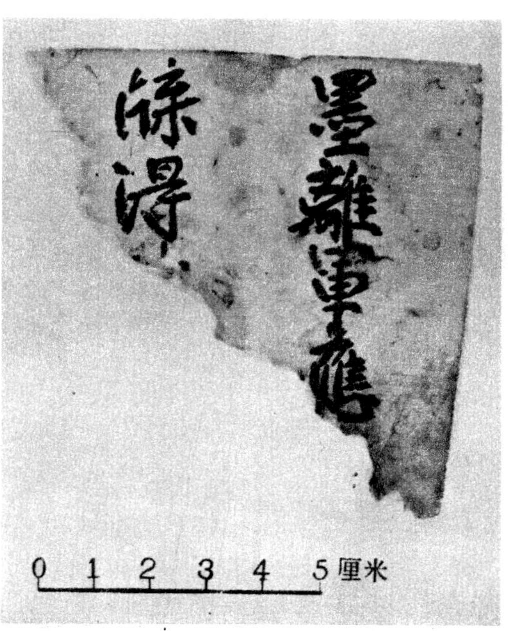

一五　武周墨離軍殘文書二
72TAM225:37

一四　武周墨離軍殘文書一

本件有殘印一處，文中「墨離軍」、「索節」又見於本墓五、六件《武周豆盧軍牒為吐谷渾歸朝事》，本件時間應與之相當。

1 應接。據狀更須[籌]□

2 守[兵]所領一□

3 并[馬]總二百疋，□索節□

4 □進止墨離軍□

一五　武周墨離軍殘文書二

1 墨離軍應□

2 牒得□

一六　武周請備狂賊殘文書(一)　　72TAM225:36(a)

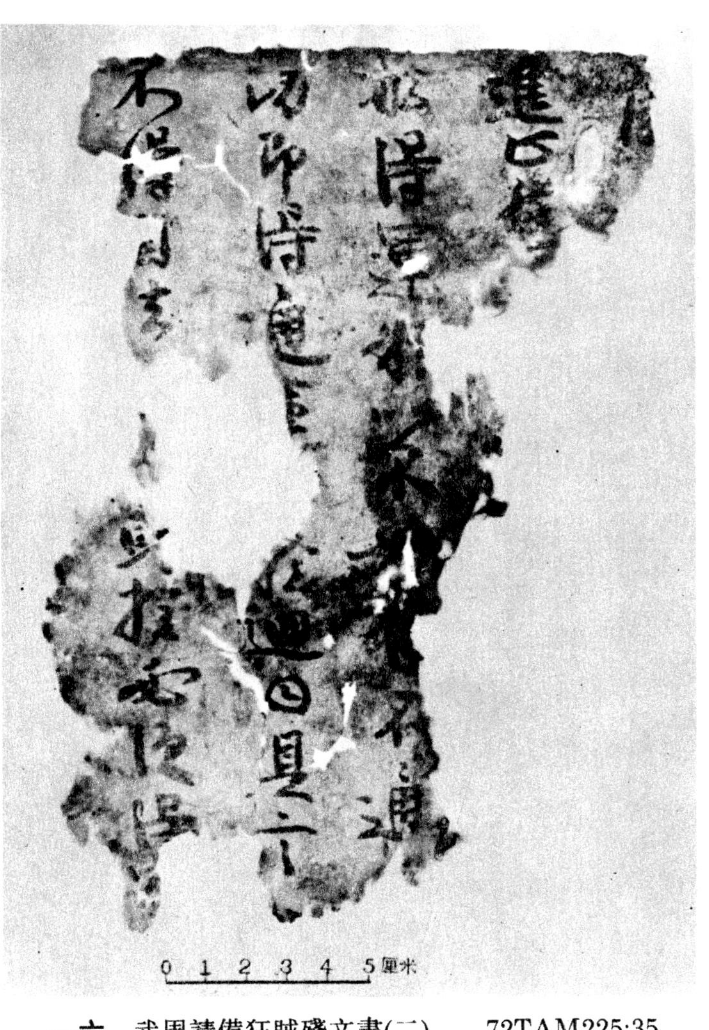

一六　武周請備狂賊殘文書(二)　　72TAM225:35

一六　武周請備狂賊殘文書

本件（一）有殘印二處。（二）中有武周新字。

（一）

1 □自□私家□馬□

2 □草澤□有或恐□

3 □備狂賊□事若不預作防□，

4 □其百姓

5 □牧放

（二）

1 □□

2 進止從□

3 船得運糧以不，如有不通□

4 功即得通運□檢迴〇(日)具言□

5 不得自去□即檢必須得□

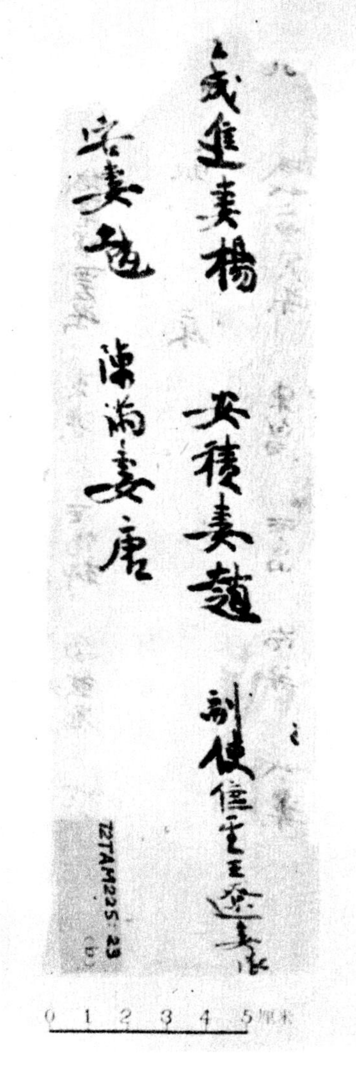

一七　武周王成進妻楊等名籍　72TAM225:23(b)

一八　武周沙州敦煌縣田畝籍帳　72TAM225:23(a)

一九　唐軍府衛士名籍　72TAM225:36(b)

一七　武周王成進妻楊等名籍

本件正面爲敦煌縣田畝籍帳，粘接縫上殘印當爲田籍押印。

1 [王]成進妻楊　安積妻趙　副使儀至（人）[王]遼妻張

2 客妻趙　陳滿妻唐

一八　武周沙州敦煌縣田畝籍帳

本件內記有「八尺渠」，乃敦煌縣渠名，又稱「自田」，不稱「自至」，亦敦煌所出籍帳特徵。同墓所出有《武周久視二年沙州敦煌縣懸泉鄉上柱國康萬善牒》，知本件亦自敦煌流入。紀年已缺，同出多武周時豆盧軍文書，本件背面名籍有武周新字，年代應亦相當。又本件分別記若干畝床及粟，與一般手實、户籍不同。背面騎縫有殘印，不能辨識。阿斯塔那二三〇號墓出有上蓋敦煌縣印之籍帳一件（72TAM230:67(a)），內容、字跡、紙質與本件均同，疑本是一件。

1 城西七里西支渠　東渠　西楊端　南

然鬼　北渠

2 畝　床

3 畝　城北二里八尺渠　東自田　西自田　南

渠　北渠

一九　唐軍府衛士名籍

本件正面爲《武周請備狂賊殘文書》之（一），同墓所出多武周文書，疑本件亦在武周時，但無確據，姑置於唐代。

1 [永]平府衛士胡外生　貫坊□[中]部縣安平鄉　神安里

父通□

2 □[縣]□[鄉]□感爲

□□

二一　唐軍馬集會殘文書　72TAM225:32

二〇　唐公孫知基等名籍　72TAM225:41

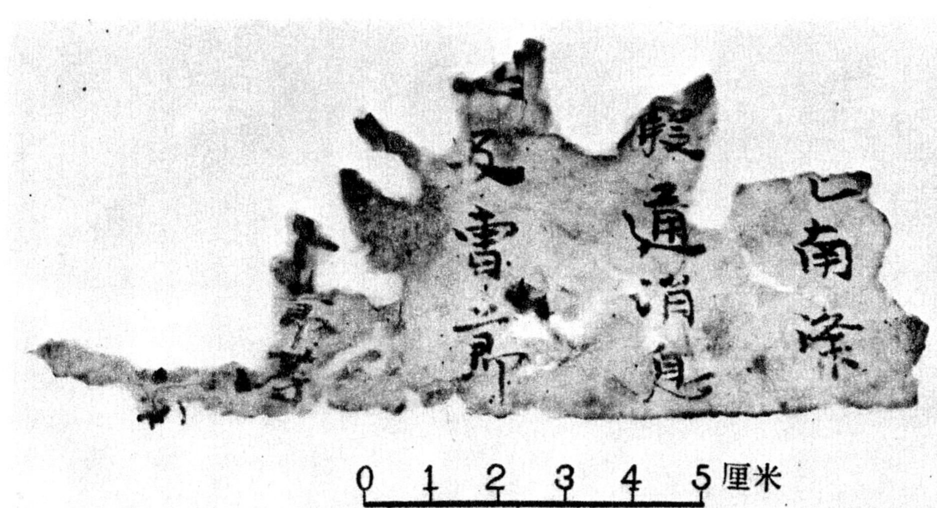

二二　唐曹節殘文書　72TAM225:43

二〇　唐公孫知基等名籍

本件有殘印二處。亦有可能爲武周文書，但無武周新字，故暫列爲唐代。

1　［　　］公孫知基

2　［　　］壽　楊義本

3　［　　］英　郭懷壽

4　［　　］　氾保養

二一　唐軍馬集會殘文書

本件疑與前列豆盧軍文書同時，但無武周新字，故暫列爲唐代。

1　［　　］息［　　］［　　］

2　［　　］軍馬集會

3　［　　］〔依〕撿得［　　］

二二　唐曹節殘文書

本件時間同上件。

1　［　　］〔已〕南降

2　［　　］〔假〕通消息

3　［　　］［　　］及曹節

4　［　　］節等

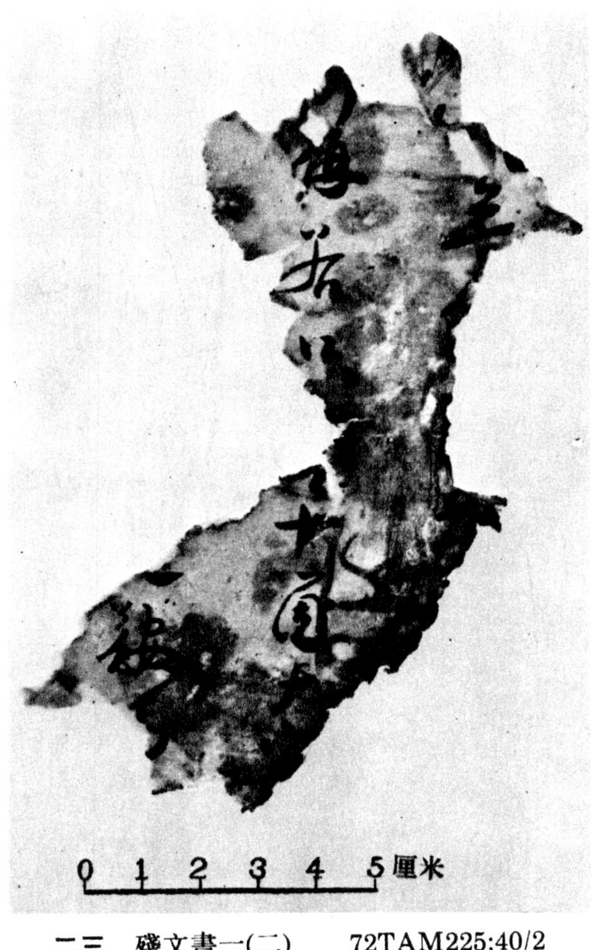

二三　殘文書一(二)　72TAM225:40/2

二三　殘文書一(一)

72TAM225:40/1(a),40/3(a)

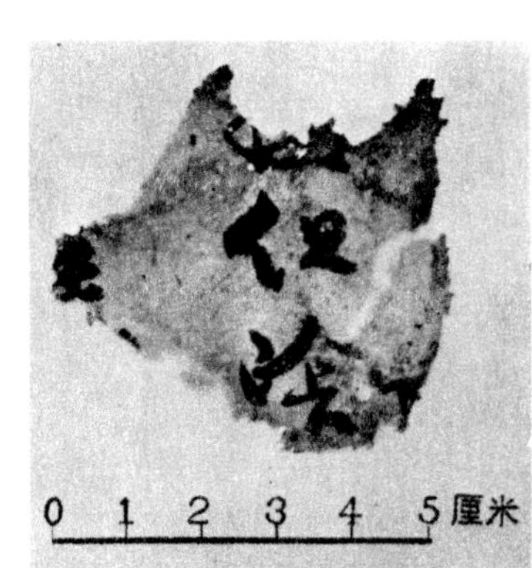

二四　殘文書二

72TAM225:45/1

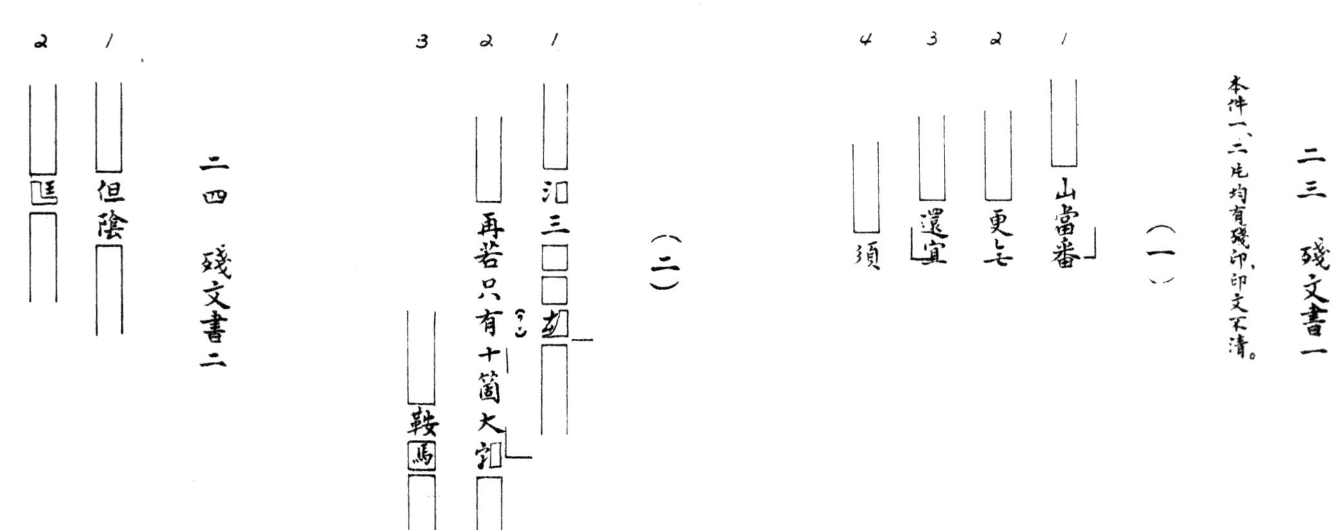

二三　殘文書一

本件一、二片均有殘印，印文不清。

（一）

1 ［　　］山當番［　　］

2 ［　　］更乞［　　］

3 ［　　］還宜［　　］

4 ［　　］須

（二）

1 ［　　］汜三□□劫［　　］

2 ［　　］再若只有（？）十箇大郭［　　］

3 ［　　］鞍馬［　　］

二四　殘文書二

1 ［　　］但陰［　　］

2 ［　　］医［　　］

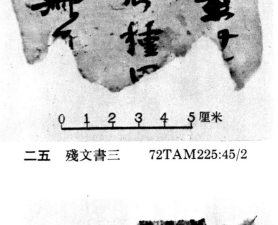

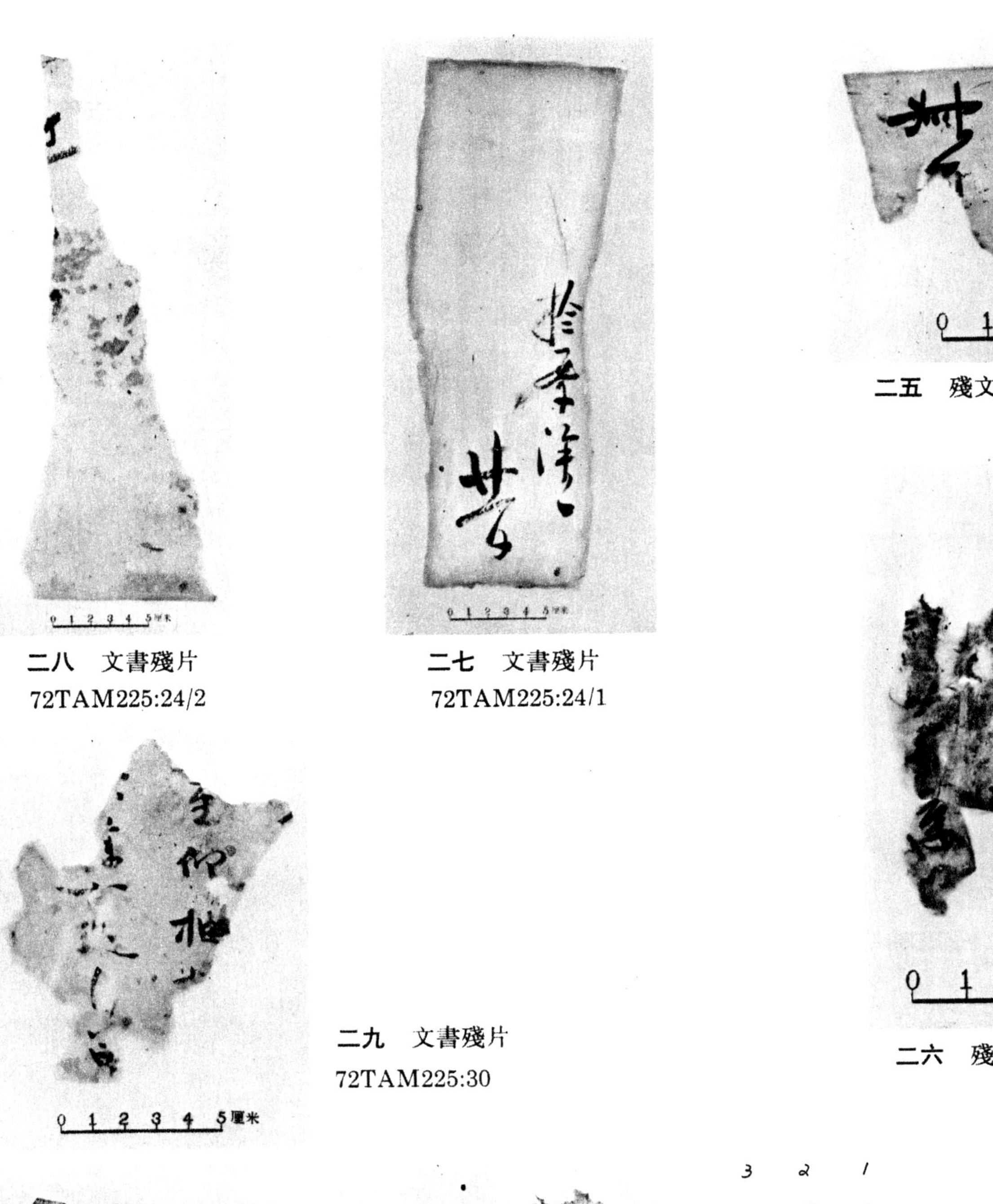

二八　文書殘片
72TAM225:24/2

二七　文書殘片
72TAM225:24/1

二五　殘文書三　　72TAM225:45/2

二九　文書殘片
72TAM225:30

二六　殘文書四　　72TAM225:45/4

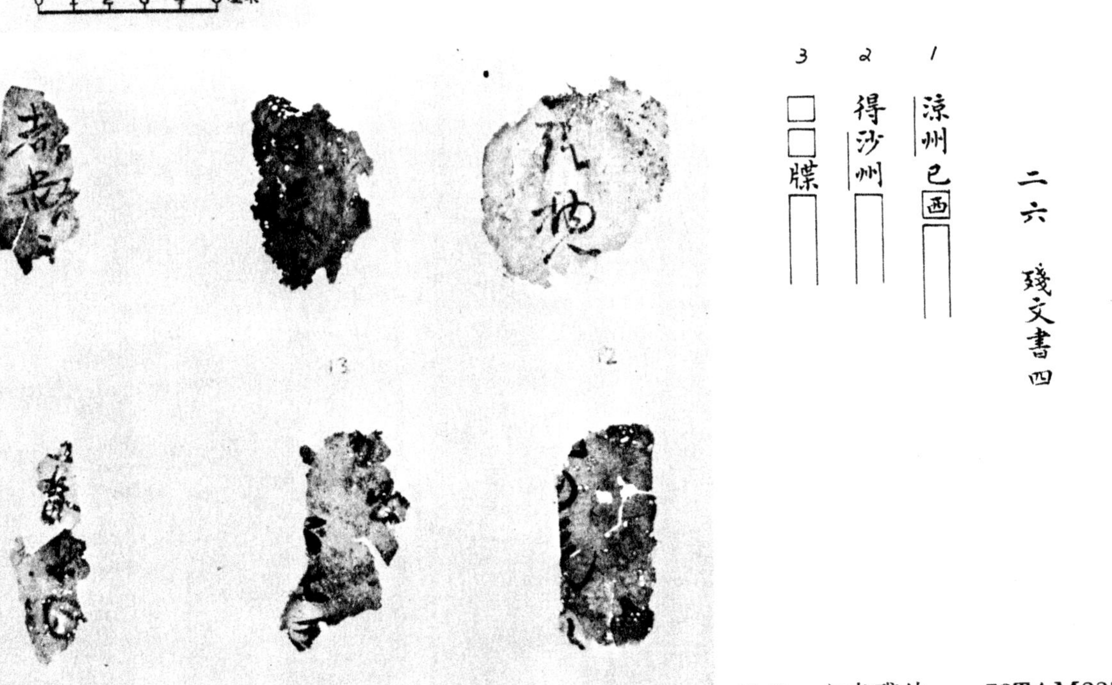

三〇　文書殘片　　72TAM225:44/9～44/14

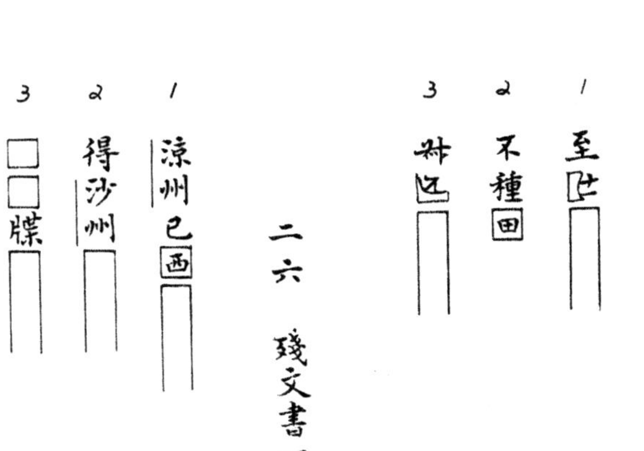

二五　殘文書三

1 至匹[　　]
2 不種田
3 卅匹[　　]

二六　殘文書四

1 涼州已酉[　　]
2 得沙州[　　]
3 □□牒[　　]

阿斯塔那九三號墓文書

本墓爲合葬墓，無墓誌及隨葬衣物疏。男屍在外，應係後葬，出文書三件，爲二、一五、一六號。一六號爲殘片，二及一五號爲武周長安二年（公元七〇二年）文書。女屍紙鞋上拆出文書爲二三至三〇號，共八件，綴合成六件。紀年皆缺，亦不見武周新字，當書於載初改行新字前。

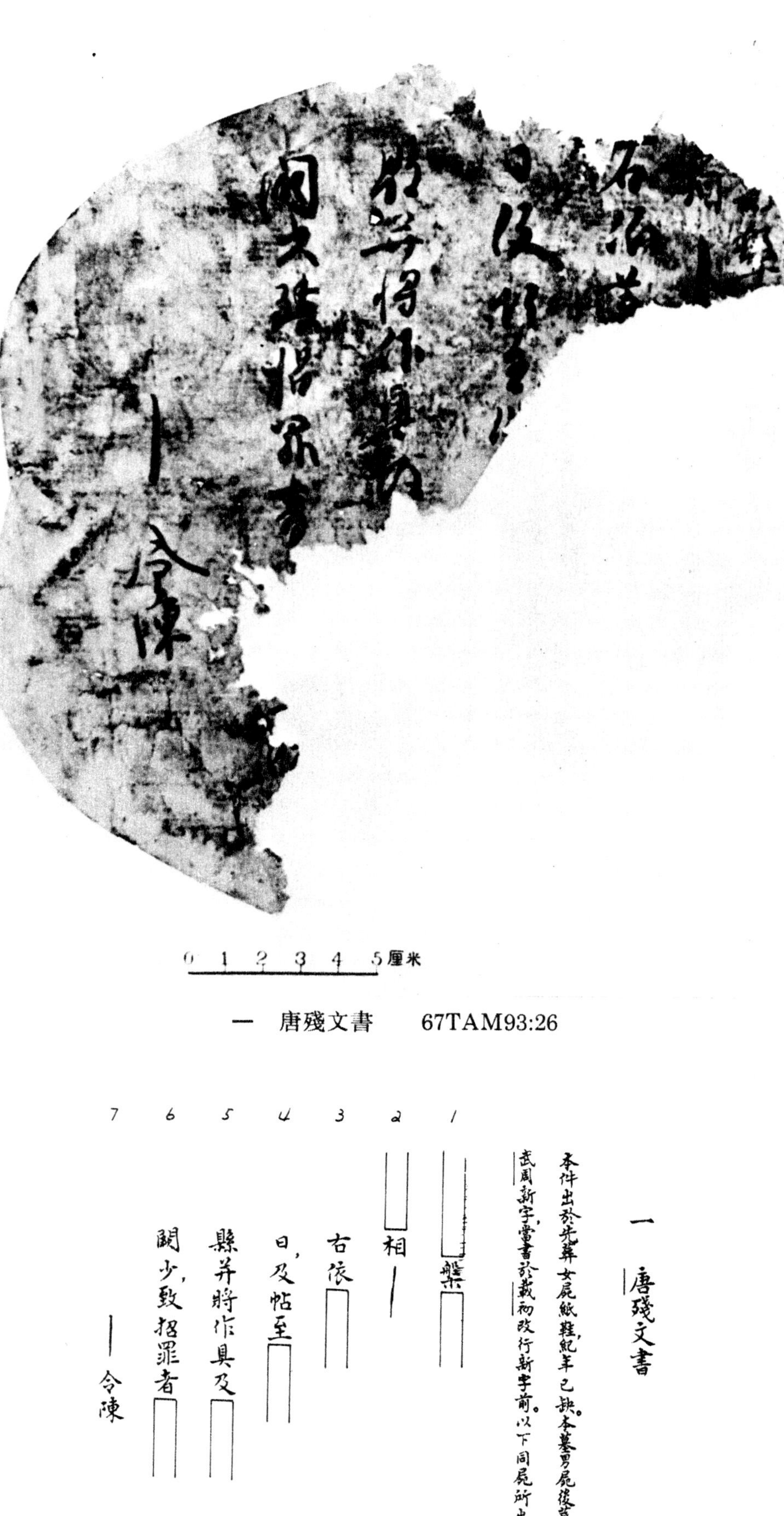

0 1 2 3 4 5 厘米

一　唐殘文書　67TAM93:26

一　唐殘文書

本件出於先葬女屍紙鞋，紀年已缺。本墓男屍後葬，所出爲長安年間文書。本件不見武周新字，當書於載初改行新字前。以下同屍所出文書皆同。

1 〔　　〕槃〔　　〕
2 〔　　〕相〔　　〕
3 古依〔　　〕
4 日，及帖至〔　　〕
5 縣并時作具及〔　　〕
6 闕少，致招罪者〔　　〕
7 ——令陳

二　唐西州高昌縣嚴某雇人上烽契　67TAM93:25

三　唐西州高昌縣陽某雇人上烽契　67TAM93:24

二　唐西州高昌縣嚴某雇人上烽契

1 六月一日，高昌縣人嚴
2 □□交雇取交河縣人趙松
3 □當交河上烽壹次拾伍日。其錢
4 □付了。若烽有逋
5 當，嚴悉不知。若
6 □人隨身
7 □畫指

三　唐西州高昌縣陽某雇人上烽契

1 年六月一日，高昌縣
2 □□錢拾文雇交河縣人
3 □用神山烽上壹次拾伍日。
4 即日交相付了。若烽上有逋
5 當，陽悉不知。
6 畫指

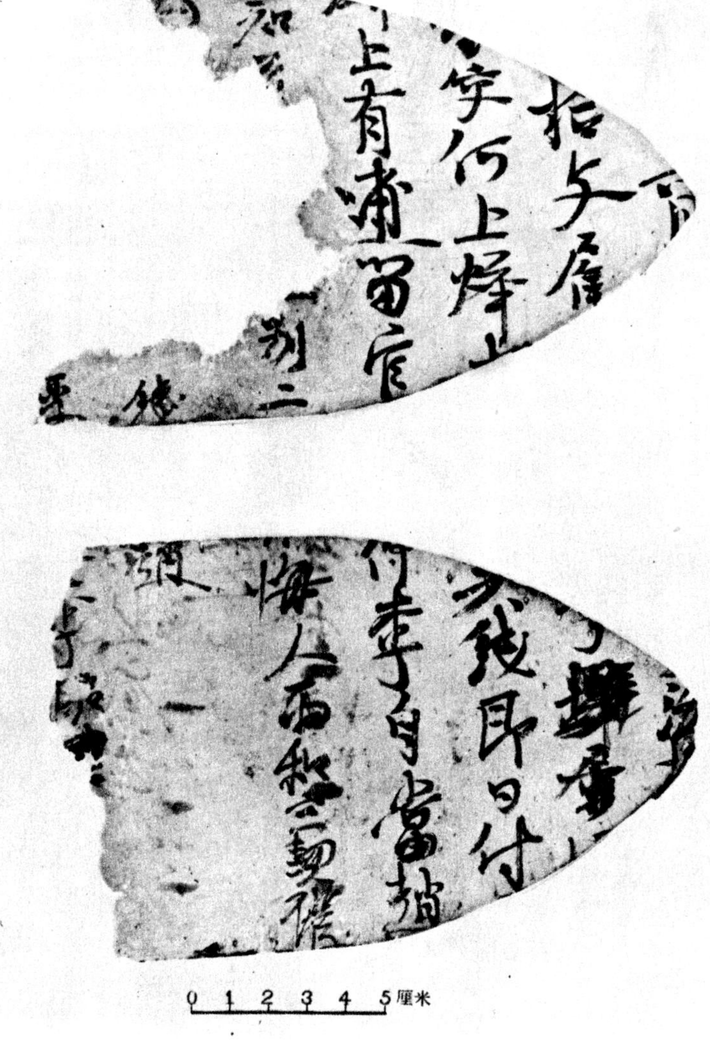

四　唐西州趙某雇人上烽契　　67TAM93:27(a),28(a)

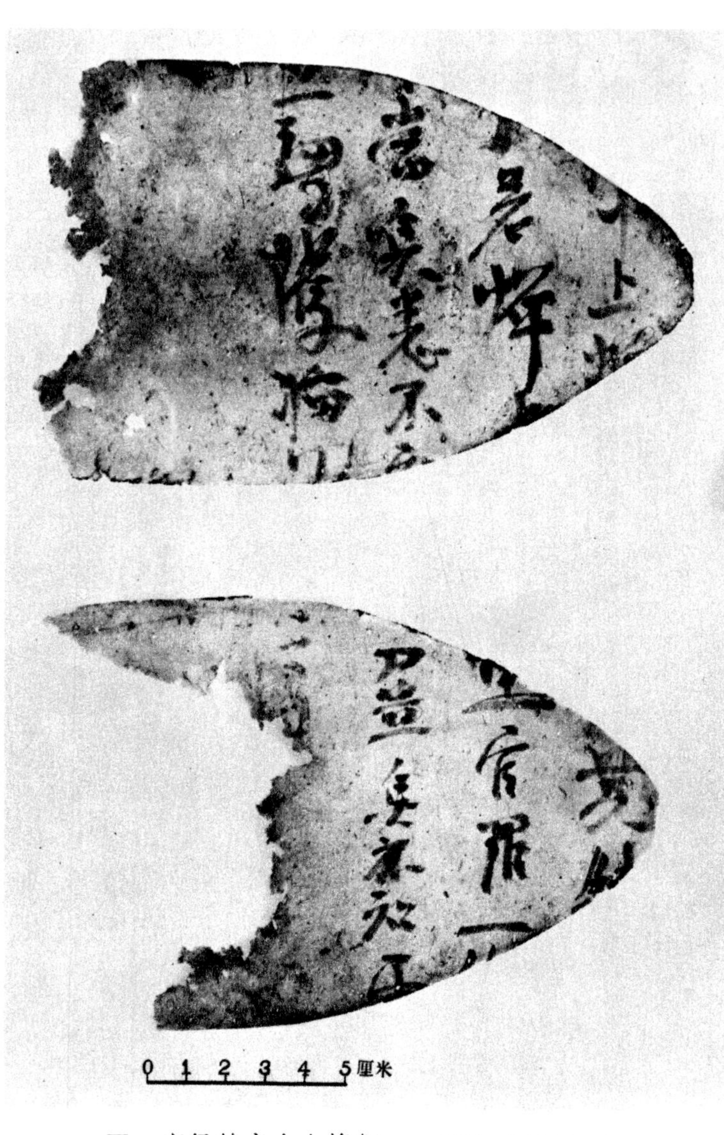

五　唐侯某雇人上烽契　　67TAM93:29,30

四　唐西州趙某雇人上烽契

1 [　　][六][月][　　][海][　　]

2 [　　]拾文雇[　　][李](駋)居[　　]
（河）

3 [　　]交何上烽[　　][其]錢即日付[　　]

4 [烽]上有逋留官□□[卯]李自當趙

5 □□知。□□□別二□□悔人。兩和立契，獲

6 □[爲]。□

7 錢□　趙

8 [受]□□李[駋][居]

五　唐侯某雇人上烽契

1 [　　]上[烽][　　]其[錢][　　]

2 [　　]若烽[上][　　]官罪，一[卯]□

3 □當，侯悉不[知]。[　　]刀箭，侯不知。兩□

4 [立]契，獲指[爲][信]。

六　唐□□達等馬具帳　67TAM93:23(b)

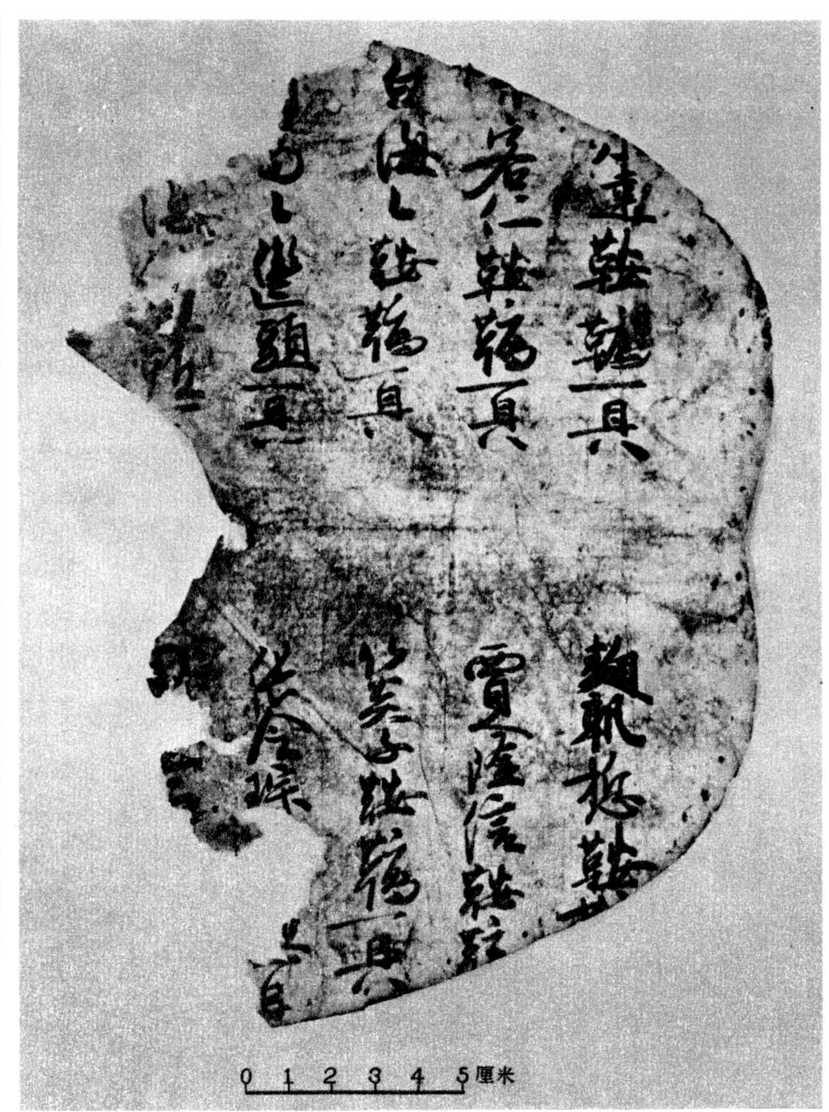

六　唐□□達等馬具帳　67TAM93:23(a)

六　唐□□達等馬具帳

本件係兩面連接書寫。

1 □□達鞍韉一具　麴軌𢫬鞍韉□□□

2 □客仁鞍韉一具　賈隆信鞍韉□□

3 白海々鞍韉一具　竹交子鞍韉一具

4 □□々轡頭一具　張令琮□頭一具

5 □□海轡頭一□　□

6 □鞍韉及轡頭等□〔一〕

注釋

〔一〕本件正面至五行止，中缺，轉寫於紙背（倒寫），殘存一行，今作爲六行。

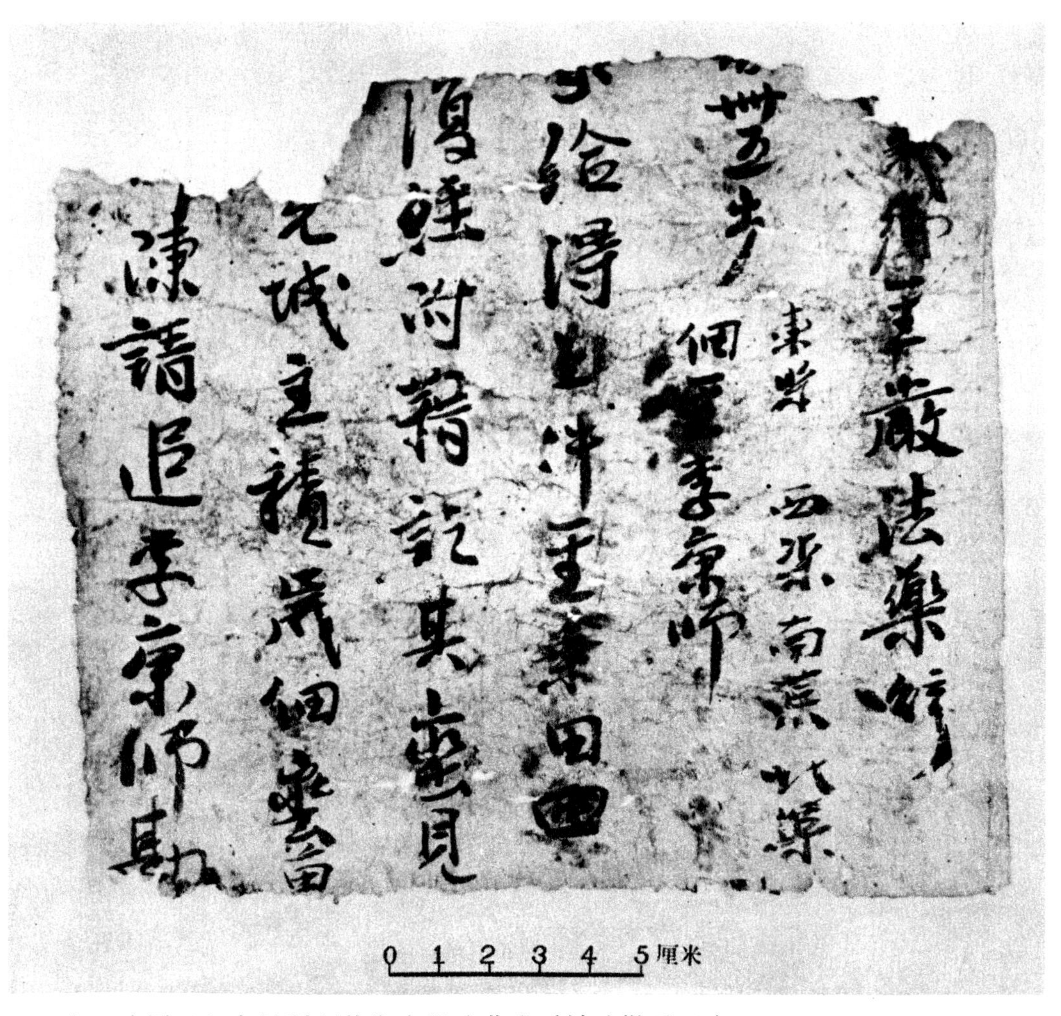

七　武周西州高昌縣順義鄉人嚴法藥辭爲請追勘桑田事　　67TAM93:15(a)

七　武周西州高昌縣順義鄉人嚴法藥辭爲請追勘桑田事

本件紀年已缺，內用武周新字，又背面僅用作《武周長安二年（公元七〇二年）前仁辭》。本件必作於載初（公元六八九年）改行新字後，長安二年五月以前。

1 □義鄉（人）𤯔嚴法藥辭

2 □卌五步　東渠　西渠　南荒　北渠
　　　　佃𤯔李康師

3 □給得上件𤯔桑田四

4 □復經附籍訖。其（地）埊見

5 □兄城主積歲佃埊畝

6 □陳，請追李康師勘

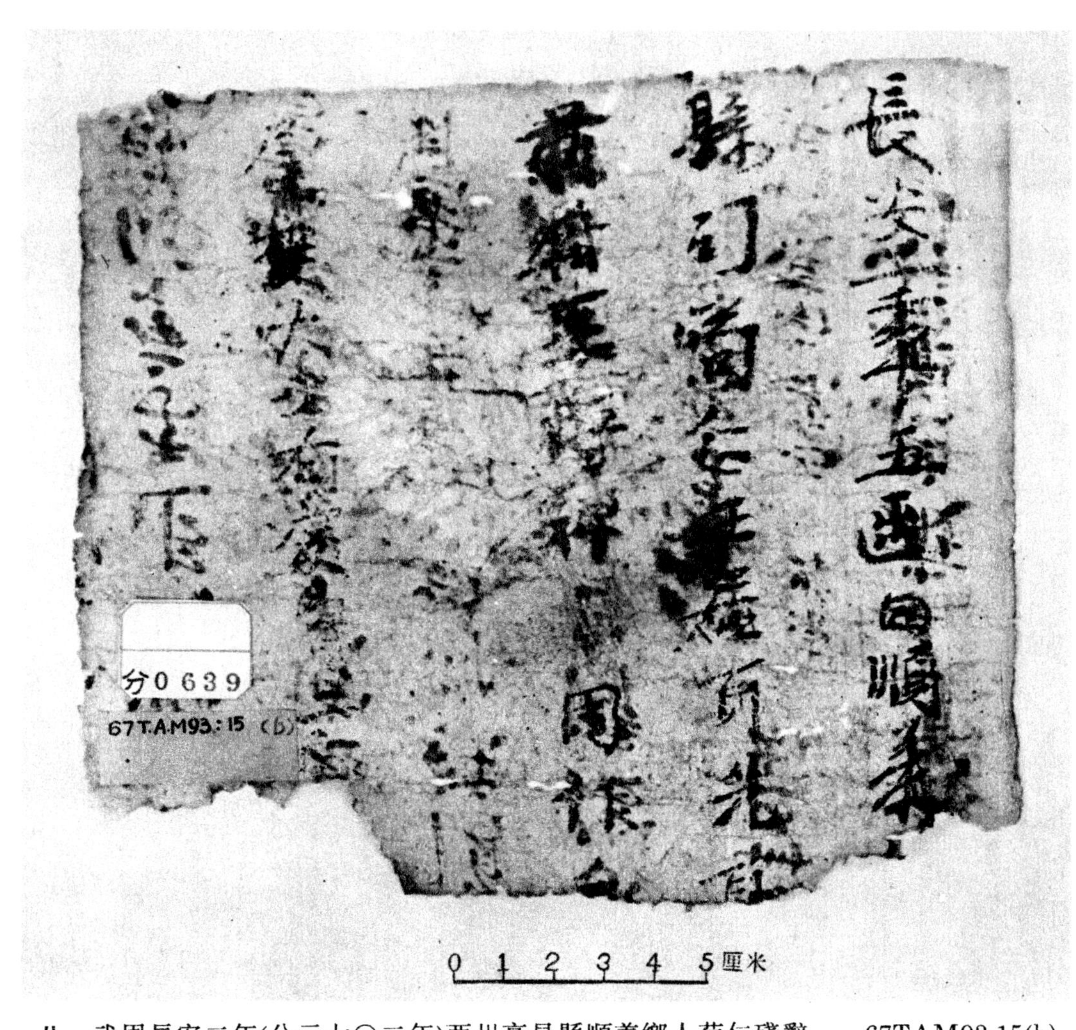

八　武周長安二年(公元七〇二年)西州高昌縣順義鄉人苟仁殘辭　　67TAM93:15(b)

八　武周長安二年（公元七〇二年）西州高昌縣順義鄉人苟仁殘辭

本件係一未寫完之殘辭，第四行與前無關，係後人所書。

1 長安二𠦚(年)五𠥱(月)〇(日)順義［　　］

2 縣司：苟仁王居百〔一〕先敢［　　］

3 前件至將婢　用作［　　］

4 戶主〇大女左慶□二畝［　　］

注釋

〔一〕「王居百」三字不清，未知是否人名。

九 武周長安三年（公元七〇三年）西州高昌縣嚴苟仁租葡萄園契 67TAM93:2

一〇 唐殘契 67TAM93:28(b)

一一 文書殘片 67TAM93:16

九 武周長安三年（公元七〇三年）西州高昌縣嚴苟仁租葡萄園契

1 長安叁𠡦（年）三𠥱（月）二𡆠（日），嚴苟仁於麹善通邊租取張渠陶（萄）

2 蒲一段二畝。陶内有棗樹大小拾根，四院墻壁並全。其陶

3 契限五𠡦收佃。今𠡦為陶内支橋短，當𠡦不論價直。至辰

4 歲，与租價銅錢肆伯捌拾文。到巳歲，与租價銅錢陸伯肆

拾文。

5 至午歲，与租價銅錢捌伯文。到未歲，一依午歲價，与捌伯

文𠡦。

一〇 唐殘契

1 □人康□海之□

2 □人□

3 □多□奴□

阿斯塔那一二五號墓文書

本墓無墓誌及隨葬衣物疏。所出文書均拆自紙靴，有紀年者爲武周長安四年（公元七〇四年），其餘亦有武周新字，時間應與之相當。

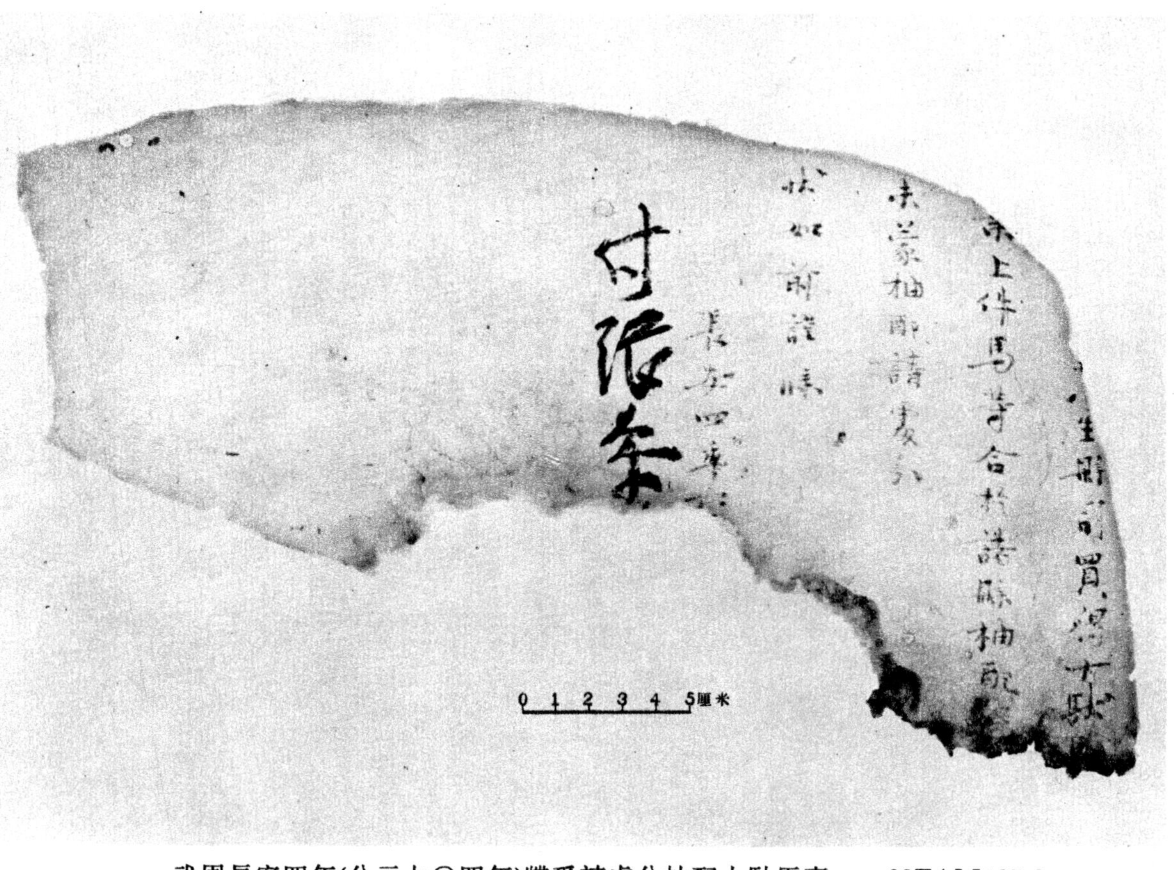

一　武周長安四年(公元七〇四年)牒爲請處分抽配十䭾馬事　69TAM125:6

一　武周長安四年（公元七〇四年）牒爲請處分抽配十䭾馬事

1 [缺]𤯔（人）縣司買得十䭾馬，[缺]

2 [缺][來]上件馬等，合於諸縣抽配得[缺]

3 [缺]未蒙抽配，請處分。

4 □□狀如前，謹牒。

5 長安四𠡦（年）六[缺]

6 付𢊿（張）叅（參）[缺]

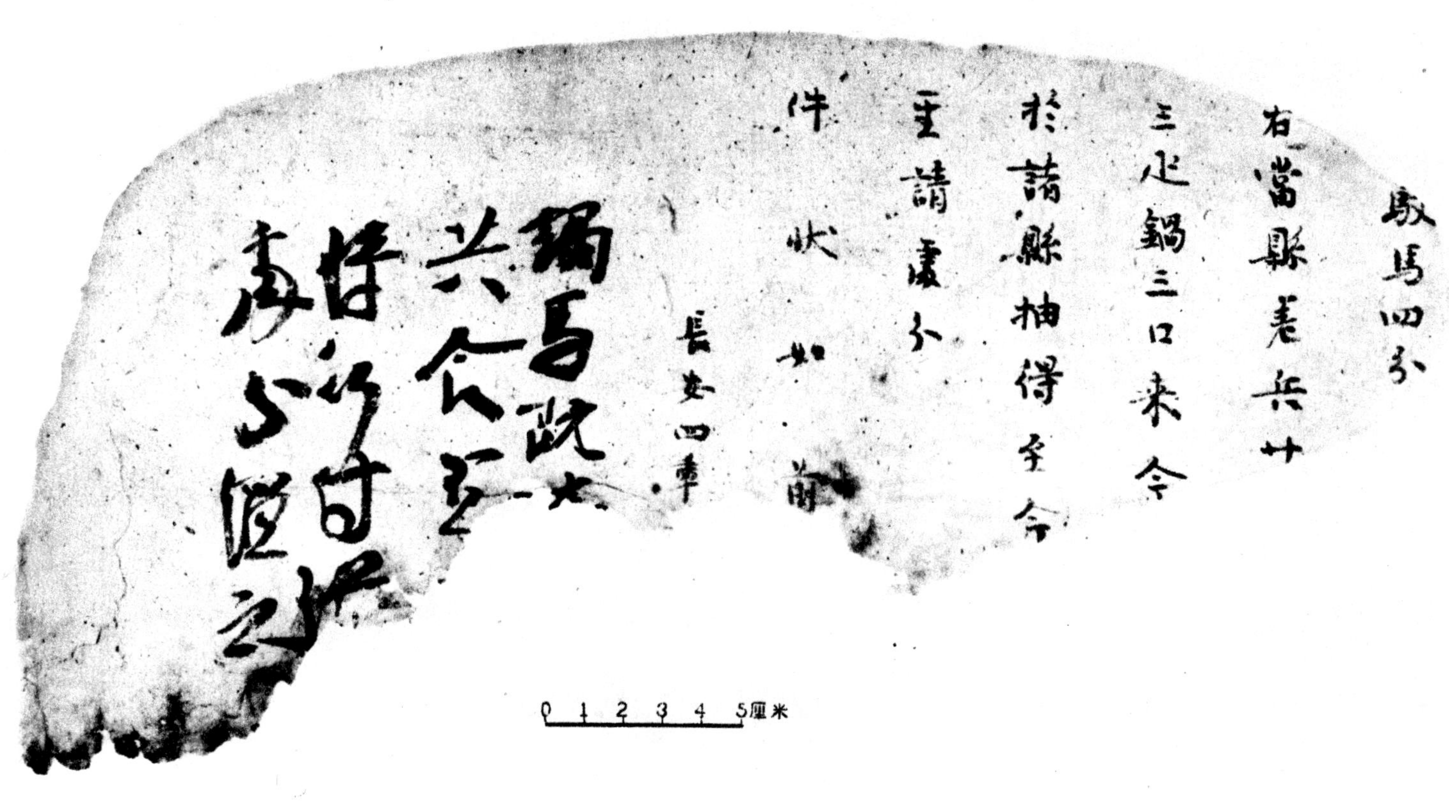

二　武周長安四年(公元七〇四年)牒爲請處分鍋馬事　69TAM125:7

二　武周長安四年（公元七〇四年）牒爲請處分鍋馬事

1 馭馬四分

2 右當縣差兵卅

3 三尺鍋三口來，今

4 於諸縣抽得，至今

5 至（以）請處分。

6 □件狀如前

7 長安四季（年）

8 鍋馬既

9 共合宜

10 將行付張

11 處分。僉示。

三　武周軍府牒爲請處分買十馱馬事　　69TAM125:3

三　武周軍府牒爲請處分買十馱馬事

□□[給]公驗，并下圍知，恐後湯徵兵士。
□依問趙通、得其夏君達等十馱馬，當奉(入)
[折]衝處[分]，[　　]陪王范緒
隆、張才[仁]、[趙][追](?)[　　]謝過漢□
楊調達、范[亥][　　]再達等並無
馬可將，遂夏[君][　　]其價合
是緒隆等家王知，[請][　　]
馬主。謝過、洛懂夏阿[　　]
其馬見在，仍其[因](月)[　　]
其見在馬，請問[　　]
受重罪者。准[　　]

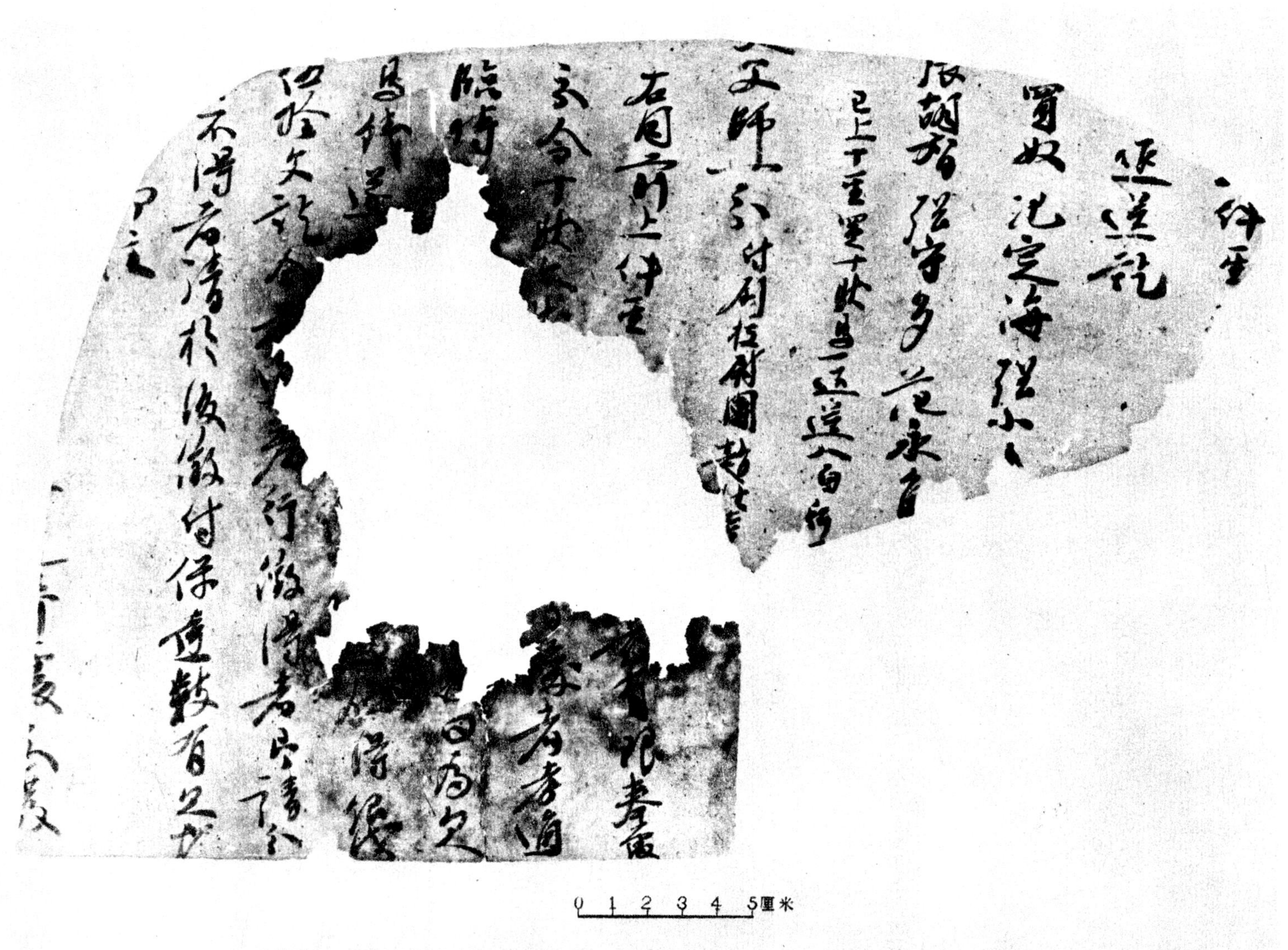

四　武周軍府牒爲請處分買十馱馬欠錢事　69TAM125:2

四　武周軍府牒爲請處分買十馱馬欠錢事

□件至(人)［　　］
疋送訖
□買奴　氾定海　張小［　　］
[張]胡智　張守多　范永［　　］
已上十匹買十馱馬一疋送八百行［　　］
□父師一分　付劉校尉圖趙［　　］
右同前上件至［　　］發有限奉[處]
分，令十馱六［　　］[有]換者孝通
臨時［　　］發(曰)(人)爲欠
馬錢遂［　　］馬領得銀錢
伍拾文訖，令孝通差行徵得者，即請分
□不得者，請於後徵付保達數有欠少
□[即注]
［　　］[處分發]

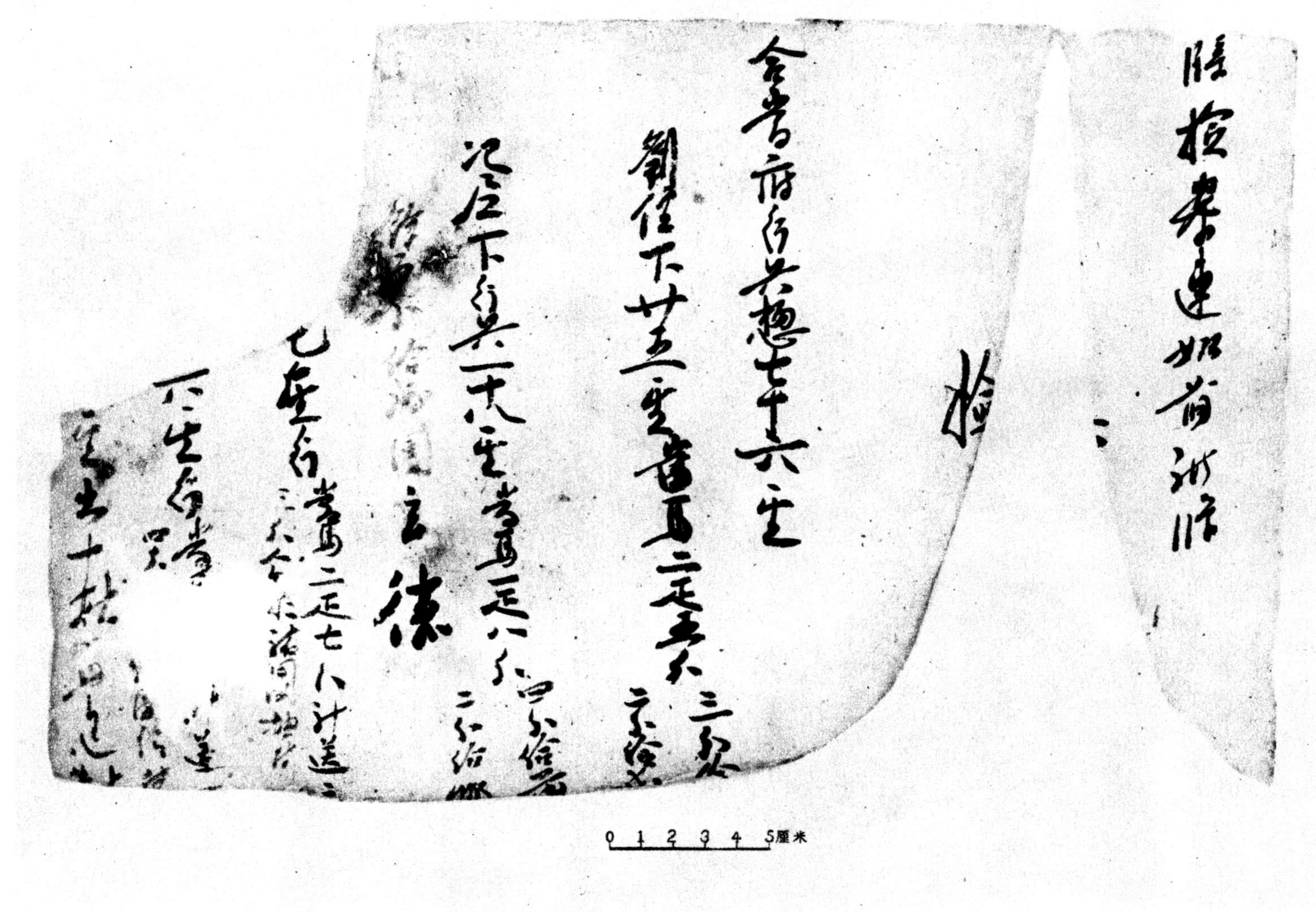

五　武周軍府牒爲行兵十馱馬事　　69TAM125:5(a)

五　武周軍府牒爲行兵十馱馬事

牒檢案連如前。謹牒。

□ 檢

□ 合當府行兵總七十六疋(人)

劉住下廿五疋當馬二疋五分 三分給□ 二分給□

汜尼下行兵一十八疋當馬一疋八分 四分給團□ 二分給□

餘二分給成團 玄德

□七疋行 當馬二疋七分。計送二□ 三分合於諸團抽付

□六疋行 當馬□ 四分□ □送 □團給付

□疋出十馱馬追付

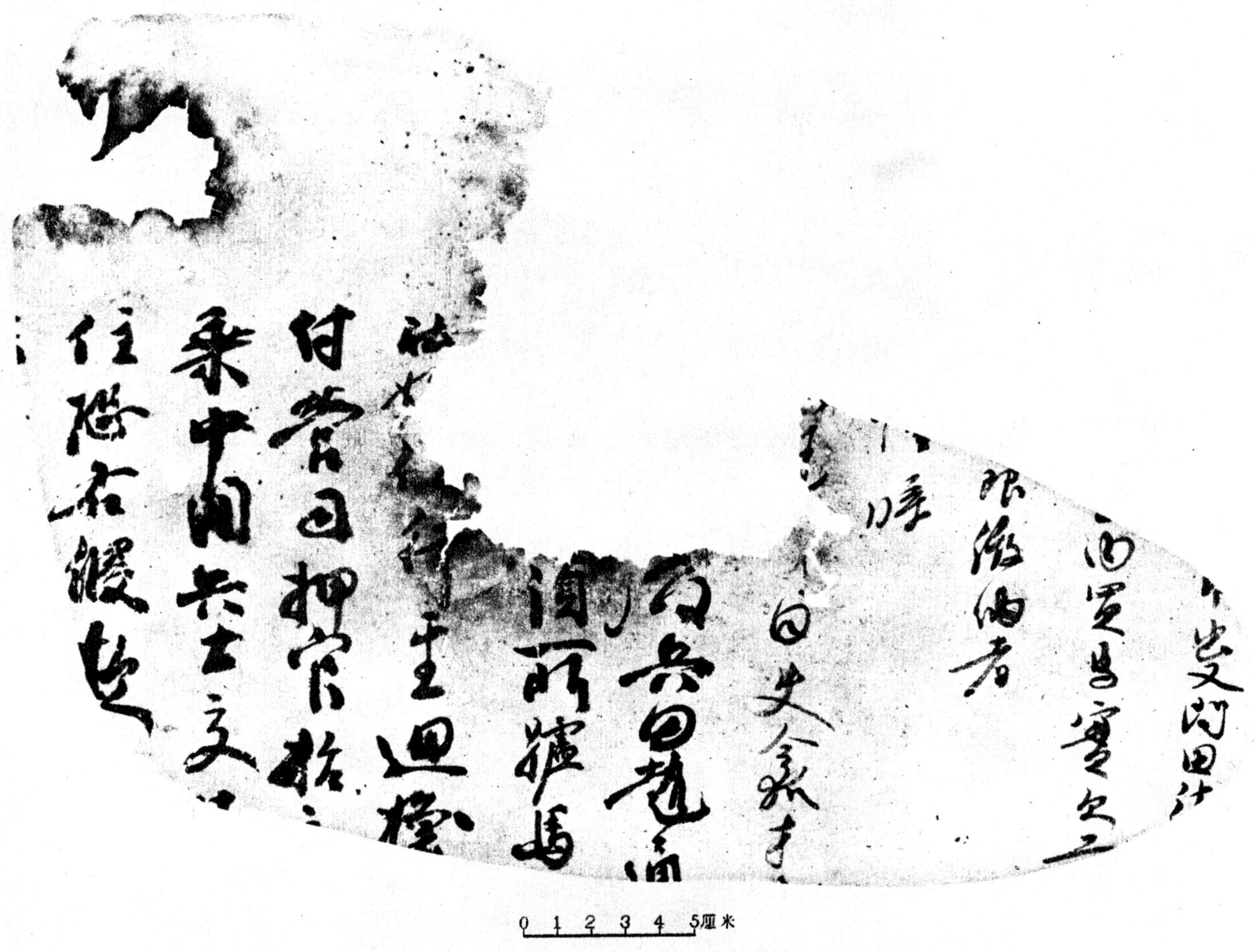

六　武周軍府牒爲行軍所須驢馬事　　69TAM125:4

六　武周軍府牒爲行軍所須驢馬事

[　]出，又問田[　]
[　]内買馬，實欠二[　]
[　]限繳納者。
[　]謹牒。
[　]𠥱(月)〇(日)史令狐才[　]
[　]發兵〇趙通[　]
[　]須所驢馬，[　]
化[　][　]行𡦂(人)迴換，[　]
付營司押官𢩥(括)[　]
乘，中間兵士交[　]
住，恐右(有)侵擾[　]

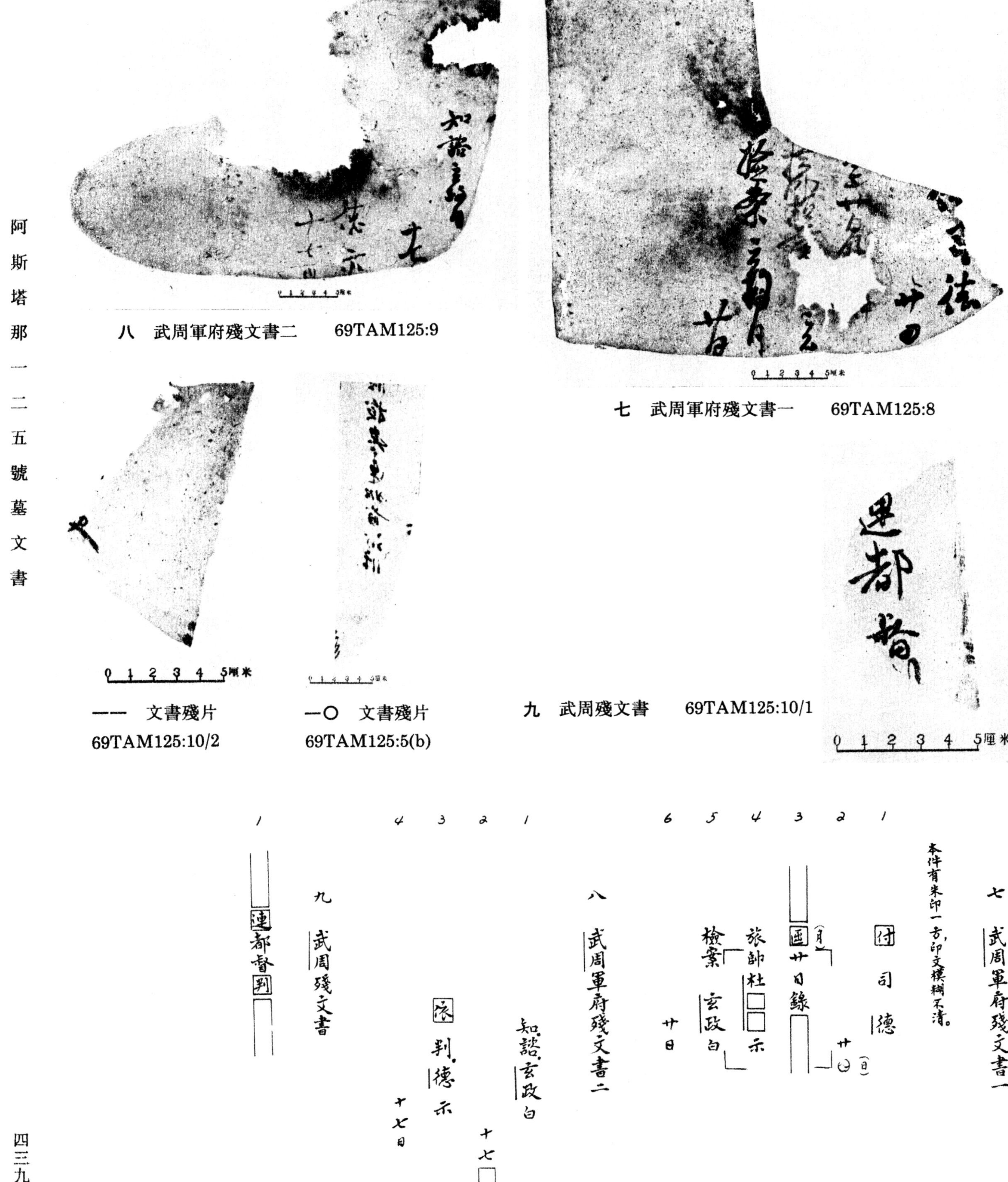

八　武周軍府殘文書二　69TAM125:9

七　武周軍府殘文書一　69TAM125:8

一一　文書殘片　69TAM125:10/2

一〇　文書殘片　69TAM125:5(b)

九　武周殘文書　69TAM125:10/1

七　武周軍府殘文書一

本件有朱印一方，印文模糊不清。

1　付司德

2　廿㊐(日)

3　［　　］匝(月)廿日錄［　　］

4　旅帥杜□□示

5　檢案玄政白

6　廿日

八　武周軍府殘文書二

1　知。諮。玄政白

2　十七□

3　依判。德示

4　十七日

九　武周殘文書

1　［　　］連都督判［　　］

阿斯塔那六七號墓文書

本墓無墓誌及隨葬衣物疏。所出文書亦無紀年。但文書中有武周新字。

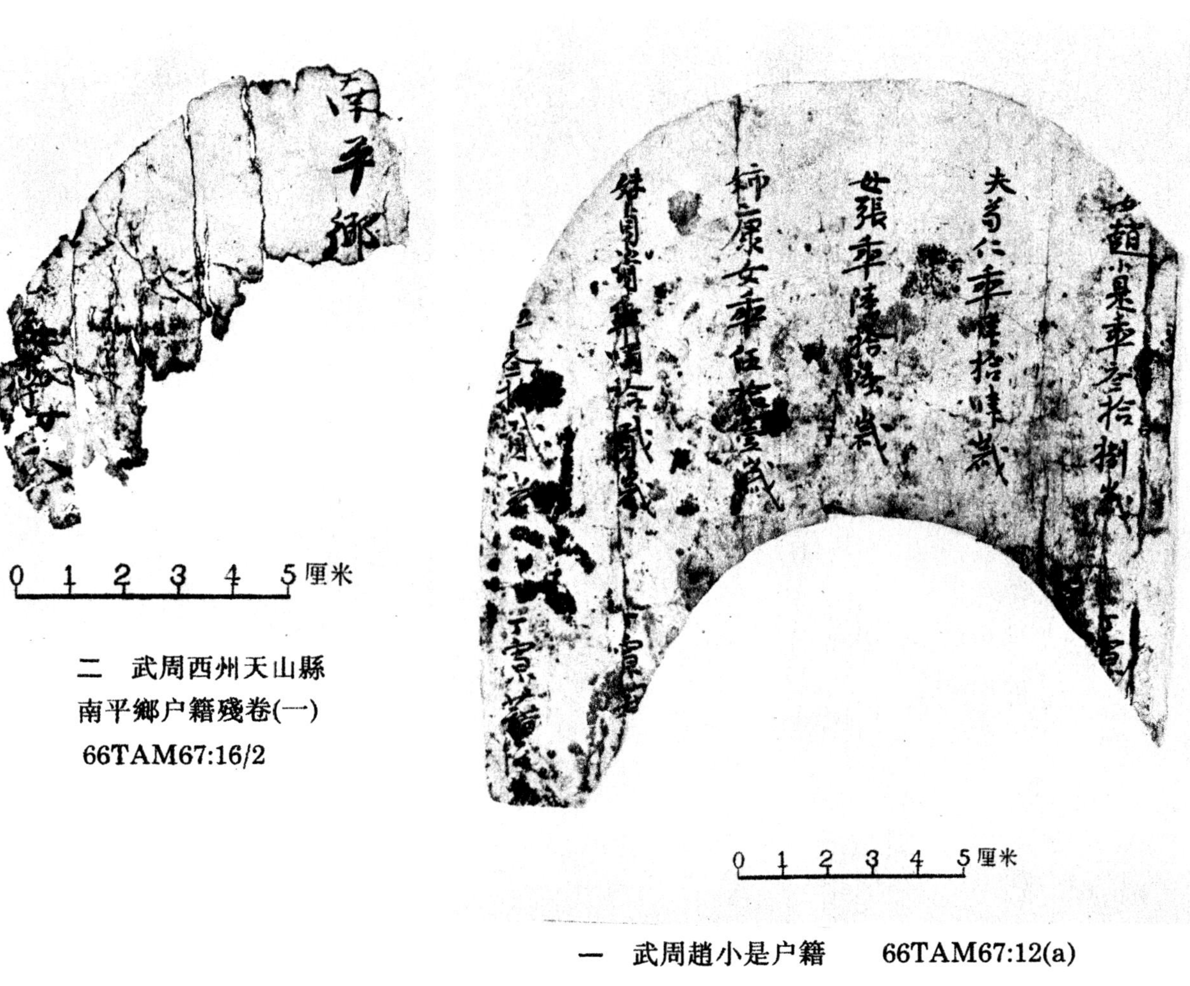

一　武周趙小是户籍　66TAM67:12(a)

二　武周西州天山縣南平鄉户籍殘卷(一)　66TAM67:16/2

一　武周趙小是户籍

1 □□□[女]趙小是年(年)叁拾捌歲　丁寡

2 夫苟仁年肆拾肆歲 □

3 母張年陸拾陸歲 □

4 姉康女年伍拾壹歲 □

5 妹資眞年肆拾貳歲　丁寡[籍] □

6 □[年]叁拾貳歲　丁寡籍後 □

二　武周西州天山縣南平鄉户籍殘卷

（一）

1 □南平鄉□

2 □[海]年(年)[卅][六]

二　武周西州天山縣南平鄉户籍殘卷(四)　　66TAM67:16/5

二　武周西州天山縣南平鄉户籍殘卷(二)　　66TAM67:16/3

三　唐西州蒲昌縣王辰歡等户籍(一)　　66TAM67:13(a)

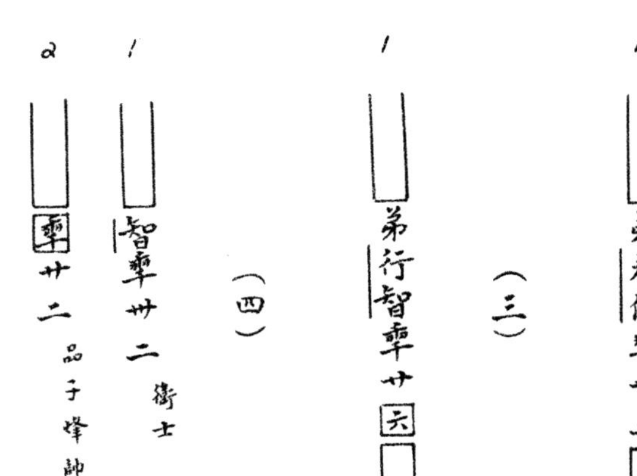

二　武周西州天山縣南平鄉户籍殘卷(三)　　66TAM67:16/4

（二）

1 [ ]弟君住𠡦卌五[ ]

（三）

1 [ ]弟行智𠡦卌[六][ ]

（四）

1 [ ]智𠡦卌二　衛士

2 [ ][𠡦]卌二　品子烽帥

三　唐西州蒲昌縣王辰歡等户籍

本件蓋有蒲昌縣印。紀年已缺。文内「年」字不寫武周新字，不在載初改字前，則在長安後。今從後排在武周後。

（一）

1 一段一畝[ ]

2 [ ]畝永[ ]　不

3 一段一畝永業[ ]

4 一段卌步居住[ ]

5 户主王辰歡　年陸拾[ ]

6 妻李　年陸拾[ ]

7 □守丘　年叁[ ]

8 丘妻李　年[ ]

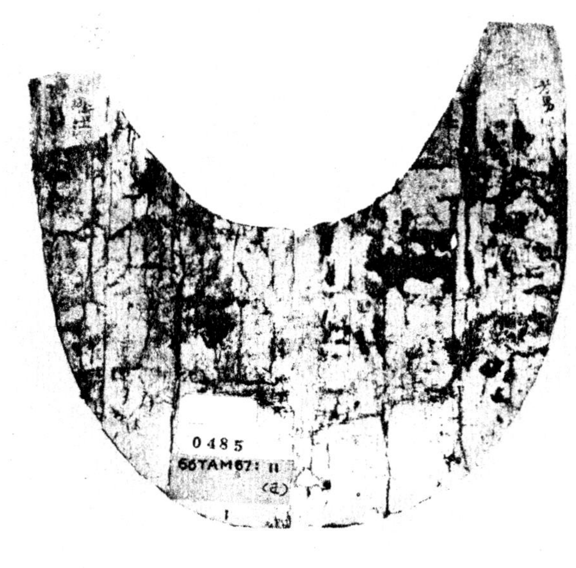

三　唐西州蒲昌縣王辰歡等户籍(二)　66TAM67:11(a)

四　唐殘番役文書　66TAM67:16/1

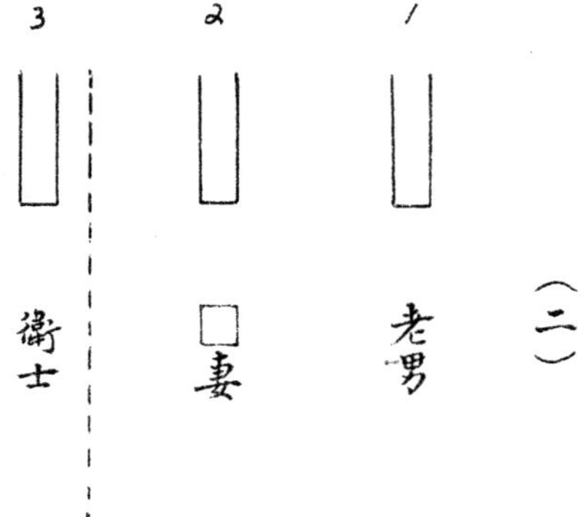

（二）

1 □老男

2 □□妻

3 □衛士

四　唐殘番役文書

1 □一十二人逃走

2 □三人渠長

3 □番上下

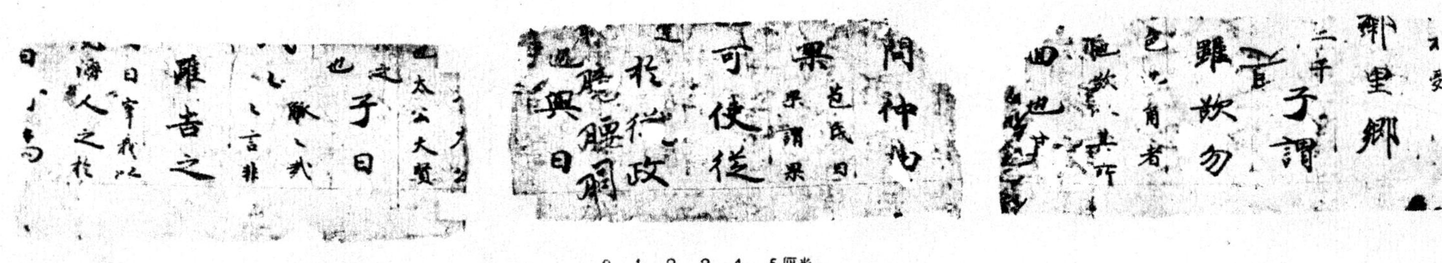

五　古寫本《論語集解》殘卷(一)　　66TAM67:14/1(a)～14/3(a)

五　古寫本《論語集解》殘卷

本件有烏絲欄格，背面有習字。本件三、四行之間，六行之後，十行與十一行之間，均有後人戲書字，今不錄。本件殘剩二片，片(一)爲《雍也》章，(二)爲《先進》章。

（一）

1　□受
2　鄰里鄉
3　二千　子謂
4　雖欲勿
5　色[巴]角者也欲以其所
6　由也[其]
7　問仲由
8　果苞氏曰果謂果
9　可使從
10　達於[從]政
11　也與曰
12　□公也太公大賢
13　□之也子曰
14　々觚々哉々々言非
15　雖告之
16　□曰宰我以□濟人之於
17　[曰][何][爲]

五　古寫本《論語集解》殘卷(二)
66TAM67:14/4(a)

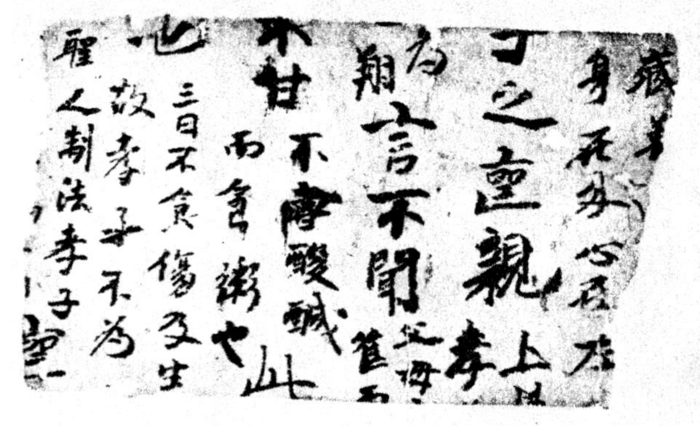

六　古寫本《孝經》殘卷(一)(二)　66TAM67:15/1,15/2

（二）

1 進於□

2 也礼樂因世 中斯君子

3 [之] 將移風[俗] 俗皈之淳

4 [者]皆不得

5 [德]行顏

六　古寫本《孝經》殘卷

本件殘甚，（一）段爲《感應》及《事君》章殘片，（二）段爲《喪親》章殘片。

（一）

1 [事]天能 德合天地

2 有所尊 是也[必]

3 宗廟四時 以祭之是不

4 者 人宗廟

5 神明光

6 譬 也詩云

7 君子

（二）

1 藏善 身在外心在左

2 [子]之喪親上孝

3 爲 翔言不聞 父母 唯

4 □□□□不甘不嘗酸鹹而食則也此□□
5 □□□□也三日不食傷及生故孝子不為□□
6 □□□□聖人制法孝子[畏]□□

七　唐寫本《開蒙要訓》殘卷

1 □□□□[觳][炊]
2 □□□□鵇鮓脯鱻膾魚鮫
3 □□□[賣]接待豈饒添益
4 □□□熬缶壚(壚)(炒)[一]豉調適
5 □□□饍䭔粔籹餶餉粢餅
6 □□□[餺]飩餡餘糂粒研斷
7 □□□[扂]杈棧□□
8 □□□柡備御□□
9 □□□橙塼□□

注　釋

〔一〕壚(壚)：此兩字均塗雌黃後再改下「壚」為「炒」字。

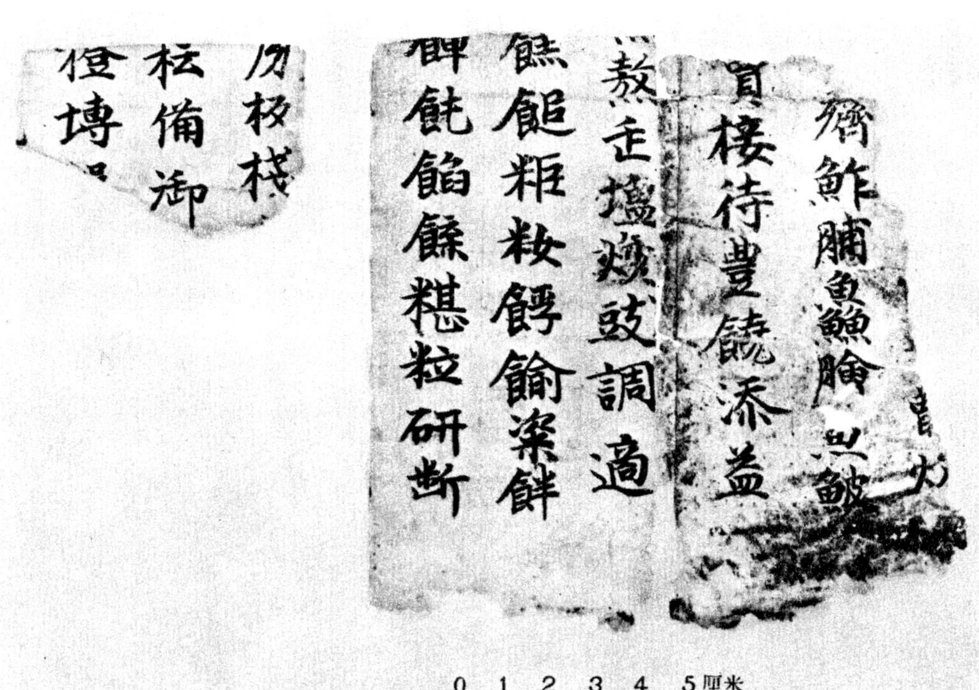

七　唐寫本《開蒙要訓》殘卷　66TAM67:3

八　唐人習字

1 牒件[一]
2 □□□義之頓首死罪

注　釋

〔一〕牒件：係官文書常見詞，與義之帖本無關。

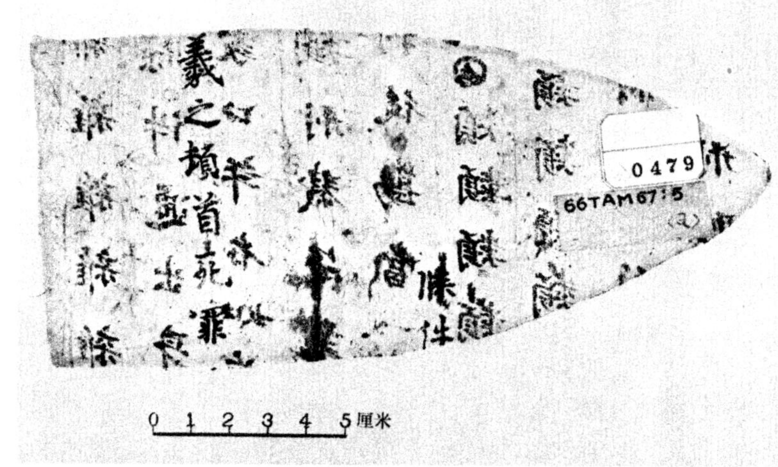

八　唐人習字　66TAM67:5(a)

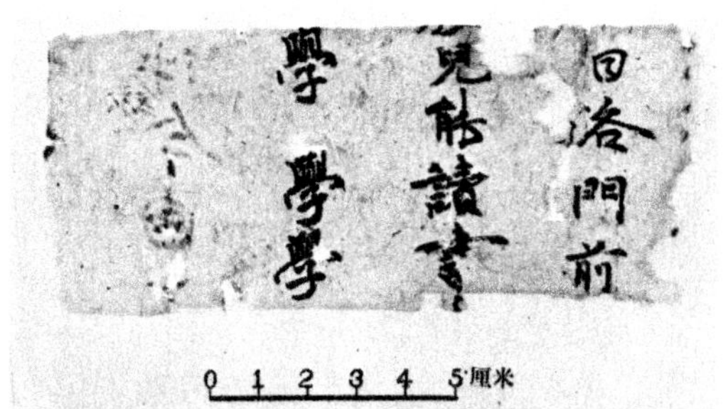

一一　文書殘片　　66TAM67:4/2(b)

一〇　文書殘片　　66TAM67:4/2(a)

九　文書殘片　66TAM67:4/1

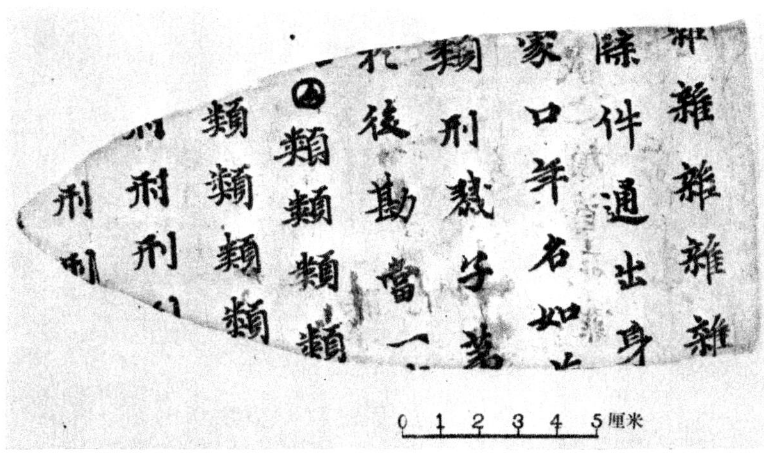

一三　文書殘片　　66TAM67:5(b)

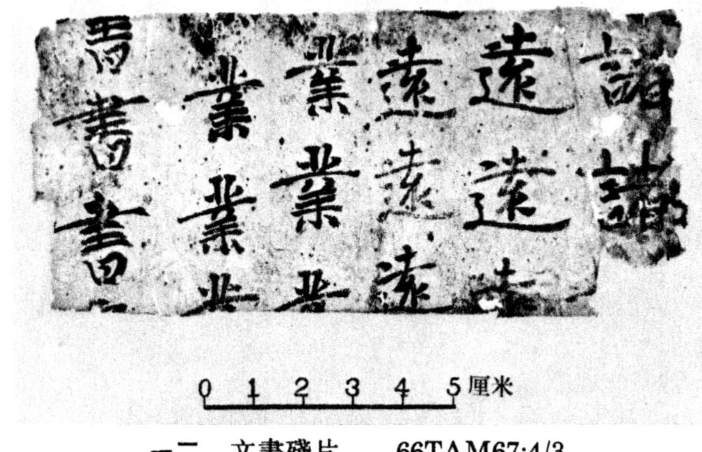

一二　文書殘片　　66TAM67:4/3

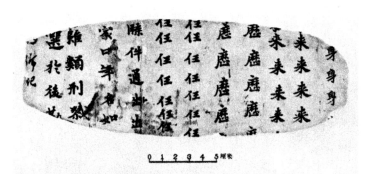

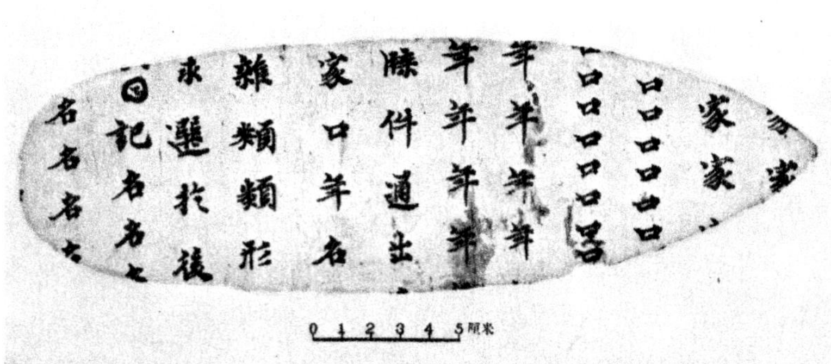

一五　文書殘片　　66TAM67:7

一四　文書殘片　　66TAM67:6

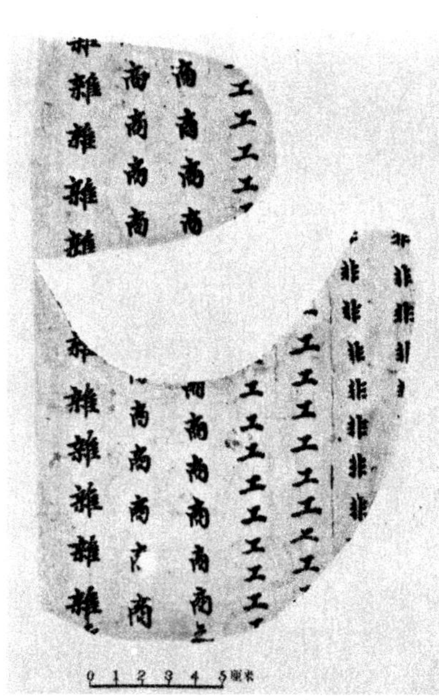

一七　文書殘片　66TAM67:9

一六　文書殘片　66TAM67:8

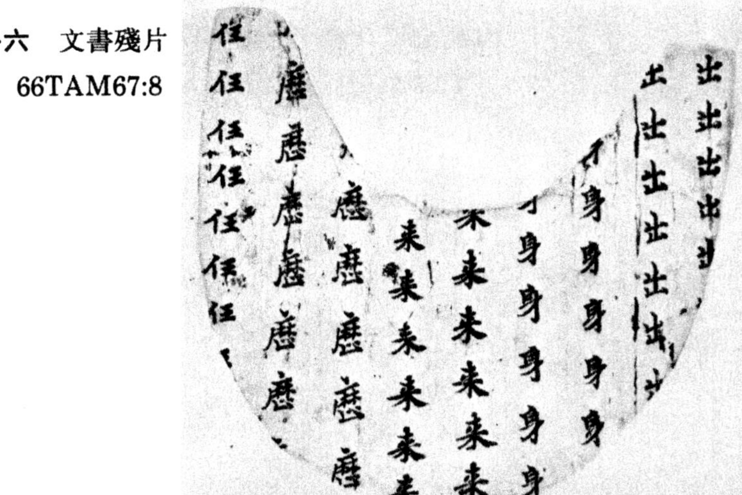

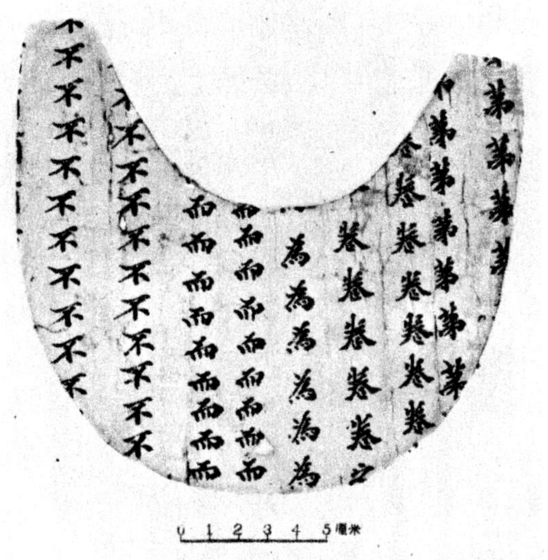

一九　文書殘片
66TAM67:11(b)

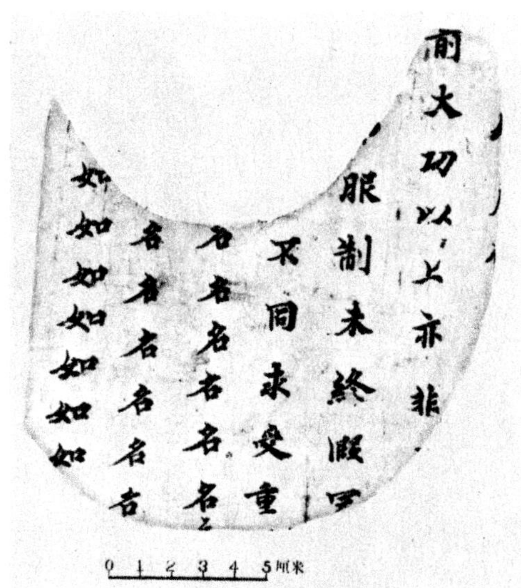

一八　文書殘片
66TAM67:10

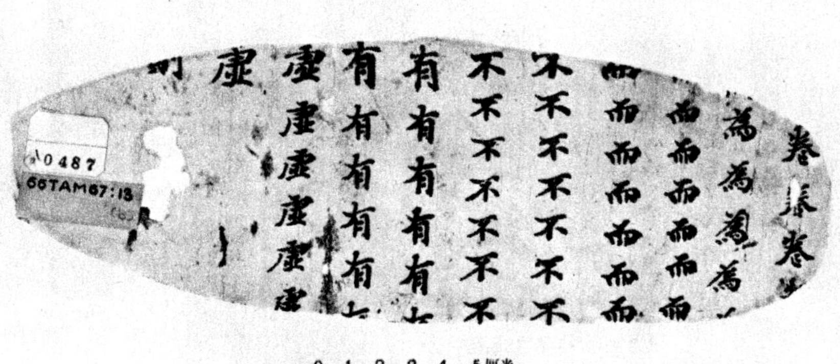

二一　文書殘片　　66TAM67:13(b)

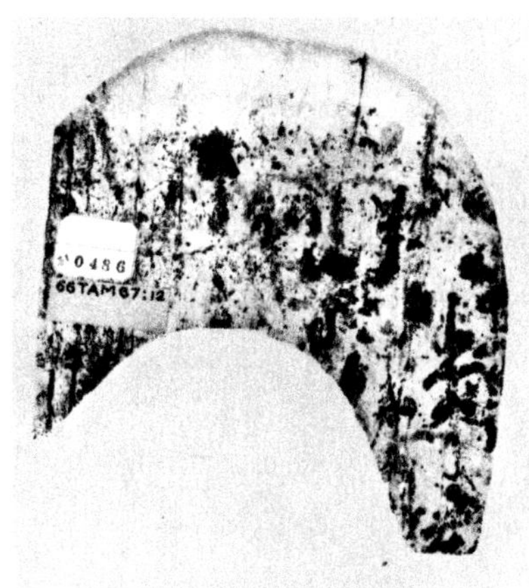

二〇　文書殘片
66TAM67:12(b)

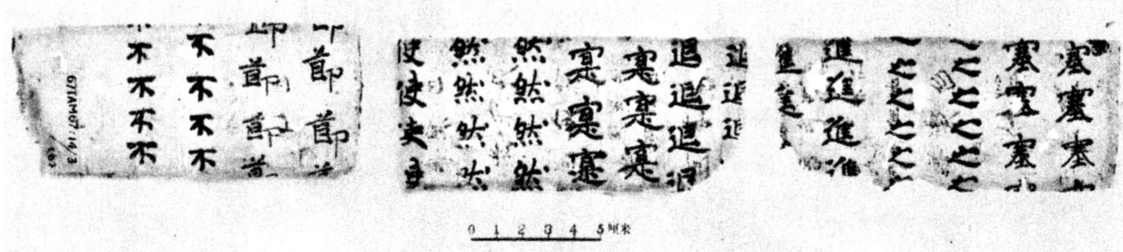

二二　文書殘片
66TAM67:14/1(b)～14/3(b)

二五　文書殘片　　66TAM67:16/7～16/18

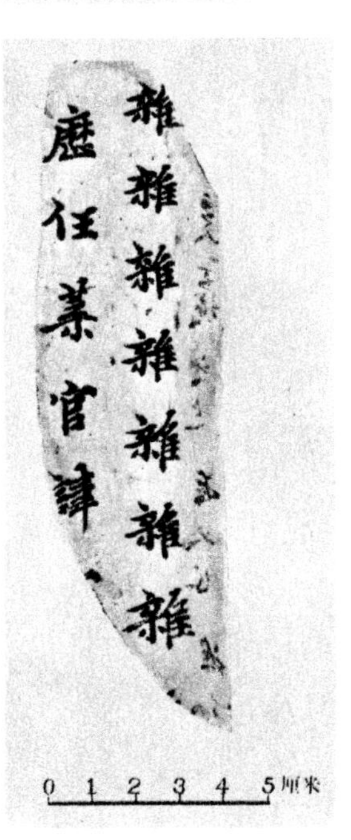

二四　文書殘片
66TAM67:16/6(b)

二三　文書殘片
66TAM67:16/6(a)

哈拉和卓五六號墓文書

本墓無墓誌及隨葬衣物疏。所出文書亦無紀年。但文書中有武周新字，當爲載初元年（公元六八九年）改字後文書。

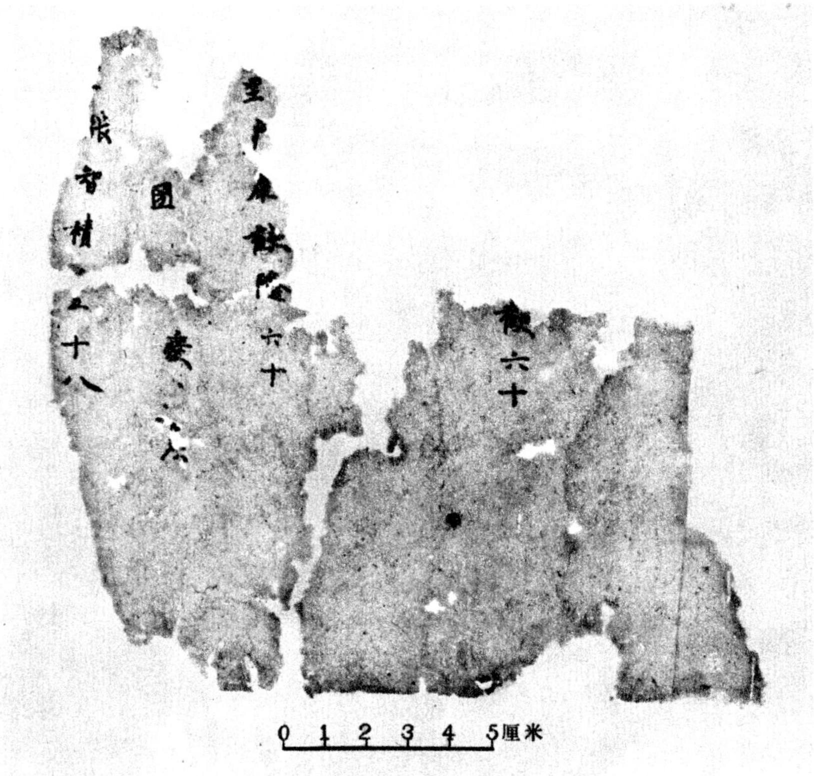

一　武周康歡隆等户殘籍帳（一）　75TKM56:2/1

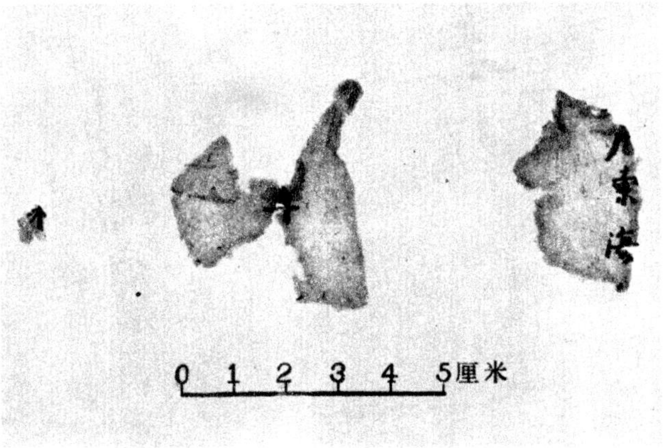

一　武周康歡隆等户殘籍帳（二）　75TKM56:2/2

一　武周康歡隆等户殘籍帳

本件紀年已缺。內有武周新字「圀」。

（一）

1 □歡　六十

2 □里户康歡隆　六十

3 □圀（國）　廢　[疾]

4 □張智積　[五]十八

（二）

1 □户索海□

阿斯塔那五一八號墓文書

本墓葬屍一具，無墓誌及隨葬衣物疏。所出文書有紀年者，最早爲唐麟德三年（公元六六六年），最晚爲神龍二年（公元七〇六年）。

一　唐麟德三年(公元六六六年)東都中臺下西州都督府符　73TAM518:2/5(a)

二　唐索桃書牘　73TAM518:2/5(b)

一　唐麟德三年（公元六六六年）東都中臺下西州都督府符

1 東都中臺　□

2 西州都督府主者件奉　勅如前，州宜

3 准　勅記申符到奉行。

4 主事陳詮

5 牒件　令史

6 書

7 麟德三年

二　唐索桃書牘

本件書於上件背面，無紀年，今附於上件之後。

1 才得(得)昭(帖)忍惠法師今要

2 須廿顆桃將向州請便

3 即分付尉師將來得

4 日⺌七〔一〕　即日

5 □□〔二〕

注釋

〔一〕、〔二〕此二處係另件文書卷尾，與書牘無關。

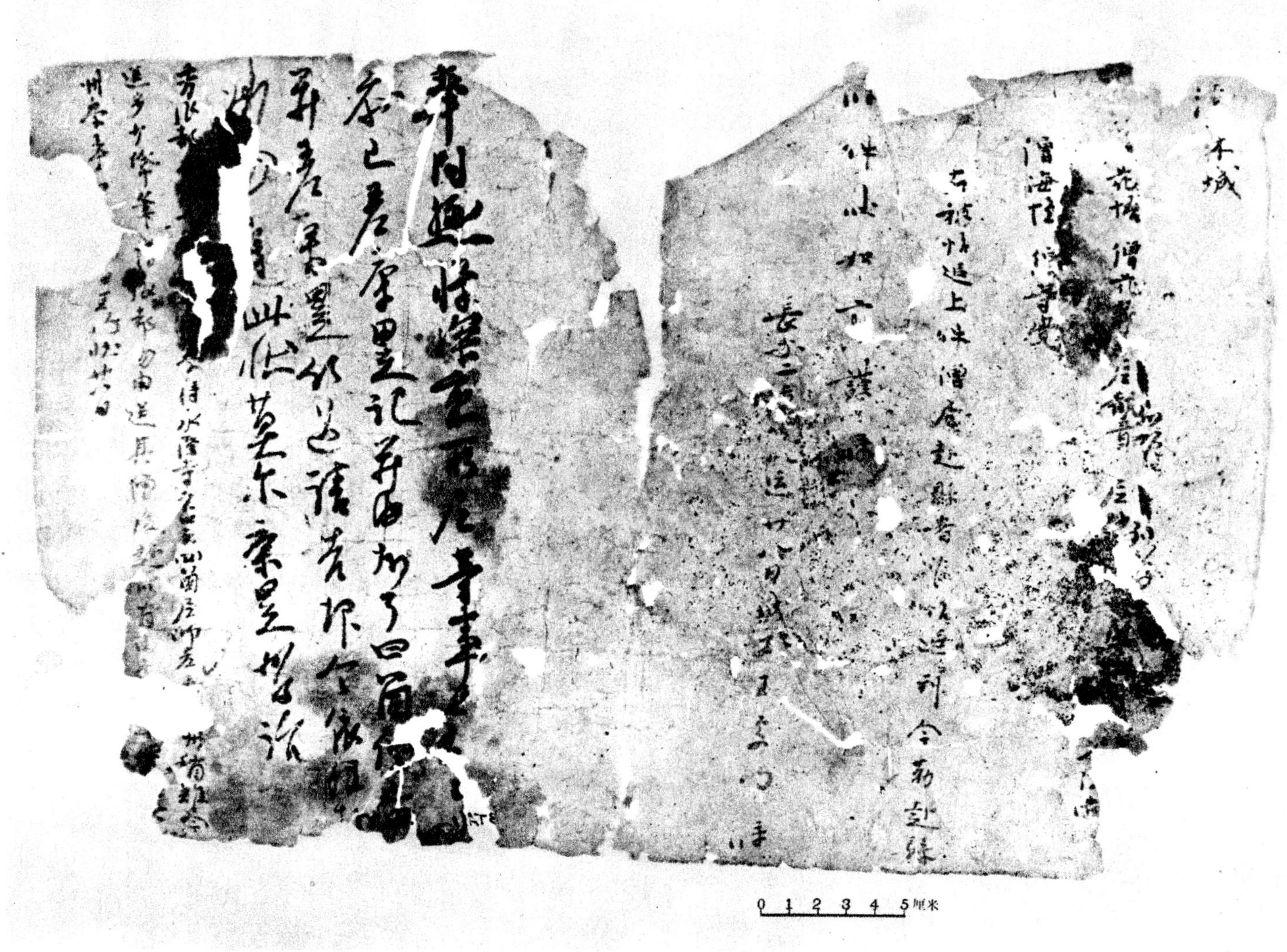

三(右)　武周長安二年(公元七〇二年)西州洿林城主王文行牒爲勒僧尼赴縣事　　73TAM518:2/3－1

四(中)　武周長安二年(公元七〇二年)文書爲差康田立領送僧尼事　　73TAM518:2/3－2

五(左)　武周長安二年(公元七〇二年)西州王行狀爲申送僧尼赴州事　　73TAM518:2/3－3

三　武周長安二年（公元七〇二年）西州洿林城主王文行牒爲勒僧尼赴縣事

1 洿林城

2 僧花悟　僧花新　尼觀音丨別准　尼妙□丨別□　□　尼丨

□尚

3 僧海憧　僧等覺

4 右被帖追上件僧尼赴縣者，准帖追到，今勒赴縣。

5 牒　件　狀　如　前。謹　牒。

6 長安二𠡦(年)八𠥱(月)廿八𡆠(日)城主王文行牒

四　武周長安二年（公元七〇二年）文書爲差康田立領送僧尼事

本件無紀年，然與前、後二件同書於一紙上，本件在中。且所云爲申送僧尼赴州事，故當在長安二年。

1 奉問總將深重所尼等事，立即□□

2 參已差康田立訖，并申州了。四箇僧已申

3 并差康田立領送，請告報，今依限赴

4 州，□　此狀莫尔，康田立州乃詣

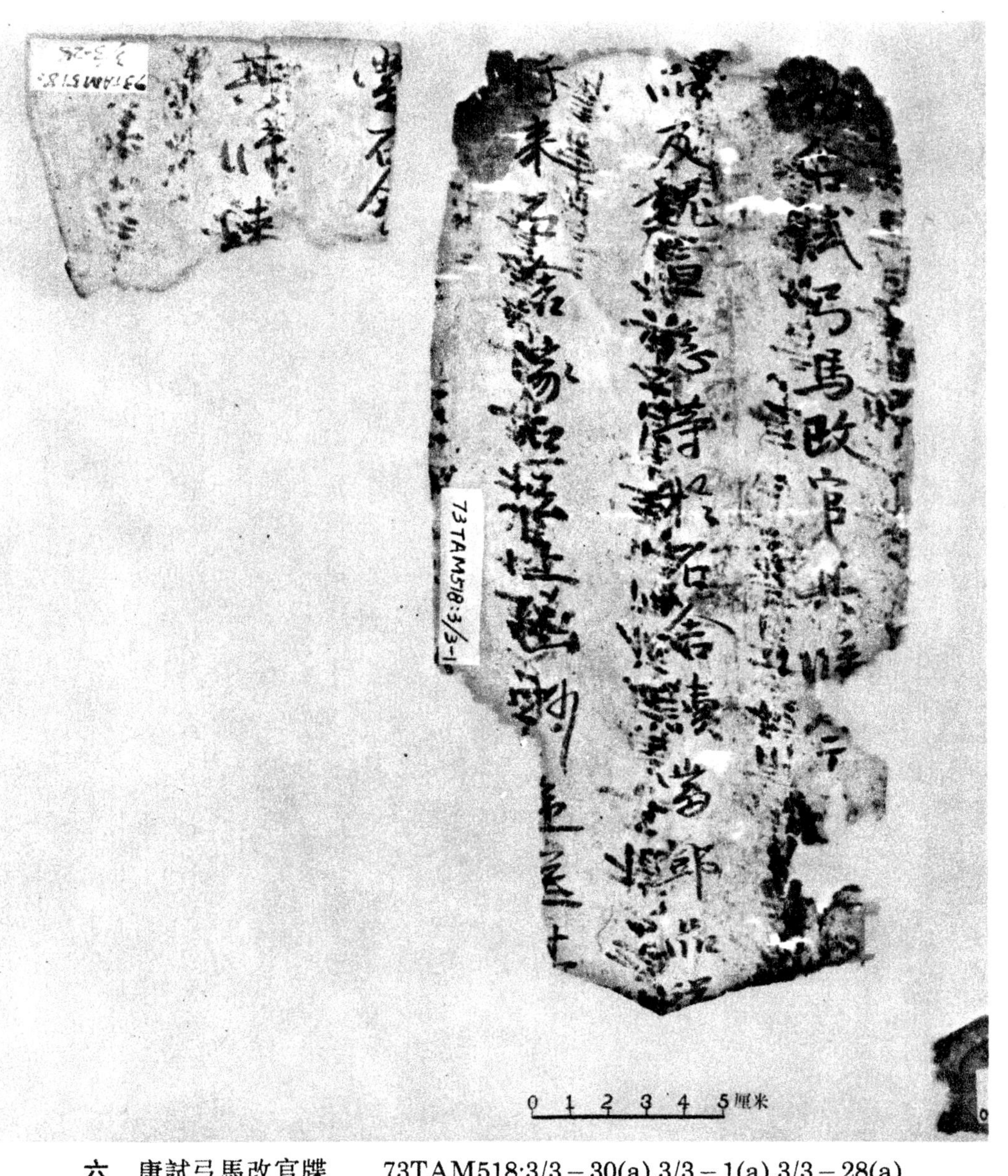

六　唐試弓馬改官牒　　73TAM518:3/3－30(a),3/3－1(a),3/3－28(a)

五　武周長安二年（公元七〇二年）西州王行狀爲申送僧尼赴州事

本件紀年殘缺，與前二件同書於一紙上，且内有武周新字，内容與前件同爲申送僧尼赴州事。又署名王行即本墓文書三中云汵林城主王文行之簡稱，故本件亦當在長安二年。

1 千万張都今故合[寺]□□往參，得永隆寺主口云：四箇尼

師[李]（年）老，□州稍難。今

2 送多少紙筆，□張都[勿]（？）申送其僧役赴，所有由來□

3 州參事□日王行狀廿八日。

六　唐試弓馬改官牒

本件紀年殘缺，背面用作神龍二年某縣事目，故本件當在此前。又本件上有殘印，文爲「□□州□」。

1 勅：合試弓馬改官，其牒今□

2 品及魏宣慈等，於石舍讀當。鄧品[從]□

3 將來石舍，家口去上函抄[違][送][其]□

4 [當][石][舍]□

5 其牒速□

七　武周牒爲安西大都護府牒問文怛送酸棗戍事　　73TAM518:3/3－18(a),3/3－19(a)

七　武周牒爲安西大都護府牒問文怛送酸棗戍

事

本件紀年殘缺，用武周新字，知是載初改行新字後文書。

𠙺（正）𠥱（月）五𡆠（日）錄事［　　　］
主簿［　　　］
檢案連［　　］
五𡆠

牒檢案連如［前］［　　　］
［　　］安西大都［　　　］
牒得伊、［　］庭［　　　］
右檢案［　　　］
［　　］時𠀑（天）山府［　　　］
［　　］文怛送酸棗戍［　　　］
牒件檢如前。謹牒。
𠙺𠥱五［　　　］
問［　　　］

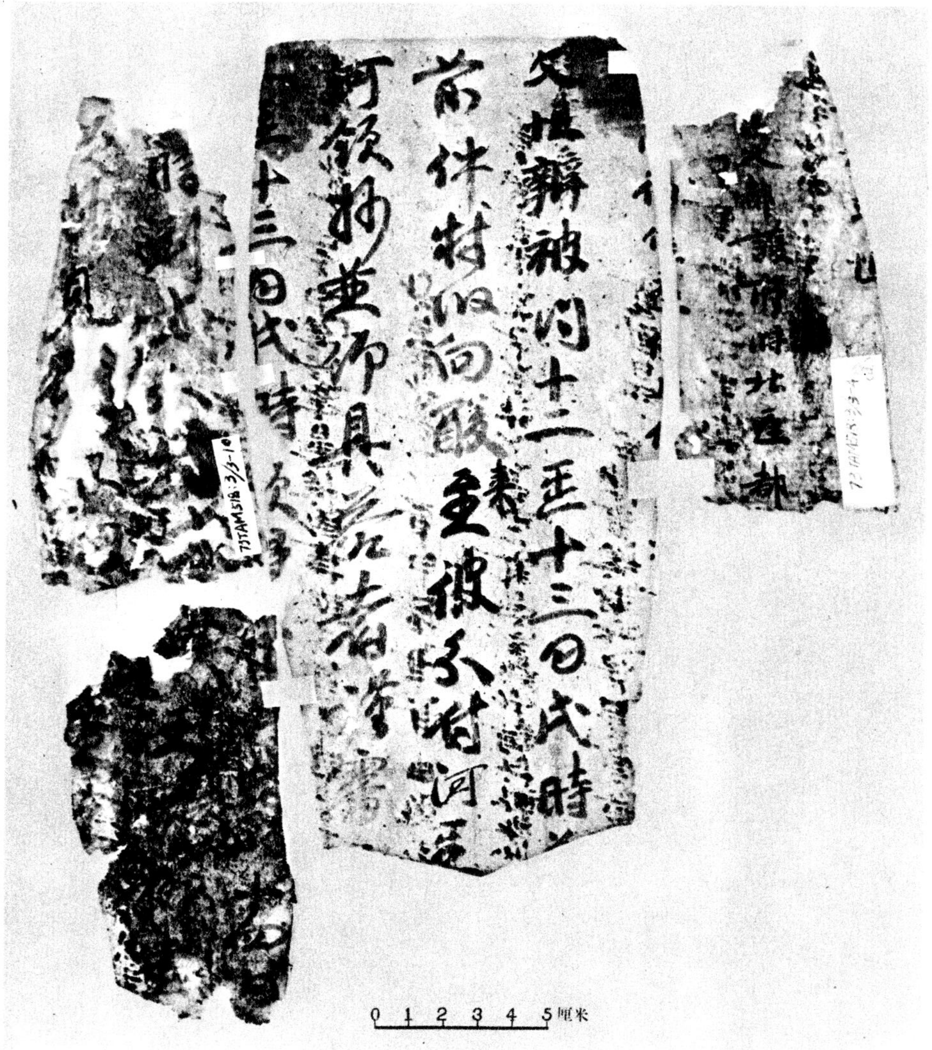

八　武周文怛辯辭爲持牒向酸棗戍事　　73TAM518:3/3－4(a), 3/3－2(a), 3/3－10(a),3/3－3(a)

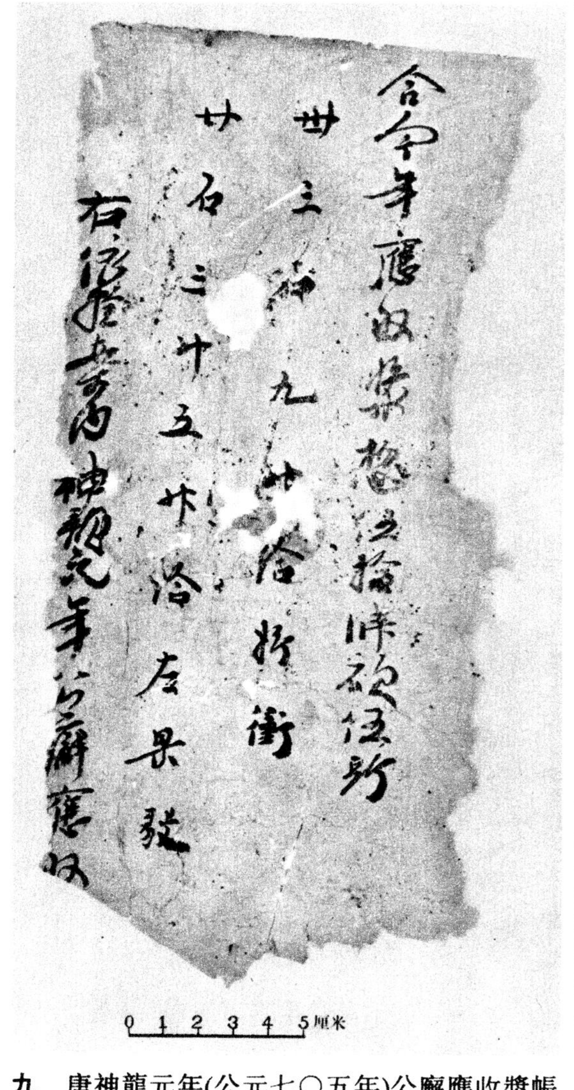

九　唐神龍元年(公元七〇五年)公廨應收漿帳　　73TAM518:2/11

八　武周文怛辯辭爲持牒向酸棗戍事

本件紀年殘缺，用武周新字，據内容疑與上件同一案卷。

1　[　　][文][怛]
2　□西大都護府牒北庭都[　　]
3　[　　]
4　文怛辯被問十二匝(月)十三◎(日)戌時[　　]
5　前件持牒向酸棗，至彼分付何至(之)[　　]
6　何領抄，並仰具答者，謹審[　　]
7　二匝十三◎戌時[領][得][　　]十四◎
8　□時到戍，分付[　　]典王[　　]
9　□□勘見[　　]

九　唐神龍元年（公元七〇五年）公廨應收漿帳

1　合今年應收漿總伍拾肆碩伍蚪(斗)
2　卌三石九[𣁾](斗)給折衝
3　廿石三𣁾五𣁾(升)給左果毅
4　右依檢案内神龍元年公廨應收[　　]

一〇　唐神龍二年(公元七〇六年)史鄯住則牒爲具銜參人姓名事　73TAM518:3/3－16(a),3/3－12(a)

一〇　唐神龍二年(公元七〇六年)史鄯住則牒爲具銜參人姓名事

1 [　　]戴武秀　氾知讓(一)　張駕
2 [　　][氾]感　曹[温]意
3 [　　]才義　馮慶
伯
4 [　　]會　康慶忠
5 [　　]李才藝　索義
6 [　　]張智通　唐楚
7 [　　]達　姜[頭]奴
8 [　　]康義感　竹史才
9 [　　]才
10 [　　][人]今日並合衙參，具姓[名][　]前，謹牒。
11 神龍二年閏正月[十][　]　史鄯住則牒
12 坎城〔一〕
13 弘[　　]

注釋

〔一〕「坎城」二字書於另紙，背面抄事目時粘接。

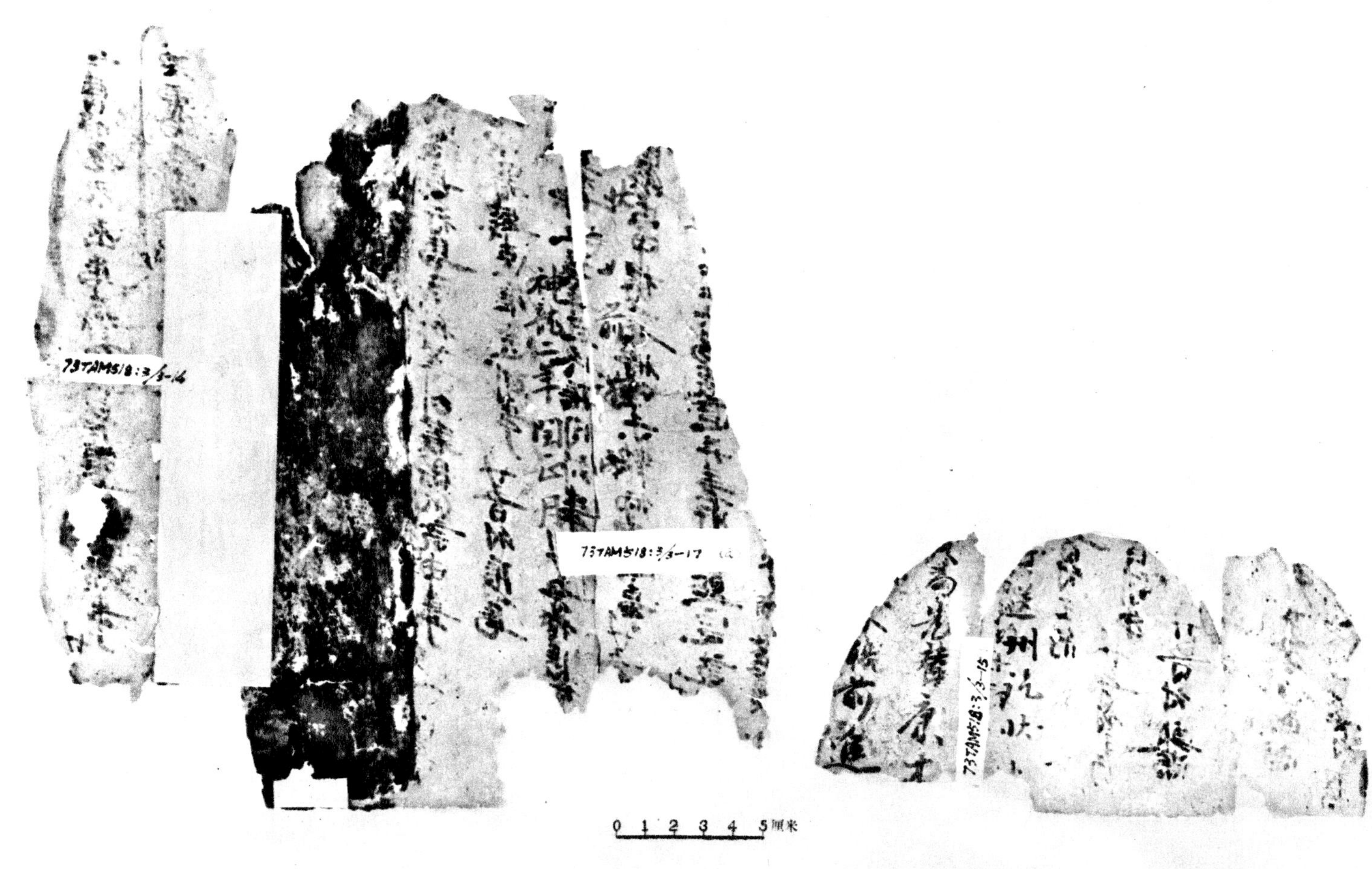

一一　唐神龍二年(公元七〇六年)西州交河城主牒爲張買苟先替康才思事
73TAM518: 3/3－15(a),3/3－17(a),3/3－14(a)

一一　唐神龍二年（公元七〇六年）西州交河城主牒爲張買苟先替康才思事

本件人名殘缺，據下件知爲張買苟、康才思二人。並知是交河城主牒。

1 ［　　　］送州訖，狀〔上〕□

2 ［　　　］苟先替康才□

3 ［　　　］〔下〕聽前進□

4 □□狀如前。謹牒。

5 神龍二年閏正月　日城主［　　］

一二　唐神龍二年(公元七〇六年)西州交河城人張買苟辭爲訴受雇上烽事　73TAM518: 3/3－13(a),3/3－8(a),3/3－7(a)

一三　唐神龍二年(公元七〇六年)催徵納殘牒　73TAM518:2/8

一二　唐神龍二年（公元七〇六年）西州交河城人張買苟辭爲訴受雇上烽事

本件紀年殘缺，據前件知在神龍二年。赤山爲烽名，故知是受雇上烽。

1 ［　　］交河城　人張買苟辭

2 ［　　］

3 ［　　］□上爲臨發日買苟

4 ［　　］□□□□雇上件人替才思赤山

5 ［　　］□到鎮，所有逋留官罪及逃檢不到，

6 ［　　］上日［　　］將軍□□其人點□

7 ［　　］買苟貧見

8 ［　　］□錢其守亮

9 ［　　］

10 ［　　］示

11 ［　　］日

12 ［　　］□州

一三　唐神龍二年（公元七〇六年）催徵納殘牒

1 ［　　］至今未［　　］□

2 ［　　］請速徵納訖報［　　］

3 神龍二年［　　］

4 佐［　　］

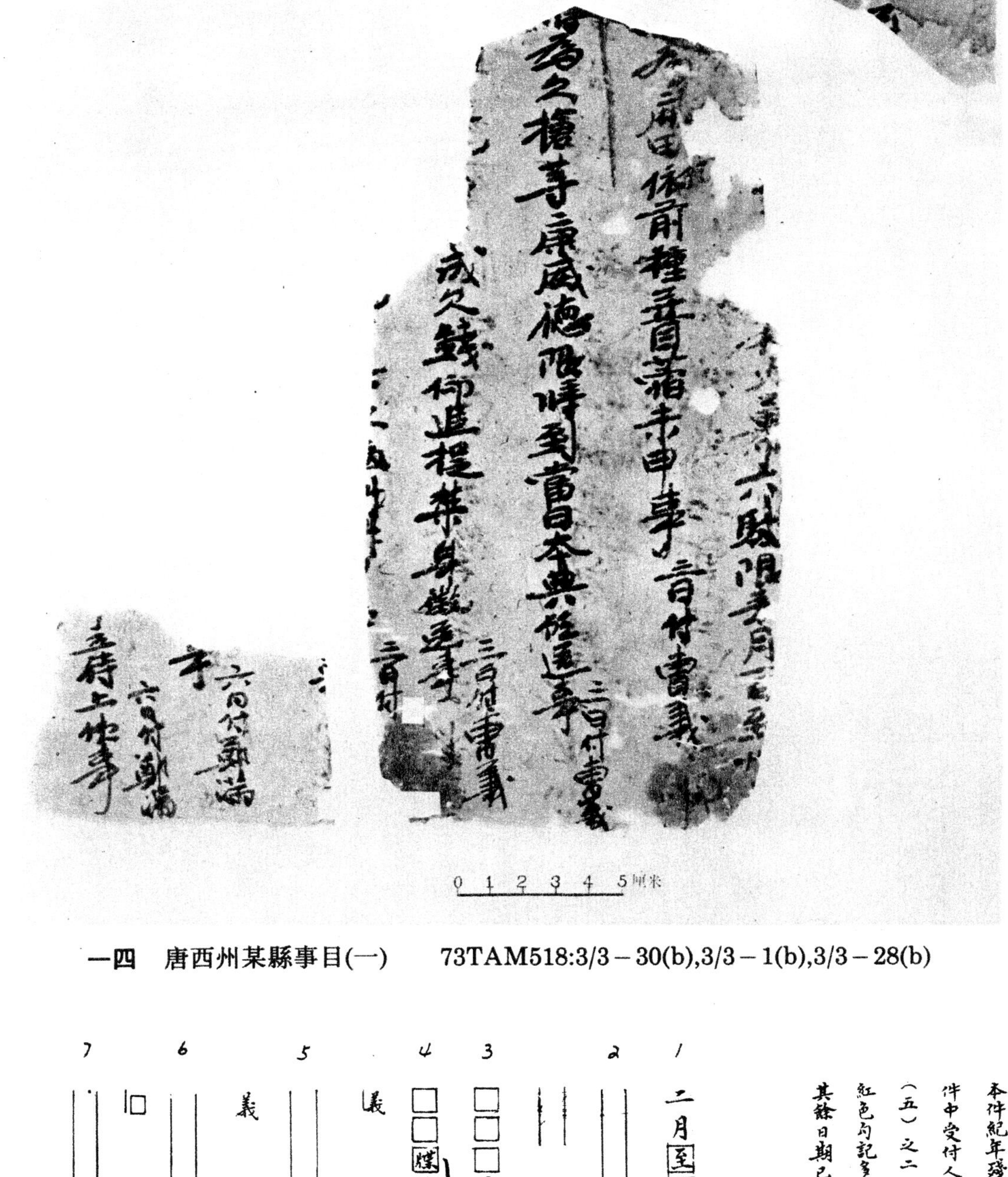

一四　唐西州某縣事目(一)　　73TAM518:3/3－30(b),3/3－1(b),3/3－28(b)

一四　唐西州某縣事目

本件紀年殘缺，原係用廢舊文書多片粘接使用。內有神龍二年閏正月交河城主牒，本件中受付人張駕、氾知讓、鄭則名亦見於本墓一〇《唐神龍二年史鄭住則牒》。又(五)之二行記「神龍二年□科簿」事。故本件當在神龍二年或稍後。內有黑色及紅色勾記多處。本件裂成若干大小碎片，第(一)段據所存日期，參以背部文書拼合，其餘日期已殘，又無背部文書可參考者，分別列爲(二)—(八)段。

(一)

1 二月至
2 　　　　　　　火幕六馱限來月一日到州
3 □□□爲麻田依前種并苗當未申事　三日付曹義
4 □□牒爲欠槍等康威德限牒到當日李典領送事三日付曹
義
5 　　　　　　　成欠錢仰追捉禁身徵送事三日付曹
義
6 　　　　　　　　　　　　　　　　　三日付□
□
7 　　　　　　　事六日付鄭滿
8 　　　　　　　五待上使事六日付鄭滿

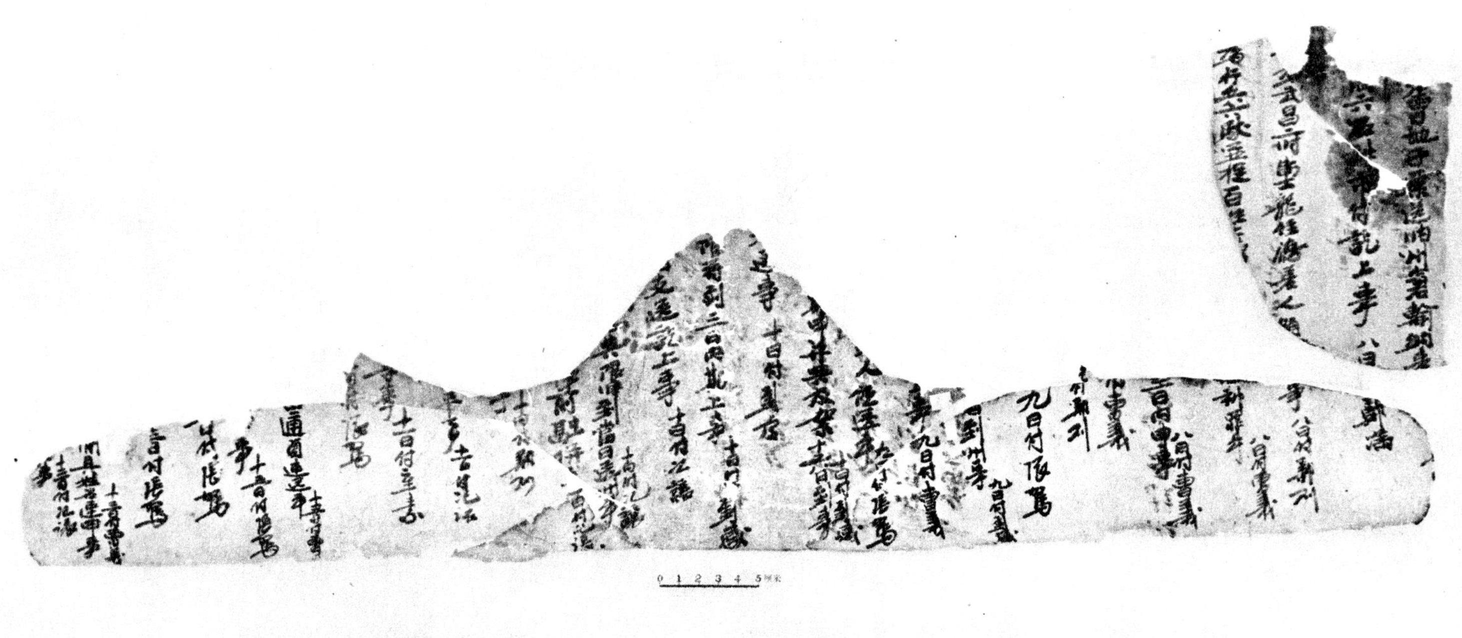

一四　唐西州某縣事目(一)　　73TAM518:3/3－19(b),3/3－18(b)

9 [　　]［戶］曹地子粟送納州倉輸納［事］[　　]
10 [　　]六石料市付記上事　八日□鄭滿
11 [　　]［為］武昌府衛士龍住德差人［領］□事　八日付鄭則
12 [　　]為行兵六馱並捉百［姓］[　　]科罪事　八日付曹
義〔一〕
13 [　　]二日内申事　八日
付曹義
14 [　　]付曹義
15 [　　]□［回］付鄭則
16 [　　]九日付張駕
17 [　　]日到州事　九日付
劉感
18 [　　]事　九日付曹義
19 [　　]人領送事　九日付張駕
20 [　　]［勘］申并典及案十六日到事　十日付劉感
21 [　　]［送］事　十日付劉處
22 [　　]限符到三日内勘上事　十日付劉感
23 [　　]支送訖上事　十日付氾讓
24 [　　]典限牒到當日送州事　十日付氾讓
25 [　　]前融併［事］　十日付氾讓

注　釋

〔一〕此行邊勾記為朱筆。

一四　唐西州某縣事目（一）　73TAM518:3/3－4(b),3/3－2(b),3/3－3(b),3/3－10(b)

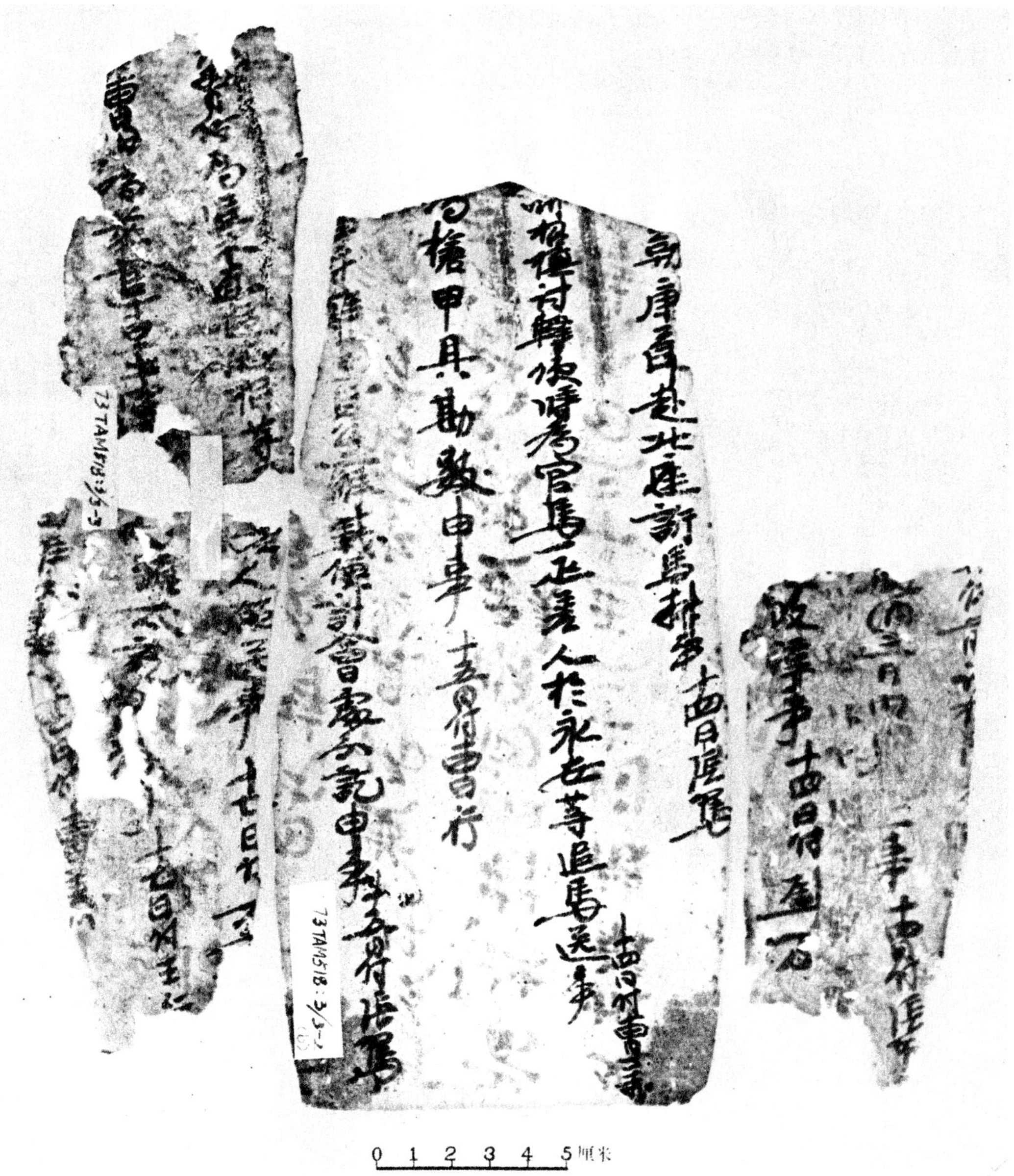

26 ……事十日付郝則
27 ……平事十一日付氾讓
28 ……等事十一日付辛素
29 ……□□日付張駕
30 ……通貢速送事十三日付曹
□
31 ……事十三日付張駕
32 ……□□日付張駕
33 ……三日付張駕
34 ……具姓名速申事十三日付曹義
35 ……事十三日付氾讓
36 ……收納三日内申記上事十四日付張駕
37 ……改單事十四日付劉慶
38 ……
39 ……勒康節赴北庭訴馬料事十四日張駕
40 ……州招撫討擊使牒為官馬一疋差人於永安等追馬
送事十四日付曹義
41 ……為槍甲具勘數申事十五日付曹行
42 ……守逸等貢公廨錢便計會處分訖申事十五日付
張駕
43 □曹帖為追木匠趙海相等壹人領送事十七日付劉□
44 □曹牒為□遣車牛運……領戍訖申事十七日付王行
45 ……准狀事十七日付曹義

一四　唐西州某縣事目(一)　73TAM518:3/3－6(b),3/3－11(b)

一四　唐西州某縣事目(一)　73TAM518:3/3－13(b),3/3－7(b),3/3－8(b)

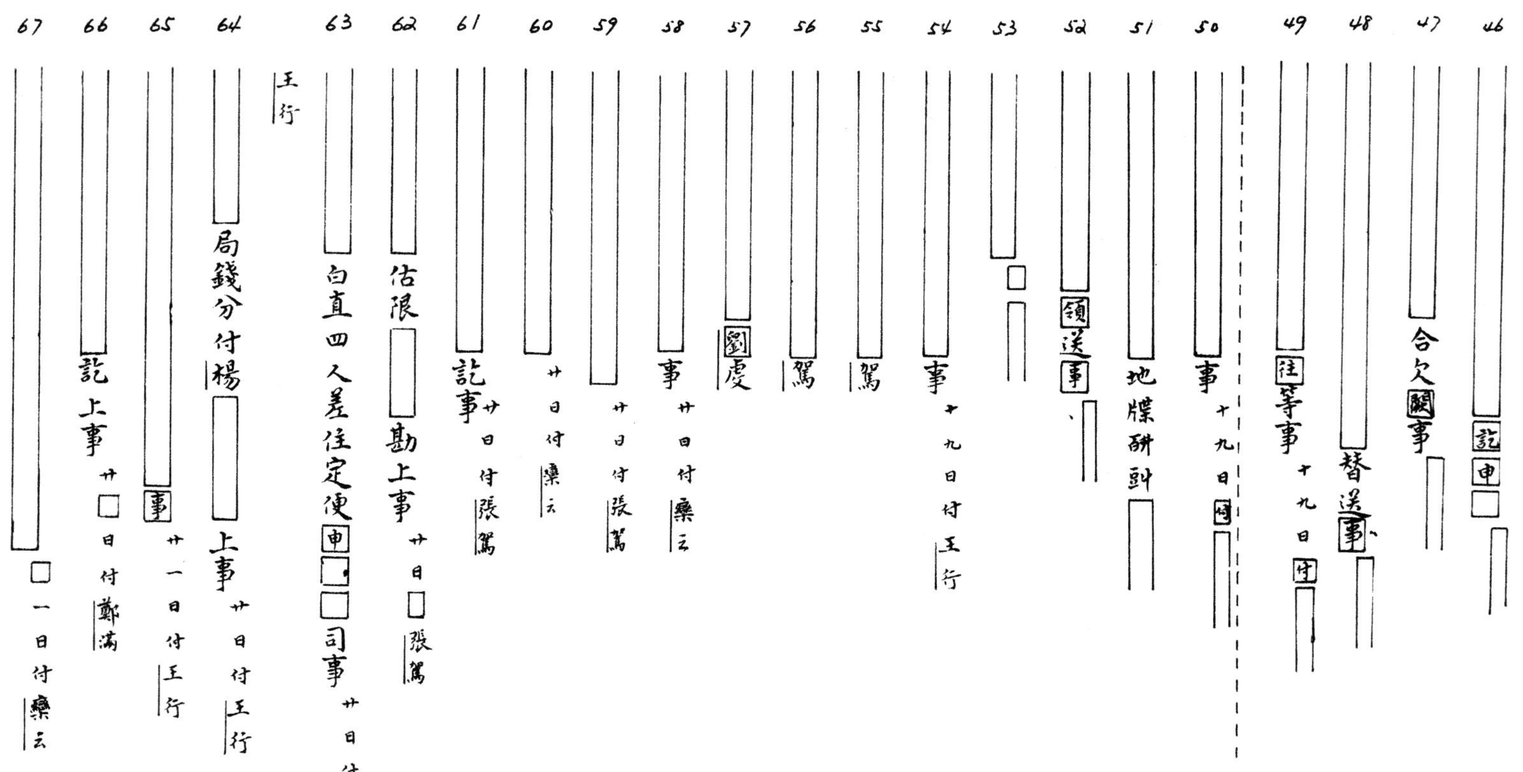
46 □記申□
47 □合欠闕事□
48 □督送事、□
49 □往等事十九日付□
50 □事十九日付□
51 □地牒斛斗□
52 □領送事、□
53 □□□
54 □事十九日付王行
55 □駕
56 □駕
57 □劉處
58 □事卄日付欒云
59 □卄日付張駕
60 □卄日付欒云
61 □記事卄日付張駕
62 □估限□勘上事卄日□張駕
63 □白直四人差往定便申□□司事卄日付
王行
64 □局錢分付楊□上事卄日付王行
65 □事卄一日付王行
66 □記上事卄□日付鄭滿
67 □□一日付欒云

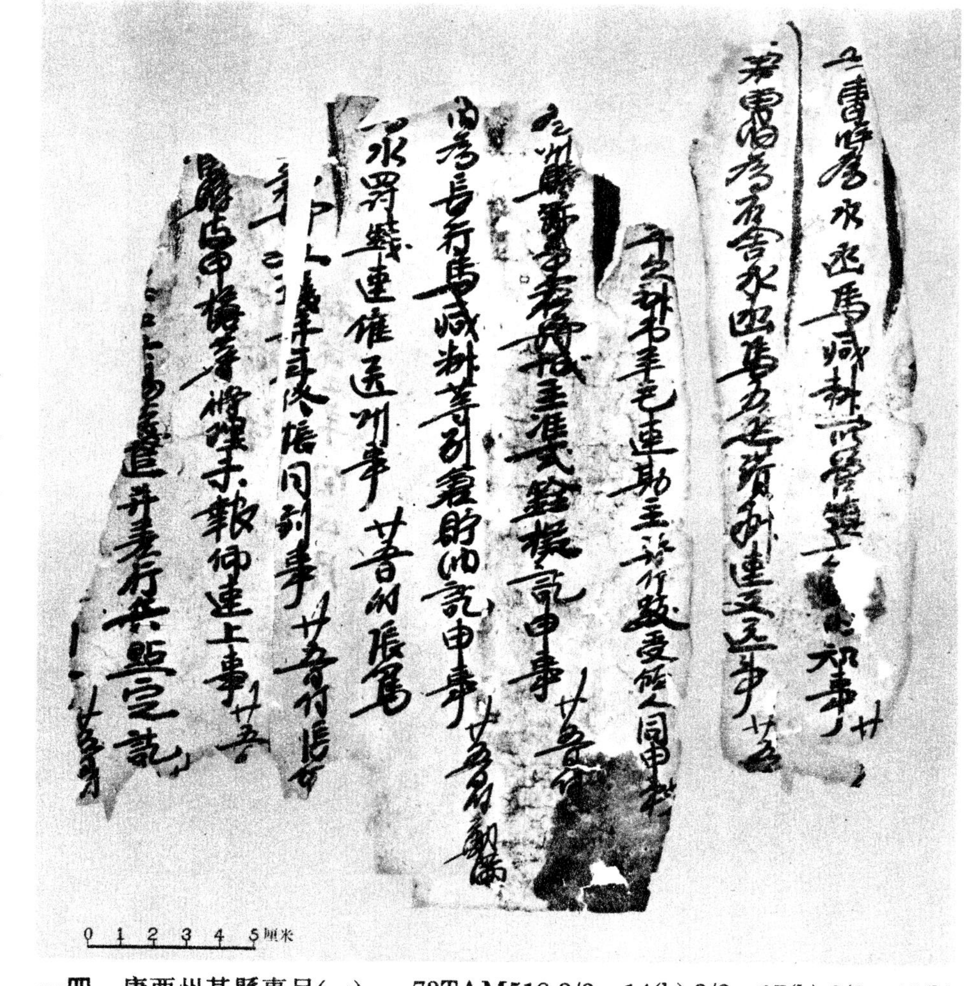

一四　唐西州某縣事目(一)　73TAM518:3/3－14(b),3/3－17(b),3/3－15(b)

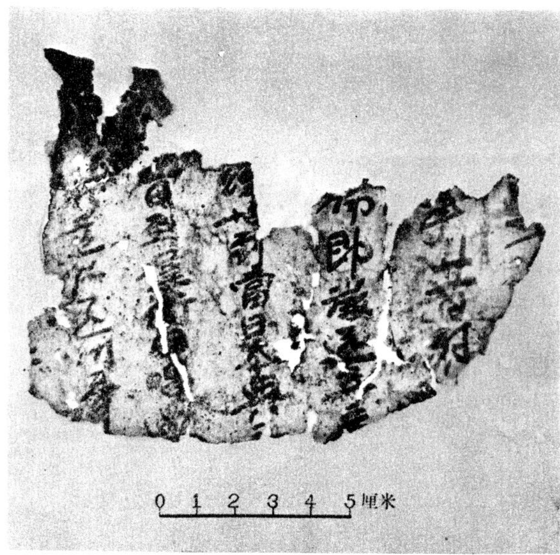

一四　唐西州某縣事目(一)
73TAM518:3/3－5(b)

68 ……廿一日付王行
69 ……[事]　廿一日付曹義
70 ……[事]　廿一日付王行
71 ……廿一日付鄭滿
72 ……□□日付鄭滿
73 ……□□□付氾讓
74 ……事　廿一日付……
75 ……仰即徵送[并]……
76 ……[纔](?)[帖]到當日李典……
77 ……日到違[行]日唱過……
78 ……道□送州事……
79 [兵]曹牒爲丞(承)函馬減料所管鎮[戍]□[牒](?)知事　廿[五]……
80 倉曹牒爲石舍丞函馬五疋踖料速支送事　廿五[日]……
81 ……年欠科市羊毛速勘主并斤數受領人同
申事　廿……
82 □□□爲州縣録事、倉督、城主准式銓擬訖申事　廿五日付
……
83 □□牒爲長行馬減料等別倉貯納訖申事　廿五日付鄭滿
84 ……爲水罰錢速催送州事　廿五日付張駕
85 ……[并]年終帳同到事　廿五日付張[駕]
86 ……當縣皮甲、槍等修理未報仰速上事　廿五[日]……

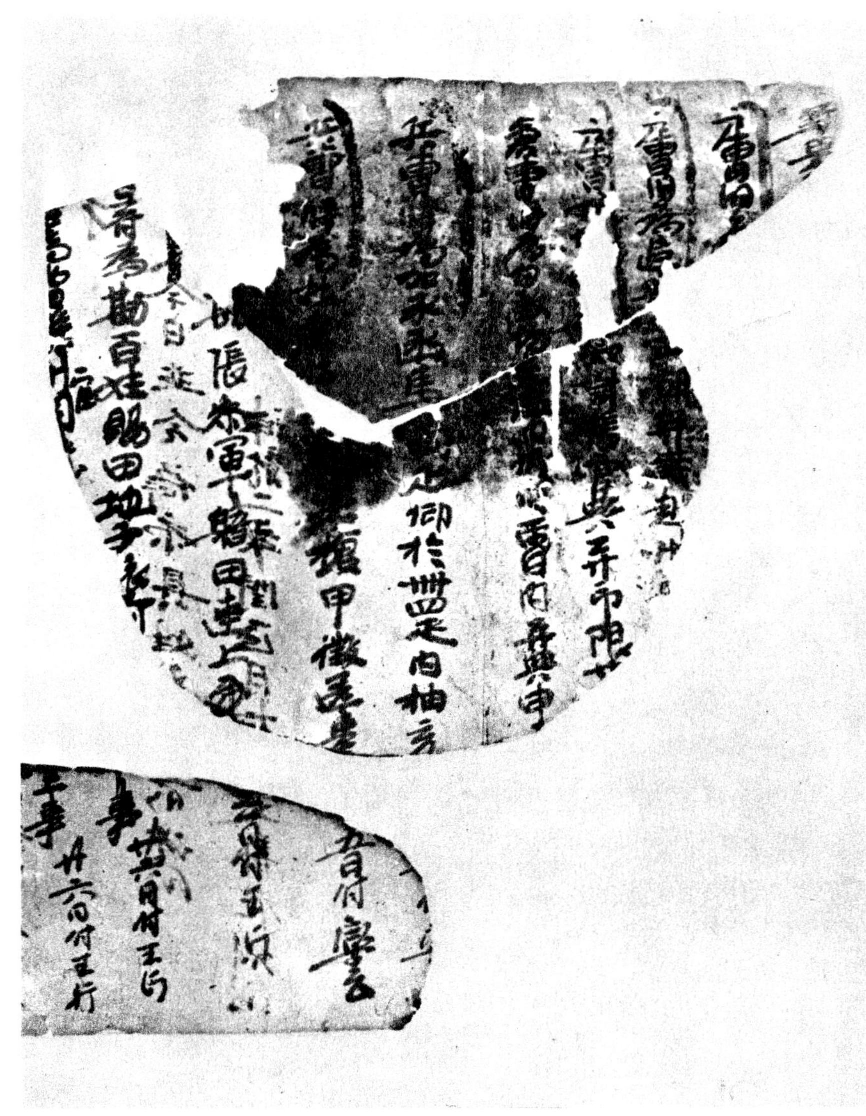

73TAM518:3/3－12(b),3/3－16(b)

87 ［　　　］[兵][賜][發]遣并差行兵點定訖[廿]［　　］
88 ［　　　］　廿五日[付]［　　］
89 ［　　　］□□□□[王][行]
90 ［　　　］　廿五日付張駕
91 ［　　　］□五日付王行
92 ［　　　］□五日付王行
93 ［　　　］日到事　廿五日付王行
94 ［　　　］　廿五日付鄭滿
95 ［　　　］事　廿五日[付]鄭滿
96 ［　　　］□五日付鄭滿
97 錄事［　　］
98 戶曹牒爲［　　］
99 戶曹牒爲追□□胡并錢赴[州]［　　］
100 戶曹[帖][爲]［　　］知計帳官典并印限[廿]［　　］
101 倉曹牒爲勾徵物速徵納仍牒兩日内并典申［　　］
102 兵曹牒爲加永函馬兩疋卻於卌四疋内抽充［　　］
103 兵曹牒爲杜達仁□[酸]棗槍甲徵送事　□五日付藥三
104 ［　　］[勘]張參軍職田速上事　□六日付王行
105 □□符爲勘百姓賜田地子[依]［　　］事　廿六日付王行
106 □□□[爲][當][縣]□官［　　］上事　廿六日付王行

一四　唐西州某縣事目(二)　73TAM518:3/3－22(b)

一四　唐西州某縣事目(一)

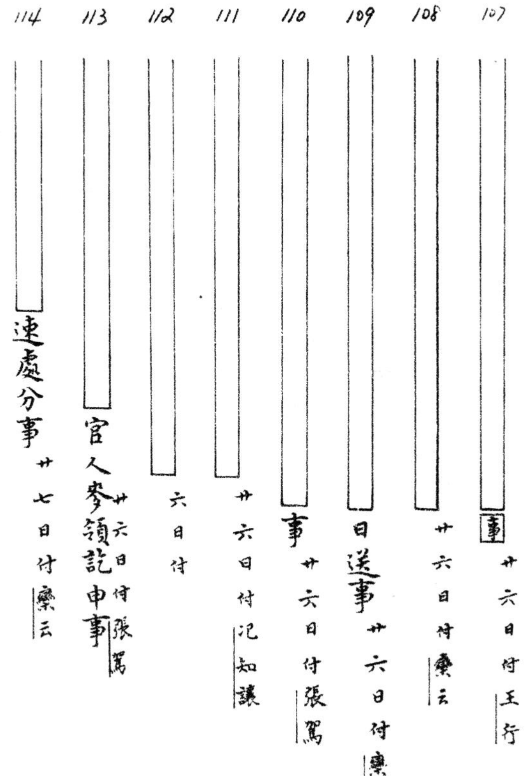

107 [事]　廿六日付王行
108 　　廿六日付麋云
109 日送事　廿六日付麋云
110 事　廿六日付張駕
111 　　廿六日付汜知讓
112 　　六日付
113 官人參領記申事　廿六日付張駕
114 速處分事　廿七日付麋云

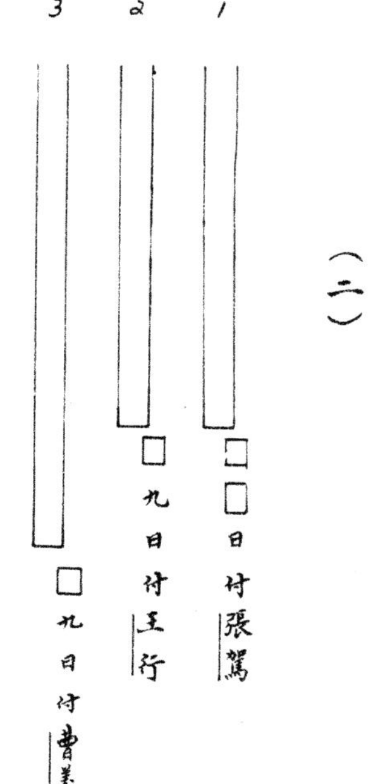

（二）

1 □□日付張駕
2 □九日付王行
3 □九日付曹義

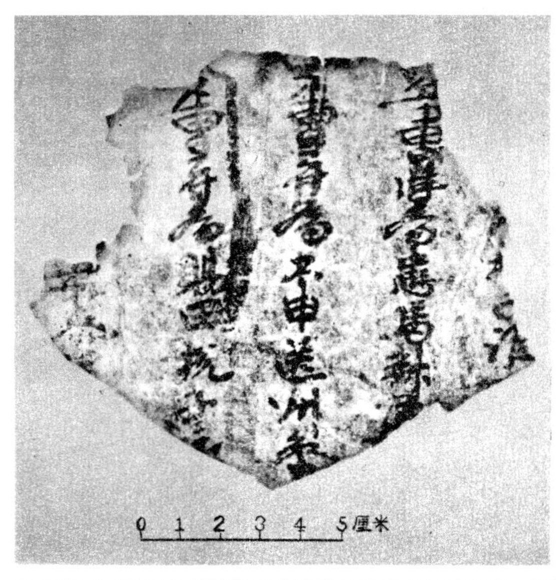

一四　唐西州某縣事目(四)
73TAM518:3/3－23(b)

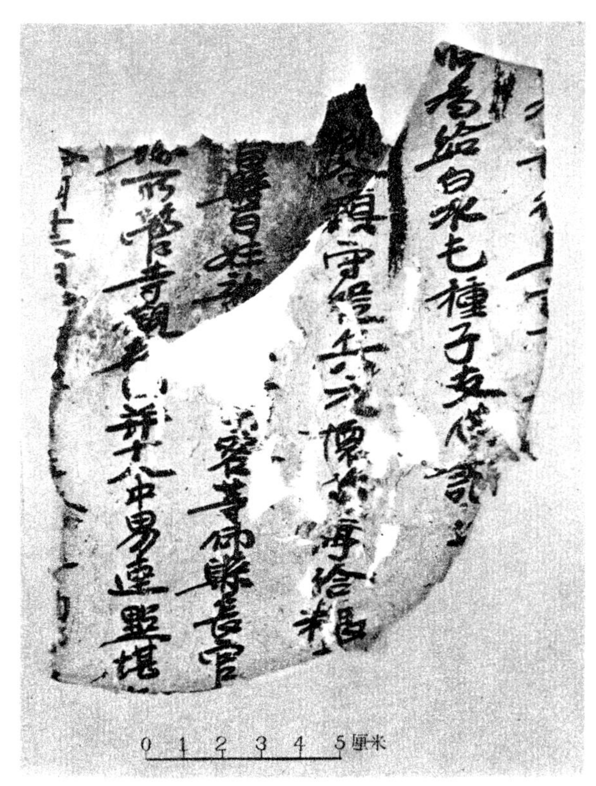

一四　唐西州某縣事目(三)
73TAM518:3/3－20,3/3－26

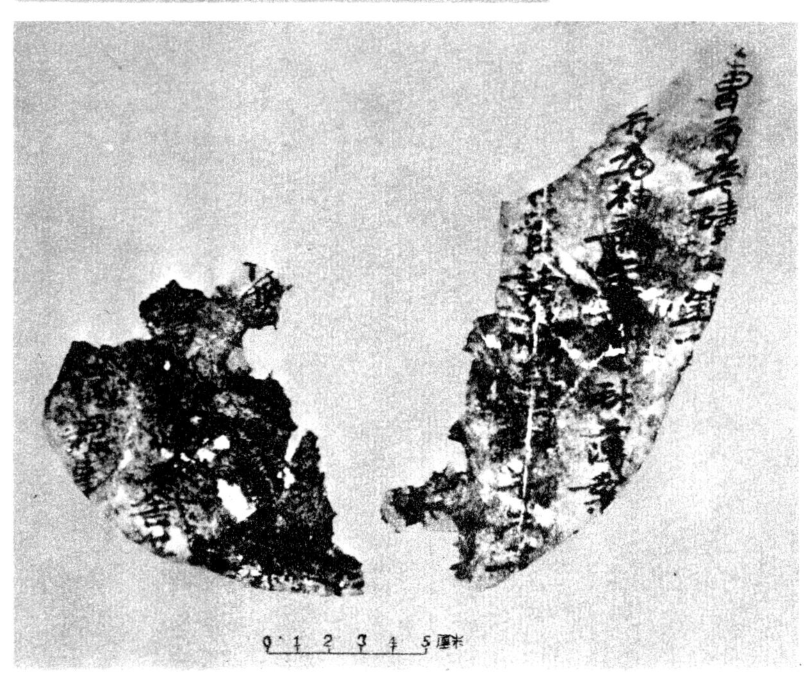

一四　唐西州某縣事目(五)
73TAM518:3/3－21(a),3/3－9(a)

（三）

1 ［　　］[爲][長][行][馬]［　　］
2 □□[牒]爲給白水屯種子支供訖［　　］
3 ［　　］爲柳谷鎮守捉兵元懷□停給粮［　　］
4 ［　　］[當]縣百姓部□□客等仰縣長官［　　］
5 ［　　］[縣]所管寺觀[部][曲]并十八中男連點堪［　　］
6 ［　　］[今][月][十][六][日]［　　］

（四）

1 兵曹牒爲患馬料［　　］
2 戶曹符爲又申送州參［　　］
3 戶曹符爲賜田稅子［　　］
4 ［　　］前參[軍]［　　］

（五）

1 [戶]曹符爲磧内鎮［　　］
2 □□符爲神龍二年□科簿案［　　］
3 ［　　］營諸城百姓[□][□][等]［　　］〔一〕
4 ［　　］諸[縣]并州石舍[等]［　　］
5 ［　　］藏粮事［　　］

注　釋

〔一〕此行邊勾記爲朱筆。

一四　唐西州某縣事目（六）
73TAM518:3/3－24(b)

一四　唐西州某縣事目（七）
73TAM518:3/3－25

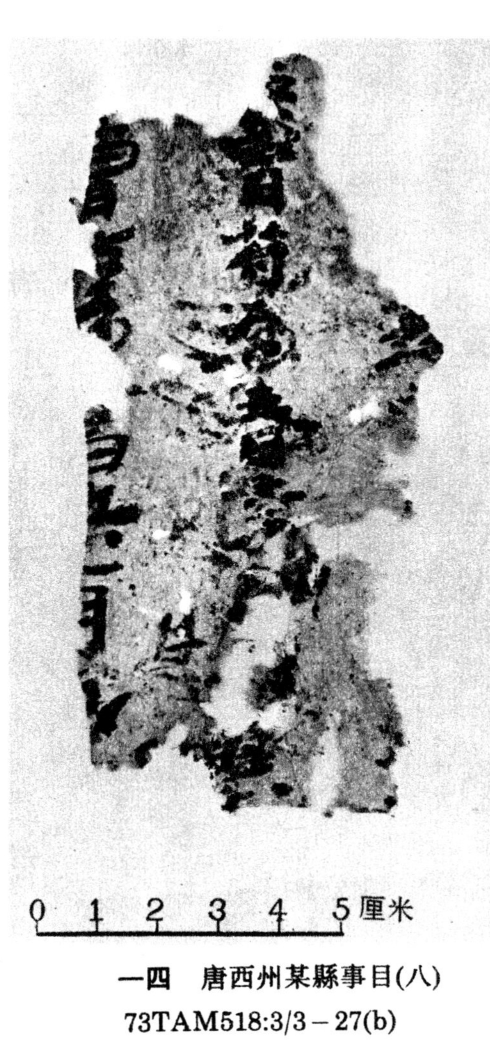

一四　唐西州某縣事目(八)
73TAM518:3/3－27(b)

（六）

1 　　軍張元□職田

2 　　合追李思一等

（七）

1 　　付曹義

2 　　義行

（八）

1 　　爲

2 戶曹符（符）爲春

3 □曹帖□□昌兵一月〔一〕

注釋

〔一〕此行邊勾記爲朱筆。

一五　唐史到何等户名籍　　73TAM518:2/2(a)

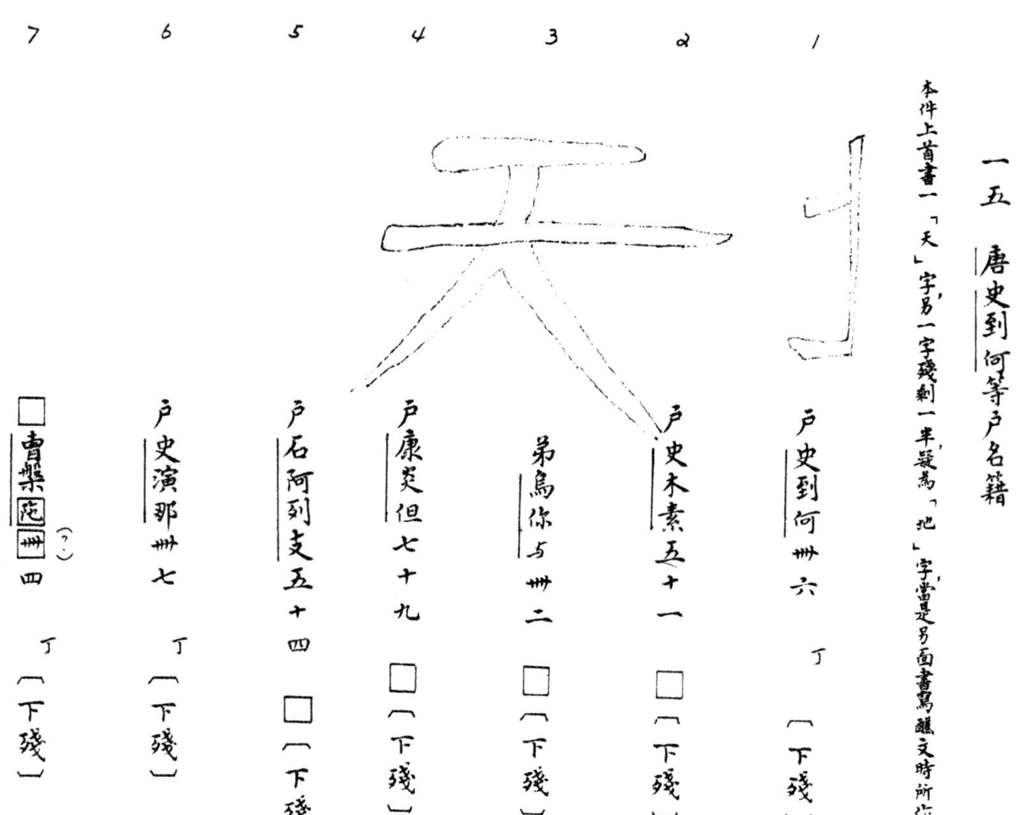

一五　唐史到何等户名籍

本件上首書一「天」字，另一字殘剩一半，疑為「地」字，當是另面書寫醜文時所作。

1 戶史到何卌六　　丁　〔下殘〕
2 戶史未素五十一　□〔下殘〕
3 弟烏你与卌二　□〔下殘〕
4 戶康受但七十九　□〔下殘〕
5 戶石阿列支五十四　□〔下殘〕
6 戶史演那卌七　　丁　〔下殘〕
7 □曹槃陀卌（？）四　　丁　〔下殘〕

一六　唐醮辭　73TAM518:2/2(b)

一七　唐史李吵牒爲大女阿歡奴春德首附事　73TAM518:2/7

一六　唐醮辭

本件另面又書寫「天」、「[囮]」二大字，當與此醮辭有關。

1 □神，願爲
2 禁攝，莫使杞(祀)人，生
3 死路別，不得相因。
4 今書名字付上左
5 神、速攝囚！主人再拜
6 酌酒行觴。
7 敢告上方，照垂神

一七　唐史李吵牒爲大女阿歡奴春德首附事

1 大女阿歡[奴]春德年十八
2 右檢案内前件奴首附[未]□
3 已判下鄉准式訖。
4 牒件狀如前，謹牒。
5 三月六日史李　吵牒

一八　唐三月十一日史張殘牒
73TAM518:2/13(b)

一九　唐殘問款
73TAM518:2/13(a)

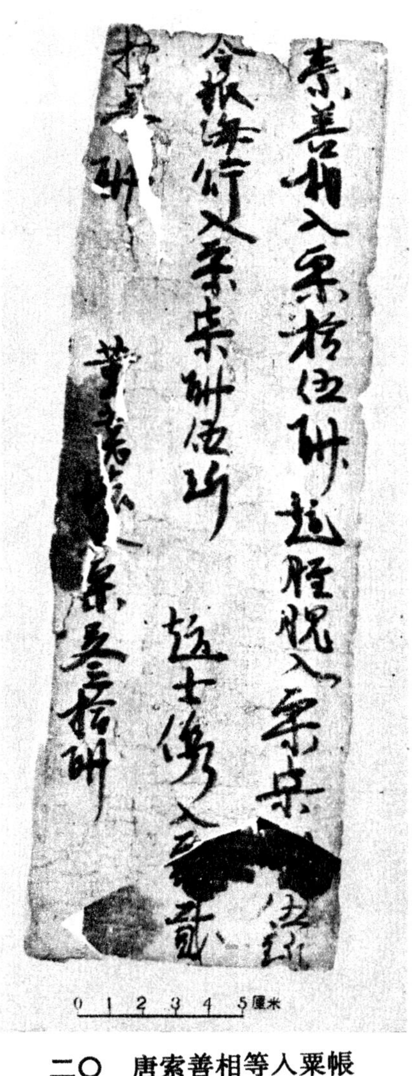

二〇　唐索善相等入粟帳
73TAM518:2/6

一八　唐三月十一日史張殘牒

1 [　　]有事至謹牒。
2 三月十一日史張[　　]

一九　唐殘問款

1 [　　]任[在]園□□見麴感共語[　　]
2 [　　]得款，元來不見一人，准[比][　　]
3 [　　]時見闞，因何拒諱，浪作逗留，[卯][　　]

二〇　唐索善相等入粟帳

1 索善相入粟拾伍研（斛）。趙脛肔入粟柒研伍斲（斗）。
2 令狐海行入粟柒研伍斲。　趙士儁入粟貳
3 拾[叁]研。　董[憙][懷]入粟叁拾研

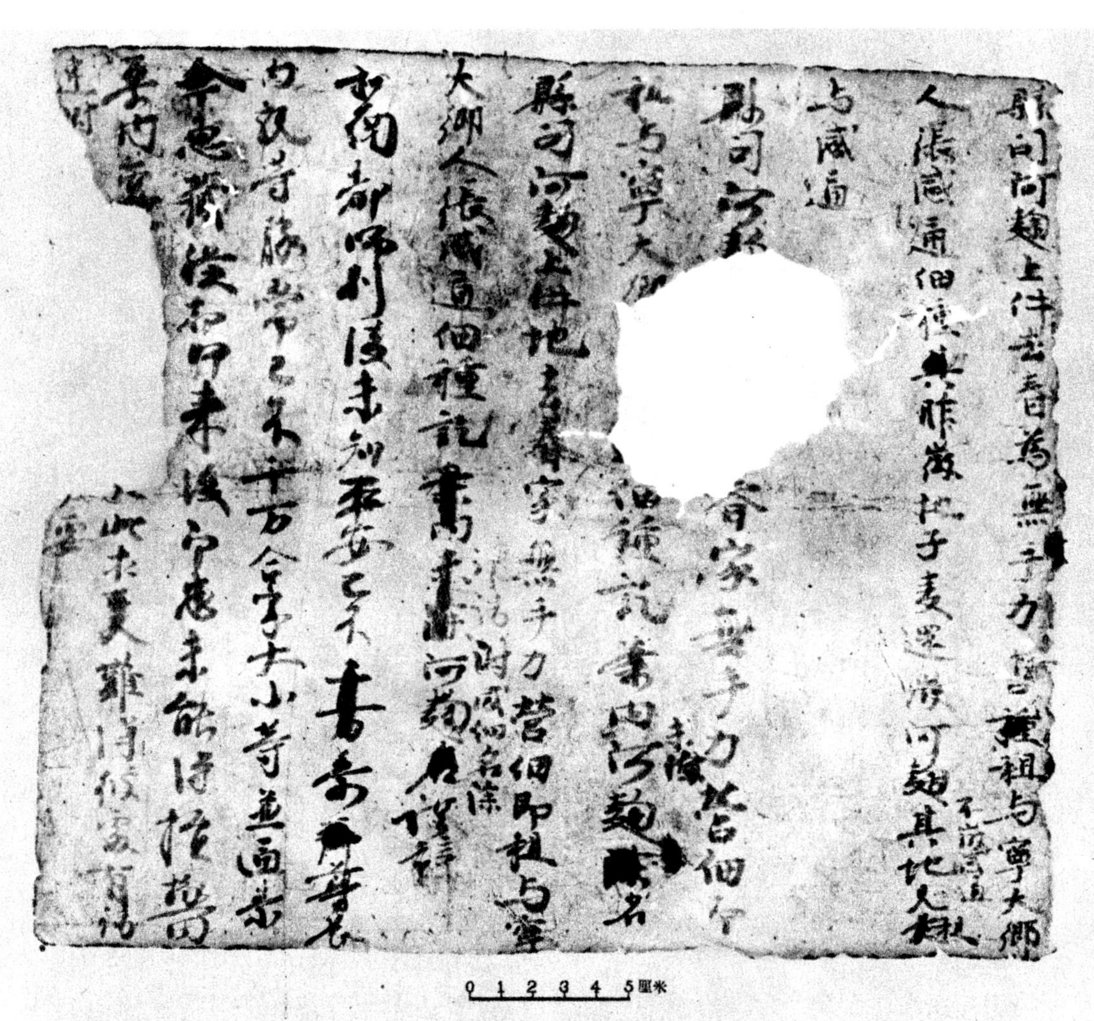

二一　唐録事司殘文書
73TAM518:3/1,3/2

二二　唐阿麴辭稿爲除出租佃名事　　73TAM518:2/4－1

二三　唐某人與某都師索藥書牘　　73TAM518:2/4－2

二一　唐録事司殘文書

1 録事司
2 四府從去年考後，應授省符　制（？）勑
3 □□前事牒前月衙奉處分並（？）[令]

二二　唐阿麴辭稿爲除出租佃名事

1 [縣]司：阿麴上件去春爲無手力[營]種，租与寧大鄉
2 人張感通佃種。(其)昨徵地子麦，還徵阿麴，不徵感通。其地
見租
3 与感通。
4 縣司：阿[麴]□□□□[春]，家無手力營佃，即
5 租与寧大[鄉]□□□□佃種訖，案内未除阿麴(除)名。
6 縣司：阿麴上件地去春家無手力營佃，即租与寧
7 大鄉人張感通佃種訖，(案)(内)(未)(除)阿麴(名)謹辭。望請附感佃名，除

二三　唐某人與某都師索藥書牘

1 和南都師，别後未知平安已不：(千)(万)参(拜)尊長
2 内親等勝常已不：千万合家大小等並通参。
3 今患臟，從都師来後，即患，未能得損，極用
4 藥，内要□□□□此求受難得，彼處有，請
5 速[附]□□□□要。

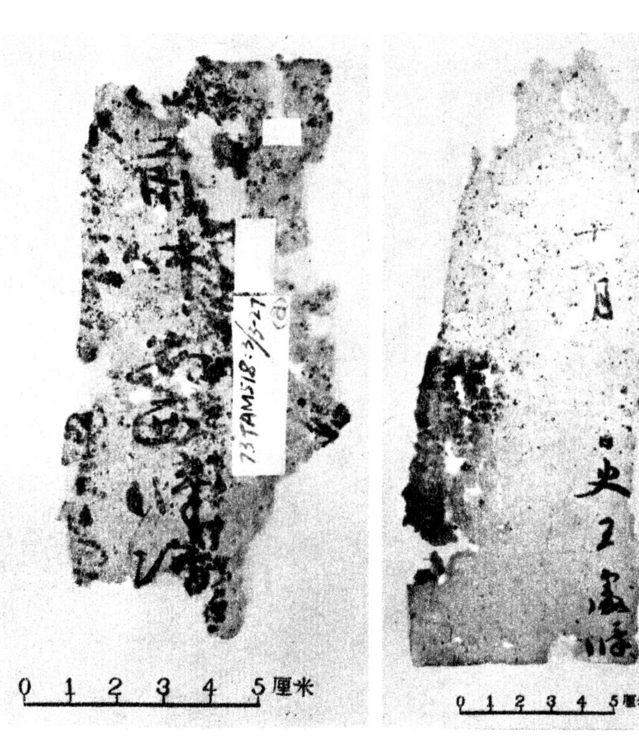

二六　唐殘牒
73TAM518:3/3－27(a)

二五　唐王處殘牒
73TAM518:2/12

二四　唐車牛運葦書牘　73TAM518:2/9

二四　唐車牛運葦書牘

1　□高師及壽將等，時寒，
2　未委平安已不，但字(?)行緣戶(?)語未
3　了。其葦牛見運葦未足，當叁
4　日，[計]一日得一車。今日到兩圍谷
5　中，兩日始得一車，一人專斫，一人□
6　葦并卻葉。乞知之。恐[謹]□
7　□車牛存意□
8　□即日□

二五　唐王處殘牒

1　□[牒]。
2　十[一]月　　日史王處牒

二六　唐殘牒

1　□[依]前件安西牒[准]□

二九 文書殘片

73TAM518:3/3－5(a)

二八 文書殘片

73TAM518:2/10

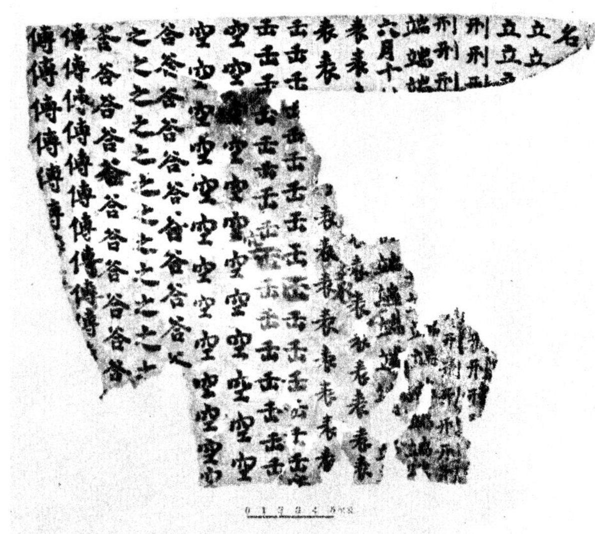

二七 文書殘片 73TAM518:2/1

三二 文書殘片

73TAM518:3/3－22(a)

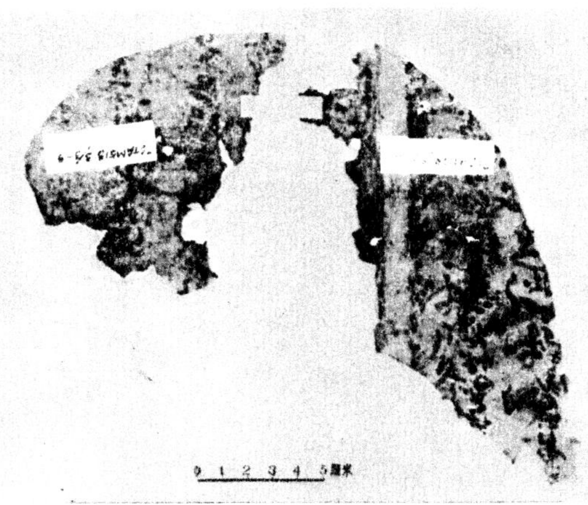

三一 文書殘片

73TAM518:3/3－21(b),3/3－9(b)

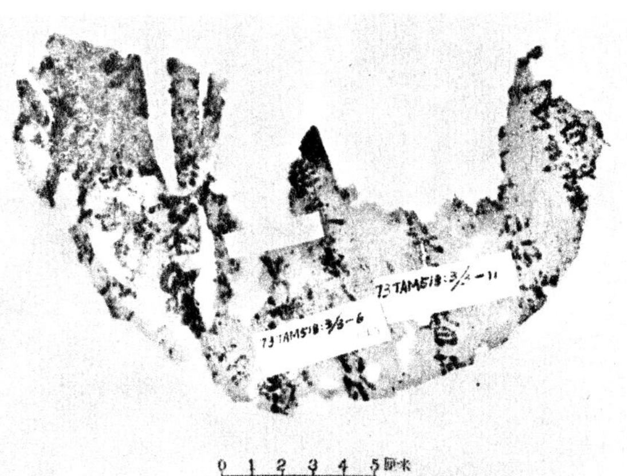

三〇 文書殘片

73TAM518:3/3－11(a),3/3－6(a)

三七 文書殘片

73TAM518:3/3－32

三五 文書殘片

73TAM518:3/3－29

三四 文書殘片

73TAM518:3/3－24(a)

三三 文書殘片

73TAM518:3/3－23(a)

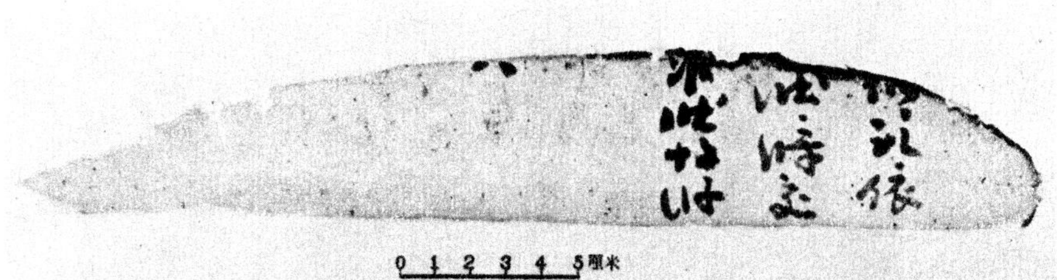

三六 文書殘片 73TAM518:3/3－31

三八　文書殘片　73TAM518:3/3－33

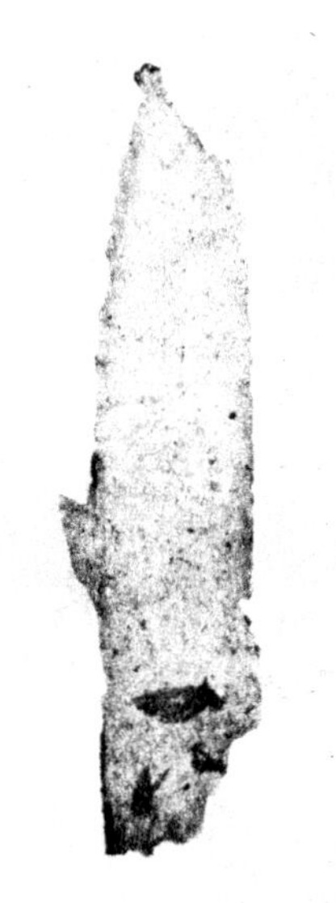

三九　文書殘片
73TAM518:3/3－34

四〇　文書殘片
73TAM518:3/3－35

四一　文書殘片
73TAM518:3/3－36

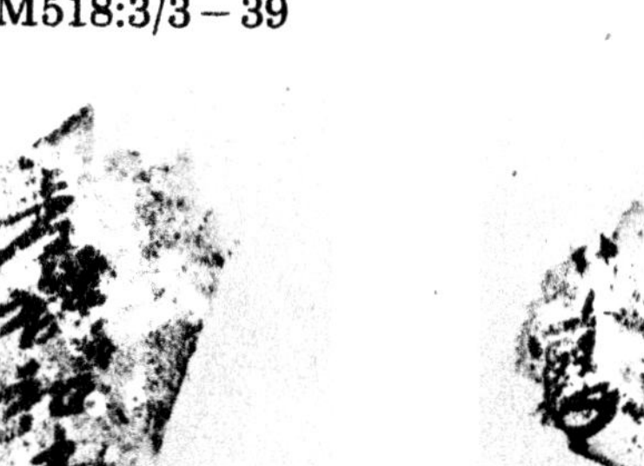

四二　文書殘片
73TAM518:3/3－37

四三　文書殘片
73TAM518:3/3－38

四四　文書殘片
73TAM518:3/3－39

四五　文書殘片
73TAM518:3/3－40

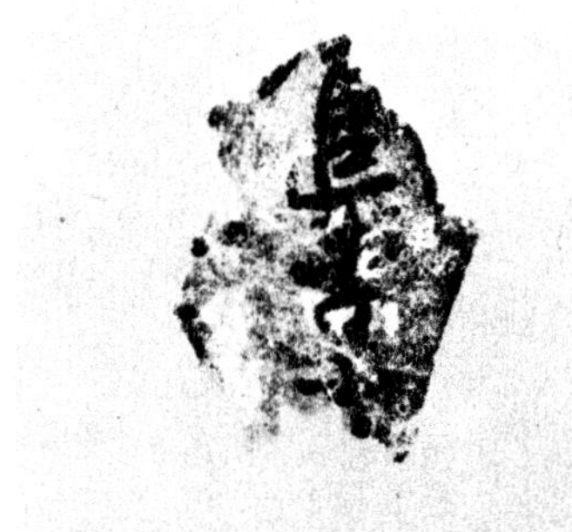

四六　文書殘片
73TAM518:3/3－41

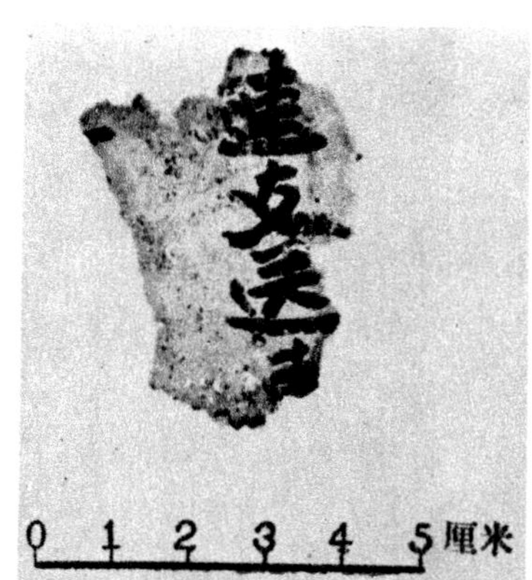

四七　文書殘片
73TAM518:3/3－42

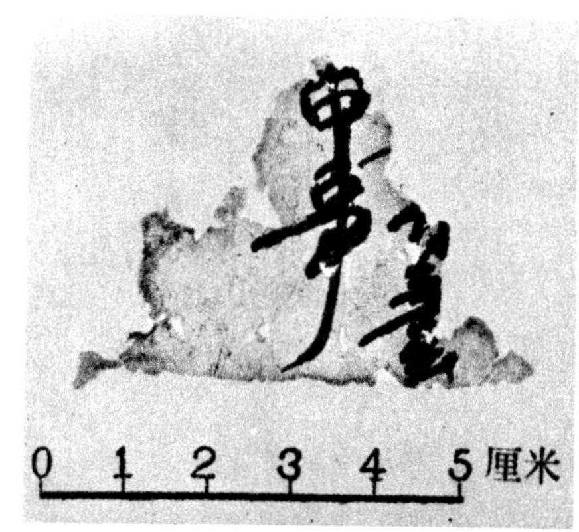

四八　文書殘片
73TAM518:3/3－43

四九　文書殘片
73TAM518:3/3－44(a)

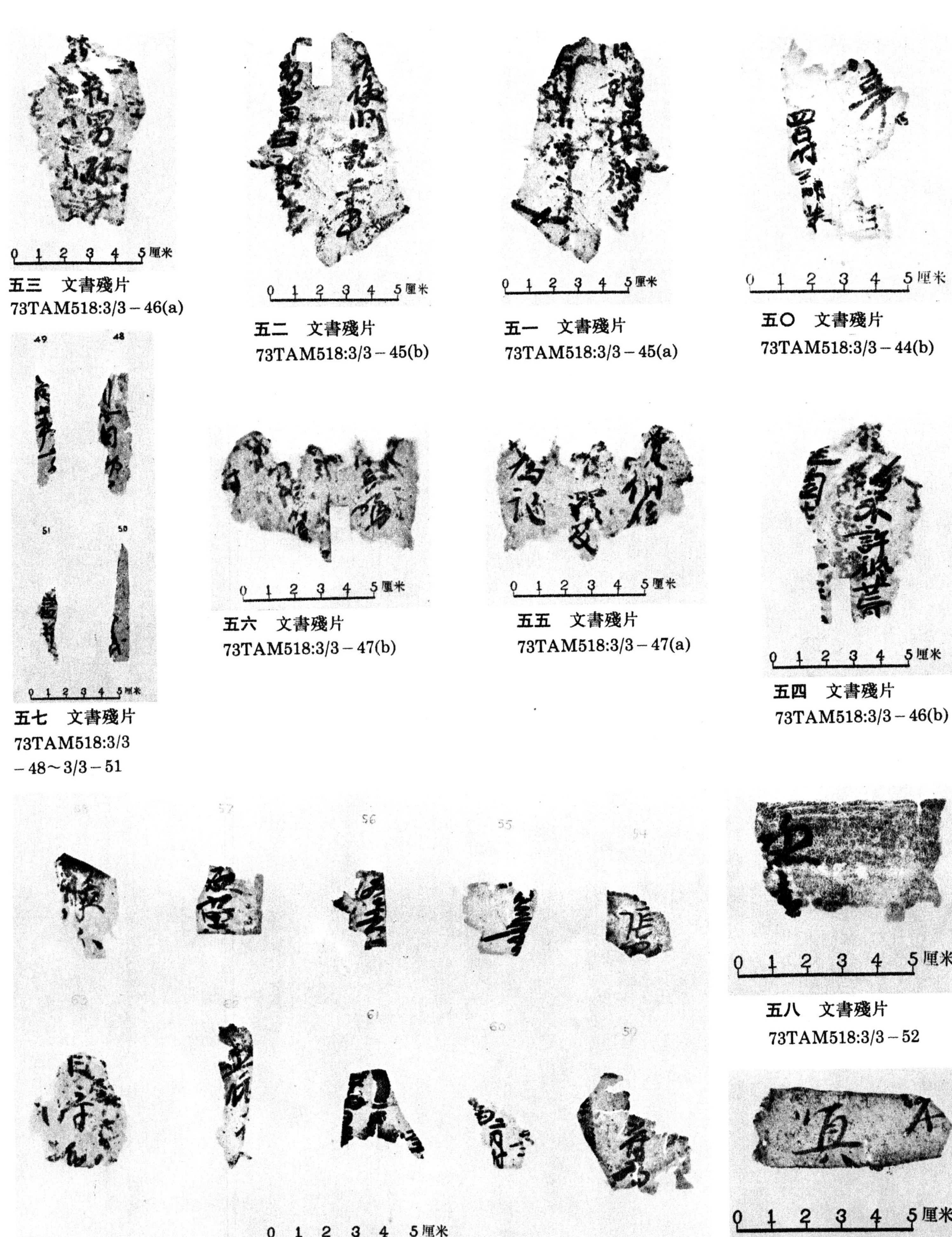

五三　文書殘片
73TAM518:3/3－46(a)

五二　文書殘片
73TAM518:3/3－45(b)

五一　文書殘片
73TAM518:3/3－45(a)

五〇　文書殘片
73TAM518:3/3－44(b)

五七　文書殘片
73TAM518:3/3－48～3/3－51

五六　文書殘片
73TAM518:3/3－47(b)

五五　文書殘片
73TAM518:3/3－47(a)

五四　文書殘片
73TAM518:3/3－46(b)

五八　文書殘片
73TAM518:3/3－52

六〇　文書殘片　73TAM518:3/3－54～3/3－63

五九　文書殘片
73TAM518:3/3－53

阿斯塔那二〇號墓文書

本墓爲合葬墓，無墓誌及隨葬衣物疏。男屍先葬，其紙鞋拆出三九至四八號文書，紙帽拆出五〇至五三號文書，有紀年者，最早爲唐顯慶元年（公元六五六年），最晚爲顯慶四年（公元六五九年）。女屍後葬，身下壓有二一、二九號文書，紀年爲唐神龍二年（公元七〇六年）。

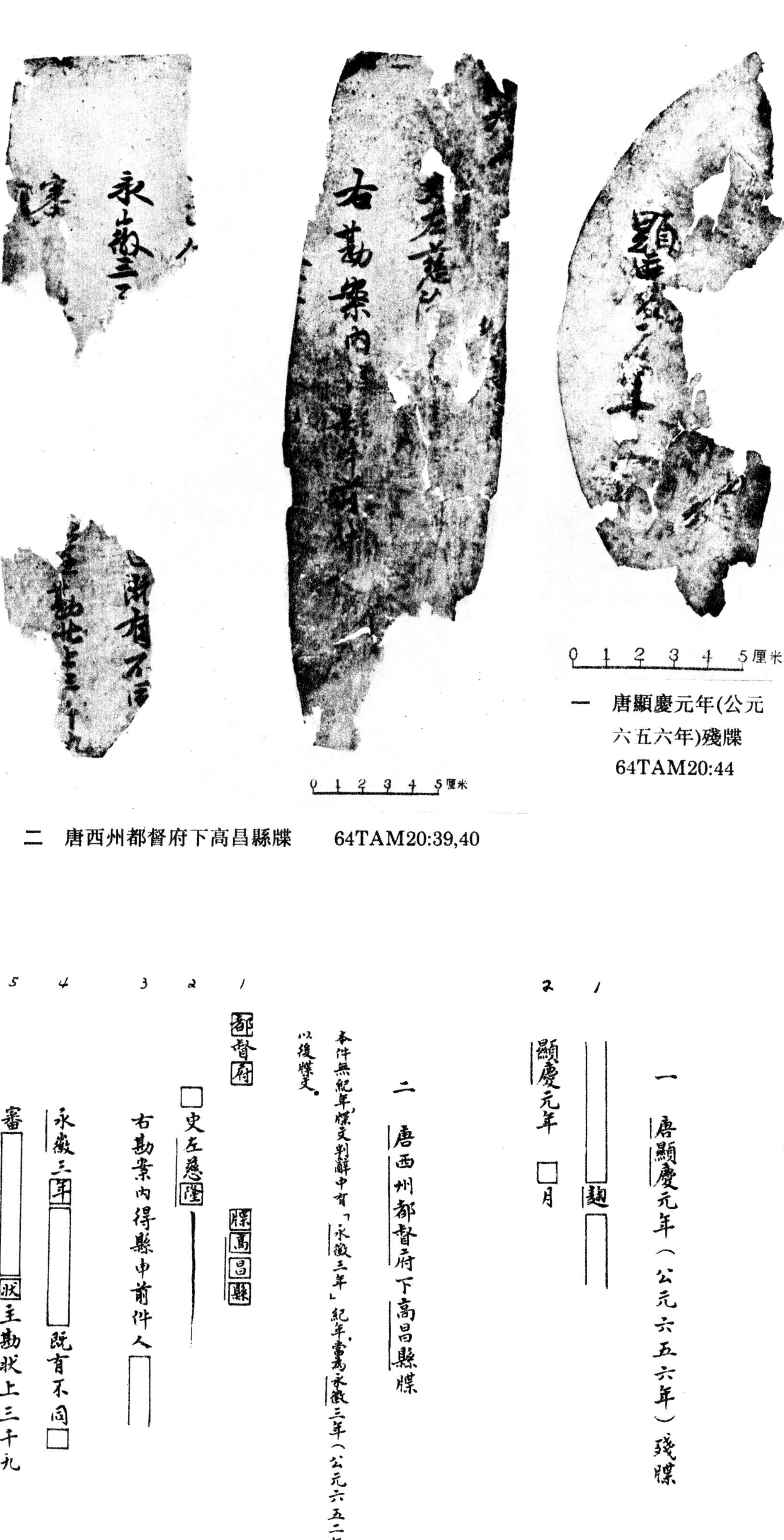

一　唐顯慶元年(公元六五六年)殘牒　64TAM20:44

二　唐西州都督府下高昌縣牒　64TAM20:39,40

一　唐顯慶元年（公元六五六年）殘牒

[　]趙[　]

顯慶元年　□月

二　唐西州都督府下高昌縣牒

本件無紀年，牒文判辭中有「永徽三年」紀年，當爲永徽三年（公元六五二年）以後牒文。

都督府　牒高昌縣

□史左懸隆

右勘案內得縣申前件人[　]

永徽三年[　]既有不同□

審[　]狀至勘狀上三千九

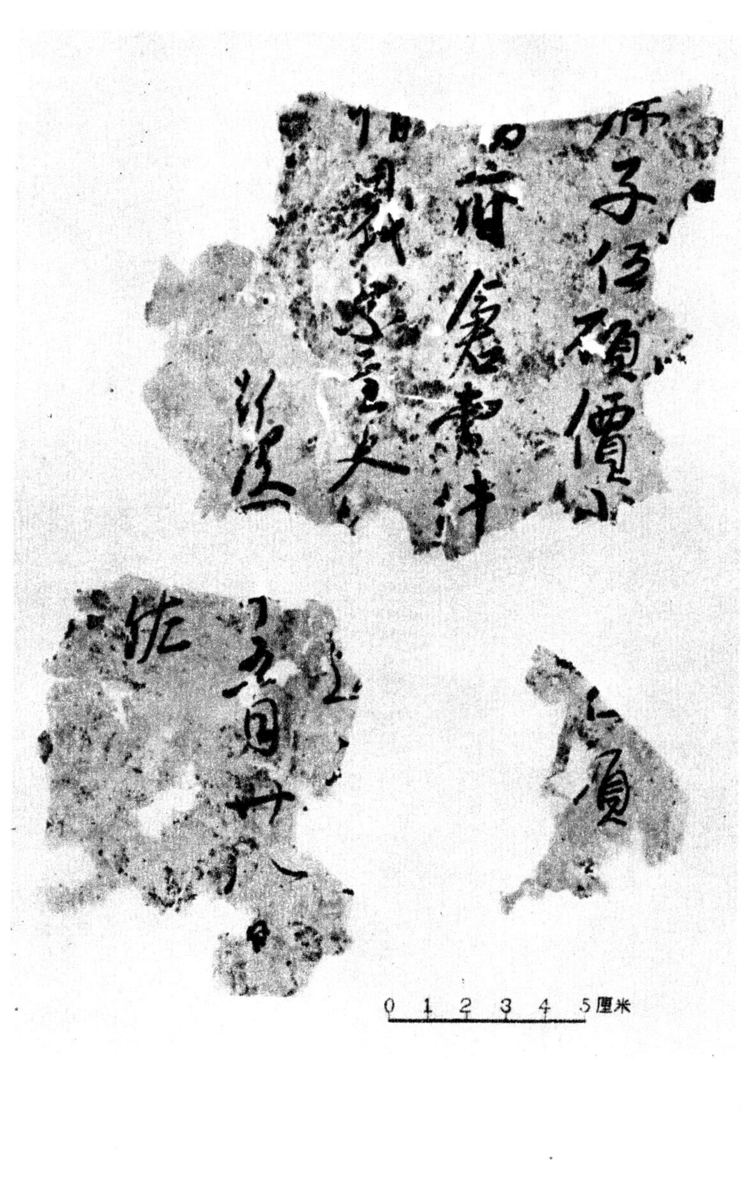

三　唐顯慶四年（公元六五九年）麻子准小麥時價牒　64TAM20:51

四　唐糧食准小麥時價牒（一）　64TAM20:50/1

四　唐糧食准小麥時價牒（二）　64TAM20:50/2

三　唐顯慶四年（公元六五九年）麻子准小麥時價牒

1　（前缺）麻子伍碩價小□□碩

2　（前缺）納府倉曹件（後缺）

3　（前缺）請裁宗主史□□謹□。

4　顯慶四年五月廿八日

5　（前缺）佐

四　唐糧食准小麥時價牒

本件紀年殘缺，文書內容及書法與前件相似，且亦自同一紙帽，可能是一件，姑列於上件之後。下件同。

（一）

1　（前缺）價壹斛，直小麥（後缺）

2　（前缺）准時價壹斛，（後缺）

3　（前缺）准價壹斛，直小麥（後缺）

（二）

1　（前缺）□價壹斛，直小麥（後缺）

2　（前缺）准時價壹斛，直小（後缺）

3　（前缺）壹斛，直小麥（後缺）

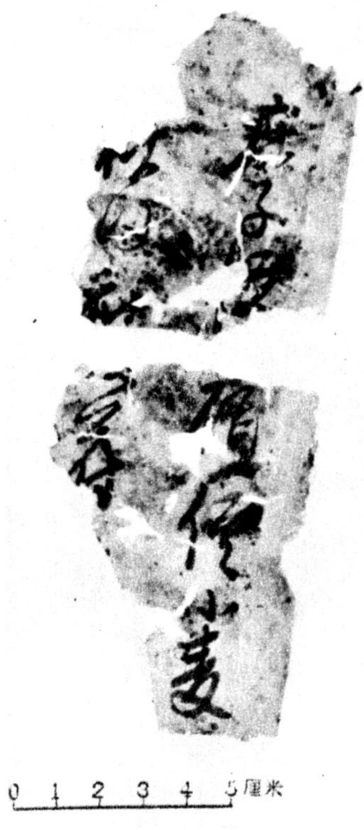

五　唐麻子准小麥時價文書　64TAM20:53/7

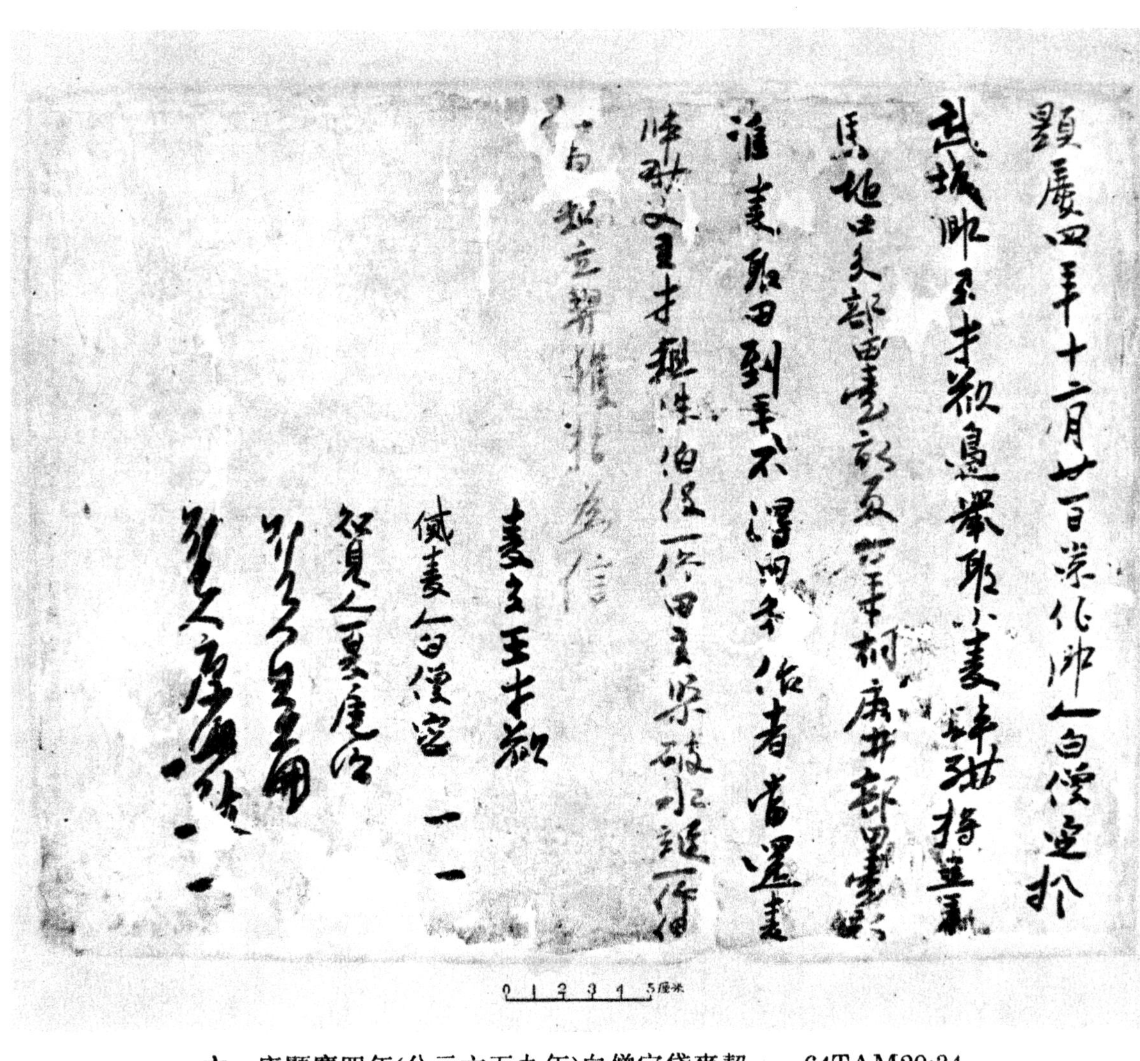

六　唐顯慶四年(公元六五九年)白僧定貸麥契　64TAM20:34

五　唐麻子准小麥時價文書

麻子伍碩價小麥□
□牒被符□

六　唐顯慶四年（公元六五九年）白僧定貸麥契

顯慶四年十二月廿一日崇化鄉人白僧定於
武城鄉王才歡邊舉取小麥肆研(斛)，將五年
馬塠口分部田壹畝，更六年胡麻井部田壹畝，
准麥取田。到年年不得田耕作者，當還麥
肆研入王才。租殊伯役，一仰田主；渠破水讁，一仰佃
人兩和立契，獲指為信。
麥主王才歡
貸麥人白僧定 一一
知見人夏尾信
知見人王士開
知見人康海□ 一一

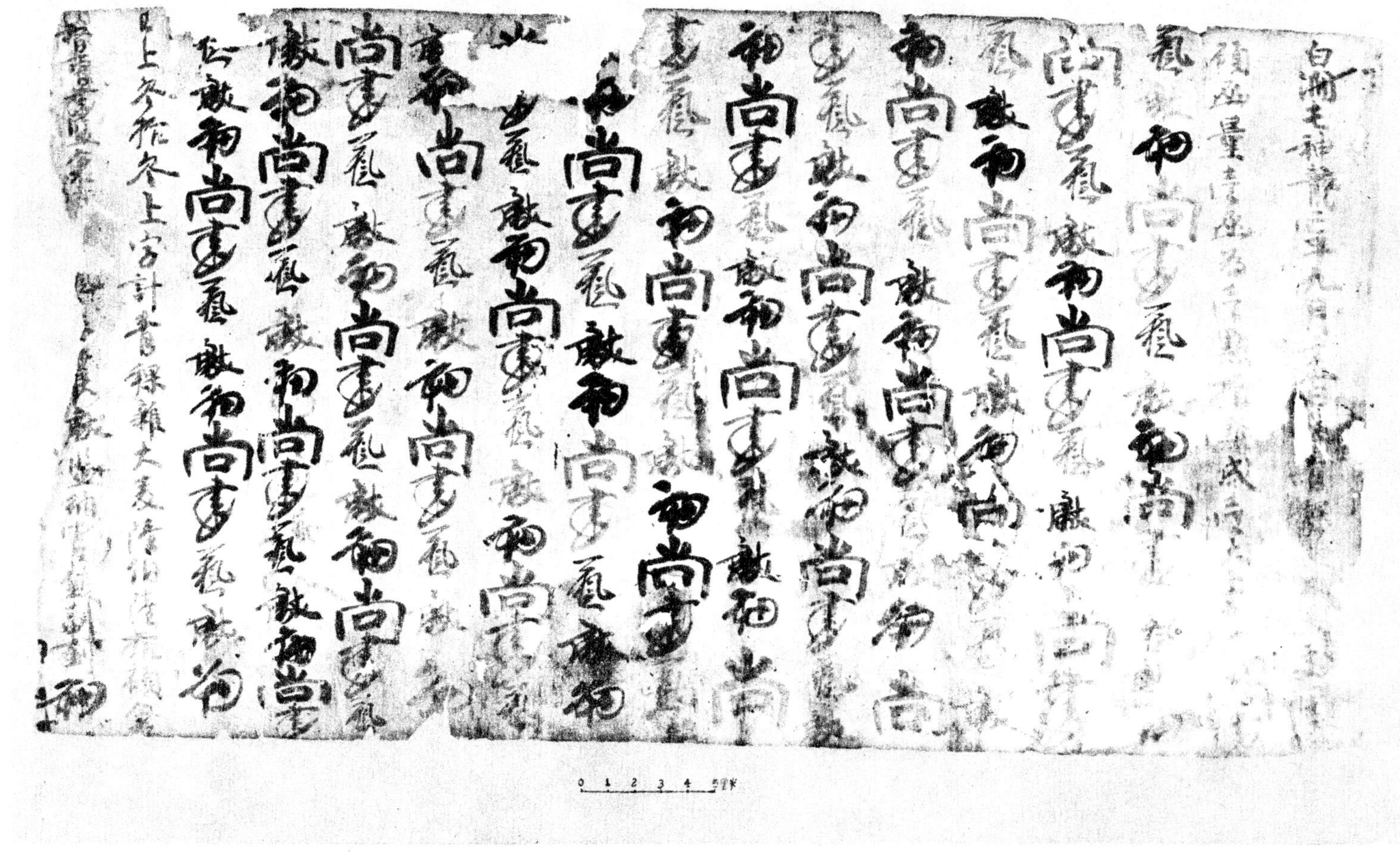

七　唐神龍二年(公元七〇六年)白澗屯納官倉糧帳(一)　64TAM20:21(a)

七　唐神龍二年(公元七〇六年)白澗屯納官倉糧帳(一)　64TAM20:21(b)

七　唐神龍二年(公元七〇六年)白澗屯納官倉糧帳

(一)

1 白澗屯神龍二年九月十五日[納]青稞雜大麥，交用兩
2 碩函量壹函爲壹斛，拾斛成壹大上[字]。尚　建
3 藝獻　祠　尚建藝獻祠尚建[藝][獻]　祠
4 尚建藝獻　祠　尚建藝獻祠尚建
5 藝獻　祠尚建藝獻祠　[尚]建藝獻
6 祠尚建藝獻祠　尚建藝獻祠　尚
7 建藝獻祠尚建藝　獻祠　尚建藝獻
8 祠尚建藝獻祠　尚建藝獻祠　尚
9 建藝獻祠尚建藝獻　祠　尚建藝
10 [獻]祠尚建藝獻祠　尚建藝獻　祠
11 [尚][建]藝獻祠　尚建藝獻祠　尚建藝
12 [獻]祠　尚建藝獻祠　尚建藝獻　祠
13 尚建藝獻祠　尚建藝獻祠　尚建藝
14 獻祠尚建藝獻祠尚建藝獻祠尚建〔一〕
15 藝獻祠　尚建藝獻祠　尚建藝獻祠
16 已上叁拾叁上字，計青稞雜大麥陸伯陸拾碩。倉
17 督曹建、監倉[官][王]□、[屯][官]侯獻、監納官鎮副劉祠。

注　釋

〔一〕騎縫背面有「曹建王藝侯獻劉祠」等簽押字。(二)中一〇行騎縫背面有上述諸字之左半。

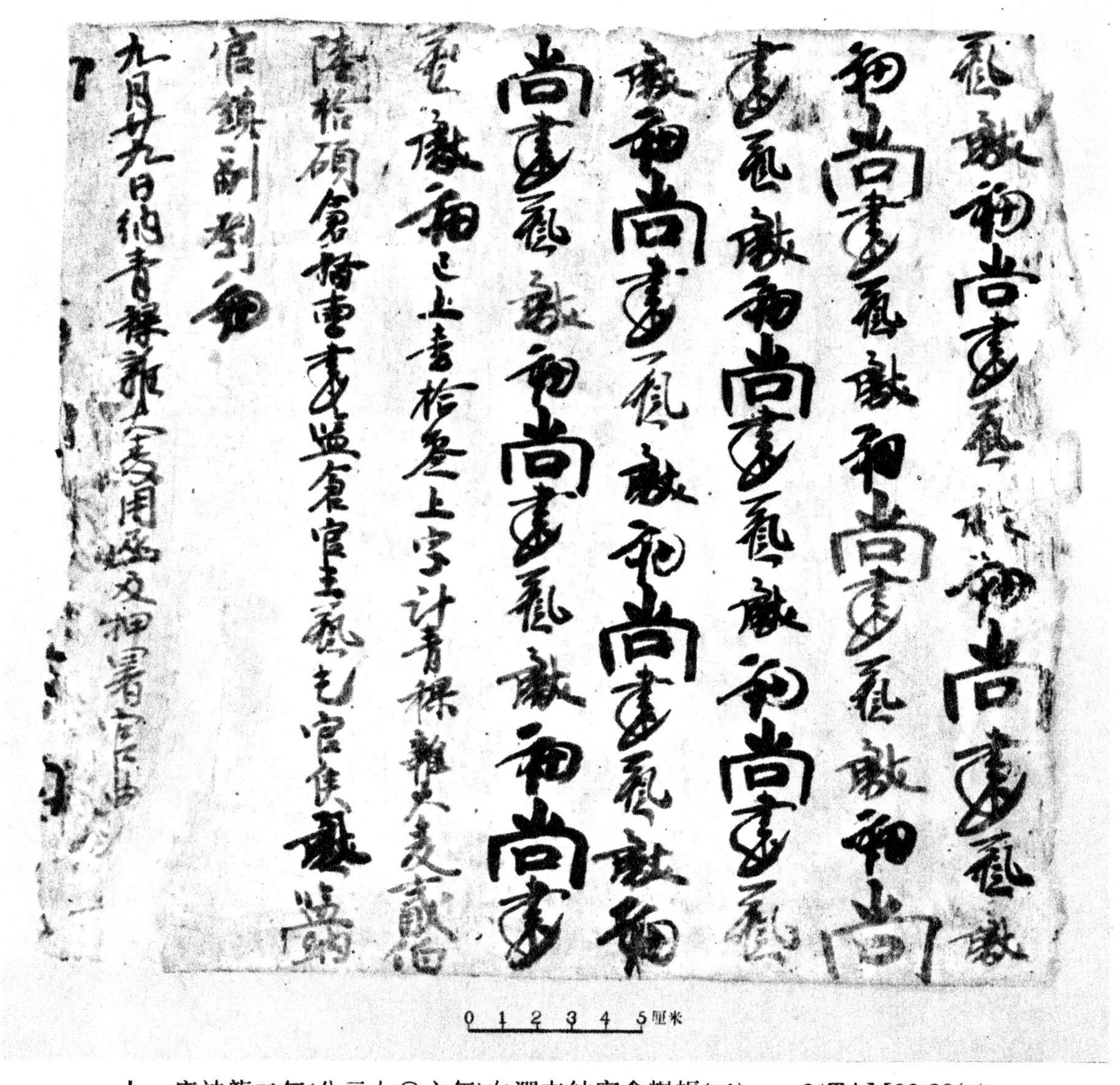

七　唐神龍二年(公元七〇六年)白澗屯納官倉糧帳(二)　64TAM20:29(a)

(二)

藝　歡　初　尚達藝歡　初尚達藝歡
初尚達藝歡初尚達藝歡初　　尚
達藝歡初　尚達藝歡初　尚達藝
歡初尚達藝歡初　尚達藝歡初
尚達藝歡初尚達藝歡初　尚達
藝歡初　已上壹拾叁上字，計青稞雜大麥貳伯
陸拾碩。倉督曹建、監倉官王藝、屯官侯歡、監納
官鎮副劉初。
九月廿九日納青稞雜大麥用函及押署官典□
尚□　尚□　尚□

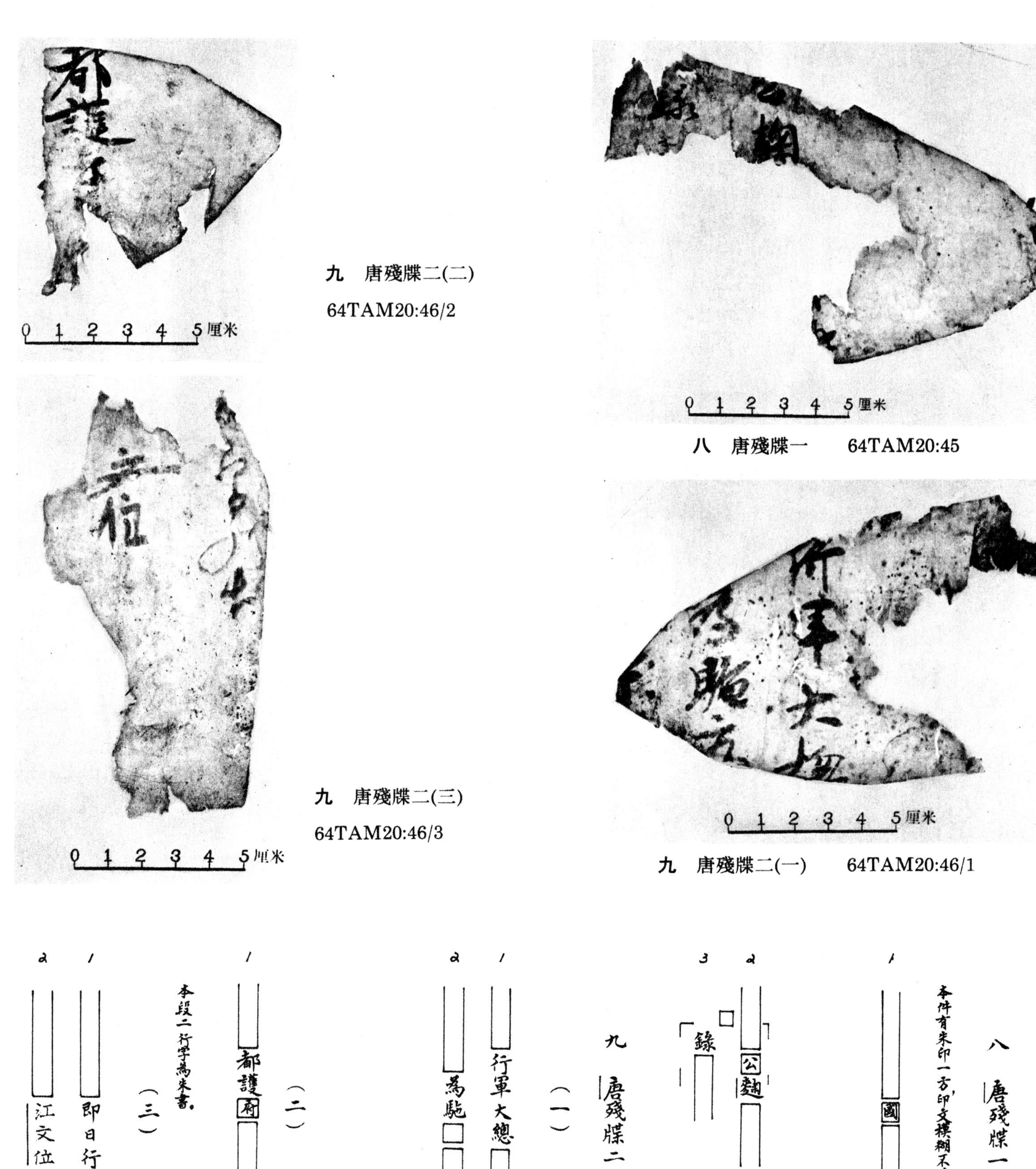

九　唐殘牒二(二)　64TAM20:46/2

九　唐殘牒二(三)　64TAM20:46/3

八　唐殘牒一　64TAM20:45

九　唐殘牒二(一)　64TAM20:46/1

八　唐殘牒一

本件有朱印一方，印文模糊不清。

1 ［國］

2 ［公］麹

3 □錄

九　唐殘牒二

（一）

1 行軍大總

2 為駞□

（二）

1 都護［府］

本段二行字為朱書。

（三）

1 即日行判

2 江文位　檢無稽賓

一一　唐西州高昌縣諸坊雜物牒　64TAM20:52/1～52/3

九　唐殘牒二(四)
64TAM20:46/4

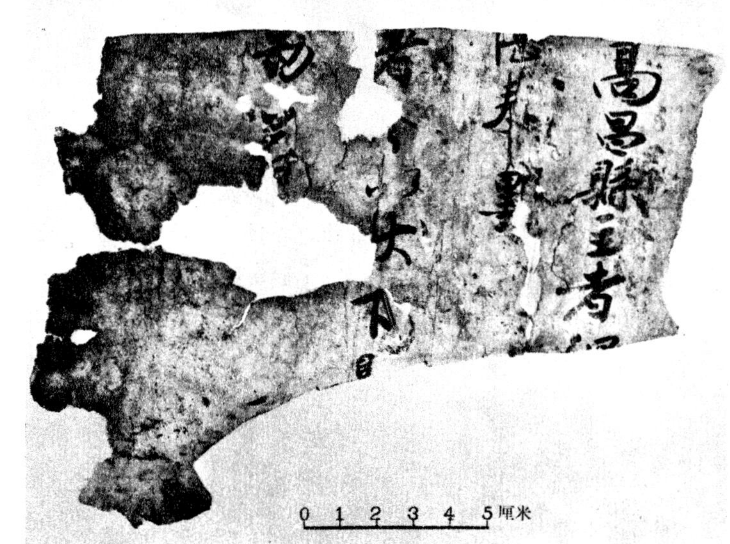

一〇　唐下高昌縣符　64TAM20:43(a)

（四）

1 □張士信□

一〇　唐下高昌縣符

1 高昌縣主者□
2 [選][奉][璽]
3 者[今]以[狀]下[縣]□
4 勑符□

一一　唐西州高昌縣諸坊雜物牒

1 安樂坊　崇[教][坊]
2 大順坊　□□坊
3 永和坊　□歎坊
4 右件坊[署]□
5 □[麵][物]□
6 □□爲□
7 □元□
8 □如前謹□
9 □月廿一日史□
10 □丂下事□

一二　唐老人名籍(一)
64TAM20:41/2

一二　唐老人名籍(二)
64TAM20:42/1

一二　唐老人名籍(三)
64TAM20:42/2

一二　唐老人名籍(四)
64TAM20:41/1

一二　唐老人名籍

（一）

1 老人□

2 老人張延大

3 老人索氷洸

（二）

1 老人郭隆□

2 老人高海隆

3 老人和崇歡

4 老人□

（三）

1 老人周慶懷

2 老人□□廷

3 老人□

（四）

1 老□

2 老人陰歡龍

3 老人牛定□

4 付司建唯宗

一三　唐寧昌鄉殘文書

1　寧昌鄉□（四）

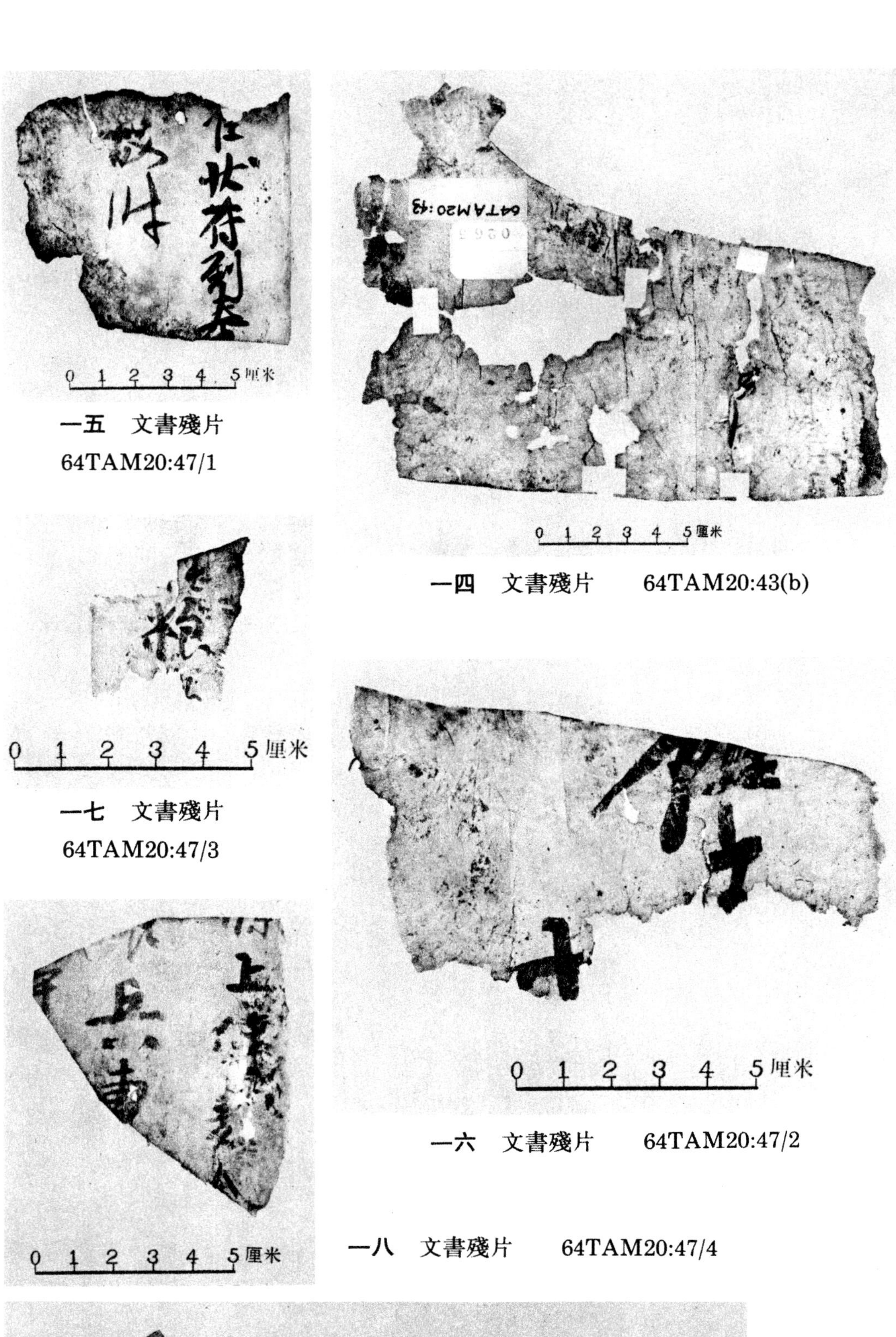

一三　唐寧昌鄉殘文書　64TAM20:47/5

一四　文書殘片　64TAM20:43(b)

一五　文書殘片　64TAM20:47/1

一六　文書殘片　64TAM20:47/2

一七　文書殘片　64TAM20:47/3

一八　文書殘片　64TAM20:47/4

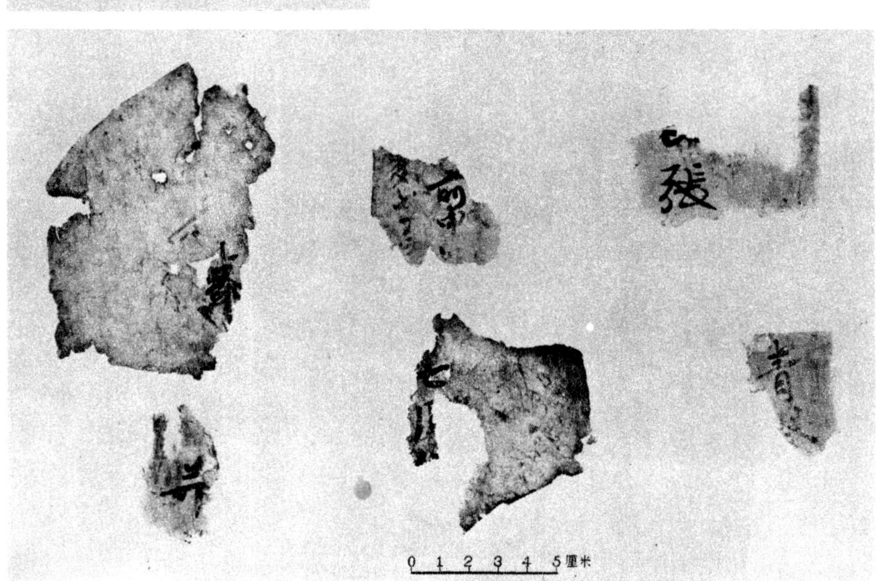

一九　文書殘片　64TAM20:48/1～48/6

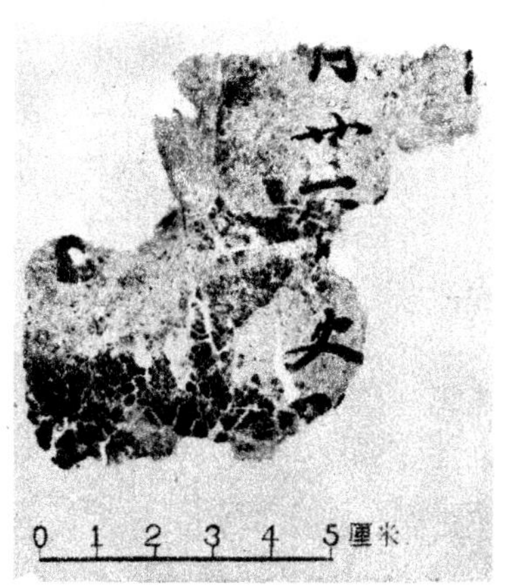

二三　文書殘片
64TAM20:53/3

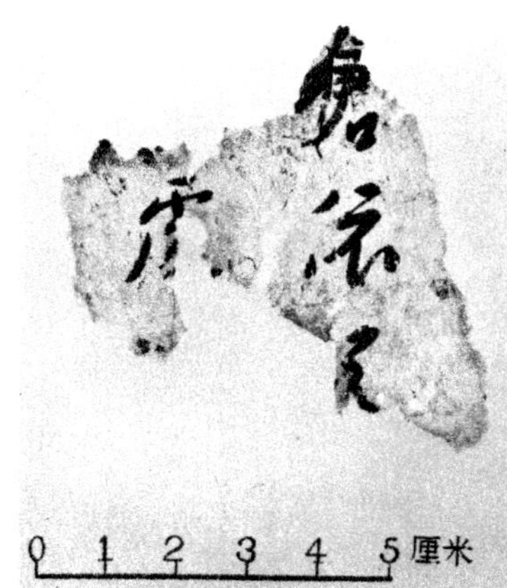

二二　文書殘片
64TAM20:53/2

二一　文書殘片
64TAM20:53/1

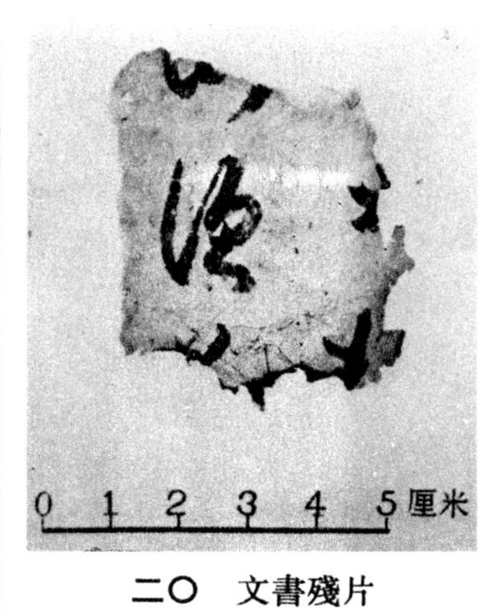

二〇　文書殘片
64TAM20:52/4

二六　文書殘片
64TAM20:53/6

二五　文書殘片
64TAM20:53/5

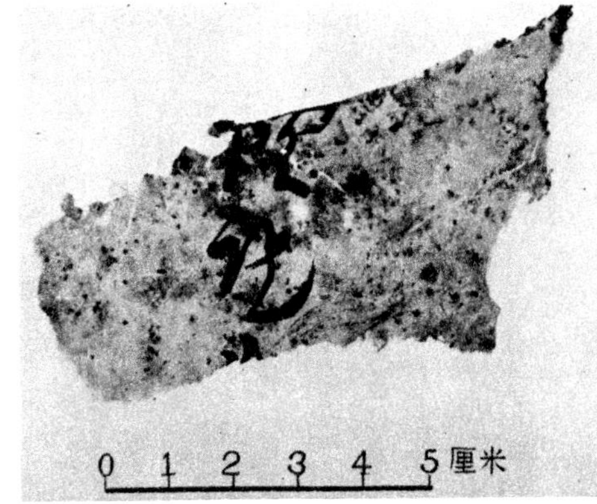

二四　文書殘片
64TAM20:53/4

阿斯塔那三五號墓文書

本墓爲合葬墓。無墓誌及隨葬衣物疏。所出文書多有紀年，最早爲唐麟德元年（公元六六四年），最晚爲神龍三年（公元七〇七年）。

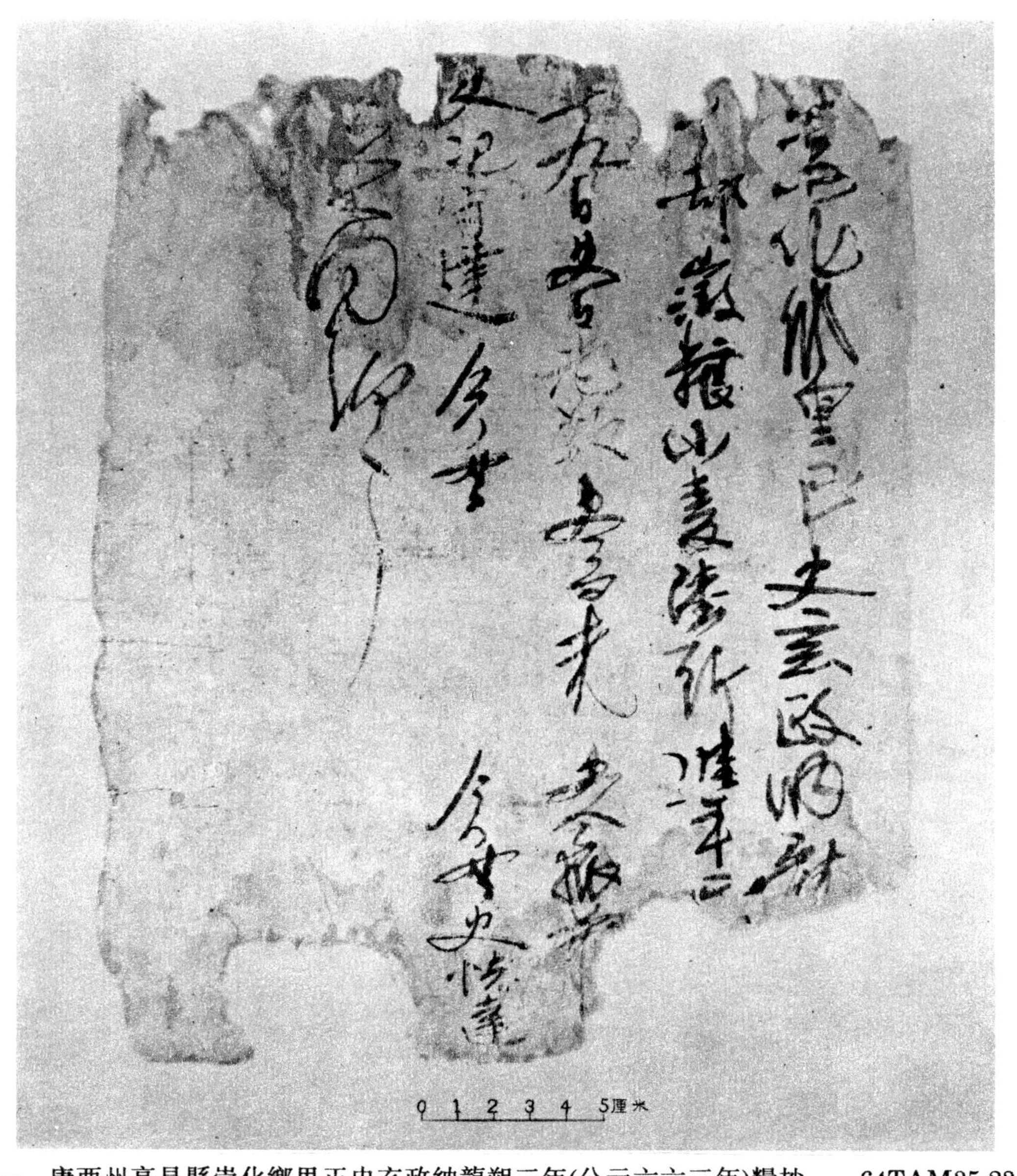

一　唐西州高昌縣崇化鄉里正史玄政納龍朔三年(公元六六三年)糧抄　64TAM35:23

一　唐西州高昌縣崇化鄉里正史玄政納龍朔三年（公元六六三年）糧抄

本件「龍□□年」，據下稱「肆年」，當爲龍朔三年（公元六六三年）。按龍朔三年十二月廿二日令改明年爲麟德元年（公元六六四年）。龍朔本無四年，且此抄時尚不知改元，故有「肆年□□十九日」之文。

1 崇化鄉里正史玄政納龍□□

2 [年]却徵粮小麥陸㪷(斗)，肆年□□

3 十九日史〻志敬　史高未　史令狐[頭]□

4 史氾守達倉督　倉督史懷達

5 五人同收了

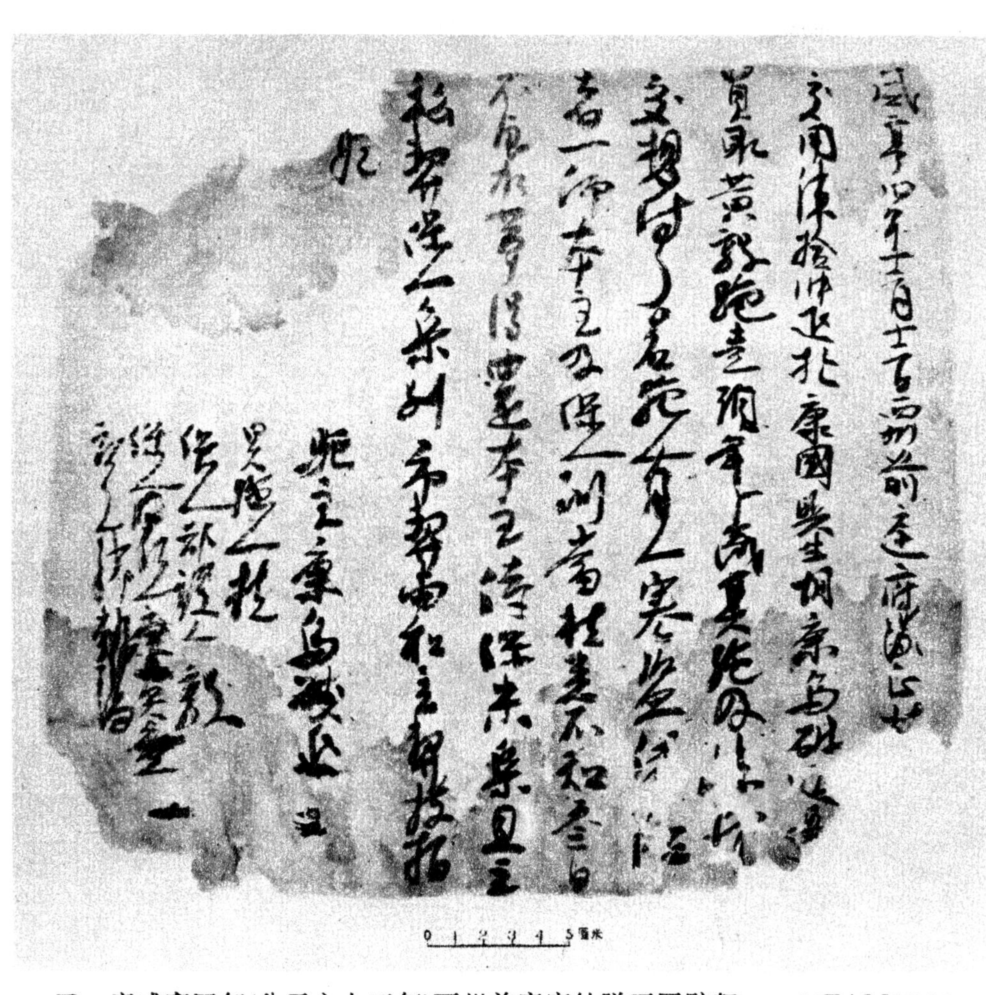

三　唐咸亨四年(公元六七三年)西州前庭府杜隊正買駝契　64TAM35:21

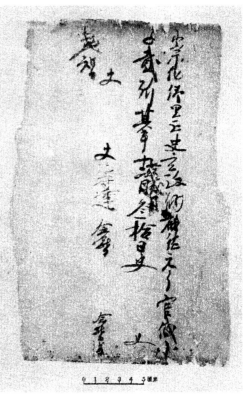

二　唐麟德元年(公元六六四年)西州高昌縣里正史玄政納當年官貸小子抄　64TAM35:33

二　唐麟德元年（公元六六四年）西州高昌縣里正史玄政納當年官貸小子抄

1 崇化鄉里正史玄政納麟德元年官貸小

2 子貳斛，其年十二月（拾貳月）叁拾日。史　史

3 史　史汜守達　倉督　倉督張

4 麩智

三　唐咸亨四年（公元六七三年）西州前庭府杜隊正買駝契

1 咸亨四年十二月十二日，西州前庭府隊正[杜]□

2 交用練拾肆疋（驗），於康國興生胡康烏破[延][遮]

3 買取黄敦駝壹頭，年十歲。其駝及練[即]

4 交想（相）付了。若駝有人寒盜[認][名]

5 者，一仰本主及保人酬當，杜悉不知。叁日

6 不食水草，得還本主。待保未集，且立

7 私契；保人集，別市契。兩和立契，獲指

8 □驗。

9 駝主康烏破延　一

10 買駝人杜

11 保人都護人敦

12 保人同鄉人康莫遮　一

13 知見人張軌端

四 唐咸亨五年（公元六七四年）張君君領當隊器仗、甲弩、弓、陌刀等抄 64TAM35:30

0 1 2 3 4 5厘米

四 唐咸亨五年（公元六七四年）張君君領當隊器仗、甲弩、弓、陌刀等抄

前付官器丈、甲弩、弓、陌刀□等抄，張君君遺
失其物見在。竹武秀隊佐史玄政等本隊
將行，後若得真抄，宜令對面毀破。
爲人無信，抄畫爲驗。咸亨五〔一〕三月十八日張君君記
當隊六駝馱馬□□□□□形駝

注釋

〔一〕「五」下脱一「年」字。

五　唐永淳元年(公元六八二年)西州高昌縣下太平鄉符爲百姓按户等貯糧事　64TAM35:24

五　唐永淳元年(公元六八二年)西州高昌縣下
太平鄉符爲百姓按户等貯糧事

本件鈐有朱印五方，印文爲「高昌縣之印」。

1 高昌縣
2 上上户〻别貯一十五石　上中户〻别貯一十二石
3 上下户〻别貯一十石　中上户〻别貯七石
4 中中户〻别貯五石　中下户〻别貯四石
5 下上户〻别貯三石　下中户〻别貯一石五斗
6 下下户〻别貯一石
7 太平鄉主者，得里正杜定護等牒稱：奉處分令百姓
8 各貯一二年粮，並令鄉司檢量封署，然後官府親自檢行者。
9 下鄉。令准數速貯封署訖上，仍遣玄政巡檢者，令判准家口
多
10 少各貯一年粮，仍限至六月十五日已來了。其大麥今既正
是
11 收時，即宜貯納訖速言，德即擬自巡檢。今以狀下鄉，宜
12 准狀，符到奉行。
13 主簿判尉　思仁　　佐　朱貞君
14 史
15 永淳元年五月十九日下

六　唐西州高昌縣下太平鄉符爲檢兵孫海藏患狀事　64TAM35:19(a)

六　唐西州高昌縣下太平鄉符爲檢兵孫海藏患狀事　64TAM35:19(b)

六　唐西州高昌縣下太平鄉符爲檢兵孫海藏患狀事

本件紀年殘缺，文中「里正杜定護」又見於上件，本件時間亦應與之相當，故列於該件之後。內有朱印數方，印文爲「高昌縣之印」。騎縫綫背面有一「行」字，亦有高昌縣印。

1 高昌縣
2 　孫海藏患風瘑（癇）及冷漏狀當殘疾
3 太平鄉主者，得上件人辭稱：先患風瘑，坐底
4 冷漏。昨爲差波斯道行，々至蒲昌，數發動。檢
5 驗不堪將行，蒙營司放留，牒送柳中縣安養，
6 并給公驗。營司後更牒建忠趙傳々，患如得損，
7 即令勒赴軍所，追来相隨，行至交河，患猶未
8 除，交河復已再檢不堪前進，得留交河安養，
9 并牒上大軍知。今有大軍牒，具（？）（待）患狀牒州，々符
10 [下]縣收役（？）（役）訖。今造手實，巡兒侍至，謹連營司
11 [患]公驗如前，并請檢大軍牒，患狀驗，檢入疾請
12 裁者，依狀檢營司牒，患狀與孫藏狀同者，又
13 檢波斯道軍司牒，得高通達辭稱：今知上件
14 見患風瘑及冷漏，不堪行動，見留西州交河
15 縣將息，情願替行者，依檢交河縣牒，患狀與狀
16 同。侍郎判：依請，縣宜准狀者。又責保問鄉勘
17 [保]人張醜𡘋等五人、里正杜定護
18 [風][瘑][冷]漏有[年]

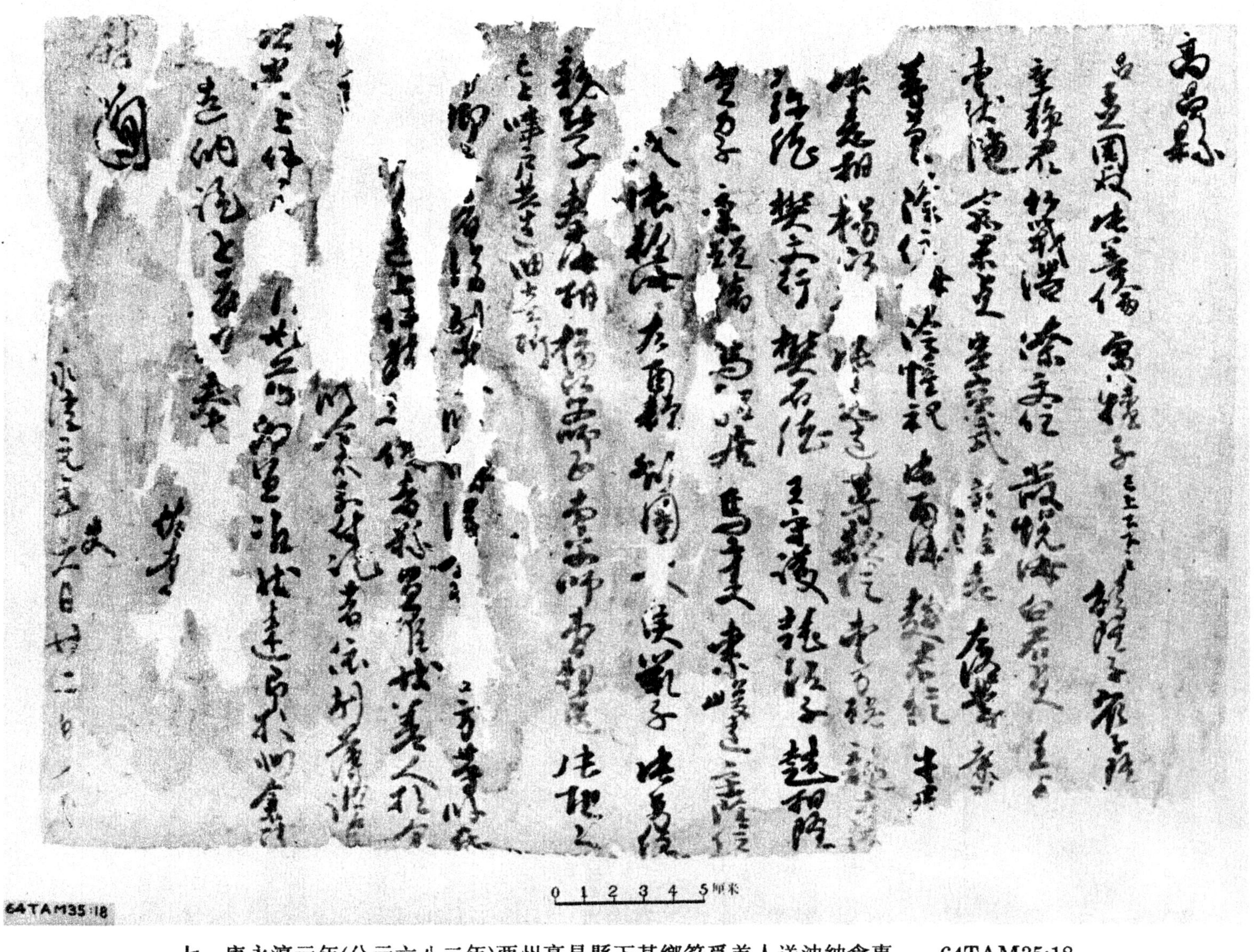

七　唐永淳元年(公元六八二年)西州高昌縣下某鄉符爲差人送油納倉事　　64TAM35:18

七　唐永淳元年（公元六八二年）西州高昌縣下某鄉符爲差人送油納倉事

本件有朱印多方，印文爲「高昌縣之印」。

高昌縣
昌
孟圈奴　張善倫　寅犢子　已上十下戶　解隆子　翟子
隆
辛静君　竹戰浩　索文住　嚴悦海　白君貞　王□□
曹伏隴　令狐君貞　史寅武　□□志　左洛豐　康□
□
尊苟々　陰住海　陰憧耙　張南海　趙君住　牛君□
張憙相　楊阿□　張憙達　尊歡住　曹万醜　龍大洛
□弥德　樊文行　樊石德　王守護　龍頭子　趙相隆
賈力子　康願緒　馮□居　馬才文　索竣達　宋隆住
□□成　張歡海　左酉歡　劉圈□　侯鼠子　張幼住
龍救子　秦海相　楊阿父師子　曹父師　曹那遮　張
趙々
已上肆戶共造油壹㪷（斗）
□□鄉主者：汝别□□□□□得□□□方等牒在
造上件數□供者，縣宜准狀差人於倉
牒倉分付訖者，依判簿諮
□□上件□注如前，鄉宜准狀速即於州倉注
□造納訖上，符到奉
佐索
尉闓
史
永淳元年六月廿二日下

八（右） 唐永淳二年（公元六八三年）牒爲翟歡相死牛事 64TAM35:41(a)－1

九（左） 唐西州高昌縣諸鄉百姓配役官司名籍 64TAM35:41(a)－2

八 唐永淳二年（公元六八三年）牒爲翟歡相死牛事

1 翟歡相牛一頭

2 右奉判，令檢前件牛無他故死，得惡致

3 死有實。

4 牒件檢如前。謹牒。

5 永淳二年二月 日錄事 唐 牒

九 唐西州高昌縣諸鄉百姓配役官司名籍

本件無紀年，倒寫於唐永淳二年（公元六八三年）爲翟歡相死牛事牒文（抄件）之後，時間亦應相當。

1 戎楊石 令 昌汜惠 尉 西馬才 令 義胥（胥）苟子 姚尉

2 化張戌 丞 城趙憙 令 大康達 令

3 城令狐石 令 戎 丞 西翟才 令 大康洛 令

4 化康政 丞 昌張禮 尉✓陳 義胥苟子 姚尉

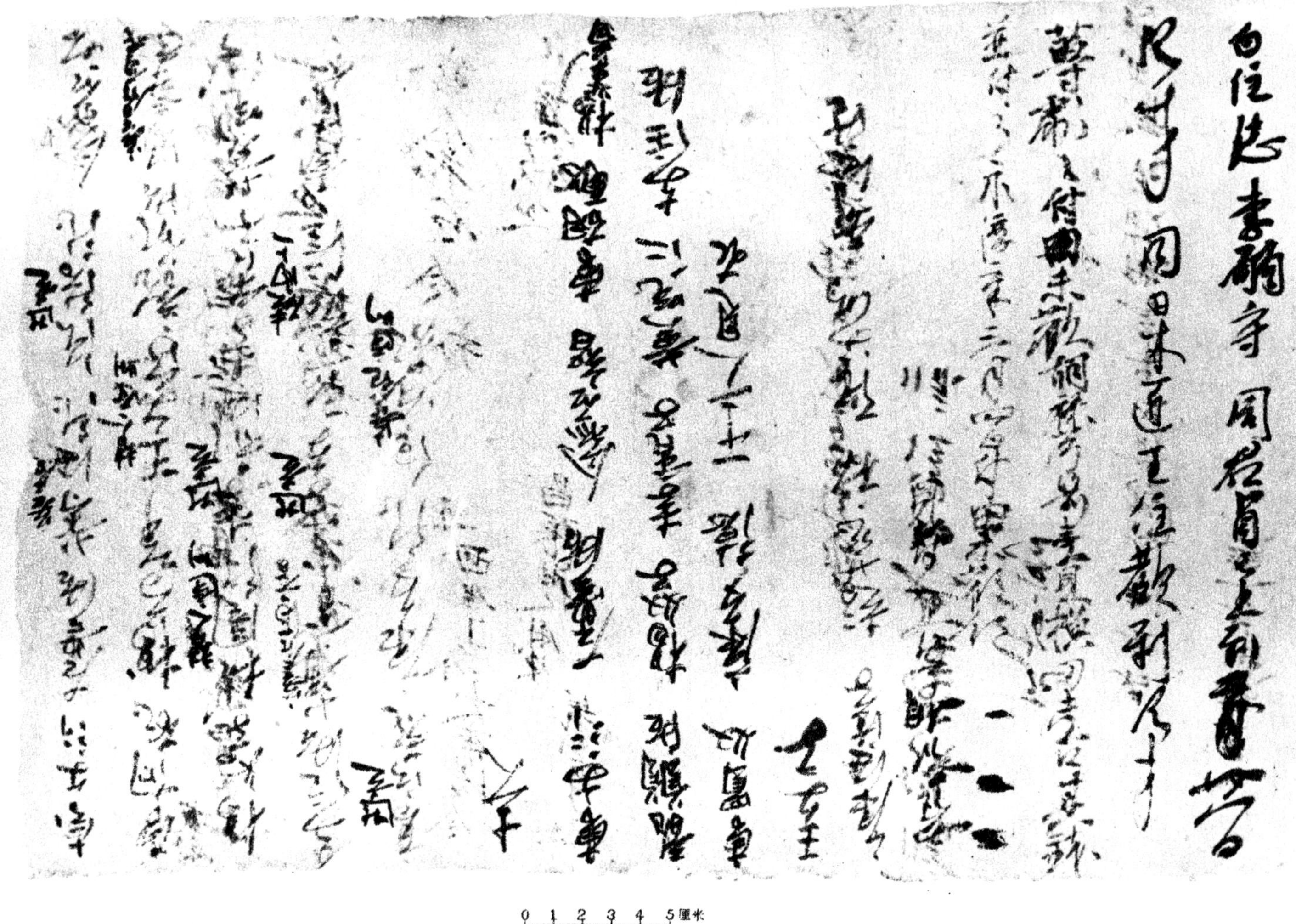

一一(中) 唐永淳二年(公元六八三年)田未歡領器仗抄 64TAM35:41(b)－2

一〇(右) 唐白住德等到役名籍 64TAM35:41(b)－1

一二(左) 唐開除見在應役名籍 64TAM35:41(b)－3

一〇 唐白住德等到役名籍

本件無紀年，同紙有永淳二年（公元六八三年）田未歡領器仗抄，本件時間應相當。

1 白住德 李酳守 周君貞 已上到二月廿八日

2 氾 才 同日木匠王住歡到。氾才

一一 唐永淳二年（公元六八三年）田未歡領器仗抄

1 尊彪彪付田未歡胡祿、弓箭壹具，横刀壹口。其錢

2 并付了。永淳二年三月四日付田未歡領 — — —

3 見苻人史海子 — — —

一二 唐開除見在應役名籍

本件無紀年，同紙文書左側有倒寫唐永淳二年（公元六八三年）田未歡領器仗抄，文中「翟歡相」亦見於背面永淳二年翟歡相死牛事牒文，本件時間亦應相當。

1 、曹文行 左豊洛 尊海德（客居） 張緒德（逃走） 令狐石智

2 曹胡醜 、楊苟華 王文仔（替人庭州） 龍顧洛 馮辛達（客居高昌）

3 楊奴子 和圓德（替人庭州） 李歡海（逃走） 、李禿子 黄咗仁

4 支住洛 尊邡、（客居高昌） 李多頤（逃走） 趙仁匡（磧內上） 曹買奴

5 高阿歡（逃走） 康多德 伍守歡（客居庭州）

6 十二人

7 曹文行 左豊洛 令狐石智 曹胡醜 楊華苟✓

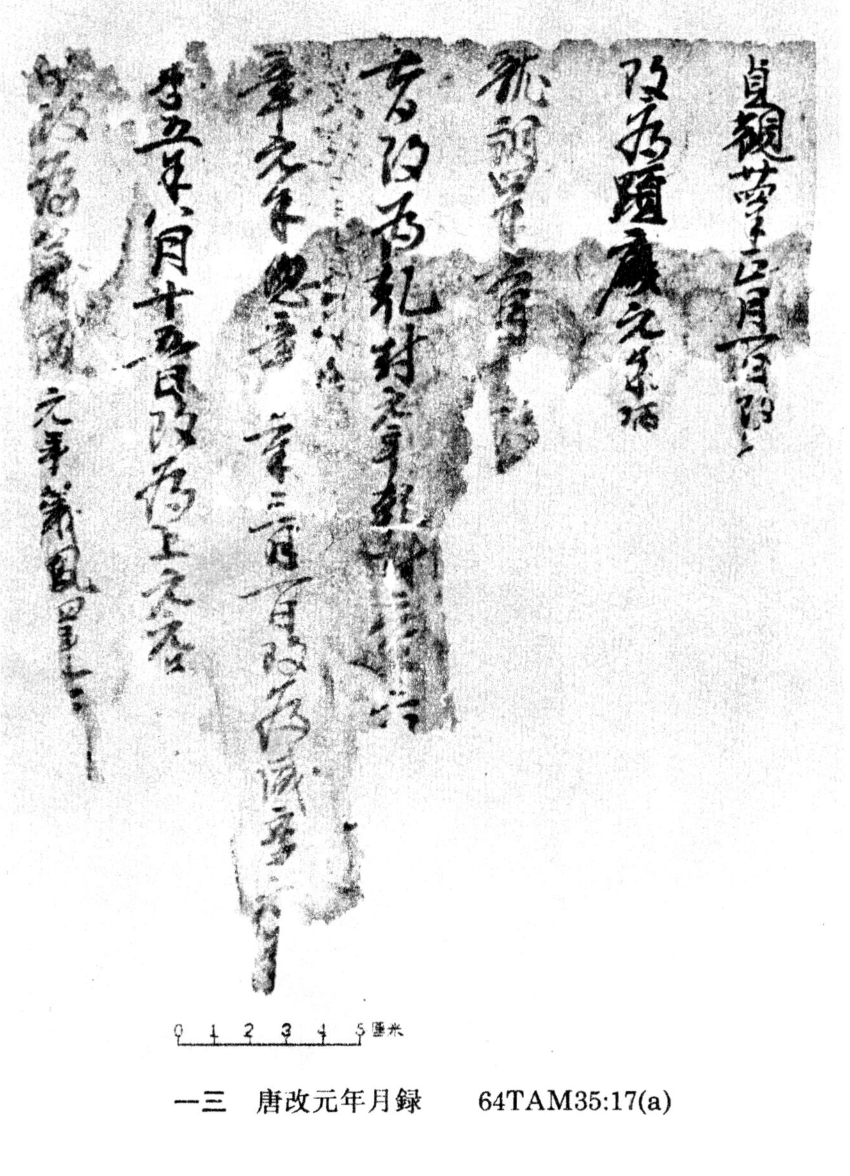

一三　唐改元年月録
64TAM35:17(b)

一三　唐改元年月録　　64TAM35:17(a)

8 龍頗洛　楊奴子　李秃子　黄吒仁　支住洛
9 曹買奴　康多德　一十二人見在
10 王文子
11 康海隆子　趙慈祐　張父明　郝海隆
12 翟薇相

一三　唐改元年月錄

本件背面中心有字一行：「光宅二年（公元六八四年）正月廿九日」，「九」又由「八」字塗改疑即寫此年月錄時間。

1 貞觀廿四年正月一日改[ ]
2 改為顯慶元年。[顯][ ]
3 龍朔四年六月一[日]改[ ]
4 七日改為乾封元年。乾封三年二月[ ]
5 章元年。總章[三]年三月一日改為咸亨元年。[ ]
6 亨五年八月十五日改為上元元年。[ ]
7 日改為儀鳳元年。儀鳳四年[六][月][ ]

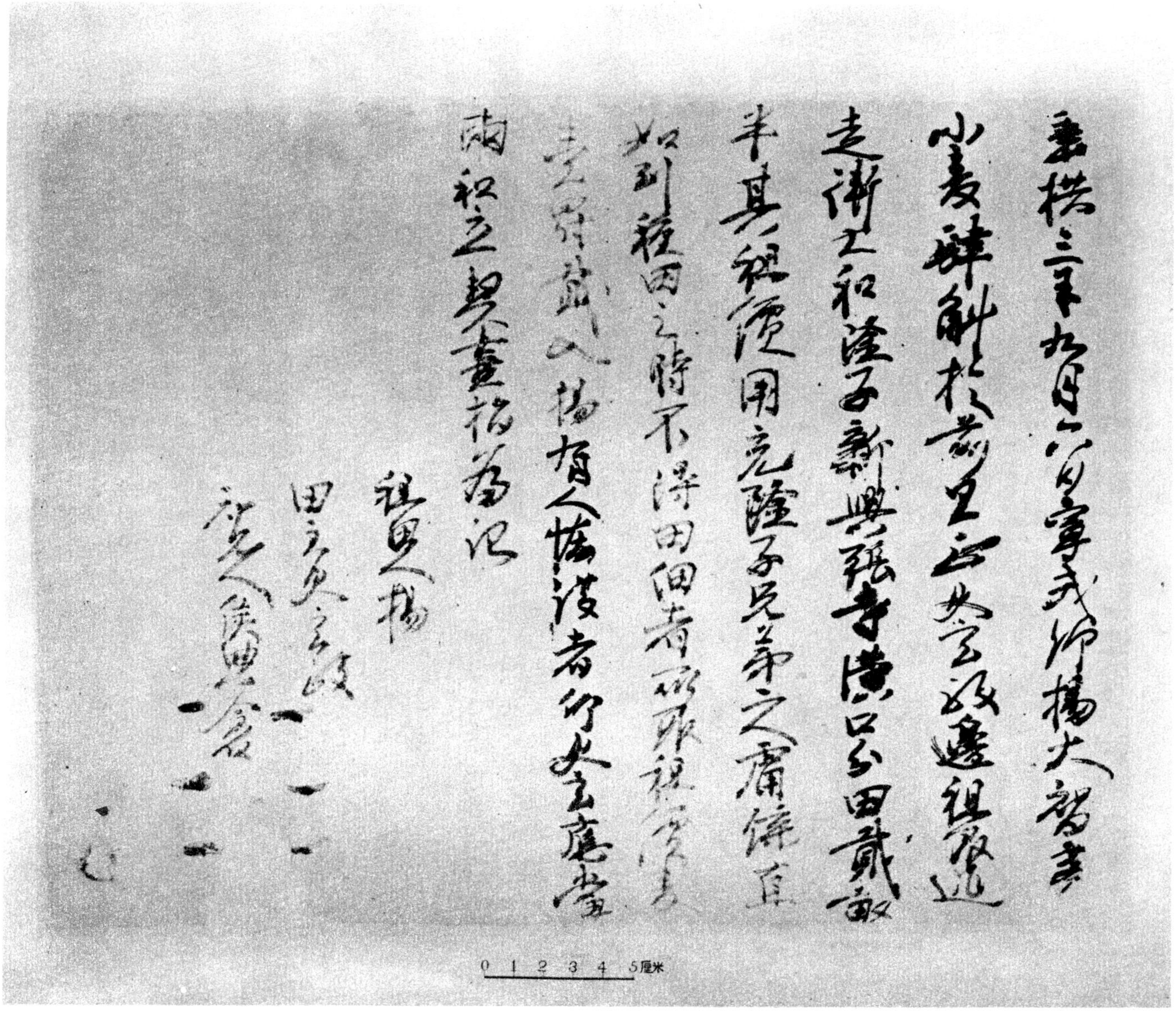

一四　唐垂拱三年(公元六八七年)西州高昌縣楊大智租田契　　64TAM35:20

一四　唐垂拱三年（公元六八七年）西州高昌縣楊大智租田契

1 垂拱三年九月六日，寧戎鄉楊大智交□
2 小麥肆斛，於前里正史玄政邊租取逃
3 走衛士和隆子新興張寺潢口分田貳畝
4 半。其祖價用充隆子兄弟二人庸緤直，
5 如到種田之時，不得田佃者，所取祖價麥，
6 壹罰貳入楊。有人恡(吝)護者，仰史玄應當。
7 兩和立契，畫指為記。
8 　　租田人　楊
9 　　田　主　史玄政　一一
10 　　知見人　侯典倉　一一

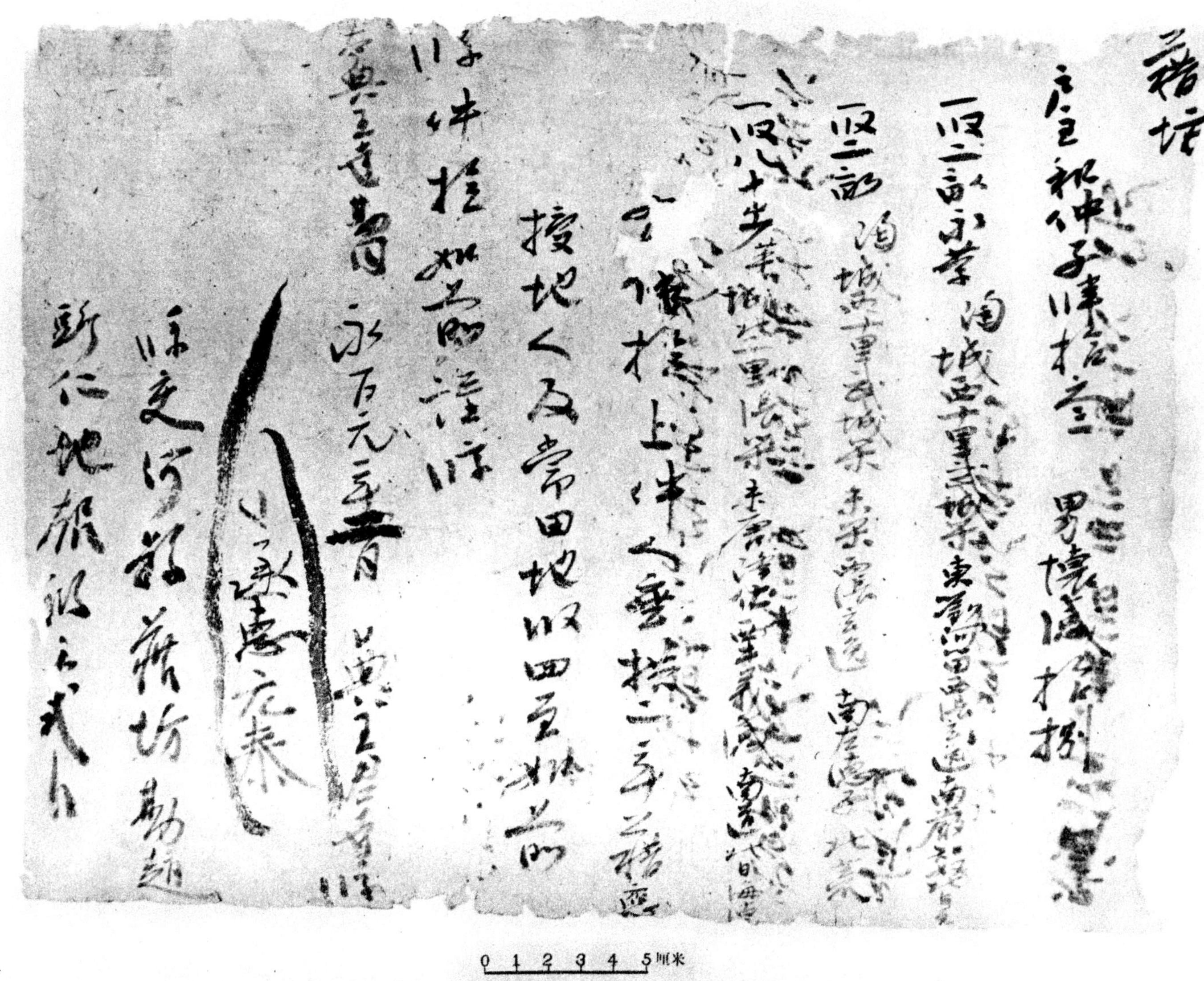

一五　唐永昌元年(公元六八九年)西州高昌縣籍坊勘地牒　　64TAM35:44(a)

一五　唐永昌元年（公元六八九年）西州高昌縣籍坊勘地牒

1 籍坊

2 戶主和仲子肆拾叁　男懷感拾捌

3 一段二畝永業陶城西十里武城渠，東劉阿留，西張玄逸，

南嚴知奴，北自至。

4 一段二畝陶城西十里武城渠　東渠　西張玄逸

南左德子　北荒

5 一段八十步菜城北二里張渠　東唐隆仕　西牛義感

南道　北白海德

6 右依檢上件人垂拱二年籍應

7 授地人及常田地段四至如前。

8 牒件檢如前。謹牒。

9 本典王達勘同。

永昌元年二月　日典王君達牒

10 承惠元泰

11 牒交河縣籍坊勘趙

12 斵仁地報。諮。玄式白

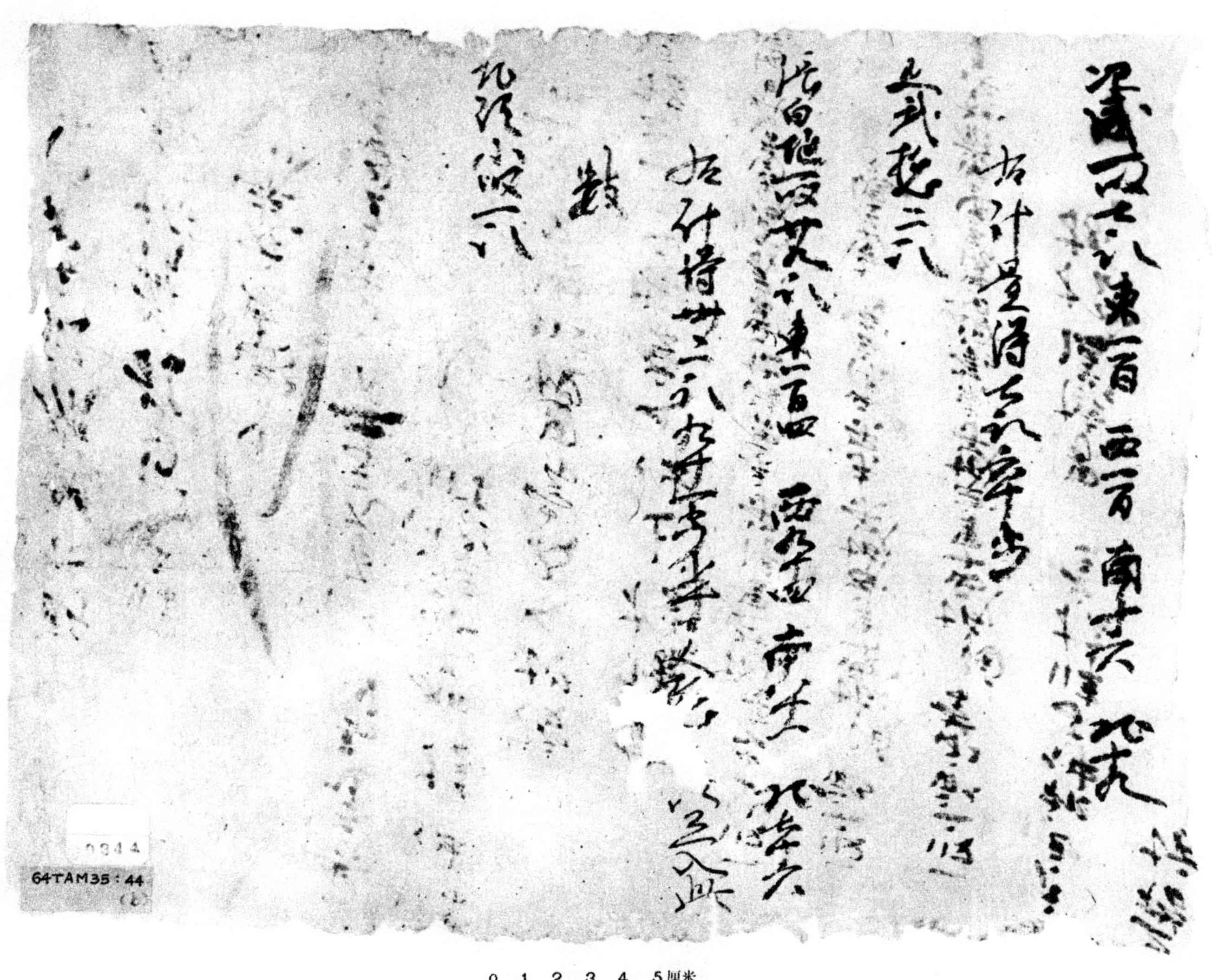

一六　唐文量田畝簿　　64TAM35:44(b)

一六　唐文量田畝簿

本件寫於上件背面，時間亦應與之相當。

1 氾感一段七畝：東一百，西一百，南十六，北十九。

2 　右計量得七畝六十步。

3 史武悤二畝。

4 張白堆一段卅九畝：東一百四，西九十四；南八十一，北七十六。

5 　右計得卅二畝九十一步半。入□□以並入此

6 數。

7 左隆小段一畝。

一七　武周載初元年（公元六八九年）史玄政牒爲請處分替納逋懸事　　64TAM35:29(a)

0 1 2 3 4 5厘米

一七　武周載初元年（公元六八九年）史玄政牒爲請處分替納逋懸事

本件稱垂拱四年爲「去年」，又用新字，當爲武周載初元年（公元六八九年）牒文。

1 令狐隆貞欠垂拱四𠡦（年）逋懸米三斗三升二合

2 　青科（稞）七斗二升　　粟一石四斗

3 牒：玄政今𠡦春始佃上件人分埊（地）二畝半，去

4 𠡦田埊乃是索拾拾〔一〕力佃食，埊子見在

5 拾力腹内，隆貞去𠡦五囝（月）身死，埊亦無人受

6 領。昨被里𠙺（正）成忠追徵，遣替納逋懸，又不追

7 尋拾力。今𠡦依田忽有科税，不敢詞訴，望

8 請追徵去𠡦佃人代納，請裁。謹牒。

注釋

〔一〕索拾拾力：其中有一「拾」字當衍。

一八　武周載初元年（公元六八九年）史玄政牒稿爲請處分替納逋懸事　64TAM35:29(b)

0 1 2 3 4 5厘米

一八　武周載初元年（公元六八九年）史玄政牒稿為請處分替納逋懸事

本件為前件草稿，寫在前件背面。

1 令狐隆貞欠垂拱四𠡦（年）懸逋米三斗三□

2 三合　青科（稞）七斗㊄二升　粟一石四斗

3 牒：玄政今𠡦春，始佃上件人分埊（地）二畝半，

4 去𠡦田埊曾是索拾力佃食，埊子見在拾

5 力腹内。隆貞去𠡦五𡔈（月）身死，埊子亦無人受領，（昨）今被

6 里𠙺（正）成忠追徵，遣替納逋懸，又不追尋拾力，

7 今𠡦更有事不敢○，詞訴，請共拾力等各知納𠡦，

8 實乃甘（心）服，依田科税，○○○○今［恩］［追］［䟦］若違情將屈苦，請裁。謹牒。

西州高昌縣甯和才等户手實(一)　64TAM35:59(a)之一

一九　武周載初元年(公元六八九年)西州高昌縣甯和才等戶手實

本件背面騎縫蓋有高昌縣印，並有押字。四段以下由於殘缺，騎縫處印記及押署只剩左或右半。

(一)

1 戶主甯和才卑(年)拾肆歲
2 母趙卑伍拾貳歲
3 妹和忍卑拾叁歲
4 右件人見有籍
5 姉和貞卑貳拾貳歲
6 姉羅勝卑拾伍歲
7 右件人籍後死
8 合受常部田
9 一段二畝常田　城北廿里新興　東渠　西道　南道　北曹君定
10 一段一畝部田三易　城西七里沙堰渠　東渠　西常田　南張延守　北麴善亮
11 一段一畝部田三易　城南五里馬堆渠　東張沙弥子　西張阿伸　南　北渠
12 一段一畝部田三易　城西五里胡麻井渠　東渠　西麴文濟　南渠　北曹粟堆
13 一段卌步居　住　園　宅

一九　武周載初元年(公元六八九年)西州高昌縣甯和才等户手實(一)　　64TAM35:59(a)之二

一九　武周載初元年(公元六八九年)

14 牒件通當户新舊口、田段畝數、四至，具狀如前。如後有人糺

15 告，隱漏一口，求受違　勅之罪。謹牒。

16 𠁈(載)𡕀(初)元𠡦壹𠥱(月)　𡆠(日)户主甯　和　才　牒

西州高昌縣甯和才等户手實(二)　64TAM35:60(a)之一

（二）

牒件通當戶新舊口并田段畝數、四至，具狀如前，如後
有人糺告隱一口，求受違　勅之罪。謹牒。
麟德元年一月　日戶主大女張思別
牒
戶主王隆海年伍拾壹歲　篤疾
弟隆住年肆拾壹歲　衛士
右件人見存籍帳
隆妻翟年叁拾伍歲
右件妻籍後娶為妻漏附

一九　武周載初元年(公元六八九年)

合受常部田

一段半畝 常田 城南一里杜渠　東張海　西康德　南渠　北渠

一段一畝半 常田 城西卌里交河縣　東塞　西官田　南官田　北官田

一段二畝 常田 城北廿里新興疊底渠　東曹磨羅　西渠　南王丘慈　北渠

一段二畝 常田 城南二里王渠　東白團〻　西渠　南范阿留　北馬禿子

一段二畝 常田 城南二里杜渠　東白趵子　西田石師　南氾建緒　北和武集

一段四畝 部田 城東五里胡道渠　東荒　西荒　南荒　北麴老師

一段一畝 部田 城西十里南路塢　東渠　西渠　南荒　北渠

一段四畝 部田 城西五里毛頭渠　東張斌　西渠　南渠　北宋行

一段一畝 部田 城西五里馬堆渠　東荒　西荒　南張信　北渠

一段一畝 部田 城東五里左部渠　東水田　西陰伯　南范隆　北渠

一段一畝 部田 城東五里胡道渠　東張尾　西渠　南渠　北渠

0 1 2 3 4 5厘米

一九　武周載初元年(公元六八九年)西州高昌縣甯和才等户手實(二)　　64TAM35:60(a)之二

牒件通當戶家口𠡦名、田段、四至、新舊漏口如前。如後
有隱漏，括得一口，求受違　　敕之罪。謹牒。
　　𡕀𡔈元𠡦一𠥱　𡆠戶主王隆海牒
戶主史苟仁𠡦貳拾柒歲　白丁
合受常部田
一段二畝常田　城東廿五里柳中縣　東荒　西和定護　南宋貞信　北
江歡伯
一段一畝部田　城東卅里柳中縣　東渠　西脾子　南荒　北渠
一段一畝部田　城東廿五里柳中縣　東徐富　西渠　南荒　北還公

牒件通當戶家口𠡦名、田𡍼四至具錄如前。如後有
人糺得一口隱沒，求受違　　敕之罪。謹牒。
　　𡕀𡔈元𠡦一𠥱　𡆠戶主史苟仁牒

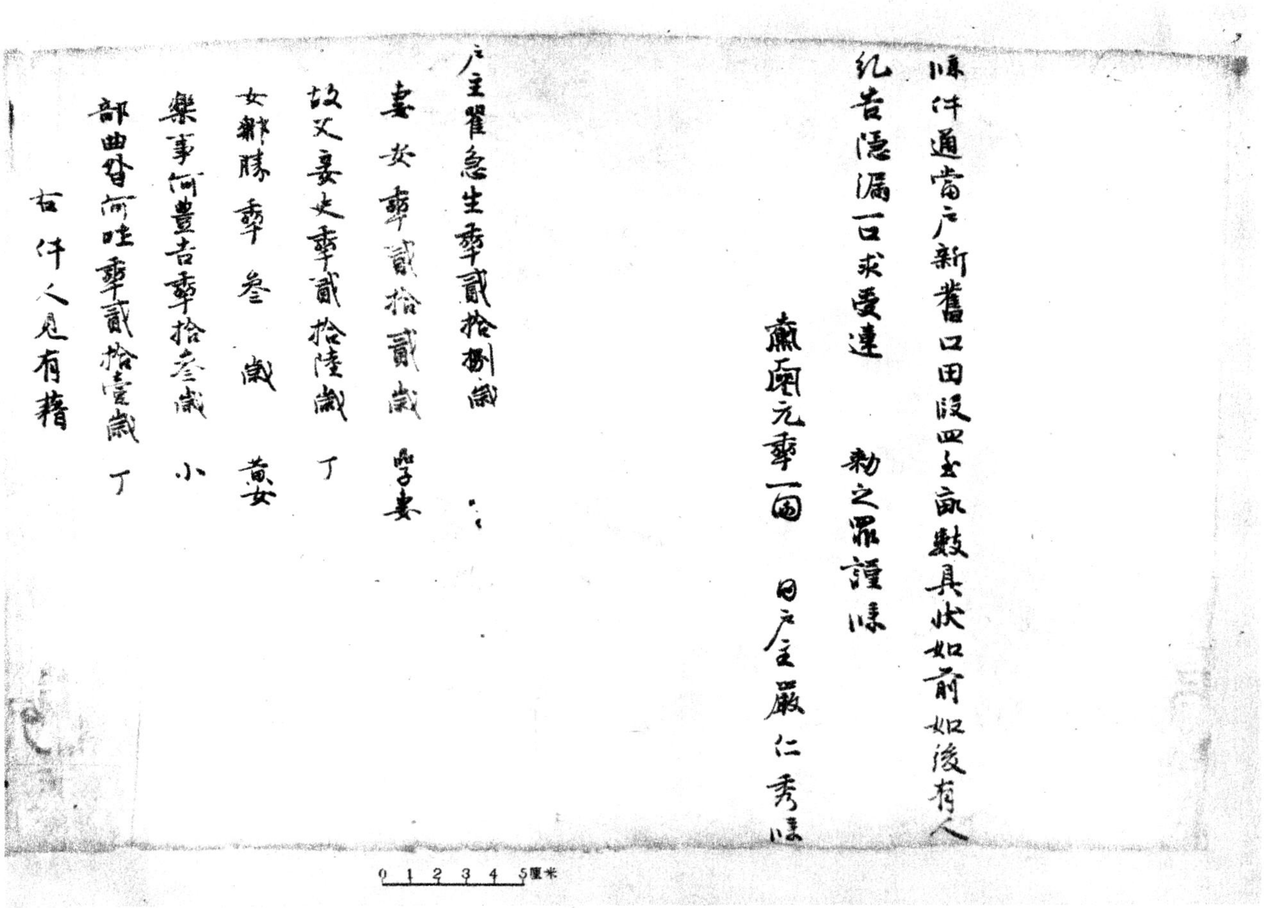

一九　武周載初元年(公元六八九年)西州高昌縣甯和才等戶手實(三)　64TAM35:61(a)之一

（三）

牒件通當戶新舊口、田段四至、畝數具狀如前。如後有人

糺告隱漏一口，求受違　敕之罪。謹牒。

𡕀𡔈元𠡦一𠥱　日戶主嚴仁秀　牒

戶主翟急生𠡦貳拾捌歲　□□

妻安𠡦貳拾貳歲　品子妻

故父妾史𠡦貳拾陸歲　丁

女鄯勝　𠡦　叁　歲　黄女

樂事何豊吉𠡦拾叁歲　小

部曲昝何吐𠡦貳拾壹歲　丁

右件人見有籍

一九 武周載初元年(公元六八九年)西州高昌縣甯和才等户手實(三) 64TAM35:61(a)之二

一段二畝常田 城北二里石宕渠 東魏盲歡 西道 南鄭願海 北鄭歡臺

一段二畝常田 城西六十里交河縣 東渠 西渠 南張文 北支海

一段二畝三易部田 城西七里棗樹渠 東荒 西渠 南魯胡師 北渠

一段二畝三易部田 城南五里馬堆渠 東渠 西還人田 南闞㦤 北宋道行

一段二畝三易部田 城西七里棗樹渠 東渠 西張幹 南陰照 北麴子

一段七十步居住園宅

牒件通當户新舊口并田段四至畝數如前，如後有人糺

告隱漏一口，求受違 敕之罪。謹牒。

載初元年一月 日户主翟急生牒

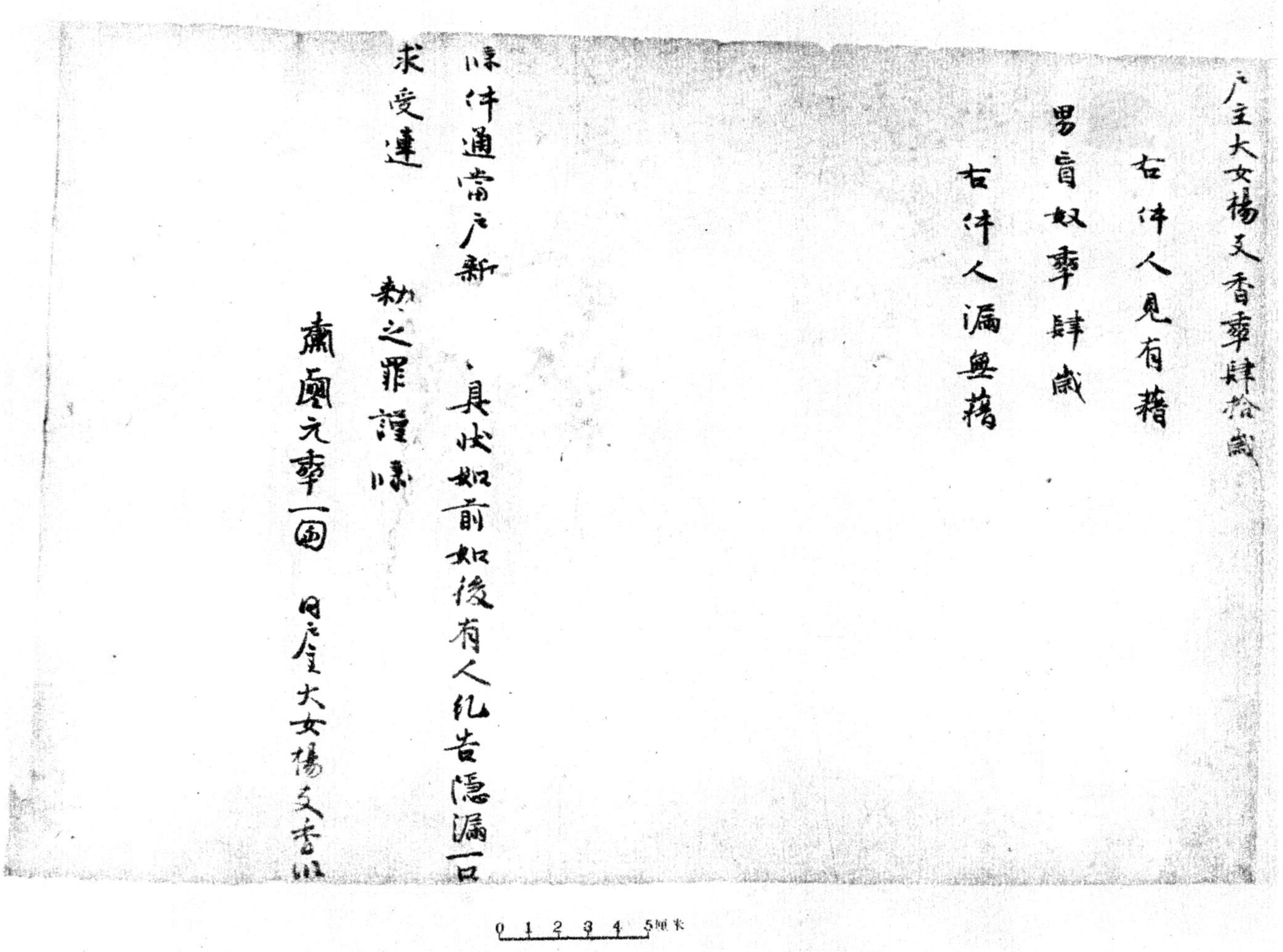

0 1 2 3 4 5厘米

一九　武周載初元年(公元六八九年)西州高昌縣甯和才等户手實(四)　　64TAM35:62(a)

（四）

1 户主大女楊支香𠡦肆拾歲

2 右件人見有籍

3 男盲奴𠡦肆歲

4 右件人漏無籍

5 牒件通當户新□□具狀如前，如後有人糺告隱漏一口，

6 求受違　敕之罪。謹牒。

7 𡕀𡔈元𠡦一𠥱　𡆠户主大女楊支香牒

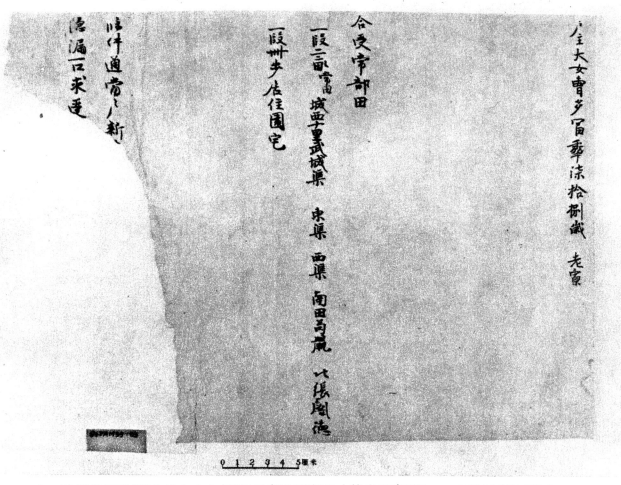

一九　武周載初元年(公元六八九年)西州高昌縣甯和才等户手實(五)　　64TAM35:63(a)

（五）

1 户主大女曹多富年柒拾捌歲　老寡

2 合受常部田

3 一段二畝常田　城西十里武城渠　東渠　西渠　南田苟鼠　北張(君)德

4 一段卅步居住園宅

5 牒件通當户新[ ]

6 隱漏一口，求受[ ]

一九　武周載初元年(公元六八九年)西州高昌縣甯和才等户手實(六)　　64TAM35:64(a)之一

（六）

1 户主康才寶年肆［　　］
2 女勝姜年[貳]［　　］
3 度弟妻［　　］
4 女行檀年拾貳[歲]　□□
5 弟才藝年叁拾肆歲　白丁
6 妻高年叁拾歲　丁妻
7 弟真寶年叁拾陸歲　丁[妻][一]
8 婢真珠年伍拾貳歲　□□
9 右件口舊有□
10 男玄應年拾［　　］
11 男玄素年柒［　　］
12 男玄壽年肆歲　[小]□
13 女普敬年陸歲　小女
14 男玄忠年伍歲　小男
15 姪男懷文年伍歲　小男
16 右件口漏籍請［　　］

注釋

[一]丁妻："妻"字下半已殘，據殘存部分補。本行上寫"弟真寶"，此"丁妻"應是"丁男"或"白丁"之誤。

一九　武周載初元年(公元六八九年)西州高昌縣甯和才等戶手實(六)　64TAM35:64(a)之三

一九　武周載初元年(公元六八九年)西州高昌縣甯和才等戶手實(六)　64TAM35:64(a)之二

17 合受常部田

18 一段三畝半六十步桃城北一里孔進渠　東丞田　西氾
士隆　南張苟西北[張]

19 一段一畝一白(百)八十九步菜城北一里張渠　東曹善憙
西高信行　南荒

20 一段二畝蒲(葡)陶(萄)城西六里而(天)山縣

21 一段半畝常田[城]

22 四至如前，如後有

23 [邪]謹牒。

24 戶主康寶才牒

一九　武周載初元年(公元六八九年)西州高昌縣甯和才等戶手實(七)　64TAM35:65(a)

（七）

合應受常□□

一段二畝常田　城東二里匡渠　東州司馬　西秦鷄子　南□□

一段一畝部田三易　城南五里蒿渠　東渠　西張海仁　南和海嘿　北渠

一段一畝部田三易　城西七里屯頭渠　東渠　西孫雅斌　南吴祀宗　北渠

一段一畝部田三易　城東七里左部渠　東渠　西水田　南麴明伯　北渠

牒件通當戶家口𠦚名并田埊四至，具狀如前，如後有

人糺得一口，求受違　敕之罪。謹牒。

𡕀𠁈元𠦚一𠥱　𡆠戶主王具尼牒

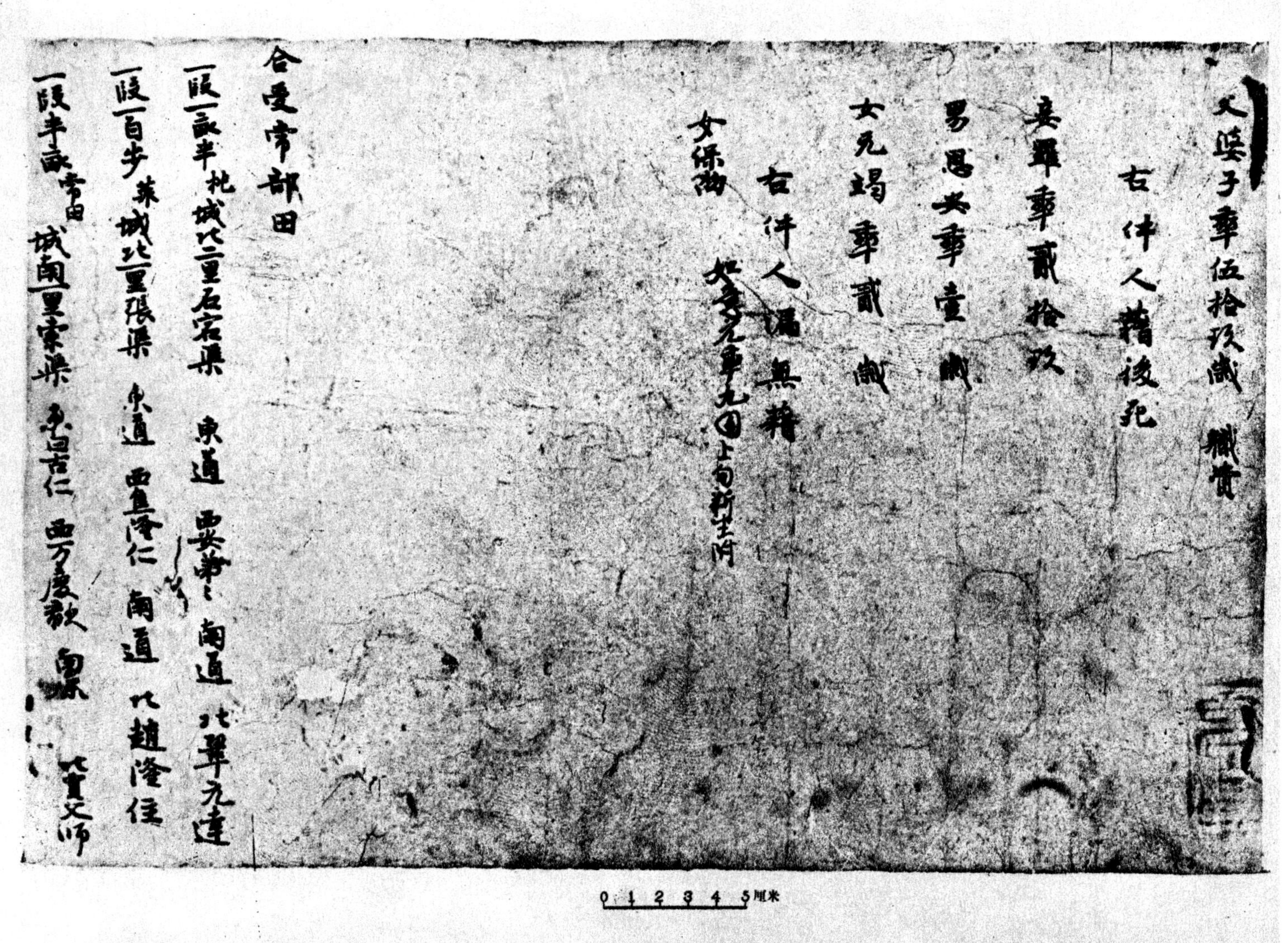

一九　武周載初元年(公元六八九年)西州高昌縣甯和才等户手實(八)　64TAM35:66(a)

（八）

父婆子年伍拾玖歲　職資

右件人籍後死

妾羅年貳拾玖

男思安年壹歲

女元竭年　貳歲

右件人漏無籍

女保尚　如意元年九月上旬新生附

合受常部田

一段一畝半桃城北二里石宕渠　東道　西安弟ゝ　南道　北翟元達

一段一百步菜城北一里張渠　東道　西焦隆仁　南道　北趙隆住

一段半畝常田城南一里索渠　東白古仁　西万慶歡　南康　北賈文師

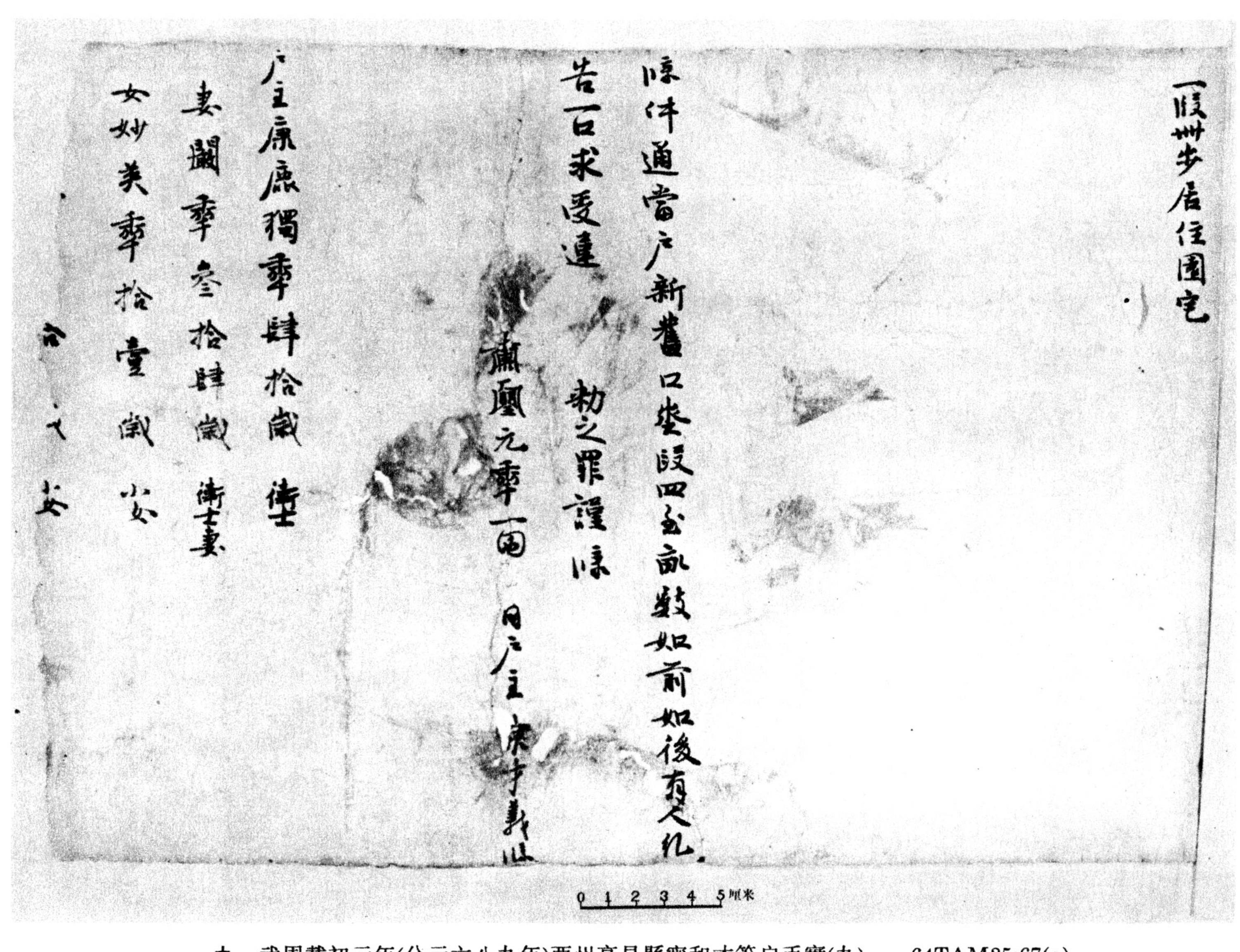

一九　武周載初元年(公元六八九年)西州高昌縣甯和才等户手實(九)　64TAM35:67(a)

（九）

一段卅步居住園宅

牒件通當戶新舊口並段四至畝數如前，如後有人糾

告一口，求受違　敕之罪。謹牒。

𡕀𡔈元𠦚一𠥱　日戶主康才義牒

戶主康鹿獨𠦚肆拾歲　衛士

妻闞𠦚叁拾肆歲　衛士妻

女妙英𠦚拾壹歲　小女

[　　]拾歲　小女

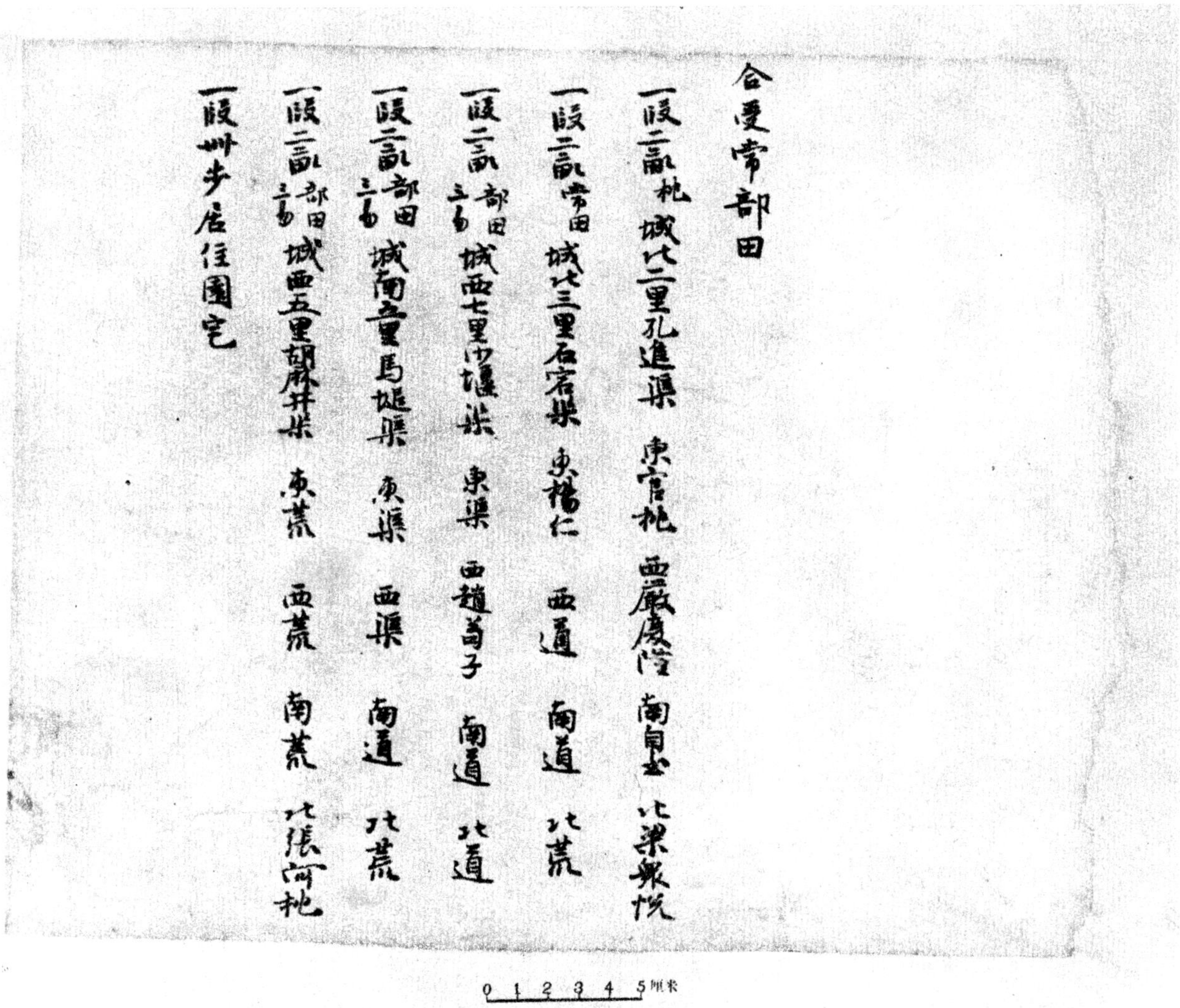

一九　武周載初元年(公元六八九年)西州高昌縣寗和才等户手實(一〇)　64TAM35:68(a)

（一〇）

1 合受常部田

2 一段二畝桃 城北二里孔進渠 東宮桃 西嚴慶隆 南自至 北梁衆悦

3 一段二畝常田 城北三里石宕渠 東楊仁 西道 南道 北荒

4 一段二畝部田三易 城西七里沙堰渠 東渠 西趙苟子 南道 北道

5 一段二畝部田三易 城南五里馬堆渠 東渠 西渠 南道 北荒

6 一段二畝部田三易 城西五里胡麻井渠 東荒 西荒 南荒 北張阿桃

7 一段卌步居住園宅

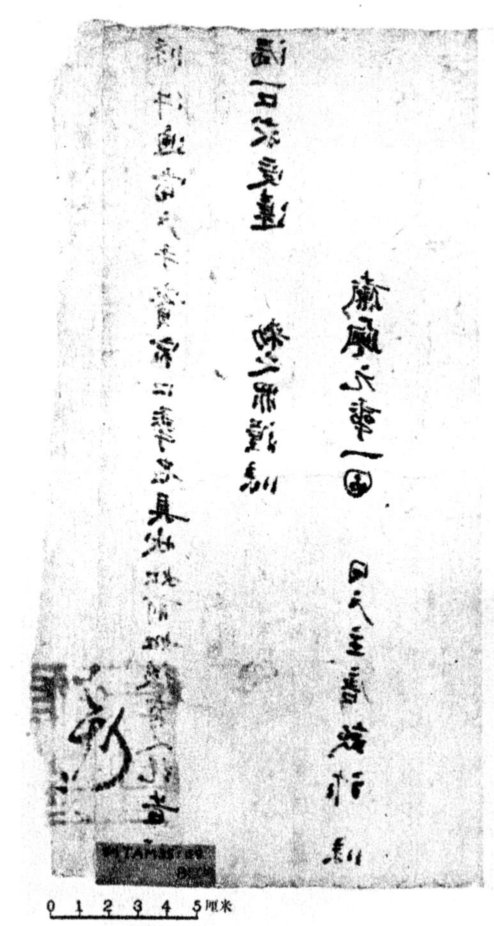

一九　武周載初元年(公元六八九年)西州高昌縣甯和才等户手實(一一)
64TAM35:69(b),81(b)

一九　武周載初元年(公元六八九年)西州高昌縣甯和才等户手實(一一)
64TAM35:81(a),69(a)

（一一）

1 牒件通當户手實家口𠦚名具狀如前，如後有人糺告隱

2 漏一口，求受違　敕之罪。謹牒。

3 𡕀𡔈元年一囝　𡆠户主唐欽祚牒

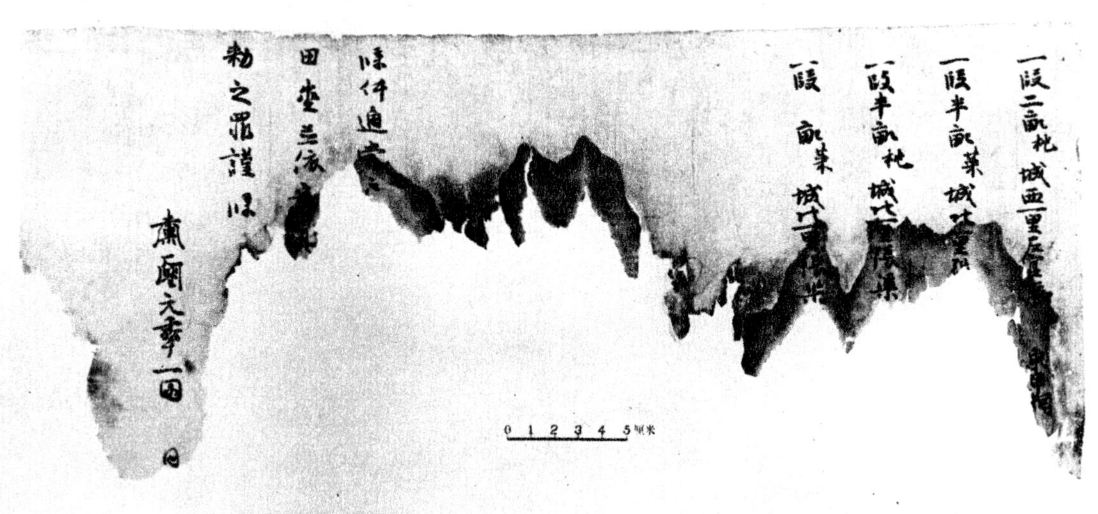

一九　武周載初元年(公元六八九年)西州高昌縣甯和才等户手實(一二)
64TAM35:70(a)

一九　武周載初元年(公元六八九年)西州高昌縣甯和才等户手實(一三)
64TAM35:71(a)

(一二)

一段二畝桃城西一里左官渠　東串相□
一段半畝菜城北一里[張]□
一段半畝桃城北一里張渠□
一段　畝菜城北一里張渠□
牒件通當户□
田壟，並依實具□
敕之罪。謹牒。
載初元年一月　日□

(一三)

□捌拾　歲
□年(柒)漆拾壹歲
右件人見有籍
□　□西渠　南荒□
□居住園宅
□田段四至畝數，具狀如□
□罪。謹□

一九　武周載初元年(公元六八九年)西州高昌縣甯和才等户手實(一五)　64TAM35:73(a)

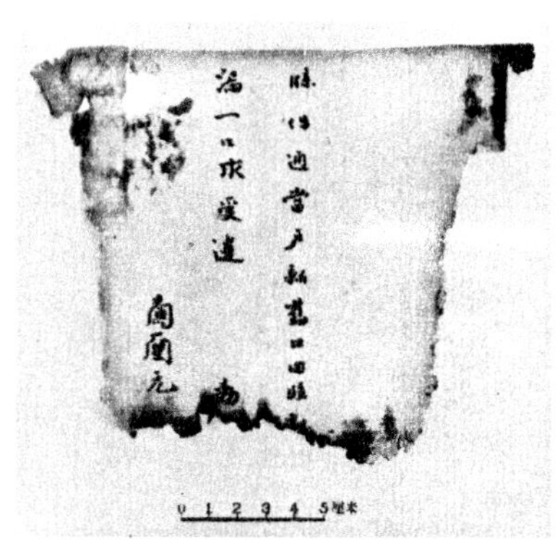

一九　武周載初元年(公元六八九年)西州高昌縣甯和才等户手實(一四)　64TAM35:72(a)

一九　武周載初元年(公元六八九年)西州高昌縣甯和才等户手實(一六)　64TAM35:77

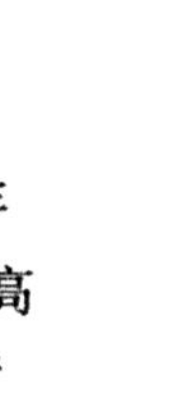

一九　武周載初元年(公元六八九年)西州高昌縣甯和才等户手實(一七)　64TAM35:78

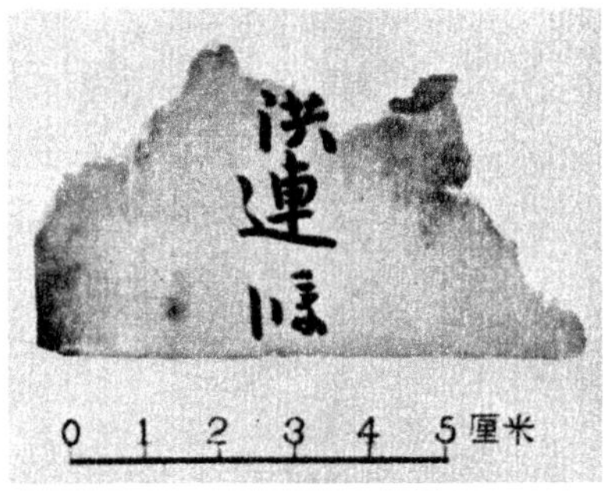

一九　武周載初元年(公元六八九年)西州高昌縣甯和才等户手實(一八)　64TAM35:79

(一四)

1 牒件通當户新舊口田段畝[ ]

2 漏一口，求受達　敕[ ]

3 [ ]載初元年[ ]

(一五)

1 [ ]北安父[ ]海

(一六)

1 [ ]北張住[ ]

(一七)

[ ]載初[ ]

(一八)

[ ]洪連牒

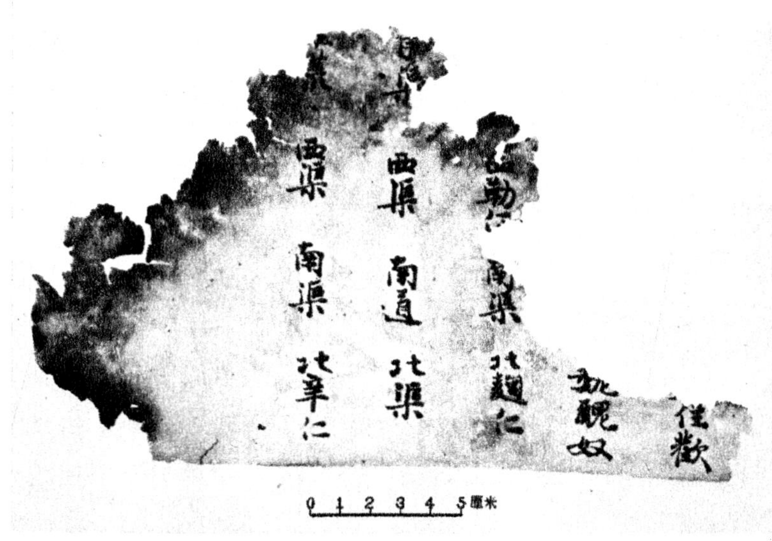

一九　武周載初元年(公元六八九年)西州高昌縣甯和才等户手實(二〇)　64TAM35:75

一九　武周載初元年(公元六八九年)西州高昌縣甯和才等户手實(一九)　64TAM35:74

（一九）

1 合受常部田

2 一段一畝桃[　　]里石宕渠　東荒　[　　]

海　北樊顧德

3 一段二畝[桃][　　]

4 一段一畝常[田][　　]

5 一段一畝麦[潰][　　]

6 一段一畝部田三易[城][　　]

7 一段一畝部□□□[　　]

（二〇）

1 [　　]住歡[　　]

2 □□魏醜奴[　　]

3 北趙仁[　　]西勒□　南渠

4 北渠[　　][東]渠　西渠　南道

5 北辛仁[　　][東]荒　西渠　南渠

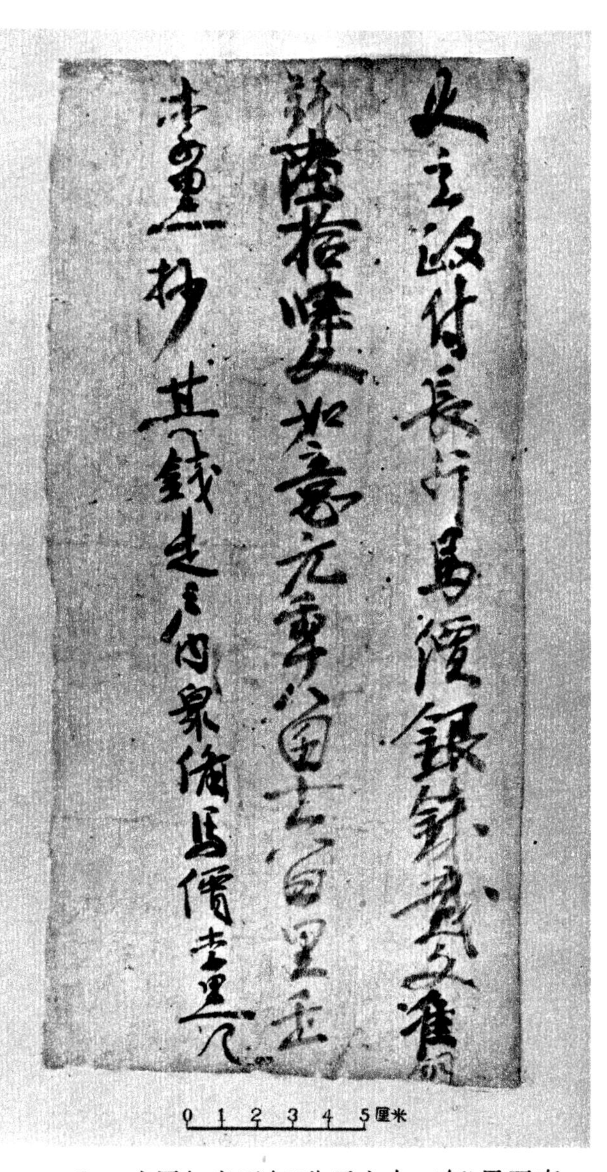

二〇　武周如意元年(公元六九二年)里正李黑收領史玄政長行馬價抄　64TAM35:28

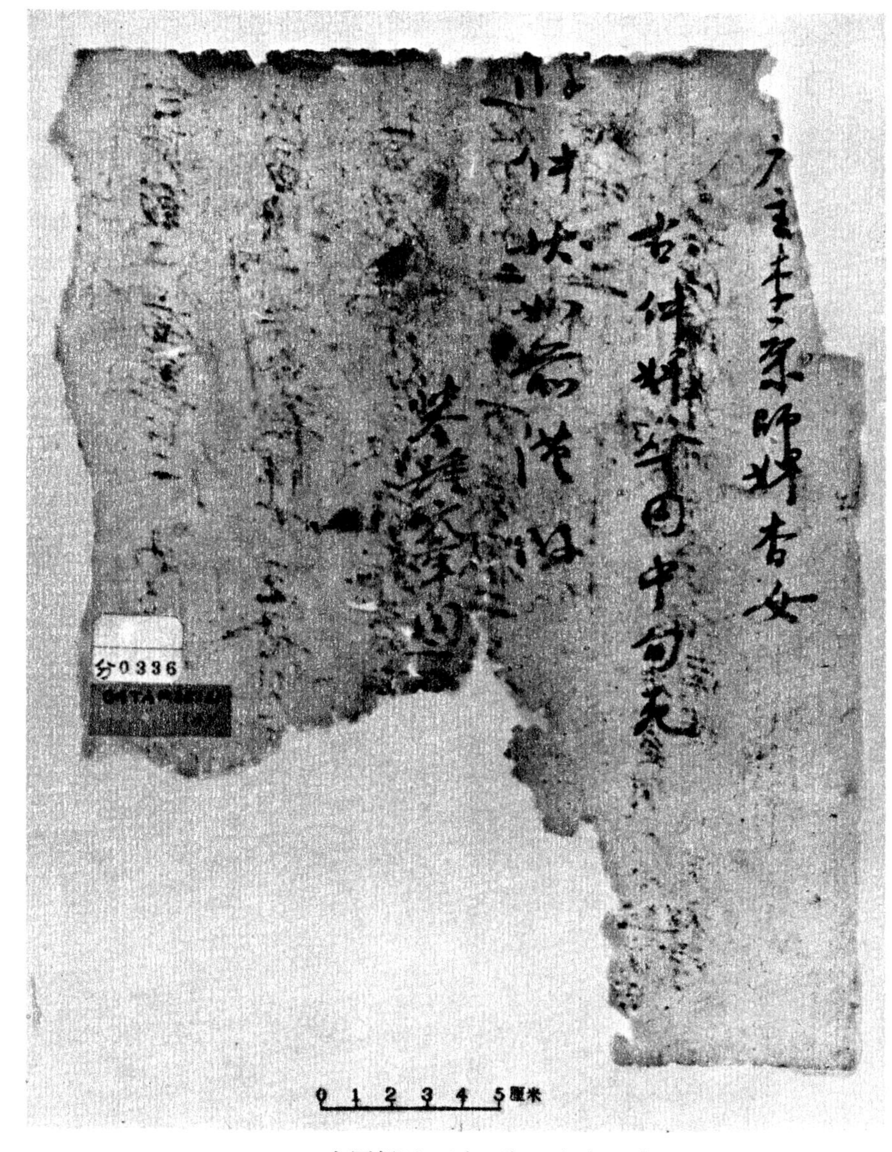

二一　武周證聖元年(公元六九五年)牒爲申報婢死事　64TAM35:31(a)

二〇　武周如意元年（公元六九二年）里正李黑收領史玄政長行馬價抄

1 史玄政付長行馬價銀錢貳文，准銅

2 錢陸拾肆文。如意元𠡦(年)八𠥱(月)十六日里𠙺(正)

3 李黑抄。其錢是戶內衆備馬價，李黑記。

二一　武周證聖元年（公元六九五年）牒爲申報婢死事

1 戶主李康師婢杏女

2 右件婢今𠥱(月)中旬死

3 牒件狀如前，謹牒。

4 𢘑𨲢(證聖)元年閏二𠥱(月)

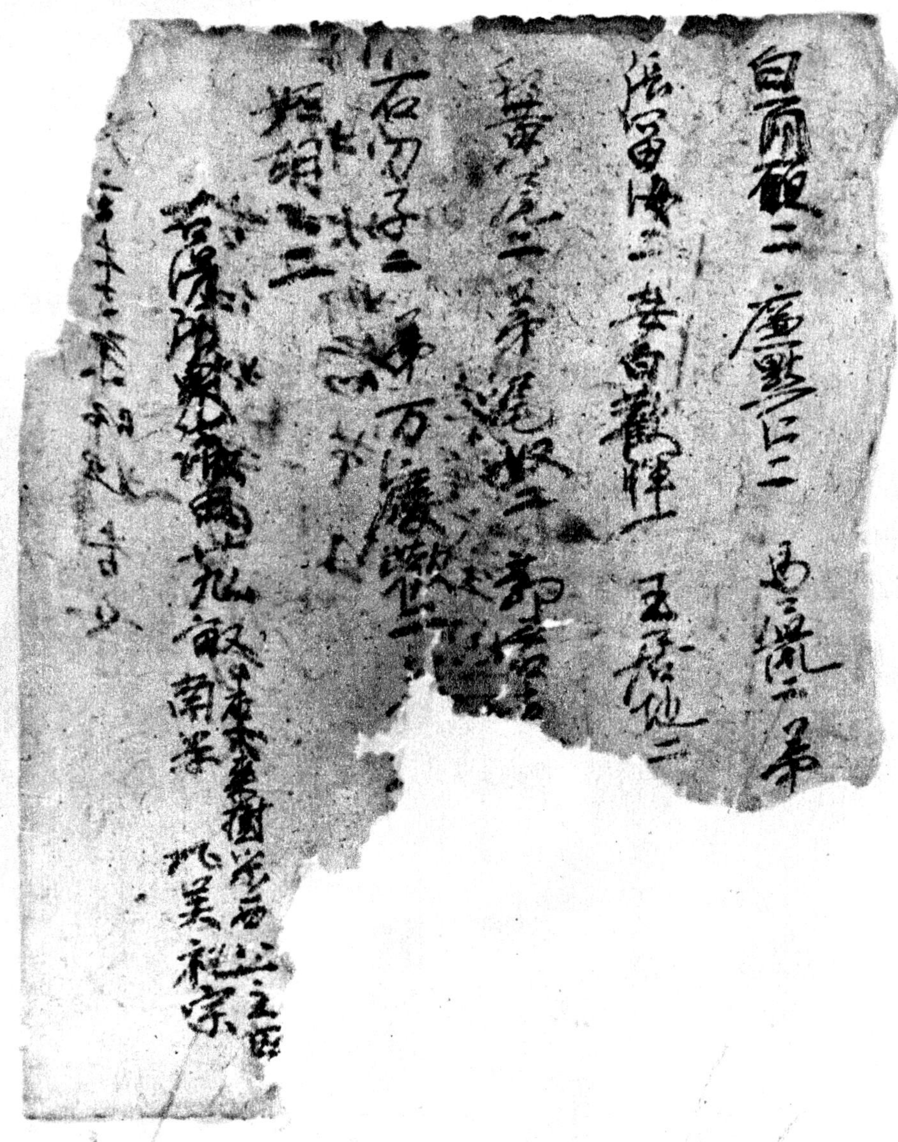

武周張衆護田畝帳　64TAM35:31(b)

二二　武周張衆護田畝帳

本件無紀年，有武周新字，背面爲《武周聖曆元年牒爲申報婢死事》，今列於前件之後。

白而(天)顙(顙)二　廉默仁二　馬尸鼠二　弟□
張富海二　大女白歡暉一　王居地二
和黄尾二　弟尾奴二　郭君□
石刀子二　弟万慶歡二
姬胡〻二
右得張衆護田廿九畝　東東樹渠　西公主田　南渠　北吴祀宗

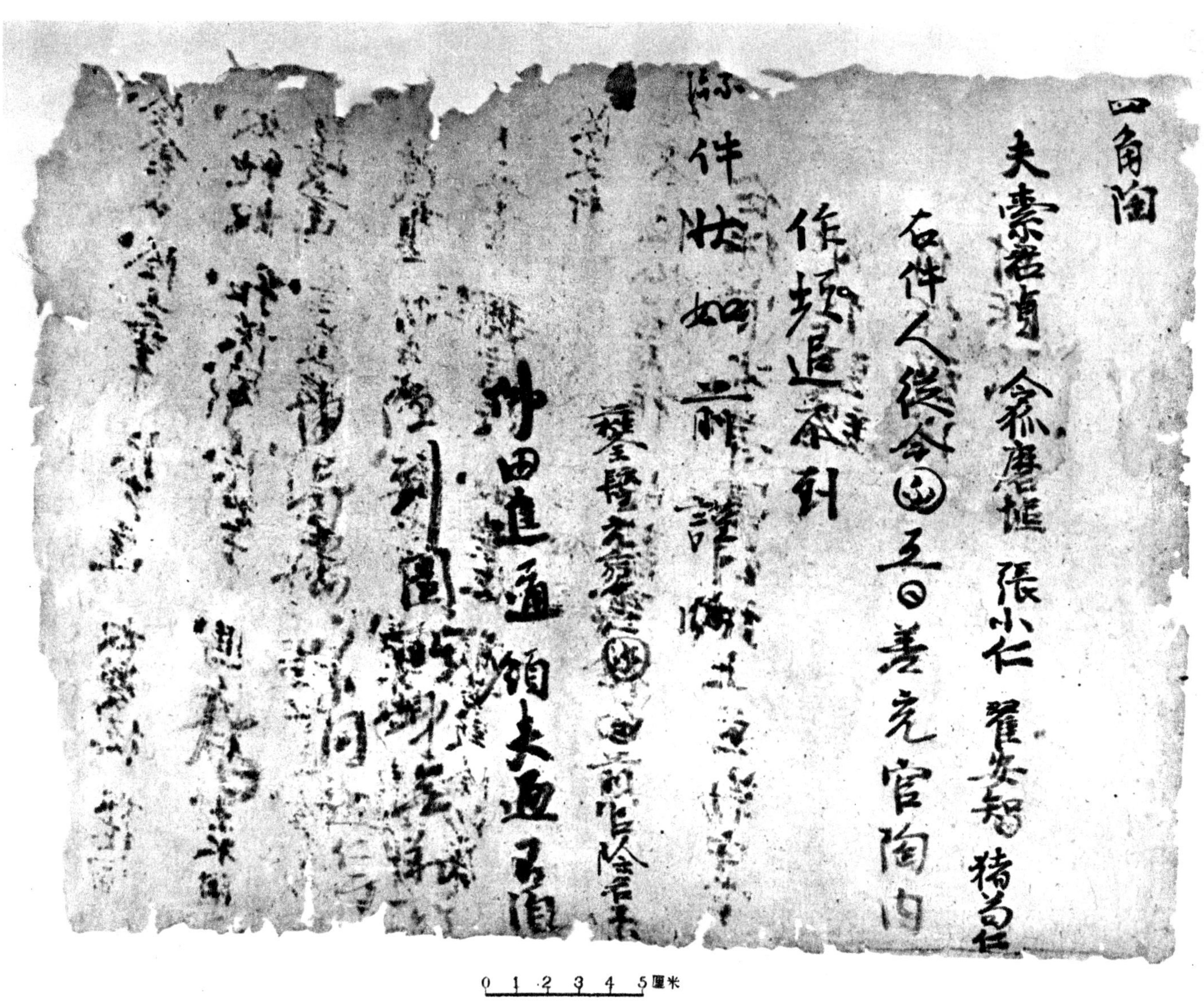

0 1 2 3 4 5 厘米

二三　武周證聖元年(公元六九五年)前官陰名子牒爲官萄内作夫役頻追不到事　　64TAM35:39(a)

二三　武周證聖元年（公元六九五年）前官陰名子牒爲官萄内作夫役頻追不到事

四角陶（萄）
夫桒君貞　令狐磨塠　張小仁　翟安智　猪苟仁
右件人從今月五日差充官陶内
作，頻追不到，
牒件狀如前，謹牒。
（證聖）元年六月　日前官陰名子牒
仰田進通領夫過即須
便到園所，身無勒所
由并前官問。　趙仁示
九日

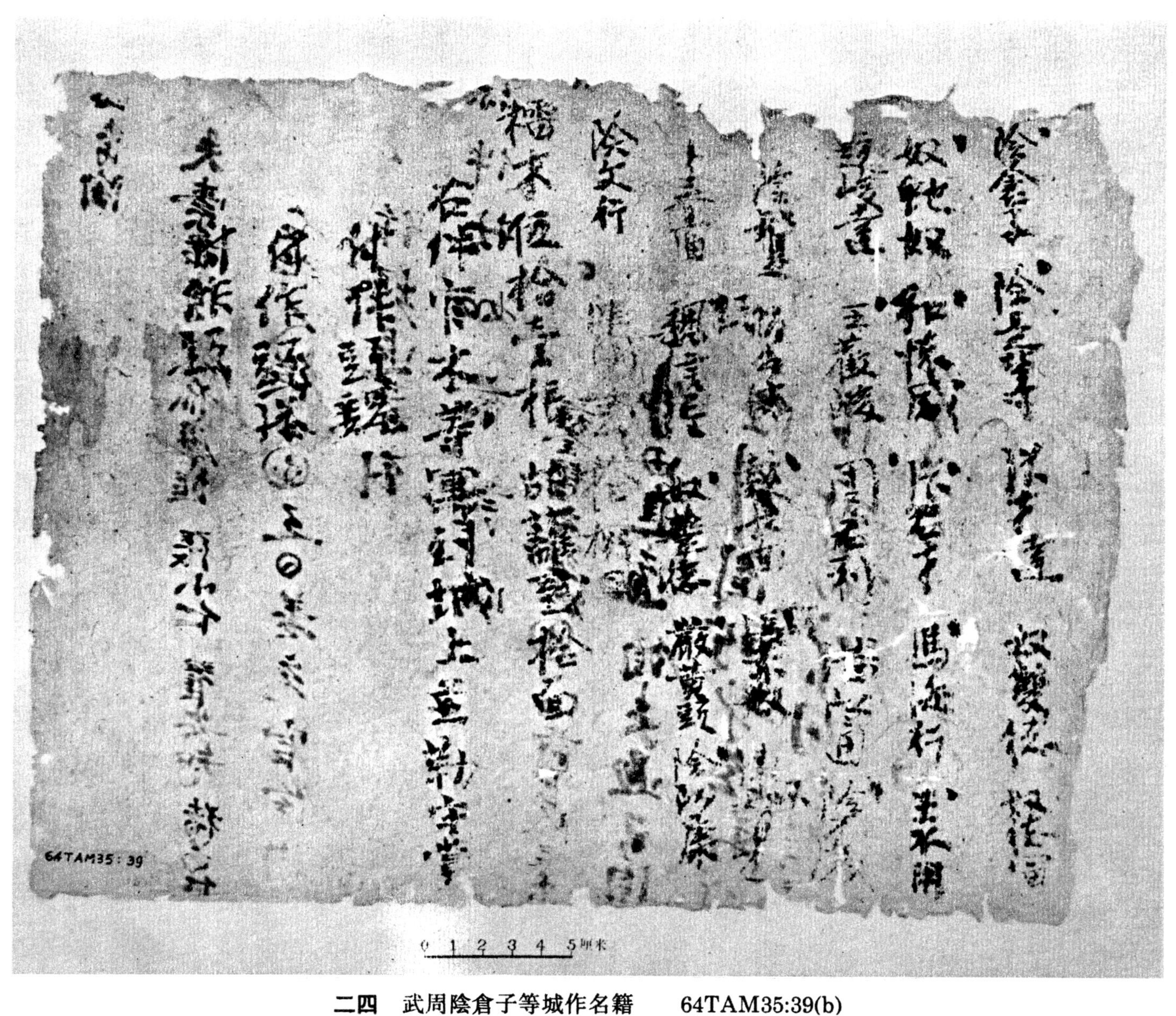

二四　武周陰倉子等城作名籍　　64TAM35:39(b)

二四　武周陰倉子等城作名籍

本件寫於前件《武周證聖元年前官陰名子牒爲官萄内作夫役頻追不到事》文的背面，其年代亦應相當，故列於前件之後。

1 陰倉子　陰是尊　張才達　奴豐德　奴德富

2 奴虵奴　和懷感　張君才　馮海行　王不用

3 趙峻達　王歡峻　周君利　潘阿通　陰才感

4 陰智五　符尚德　趙長田　頭張赤奴　下衛智達

5 卜春富　頭魏信住　奴豊德　嚴黄頭　陰阿康

6 陰文行　肆𠥱(月)貳拾捌〇(日)

7 檑木伍拾壹根　胡離貳拾面

8 右件官木等運到城上，並勒守掌

9 付作頭魏

10 付作頭張

11 付作頭

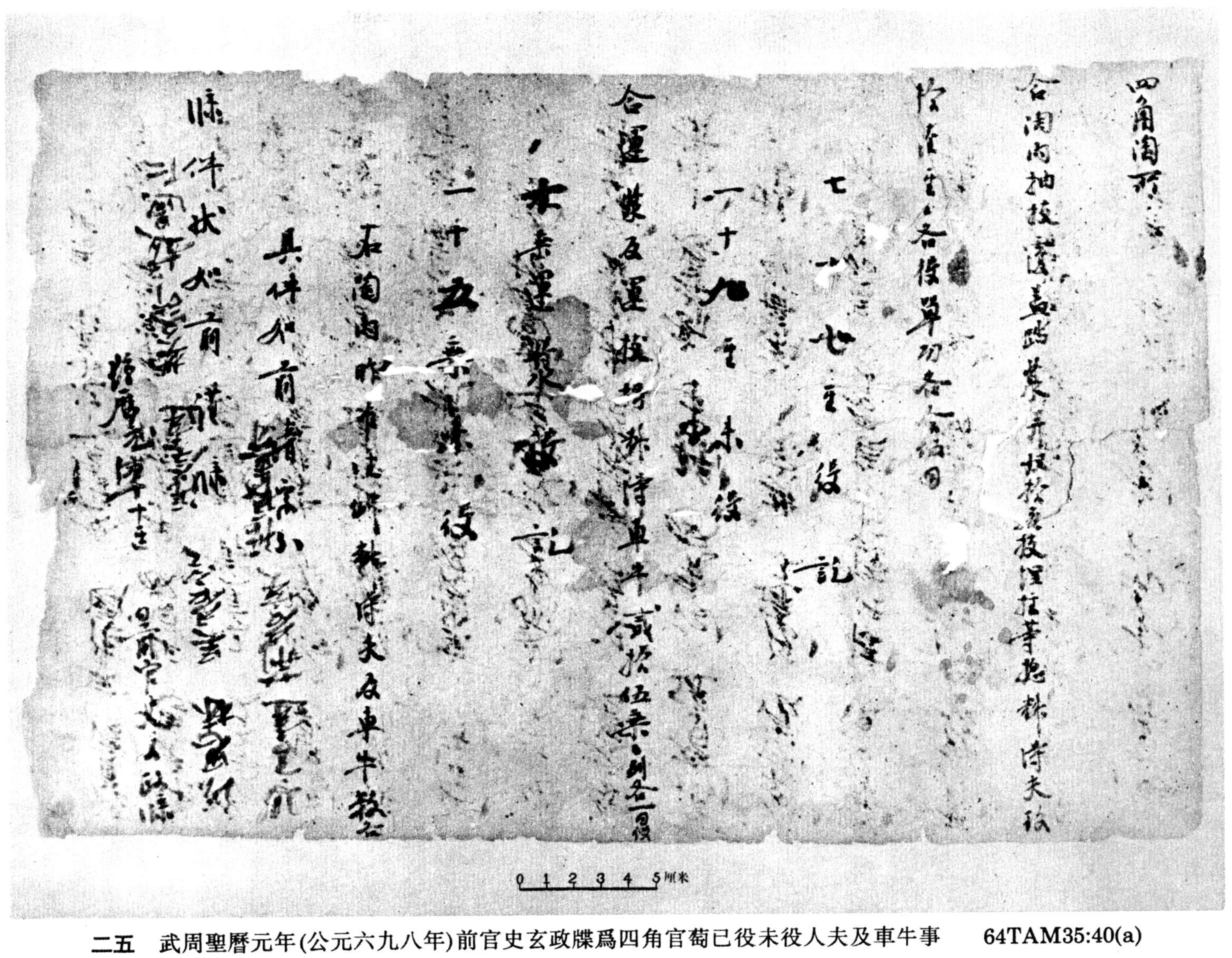

二五　武周聖曆元年(公元六九八年)前官史玄政牒爲四角官萄已役未役人夫及車牛事　64TAM35:40(a)

二五　武周聖曆元年（公元六九八年）前官史玄政牒爲四角官萄已役未役人夫及車牛事

1　四角陶（萄）所

2　合陶内抽枝、覆蓋、踏漿并收拾𠒏枝、埋柱等總料得夫玖

3　拾陸𤯔（人），々各役單功，各合伍𡆠（日）

4　七十七〔一〕𤯔至役　訖

5　一十九〔二〕𤯔未　役

6　合運漿及運枝摚料得車牛貳拾伍乘，々別各一日役，

7　十〔三〕乘運漿　役　訖

8　一十五〔四〕乘未　役

9　右陶内昨准往例料得夫及車牛數，各

10　具件如前，請處分。

11　牒件狀如前，謹牒。

12　𨲢（聖）曆元𠡦（年）十𠥱（月）　日前官史玄政牒

注　釋

〔一〕「七」字爲「八」字所改。

〔二〕「九」字爲「八」字所改。

〔三〕「十」字爲「九」字所改。

〔四〕「五」字爲「六」字所改。

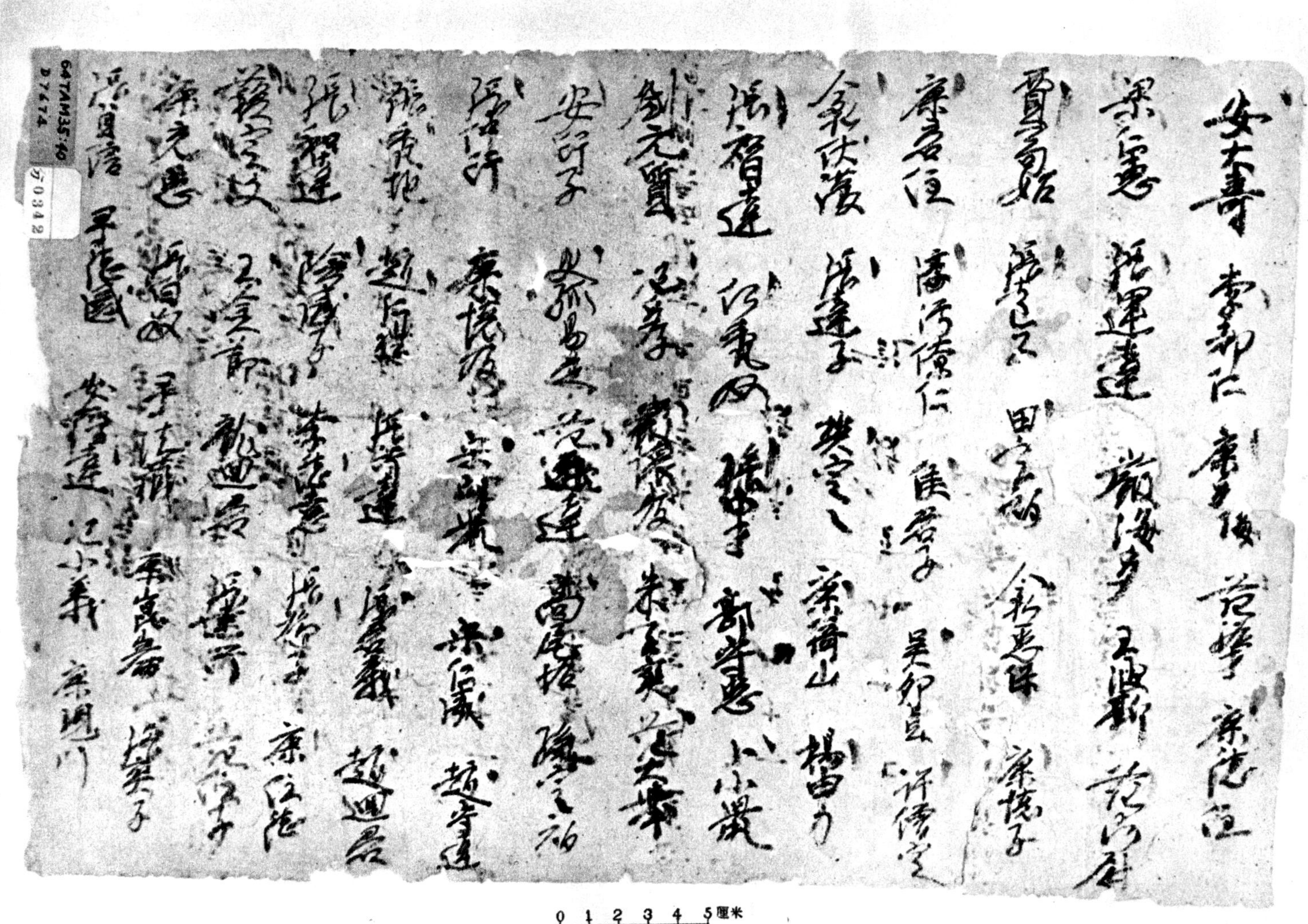

二六　武周聖曆元年(公元六九八年)四角官萄所役夫名籍　　64TAM35:40(b)

二六　武周聖曆元年（公元六九八年）四角官萄所役夫名籍

本件無紀年，三行「臣」作「𢘑」，知爲武周文書。正面爲同墓二五〈武周聖曆元年前官史玄政牒爲四角官萄已役未役人夫及車牛事〉，文中提到「七十七人役訖」，「七十七」三字爲「七十八」所改。而本名籍列有七十八人姓名，其中「張達子」重出，實爲七十七人，知前牒文改役夫數即由於此。可證本件名籍即牒文中之役訖名籍，故本件亦應爲武周聖曆元年（公元六九八年）四角官萄所文書。本件至一四行已至紙末，未寫完二姓名轉寫在正面，即倒寫於前件牒文的尾部，由於屬本件內容的一部分，故連接錄文作爲一五、一六兩行。

安大壽　李都仁　康多海　范隆才　康德住
梁仁惠　張運達　嚴海多　王波斯　范阿尉
賈荀始　張達子　田玄智　令狐𢘑(臣)保　康懷子
康君住　淳汙僚仁　侯君子　吳卯貞　許僧定
令狐伏護　張達子　樊定﹅　康倚山　楊由力
張智達　何秃奴　孫中才　郭守忠　卜小鼠
劉元質　范多子　嚴懷岌　朱玄爽　范大舉
安行子　史孤易定　范遷達　高尾洛　孫定智
張仲引　康懷及　宋阿鼠　宋仁威　趙守達
張秃塠　趙仁禮　張行達　張君義　趙迴君
張和達　陰感子　李德憙　張鄉子　康住德
蘇定文　王金節　龍迴君　張達行　范住子
康元思　張白奴　尹德藏　康崑崙　張爽子
張貞信　尹德感　安陪達　氾小義　康思(望)川
張思林　吳君定　張尾達　樊文行　趙遏仁
馮玄達　荆君爽　張長壽

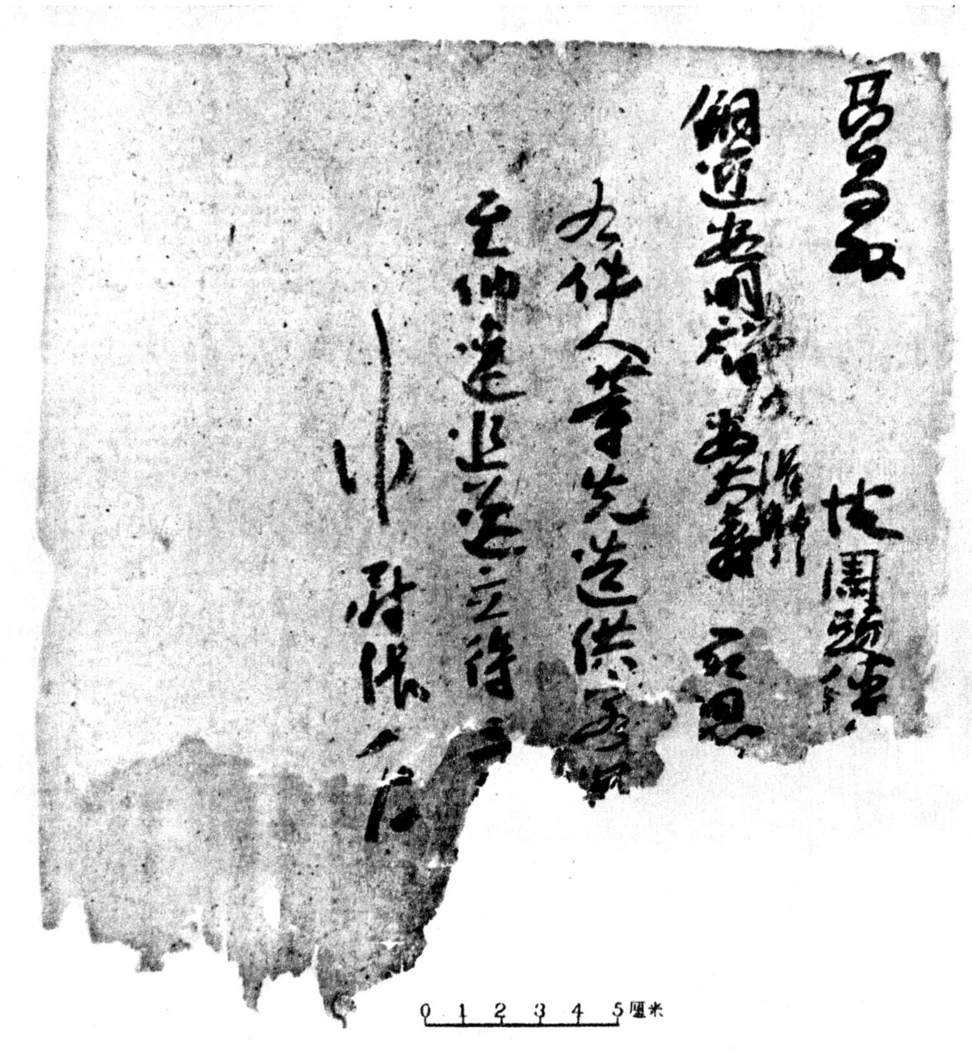

二七　唐西州高昌縣下團頭帖爲追送銅匠造供客器事　　64TAM35:25

二七　唐西州高昌縣下團頭帖爲追送銅匠造供客器事

本件無紀年，文中「安大壽」又見於同墓二五《武周聖曆元年前官史玄政牒》，今列在該件之後。

1 高昌縣　　帖團頭傅□□
2 銅匠安明智□　安大壽（張竹）　石思□
3 右件人等先造供客器□
4 至仰速追送立待三□
5 小尉張仁

0 1 2 3 4 5厘米

二八　武周長安三年(公元七〇三年)曹保保舉錢契　64TAM35:15

二八　武周長安三年（公元七〇三年）曹保保舉錢契

長安三𠡦(年)二𠥱(月)廿七𡆠(日)，順義鄉曹保々并母目
於史玄政邊舉取銅錢叁佰貳拾文。
𠥱別依鄉法生利入史，𠥱滿依數送
利；如史須錢之𡆠，利本即須具還。如
延引不還，及無本利錢可還，將
来𠡦辰歲石宕渠口分常田貳畝，折充
錢直。如身東西不在，一仰收後保𤯔(人)當
代知。兩和立契，畫指為信。
錢主
舉錢𤯔曹保々　｜｜曹寶々
母阿目十金　｜｜｜
保𤯔女師子　｜｜｜
知見𤯔杜孝忠
知見𤯔吳申感

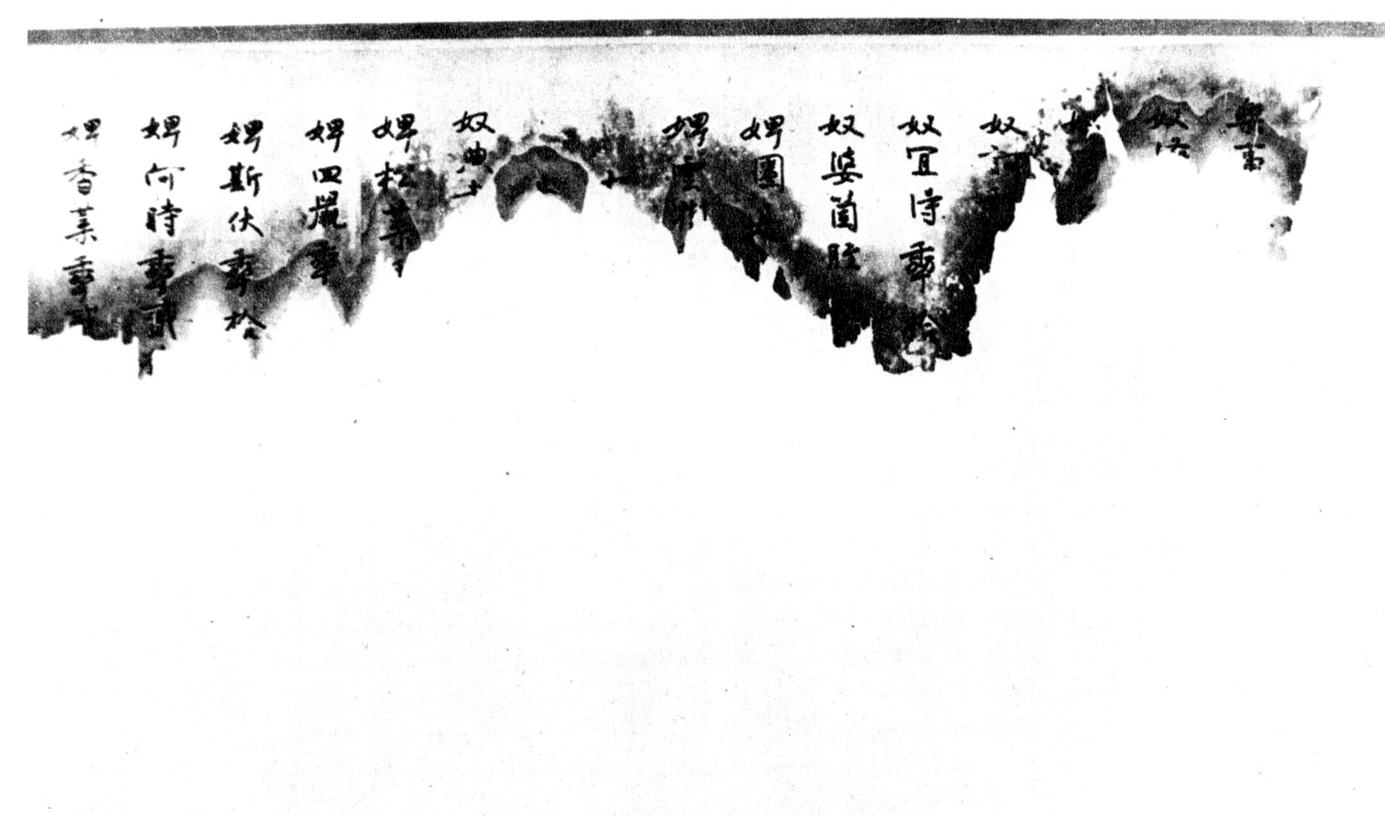

二九　武周先漏新附部曲客女奴婢名籍(一)　64TAM35:42(a)之一

二九　武周先漏新附部曲客女奴婢名籍

本件無紀年，但有武周新字，知為武周時文書，故列於武周末、神龍前。本件第二段背面騎縫有兩處蓋有殘朱印，印文不可辨識，又有「發」字押。

(一)

樂事□
奴[洛]□
奴富多□
奴訶利□
奴宜得𠡦(年)拾□
奴婆箇脛𠡦□
婢團是[𠡦]□
婢雲[樹]□
[右]□
已□
奴典□
婢松蒸(葉)□
婢四鼠𠡦□
婢斯伏𠡦拾□
婢阿時𠡦貳[拾]□
婢香蒸𠡦貳□

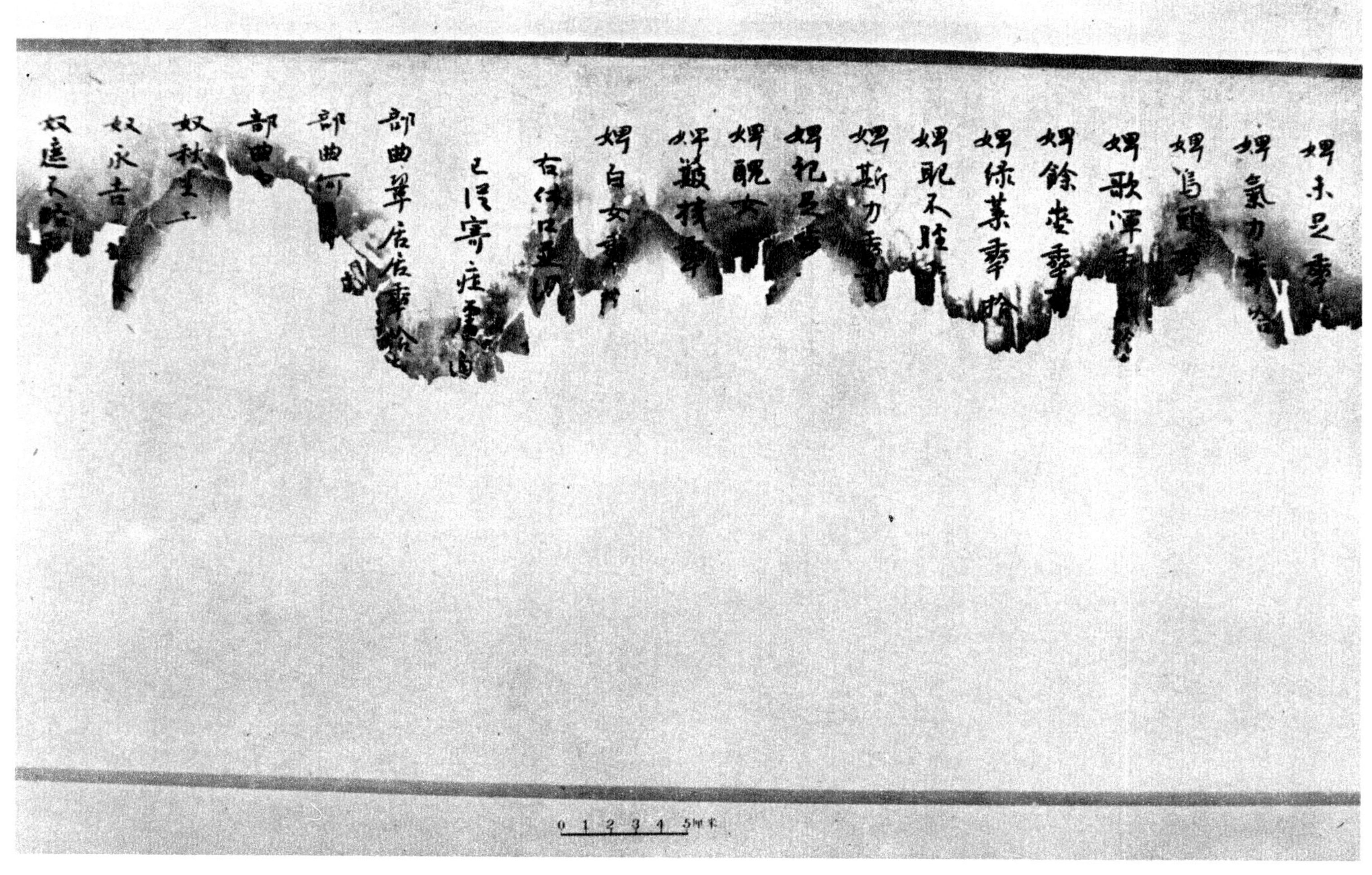

二九　武周先漏新附部曲客女奴婢名籍(一)　　64TAM35:42(a)之二

婢未足牽拾
婢氣力牽拾
婢烏頭牽
婢歌渾牽貳拾[壹]（化）
婢餘堂牽貳
婢緣葉牽拾
婢恥不脛牽（郝）
婢斯力牽貳
婢祀足牽
婢醜女牽
婢穢機牽
婢白女牽[拾]
右件口並[漏]
已從寄（莊）炷處通
部曲鞏居居牽拾[壹]
部曲何酉
部曲[曹]
奴秋生牽
奴永吉□[拾]
奴遮不略牽

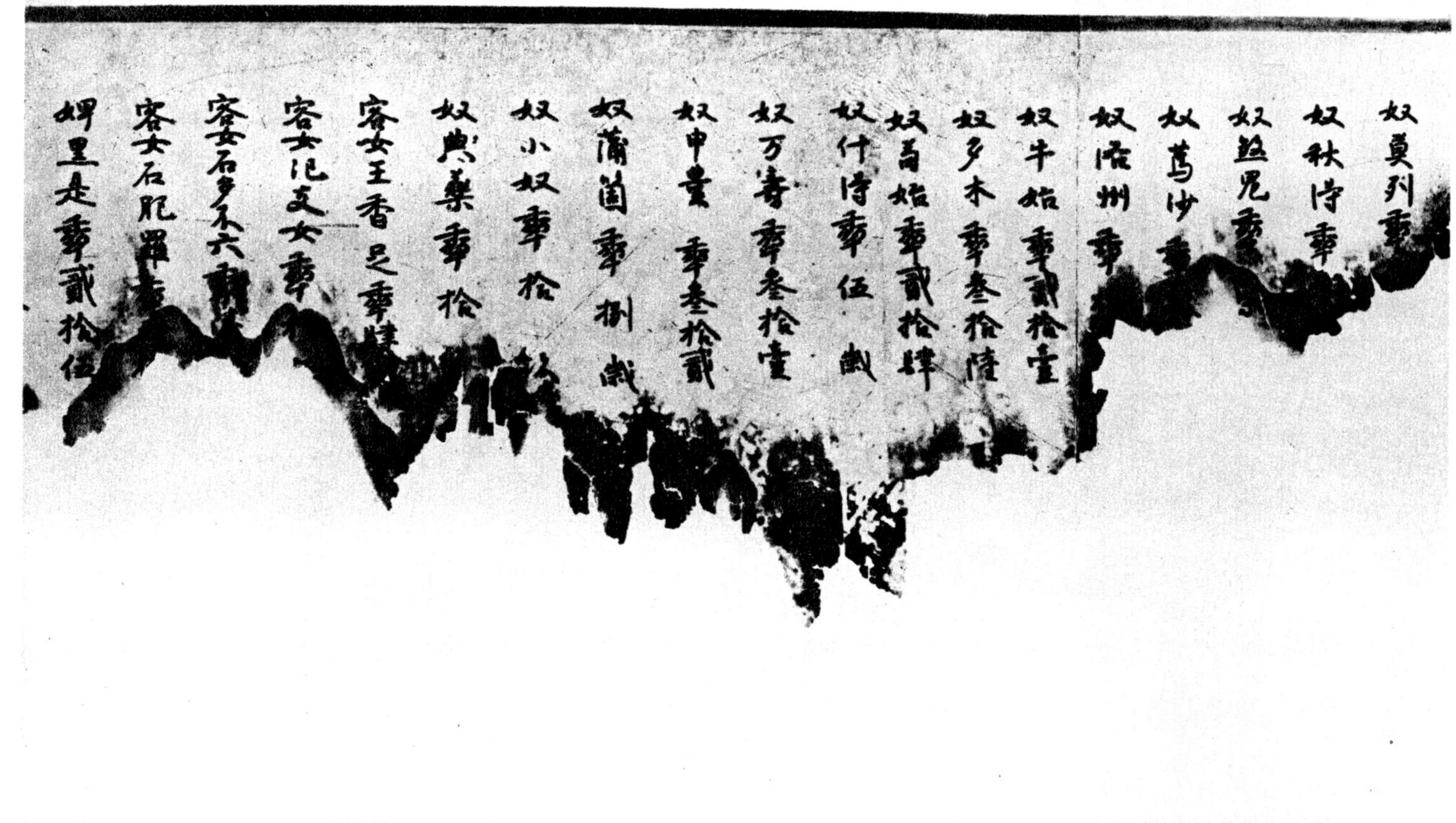

二九　武周先漏新附部曲客女奴婢名籍(一)　64TAM35:42(a)之三

37 奴莫列年叁□
38 奴秋得年叁[拾]□
39 奴煞鬼年柒□
40 奴蔦沙年拾□
41 奴洛州年拾□
42 奴牛始年貳拾壹
43 奴多木年叁拾陸
44 奴苟始年貳拾肆
45 奴什得年伍歲
46 奴万壽年叁拾壹
47 奴申豐年叁拾貳
48 奴蒲箇年捌歲
49 奴小奴年拾玖
50 奴典藥年拾伍
51 客女王香是年肆拾玖
52 客女汜支女年拾[伍]
53 客女石多不六年陸[拾]□
54 客女石肥羅年陸[拾]
55 婢黑是年貳拾伍

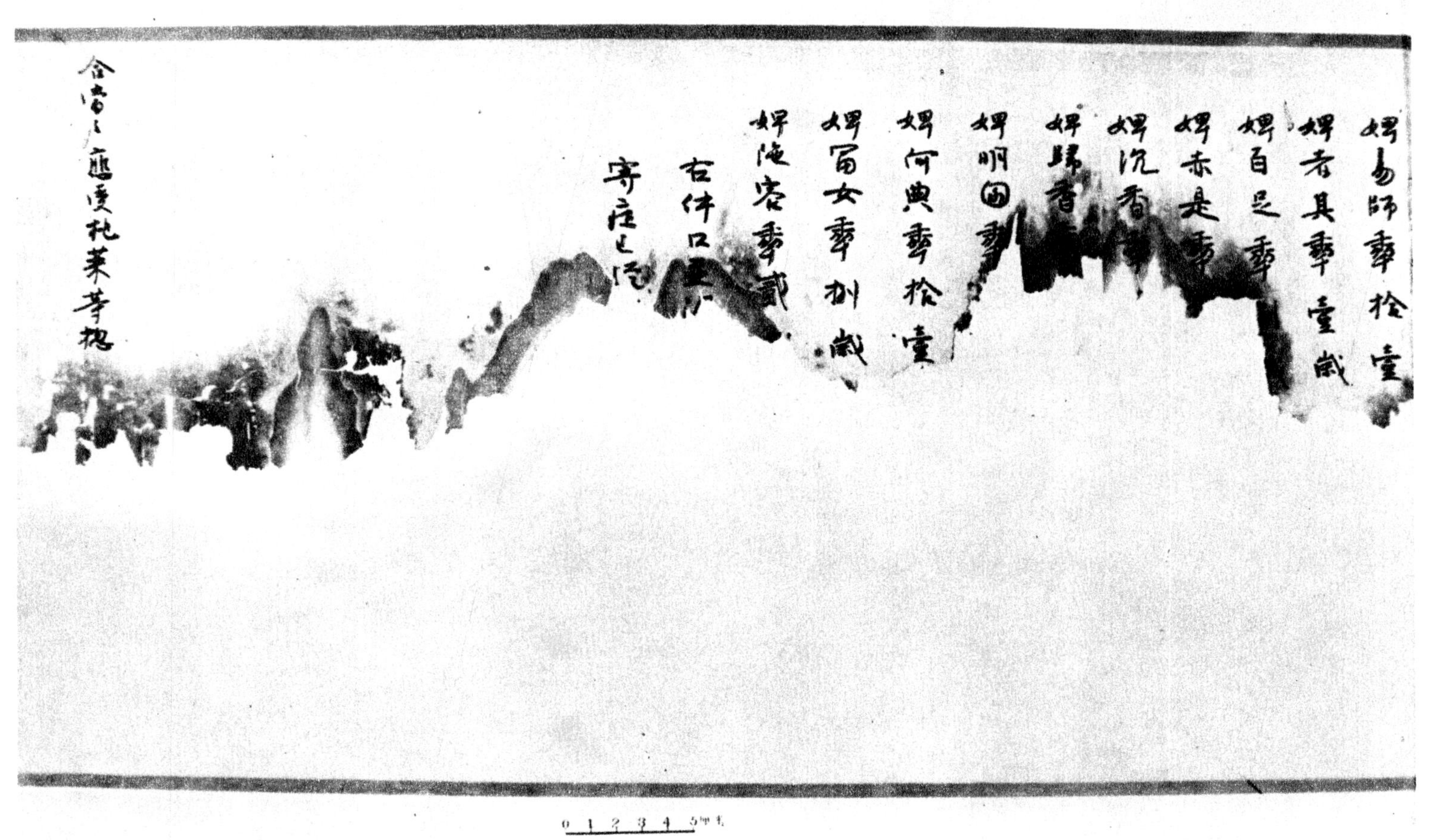

二九　武周先漏新附部曲客女奴婢名籍(一)　　64TAM35:42(a)之四

婢易師年拾壹

婢者其年壹歲

婢百足年[捌][歲]

婢赤是年[拾]

婢沉香年[ ]

婢歸香年[ ]

婢明(月)年[ ]

婢阿典年拾壹

婢富女年捌歲

婢陁容年貳歲

右件口並[漏][ ]

寄莊(莊)已從[ ]

合當户應受桃菜等總[ ]

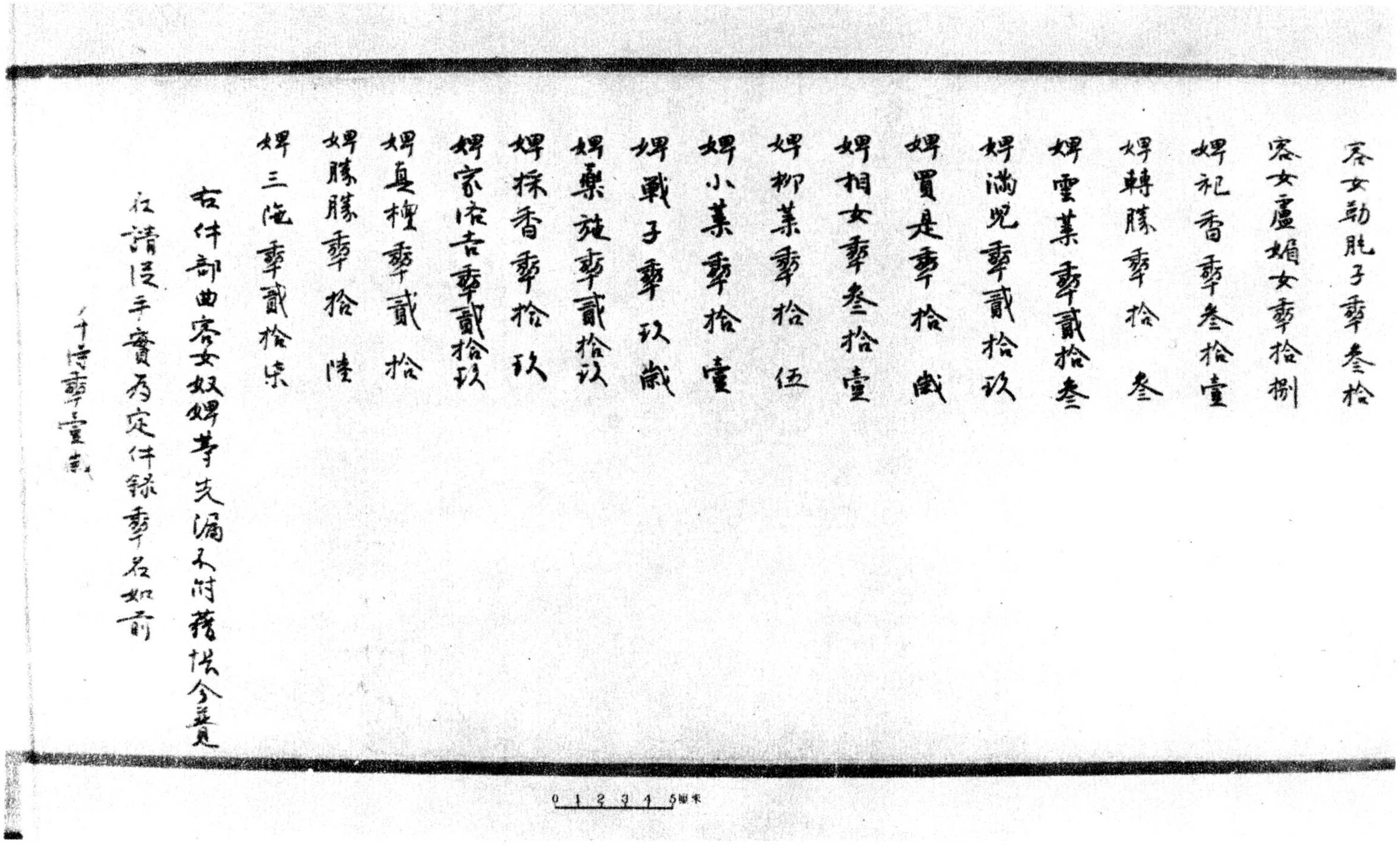

二九　武周先漏新附部曲客女奴婢名籍(二)　　64TAM35:43(a)

（二）

客女勒肫子年叁拾
客女盧媚女年拾捌
婢祀香年叁拾壹
婢轉勝年　拾　叁
婢雲葉年貳拾叁
婢滿兒年貳拾玖
婢買是年　拾　歲
婢相女年叁拾壹
婢柳葉年　拾　伍
婢小葉年　拾　壹
婢戰子年　玖　歲
婢藥葹年貳拾玖
婢採香年　拾　玖
婢家洛吉年貳拾玖
婢真檀年貳拾
婢勝勝年拾　陸
婢三陁年貳拾柒
右件部曲、客女、奴、婢等，先漏不附籍帳。今並見
在，請從手實爲定，件錄年名如前。
□［厗］得年壹歲

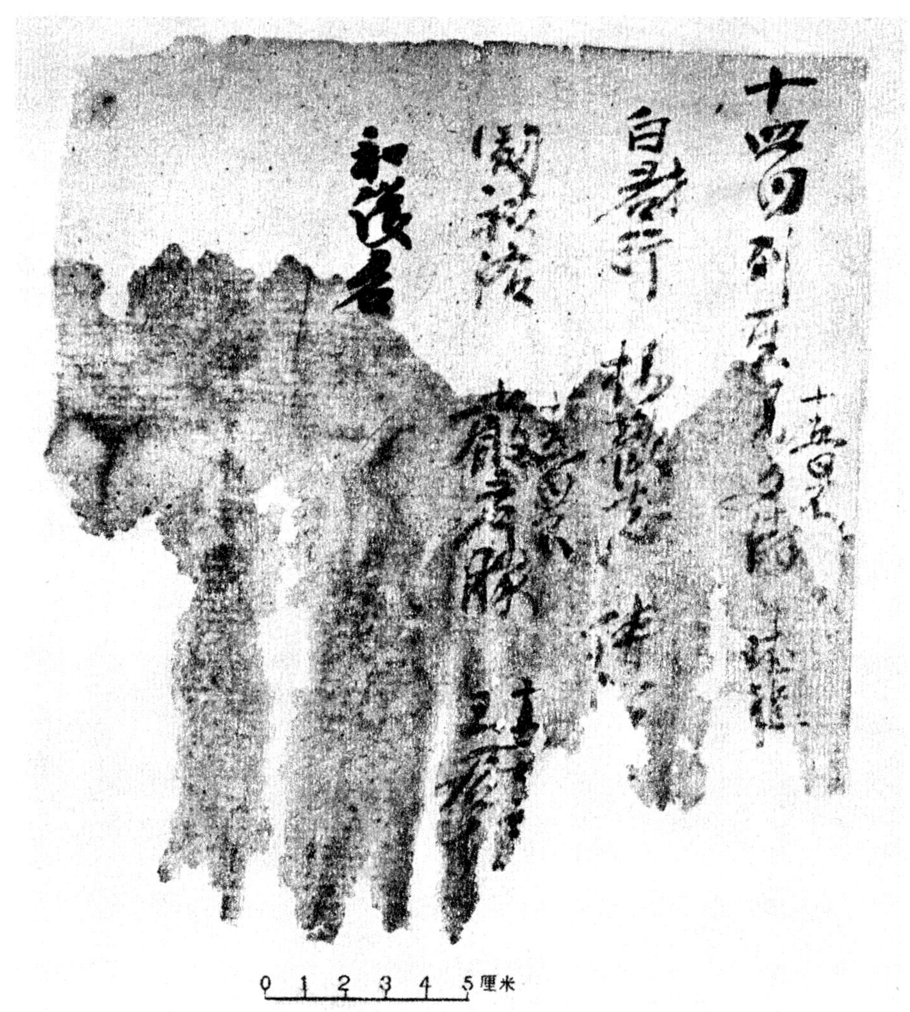

三〇　武周到人名籍　　64TAM35:26

三〇　武周到人名籍

本件無紀年，有武周新字，知為武周時期文書。

1 十四〇(日)到𤯔(人)　易文緒　十五〇不　畦塠□
2 白君才行　楊歡志　傅阿　十五〇□　□
3 闞祐洛　嚴君勝　十五〇不　王居忙□　□
4 和護君

0 1 2 3 4 5厘米

三一　武周某館驛給乘長行馬驢及粟草帳　64TAM35:38(a)

三一　武周某館驛給乘長行馬驢及粟草帳

本件無紀年，有武周新字，知爲武周時期文書。諸行中「同達」二字爲朱書。

1 右肆囝(月)□□□

2 判官等乘往柳谷迴

3 粟壹斛捌勝　同達　草壹拾貳束　同達

4 右同〇(日)給高昌縣長行驢壹拾貳頭，秦恵等乘往柳谷

5 迴，壹日料。

粟貳斛叁勝　同達　草拾束　同達

6 右同〇給高昌縣長行馬肆疋，驢兩頭，使人王波護等

乘往𠀑(天)

7 山壹〇料。

8 粟伍斛陸勝伍合　同達　草貳拾柒束　同達

9 右同〇給高昌縣長行馬捌疋，驢壹拾壹頭，使人胃利

幹乘往

10 胡城迴，壹日料。

11 粟捌勝　同達　草肆束　同達

12 右同□給高昌縣長行馬壹疋，驢兩頭，使人劉嘉福乘

往柳谷

13 迴，□〇料。

14 粟□□□勝五合　同達　草伍束　同達

15 □伍〇貳〇給柳谷長行馬兩疋，驢壹頭，使人宋懷乘

往州壹日料

16 □□□達□□□

三二　武周駝驢帳　　64TAM35:38(b)

三二　武周駝驢帳

本件書於前件背面，亦應爲武周時文書。

駝

嚴爲者李若住等一頭　嚴行滿　康君素

張智奴等一頭

驢

支君子　康伏知一頭　韓孫易一頭　張〇〇一頭

索貞達

張

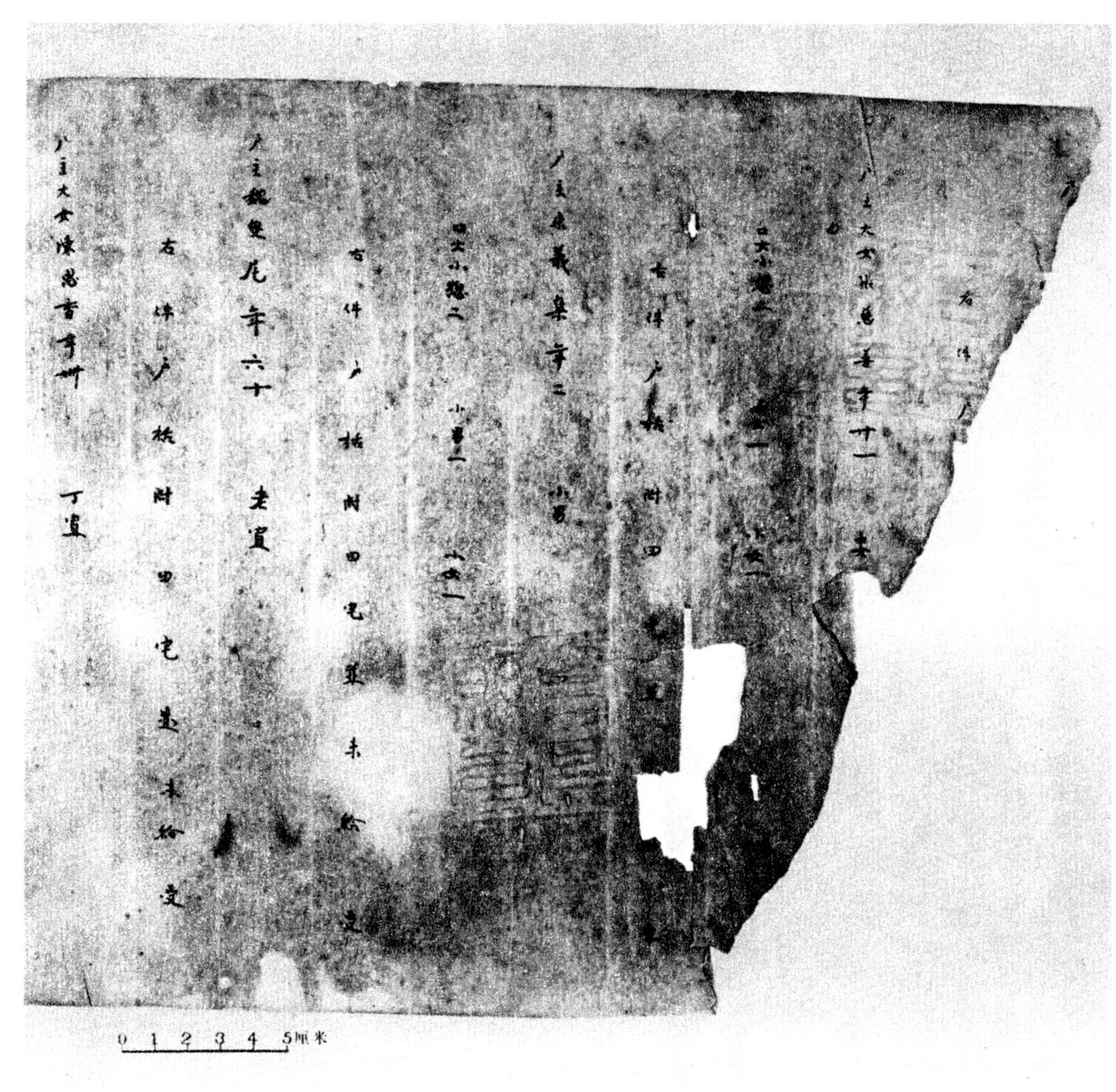

三三　唐神龍三年(公元七〇七年)高昌縣崇化鄉點籍樣(一)　64TAM35:47(a)

三三　唐神龍三年（公元七〇七年）高昌縣崇化鄉點籍樣

本件背面騎縫並寫有「高昌縣崇化鄉神龍三年點籍樣」，正面紙中和背面騎縫都蓋有高昌縣印。

（一）

1 戶[主][　　　　]
2 　右件戶
3 戶主大女張慈善年廿一　中女
4 　口大小總二　中女一　小女一
5 　右件戶括附田宅並未給受。
6 戶主康義集年二　小男
7 　口大小總二　小男一　小女一
8 　右件戶括附田宅並未給受
9 戶主魏雙尾年六十　老寡
10 　右件戶括附田宅並未給受
11 戶主大女陳思香年卌　丁寡

0 1 2 3 4 5厘米

三三　唐神龍三年(公元七〇七年)高昌縣崇化鄉點籍樣(一)　64TAM35:48(a)

12 口大小總三　丁寡一　丁女一　黃女一

13 右件戶括附，田宅並未給
受。

14 戶主小女曹阿面子年拾叁　小女

15 口大小總二　小女二

16 右件戶括附，田宅並未給
受。

17 戶主大女安勝娘年卅二　丁寡

18 右件新括附，田宅並未給
受。

19 戶主黃女安浮㖿臺年二　黃女

20 右件戶括附，田宅並未給
受。

21 戶主李醜奴年五　小男

22 安樂里

23 右件戶括附，田宅並未給
受。

24 戶主康祿山年卌九　白丁

三三　唐神龍三年(公元七〇七年)高昌縣崇化鄉點籍樣(一)　　64TAM35:49(a)

25 口大小總九　丁男一　丁妻一　中妻一　小男一　小女
黃女一　中男一　丁妾一
一
黃男一

26 合已受田九畝八十步

27 戶主康陁延年卌三　白丁

28 口大小總八　丁男一　丁妻一　小男二　小女一　黃男二

29 合已受田一十畝卌步

30 戶主康恩義年九　小男

31 口大小總七　小男一　老寡一　寡妻一　丁女一　中女二　小
女一

32 合已受田八畝卌步

33 戶主何莫潘年八十　職資

34 口大小總十一　老男一　老男妻一　丁男二　丁妻二　小女二
黃女三

35 丁男尧子年卌六　衛士

36 丁男安實年卌五　丁品子

37 合已受田廿五畝卌步

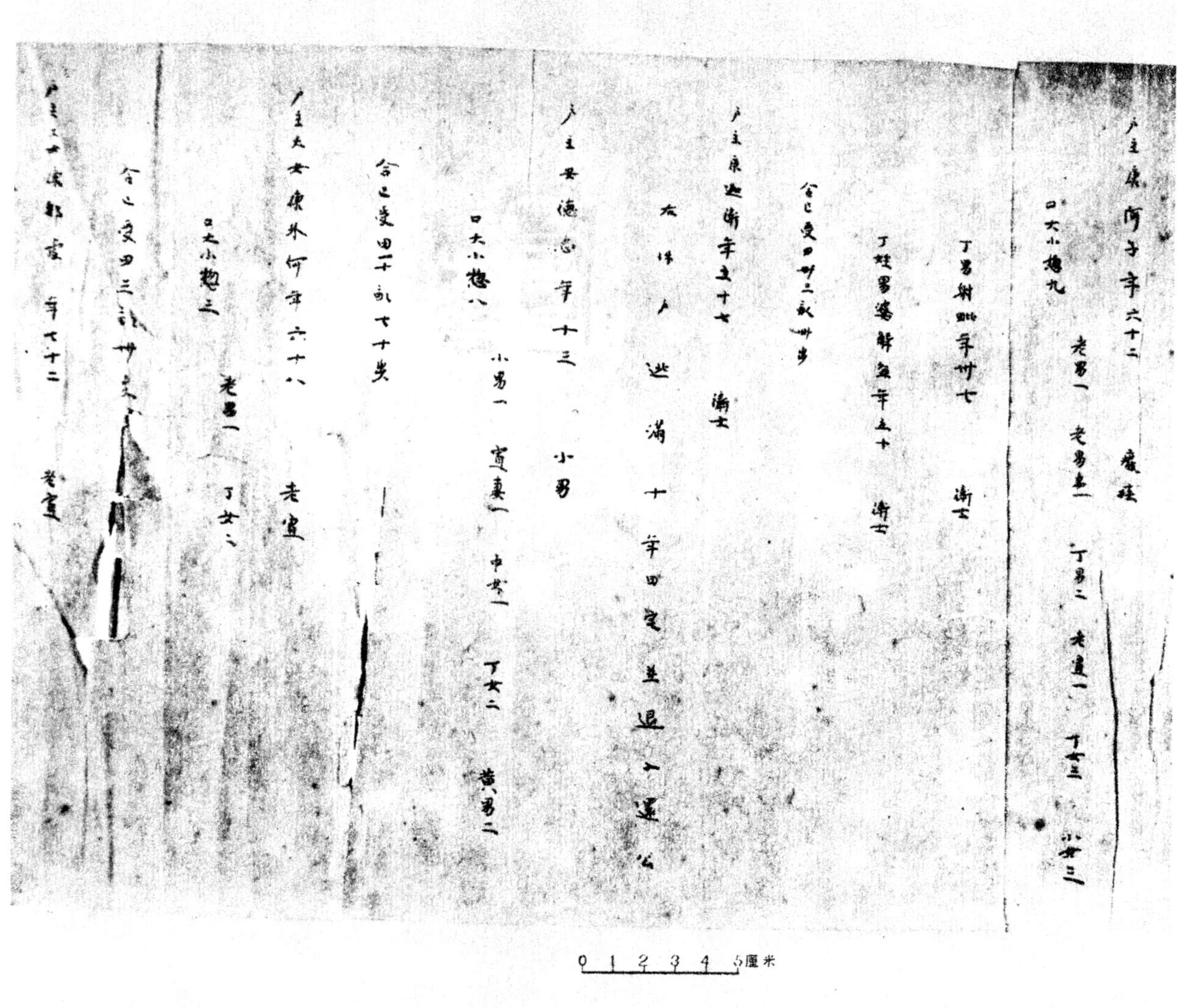

三三　唐神龍三年(公元七〇七年)高昌縣崇化鄉點籍樣(一)　64TAM35:50(a)

戶主康阿子年六十二　廢疾
口大小總九　老男一　老男妻一　丁男二　老寡一　丁女三　小女三
丁男射毗年卅七　衛士
丁姪男婆解盆年五十　衛士
合已受田卅三畝卅步
戶主康迦衛年五十七　衛士
右件戶逃滿十年，田宅並退入還公。
戶主安德忠年十三　小男
口大小總八　小男一　寡妻一　中女一　丁女二　黃男二
合已受田一十畝七十步
戶主大女康外何年六十八　老寡
口大小總三　老男一〔一〕　丁女二
合已受田三畝卅步
戶主大女康那虔　年七十二　老寡

注釋

〔一〕老男當爲老寡之誤。

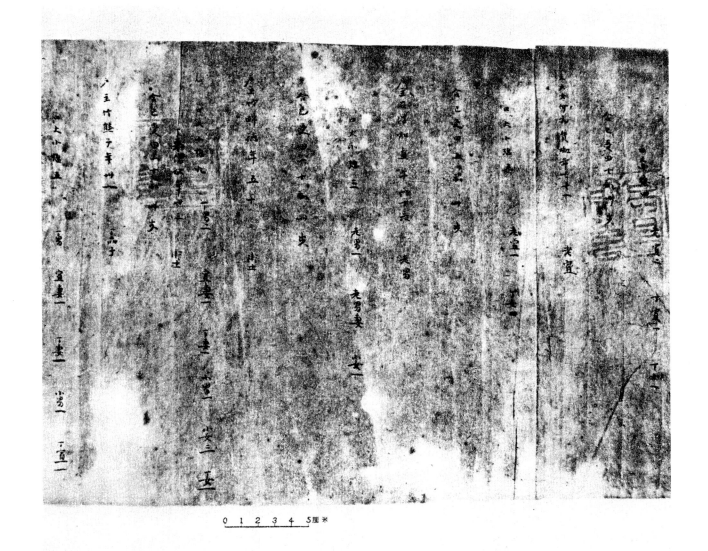

三三　唐神龍三年(公元七〇七年)高昌縣崇化鄉點籍樣(一)　　64TAM35:51(a)

52 口大小總四　老寡二　丁寡一　丁女一
53 合已受田七畝卌步
54 戶主大女何元賀⿰口知年七十一　老寡
55 口大小總五　老寡一　丁女四
56 合已受田五畝卌步
57 戶主石浮⿰口知盆年六十六　老男
58 口大小總三　老男一　老男妻　小女一
59 合已受田一十畝卌步
60 戶主竹畔德年五十　衛士
61 口大小總九　丁男二　寡妻一　丁妻一　小男一　小女三
丁女一
62 丁弟僧奴年卅二　衛士
63 合已受田一十七畝卌步
64 戶主竹熊子年卅一　丁品子
65 口大小總五　丁男　寡妻一　丁妻一　小男一　丁寡一

三三　唐神龍三年(公元七〇七年)高昌縣崇化鄉點籍樣(一)　　64TAM35:52(a)

66 合已受田九畝卌步
67 戶主大女康阿醜年七十九　老寡
68 　口大小總四　老寡一　丁女一　小女一　黃女一
69 合已受田五畝卌步

- - - - - - - - - - - - - - - -

70 戶主石浮�滿年卌　衛士
71 　口大小總四　丁男一　丁妻一　小男一　小女一
72 合已受田一十畝卌步
73 戶主大女陰阿孫年卌五　丁寡
74 合已受田五畝卌步
75 戶主曹伏食年六十七
76 　口大小總八　老男二　丁妻一　小女二　中女一
77 丁弟尸羅年六十　白丁
78 中男孫師年廿　中男
79 合已受田一十二畝卌步
80 戶主曹莫盆年卌　衛士
81 　口大小總七　丁男
82 合已受田一十三畝卌步

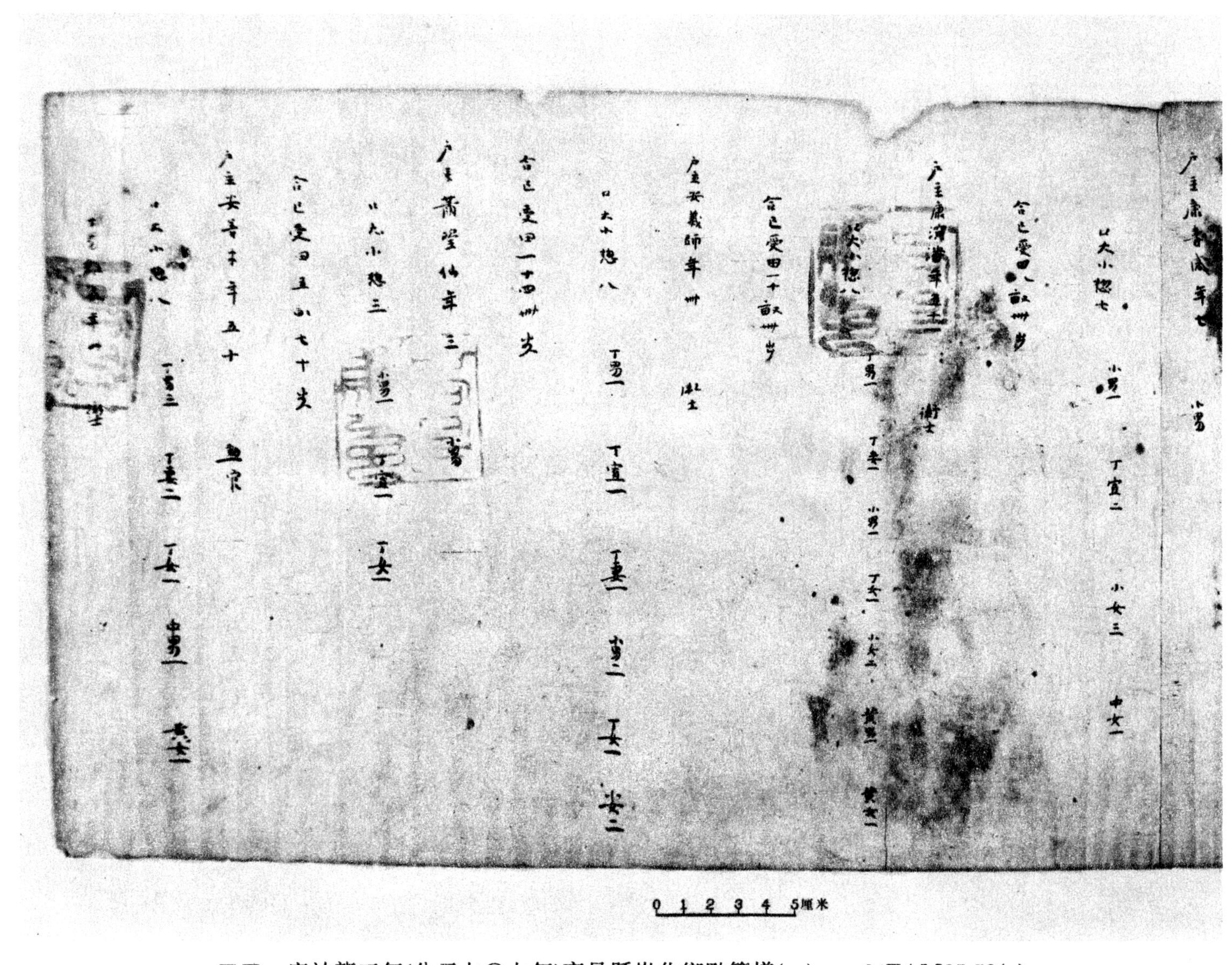

三三　唐神龍三年(公元七〇七年)高昌縣崇化鄉點籍樣(一)　64TAM35:53(a)

83 戶主康壽感年七　小男
84 口大小總七　小男一　丁寡二　小女三　中女一
85 合已受田八畝卅步
86 戶主康演潘年五十一　衛士
87 口大小總八　丁男一　丁妻一　小男一　丁女一　小女二
黄男一　黄女一
88 合已受田一十畝卅步
89 戶主安義師年卅　衛士
90 口大小總八　丁男一　丁寡一　丁妻一　小男二　丁女一
小女二
91 合已受田一十四卅步〔一〕
92 戶主蕭望仙年三　小男
93 口大小總三　小男一　丁寡一　丁女一
94 合已受田五畝七十步
95 戶主安善才年五十　勳官
96 口大小總八　丁男三　丁妻二　丁女一　中男一　黄女一
97 丁男雒及年卅　衛士

注釋

〔一〕此處「四」下當脫一「畝」字。

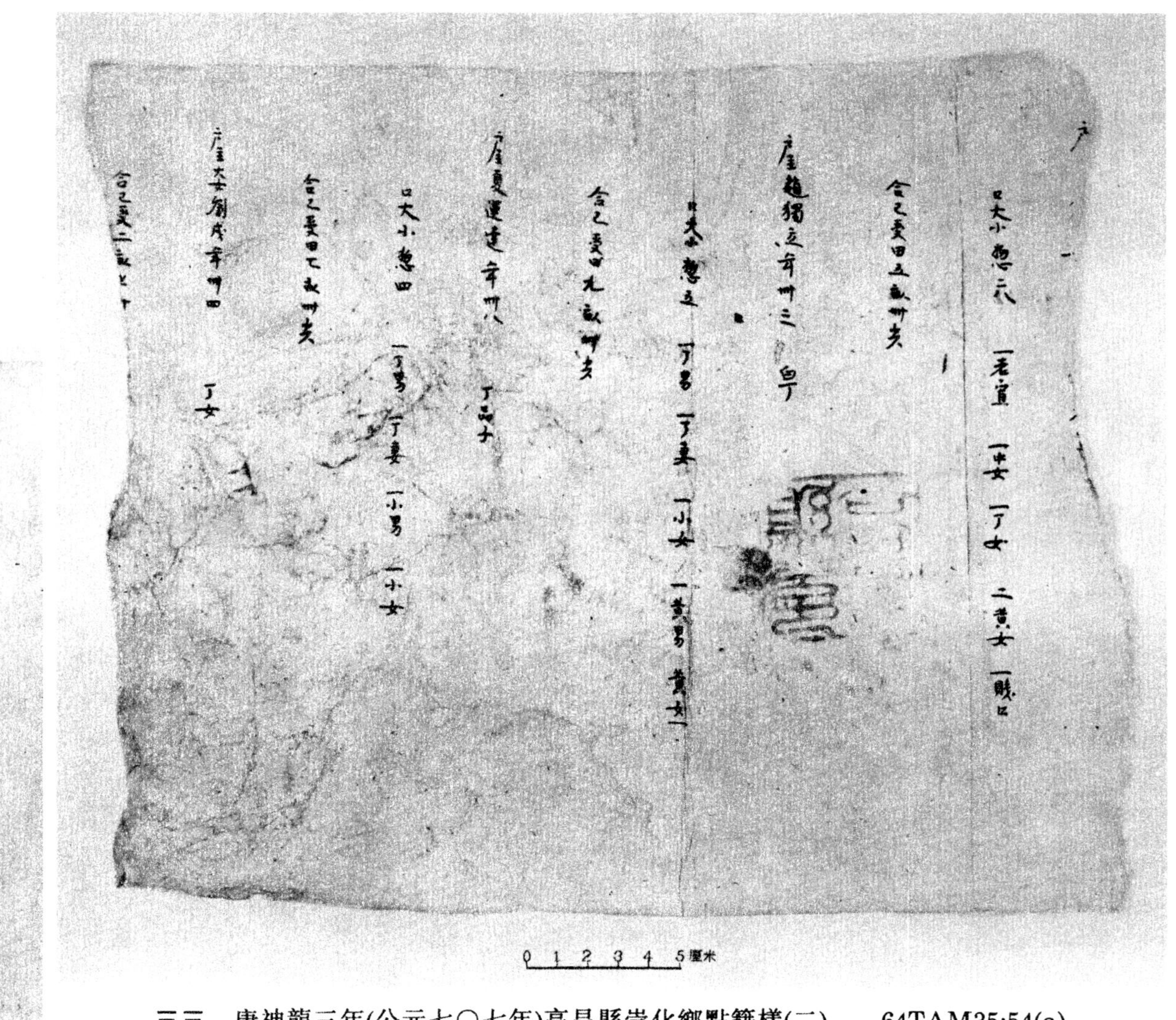

三三　唐神龍三年(公元七〇七年)高昌縣崇化鄉點籍樣(二)　64TAM35:54(a)

三三　唐神龍三年(公元七〇七年)高昌縣崇化鄉點籍樣(二)　64TAM35:54(b)

（二）

戶[ ]

口大小總六　一老寡　一中女　一丁女　二黃女　一賤口

合已受田五畝卌步　「　」　「　」

戶主趙獨立年卌三　白丁　「　」

口大小總五　一丁男　一丁妻　一小女　一黃男　黃女一

合已受田九畝卌步

戶主夏運達年卌八　丁品子

口大小總四　一丁男　一丁妻　一小男　一小女

合已受田七畝卌步

戶主大女劉戍年卌四　丁女

合已受二畝半□□

（背面）

（本段二、三行間是接縫，背面騎縫形式如左：）

「高昌縣」　「崇化鄉」　神龍三年點籍樣

三三　唐神龍三年（公元七〇七年）高昌縣崇化鄉點籍樣（三）64TAM35:55(a)

（三）

合已受田五畝卌步

戶主鄭思順年十一　小男

口大小總三　一小男　一丁寡　一黃男

合已受田五畝卌步

戶主郭德仁年五十六　白丁

口大小總六　一丁男　一丁妻　一丁寡　一中女　二小女

三三　唐神龍三年(公元七〇七年)高昌縣崇化鄉點籍様(四)　　64TAM35:56(a)

（四）

1 戶主白胡仁年卌五　衛士
2 口大小總五　一丁男　一丁妻　一小男　一丁女
一黃男
3 合已受田九畝卌六步
4 戶主郭桃葉年卌二　丁寡
5 口大小總二　一丁寡　一中女
6 合已受田五畝卌步
7 戶主曹玄恪年卌九　職資隊正
8 口大小總五　一丁男　一丁妻　二小男　一黃女
9 合已受田一十畝卌步
10 戶主郭忠敏年拾歲　小男
11 口大小總五　二小男　三丁寡
12 合已受田九畝卌步
13 戶主安師奴年十三　小□
14 口大小總四　□小男　□
15 合已受田□
16 戶主焦僧住年卌三　衛士
17 口大小總八　一丁男　一丁妻　一中男　□　四小女
18 中男文師年十九　〔下殘〕

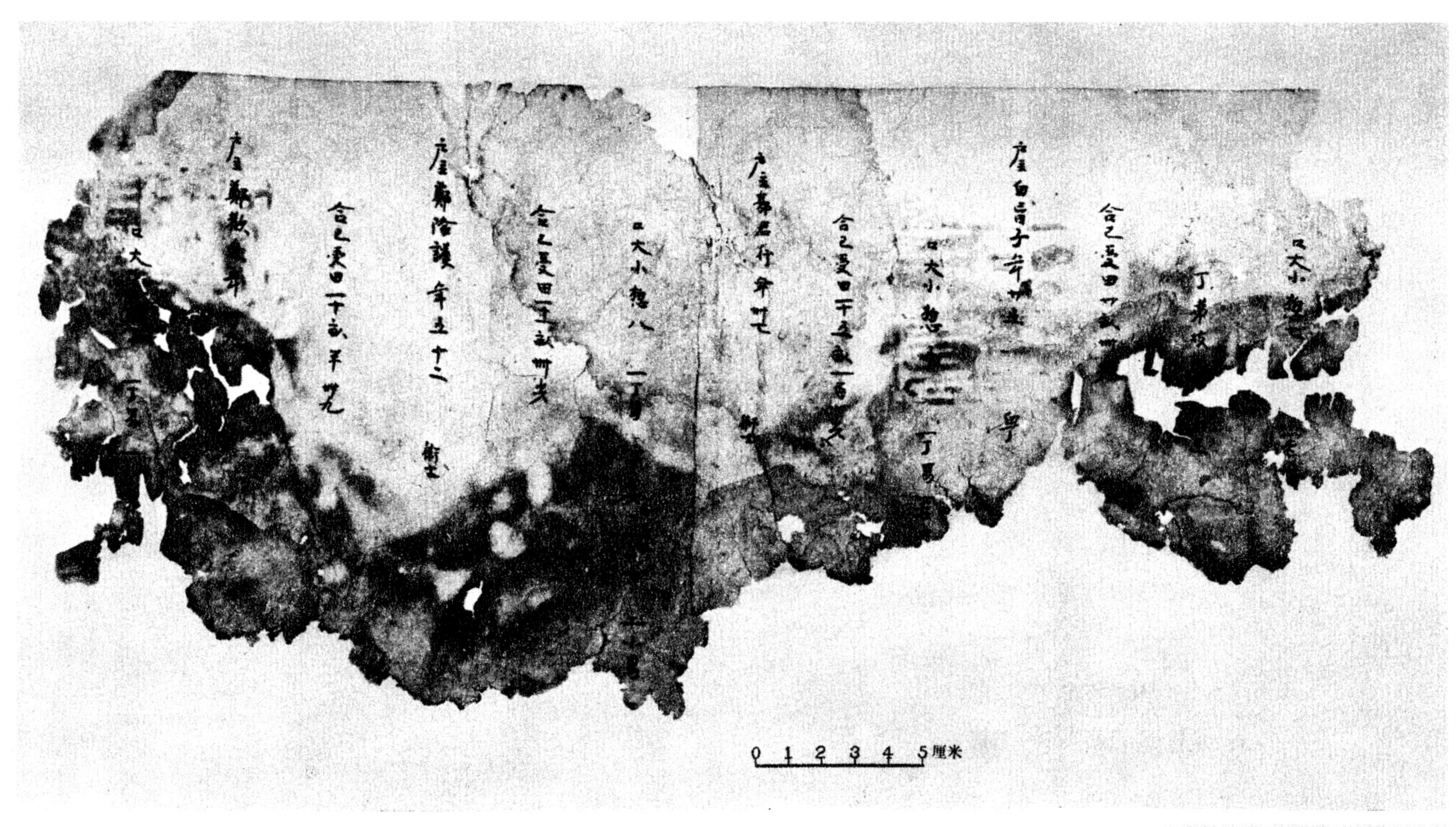

三三　唐神龍三年(公元七〇七年)高昌縣崇化鄉點籍樣(六)　　64TAM35:57/3(a)

三三　唐神龍三年(公元七〇七年)高昌縣崇化鄉點籍樣(五)　　64TAM35:57/1(a),57/2(a)

（五）

1 合已受[田]□

2 戶主李慶斌年五十五　□□

3 　口大□　一丁男　一丁寡

（六）

1 　口大小總七　□　一老寡　□

2 　丁弟妝斳□卅三

3 合已受田廿畝卌步

4 戶主白肓子年廿五　白丁

5 　口大小總五　一丁男　一老寡　□

6 合已受田一十五畝一百廿步

7 戶主郭君行年卌七　衛士

8 　口大小總八　一丁男「一丁妻」一丁女　二小男　□

‖

9 「合已受田一十一畝卌步」

10 戶主鄭隆護年五十二　衛士

11 「合已受田一十畝半卌九」

12 戶主鄭歡進年卌九　衛士

13 「口大小總三　一丁男　一丁妻　□□□」

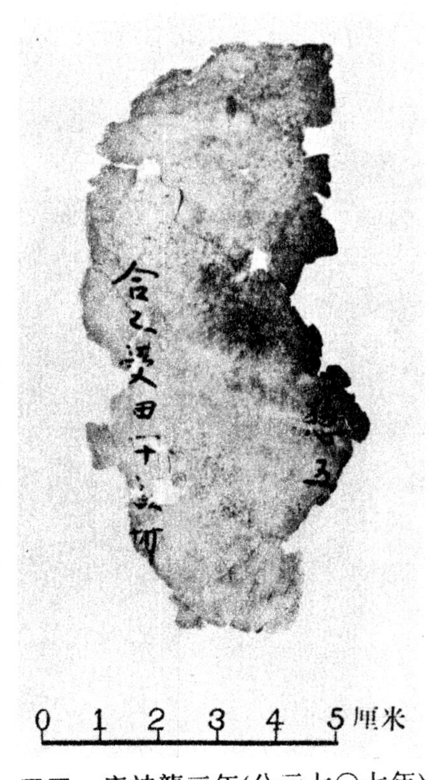

三三　唐神龍三年(公元七〇七年)高昌縣崇化鄉點籍様(七)
64TAM35:58/1(a)

三三　唐神龍三年(公元七〇七年)高昌縣崇化鄉點籍様(八)
64TAM35:58/2(a)

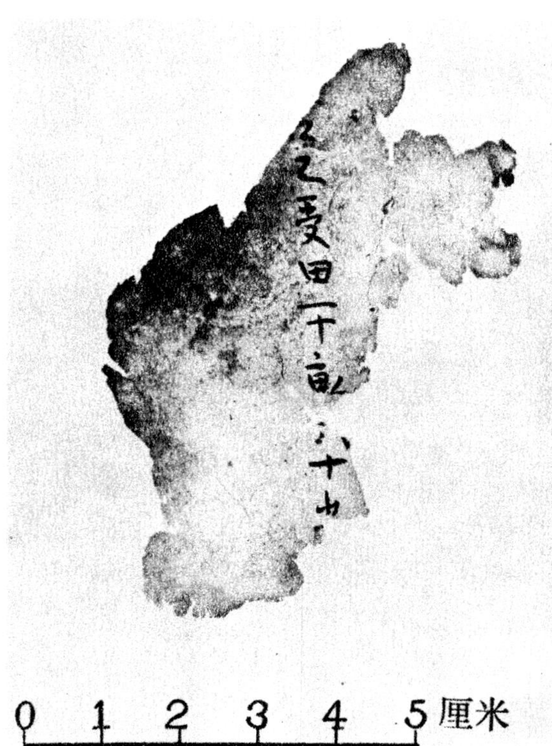

三三　唐神龍三年(公元七〇七年)高昌縣崇化鄉點籍様(九)
64TAM35:58/3(a)

(七)

1 □大小總五

2 合已受田一十畝卌□

(八)

1 老寡

2 一老寡　二丁女

(九)

1 合已受田一十畝六十步

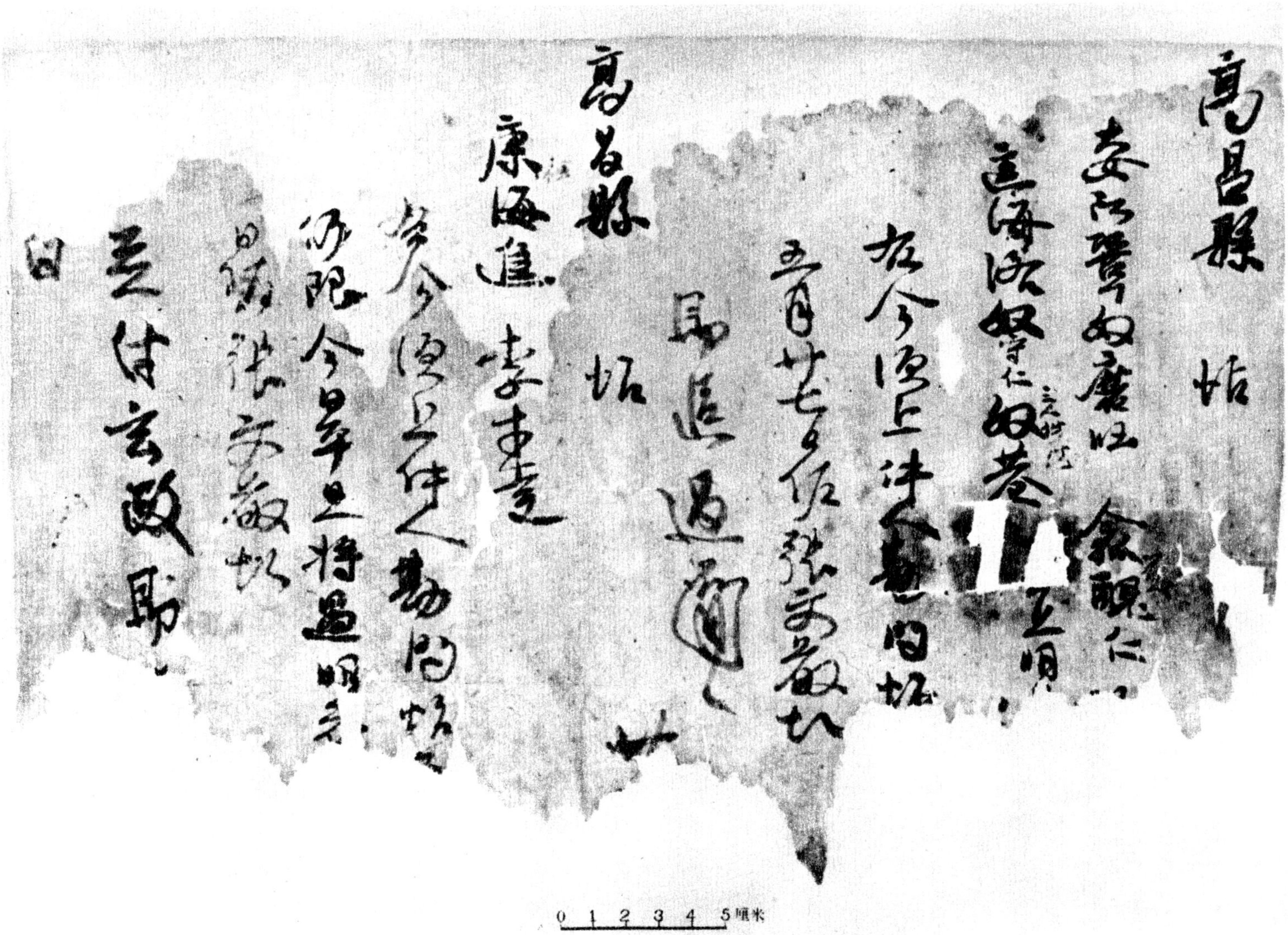

三四　唐西州高昌縣追人勘問帖　　64TAM35:16

三四　唐西州高昌縣追人勘問帖

高昌縣　帖
大女阿犖奴磨旺　令孫醜仁　□人
匡海洛奴守仁　三人挫皮 奴巻〻　□上　明
右今須上件人勘問。帖
五月廿七日佐張文歡帖
即追過（簽署）
高昌縣　帖　廿
康海進（禮）　李才達
右今須上件人勘問。帖
仍限今日平旦將過。明 知
日佐張文歡帖
並付玄政即
白

三五　唐殘牒　64TAM35:34

三六　唐僚寅住等名籍　64TAM35:37

三五　唐殘牒

四斗［　　］
計以前請[過]［　　］
牒件通當［　　］

三六　唐僚寅[住]等名籍

僚寅[住]
樊慈□
史度生
右［　　］

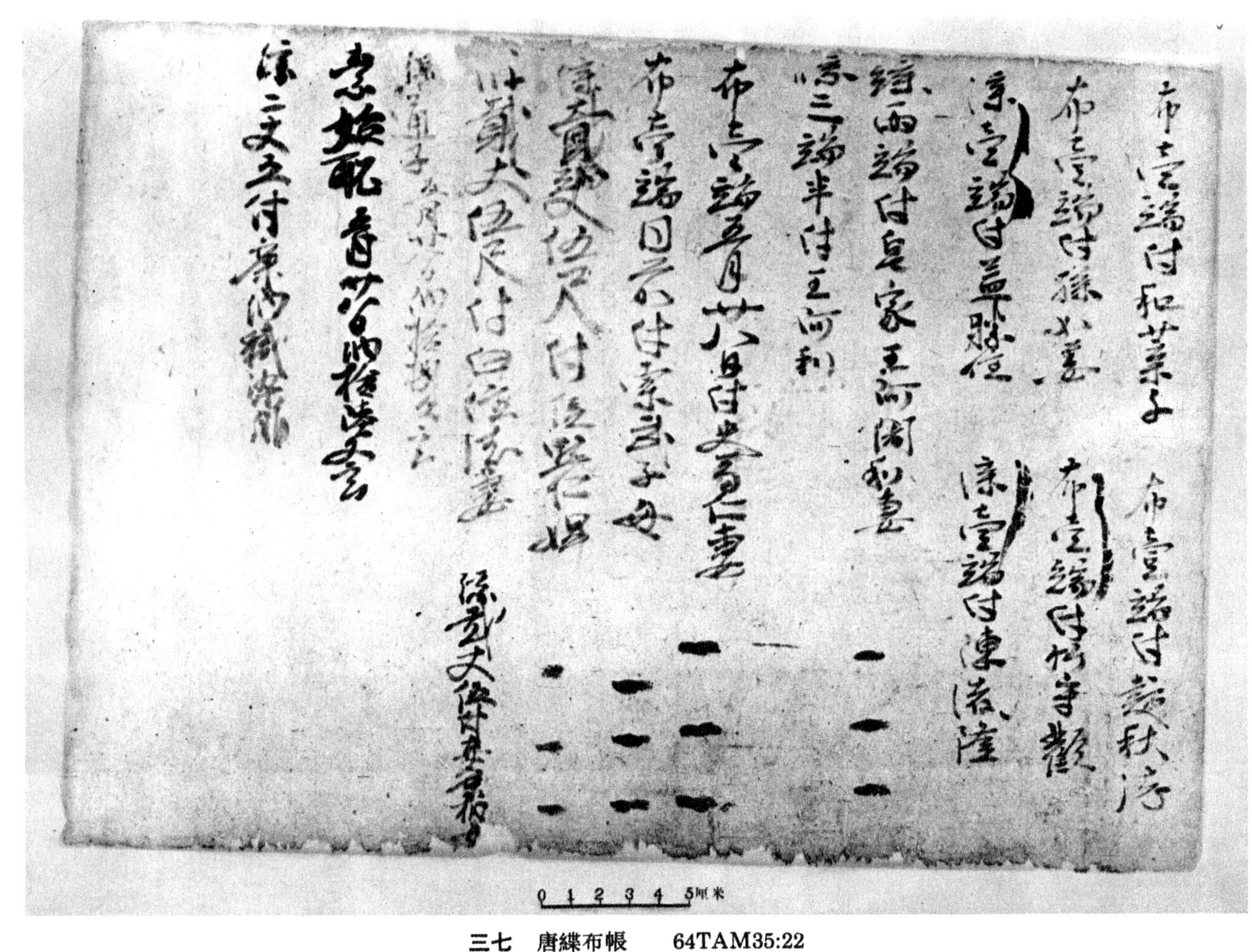

三七　唐緤布帳　　64TAM35:22

三七　唐緤布帳

布壹端付和菜（葉）子　　布壹端付趙秋德
布壹端付孫如姜　　布壹端付竹守歡
緤壹端付孟勝住　　緤壹端付陳緒隆
緤兩端付皇家王阿闍利妻　一一一
緤三端半付王阿利
布壹端五月廿八日付史苟仁妻　一一一
布壹端同前付索武子母　一一一
緤貳文伍尺付侯默仁婢[一]　一一一
緤貳文伍尺付白住德妻　緤貳文伍付大女康相女
張通子　五月廿八日納拾捌文言
索始醜　五月廿八日納拾陸文言
緤二文五付康納職染服

注釋

〔一〕貳文：此二字為「壹端」二字所改而成。

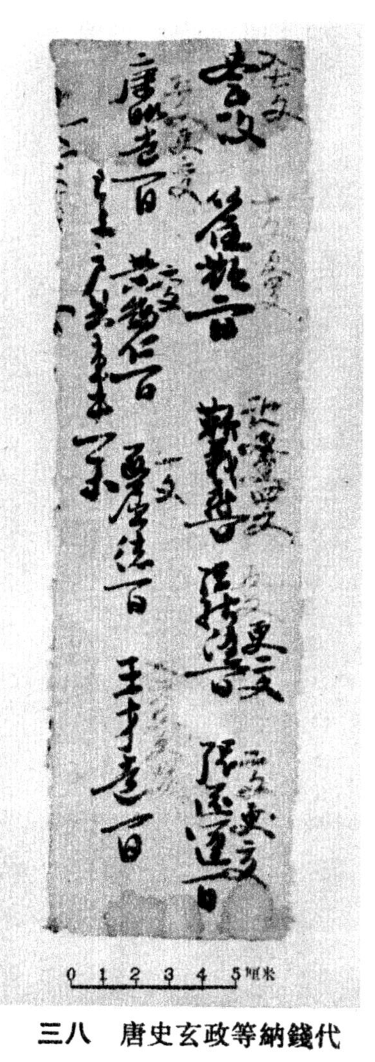

三八　唐史玄政等納錢代車牛役帳　64TAM35:32

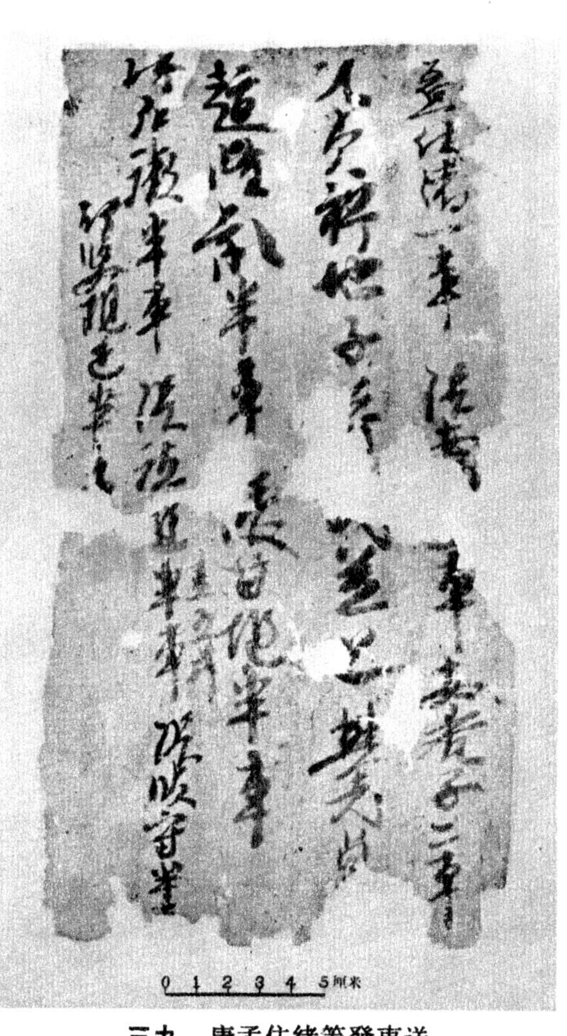

三九　唐孟住緒等發車送地子文書　64TAM35:27

四〇　唐殘帳　64TAM35:36

三八　唐史玄政等納錢代車牛役帳

1 史玄政（入七文）　竹住歡二日（十文吏四文）　靳義府一日（六文吏四文）　張祐隆一日（五文吏二文）　張

2 還運一日（二文吏二文）　康毗達一日（五文吏三文）　黄鵠仁一日（六文）　匹屈德一日（一文）　王才達一日（入六文吏四文）

3 已上戶共車牛一乘

三九　唐孟住緒等發車送地子文書

1 孟住緒一車　張安□一車　安禿子二車

2 氾貞褘地子□□並[送]　樊志[貞]

3 趙隆紏半車　[張]甘埴半車

4 張弘徹半車　張祐逭半車（麦五斗）　張順守半[車]

5 阿婆埴延半車

四〇　唐殘帳

1 □武付張海住青□

2 □[元]之

3 大女解撮子付八斗

4 郭沙弥　付八斗

四三　文書殘片
64TAM35:58/4(b)

四二　文書殘片
64TAM35:17(b)

四一　唐殘文書　　64TAM35:35

四四　文書殘片　　64TAM35:76(b)

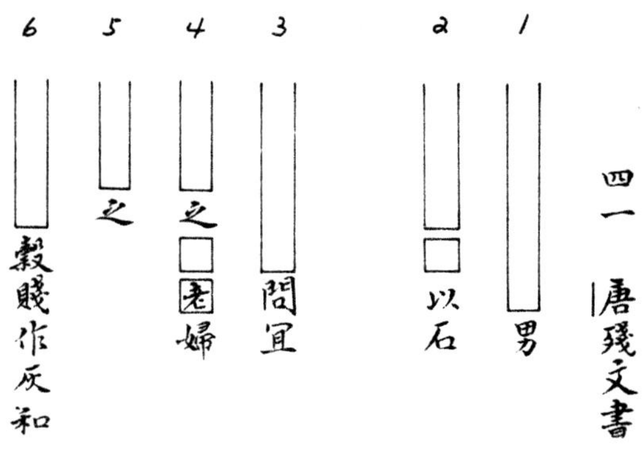

四一　唐殘文書

1 □男
2 □□以石
3 □問宜
4 □之□[老]婦
5 □之
6 □穀賤作厌和

阿斯塔那一五七號墓文書

本墓無墓誌及隨葬衣物疏。所出文書均拆自死者紙腰帶。其有紀年者，僅唐景龍四年（公元七一〇年）一件。殘片均爲學童習字。

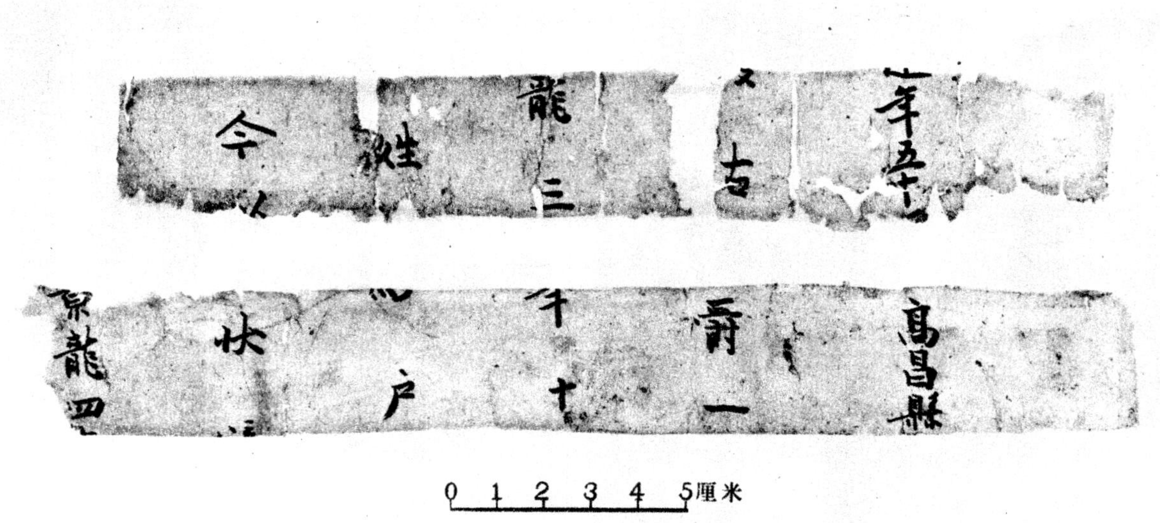

一　唐景龍四年(公元七一〇年)西州高昌縣某人殘牒　　72TAM157:9/1

二　唐安西都護府倉曹奉兵部符殘牒　　72TAM157:10/1(a)

一　唐景龍四年（公元七一〇年）西州高昌縣某人殘牒

1　年五十一　高昌縣

2　古(?)爵　一

3　龍　三　[年]　十

4　姓　[爲]　戶

5　今　[以]　狀　[牒]

6　[景]龍　四　[年]

二　唐安西都護府倉曹奉兵部符殘牒

本件背面有學童習字。

1　倉曹被符奉　牒被兵部符(二)

2　牒被兵部符

3 金紫光祿大夫行安西都[護]［　］

4 副　　都［　］

5 朝議大[夫]［　］

注釋

〔一〕第一、二行間「牒被兵部符」五字，似學童照第二行字習書。

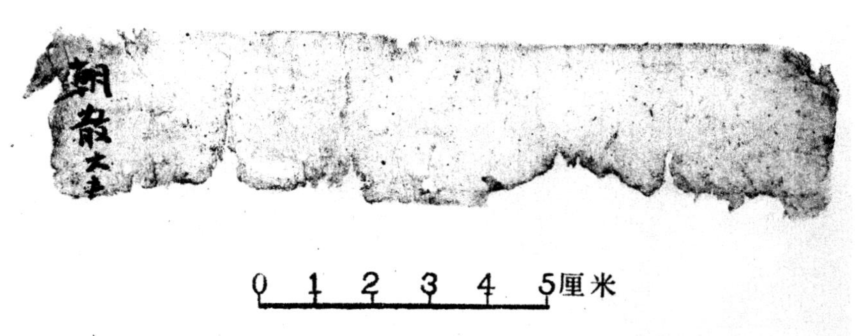

三　唐殘文書(一)　　72TAM157:9/3

三　唐殘文書(二)　　72TAM157:9/2

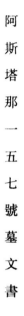

三　唐殘文書

（一）

1 朝散大夫［　］

（二）

1 [司]［　］

2 ［　］長史西庭[瀚]［　］

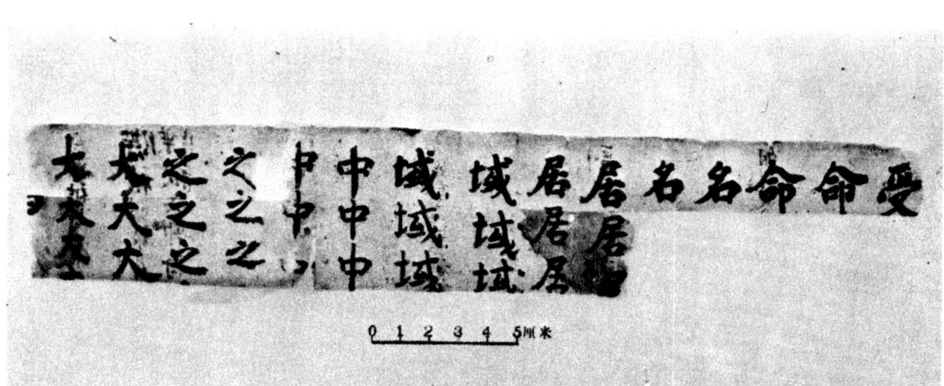

四　文書殘片　　72TAM157:10/1(b)

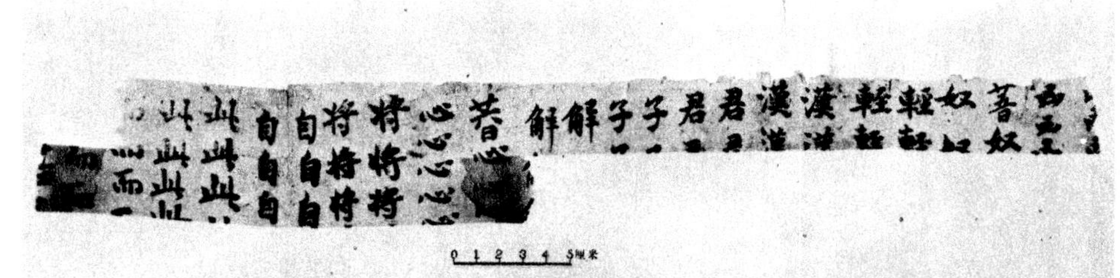

五　文書殘片　　72TAM157:10/2

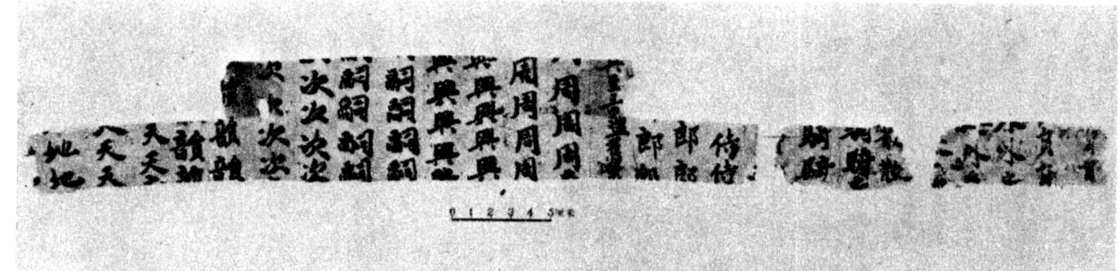

六　文書殘片　　72TAM157:10/3－1

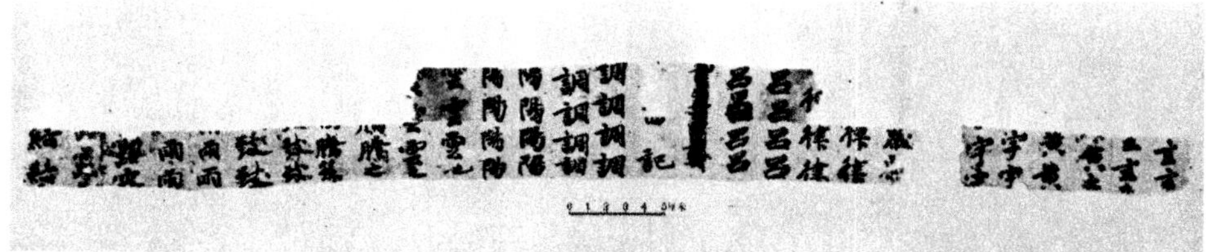

七　文書殘片　　72TAM157:10/3－2

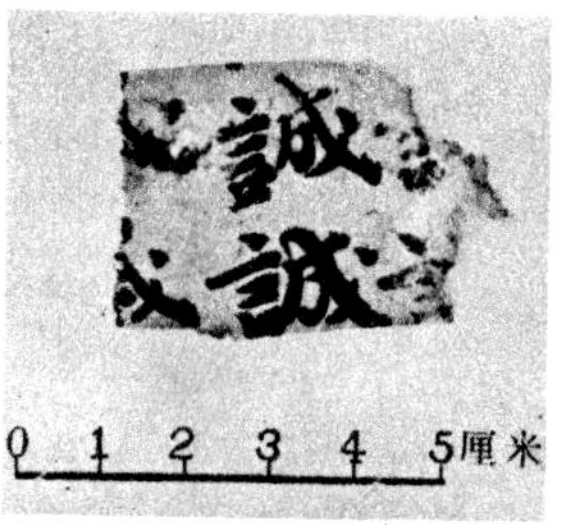

九　文書殘片　　72TAM157:10/5

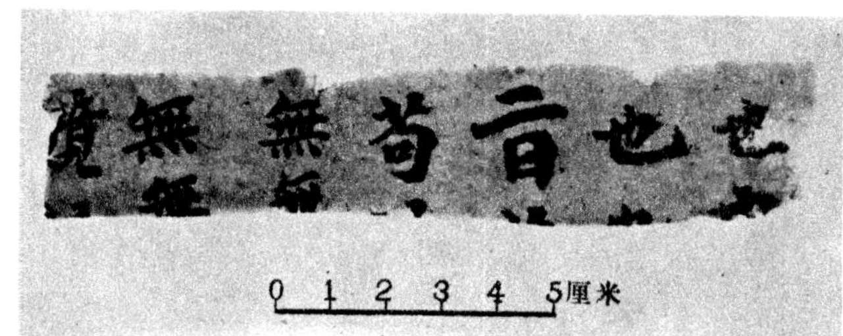

八　文書殘片　　72TAM157:10/4

阿斯塔那二三九號墓文書

本墓無墓誌及隨葬衣物疏。所出文書有紀年者，爲唐景龍二年（公元七〇八年）至四年（公元七一〇年）。

一　唐景龍二年（公元七〇八年）西州交河縣安樂城宋悉感舉錢契　75TAM239:12

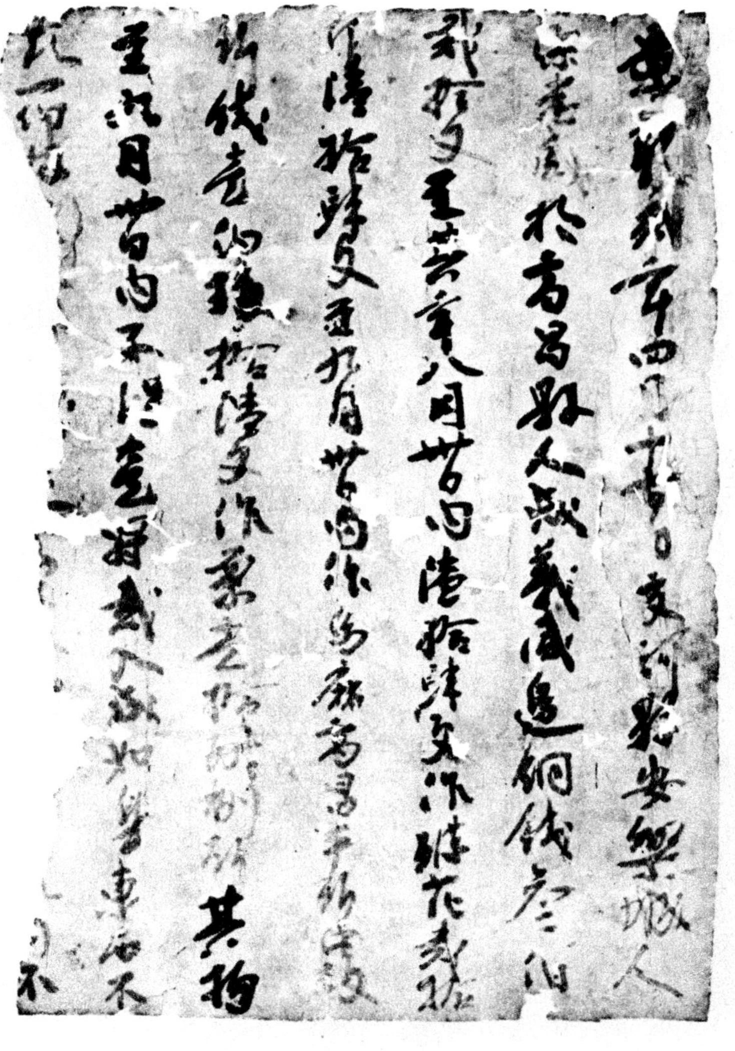

一　唐景龍二年（公元七〇八年）西州交河縣安樂城宋悉感舉錢契

1 景龍貳年四月十七日交河縣安樂城人
2 宋悉感於高昌縣人成義感邊［一］銅錢叁佰
3 貳拾文。至其年八月卅日內，陸拾肆文作緤花貳拾
4 斤；陸拾肆文至九月卅日內，作烏麻高昌平斮中玖（斗）
5 斮；錢壹佰玖拾陸文作粟壹拾（斛）柒斮。其物
6 至九月卅日內不得，壹罰貳入成。如身東西不
7 在，一仰收□不

注　釋

［一］「銅錢」二字上當有脱文。

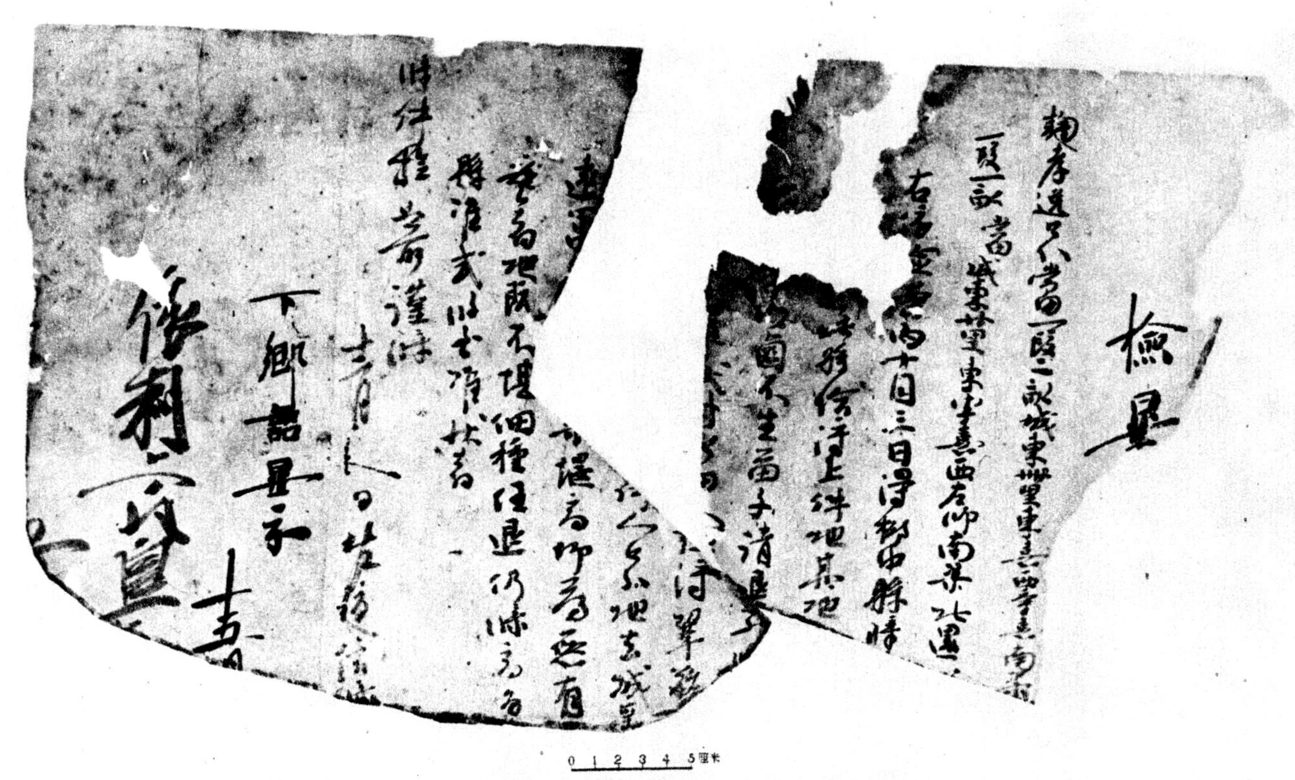

二　唐景龍三年(公元七〇九年)十二月至景龍四年(公元七一〇年)正月西州高昌縣處分田畝案卷　75TAM239:9/1(a)

二　唐景龍三年(公元七〇九年)十二月至景龍四年(公元七一〇年)正月西州高昌縣處分田畝案卷　75TAM239:9/1(b)

二　唐景龍三年（公元七〇九年）十二月至景龍四年（公元七一〇年）正月西州高昌縣處分田畝案卷

本件蓋有「高昌縣之印」數方。

檢　晏　□

麴孝逸口分常田一段二畝，城東卌里，東憙，西康憙，南渠，□

一段一畝 常田 城東廿里，東索憙，西左師，南渠，北還公。

右依檢案內十月三日得柳中縣牒，□

□於此縣給得上件地。其地□

悪□常沙鹵，不生苗子，請退并□

□准狀付□佃人檢得翟敬□

□件人口分地去城遥

遠運□渠堰高仰薄悪有

實者。地既不堪佃種，任退。仍牒高昌

縣准式，牒至准狀者。

牒件檢如前，謹牒。

十二月　日佐　趙信牒

（一）

下鄉諮　晏示

十五日

依判　貢宣　示

□五□

注釋

（一）粘縫背部押一「晏」字。

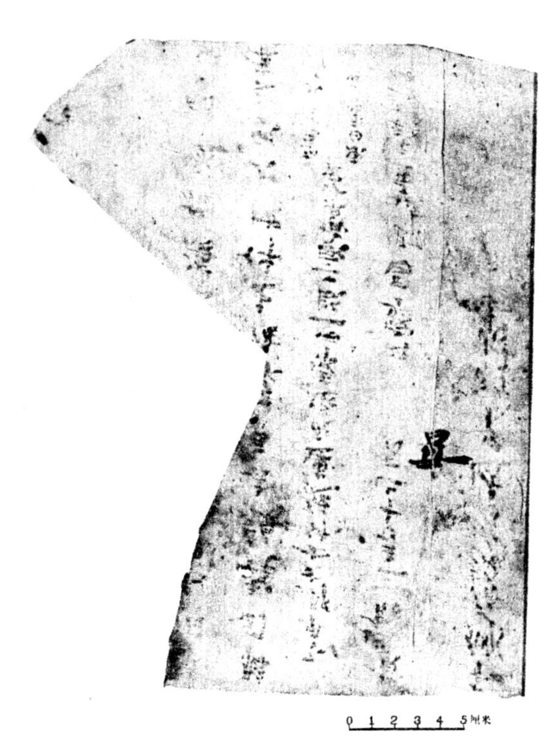

二　唐景龍三年(公元七〇九年)十二月至景龍四年(公元七一〇年)正月西州高昌縣處分田畝案卷　75TAM239:9/2(b)

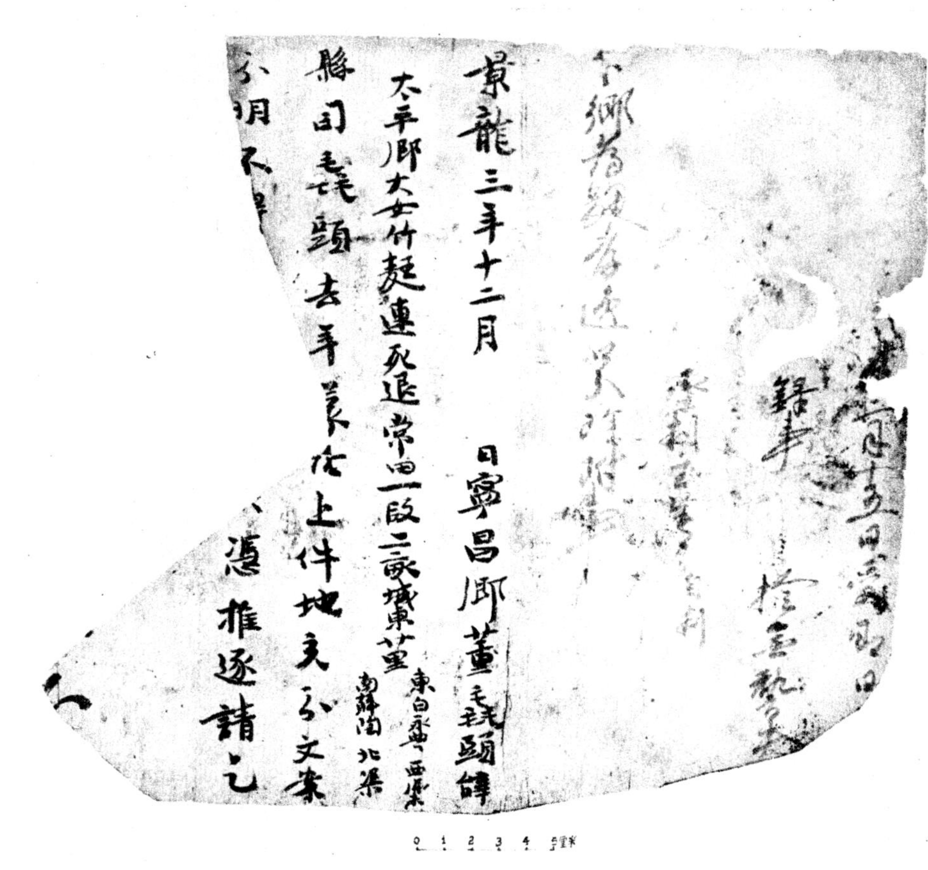

二　唐景龍三年(公元七〇九年)十二月至景龍四年(公元七一〇年)正月西州高昌縣處分田畝案卷　75TAM239:9/2(a)

18　十二月十五日受即日□□

19　録事　檢無稽失

20　丞判主簿　自判

21　下鄉爲趙孝逸口分除附事

〔一〕

22　景龍三年十二月　日寧昌鄉董毳頭辭

23　太平鄉大女竹趂連死退常田一段二畝城東廿里　東白永豐　西張未　南韓陶　北渠

24　縣司：毳頭去年蒙給上件地充分，文案

25　分明，不得□□憑推逐，請乞

注釋

〔一〕粘接縫背部押一「㫒」字。

二　唐景龍三年(公元七〇九年)十二月至景龍四年(公元七一〇年)正月西州高昌縣處分田畝案卷　75TAM239:9/4(a)

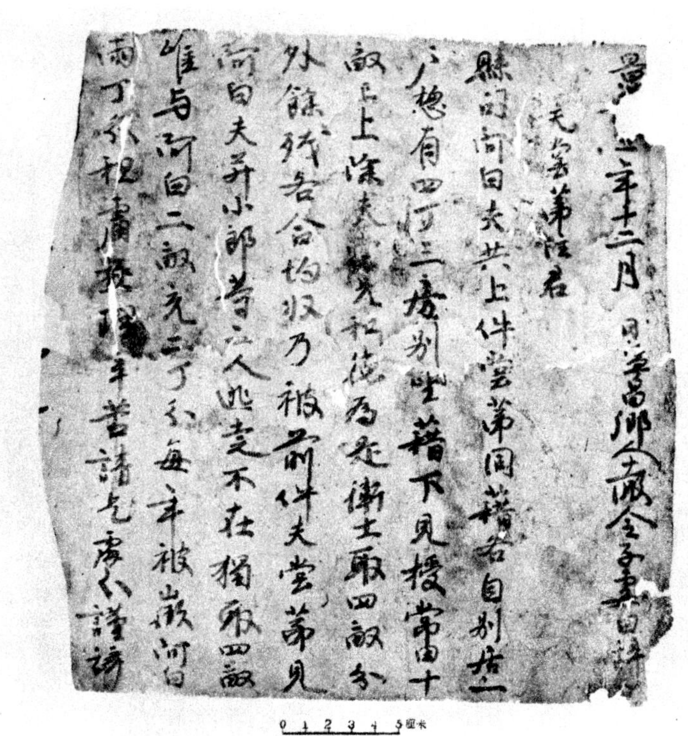

二　唐景龍三年(公元七〇九年)十二月至景龍四年(公元七一〇年)正月西州高昌縣處分田畝案卷　75TAM239:9/3

二　唐景龍三年(公元七〇九年)十二月至景龍四年(公元七一〇年)正月西州高昌縣處分田畝案卷　75TAM239:9/4(b)

景□〔三〕年十二月　日寧昌鄉人嚴令子妻白辭
夫堂弟住君
縣司：阿白夫共上件堂弟同籍，各自別居。一
戶總有四丁，三房別坐。籍下見授常田十
畝已上。除夫堂兄和德為是衛士，取四畝分
外，餘殘各合均收。乃被前件夫堂弟見
阿白夫并小郎等二人逃走不在，獨取四畝，
唯与阿白二畝充二丁分。每年被徵阿白
兩丁分租庸，極理辛苦，請乞處分，謹辭。
交亘　示
廿一日
安樂坊
嚴住君
右奉判付坊追住君過對者。依追到，今
將隨送，謹以狀言。
□□狀如前。謹牒。

注釋
〔一〕粘接縫背部押一「亘」字。

二　唐景龍三年(公元七〇九年)十二月至景龍四年(公元七一〇年)正月西州高昌縣處分田畝案卷　75TAM239:9/5

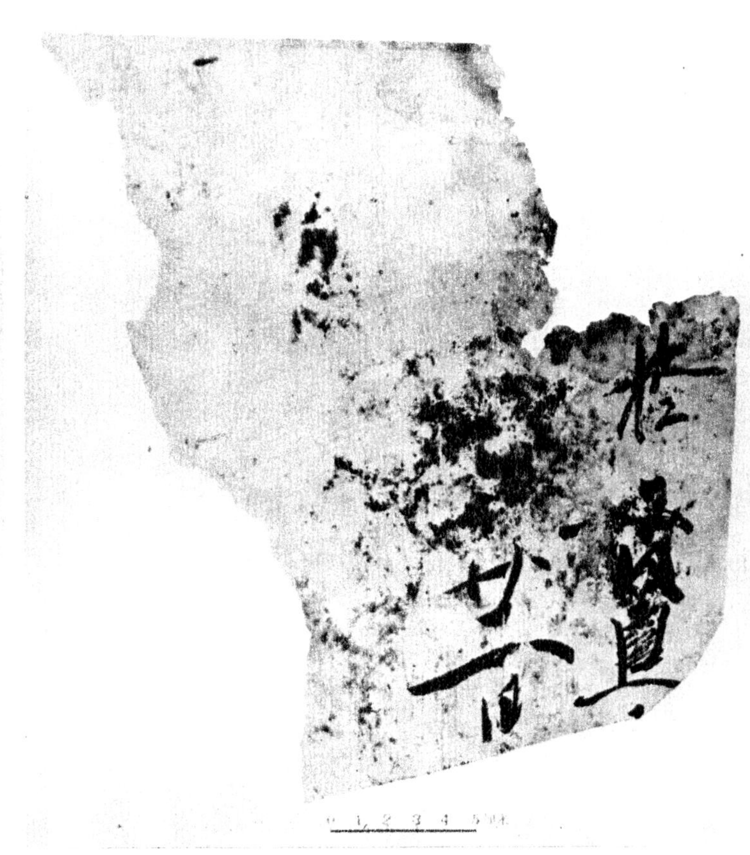

二　唐景龍三年(公元七〇九年)十二月至景龍四年(公元七一〇年)正月西州高昌縣處分田畝案卷　75TAM239:9/18

42 檢　[illegible]直　示

43 廿二日

44 古件□

45 董毳頭充分有實□

46 牒件檢如前。謹牒。

47 景龍三年十二月　日佐趙信□

48 付司　[illegible]直　示

49 廿三日

50 十二月廿三日録事□

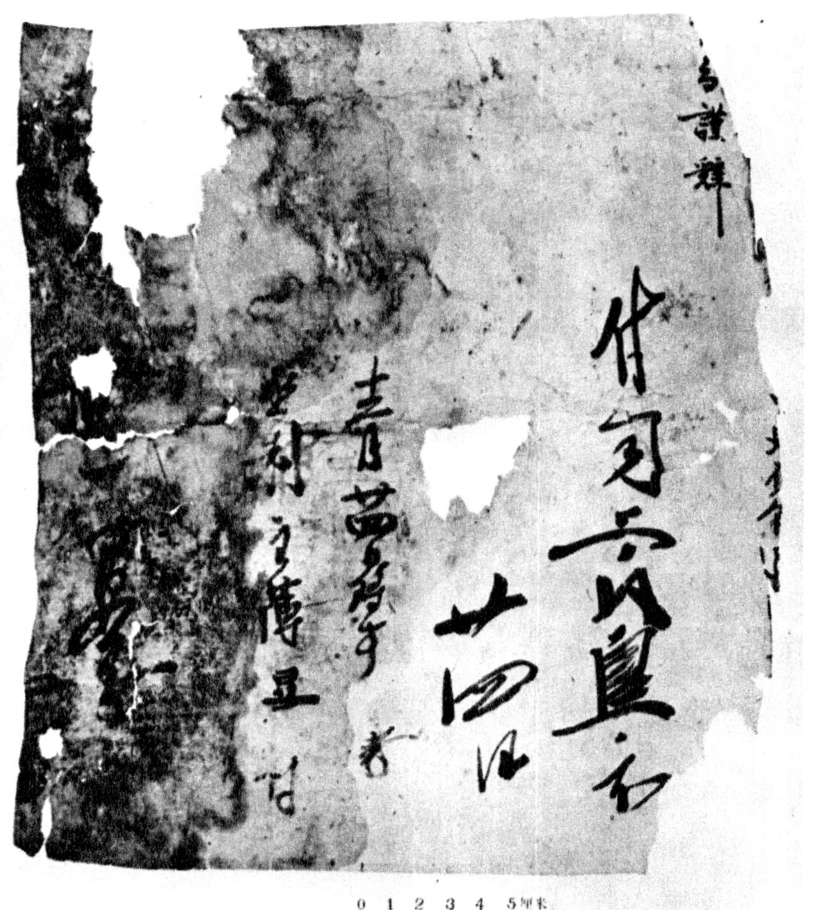

二　唐景龍三年(公元七〇九年)十二月至景龍四年(公元七一〇年)正月西州高昌縣處分田畝案卷　75TAM239:9/6

二　唐景龍三年(公元七〇九年)十二月至景龍四年(公元七一〇年)正月西州高昌縣處分田畝案卷　75TAM239:9/7(a)

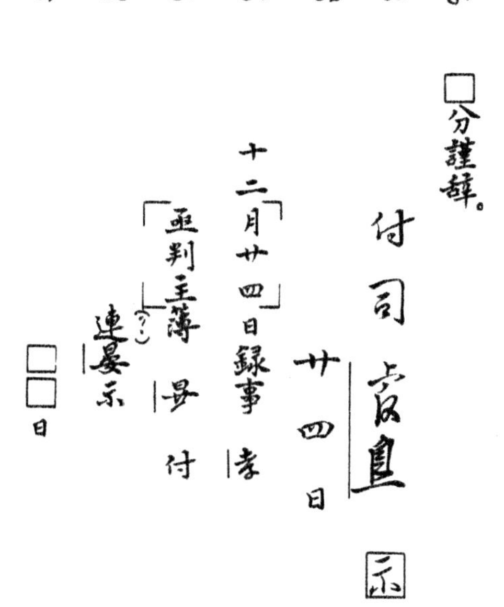

51 □分謹牒。

52 付司　貞　示

53 廿四日

54 十二月廿四日録事　孝

55 丞判主簿　思(?)　付

56 連晏示

57 □□日

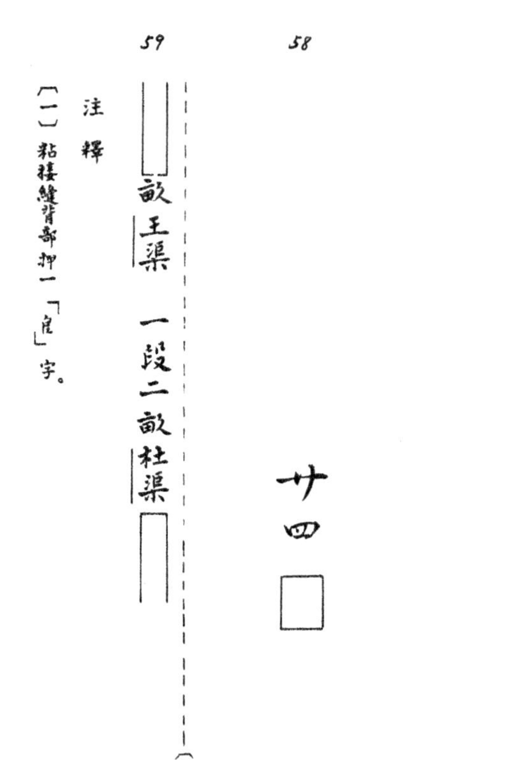

58 廿四□

59 □畝王渠　一段二畝杜渠□　〔一〕

注釋

〔一〕粘接縫背部押一「貞」字。

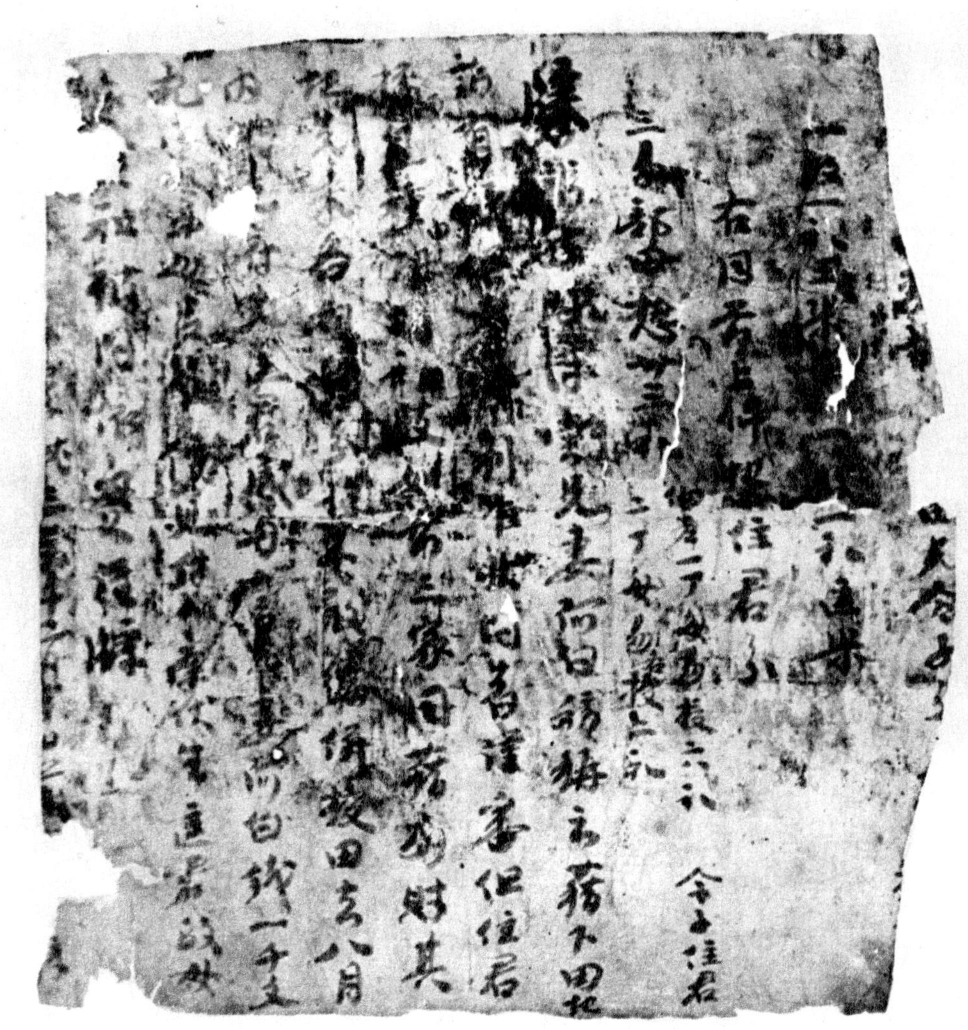

二　唐景龍三年(公元七〇九年)十二月至景龍四年(公元七一〇年)正月西州高昌縣處分田畝案卷　75TAM239:9/7(a)

60 □渠　[由]兄令子分　□
61 一段一畝王渠　一段一畝匡渠
62 古同前上件地住君分
63 三易部田總卅三畝（伯老一丁，每易授六畝。令子二丁，每易各授二畝。）
住君
64 牒辯被問得堂兄妻阿白辞稱云籍下田地
65 訴有□得者。縣判准狀問者。謹審。但住君
66 據見種田地段畝數如前。三家同籍別財，其
67 地先來各自充分訖，不敢編併授田。去八月
68 內北庭府史匡君感与堂兄妻阿白錢一千文，
69 充匡感弟迦呂□價見付人康伏生、匡君政母
70 □□知。被問依實謹牒。
71 景龍三年十二月　日嚴□□[牒]

二　唐景龍三年(公元七〇九年)十二月至景龍四年(公元七一〇年)正月西州高昌縣處分田畝案卷　75TAM239:9/9(a)

二　唐景龍三年(公元七〇九年)十二月至景龍四年(公元七一〇年)正月西州高昌縣處分田畝案卷　75TAM239:9/8(a)

72 □　廿三畝，常田六畝，和德□□佃□畝住

73 君佃種。更有二畝，弟令子佃種。其逃人迦呂元

74 未給授田地。三易部田，人各每年佃食二畝。被問

75 依謹辯。〔一〕

76 景龍三年十二月　日

77 付司　宣示

78 廿五日

79 十二月「廿五日」録事，趙　守

80 □判主簿　□

注釋

〔一〕「依」下脱一「實」字。

81 一段二畝永業部田　城東五里左部渠　東張施　西渠　北渠

82 □□　一段一畝永業部田　城東五里左部渠　東荒　西渠　南渠　北荒

83 牒上件地承籍多年，不生苗子，虚掛

84 籍書，望請退入還公，并於好處受地。謹牒。

85 景龍三年十二月　日寧昌鄉品子張大敏

86 付司　宣示

87 廿五日

88 十二月「廿五日」録事趙　□

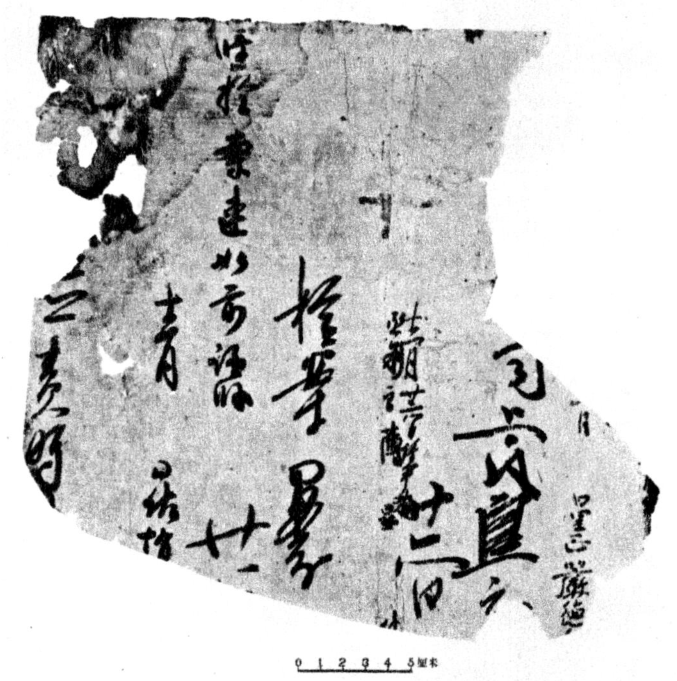

二　唐景龍三年（公元七〇九年）十二月至景龍四年（公元七一〇年）正月西州高昌縣處分田畝案卷　75TAM239:9/10(a)

二　唐景龍三年（公元七〇九年）十二月至景龍四年（公元七一〇年）正月西州高昌縣處分田畝案卷　75TAM239:9/11(a)

□□月　日里正嚴德□
□司　寔　示
　　廿六日
「十二月」廿六日錄事趙□
丞判主簿　晏　付
檢案　晏　示
　　廿□□
牒檢案連如前。謹牒。
　十二月　日佐趙[ ]
[ ]責　時[ ]

（一）

注釋

〔一〕粘接縫背部押一倒書之「昚」字。

[ ]守
〔上殘〕　晏　付
連　晏　示
　　廿七日

（一）

景龍三年十二月　日寧昌鄉人張智禮辭
縣司：智禮欠口分常田四畝，部田六畝，未□
給授。然智禮寄住南城，請勘責[ ]
於天山縣覓□請授。謹辭。
付　司　寔　□

注釋

〔一〕粘接縫背部押一倒書之「昚」字。

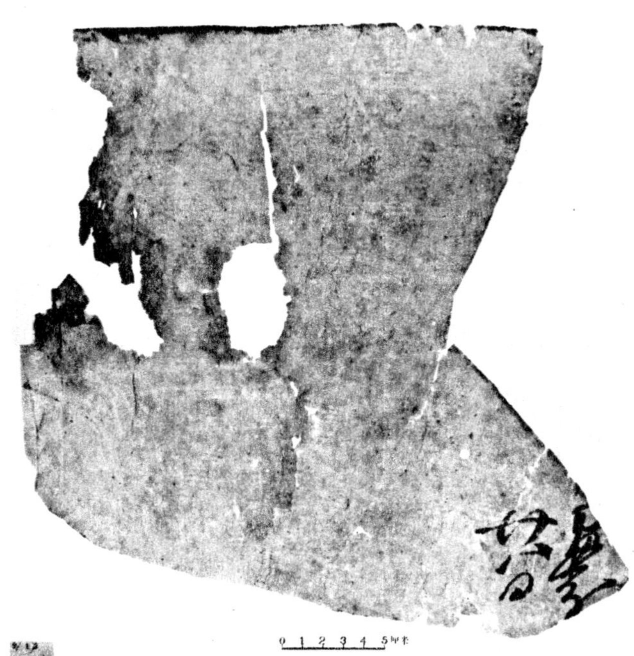

二　唐景龍三年(公元七〇九年)十二月至景龍四年(公元七一〇年)正月西州高昌縣處分田畝案卷　75TAM239:9/12(a)

二　唐景龍三年(公元七〇九年)十二月至景龍四年(公元七一〇年)正月西州高昌縣處分田畝案卷　75TAM239:9/13

晏示
廿八日
連　晏□
廿八日
□□分常田二畝
右上件大女先已向北庭逐粮在外，死活不知。昨
被前里正左仁德逐追阿弥分地入收授出給。比来
阿弥所有户内□錢，恒是本里代出。其户内更兩
人，户見未絶，地未出，望乞處分。
大女張和晏口分常田二畝半在臨川城□

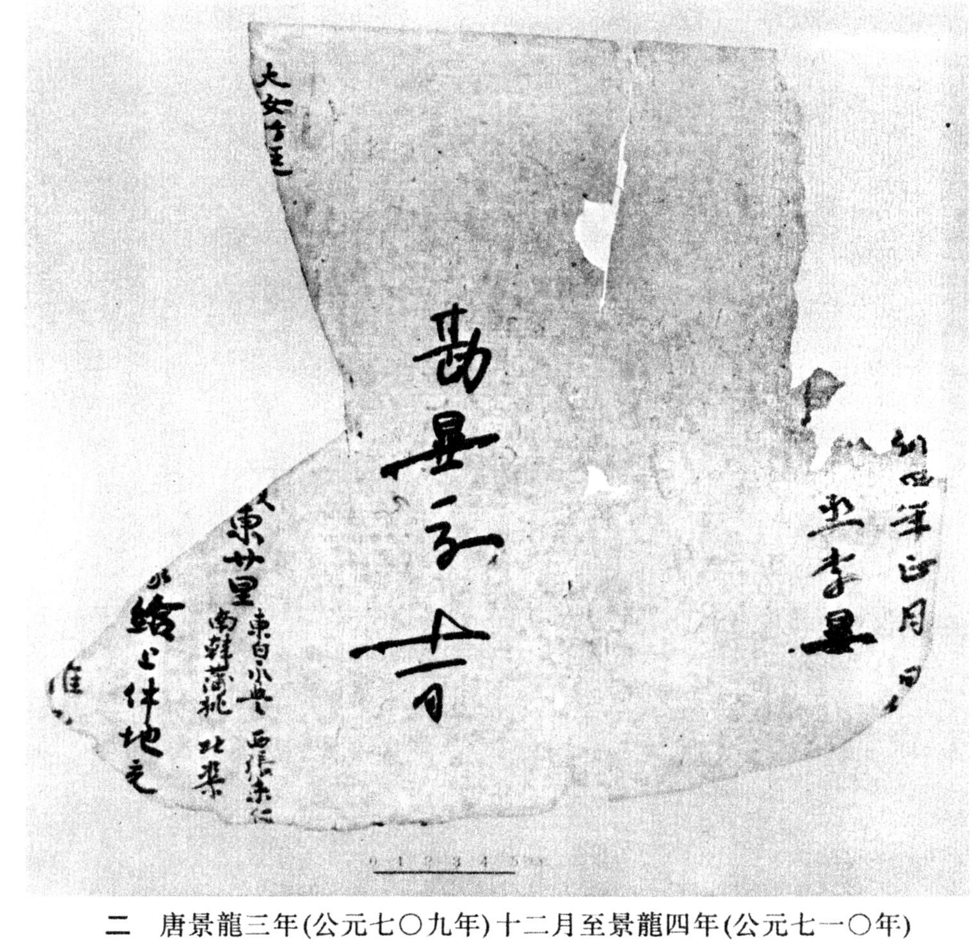

二　唐景龍三年(公元七〇九年)十二月至景龍四年(公元七一〇年)正月西州高昌縣處分田畝案卷　75TAM239:9/14(a)

二　唐景龍三年(公元七〇九年)十二月至景龍四年(公元七一〇年)正月西州高昌縣處分田畝案卷　75TAM239:9/14(b)

□龍四年正月　日　□

丞　李昰

勘　昰示　十一日

大女竹髭□城東廿里　東白永豊　西張未仁〔一〕
南韓蒲桃　北渠

□蒙給上件地充

□淮□。

注釋

〔一〕粘接縫背部押一「昰」字。

二　唐景龍三年(公元七〇九年)十二月至景龍四年(公元七一〇年)正月西州高昌縣處分田畝案卷　75TAM239:9/17(b)

二　唐景龍三年(公元七〇九年)十二月至景龍四年(公元七一〇年)正月西州高昌縣處分田畝案卷　75TAM239:9/16

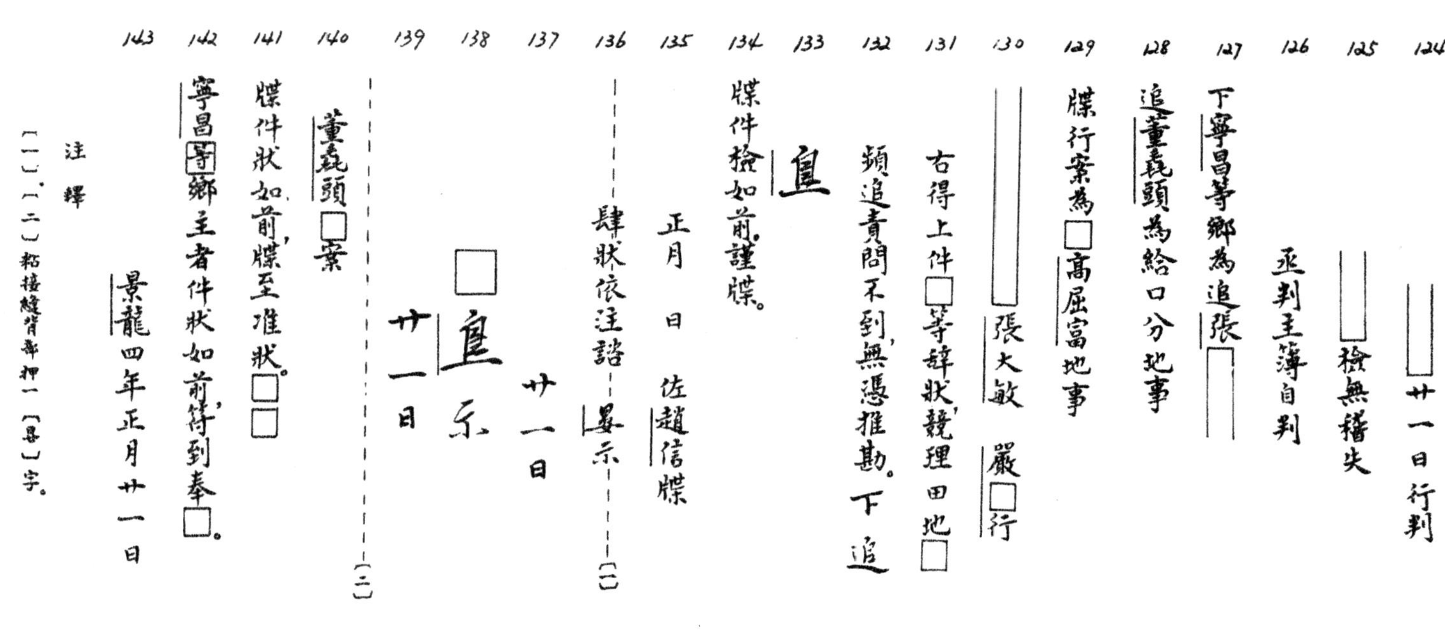

二　唐景龍三年(公元七〇九年)十二月至景龍四年(公元七一〇年)正月西州高昌縣處分田畝案卷　75TAM239:9/17(a)

□廿一日行判
□檢無稽失
丞判主簿自判
下寧昌等鄉為追張□
追董毳頭為給口分地事
牒行案為□高屈富地事
□張大敏　嚴□行
右得上件□等辞狀，競理田地□
頻追責問不到，無憑推勘。下　追
　　　　　　　　　　　　𡨥
牒件檢如前。謹牒。
正月　日　佐趙信牒
肆狀依注諮　㬎示〔一〕
　　　　　　廿一日
□
𡨥示
廿一日〔二〕
董毳頭□案
牒件狀如前，牒至准狀。□□
寧昌寄鄉主者件狀如前，符到奉□。
景龍四年正月廿一日

注釋

〔一〕、〔二〕騎縫背面押一「㫦」字。

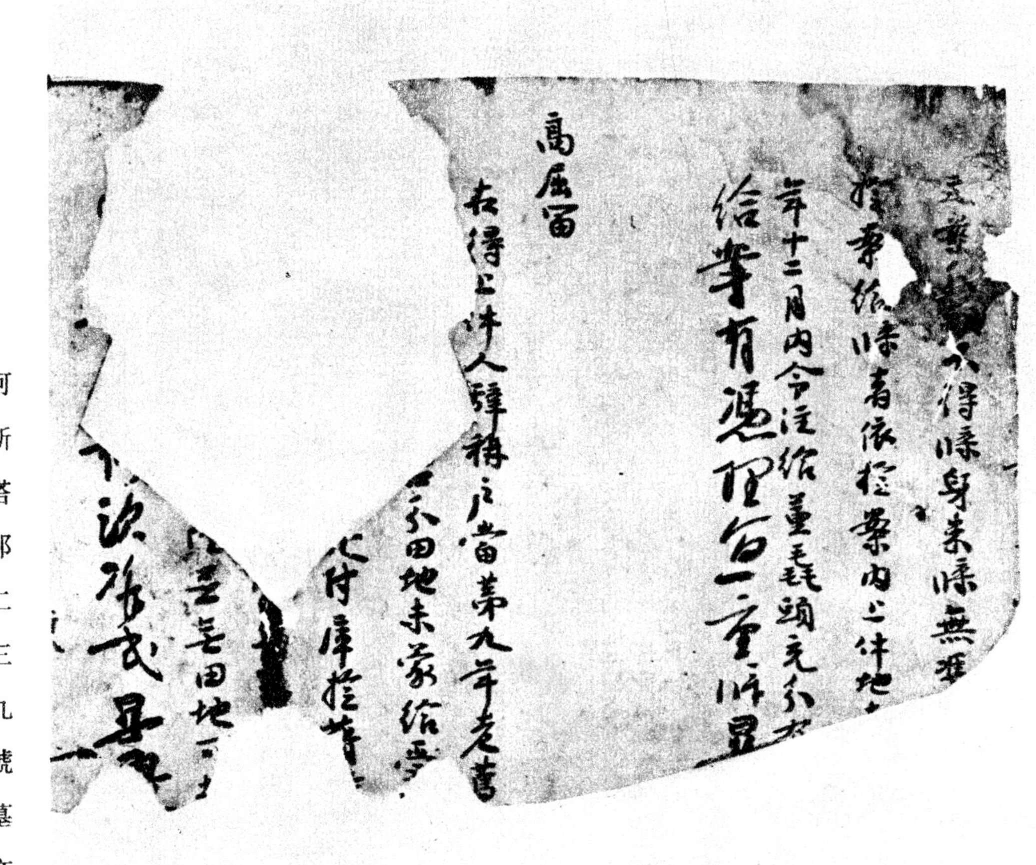

二　唐景龍三年(公元七〇九年)十二月至景龍四年(公元七一〇年)正月西州高昌縣處分田畝案卷　75TAM239:9/15(a)

二　唐景龍三年(公元七〇九年)十二月至景龍四年(公元七一〇年)正月西州高昌縣處分田畝案卷　75TAM239:9/19(a)

景[龍]〔一〕

縣[司]

窮

[景]

注釋

〔一〕行一四四至一四七，因塗墨字多不可識。

文案分明，不得牒身，未牒無[憑]

檢案給牒者。依檢案內，上件地[去]

年十二月內，令注給董毳頭充分，有

給案有憑，理宜重牒。　晏

高屈富

右得上件人辭稱：戶當第九年老篤

口分田地未蒙給受，□

□　付庫檢[籍]

二

並無田地□

須准式　晏

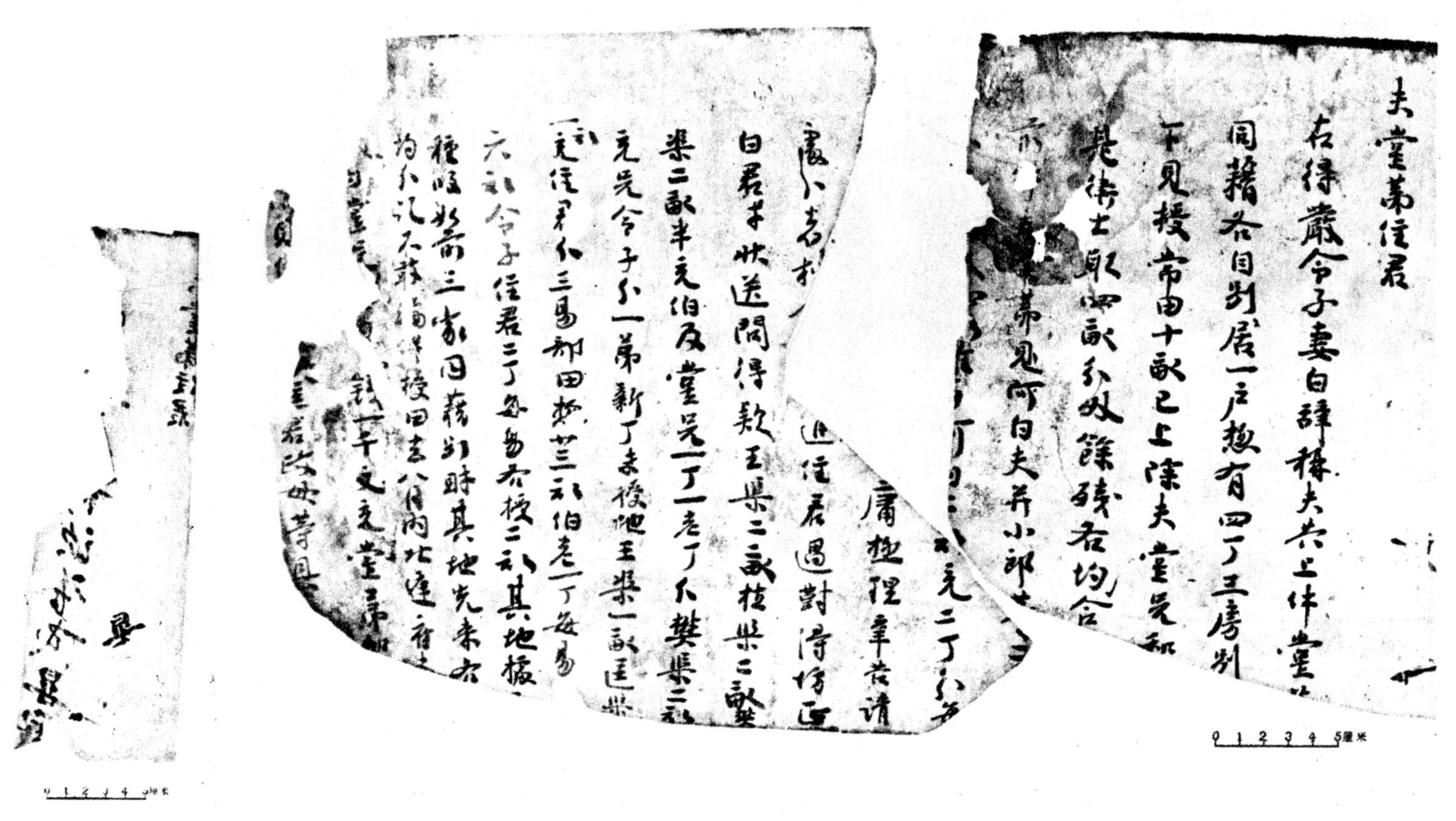

二　唐景龍三年(公元七〇九年)十二月至景龍四年(公元七一〇年)正月西州高昌縣處分田畝案卷　75TAM239:9/15(b)

夫堂弟住君

（一）

右得嚴令子妻白辭稱夫共上件堂弟

同籍，各自別居。一户總有四丁，三房別□□

下見授常田十畝已上，除夫堂兄和□□

是衛士，取田四畝分外，餘殘各均合□□□

前件夫堂弟見阿白夫并小郎等二□

□四畝惟与阿白二畝充二丁分每

庸極理辛咨請

處分者。判□□□追住君過對，得坊正

白君才狀送，問得款：王渠二畝，杜渠二畝，樊

渠二畝半，充伯及堂兄一丁、一老丁分。樊渠二畝，

充兄令子分。一弟新丁，未授地。王渠一畝，匡渠

一畝，充住君分。三易部田總卅三畝，伯老一丁每易

六畝，令子、住君二丁每易各授二畝。其地據□

種收如前。三家同籍別財，其地先來各□

均分訖，不敢編併授田。去八月内北庭府史□□

（二）

感与堂兄□□□錢一千文，充堂弟迎□

□見付□□□□匡君政母等具□

注釋

〔一〕、〔二〕紙接縫背部押一「昚」字。

三　唐西州高昌縣成默仁誦經功德疏　75TAM239:15

四　文書殘片　75TAM239:9/20

三　唐西州高昌縣成默仁誦經功德疏

西州高昌縣安西鄉成默仁前任別
勅授爲（焉）耆都督府録事。去景龍四年二月廿七日
制改授沙州壽昌縣令。自記姓已来，每月六齋兼六時續誦
法花經壹伯遍，金剛般若經壹阡遍，大方廣仏名經壹伯
遍。諸雜經不成部祓〔一〕，不記遍數。

注釋

〔一〕祓：原文如此，宜是「袟」（即「帙」）字之誤。

阿斯塔那三六三號墓文書

本墓無墓誌及隨葬衣物疏。所出文書有紀年者，最早爲唐麟德二年（公元六六五年），最晚爲景龍四年（公元七一〇年）。

一　唐麟德二年(公元六六五年)西州高昌縣寧昌鄉卜老師舉錢契　　67TAM363:9

一　唐麟德二年（公元六六五年）西州高昌縣寧昌鄉卜老師舉錢契

1 麟德二年正月廿八日，寧昌鄉人卜老師於
2 高參軍家人未豐邊舉取錢拾文，
3 月別生利錢壹文。若未豐須錢之
4 日，本利具還（償）。若身東西不在，一仰家
5 妻兒收後上錢，聽抴家財，平爲錢
6 直。兩和立契，獲指爲信。
7 　　錢主高未豐
8 　　舉人卜老師 一一
9 　　保人翟子隆 一一
10 　　知見人翟貞信
11 　　保人男石德

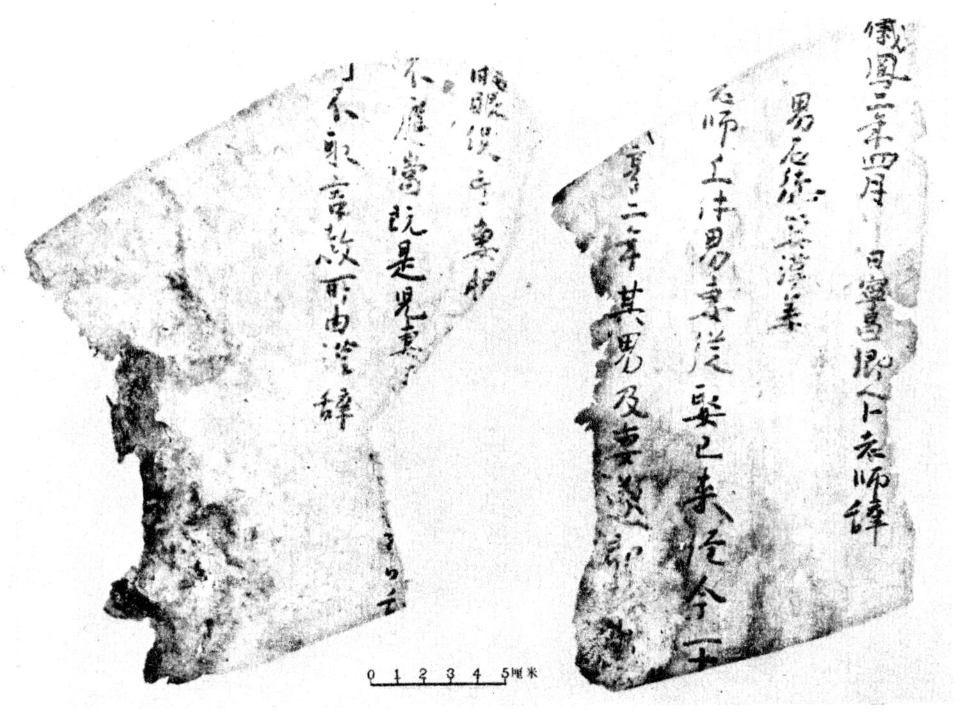

二 唐儀鳳二年(公元六七七年)西州高昌縣寧昌鄉卜老師辭爲訴男及男妻不養贍事 67TAM363:7/1

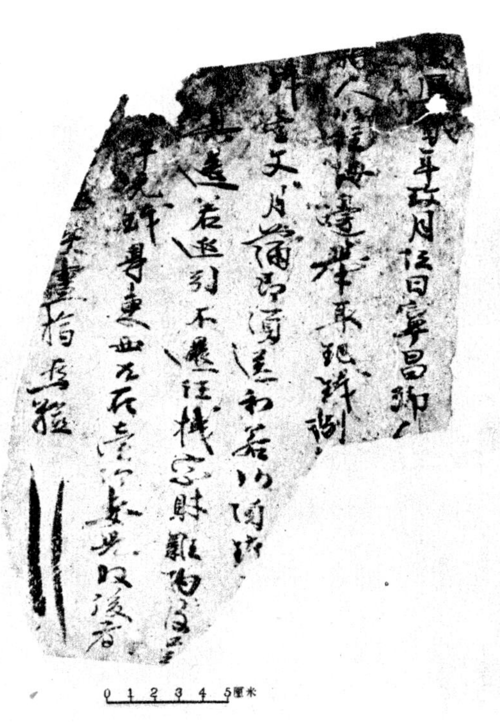

三 唐儀鳳二年(公元六七七年) 西州高昌縣寧昌鄉某人舉銀錢契 67TAM363:7/2

二 唐儀鳳二年（公元六七七年）西州高昌縣寧昌鄉卜老師辭爲訴男及男妻不養贍事

1 儀鳳二年四月　日寧昌鄉人卜老師辭
2 　男石德妻漢姜
3 [ ]老師上件男妻，從娶已來，經今一十[ ]
4 [ ]咸亨二年，其男及妻遂即私出在
5 [ ]兩眼俱盲，妻服[ ]
6 [ ]不應當。既是兒妻[ ]乱[ ]
7 [ ]不取言教，所由，謹辭。

三 唐儀鳳二年（公元六七七年）西州高昌縣寧昌鄉某人舉銀錢契

1 儀鳳貳年玖月伍日，寧昌鄉人[ ]
2 縣人竹住海邊舉取銀錢捌[ ]
3 □錢壹文，月滿即須送利。若竹須錢[ ]
4 □本具還。若延引不還，任掣家財雜物及口分
5 □□平充錢。身東西不在，壹仰妻兒收後者
6 [ ]契畫指為驗。||

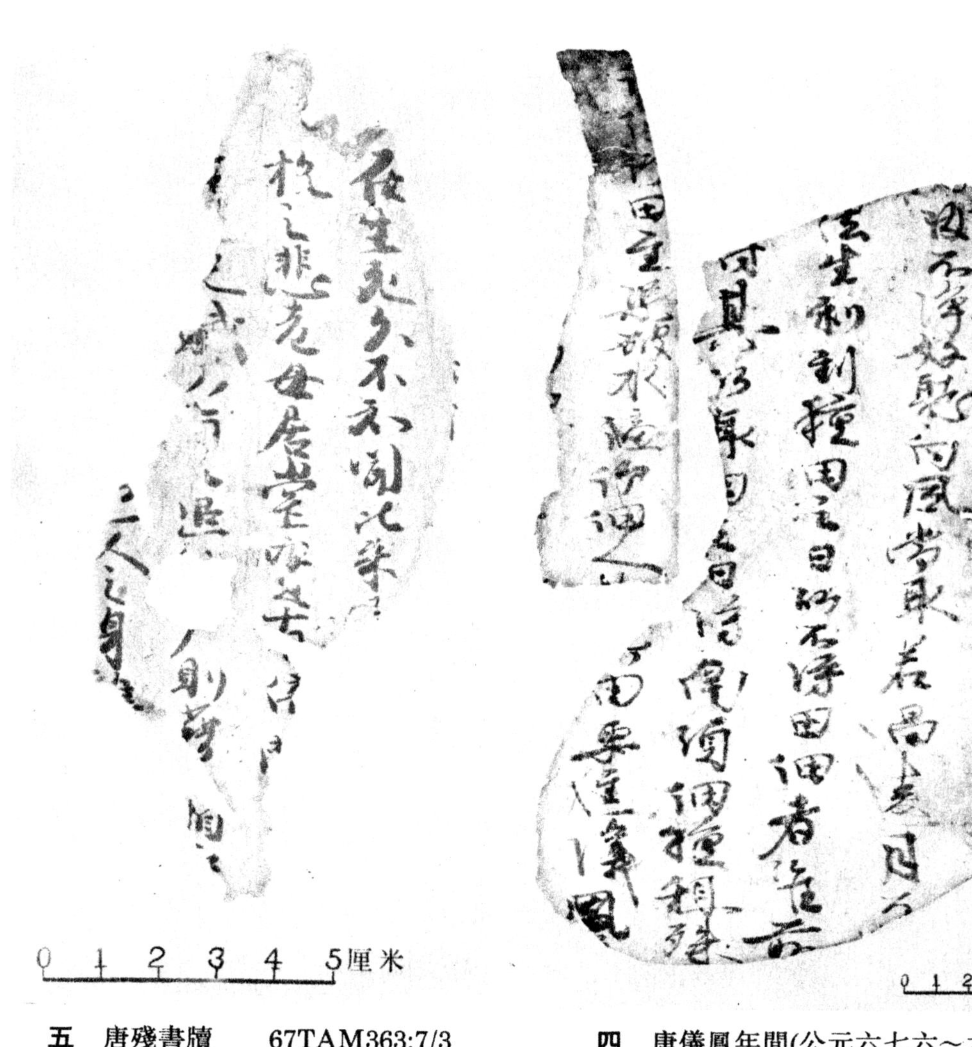

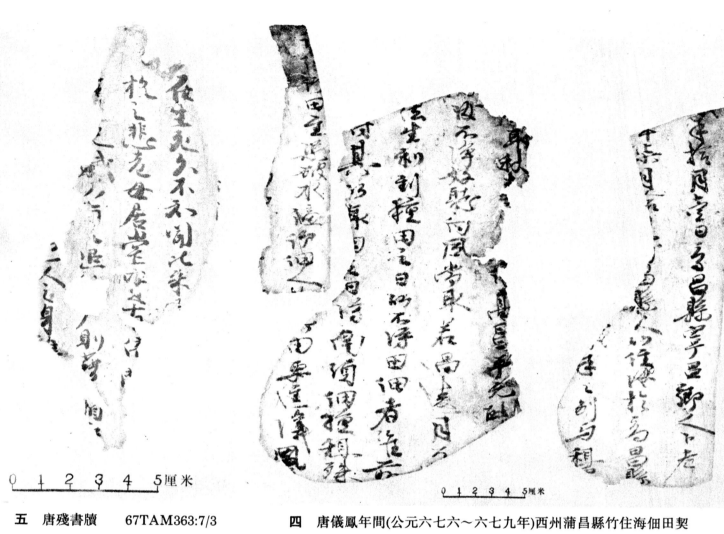

五　唐殘書牘　　67TAM363:7/3

四　唐儀鳳年間(公元六七六～六七九年)西州蒲昌縣竹住海佃田契　67TAM363:7/4

四　唐儀鳳年間（公元六七六—六七九年）西州蒲昌縣竹住海佃田契

1 □□□年拾月壹日，高昌縣寧昌鄉人卜老

2 □年柒月拾□蒲昌縣人竹住海於高昌縣

3 □年々別与租價

4 □取秋麥□□，依高昌平元斛(斛)□

5 □汝(知)不淨好，聽向風常取。若過遠月不□

6 □法生利。到種田之日，竹不得田佃者，准前

7 □付。其竹取田之日，得南頭佃種。租殊

8 佰役仰田主，渠破水讁仰佃人。其田要逕儀鳳□

五　唐殘書牘

1 在生死久不知聞比來□

2 於之悲老母居堂實□□□□

3 □追□□則藉□租□□

4 □□一人之身□□

六　唐景龍四年(公元七一〇年)卜天壽抄孔氏本鄭氏注《論語》　67TAM363:8/1(a)之一

六　唐景龍四年（公元七一〇年）卜天壽抄孔氏本鄭氏注《論語》

本件起《爲政》第二哀公問曰章，止《公冶長》第五。又行五十四至七十九，多有朱筆圈點塗改。

哀公魯君之謚孔子對曰舉直措諸枉則□
枉措諸直則人不服措猶投也諸之□投之於枉者之上□
諸之言於謂投之於措者之上位季康子敏使人敬中以勸如之□
肥之謚也子曰臨之以莊則敬孝慈則中舉□
勸言欲使人如此在上者所以臨教之莊嚴惑謂孔子曰子奚不[爲]□
何也惑仁見孔子不事謂其無政政也子曰書云孝乎唯孝友[子]□
○○爲政是亦爲政孝乎者未[大孝之]辭仁既有孝行則能友于□毋曰孝善兄弟曰友亦曰家仁爲嚴□
○父母爲嚴君則子孫爲臣人故孝友施爲政○　○奚其爲政我今行[一]爲乎□汝使我爲政
信不知其可不知其可者言其不可行大車無輗小車[無]□□□
行之哉大車百車小車羊車輗穿轅□軏回軏端以節之車待輗軏而行之仁之□
十世可知大謂易姓之世問其制度變迹(不)可知子曰殷因於夏礼損□
因於殷礼所損益可知所損益可知者據時篇目皆在可數數也其□
雖百大亦可知自周之後雖百世制度由可知以爲變易損益之極〻於三王亦不是過子□
而祭之者是謟天曰神地曰祇仁曰鬼非其祖考而祭之[者]□媚求望祀之福鄭易祊□□祀[州]□
不爲無勇見君親有死難之事不能□身受命是愛死勇決不足也
論語八佾第三　孔氏本　鄭氏注

注　釋

〔一〕行：原件因紙損，所見字形如是，據本文疑原是「何」字。

六　唐景龍四年(公元七一〇年)卜天壽抄孔氏本鄭氏注《論語》　67TAM363:8/1(a)之二

孔子謂季氏八佾舞於庭是可忍孰不可□

初僭用天子之礼樂自季平子逐□後世用魯礼樂祭□ 家僭今倍臣而舞天子八佾之舞□可忍之甚□

雍徹子曰相維□

渉孫氏季孫氏雍州頌之□ 二王之後天子之容根穆穆□

故云 奚取 子曰仁而不人□樂何 言仁□ 淫恣□

行礼樂之 事者之 林放問礼之本子曰大哉問 林放魯仁□ 者疾時仁失□

礼与其奢也寧儉喪与其易寧戚 易由簡□ 本意失於□

喪失於簡畧不如哀戚礼記曰斬衰之哭若往而不返□ 之哭若往而返大公之哭三曲而哀小公思麻哀容□

夷狄之有君不如諸夏之亡 為時襄乱以 熵仁心亡無也 季□

謂冉有曰汝不能救与 旅祭名礼諸侯祭山川□ 倍臣而祭太山非礼冉有□

時事於季 氏救猶巳 對曰不能子曰嗚呼曾謂太山不如□

意云太山之神知礼也 過於林放之賢遠之 子曰君子無所争必 君子上□ 与仁常□

乎揖讓而升下而飲其争也君子 射乎□ 又□

於是乃有争心仁唯病者不能射ミ礼史不中者也 酒飲不中者酒所以養病故仁恥之君子心争小人力争 子□

六　唐景龍四年(公元七一〇年)卜天壽抄孔氏本鄭氏注《論語》　67TAM363:8/1(a)之三

31 倩兮美目盼兮素以為絢兮何謂也 倩兮[盼] 容狠書
32 成曰絢言右好女如是欲以潔白之礼成而嫁〃之此三者 句詩之言問之者疾時淫風大行嫁娶多不以礼 子曰繪[事]
33 礼後乎 繪書文凡繪書之事先布衆綵然後素功素功 詩之意欲以衆綵喻女容狠素功喻嫁娶之礼
34 後素功則皆曉其為 礼之意也 子曰起予者商始可與
35 云會事後素時忘其意以素与礼子夏云曰礼後 乎孔子則覺啟曰起予者商〻子夏之名也 子曰下礼
36 之杞不足徵殷礼吾能言之宋不足徵 言猶 之後國
37 之礼吾皆能説而成之杞宋之君王者之後 當自行其礼樂其德衰微不足以也 文献不足故
38 矣 献賢言我不以礼成之者以此 二國之君文章財賢不足故之 子曰禘自溉灌[而]
39 觀之矣 既已也禘祭之礼自血星始至於尸灌[而]〇 神士〇説不欲觀之者尸灌已後人士耳非礼之戚 戚
40 曰不知 或仁不顯略之為説之 猶不曉故不荅王也 知其説者之於天下其
41 指其掌 孔子啓手指掌日月或仁如大祭之説者其人[於] 中之物然言其無不明達蓋斥聖人不荅其敏
42 之 也 祭如在 時仁所存賢 聖〇之言也 祭神如神在 恐時不曉如在 之意故為解之 子曰
43 祭 孔子或出或病而不自親祭使攝者 為之為其不致肅敬之心与不祭同 王孫賈問[曰]
44 寧媚於竈何謂也 王孫賈自州出士於衛宗暦及吾[初] 南隅謂之奥竈者變也凡祭之礼尸
45 性佐此言於我 義遂故問之也 子曰不然獲罪於天無所禱 明當媚 竈者

六　唐景龍四年(公元七一〇年)卜天壽抄孔氏本鄭氏注《論語》　67TAM363:8/1(a)之四

46 周監於二代郁郁乎文哉也 監覌言州覌夏之事其礼法兼備 □

47 庿每事問 太廟州公之廟孔子士魯〻祭周公而助祭焉每事敏礼者問於太史也 或曰孰[巴] □

48 知礼乎入太庿每事問也 孰誰也鄹孔子弟子父紇人多言孔子知礼或仁以為知礼[當] □

49 射不主皮為力不同科古之道 射不主皮者謂礼射大[也] □ 燕射伍之礼射今大 □

50 主皮之射勝者降然則礼射雖不勝由復勝射今大射鄉射燕射 將祭於君班餘獲射獸皮之射礼射不主憂賢者為力役[之] □

是[主] □

51 科不因仁力古之道隨士宜而制祭之疾今不然 子貢欲去告朔之餼羊 生 □ 君 □

52 之以羊於庿有祭事謂之庿享魯自文公始視朔視朔 □ 子貢見其礼廢故欲去其羊諸侯告朔以羊則天子[情] □

53 子曰賜也尓愛其羊我愛其礼 羊在後 □ 去其羊則□[巫]廢[之] □

54 曰、事君盡礼、人以為諂 盡礼謂盡礼下公門式路馬之屬時臣能盡礼謂盡礼者仁以為諂以衆非 □

背己 □

55 定公問、君使臣、臣事君、如之何也、 定公魯君之謚哀公之 □ 者患時臣驕奢 —□

56 對曰、君使臣以礼、臣事君以忠〔一〕。子曰關雎[樂] □

57 傷 關雎詩者國風州男之首篇關雎之作文王之教形於寡 □ 以御於家邦則樂得淑女以為君子[好逑]不淫其色窈窕 □

58 道不得此仁不為 哀公問主於宰我宰我 宰我宰我〔二〕對曰、[夏] □ 減傷[真]己愛也

注釋

〔一〕「忠」字上半部「中」字為墨書，下半部「心」為朱書。

〔二〕「宰我宰我」四字為朱書。

六　唐景龍四年(公元七一〇年)卜天壽抄孔氏本鄭氏注《論語》　67TAM363:8/1(a)之五

□□仁以栢周仁以慄、曰使人戰慄也[一]（主田主謂社𥚃失、御臣之權、臣　見社無教令、於仁而人事之、故）

（樹之田主各以其土地所宜木遂以為社与其野然則州公社以　木者是乃土地所宜木。宰我言史仁戰慄媚耳非其□　慄、）

不說、遂事不諫、既往不咎（哀公失御臣之政欲者□　我之對、成哀公之意□）

（[諫]心、其不可解說、不可諫正、言其言　□往、與不可咎責、言此失者、無如之何）子曰、管仲之器□

（□吾、言其德器小ㄑ色ㄑ以其才是成　□□[奢]侈、不務為儉　也）或曰、管仲儉

□[不]攝、焉得儉乎（或人見孔子、去□　三歸娶三姓[女]□）

□（□備官大　□是非為儉）曰、然則管仲知礼乎□

□亦樹塞門、邦君為兩君之好有反[坫]□□

□反坫、管氏而知礼、孰不知礼（或人見孔子去為惠[也]　争則以為知[礼]□）

（□塞由弊礼天子外屏諸侯内屏返坫、返爵之坫在兩楹[之][間]□　於門樹、屏以弊之、君与隣國為好、會其獻酢之礼、禮□）

□□（受於坫上、今管仲奢僭　為之是不知禮　也）子語魯太師、樂曰、樂其[可]□

作翕如（始作渭今奏之時仁聞今、　奏之聲仁皆翕如變之狠）從之、純如皦如□

（從讀曰縱ㄑ之謂既奏八音ㄑ皆作純如咸和之貌皦如志意□　之狠此四[音]皆[樂]應而樂以成、成由終書曰、簫韶九成鳳[皇]□）

仁、請見曰、君子至号斯者、吾未[嘗]□

（官名、掌[戲]封[人]而樹之、此仁賢者、文孔子之德、也　而來欲見之、[以]言吾未嘗不德、見、微自達以為賢）從者□

二三子、何患於亶乎、天下無道久矣、天将□

注釋

〔一〕「使」字左側「亻」及右側「一」爲朱書，「史」爲墨書。

〔二〕「女」字爲朱書。

六　唐景龍四年(公元七一〇年)卜天壽抄孔氏本鄭氏注《論語》　67TAM363:8/1(a)之六

爲木鐸 從者謂諸弟子、從孔子行者以爲此仁、入告而出納之、何乎、言不憂道、德之喪已、爲木鐸施政教、時所振、鐸言

患[於]

命、天子史制作法度、以鐸令、於天下下 子曰、韶盡美矣、又盡善也 韶

堯、又盡善者、謂致太平也 謂武盡未美未盡善也 武謂[周] 天下未盡

子曰、居上不寬、爲礼不敬、臨喪不哀、吾何以觀

居上不寬則天下無所容 礼主於敬、喪主於哀也

論語里仁第四　孔氏本　鄭氏□

子曰里仁爲政美也 里仁者之所居仁欲脩德 當居仁者之里是爲美 擇不

智也 未善居不處於仁者之里不得爲有智 子曰不仁者不可以久處約不[可]

長處樂 約謂貧困不仁之仁久居貧困則將攢竊久居不貴則將驕逸之 仁者安仁[智][者]□

仁 仁者安樂仁道智者利仁爲之 子曰唯仁者能好仁者能惡

審也 子曰苟志於仁矣無惡 苟比且也言仁誓有爲□之至上善兄能久行之者乎

貴是仁之所欲不以其道得之不處 得富貴者當以仁不以仁得之仁者不居 貧

是仁之所惡不以其道得之不去 得貧賤者當以仁不以得仁之仁者不去也 君

去仁惡乎成名 言唯仁可以立身有名譽之 君子無終食之

間告次必於是顛沛必於是 違由去也造次猶倉作倉卒不待文

注釋

〔一〕「也」字爲朱書。

六　唐景龍四年(公元七一〇年)卜天壽抄孔氏本鄭氏注《論語》　67TAM363:8/1(a)之七

90 子曰我未見好仁者惡不仁者言世俗薄此二者今□之行則皆無有也好□

91 無以尚之善不可加惡不[仁]者其為仁矣不史不仁者加於其[身]

92 惡不仁者必遠之不仁之仁不得施非於己之有能一日用其力於仁意乎[我]□

93 不足者蓋有之意我未之見言仁之行(非)惹惓未右力皮慭也□

94 也各於其黨觀過斯知仁矣此黨謂族親過後則仁過薄則不仁也子□

95 道夕死可意言台子渴道无有醉飽之心死而後已也子曰士志於□

96 食者未足與義恥惡衣惡食者則稱嫁之情多子曰君子□

97 適無慕義之與比適疋也莫無也君子志平於天下无常疋偶無所貪慕唯義○所在(云也)子□

98 得小人懷土君子懷形小仁懷惠懷來也形法也子曰放於利□

99 怨放由衣言也仁操行(利)常衣(仁)利而為之是近會鄙而遠謹讓故多為仁所怨(懵)子曰能以礼讓為[國]□

100 言仁(國)(曰)能以礼讓為國政教乎何有言其善無有也不能以礼讓為國乎如礼□

101 曰不患無謂患所(不)立以患立身不處於仁義不患莫己知求□

102 者求善道而學行之則仁知之(𢈔)也子曰參乎吾道壹以貫之哉曾子曰□

103 呼曾子仁偶之辭我之道(得)雖多一以貫知之唯者應敬之辭子出門仁(欲)問曰何謂也不曉一者何□

104 夫子之道中恕而已意告仁以善道曰中已所不欲物施於仁曰恕乎子曰君子□

105 小仁喻於利喻猶曉也子曰見賢思齊焉見不賢而內□

106 由察子曰士父母譏諫譏猶剴諫父母者剴切之礼子士父有隱無犯也見志不從又

六　唐景龍四年(公元七一〇年)卜天壽抄孔氏本鄭氏注《論語》　67TAM363:8/1(a)之八

107 而無違勞而無怨孝子父母在無所自専郤唯□

108 長道而已子曰父母在不遠遊〻必有方由常也子曰□

109 於之道可謂孝意孝子哀慕不改其父之常道非心所忍為之子曰父母之年□

110 則以懼見其壽考則喜見其衰老則懼子曰故者言之不出恥躬之不逮故□□

111 及古仁之言不忘出口為身行將不及也子曰以約失之者鮮矣約儉〻者恒足之子曰君子

112 訥於言而敏於行言欲難行欲疾子曰得不孤必有隣□

113 則德來德相近子遊曰士君數斯辱矣朋友數斯疏矣數之功□□

114 論語公治萇第五　孔氏本　鄭氏注□

115 子謂公治萇可妻也雖在縲紲之中非其罪以其□

116 公治萇孔子弟子縲紲徽纆之屬所以執縛罪仁之縲縻治萇嘗以他仁之罪為執法吏所并制時仁或辱之故孔子擗聖子□

117 有道不廢邦無道勉於刑戮以其兄之子妻之□

118 蓋德之子男容悅之字一名韜也子謂子賤君子哉若仁子賤孔子弟子宓不齊之字若仁若此仁也□

119 無君子者斯焉取斯也魯若無君子之仁此仁於何取此道而學行之也子貢問曰□

120 如子曰汝器何如者自數何所像似曰何器曰瑚璉瑚璉粢稷之曰瑚璉州曰□□

121 食之生若云汝有養仁之器也或曰雍也仁而不佞雍孔子弟子仲弓之名佞者口才捷利之也子曰□□

122 佞御仁以口給屬憎於仁不知其仁焉用用佞屬數也憎也哉今□□□□

123 雍當何用此佞〻者應仁以口給故數見憎惡於仁我今不知雍當何周此佞非或仁且難之子使柒彫□□

124 柒彫開孔子弟子對曰吾斯之道未能信吾於士進之道未能信者未能究習也子□

六　唐景龍四年(公元七一〇年)卜天壽抄孔氏本鄭氏注《論語》　67TAM363:8/1(a)之九

125 也善其志道染也子曰道行乘桴於海從我者其由也與□
126 故發此言編竹木浮之於水上大曰桴小曰浮子路文之憙以爲信故行然憙見舉子曰由也好勇□
127 我無所取材之孔子疾世故發此言子路以爲信從行故曰無所取材之爲前既言難中悔之故絶之以此□□
128 武伯敏子路仁乎子曰不知又問子曰由也阡乘之國□□
129 治其賦不知其仁也問仁而曰不知者識武伯不能用仁[而]空問之賦軍賦可史治之者言其才任□□□
130 也何如子曰求也阡室之邑百乘之家可史爲之□
131 其仁武伯復敏冉仁乎千室之是謂公侯大都之成伯乘之家謂㞦之廣輪此皆舉其所容之大數言此二者之宰求才任爲之□□
132 都之成方三里天大都之成方二里三分里之一百乘之家地方壹同赤也何如子曰赤也束帶□
133 於朝可使与賓客言不知其仁也復問赤仁赤孔子弟子公西□□之□□
134 子貢曰汝與回也熟愈愈由賸也對曰賜也何敢望回□
135 一以知戴何敢望回者不也敢望如顔回之才子曰弗如吾與汝弗如也言吾與汝者明之才無及顔□

□□
□

136 予晝寢也宰予孔子弟子宰我寢卧息子曰朽木不可彫墻土之□□
137 可汙也彫雕而晝之汙湯也前施功勞由不成也此二者於予何誅〻責予我責於汝乎言不□
138 責㴇責之辭也子曰始吾於仁聽其言而信其行今也吾於仁□
139 言而觀其行於予予改是也宰我能言語而行之不州故於是改信行□□
140 未見剛者或對曰申棖也剛謂彊志不屈撓申棖蓋孔子弟子申續也子曰□□

六　唐景龍四年(公元七一〇年)卜天壽抄孔氏本鄭氏注《論語》　67TAM363:8/1(a)之一〇

慾爲得罰嗜慾欲多子貢曰我不欲仁之加諸我吾□□

無加諸仁 諸之言於加於我者謂以加非義之士也 子曰賜也非尒所及

事於己也 子貢曰夫子之文章可得聞 文章謂藝之義里也 夫子□□

性与天道不可得文 性謂仁受血氣以生賢愚吉凶天道謂七政變動之占 子路□□

未之能行唯恐有聞 恐有聞者後有所文復行之汲如然憂前所聞者之未成之也

曰孔文子何以謂之文也 孔文子衛大夫孔圉之謚也 子曰敏而好學□□

夏問是以謂之文矣 夏問〻在己夏位者 子謂子産有君子□□

肆爲其行己也恭其士上也敬其養仁也惠□□

仁也義 子産鄭大夫公孫僑小 子曰晏平仲善与仁交

之 晏平仲齊大夫晏嬰平仲姓謚讓而与仁交久〻而益敬之 子曰臧文仲居蔡山節□

梲何如其智也 臧文仲魯大夫臧孫〻汎辰蔡位國君之守龜因名爲節朱檽也刻之爲山文梲梁上□

之文〻仲奢侈如〻是何如其智剌時仁偪之智也 子張敏令尹子文三士爲令尹□□

色三已之無慍色舊令尹之政必以告新令

子曰中矣子曰仁矣乎未智 令尹子文楚大夫鬬穀爲也慍之言怨中言矣文子色

爲中矣者子文舉子玉以自代爲晉師所敗子玉之敗子文之舉 曰崔殺齊陳君

馬拾乘棄而違之至於他邦則又曰由吾□

子違之至一邦則又曰吾大夫崔子違之何如□□

清矣曰仁矣乎曰未智焉得仁 崔子齊大夫崔□殺齊疾公陳文□

齊夏大夫陳須無之謚四馬曰乘違由去文子惡見崔杼煞其□□留於朝棄祿位与馬而去舊說云始去之衛〻之臣右惡如崔

鄭〻之臣有惡如崔杼者自此已後所之未聞及後而違齊清矣其行如是何以爲盡清未智者不翔而後集 季文子三思□

六　唐景龍四年(公元七一〇年)卜天壽抄孔氏本鄭氏注《論語》　67TAM363:8/1(a)之一一

後行之閭子之曰再斯可矣 季文子魯卿季孫行父之謚 可矣言文子中子而有賢行其□

過不必三思也 子曰寧武子邦有道則智邦有卜無道則遇□

小其智可及其愚不可及 寧武子衛大夫 寧喻愚之謚也小 子在陳及曰歸

歟吾黨之小子 吾黨之小子魯仁爲弟子也 孔子在陳者欲与之俱歸於魯 狂簡非又然□□

吾不智所裁之 狂者進趣而簡略於時事謂時陳仁皆高談虛論也 言非而博我不知所以裁制而已之踐舉於曰衆故欲避之歸

□□

伯夷叔齊不念舊惡怨是用希 伯夷叔齊殷之末世孤竹君□ 舊惡故時仁相憎□

子曰孰謂微生高直 微生高魯仁 切直也 戚乞諸其隣而与□

以高爲直諫 以行正之 子曰巧言令色足恭左丘明恥之丘亦恥□

而友其仁左丘明恥之 足恭謂踖□ 左丘明魯太史□

顏回季路侍子曰盍各言尒志 季路子路字 盍何尒志也 子路曰□□

馬衣輕裘与朋友弊之而無憾 恨ヒ 顏回曰願無伐□

無施勞有善 而自稱道爲伐善有勞也 而以施惠於仁爲施勞ヒ由功苦 子路曰願聞子

志子曰老者安之朋友信之少者懷之 懷 來 子曰已矣□

吾未見其過而內自訟者 訟由責也仁無能 有過而內自責 子曰十室□

邑必有中信如丘者爲不如丘之好學也 言中□ 仁少□

之中有之如丘之　學而第一　爲政第二　八佾第三

好學者察也　治仁第四　公冶第五　論語

景龍四年三月一日私學生卜天壽□

七　唐景龍四年(公元七一〇年)卜天壽抄《十二月新三臺詞》及諸五言詩　67TAM363:8/2(a)之一

七　唐景龍四年(公元七一〇年)卜天壽抄
《十二月新三臺詞》及諸五言詩

本件與前件同抄錄於一卷上。

十二月三臺詞新　　正月年首初春□□
改故迎新李玄附靈求(學)夌樹夏乃【逢】□
珎項訖柒歲知事甘羅十二想秦□
無良妻解夢馮唐寧得忠辰
二月遙望梅林青條吐菜
吾〻寫書今日了先生莫醎池明【朝】
是賈日早放學生歸了抄
吾〻伯鳥頭林息宿各〻覔高【交】□
更分散去苦落不想知
吾〻日落西山夏潢河東海流【人】□
不滿百恒作亦萬年優　了
吾〻高门出己子好木出良才交【㠯】
學敏去三公河處来
靜慮寺羅城外寧戎寺【㠯】
蘭玄覺寺路地坐刎月利【㠯】
恭　　　　寫書人〇〇

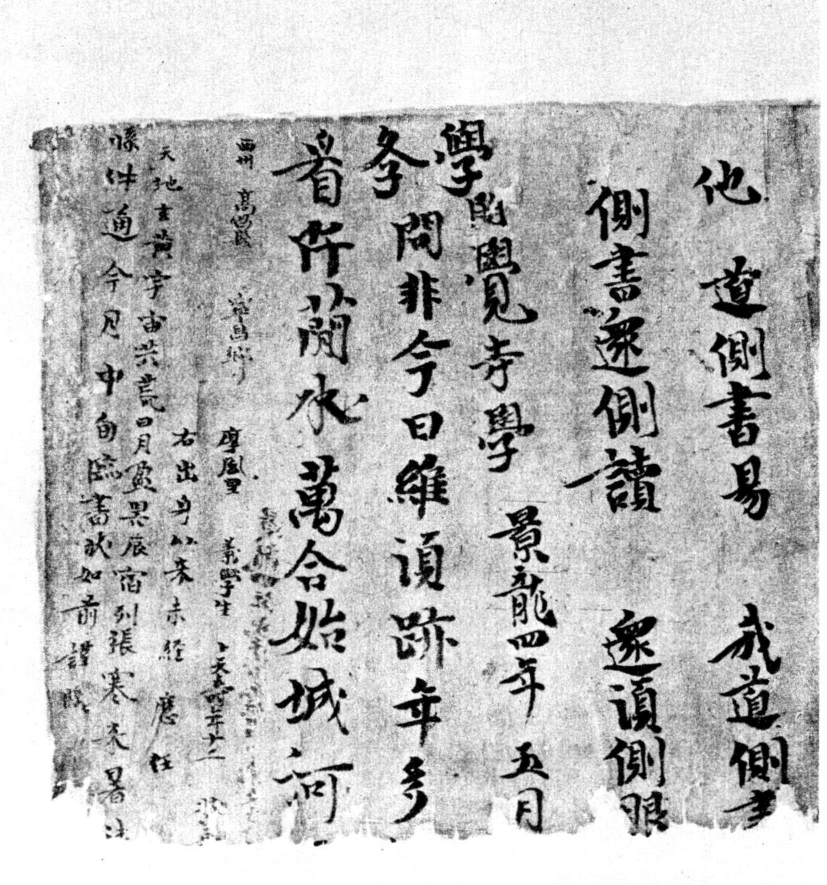

七　唐景龍四年(公元七一〇年)卜天壽抄《十二月新三臺詞》及諸五言詩　67TAM363: 8/2(a)之二

他道側書易　　我道側[書]□

側書還側讀　　還須側眼□

學開覺寺學　景龍四年五月

夅問非今日維須跡年多

眷阡蘭水萬合始城河

西州　高昌縣　寧昌鄉　厚風里　義學生[一]　卜天壽年

十二　狀[具][下殘]

右出身以來未經歷任

天地玄黃宇宙洪荒日月盈昃辰宿列張寒來暑往

牒件通今月中旬臨書狀如前謹牒

注釋

[一] 此處紙背書「景龍四年崇(館)賢管義孝生□」。

封面設計　周小瑋
責任編辑　張慶玲

（京）新登字056號

吐魯番出土文書〔叁〕

編　者　中國文物研究所
　　　　新疆維吾爾自治區博物館
　　　　武漢大學歷史系
出版發行　文物出版社
印　刷　美通印刷廠
經　銷　新華書店
　　　　一九九六年二月第一版
　　　　一九九六年二月第一次印刷
定　價　五百六十元

787×1092　1/8　印張78.5　插頁1
ISBN 7-5010-0811-6/K·347